博兴县教育志

·博兴县教育志编纂委员会　编

方志出版社
Publishing House of Local Records

博兴县教育志编纂委员会

博兴县教育志编审人员

2000年，教育部副总督学郭振有（右一）指导博兴县教育工作

1999年10月，地委书记王宗廉（左二）考察县实验中学建设

●2006 年，副省长王军民（右二）考察博兴教育

●2000 年 5 月，省教委副主任齐涛（右一）检查指导博兴县教师培训工作

●2016 年 3 月，省教育厅副厅长张志勇（左二）考察博兴教育工作

●2014 年 5 月，省总督学孟庆旭（左一）督导博兴县教育工作

2017 年 6 月，省教育厅副厅长陈国前（右一）检查指导博兴县高考工作

市委书记张光峰（左三）考察滨州市技师学院

●2015年，市委副书记、市长崔洪刚（后排右六）与京博希望小学吕剧社团小演员合影

●2017年9月，县领导出席教师节大会

领导关怀

领导关怀

●2017 年 6 月，县委书记李守江（右三）调研教育工作

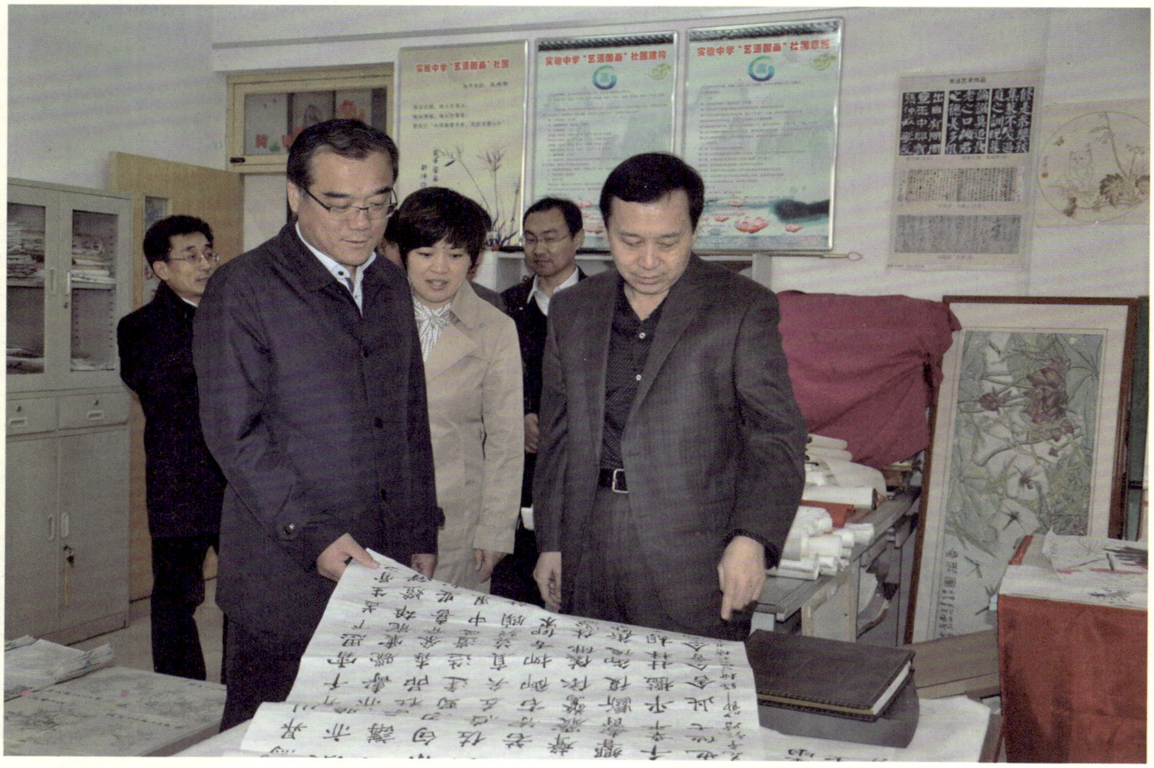

●2017 年 3 月，县委副书记、县长吕明涛（左一）调研教育工作

●2006 年 10 月，全省农村中小学现代远程教育工程工作会议在博兴召开

●2010 年 11 月，全省家委会工作现场会在博兴召开

2014 年 10 月，国家义务教育发展基本均衡县验收

2015 年 4 月，省教育工作示范县验收

校园新貌

博兴一中

博兴二中

博兴三中

校园新貌

滨州市技师学院

博兴县特殊教育学校

乐安实验学校操场

店子中学校园

锦秋街道益海小学

校园新貌

庞家镇中心幼儿园

博兴县第七中学

县第五中学体育馆

京剧进校园

趣味篮球技巧赛

传统文化进校园

特色教育

校园社团活动

心理健康节

科技兴趣班

● 2017 年县教育局党委班子成员

（左起：张庆明、黎强、董君明、李光辉、王中月、刘爱庆、郭瑞、李洪波）

● 《博兴县教育志》编纂人员合影

（左起：孙建文、杜振明、路巍、李金佐、张庆明、张基地、封子君、王中月、赵云生、牛万政、赵树利）

博兴县中小学幼儿园分布

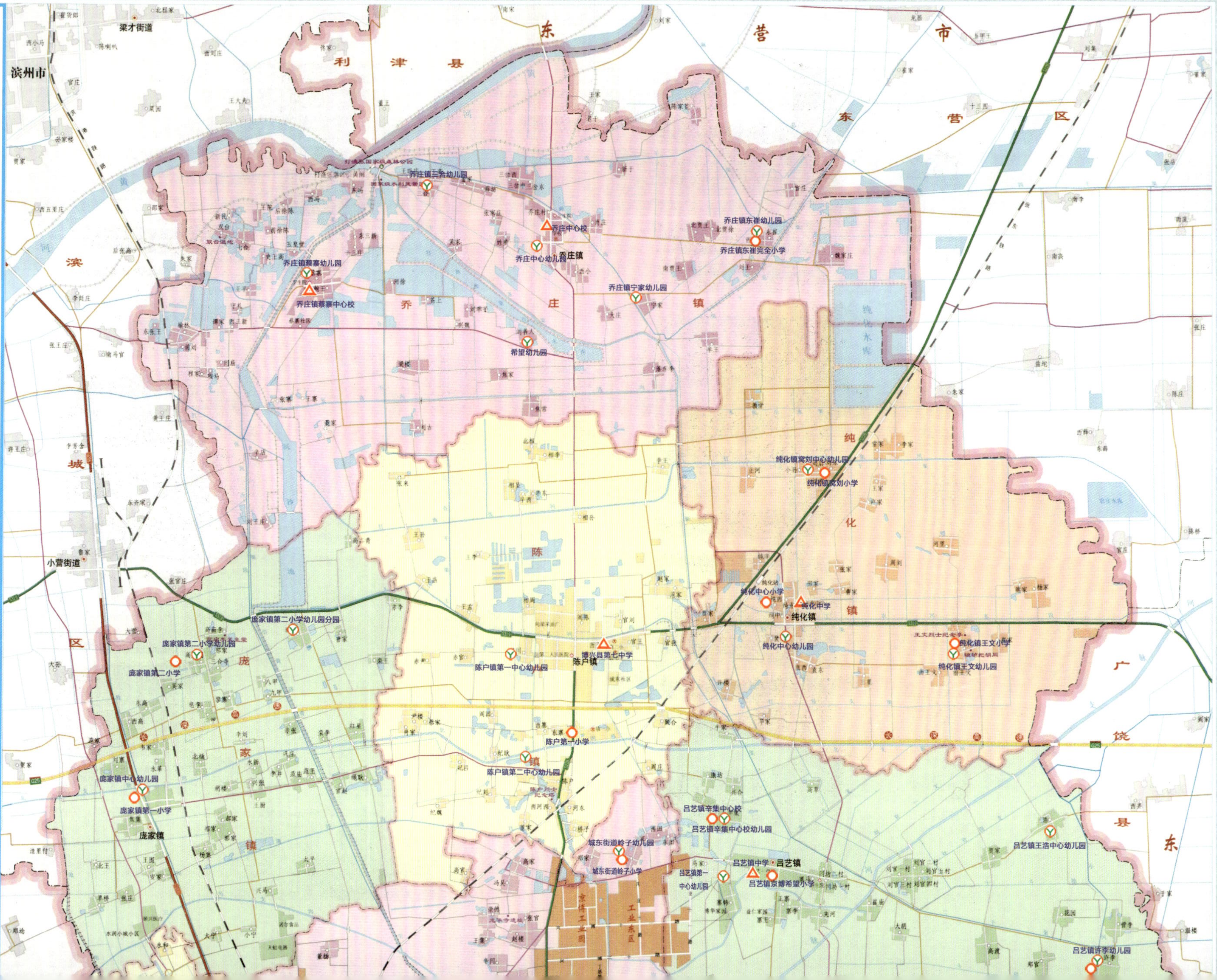

(2017)

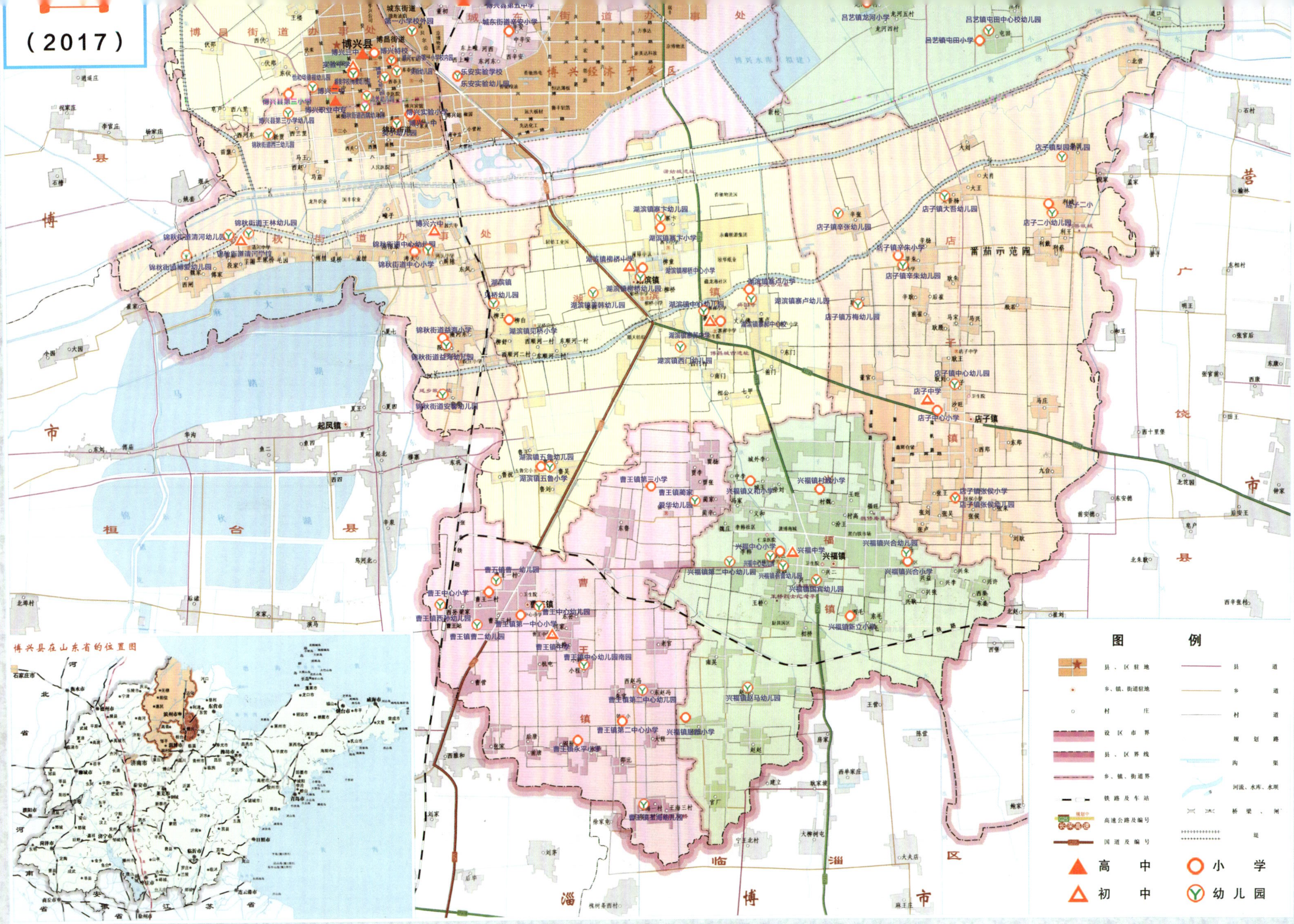

博兴县
博昌街道
城东街道
博兴经济开发区
博昌街道办事处
城东街道办事处
锦秋街道办事处
湖滨镇
店子镇
兴福镇
曹王镇
吕艺镇
起凤镇
麻大湖
高青县
博兴县在山东省的位置图
图例
县、区驻地
乡、镇、街道驻地
村庄
设区市界
县、区界线
乡、镇、街道界
铁路及车站
高速公路及编号
国道及编号
县道
乡道
村道
规划路
沟渠
河流、水库、水塘
桥梁、闸
堤
高中
初中
小学
幼儿园

博古通今

序 一

2018年是全面贯彻落实党的十九大精神的开局之年，也是改革开放40周年。新时代、新起点，《博兴县教育志》此时出版发行，这是全县教育战线的一件大事。

博兴是周代蒲姑国治所所在地，历史悠久，文韵深厚。史料记载，宋代崇宁元年始建乡学，由此算来，博兴教育事业已跨越千年时光。而从儒学书院讲学著述的旧式教育，到“五四”运动时期的中西合璧，再到新中国成立后建立社会主义教育，随着社会制度的发展变迁，博兴教育也实现了办学规模、办学条件和办学层次的跨越提升。改革开放以来，历届县委、县政府始终坚持科教兴县战略，始终将教育放在优先发展的位置，努力办好人民满意教育，培育输出了一大批栋梁之才，为经济腾飞、社会兴盛奠定了坚实基础。我县先后被评为山东省教育工作示范县、全国义务教育发展基本均衡县。

杏坛春雨，桃李满园。博兴教育丰厚的历史积淀、蓬勃的发展生机、辉煌的育人业绩，是一代又一代教育工作者筚路蓝缕、开拓进取的成果。他们是桑梓沃土之功臣，是博兴人民之骄傲。

修志以存史，知史而鉴今。《博兴县教育志》是我县有史以来首部正式出版的教育志，具有较高的存史、资治、教化功用，激励我们不忘历史、永记来路、时时自勉。在此，提三点期望，与教育战线的同志们共勉：一是坚守初心、牢记使命。许慎《说文解字》有云：“教，上所施下所效也；育，养子使作善也。”希望广大教育工作者树立崇高的职业理想和坚定的职业信念，自觉坚守精神家园，勇于站在学科知识前沿，刻苦钻研、严谨笃学，始终以自己的模范行为和渊博知识影响和带动学生。二是立德树人、全面发展。坚持用习近平新时代中国特色社会主义思想统领教育工作实践，大力弘扬中华优秀传统文化，践行社会主义核心价值观，积极传承红色基因，用实际行动回答好“为谁培养人、培养什么人、怎样培养人”这一教育根本问题，切实打牢学生的人生之基和发展之基。三是继往开来、革故鼎新。牢固树立大局意识，全力支持和参与基础教育综合改革，充分激发教育事业发展生机活力，推动全县教育事业均衡发展，着力打造具有博兴特色的教育品牌。

百年大计，教育为本。置身博兴这方孝戏佛文化荟萃、湖光河景相得益彰的热土，细读这部纲目清晰、史料丰富、匠心独运的《博兴县教育志》，切身感受到博兴教育事业的厚重历史和光明未来。希望教育部门秉持“修志为用”的原则，认真做好出版发行宣传等工作，使全县人民更好地了解博兴教育历史和发展进程，大力营造全社会支持关心教育事业的浓厚氛围，努力让博兴县的每个孩子都享有高质量的教育。

最后，向为《博兴县教育志》编纂付出艰辛劳动的同志们表示衷心的感谢和崇高的敬意！

中共博兴县委书记 李宇江

2018年9月

序 二

以志记史，可以观兴废、知得失、通古今、察未来。在博兴教育事业蓬勃发展的历史佳期，一部记载博兴教育发展史的志书——《博兴教育志》出版了，甚感欣慰，可喜可贺！

鉴古方知今，继往为开来。县教育局历时三年半，广集资料，精心策划，修成此志，善莫大焉！上可告慰先贤，下可激励来者。这部志书，详细记载了博兴教育有记载以来的发展状况，尤其对近代以来的博兴教育人物、事件等记载甚详，对研究博兴教育甚至周边县市教育历史都有参考价值，读之可信，查之有据，不失为一部鉴往知今的史书。博兴县先贤辈出，灿若群星，光耀青史，绝非一时鸿运，亦非历史偶然，盖因教育源远流长，人文积厚而薄发。看看这部《博兴县教育志》，让人想到了历朝历代崇儒尚学的仁人志士；想起了早期学校那些黑屋子里、土台子旁的泥孩子；想起了那些在昏暗的灯光下写教案、批作业的可敬的老师们；想起了那些为了子女成才而节衣缩食、踊跃捐资助学的纯朴、善良的父老乡亲们；想起了为博兴县教育优先发展而呕心沥血的历届党委、政府的领导们；想起了在农村和城镇校舍改造、普及九年义务教育、农村中小学布局调整、薄弱学校改造和学校标准化建设等工程中那热火朝天的建设工地。如今，一座座教学楼、学生宿舍楼在农村校园中耸立；教师队伍结构和素质整体优化；全县高考本科升学人数从 1986 年的 71 人跃升到 2017 年的 1458 人。博兴教育事业呈现出良好的发展态势，县域教育正在由基本均衡向优质均衡迈进。

教育是国家未来的根基，国运振兴，系于教育。教育又是老百姓最关注的民生事业，是构建和谐社会的重要基石。当前，我县经济社会发展形势良好，这是教育事业发展的坚强保障。诚望全县教育工作者抓住这个历史机遇期，继承先辈壮志，弘扬拼搏精神，凝心聚力，艰苦奋斗，以更高远的历史站位、更宽广的国际视野、更深邃的战略眼光，坚持立德树人，推进教育改革，努力办好人民满意的教育，为建设美丽幸福新博兴再谱新篇章。

谨以此文为序！

中共博兴县委副书记、博兴县人民政府县长

2018年9月

凡例

一、本志以马克思列宁主义、毛泽东思想、邓小平理论、“三个代表”重要思想、科学发展观、习近平新时代中国特色社会主义思想为指导，坚持辩证唯物主义和历史唯物主义的立场、观点和方法，实事求是地记述了博兴县教育历史和现状。

二、本志为博兴县正式出版的第一部教育志，上限根据资料情况尽量上溯，下限为2017年12月。

三、本志采用篇、章、节、目结构，以时为序。横排竖写，综合运用述、记、志、传、图、表、录等体裁，以志为主。

四、本志一律用语体文、记述体，力求文风严谨、朴实，语言简洁、通俗。大事记以编年体为主，结合运用纪事本末体。

五、过长的专用名词第一次出现用全称，括注简称后用简称。例如“中华人民共和国成立”简称“新中国成立”。

六、民国及以前采用历史纪年，括注公元纪年，其后采用公元纪年。

七、本志设人物简介，以生年为序，年月相同者按姓氏笔画排序。历任教育科（局）长以任职时间为序。

八、本志资料主要由教育系统各学校及机关股室提供，部分资料来自档案、文献及专访调查，不注明出处。

CONTENT 目录

CONTENT 目录

CONTENT 目录

概述

博兴县位于鲁北平原黄河下游南岸，与东营市、淄博市相邻。初名博昌，自秦建置，后唐始改现名，沿用至今。是董永故里、吕剧之乡、中国厨都、中国金属板材之乡、中国编织工艺品之都，总面积900.7平方公里，人口49.3万。辖兴福、曹王、陈户、湖滨、店子、庞家、吕艺、纯化、乔庄9个镇，城东、锦秋、博昌3个街道办事处，1个省级经济开发区。县境地貌南北高、中间洼，西高东低，呈簸箕状。小清河自西向东穿过县域中部，以北属黄泛平原，以南属泰沂山区山前冲积平原。地形分为平地、洼地、斜坡地三大类。2017年完成地区生产总值347.1亿元，人均生产总值达到68659元，一般公共预算收入29.05亿元，城镇、农村居民人均可支配收入分别达到33168元、15630元。博兴历史悠久，远在四千年前就有人口聚居，自古及今，文武英才，枚不胜举，其重教传统功不可没。

教育，最能代表一个地方一个时代的精神指向，勇立潮头追寻时代步伐的家国情怀和责任担当，是博兴教育发展史最清晰的方向。

一、宋元明清：尊儒崇学，诗书礼仪厚人文

私学、官学、书院是我国古代学校教育的几种形式。私塾起源于春秋战国时期，由于私塾主要是由私家办理，不受朝代更迭的影响，所以在中国古代社会虽经几千年的发展而不衰，明清时期尤盛。清朝末年开始“废科举，兴学堂”，清朝廷对私塾采取“改良”措施，将私塾改为学堂。但因教师缺乏，小学发展缓慢，私塾仍充斥城乡。延至光绪年间，县内较有权势的乡绅纷纷聘师设馆，当时，博兴县基本上村村有私塾。义学又称义塾，是一种免费教育，多系孤寡无依子弟，有官办和民办两种。博兴最早的义学，有记载的是清康熙年间知县李元伟在学宫内设立，捐奉聘师，以训民间子弟。官学又称儒学、学宫，据《山东通志》记载，博兴县儒学在县治东南，宋崇宁元年初建。元元贞二年，庙学重修，翰林学士陈俨撰《修博兴州庙学记》。自此开始，博兴县历代知县崇儒重学，以明清时期为盛。明洪武、嘉靖、万历年间，博兴儒学文庙均有大规模重修，并有士人撰记留存。清康熙五十七年（1718），知县李元伟始建锦秋书院于锦秋湖上，后代均有修葺。

光绪十八年（1892），知县李铨在西隅村拓建锦秋书院，撰有《锦秋书院碑记》记载此事。李铨延聘名师，奖励好学，督察校试，亲圈甲乙。次年秋天的科考，山东例取举人51人，博兴即有4人中举，次年李士田连捷进士。光绪三十二年（1906），知县王炽昌将锦秋书院改为官立高等小学堂，是博兴最早的学校。

尊儒崇学，人才辈出。历代选举分征辟、制科两门。明以前征辟，旧《博兴县志》记载仅两人，北魏蒋少游征中书博士，元张贵以才俊擢博兴知县。制科自北魏至元不过数人，北魏，徐纥举孝廉第一；梁，任昉举秀才第一；后晋，卫融中进士，其子卫偁、卫俦，孙卫齐，都是进士；金，刘拱辰，乡贡、进士；元，药师奴至正十三年乡试第三名。自明以降，科举日兴，多有人金榜题名。据旧《博兴县志》《山东通志》等记载，明代进士10人，武进士1人；举人40人，武举人10人。清代进士7人，武进士2人；举人34人，武举人5人。

二、民国时期：启蒙救亡，融入革命谋解放

1911年，博兴县建教员养成所，并成立县教育会，为培养小学教师提供了条件。民国元年，推行“壬子学制”，废止读经，士绅王西洲倡办县立女子初小，至1920年，博兴县有学区4处，高等小学2处，国民学校122处，女子学校1处，私塾300余处。1924年，在县城东门外大寺庙废址建县立初级中学，是博兴最早的中学。1927年，在北京师范大学读书的刘顺元返回博兴，筹建博兴国民党党部，并利用在国民政府和县国民党党部的合法身份，大力倡导组织农民协会，开展农民运动。

1931年，中共博兴特别支部秘密建立。次年，第一届县委诞生。党组织为了积蓄力量，培养骨干，发展组织，借国民党兴办教育之机，积极倡办各类学校，并成立博兴师范讲习所，招收进步青年50名，建立起革命阵地。共产党员刘顺元、王博昌等人，或在学校任职，或到学校兼课；有十几名共产党员被派进各学校、师范讲习所，一小和五小很快建立了党、团秘密组织，学生运动由点到面，布及全县，为博兴1932年“八·四”农民暴动和以后的抗日战争、解放战争奠定了良好的思想基础，并培养了干部。

抗日战争期间，博兴县内有日寇推行的日伪奴化教育，有小清河南国民党反动军阀办起的几所学校，在博兴东北部和西南部两片抗日根据地内，抗日高小蓬勃发展，抗日小学遍及各村。1940年县抗日民主政府成立，民主政府在形势极其险恶、经济十分困难的情况下，为争取抗日战争的最后胜利，大力兴办学校。耀南中学成立于1942年8月，是中共清河区委和清河区行署在抗日战争处于困难时期，为贯彻“精兵简政”政策，储存和培养军政干部，在博兴县六区的兴和村创办的一所“抗大”式学校。其校名是为纪念抗日民族英雄、八路军山东纵队三支队司令员马耀南烈士而命名的。开始招录了两个中学班，学生大都是从党政机关和部队中精简下来的年轻干部与小战士，也有部分抗日根据地和游击区来的进步青年。同时把设在纯化镇清河师范学校的一个师范班并入，首任校长为刘冠甲。不久，清河区党委决定将学校转移到垦区的杨家嘴。1944年暑假，耀南中学在纯化镇设立分校，招

两个班，约 80 人。1945 年初，渤海区党委和行署决定将耀南中学及分校与建国中学合并，成立耀南公学。1945 年 8 月，渤海区党委、渤海行署决定重新组建耀南中学。该校校址先在邹平县焦家桥，后辗转于青城文庙、桓（台）城、高苑，1947 年春，转移到博兴高庙李村，渤海三中并入，在校生 300 人，是年底停办。1948 年秋在桓台恢复。新中国成立后，耀南中学移驻淄博张店，1955 年更名为山东省淄博第五中学。

抗日战争胜利，人民政府进驻县城，开始对全县行使职权，县区乡村都建立冬学委员会，广大人民群众纷纷参加民校、冬学学习。仅 1946 年一次选模大会，全县就推选出一百多名模范民师、模范小先生和模范学员，当时的教育工作，走在全区前列，学校真正成为推进革命工作的学习队、工作队、宣传队和军队后备队。

1947 年秋，国民党对山东解放区重点进攻，惨酷的战争环境，迫使全县的小学、师范、民校、夜校全部中止。

1948 年 9 月，省召开的第三次教育会议对博兴教育产生了深远的影响。这次会议以后，全县教育渐次恢复，迅速发展，很快达到停顿前的水平，推动了解放战争的胜利。1948 年的大参军，首先从学校开始，在“支援前线，巩固后防”的口号感召下，学校师生和民校学员，成为农村一支最活跃、最积极的力量。

建国前夕，博兴县教育已呈现“县筹中学，区建完小，村办小学、民校”的大好形势。

三、建国之初三十年：艰辛探索，速成调整奠根基

新中国成立，广大群众在政治上、经济上翻身之后，迫切需要在文化上翻身。1950 年 3 月，县教育部门贯彻执行“为国家建设服务，向工农开门”“普及与提高相结合”的方针，对原有学校进行整顿改造，及时补充新人、调整布局、调配师资、制定统一条规、建立相应的基层业务组织，民校、夜校遍及各村，包教包学活动热火朝天。1951 年，博兴中学成立，县长王君兼任校长，1952 年改名山东省立博兴中学，1956 改称山东省博兴第一中学。1952 年，县委响应“培养百万教师”号召，成立县立速师，即惠民专区第五速成师范。

1953 年始，在过渡时期总路线的指导下，我国开始执行发展国民经济的第一个五年计划，各行各业都呈现出一派蒸蒸日上的新气象。县政府成立工农业余教育委员会，县教育科分设国教、社教科员，国教带社教两教一齐抓；设立教学研究室，主管教学和教研工作；设立扫盲办公室，具体主管全县农民教育；分片设上通下达、面向基层、巡回辅导的视导员；各校普遍建立党、团、工会和少先队组织；贯彻实施中央、省制订的有关条例及引进苏联社会主义教育工作的先进经验，推行“红领巾”教学法和祁建华速成识字班模式。这一时期，博兴县的农民、职工和机关干部业余教育，无论数量还是质量都走在全地区最前面。

1953 年召开的全国教育工作会议，适时解决了教育工作中最迫切的问题，如体制、学制、教材、经费等。1957 年毛泽东主席提出了“使受教育者在德育、智育、体育几方面都得到发展，成为有社会主义觉悟的有文化的劳动者”的教育方针，对师生加强了政治思想工作，教学实验进展迅速，师生思想状况、校风校貌大有改观，教学质量大幅度提高。全县健全了村、乡、区、县四级业余教育领导机构，训练了一支强有力的业教干部和民师队伍，有了一套科

学的管理措施和合理的奖学办法，形成了干群互促、教学相长、生动活泼的局面。

1958年，“大跃进”中的博兴教育提出百日扫除文盲计划，创办中等速成师范学校和工读师范学校，突击兴建8处中学，兴办17处农业中学，创办红专大学等高等学校，形成了长达半年甚至更长时间的停课助农、大炼钢铁的局面，进行发射土火箭、试制小球藻之类的“科学实验”。

1959年到1961年，严重的自然灾害给博兴经济造成很大困难，教育经费大量紧缩，全县有56处学校114个班停课达一年半之久。这期间，县教育局对中小学教师进行了大量精简，全县精简教师226人，占教职工总数的12%。

1961年，省委烟台教育工作会议和省委德州灾区教育座谈会召开，博兴县教育逐步恢复、整顿。1962年，博兴教育开始全面复苏，中小学布局进行了适当调整，教研室和教师函授学校人员深入中小学课堂解决实际问题，农民业余教育和干部职工教育出现复兴局面。

1963年以后，县积极发展民办小学、耕读小学和民办农业中学，学校数量增加很快。各类学校狠抓教学工作，教师培训形成制度，教学研究蔚成风气，观摩教学广泛开展。教研室和函授学校人员经常深入基层进行指导，促进了教学质量的提高。1964年高考招生中，县一中高中毕业班升学率在50%以上。初等和中等教育事业无论在数量还是质量上都提高到建国以来的最高水平。

1966年到1976年“文化大革命”期间，县教育行政部门和学校的领导干部受到冲击，学校正常的教育秩序遭到了不同程度的破坏。这十年间，博兴教育也在艰辛探索，公社建教育组，公社办高中、生产大队联办初中、大队办小学。1974年创办博兴县卫生学校。

四、改革开放四十年：规范创新，面向未来求发展

改革开放以来，博兴教育进入新的历史发展时期。办学条件不断改善，教育结构和学校布局日趋合理，教师队伍逐步优化，教育质量稳步提升。

教育投入逐步加大，办学条件持续改善

自1979年开始，为消除“危房子、黑屋子、土台子”现象，县教育局启动校舍改造工作，到1986年91.8%的学校实现“六配套”（教师、桌凳、院墙、大门、厕所、活动场所）。1986年组成专门班子，加大工作力度，提出“再穷不能穷教育，再苦不能苦孩子”的口号，1987年全县所有学校“六配套”率达98%，1988年省政府授予博兴县“农村中小学校舍改造先进单位”称号。在基本完成农村中小学校舍改造的基础上，1989年至1990年，多渠道筹集资金，对城镇学校校舍进行改造，到1992年实现了“规模、校舍、场地、设施、环境”五达标，被省政府授予“山东省城镇中小学校舍改造先进单位”称号。

1988年8月，地委、行署在寨郝乡召开了全区农村中小学规范化建设现场会，全县学校实验室、图书室等功能用房建设和以充实学校内部设施为重点的农村中小学规范化建设工作全面铺开。1992年12月，县实验小学和寨郝中心小学通过省级规范化学校验收，成为全省首批农村小学省级规范化学校。截至

2017 年，全县有省级规范化学校 17 所。

1994 年，地委、行署召开全区教育工作会议，并下发《关于加强“两基”工作的决定》，博兴县掀起实现“两基”（基本普及九年制义务教育，基本扫除青壮年文盲）目标的热潮。是年 11 月，县委、县政府出台《关于认真贯彻 <纲要>，确保全县实现“两基”的决定》，县政府印发了《博兴县增加教育投入实施办法》的通知，确立了“科教兴博”战略，全县建立了教育目标责任制和月底教育报告制度。在全民齐动员，各行各业大力支援下，经过全县人民两年多的共同努力，1995 年 11 月通过省政府的“两基”验收。1999 年 11 月，博兴县被省政府命名为“全省‘两基’工作先进县”。2000 年 11 月，通过国家“两基”工作验收，成为全国首批“两基”达标县，这是博兴县教育发展史上一座重要里程碑。

自 1996 年开始，全县出现新校建设和老校扩建的喜人局面。2001 年实施全县农村中小学危房改造工程，2004 年通过国家三部委危房改造验收，2005 年被评为“全省危改工作先进县”。2007 年开始实施农村中小学校舍维修改造工程，2009 年实施中小学校舍安全工程，结合校舍维修改造、薄弱学校改造、标准化学校建设等重点建设工程，新建学校 5 所，改扩建学校 11 所。2013 年实施校舍标准化建设工程；2014 年开始推进全面改善义务教育薄弱学校基本办学条件工程，截止 2015 年底已全部完成。2015 年 9 月起实施解决城镇普通中小学大班额问题建设工程，涉及项目学校 21 所，规划总投资 12.23 亿元。县成立以县长为组长的领导小组，把解决普通中小学大班额问题规划项目建设纳入每年的《政府工作报告》，签订责任书，并作为考核镇（街道）教育工作的重要指标，纳入科学发展综合考核，确保各项工作有序推进。

加强学校内部设施配备。1996 年开展创建地区“实验室管理及实验教学优秀学校、示范乡镇”活动，到 1998 年中小学实验开出率达到 98% 以上，通过了省“普及实验教学”的验收，成为全省第一个农村地区实验教学普及县。是年，开展争创优秀图书室、阅览室的活动，全县 20 所学校达到地级优秀图书室、阅览室的标准，28 所学校达到省级优秀图书室、阅览室的标准。同年，在中小学实施教育现代化工程，全县教学设施建设进入教育技术现代化轨道。2006 年实施农村中小学和特殊教育学校教学仪器更新工程，经过 4 年努力，全县有近百所学校达到教育部颁布的配备标准。到 2014 年全县中小学理科教学仪器配套达标率达 100%。

2011 年，博兴县相继启动全国义务教育发展基本均衡县和山东省教育工作示范县创建工作，并以此为总抓手，大力推进中小学办学条件标准化建设，累计投入 5.7 亿元用于中小学基础设施建设和仪器设备配备，完成了学校标准化建设，基本实现了每镇 1 ～ 2 所初中、2 ～ 4 所小学的格局，城乡教育资源得到进一步优化整合和均衡配置。实施校安工程、透明食堂工程、农村中小学“211 工程”（热水、热饭、供暖、改厕），办学条件显著改善。2014 年 10 月，顺利通过国家“义务教育发展基本均衡县”验收，2015 年 9 月被省政府命名为“山东省教育工作示范县”。

教师队伍不断优化，教师地位显著提高

积极落实知识分子政策。从 1979 年始，在县委和县府领导下，县教育局设立专门落实政策办公室，组织清理一系列历史积案，落实知识分子政策。至 1983 年底，共清理历史旧案 283 起，连同外县转来的共 99 人的右派问题得以平反纠正。“文化大革命”期间被审查批判的教师全部得以澄清复议，给予明确公正的结论。

逐步解决民办教师问题。新中国成立以来，民办教师一直是全县教师队伍的主体。1977 年，民师占到教师总数的 62.9%。根据国家政策和上级文件规定，从 20 世纪 80 年代以后，对符合条件的民办教师转为公办教师，在任的民办教师待遇也逐年提高。1981 年 10 月，全县中小学民办教师增加补助费，平均每人每年增加 50 元。1988 年 5 月，县政府颁布《关于民办教师退休的暂行规定》，提高民师退休待遇。通过转正、退休安置、招考等形式，到 2000 年底彻底解决了民办教师问题。按照省教育厅等四部门《关于向农村原民办代课教师发放教龄补助的实施意见》的通知要求，2014 年，全县有 4386 名原民办代课教师享受教龄补助。

实施教师职称制度。1986 年国家教委发布《中学教师职务试行条例》《小学教师职务试行条例》，1987 年省教育厅制定了相应的暂行办法，开始实行教师职称评聘制度。1988 年开始对全县中小学教师进行职称评定，教师职称评审工作每年一次。1996 年按照省教委要求进行教师资格过渡工作。

推进教师人事制度改革。1988 年县委、县政府印发《博兴县教育改革实施方案》，进行农村中小学“三制”改革，三年为一周期。前两轮是农村中小学，从 1994 年起，改革包括县直学校。这项改革，促进了人才合理流动，逐步形成一种教师管理体制。2001 年暑假，推行以“综合考评，竞争上岗，末位调整，合同管理”为内容的改革。2002 年，落实省政府《关于完善农村义务教育管理体制的通知》，将农村义务教育管理由以乡镇为主上收到以县为主，中小学教师和校长的管理调配由县教育局负责，为人才的合理流动奠定了基础。2016 年，实行中小学教师“县管校聘”管理改革。按照“总量控制、统筹城乡、结构调整、有增有减”的原则，理顺县级教育行政部门对教师队伍建设的职责权限，完善学校自主用人制度，构建科学有序的教师队伍正常流动机制，引导优秀教师在城区学校与农村学校、优质学校与薄弱学校之间合理流动，实现教师从“学校人”到“系统人”的转变，激发学校内部活力。2017 年，根据省市有关文件精神，充分调研、摸清全县校长队伍现状，借鉴外地先进经验，出台《博兴县校长职级制改革实施方案》《博兴县校长职级评审认定办法》，在组织、编制、人社、财政等部门全力配合下，全县中小学及校长全部取消行政级别。

不断提高教师待遇。为进一步提高教师工资水平和社会地位，按照上级规定，1977 年起，全县进行工资调整，1981 年国家又给中小学教师普提一级工资，贡献大的教师连提两级。1985 年 1 月起，在提高中小学教师工资的同时，开始发放教龄补贴。1987 年 10 月，中小学教师职务基础工资提高 10%。1997 年始，县直学校教职工工资由县统一管理，县财政局统一发放。农村学校教职工工资由县统一管理，乡镇政府发放。2006 年 10 月，县政府决定，农村中小学教职工工资全额由县财政统一发放，基本解决了全县中小学教师同工同酬问题。是年底，县政府决定从 2008 年 1 月起，农村中小学教师按标准发放住房补贴，实现县财政代发教师工资，全县城乡教师同工同酬。2017 年，出台《关于开展中小学绩效工资制度试点改革工作的意见》，首先在高中学校开展绩效工资制度试点工作。各高中学校边试点边反思，及时总结经验，为下一步在义务教育阶段学校全面推开奠定基础。

1985 年 9 月 10 日是全国第一个教师节，县委、县政府对县级优秀教师、尊师重教先进单位和个人进行了表彰奖励。此后每年都以不同的方式开展教师节系列庆祝活动。

重视教师师德建设。2001年，县教育局印发《关于开展中小学教师职业道德教育全员培训的实施意见》，以校本培训为主要形式，在全县开展了以“强师德，铸师魂”为主题的读书修身活动。2002年，实施学校德育工程，加强对中小学教师职业道德的全员培训，开展了“创优良教风，树师德风范”活动。2003年，组织教师学习《义务教育法》《教师法》《中华人民共和国未成年人保护法》《教师职业道德规范》和《关于加强青少年学生法制教育工作的若干意见》，加强对全体教师的职业道德修养教育和法制教育。2004年，进一步加强师德教育，提高教师职业道德水平。在中小学校长培训和教师继续教育工作中，坚持把师德教育作为重点内容。2005年，开展“师德建设年”活动，先后组织了教师公开承诺和签名活动、心连心手拉手活动、表彰师德标兵、举办师德报告会、评选师德论文等一系列活动。2007年至2017年，与工会、妇联、共青团等部门配合，通过优秀教师、师德标兵等评选工作，以征文、师德演讲比赛等形式进行师德教育。

教师业务培训常抓不懈。2001年开始实施中小学教师继续教育工程，被省教育厅表彰为“山东省中小学教师继续教育先进单位”。2002年开始对教师进行计算机信息技术培训。同年，实施教师“富脑工程”。2001年至2007年先后派出312人参加国家、省级新课程骨干教师师资培训。2003年制定了《开展中小学教师校本培训的意见》，组织教师学习《素质教育观念学习提要》《新课程标准》两本教程。2003年至2005年先后对各科教师进行学科培训；2006年起通过网络参加全省中小学教师全员培训；2007年至2017年参加全省新课程远程教育培训。注重新入职教师及其他青年教师的培养，积极推进中小学教师继续教育和校本培训工作。

实施“名师培养”工程。2008年3月，县教育局出台《博兴县校长、教师综合素质发展评价实施方案》，以“学生（家长）喜欢、同事支持、领导满意、学术认可”为评选标准，按照评选即培养的原则，每年开展一届名师评选工作，先后开展了八届，共评选出名师271人、骨干教师1059人、优秀教育工作者178人。在县名师评选、培养的基础上，积极推报县名师中的优秀人员参加上级评选，涌现出一批省市县名校长、名教师。

教育结构日趋合理，各类教育协调发展

学前教育。从1977年起，博兴县托幼事业开始兴旺起来，县成立了托幼工作领导小组，乡村办幼儿园也蔚然成风。1986年后，随着农村经济的发展和办学条件的改善，学前教育也得到较大发展。1996年全县召开了学前教育工作会议，把幼教工作推向了一个新阶段，一批高标准的幼儿园迅速建立起来。1999年县教委按照“减少处数，扩大规模，提高质量”的原则，结合中小学的布局调整工作，在全县范围内实施“小学改园”工程。幼教工作人员的教育管理能力、个人职业道德水平等各方面的素质也明显提高，幼儿教育工作逐渐步入规范化、科学化的轨道，同年被省教委评为“学前教育先进县”。2002年，全县深化办园体制改革，建立多元化办园投资体制，吸引社会资金500万元用于园所建设。2004年、2005年县一小幼儿园、县实小幼儿园先后被评为“省级十佳幼儿园”。2011年以来，县委、县政府把学前教育纳入全县总体工作发展规划，大力推进学前教育三年行动计划，学前教育进入新的发展时期。

义务教育。20世纪70年代后期，全县中小学普遍存在规模小，布点分散，校舍简陋，教育质量偏低，学生流失严重等情况。1977年全县有小学 570 处，初中 74 处。至 1990 年，全县初中普及程度偏低，小学升初中率一直徘徊在 60% 左右。随着一系列校舍工程，特别是校舍改造工程、仪器更新工程、全面改薄和解决大班额问题等的实施，以及抓住实现“两基”、创建全国义务教育发展基本均衡县和省教育工作示范县等契机，学校办学条件得到根本性改善，设施设备配备达到省定标准，学校布局进一步优化，办学效益不断提高。2014 年通过国家义务教育发展基本均衡县验收。到 2017 年，全县有小学 42 处，入学率 100%，巩固率 100%；初中 15 处，入学率 100%，巩固率 98.75%。

1989 年 10 月创建博兴县聋童学校，2000 年 7 月更名为博兴县特殊教育学校。2003 年 6 月，学校通过省级规范化学校评估验收，2012 年 4 月，被授予“十一 · 五全省残疾人康复工作先进单位”称号。2001 年 12 月，博兴县被国家教育部、民政部、残疾人联合会授予“全国特殊教育先进县”称号。

普通高中教育。1980 年后，县教育局对全县高中教育结构进行调整、改革，逐步裁减原来的社办高中，将这些学校改为乡（镇）初级中学。到 1985 年，全县仅保留四处普通高中，初步形成适应经济发展、符合客观需要的普通高中格局。1990 年对高中教育布局做进一步调整，撤销原博兴三中、博兴四中，合并到县城的博兴一中、博兴二中，1992 年开始两处高中平分生源，形成齐头并进、相互竞争的局面。2003 年 5 月博兴二中新校开始建设，2004 年 9 月开始招生。2011 年 4 月成立山东省博兴第三中学。为满足社会对高中教育的需求，2016 年，县委、县政府决定建设博兴一中新校。

高中学校办学规模不断扩大，办学条件持续改善，形成了良性竞争的局面，不仅缓解了初中毕业生上高中难的问题，教育质量也稳步提升。高考本科上线人数，20 世纪 80 年代不足百人，1994 年突破 100 人，1998 年突破 200 人，1999 年突破 300 人，2000 年突破 400 人，2001 年突破 700 人，2003 年突破 1000 人，2009 年突破 1500 人。

职业教育。从 1979 年 9 月将原博兴二中（校址位于小营）改办为农业技术中学开始，博兴县教育结构中增添了职业教育学校。1983 年后，相继改办成立店子农业技术中学和乔庄畜牧兽医中学，1987 年两校撤销，建成博兴县职业高中。同年，博兴县技工学校建成并招生，职业教育规模不断扩大。1989 年，省政府授予博兴县“学平度先进县”称号。1992 年 3 月县职业高中易名为博兴县职业中等专业学校，5 月被国家教委确定为省级重点职业中专，2000 年 6 月被国家教委认定为国家级重点职业中专。2003 年 4 月，将博兴县职业中等专业学校、博兴县技工学校合并组建为博兴县职业技术学校，招生和就业领域进一步扩大。2009 年 12 月改建为滨州市技师学院，并于 2013 年成为全国首批中等职业教育改革发展示范校，博兴职业教育步入发展快车道。

五、展望新时代：立德树人，不忘初心再出发

不忘教育初心，牢记育人使命。随着中国特色社会主义进入新时代，社会主要矛盾的新变化，博兴教育进入深化改革的新阶段，围绕回答好“为谁培养人？培养什么人？怎样培

养人？”这一根本问题，一系列创新举措为全县教育改革与发展开启新的篇章。

教育家办学释放教育活力。全面落实中共中央、国务院《关于深化教育体制机制改革的意见》，2017年，在充分调研、摸清全县校长队伍现状的基础上，组织、编制、人社、财政等部门联合出台《博兴县校长职级制改革实施方案》和《博兴县校长职级评审认定办法》，全县中小学及校长全部取消行政级别，实行“四级九等”的校长职级制，镇（街道）全面实行学区制管理。

集团化办学促进优质均衡。2017年，县政府出台《关于实施集团化办学推进城乡教育一体化发展的意见》，全县组建8个教育集团，通过“名校托管”“名校＋乡村校”“名校＋特色校”“名校＋企业”等方式，落实教育部《义务教育学校管理标准》，实现管理、师资、设备等教育资源的共享，全力打造教育共同体，进一步优化全县教育结构和学校布局，促进城乡教育均衡发展。

管理机制改革激励教师成长。2017年，县政府出台《关于开展中小学绩效工资制度试点改革工作的意见》，率先在三所高中进行试点，充分体现多劳多得、优劳优酬；出台后备干部管理办法，把优秀人才纳入到后备干部行列；以“全员素质提升工程”为平台，通过外出跟岗培训、挂职学习等形式，大力提高教育干部和教师队伍的业务能力与管理水平。

信息化工程打造智慧教育。2017年，为全面落实教育部《教育信息化2.0行动计划》，县政府常务会议通过关于实施“智慧教育”信息化建设试点工作事宜的决定，批准县教育局启动博兴县“智慧教育”建设试点工作。拟投入资金2000万元进行“智慧教育”第一期建设工程。县教育局采取“整体规划、标准引领、项目示范、分步实施”的策略，重点推进“智慧课堂试点学校项目”，确定8所试点学校先行试点。

特色化教育助推全面发展。2017年，县教育局确定首批“博兴县体育艺术特色学校和训练基地”；出台《关于加强竞技体育后备人才培养工作的指导意见》，创新完善竞技体育后备人才培养体系；在全县形成了小学、初中、高中三级衔接的校园足球联赛机制和人才输送机制。2017年有9所学校被评为全国青少年足球特色学校。

高考改革推动课程实施。为落实国务院《关于深化考试招生制度改革的实施意见》，作为国家基础教育改革试验区，省政府印发《山东省深化考试招生制度改革实施方案》，山东省高考综合改革正式启动。面对新的高考改革形势，县教育局组织高中学校深入研究解读新的招生考试政策，统筹推进选课走班、综合素质评价和学业水平考试工作，并探索构建幼儿园到高中一体化的教育体系。

潮平两岸阔，风正一帆悬。深化改革绘出雄伟画卷，不忘初心再次激情出发。有着书画之乡、戏曲之乡美誉的博兴县，让每个孩子都能有学上、上好学、学得好，是全县49万人民群众的共同期盼，也是每一个博兴教育人的使命担当。站在新起点，谋划新发展。全县教育工作者将永立潮头、乘风破浪，以敢为人先的创业精神推动博兴教育事业走向新的辉煌。

大事记

1102 年

宋崇宁元年 博兴县儒学，建置无所考，《通志》谓：宋崇宁初始建学。

1296 年

元元贞二年 博兴州庙学重修，翰林学士陈俨撰《修博兴州庙学记》载，旧有庙，毁于兵，知州栾汝翼在州衙之东南创制大礼殿六楹；至元三十一年，监州火尔赤重修。元末复毁。

1370 年

明洪武三年 知县王暹重建庙学；二十一年，县丞刘本道、主簿刘克勤同修。永乐十三年，知县郭务本重葺。天顺年间，同知刘隆，弘治十三年，知县何鈛，十五年，知县姚聪，正德元年，知县陈文传，嘉靖元年，知县周让并修。

1524 年

嘉靖三年 重修庙学，进士胡重易撰《重修庙学记》载，知县张集任职于博兴，见庙学岁久颓坏，遂请求上级拨款，大修庙学，并将城南水门开辟为城门，名曰“迎秀门”，寓其博兴儒学多出秀杰之才。三十一年，县丞杜孔禄修。

1557 年

嘉靖三十六年 博兴儒学文庙重修，文学家、戏曲作家李开先撰《博兴儒学修文庙记》载，博兴自有县治，即有儒学。因坏于嘉靖二十三年、二十五年的雷雨冰雹，为重修儒学文庙，师捐俸，生捐金，乡人踊跃捐献，新上任的知县刘廷琮、教谕尚章直也捐俸助修。隆庆六年，知县王尧臣修。

1582 年

万历十年 博兴儒学重修落成。万历年间，知县马壮、王连、赵永安，崇祯时，知县翁兆云相继增修。

1646 年

清顺治三年 因庙学毁于明末兵燹，知县李经国捐资重修。七年，知县花友葵，康熙十一年，署知县通判杜必擢、训导迟龙宾修西庑，筑垣墙，教谕李桢修大成门。

1690 年

康熙二十九年 庙学重修，举人贾昉撰《重修大成殿记略》载，康熙二十三年钱大受任博兴训导，欲议复修庙学，以岁歉未果。二十九年，钱大受与教谕杜能忠商定后，得到知县王玉国的支持和率先捐款。资金不足，钱大受则复为诗歌文词劝喻四乡绅士、好义者，遂各捐重金，用时不足半年以成盛举。五十六年，李元伟重修。乾隆二十一年，县人郑绳立等复修。道光三年，再葺大成殿。

1718 年

康熙五十七年 知县李元伟建锦秋书院于锦秋湖上，后废。乾隆四十二年，知县攸万春买李捷宅 15 间，以为义学，后改名书院。道光二十年，知县周壬福重修，复名义学，束脩由县捐。

1777 年

乾隆四十二年 博兴县内始建义学。义学是免费书塾，又称“义塾”，办学经费主要来自农田地租。至光绪年间，义学最多达 20 余处。晚清时期，全县基本上村村有私塾。

1837 年

道光十七年 李同任博兴教谕十日，即提议捐修庙学，集资 4500 缗，不修教谕宅，先修庙学。他在亲自董理工程，用财少而工程完固；知县吴壎、教谕李同重建明伦堂等。十八年，知县黄松年、教谕李同又建崇圣祠大门等，种植柏树百余株。

1840 年

道光二十年 知县周壬福倡导修葺旧有书院，定名博兴义学。县内影响较大的义学为北关义学和益家庄（今兴福镇兴益村）义学，分别以庙田 12 亩和庙田 8 亩为学田，至光绪年间。

1885 年

光绪十一年 知县王振録捐俸银 200 两，作重修书院基金。

1892 年

光绪十八年 知县李铨委派地方绅士王彤一集资拓建锦秋书院，二十年，建成。李铨延聘名师，奖励好学，督察校试，亲圈甲乙。次年癸巳恩科有 4 人中举，又次年，李士田连捷进士。

1902 年

光绪二十八年 清廷颁布《钦定学堂章程》，也称“壬寅学制”，这是中国近代第一个比较系统的法定学制。

1903 年

光绪二十九年 清廷颁布《奏定学堂章程》，也称“癸卯学制”。境内初等小学堂实行五年制，高等小学堂四年制。

1904 年

光绪三十年 为适应办学堂之需，博兴创办师范讲习所。讲习所（或养成所）学制一般为一年，招收相当于小学文化程度的人员入学，年龄参差不齐，培养小学堂教师。

1906 年

4 月 10 日 学部奏准裁撤各省学政，改设提学使司，置提学使一人，统辖全省学务。各府、州、县设劝学机关。博兴置劝学总董一人，总理全县学务。光绪三十三年，举人栾凤书首任劝学总董。

是年 知县王炽昌将锦秋书院改为官立高等小学堂，小学堂分为初等和高等。初等小学堂招收 7 岁以上的儿童入学，学制五年。

是年 小学堂开设体操课，内容以步兵操为主。民国十一年（1922）初小、高小设体育课。民国二十五年（1936）一、二年级音乐、体育并为唱游课，三年级以上为跳绳、游戏等，中学为列队操、童子早操、田径、球类。

1907 年

光绪三十三年 地方绅士王西洲创办学堂性质的博昌公学。县劝学所成立，举人栾凤书任劝学总董。宣统元年（1909），改总董为所长，栾凤书任所长，每区设劝学员一人，劝办学务。宣统二年（1910），庠生马惟贞任所长。

1909 年

宣统元年 知县王炽昌、教谕李梦元集款重修大成殿。

1911 年

宣统三年 建立县立单级教员养成所于书院街，后更名教师讲习所，培养初级小学教员，学制 1 年，一级招收学生 1 班 30 余人，1912 年停办。1915 年在原文庙地址建立师范讲习所，学制一年，招收两班，1917 年停办。1921 年在书院街恢复师范讲习所，学制二年，先后毕业 3 期，1928 年停办。

是年 成立县教育会，宗旨是补助教育行政机构，发展地方教育。首任会长陈相廷。

1912 年

民国元年 1 月 国民政府颁布“壬子学制”。境内初级小学一般为四年，高级小学三年，课程废止读经讲经。

是年 地方绅士王西洲倡办县立女子初小于己宅内。

1914 年

民国三年 7 月 山左公学师范班毕业生王西洲任视学所所长。五至十二年，先后任劝学所所长的有李仲玳、卢锡铭、崔星符、毛振东。

是年 成立带有社教性质的讲演会，经理员为王西洲。

1915 年

民国四年（1915）改为县立第二高等小学校，民国十七年（1928）并入县立第一小学。

1916 年

民国五年 2 月 在县署西大街开办民众学校一处，学员 100 余名，午晚授课。1919 年易名第一国民学校。1919 年，又开办讲演所一处。1930 年，建民众教育馆，设阅览、讲演和识字学校等。1931 年，开办夜校一处。1937 年抗日战争爆发后，农民教育一度停顿。

是年 省视学孙房视察博兴学务，视察视学所、师讲、县立小学和东关、鲍庄、椒园小学及县立女子国民学校。其《报告》称，博兴全县立案学校 50 处。至 1919 年，政府虽力倡学校，但学校仍未普及，全县仍有私塾 300 处，在教育机构中占多数。1928 年，县立第一高等小学易名县立第一小学，县立第二高等小学并入该校，成为当时全县唯一的完全小学。1931 年，县内各村办起学校，私塾被政府查禁。抗日战争时期，乡村又出现了私塾，1945 年以后私塾停办。

1919 年

民国八年 在“五四运动”中，博兴在外求学的张静源满怀爱国激情，参加罢课、游行、抵制日货活动；刘顺元成为运动的中坚分子，积极参加抵制日货的游行示威，出墙报、写标语，揭露日本帝国主义肆意侵略中国的罪恶行径。

是年 成立通俗讲演所于县署西大街，附设图书馆、阅报所各一处。

1920 年

民国九年 省长公署教育科出版《山东各县乡土调查录》博兴教育方面载，有学区 4 处，高等小学 2 处，国民学校 122 处，女子学校 1 处，半日学校 1 处，私塾 300 余处。钱粮附捐、地亩租价、基金生息三项，共约学款 3000 余元，不敷之数，随时会集办学人员，设法筹措。毕业人数，法政专校 19 人，法律学校 9 人，农林专校 8 人，工业专校 3 人，优级师范 3 人，师范讲习所 5 人，青州师范 1 人，青州师范讲习所 3 人，山左公学师范科 3 人，单级分所 40 人，县立师范讲习所 114 人，中学 9 人，各小学校 151 人。学龄儿童 10258 人，已入国民学校 1395 人，已入代用国民学校 1868 人，未入学校 6995 人。

1922 年

民国十一年 国民政府公布“壬戌学制”，境内小学改为六年制，前四年为初级小学，后两年为高级小学，一般为秋季始业。将学堂改为学校，允许男女同校。官立改称国立、省立、县立。博兴官立高等小学堂改名为县立第一高等小学。

1923 年

民国十二年 劝学所改称县教育局，所长孙景淦改任县教育局局长。十三年，任县视学的有赵秉衡、高俸之。十六至二十一年，先后任局长的有许鸿云、马汝骅、赵东岱、张文彬、赵瑞麟、晋吉清、张宪文。

1924 年

民国十三年 县教育董事会决议筹建县立初级中学，校址定于东门里大寺庙废址，征地 2 亩许，次年 2 月建成。招生 1 班 40 人。民国十七年（1928）一级学生毕业。后因经费紧缺停办。这是博兴最早的中学。

1927 年

民国十六年 在北京师范大学读书的刘顺元（原名王学博，字溥泉）返回博兴，筹建博兴国民党党部，出任常务委员（书记长）。他利用国民政府和县党部的合法身份，大力倡导组织农民协会，开展农民运动工作。

是年 黄埔军校毕业并参加过北伐战争的革命者曹高方从南方回到博兴，出任县督学。曹高方经常与李景房等人谈论时事政局、国共两党和共产革命等问题。

1928 年

民国十七年 7 月 国民党执委会拟定教育宗旨为："中华民国之教育以根据三民主义，发扬民族精神，实现民主政治，完成社会革命，而臻于世界大同为宗旨。"

是年 小学教师李景房受曹高方的启发，在家乡霍家村组织农民协会。霍家村农会通过斗争，罢免为非作歹的小学校长霍某。

1929 年

民国十八年冬 教育部公布教育方针："中华民国之教育，根据三民主义，以充实人民生活，扶植社会生存，发展国民生计，延续民族生命为目的，务期民族独立，民权普遍，民生发展，以促进世界大同。"

是年 国民政府规定小学、初中学生，年满 12 岁加入童子军。县设童子军指导员。

1930 年

民国十九年 3 月 建立县民众教育馆，首任馆长王醒九，冬，由卢延年继任。

1931 年

民国二十年 2 月 张子健等在青岛介绍博兴籍知识青年蔡秉虔加入中国共产党，随后通过上层关系介绍蔡秉虔到博兴县第一小学任校长，以此为掩护开展革命工作。

5 月 省视学武文视察博兴学务。视察一小、女小和北关、东关等小学。县内有高小 1 处，区乡学校 210 处，就学儿童 4918 人，入学儿童占学龄儿童总数的 25%。

6 月 为建立宣传马列主义的阵地，开展革命活动，培养建党对象，刘顺元倡导并发起建立新的博兴师范讲习所，推荐中共党员王博昌出任博兴县师范讲习所所长，招收进步青年 50 名，建立起革命阵地。其后，他在博兴师范讲习所给学生讲课，公开宣传马列主义，推荐革命书籍。

8 月 师范讲习所开学，首批学员有李震、张次钦、刘作衡、张继光、张恩成等 50 人。秋，张次钦先后介绍高家渡村学生张继光和官厂村学生张恩成等人入党。

8 月 建立县立第二小学于二区东鲁镇。

10 月上旬 济南市中等学校联合发出的《告全国父老书》和《告山东学生书》传送到博兴以后，博兴师范讲习所的学生积极响应，党组织组织学生罢课，上街游行。在师范讲习所的影响下，县立第一小学的学生参加宣传活动。继而，一区、三区和六区的许多初级小学的学生也投入抗日爱国宣传活动。抗日爱国宣传活动持续 30 多天。

冬 受党组织派遣，准备去上海到中央工作的刘顺元，因战乱由济宁回到博兴，积极进行党的活动，博兴师范讲习所成为博兴县传播马克思列宁主义的中心阵地。

冬 高家渡党组织举办东、西两处民众夜校。参加学习的青年达五六十人。张静源、李天佑、张复生等给民众夜校讲课，宣传马克思列宁主义，向民众传播革命思想，培养壮大革命力量。

是年 由刘顺元、张子健在青岛介绍入党的知识青年孙世禄，化名孙蓬南（后改名刘鼎铭），被省委任命为中共博兴特支书记，受省委派遣到博兴第一小学以教师做掩护，进行党的活动。至1932年1月，特支所辖党员发展到22名，县教育局局长晋吉清名列其中。

是年 根据刘顺元关于“抓教育机关，作为发展党的基础”的建议，博兴县第一小学校长蔡秉虔，在取得县教育局局长晋吉清同意的基础上，于1931年下半年和1932年初，对全校教师进行整顿，将部分思想落后的教师辞退，招聘一批思想进步的知识青年和共产党员任教。

1932年

民国二十一年春 一小学生刘九津自庞家返校时路经博城北门，遭县民团大队门岗的毒打。学校党组织因势利导，发出《告全县学生书》，300多名学生罢课，在装扮成学生的共产党员青年教师冯毅之的带领和指挥下，走上街头，游行示威。第二小学（东鲁）、第三小学（纯化）也相继罢课，学生全部赶到博城，利城等一些规模较大的初小也纷纷派出代表，师范讲习所的学生全力声援。县长张恩南怕事情传至省城，只好全部答复学生提出的条件。

8月4日 博兴农民暴动，师范讲习所学生李震、柳志铭、郝震林参加。

是年 建立县立第一初级小学于一区祁家镇；建立县立第二初级小学于二区寨郝乡；建立县立第三初级小学于三区陈户乡；建立县立第六初级小学于六区义和镇；建立县立第三小学于六区纯化镇；建立县立第五初级小学于五区利城镇；建立县立第四初级小学于四区兴福镇；建立县立第七初级小学于七区姜周镇；建立县立第八初级小学于六区民有镇；建立县立第十初级小学于二区寨卞乡。全县划为七个学区，由教育委员会三人分区巡回视察。

是年至1935年 山东政府教育厅通过考察，公布博兴高、初小正式教员356名。

1933年

民国二十二年秋 博兴第一小学教师窦笑生任中共博兴县委书记。窦笑生以师范讲习所和第一小学为活动的主要阵地，开展革命活动。

秋 建立县立第四小学于七区博昌镇。

是年 县教育局改为第五科，先后任科长的有杨荣昌、滚信鲁。次年，尹希圣任科长。

1934年

民国二十三年 建立县立第九初级小学于三区崇赵乡。

1935年

民国二十四年12月 在“一二·九”学生运动的影响下，师范讲习所共产党员李文清等学生发起组织成立“学生救国会”，学校停课，投身抗日救亡运动中。

是年 全县有5处县立高级小学，10处县立初级小学。另有区、乡立小学178处，连同村立小学共有小学349处，设学村庄311个，入学儿童6000人。有高、初级小学教员356人，省鉴定合格者190人，占53.4%。

1936年

民国二十五年7月 县政府实行四科制，教育行政归属第四科，科长尹希圣，视导主任1人，视导员3人，科员3人，童子军指导员、民教辅导员、图书馆管理员、小学经费委员会事务员、义务教育委员会事务员各 1 人。

8 月 山东省政府教育厅厅长何思源到博兴视察，接见师范讲习所周浩谟。

1937 年

民国二十六年 10 月 因日本侵略中国，师范讲习所停办。

1939 年

民国二十八年 1 月 25 日 日本侵略者占领博兴城及公路两侧村镇，建立新民学校，实行奴化教育。书院街小学成为日寇兵营；其它 5 处县立小学，10 处区立小学，182 处乡镇村立小学，30 多处义塾和约 80 处私塾相继停办，博兴教育处于瘫痪状态。

12 月 清河区在广饶黄家桨高召开苏鲁青年救国会清河分会成立大会，博兴县委派遣青年代表孙涛、崔硕星出席。

1940 年

民国二十九年冬 博兴县抗日民主政府设立教育科（初为县文教科；1941 年 3 月改为教育科；1943 年 6 月至 10 月与民政科合为民教科；同年 11 月重设教育科），在整个抗日战争期间，各区政府设有文教助理员，专门负责文化教育工作。

冬 博兴县抗日第一小学在纯化镇诞生，并成立第一小学党支部，学校的办公费和学生的伙食费由县抗日民主政府支付。

是年 随着抗日民主政府的建立，抗日根据地建立了冬学运动推行委员会，开展了抗日民主教育，冬学运动蓬勃发展。1940 年，博兴县抗日民主政府创办民众教育馆，在其督导下，根据地 200 余个村庄办起了冬学，条件较好的小学还附设了高级民校。民主政府所辖的一、三、六、八、九、十各区和蒲台三教、官庄、季王一带 80%村庄建立村学。

1941 年

民国三十年年初 博兴县抗日第二小学在陈户店诞生，张介夫、李植亭、刘觉飞先后任校长。抗日第二小学在“大扫荡”中被迫停办。

7 月 清河区行政公署根据山东省教育会议关于每一行署设一所师范的规划和广饶、博兴等县及垦区抗日小学急需教员的情况，在博兴一带创办清河师范学校，学校招生 1 个班，70 余人。一年结业，共办 2 期。后毕业生大多数分配做党政干部。后与建国学校合并，改为耀南中学分校。

1942 年

民国三十一年 8 月 耀南中学在博兴县六区兴和村创办。不久，转移到垦区的杨家嘴。1944 年在纯化镇设立分校。1945 年初，耀南中学及分校与建国中学合并，成立耀南公学。1945 年 8 月，渤海区党委、渤海行署决定重新组建耀南中学。该校校址先在邹平县焦家桥，后辗转于青城文庙、桓（台）城、高苑，1947 年春，转移到博兴高庙李村，是年底停办。1948 年秋在桓台恢复。新中国成立后，耀南中学移驻淄博张店，1955 年更名为山东省淄博第五中学。

是年 县抗日民主政府在崇德香山寺和辛集各建立完小一处，称为县立三小和四小，校长分别由贾耕农和崔秀生担任。

是年 在教育科长曹锡元组织下，抗日一小、二小部分骨干教师编写儿童教科书，初级教材 27 种，高级教材 34 种。

是年 国民党在今锦秋街道南河东村天主教堂创办山东省立博蒲桓高 4 县乡村师范学校，通称河东师范，招生 3 个班，分简师班（一年制）、乡师班（三年制）和 1 个初中班，每班 50 人。1943 年秋停办。

1943 年

民国三十二年 4 月 12 日 广、博、蒲三边县政府召开文教扩大会议，决定普遍开展“小先生运动”（即由小学生业余包教青壮年文盲识字），推行社会教育。

年底 根据地内的 200 多个村庄几乎村村办起学校，整个抗日根据地内在校学生达到 4000 多人。根据地内的学校，完小和联小的校长和教员均由县抗日民主政府统一调配，村学的校长由上级委派或由村民推举。

1944 年

民国三十二年 5 月 县抗日民主政府已建立高小 6 处，中心小学 18 处，初小 128 处，任课教师达 167 名，在校学生达 4848 名；举办各类民校 180 处，民校学员达 2323 名；妇女识字班 58 处，学员达 1732 名。

秋 县抗日民主政府在三新村举行教育界劳模大会，有 100 多名优秀教员出席大会。

自 1943 年至 1944 年 大办冬学，博兴根据地村村成立冬学委员会，村村办起冬天学校，妇女识字班、农民夜校、联户学习小组、地头树下学习组、小先生任教组等如雨后春笋般发展起来，遍布根据地各村镇。据历史资料，在冬学运动中，根据地内不足 200 个村庄共举办男、女民校 472 个班，学员 30164 人。

1945 年

民国三十四年 3 月 10 日 渤海区行署决定将建国学校、耀南中学停办，成立耀南公学，负责轮训提高在职的县区级政权干部，培养区级政权干部及具有专门技能的根据地建设工作干部，同时在许多地方推广“庄户学”。

是年 根据地教师在陈户集训，由马健、王一夫主持。

1946 年

民国三十五年 9 月上旬 省政府批准公布《山东省当前教育工作纲要》，教育要贯彻民办公助，号召各地举办民办小学。博兴不少村庄，如一、三区举办此类小学。

秋 博兴县人民政府举办县学，后改为青训班，附设在第一高小内。

是年 博兴建师范学校一处 。

1947 年

民国三十六年 8 月 27 日 国民党军队 111 师从广饶侵入博兴。期间，县内小学全部停办。

1948 年

民国三十七年 6 月至 8 月 省政府在青州召开全省教学研究会议，初步澄清了停办教育以来存在的混乱思想，并学习讨论了新民主主义的教育方针、路线、政策和在全省恢复整顿教育的具体方案。博兴参会人员 36 名。

是年 渤海公学、青年干校、会计专科学校、工商学校合并建立渤海干部学校（驻惠民城），并在博兴县纯化镇设分校。

1949 年

5 月 《渤海区 1945~1949 年的教育工作》载，1945 年博兴三新联小开展生产，被教模大会选为模范学校，杨家枣行 80% 以上的群众得到学习，群众在经济上翻身，又在文化上翻身。

8 月 全县小学教师 357 人于秋假集训评定级别：高级教员 45 人，其中，乙级 4 人，丙级 12 人，丁级 17 人，戊级 12 人，无甲级教员；初级教员 318 人，其中，甲级 3 人，乙级 64 人，丙级 105 人，丁级 102 人，戊级 35 人，代用 9 人。

是年 全县有高级小学 12 处，学生 1691 人，初级小学 403 处，学生 26900 人，学龄儿童入学率为 55.6%。

1950 年

3 月 中央人民政府文教委员会颁布过渡时期教育工作总方针：“教育必须为国家建设服务，学校必须向工农开门。”这一时期教育工作的性质是以肃清封建的、买办的、法西斯主义的教育，建立民族的、大众的、科学的为无产阶级服务为主要任务的新民主主义教育。

7 月 县教育科改称县文教科。县文教科有专人负责普通教育、业余教育、教学研究、人事和函授学校工作，各区分设文教助理和扫盲辅导员。

是年 开展镇压反革命运动，县文教科对现有教师队伍进行清理，法办反革命分子一人。

是年 专署召开教师代表会，参加会议的代表 600 人，博兴有 18 人参加，县文教科科员赵恩祥带队。

1951 年

3 月中旬 博兴中学筹备就绪，暂借城关完小部分校舍招收初中一年级新生 50 名。县长王君兼任校长，县文教科长许明村主管教学工作，城关完小校长赵博民代管行政工作。

5 月 11 日 县文教科举行冬学选模大会。县长王君出席大会。

6 月 麦假期间，县文教科召开全县教育总结会议。出席会议的有县政府、县文教科负责人，各区文教助理，完小校长和教育上的模范、先进人物共 84 人。

10 月 16 日 县政府召开模范小学教师、模范民师会议。县委书记王任之、县长王君出席会议。

18 日 县文教科集中全县教师利用秋假组织业务学习。参加业务学习的教师 130 名，其中女教师 9 名。

10 月 省教育厅批准高青师范迁到博兴西隅，暂用博兴中学房舍，易名为博兴师范。博兴中学迁址董杨村。

11 月 17 日 县政府举行选模大会。

是年 创办于 1950 年春的县直机关干部业余学校，在地区联评中，被评为一等业余学校，专职教师姚方吾被评为模范教师。

1952 年

2 月至 3 月 县委响应上级“培养百万教师”的号召，决定兴办县立速师，地区统一命名为惠民专区第五速成师范。暂借城关完小部分校舍，招新生一个班 50 名，学制为一年。博兴中学大部分学生转入速师。

3 月 教育厅转发教育部颁布的《小学暂行规程》，《规程》中提出小学教育宗旨是：

"根据新民主主义的教育方针和理论与实践一致的教育方法，给儿童以全面的基础教育，使他们成为新民主主义的热爱祖国和人民的、自觉的、积极的成员。"全县学校一律改春季始业为秋季始业。

3月 在县城东关北首兴建博兴中学新校，占地7亩，建房43间。

4月20日 县政府召开1952年冬学选模大会。

9月 中学新校落成，奉省令定名为"山东省立博兴中学"，校长黎心敬。初招第一级初中4个班，203人。

10月13日 中共博兴县委宣传部发布《关于小学教师组成及思想情况简报》。《简报》载，全县教师591名，年龄大的74岁，小的只有17岁。

是年 县政府正式建立工农业余教育委员会，下设办公室，办公室设主任、副主任和辅导员，各区都设扫盲校长。扫盲工作贯彻华东局"典型试验，由点到面，稳步前进，既速且成"的方针，对扫盲组织、速成班、民校及扫盲教师进行整顿，扫盲工作基本纳入正规。

1953年

6月 第二届速师班学生毕业，博兴县速师撤销，并入博兴中学。博兴中学由4个班扩为7个班。8月，博兴中学教育工会建立。10月，博兴中学成立学生会组织。

7月22日 惠民专署文教科为提高教学质量，保证有良好的教学基础，根据第二次全国教育会议精神，决定全地专的初等师范不再招收高小毕业生而改招不称职的小学教师。招收方法是选送、报考、考试、录取。名额分配到县。博兴该年选送26名，录取13名。

是年 博兴县中小学开展《红领巾教学法》试验，研究改进课堂教学，提高教学质量问题。教育行政部门向广大教师推荐凯洛夫《教育学》一书，使其成为业务理论进修的主要书目。

是年 教育科奉上级之命，在副科长韩永堂的主持下，在全县范围内搞小学教育质量普查和大力推广祁建华速成识字法。

1954年

3月6日 县文教科下发《博兴县第一阶段冬学工作情况及今后的几点意见》。文载，截至二月底，全县已开冬学政治班193个，学员8347人；文化班351个，学员10496人。

8月17日 中共博兴县委宣传部、县文教科为贯彻落实中共中央宣传部的《关于高小和初中毕业生从事劳动生产宣传提纲》发出联合通知。鼓励和支持广大毕业生参加农业生产，是一个长期的任务，是实现农业社会主义改造的重要因素，也是在农村中贯彻总路线的一个具体内容。

9月13~28日 县委、县政府召开小学教师代表会议。与会代表173人。县委宣传部副部长许明村做《关于党在过渡时期总路线的报告》，县委办公室副主任高德明作《关于对学生进行劳动教育的报告》，听取县文教科一年来小学教育的总结报告。

10月22~27日 县文教科根据专署的指示，组织三人小组，利用五天时间，对博兴三区闫田乡农民业余文化教育状况进行调查。

是年 广大中小学毕业生积极响应团中央"向徐建春学习"的号召，奔赴农业第一线，争当社会主义新农民。

是年 县文教科选配视导员赵克俊、霍玉三、董峰九分三片对小学进行巡视指导。

是年 县各级各类学校和社会教育系统都组织师生学习过渡时期总路线和《宪法（草

案）》，学习农业合作化政策和统购统筹统销政策，并利用各种形式进行宣传。

1955 年

4 月 15 日 县文教科下达《1955 年小学教育工作计划（草案）》，1955 年继续贯彻“整顿巩固，重点发展，提高质量，稳步前进“的工作方针。

是年 全县中、小学普遍推行广播体操，中学同时推行《劳动卫国体育制度条例》，将“德、智、体全面发展”作为培养目标。

是年 县内创办第一个幼儿园——县直机关幼儿园，入园儿童 20 名，有保育员 1 人。

是年 县文教科内设置小学教学研究组和工农教学研究组。1956 年小学教学研究组改为教学研究室，负责全县教学研究工作。

1956 年

3 月 15 日 根据中央区划调整的指示撤销蒲台县，原蒲台县的小营、乔庄、龙居、史口 4 个区划归博兴。山东省立博兴中学改称山东省博兴第一中学，蒲台中学更名为山东省博兴二中。是年，博兴三中在史口创办。

3 月 县委为加强对文化、教育、卫生工作的领导，组建县委文化教育部，第一任部长为徐向荣。1958 年 1 月撤销文化教育部。县人委设教育科，6 月改为县教育局，局长石恩卿。

3 月 县人委做出决定并通知全县，为提高师范教学质量，遵照省教育厅 1955 年有关文件精神，将北关小学改为博兴师范附小。博兴师范附小受县人委教育科和博兴师范双重领导，经费由教育科照拨。

3 月 为开展各区机关的文化学习，教育科向各区机关和有关工厂派出文化教员。县直机关学校业余初中开学。

6 月 27 日 县人委根据教育科的报告向全县发出《通报》，严令各校立即制止体罚学生的现象。《通报》公布对 13 名体罚学生造成不良后果的教师的处分决定。其中开除 1 人；记大过 2 人；警告 2 人；另外 8 人通报批评。

6 月至 7 月 博兴三中（史口）筹备就绪，开始招生。

6 月至 7 月 教育科根据上级指示精神，集中全县小学公办教师于县城，定级定薪。具体步骤是领导报告，学习有关文件，分组讨论，表示决心，自报公议，方案提交领导机关审查批准。

7 月 县委成立审干和肃反办公室。审干到 1958 年底结束，肃反到 1959 年底结束。在肃反和审干工作中，为 12 名教师设专案。

7 月 教育科根据上级指示精神，要求全县中小学教师建立《教师日志》。《日志》记载一天的教学、教研、管理学生和做社会工作的情况。领导定期检查《日志》，在全县范围内，很快实现一师一志。

是年 博兴师范改为中等速成师范学校。

是年 博、蒲合并后，为加强对全县中小学教育工作的检查指导，委任赵克俊、晋凤祥、赵钜、董峰九、霍育三五人为视导员。

1957 年

3 月 成立博兴县第一届体育运动委员会，主任由 1 名副县长兼任，与教育科合并办公。

5 月 26 日 教育科下发《1957 年春季文教工作基本情况和夏秋季工作要点》。《要点》指出，县拟增设初中一处，前师改为速后师，扩建小学 14 处，增建小学 2 处，小学共增加 85 个班，民办初小政府完全接办。

9~10 月 教育科组织全县中小学教师学习

讨论中共中央《关于整风运动的指示》，并有组织有领导的开展鸣放，年底鸣放达到高潮。

是年末 县人委决定在兴福兴建博兴四中，在闫坊兴建博兴五中。1961年，博兴五中改称博兴三中。

1958年

1月至3月初 全县中小学教师、职工、干部集中于博兴师范、一中进行大鸣大放，张贴大字报。接着开展激烈的“反右派斗争”，被划为“右派”的中小学教师88名，其中小学教师75名，同时被划为“右派”的还有7名中小学校长、教导主任。之后，又进行整风补课，在补课中有200多名干部、教师受到批斗。

3月 为搞好扫盲工作，全县向各乡配备扫盲辅导员24名。

3月 全县中小学开展教育大革命。学校增加劳动课，开展“学三老”（老党员、老贫农、老干部）活动，强调师生改造思想和教育为无产阶级政治服务。

8月25日 博兴县委、县人委向专署报捷：博兴全县农民业余教育取得“决定性胜利”，入学人数80359人，占青壮年总数的100%，共同扫除文盲65097人，占青壮年总数的87%，农村识字人数达106336人。按规定可视为基本上扫除文盲。

8月 县委宣传部和县教育局联合发出通知，将现有小学交乡管理，采取条条、块块相结合的管理方式，改变由教育行政部门单一领导的状况。交乡管理的小学共有学生49214名，公办班1012个，民办班232个。

9月 山东省博兴第一中学招收高中学生2个班。

9月 中共中央、国务院正式颁布“教育为无产阶级政治服务，教育与生产劳动相结合”的教育方针。

9月 行政区划发生重大变化，桓台、齐东大部分划归博兴，博兴的史口、龙居、乔庄和纯化、闫坊两区一部分划归广饶县。原纯化、乔庄两处中学改称广饶县第十三、十四中学。10月，原桓台一中改称博兴三中，桓台二中改称博兴六中，桓台三中改称博兴七中。11月，淄博十一中迁索镇，并入博兴三中。1960年，在起凤建博兴十中，在荆家建博兴十一中。1961年9月，恢复桓台县建制。1960年，在原齐东旧镇设立中学。1961年10月4日，恢复高青县，齐东所划归属高青。

10月28日 省人委发布《关于创办工读师范学校的通知》，要求每一县、市于1958年创办工读师范1处，每一专署于1959年创办工读幼儿师范1处。之后，县人委在索镇筹建工读师范一处，招生400人，其中幼儿教师200人，学制一年。

10月至11月 全县中小学广大师生贯彻教育与生产劳动相结合的方针，走出校门深翻深刨、大炼钢铁。学校秩序受到“左”的干扰。

是年 在博兴县田镇（今属高青县）创办专区中等速成师范学校，在索镇原桓台县人民委员会住址，建立博兴县工读师范学校。

是年 兴办农业中学17处，共有25个班，学生1125人。1959年发展到32处，有40个班，在校学生1950人，专职教师47人，兼职教师15人。1961年因国民经济困难农中停办。1964年农业中学教育开始恢复，到1966年全县有农业中学15处，20个班，767名学生。1968年后，大部农中陆续转为社办普通中学。

是年 全县（含桓台、齐东并入部分）幼儿园达1073处。1959年对幼儿园进行普遍整顿，整顿后全县有幼儿园535处，有92名幼儿师范毕业生参加幼儿教育事业。1960年下半年，因生活暂时困难，农村幼儿园停办。1961

年至1976年，全县只有县直机关幼儿园。

是年 贯彻“教育为无产阶级政治服务，教育与生产劳动相结合”的方针，劳动课列为正式课程，学校组织师生办农场82处，种地1019亩。

是年 全县中小学教职工参加整风补课、反右倾、教育方针大辩论等运动。

1959年

2月21日 县人委为抽调骨干民师和县直机关人员学习汉语拼音及普通话，向全县发出通知。

上半年 博兴按照全省教育工作座谈会精神，以全日制中小学为重点，对学校教育进行整顿。但是，到8月份，就因“反右倾”斗争的开展而中断。

5月下旬 县教育局组织力量对一中进行视导。

12月18~20日 县教育局等有关部门联合召开小学政治思想教育会议。

12月30日 县教育局公布对职工文化程度的调查结果：职工总数7624人，县直3358人，社办4266人。文盲半文盲2184人，占总数28.6%；初小文化程度2387人，占总人数31.3%；高小文化程度2089人，占总人数27.4%；初中文化程度964人，占总人数12.6%。

是年 贯彻国家办学和群众办学两条腿走路的办学方针，民办小学在全县兴起，公、民办初小达到793处，完全小学达到115处，在校学生共98547人。

是年 全县各公社各学区分别建立中心教研组。中心教研组负责指导各校教研组，它是县教研室联系各校教研组的中承机构。

1960年

1月5日至11日 中共淄博地委、淄博专员公署在所在地张店举行文教战线群英会。博兴县33名正式代表参加会议。

4月 县教育局贯彻执行国务院《关于评定和提升全日制中小学教师工资级别的暂行规定》，调整部分中小学教师的工资待遇。

6月 县教育局转发中共中央、国务院《关于保证学生、教师身体健康和劳逸结合问题的指示》，并附贯彻执行《指示》的意见。

7月 在起凤、荆家分别成立山东省博兴第十一中学和山东省博兴第十中学。

1961年

4月 博兴县委、县人委发出《关于全县中小学放长假的通知》：“各中等学校、博兴师范、工读师范、完小、初小一律于5月13日前放假，学生回队参加生产，假期为5个月。毕业班争取5月份全部结束学业，6月1日回队参加生产。假期中，教职员工原则上留校参加生产劳动。”10月，县委、县人委又发布通知，假期继续延长，以便生产救灾，度荒保人。

8月 根据专署县文教局的意见，大多数中学放假一年进行生产救灾，未放假的学校多数改为半日制，开展生产自救。

9月1日 经省委、地委批准，将博兴划为博兴、桓台两县。博兴县教育局原有干部52名，留博兴22人，分到桓台30人。

1962年

2月12日 县教育局根据省教育厅颁发的

《关于提高全日制中小学教育质量的意见》，向全县中小学发出《关于全日制中小学提高教育质量的意见》。

5月21日 县教育局提出对中小学调整的意见。裁减10处完小，撤销五中（利城）、六中（纯化）、七中（乔庄）3处初中。

10月 县教育局、文化科合并为县文教科。1963年2月，张同科任科长。

1963年

3月5日 毛泽东主席题词“向雷锋同志学习”，党和国家领导人周恩来、刘少奇、朱德、董必武先后题词。全县中小学生积极响应党中央号召，开展学雷锋活动。

7月15日 地属中专北镇农校试行“社来社去”招收学生。博兴保送30名。

12月 县文教科公布，在去年已精简教职员工315人的基础上，今年又精简20人，其中退休14人，退职6人。

1964年

1月30日 县文教科、卫生科发出通知，要求在各级各类学校中提倡计划生育。

3月 县文教科响应国家主席刘少奇的号召，去冬今春试办简易小学（后接中央、省委指示改为耕读小学）120处（重点试办4处），招收学生197人。

8月中下旬 县文教科先后发出紧急通知，《通知》列举加重学生负担的表现，制订措施，严令不要加班加点，要保证学生的睡眠和休息时间，课外活动要有保证，要全面妥善安排学生生活，还要搞好伙食、改善环境。

11月20日 县文教科为城郊区东三大队巩固发展工读小学和小营区李官庄积极举办工读小学普及小学教育两事向全县发出通报，推动全县的小教工作。

是年 省重点中学济南一中和桓台一中到博兴招生。

1965年

11月6日 经中共博兴县委机关党委批准，中共博兴文教系统党支部宣布成立。这是文教系统建立的第一个支部。

12月20~22日 县文教科召开中学校长、重点校教研组组长会议，具体研究加强政治思想工作、改革教学方法、减轻学生负担和提高教学质量等事项。

1966年

5月7日 毛泽东主席在一封信中指出：“学生也是这样，以学为主，兼学别样，即不但学文，也要学工、学农、学军，也要批判资产阶级。学制要缩短，教育要革命，资产阶级知识分子统治我们学校的现象再也不能继续下去了。”这一指示被称为当时教育革命的指导方针。

6月 “文化大革命”在全县中小学爆发。学生上街扫“四旧”（旧思想、旧文化、旧风俗、旧习惯），干部、教师被斗挨批，教学秩序无法维持。绝大多数普通高中、初中未招生。

是年 全县有小学523所，在校学生42460人，入学率为67.5%，“文化大革命”期间，完全小学大多改办“联中”，村办小学实行五年一贯制，学校秩序混乱，教育遭重大破坏。

1967年

2月 继上海“一月风暴”造反派夺市委的权成立“上海公社”之后，博兴县教育系统造反派纷纷夺权，中学、师范造反头头进驻县委、县人委及其他县直单位，酝酿夺权。打砸抢之风一时兴起，武斗事件不断发生，两派斗争白热化。

3月7日 《人民日报》发表社论《中小学复课闹革命》。但博兴县各级各类学校两派忙于打派仗，“复课闹革命”迟迟不能实现。之后，中共中央和各级革委会接连发出通知，要求尽快复课闹革命，但进展十分缓慢。

3月 成立博兴县革命委员会。18日设生产指挥部文教卫生办公室，主任孙道明。1968年3月设政治部教育办公室，主任孙道明。1971年9月改称教育革命领导小组，王长江任组长至1975年5月。公社亦为教育组。

1968年

11月14日 《人民日报》发表山东省嘉祥县两名小学教师的一封信，信中“建议所有农村公办小学下放到大队来办”。此后，全县农村公办小学全部下放到大队领导管理，绝大部分农村公办小学教师被下放回原籍大队，导致教学质量严重下降。1971年下半年后，公办小学教师和公办小学陆续由国家收回。

1969年

是年 在“学制要缩短，教育要革命”的口号下，普通中学由“三 · 三制”，改为“三 · 二制”，实行推荐选拔与考试相结合的招生办法，公办学校下放到社队办，公社办高中，生产大队联办初中，有的小学还附设初中班。

1970年

是年 全县各级各类学校贯彻毛泽东主席“五 · 七”指示，开展“以学为主、兼学别样”活动。

是年 地区体委在博兴师范附小组建乒乓球队，指导训练。

1971年

9月 从该月起，提高全省民办中小学教师补助费标准。小学民办教师由每人每月2元提高到12元，中学民办教师由每人每月5元提高到15元（其中8元直接拨给生产队；发给教师本人的，小学由2元提高到4元，中学由5元提高到7元）。

10月23~29日 县革委政治部召开全县教育工作会议。会议的议题是学习《全国教育工作会议纪要》；落实毛主席批示“同意”的中央解决山东问题的十条意见。

1972年

是年 全县有高中学校14所。

年底 中小学招生恢复考试制度。

1973年

7月2日 省革委发出《关于中小学改为秋季始业的通知》，确定全省中小学自1974年起一律改为秋季始业。7月26日，县革委发出通知，自该年起，各中小学一律为秋季始业。

1974年

11月21日 县革委政治部召开全县工宣队、贫管会工作会议。决定博兴师范、一、二、三、四中派工宣队员25人；社办高中、联中小学分别派驻7至10人的贫管人员。

是年 创办博兴县卫生学校，校舍初借县园艺场，1976年迁至博兴老城里。

1975年

5月 恢复县文教局，局长王长江。各公社设文教组，文教组由1~3人组成。

5月 博兴县各级各类学校接连停课，支援社队兴修水利，建设大寨田，下乡下厂学工学农，搞社会调查，进行新旧社会对比；各校把学大寨、学“朝阳农学院”的口号标语贴满校园。

是年 各学校普遍推行《青少年体育锻炼标准》，在56527名中小学学生中达到锻炼标准的占82%。

是年 博兴第一中学4名运动员代表山东省参加全国中学生篮球赛。运动员李勇勇入选“八一”篮球队，参加1979年全国第四届运动会。

1976年

9月9日 中共中央主席毛泽东在北京逝世。18日，全县学校师生冒雨参加追悼会。

10月20日 全县学校师生与全县人民一起热烈庆祝粉碎“四人帮”的伟大胜利。

是年 县化肥厂、邮电局创办“七·二一”工人大学各1处，共有学员65人，利用业余时间进行专业对口学习，学制2年，师资由各举办单位自聘，1977年停办。

1977年

9月 教育部在北京召开全国高等学校招生工作会议，决定恢复已经停止10年的全国高等院校招生考试，以统一考试、择优录取的方式选拔人才上大学。博兴成立招生委员会，组织“66届”以后的高中毕业生复习功课，准备应考。“三来三去”推荐选拔的高考制度被废除。

10月25~28日 县委、县革委召开教育战线先进集体、先进工作者代表大会，与会代表833人。

11月6日 中共中央转发教育部党组《关于工宣队问题的请示报告》，要求工宣队尽早宣布撤出学校。不久，博兴县驻校工宣队和贫管会先后撤出学校。

12月13日 地革委教育局颁布文件，公布地区重点中小学，博兴一中位列其中。

12月13~14日 国务院批准教育部《关于1977年高等学校招生工作意见》，恢复高考制度，全县进行大中专学校招生考试。

是年 成立县教学仪器管理站，具体负责教学仪器的购置与配备。

是年后 教育经费占全县财政支出的比例年年超过20%，但由于学校增加，特别是中学骤增，每个中学生占有教育经费36.17元，小学生占有11.77元。

1978年

1月25日 县文教局党组就“教育革命中几个具体问题”向县委递交报告。《报告》要求被借调作其他工作的学校领导干部和教师立即归队。建议在高中、联中建立党支部，小学分片建立党支部或党小组，各公社成立教育系统党总支，民办教师党的关系和发展党员工作统归教育系统党总支、党支部管理，建议县委组织部门、人事部门会同县文教局配齐县直高中、社中和其他学校一、二、三把手，并恢复校长、副校长、教导主任、副主任、总务主任、副主任职务。

1月 创办博兴县教师进修学校，主要任务是对全县中、小学教师进行业务培训，同时承担电大班、高中班和函授学校的管理与教学任务，隶属于县教育局。县革委颁发《关于建立山东省博兴县教师进修学校和博兴县革命委员会县文教局函授站的通知》。

3月 全县“文化大革命”后第一批经过考试录取的大中专学生入学。

5月5日 国务院于1977年10月批转教育部《关于高等学校招收研究生的意见》，研究生教育得以恢复。博兴的研究生入学考试在县实验小学举行，县委党校理论教员巩献田被北京大学录取为研究生。

5月22日 县文教局和团县委转发省革委教育局和团省委《关于在全省青少年学生中广泛开展“学雷锋”“争三好”活动的决定》，希望各级各类学校贯彻执行。

8月 大中专招生由冬季改为夏季。

10月 全区师范学校调整，保留惠民、博兴、沾化、邹平四处师范学校。

11月 县文教局先后举办教育干部、高中校长和高、联中教导主任会，学习教育部《全日制中学暂行工作条例（试行草案）》和《全日制小学暂行条例（草案）》，教研室着手制订政治业务考核办法和奖惩条例，研究整顿学校事宜。

是年 拨乱反正，全面贯彻“充实加强小学，整顿提高初中，调整改革高中，努力发展职业技术教育”的方针。

是年 教学秩序开始恢复，小学实行五年制，初、高中实行“三二”分段制，中小学统一使用山东省教学研究室编写的各科教材。1979年，中小学改用人民教育出版社编写的《全日制十年制学校课本》。1982年，中学改行“三三”学制，高中从二年级起实行文理分科。1993年，小学和初中在起始年级执行义务教育课程计划，并使用人民教育出版社九年制义务教育教材。

1979年

1月3日 县文教局颁布《博兴县中小学教师职工学年奖惩暂行办法（试行稿）》，奖励分优秀教师奖、模范干部奖、模范班主任奖、先进教研组奖、先进学校奖。

1月上旬 省教育局和省计委联合转发教育部、国家计委《关于评选特级教师的暂行规定》。次年，县教育局履行正式手续，批准博兴一中化学教师赵经箴为特级教师。

1月 县文教局颁发《博兴县中小学考核暂行办法(试行稿)》,考核内容包括政治思想、业务程度。

6月8日 县革委颁发《关于调整、改革中学教育结构的通知》。从是年起，全县高中撤销7处，保留16处，缩减招生800人，联中保留每管区一处，初中招生可控制在小学应届毕业生的65%左右；有条件的可适当发展集体自办农业中学。

9月9日 县文教局、农业局为将小营中学（即博兴二中）改办农业技术中学事向行署教育局、农业局写出报告。

11月1日 经国务院批准，全国普通中学和小学公办教师试行班主任津贴，全县11月1日开始执行班主任岗位津贴，中学班主任分为7元、6元、5元三等；小学分为6元、5元、3元三等。

12月21日 中共博兴县文教局党组发布《关于对教育干部和教职工的考核意见》。《意见》规定考核内容：劳动态度、业务水平、贡献大小，即德、能、勤、绩四方面。考核工作于12月23日开始至次年1月20日结束。

是年至1985年 在全县范围内进行以消灭

"黑屋子""土台子"为重点，以实现"一无两有"(校校无危房，班班有教室，学生人人有课桌凳)为目标的农村中小学校舍改造。全县新建改建校舍10291间，新置木质桌凳67126套，总投资2144.3万元，校舍"六配套"（大门、院墙、厕所、木质桌凳、教室、办公室配套）达96.8%。

1980 年

1 月 25 日 由小营中学改办的县农业技术中学开始招生。招生的方法是大队推荐，学校考试录取。第一届录取新生 88 名，其中 44 名为农学，44 名为农机。1982 年，学校随小营划归滨州市。

5 月 13 日 县革委为基本扫除青少年中的文盲事向行署报捷。《报捷书》说，博兴县共有青少年文盲半文盲 13390 人，已基本扫除，达到上级无盲县的要求。

5 月 全县认真贯彻《中共中央、国务院关于普及小学教育若干问题的决定》，实施普及小学教育。

是年 博兴师范除继续招普通中师班外，增设英语、体育、幼师三个专业。英语、体育专业学制二年，招收高中毕业生。幼师专业学制三年，招收应届初中毕业生（女生）。

1981 年

8月20日 行署教育局向全区印发《博兴县文教局整顿民办教师工作情况》。

9月4日 行署文教办公室印发《文教情况》第1期介绍博兴县文教局办好业余师范，加强广大中小学教师在职培训的经验，此典型材料，曾在省普教会上印发，《山东教育》也作过专题介绍。

10月 县文教局分设为县教育局和文化局，郑盛之任县教育局局长至1984年12月。公社文教组易名为教育组。

是年 中共中央书记处决定把抚育、培养、教育儿童少年的牵头工作交给妇联，全县幼儿教育的管理工作逐步走上正规。1991年5月，幼教工作由妇联移交教育部门主管。

是年 中央农业广播学校在博兴招生，通过考试录取第一期农学专业学员77人，1985年毕业 35人。

1982 年

3月1日 县教育局为深入开展"五讲四美"（五讲：讲文明、讲礼貌、讲卫生、讲秩序、讲道德，四美：心灵美、语言美、行为美、环境美）文明礼貌月活动，向全县中小学发出通知，在此之前，省、地教育行政部门都先后发出通知。

5 月 2~12 日 县教育局进行全县教育工作大检查。

7 月 31 日 地区教育局向全区印发博兴县教育局《关于实行民办教师联教计酬教学责任制的情况报告》。

8 月 20 日 在县教育局提议下，县政府分别向省、地呈交报告，请求改办店子中学为农业技术中学。此请求是在原小营农技中学已划归滨州市后，为适应农业发展需要提出的。

8 月 城郊公社中学更名为博兴二中。

11 月 16 日 博兴县教育局和滨州市教育局办理小营公社中小学交接手续，交接工作在地区教育局监督下进行。

是年 成立县职工教育管理委员会，下设办公室，负责全县职工教育。1985 年职工教育由文化补习转为班、组长培训和中级技术培训。县政府通知全县，为加强对职工教育工作的领导，决定成立博兴县职工教育管理委员会。

是年 博兴学校的实验室达到省颁标准配套要求。

1983 年

1 月 全县普遍实行民办教师联教计酬责任制。

4 月中旬 行署教育局召开勤工俭学经验交流会，博兴县在会上典型发言的有寨郝公社党委、管委代表，蔡寨公社梁楼小学代表，博兴一中的代表。

8 月 县教育局筹建教育系统幼儿园，幼儿园受业教办公室领导管理，收托县城内教育单位双职工的 4 岁至 6 岁的幼儿。

12 月 5 日 县教育局颁布《教育系统工作人员岗位责任制暂行规定（修改稿）》。

12 月 22 日 县教育局颁发《班主任补贴发放办法》。

是年 店子公社中学改为县农业技术中学，从应届初中毕业生中招收农学专业学生两班。1985 年，学校更名为博兴县第一农业技术中学，招收农学、林果专业各 1 个班，学生 100 人，另附设两个农技初中班。

是年 全县贯彻落实全国学校体育卫生工作会议精神，积极推行《国家体育锻炼标准》，各中学坚持"两课"（每周两节体育课）"两操"（广播操、眼保健操）"两活动"（每周两节课外活动）和每人每天一小时体育锻炼，学生达标率逐年上升。

1984 年

5 月 地区召开农民教育表彰会，博兴县教育局在会上作典型发言，受表彰的有县农民教育委员会、城关镇农民教育委员会、兴福镇傅王小学和乔庄乡苍上村农民业校。

6 月 12 日 省教育厅、农业厅批准，将博兴县乔庄中学改为博兴县畜牧兽医技术中学。1984 年开始招生。1985 年改名为博兴县第二农业技术中学。

5 月 博兴县实验小学获"全国群众体育先进单位"称号。

是年 博兴县实验小学（训练项目乒乓球）被国家体委、国家教委授予"全国传统项目学校先进集体"称号，被省命名为体育传统项目学校。1987 年 5 月获"全国群众体育先进单位"称号。

是年 省体委在博兴设立专项体育学校：山东省博兴乒乓球运动学校，校址在县体委。

是年 全县有 272 名任教 30 年以上的教师，获省教育厅颁发的《教师荣誉证书》。

1985 年

1 月 1 日 遵照国务院指示，从该日起，中小学教师开始发放教龄津贴。10 月 8 日，全县中小学、幼儿园教学人员实施教龄津贴，人均 7.4 元。

3 月 19 日 地区、县委分别召开优秀教师、先进工作者表彰大会，博兴县受地区表彰的教师 43 名；受县表彰的教师 150 名。

6 月 县政府办公室下发文件筹建县第二小学。1986 年 10 月，博兴县第二小学建成并开学。

9 月 10 日 全县庆祝新中国成立以来第一个教师节。此后每年教师节，县委、县政府以召开庆祝大会、座谈会、走访老教师和优秀教师等方式庆祝教师节。

是年 按照国务院和省政府文件精神，全县开始征收农村教育事业费附加，用于民办教师工资待遇、农村中小学公用经费和职业学校的办学经费。

是年 县委组织部与县教育局在县职工俱乐部举办干部高中文化补习班。

是年 县教育局设局长1人，副局长3人。下设人事秘书股、普通教育股、业余教育股、财务股、教学研究室、招生办公室、教育工会委员会、团委，共有工作人员42人。

是年 博兴学龄儿童入学率、普及率、巩固率、毕业合格率均达到教育部规定的普及初等教育标准。博兴第一中学被确定为地区重点中学。

1986年

1月13日 博兴召开全县农民教育大会，并组织全县农民教育大检查。

7月1日 《中华人民共和国义务教育法》颁布，全县开始有计划、有步骤地实施义务教育。

7月1日 中共博兴县委组织部发出《致各级党组织和知识分子的公开信》，要求各级党组织认真落实知识分子政策。

7月4日 博兴县第一届教职工代表大会召开。县直学校和各乡镇自此每年举行一次教代会成为制度。7月5日，博兴县教育工会第一届代表大会召开。

10月 中小学、幼儿园教学人员实行教龄津贴，人均月增7.4元。1987年10月，中小学教师职务基础工资提高10%。

11月 博兴实验小学培养选送到省体工队的学生唐诚与刘伟联手获得全国乒乓球锦标赛混双冠军。博兴县实验小学获“山东省体育传统项目学校先进单位”称号。

12月24日 《惠民大众》报道：博兴县集资办学成绩显著，在一年多的时间里，全县已集资900万元，新建校舍6500间，400多所学校的面貌大有改观。

是年 全县有乡镇农民文化技术学校12处，村办农民文化技术学校270处。

是年 县教育局下设办公室、普通教育股、政工股、计划财务股、老干部股、招生办公室、教学研究室、仪器站、工会、团工委、农民教育办公室、落实政策办公室。1987年落实政策办公室撤销，设立勤工俭学管理站。1991年4月设托幼办公室。同年，成立高中毕业会考办公室，职能由招生办公室代管。1992年11月老干部股撤销，职能转归工会。

是年 乡镇教育机构为教育组。1988年3月，撤销乡镇教育组，教育委员会成立，教委主任由乡镇长或一名乡镇党委副书记兼任，教委常务副主任由教育干部担任，主持日常工作，成员5人至7人。

是年 惠民地区农村中小学校舍改造现场会在寨郝乡召开。1987年上半年，经地区行署验收合格，“六配套”率达98%。下半年，博兴农村中小学校舍改造经山东省人民政府验收合格。1988年4月，省政府授予博兴县教育局“农村中小学校舍改造先进单位”称号。

是年 寨郝乡新建柳桥中学，博兴镇新建中学动工建校，曹王镇中心小学建成开学，湖滨乡撤销五鲁联中和安柴中学。

1987年

3月 博兴县职业高中开始筹建，占地107亩。

5月12日 博兴县人民政府贯彻《山东省人民政府关于贯彻执行〈国务院关于筹措农村办学经费的通知〉的意见》，决定从乡（镇）、村办、联办工商企业、运输业、建筑业、饮食服务业中，按上年利润总额的3%征收教育经费，农户控制在人均收入的2%以内征收，用于发展农村教育事业。

7月10日 成立博兴县职称改革领导小组，下设办公室，开始对全县专业技术人员进行职称评审和聘任工作。

9月21日 博兴县农村基层政权建设领导小组颁布《关于教育组、中学、小学下放给乡镇的试行办法》，乡镇教育组和农村初中、小学由乡镇管理，县教育经费切块到乡镇。全县形成农村小学村办或联办，乡镇主管；农村初中乡镇举办，县里主管；县办高中和城区中小学的三级办学、分工管理的教育体制。

10月 博兴县职业高中在县城建成使用。

10月 遵照国务院指示，博兴县中小学及幼儿教师提高10%的工资。

是年 庞家中学率先实行“3+1”教育，即三年初中文化学习加一年职业技术教育。1988年7月，山东省电视台和《大众日报》作专题报道，省教委、地区教育局高度评价博兴经验，在全省推广。

是年 博兴县技工学校建立，征地53.6亩，该年招生150人。1991年3月，被省教育委员会、财政厅、计划委员会、人事厅和劳动厅命名为“山东省职业教育先进集体”。1993年5月，被省政府命名为“山东省重点技工学校”。1994年，学校升格为副县级事业单位。

是年 博兴镇新建中学建成，阎坊乡中心小学建成。

1988年

5月 县政府颁布《关于民办教师退休的暂行规定》。

6月 全县中小学及中等专业学校进行首次教师职务评审和聘任工作。

8月 地委、行署在寨郝乡召开全区农村中小学规范化建设现场会，寨郝乡介绍经验。1989年，有6所初中、66所小学达到地区制定的规范化学校标准。

9月25日 全国政协副主席费孝通率全国政协、省政协部分领导到博兴县考察教育工作。

是年 全县进行以“双向选择”为内容的农村中小学“三制”改革，即实行校长负责制、教师聘任负责制、教育岗位目标责任制。1991年8月推行第二次“三制”改革，乡镇教委主任、中小学校长由县教委和乡镇党委共同考察任命，农村教师管理以乡镇为主，县教委参与管理。

是年 为贯彻《学校卫生工作条例》，开始对中小学每年进行一次健康查体。

是年 县教育局仪器站成立电教资料中心，复制音像教材。

1989年

7月28日 县人民政府下发《关于认真贯彻国务院发布〈扫盲工作条例〉通知的通知》。

9月1日 县政府宣布博兴县实施九年义务教育。

9月 博兴被评为“扫除文盲先进县”。11月8日，全县扫盲工作会议召开。

10月 建立博兴县聋童学校，招收聋哑儿童，2002年，更名博兴县特殊教育学校，新建教学办公楼一幢，开始招收弱智儿童。2003年，成为“省级规范化学校”。

11月 国家教委“人民教育人民办，办好教育为人民”现场会在山东省召开，博兴镇新建中学、北关小学为大会提供现场。

12月 在全省职业教育现场会上，省政府授予博兴“学平度教育先进县”称号。县职业高中提供现场。

是年 县政府下发文件，由县财政局和县教育局联合成立博兴县教育集资办公室。

1990 年

1 月 10 日 副省长宋法棠在行署副专员宋存胜的陪同下，到博兴检查教育工作。

2 月 24 日 博兴县在全省“争做山东未来建设者”活动中，被评为红旗县，博兴二中、庞家一中被评为先进学校。

2 月 博兴教育工会参加山东省教育工会第一届第三次全委扩大会，会上介绍博兴教代会工作的成绩和经验。

3 月 17 日 省教委发出通报，表彰寨郝乡政府、陈户镇政府为“基础教育先进乡镇”。

5 月 博兴县教研室被评为“山东省先进教研室”。8 月，教学研究室成为副科级事业单位。

8 月 建立博兴县教育督导室，标志着博兴开始实行教育督导制度。1992 年 11 月，督导室配备两名副科级督学。1995 年 3 月，设博兴县人民政府教育督导室，为正科级事业单位，隶属县教委领导。1998 年 2 月，县教委设督导室办公室，8 月，设镇乡教育督导员，全县形成教育督导网络。

9 月 博兴县艺术教育委员会成立。举办第一届中小学艺术节。博兴被省教委授予“艺术教育示范县”称号。

10 月 副省长马长贵视察博兴教育工作。

11 月 26 日 博兴县老教育工作者协会成立。

12 月 县教育工会、博兴县一中工会被山东省教育工会评为“工会工作先进单位”。是年，博兴一中被命名为“山东省体育传统项目学校”。博兴县实验小学获“省级文明单位”称号。

是年 根据国家教委提出的“要积极进行‘五·四’学制（小学五年、初中四年）的实验工作”的要求，地区选定博兴县寨郝乡中学的初中一年级进行“三改四”实验。1992 年，寨郝乡和博兴镇部分学校进行‘五·四’学制（即小学 5 年，初中 4 年）实验，1997 年初中全改为四年制。改制期间，执行义务教育“六·三”和“五·四”两种学制课程计划。1997 年，全县统一执行“五·四”学制课程计划。2002 年，在县实验中学等 3 处学校搞“六·三”学制实验。2003 年，初中均改为三年学制。

是年 开始对普通高中、职业中学、师范学校的学生进行军事训练，增强学生的国防观念。

是年 博兴调整高中布局，相继撤销第三中学、第四中学、第二职业高中，重点办好第一中学、第二中学和县职业高中。博兴二中升为正科级事业单位。1994 年 10 月，县一中升为副县级事业单位。1998~1999 年，县一中、二中由完中改为高级中学。

是年 县教育局建立卫星地面接收站，扩大远程教育网络。

1991 年

3 月 博兴县教育局做出决定，在全县小学五年级语文、数学、自然三科竞赛中，取得优胜奖的学生免试升入初中。

5 月 博兴幼儿教育工作由县妇联移交县教育局管理，健全县、乡、村三级管理机构。

6 月 30 日 博兴县干部正规化教育结束，五年来全县有 1670 名干部获得结业证书。被中共山东省委宣传部命名为“干部正规化理论教育先进县”。

8 月 博兴教育系统进行第二轮“三制”改革。

8 月 县教委规定成人中心校规格等同乡镇中心初中，促进了成人中心校建设。

9月21日 惠民地区在博兴召开“城镇校舍改造”现场会，参观博兴一中、二中、县职业高中和博兴第二小学的校改现场。

9月 国家颁布《中小学教师职业道德规范》。县教育工会翻印数千份，发放到全县中小学，开展“教书育人，为人师表”的自我教育活动，树立人民教师良好的职业道德规范。

9月 县教育局印发《关于整顿民办教师的意见》，本着“整超、整差、整纪”原则，积极稳妥地进行民办教师整顿工作，精减不合格民办教师78名。1992年始，加快民办教师转为公办教师步伐，一是加大选招人数，二是师范院校招收民办教师。至2002年底，全县分8批将民办教师转为公办教师1101人，师范院校招收民办教师并毕业的306人，符合退休条件的民办教师都退休。从此，民办教师退出历史舞台，基本建立起“以县为主”的教育管理体制，从根本上改变农村教育农民办的局面，实现了向农村教育政府办的转变。

9月 纯化乡教委被评为“山东省复式教学先进单位”。

11月 曹王镇农民文化中心学校被国家教委授予“农村成人教育先进学校”称号。湖滨乡被行署表彰为“农村中小学规范化建设先进乡镇”。

是年 新入学的普通高中学生，实行高中会考制度。

是年 满30年教龄的公办退休教师的退休补贴费提高5%。1992年10月，中小学教师在乡、村学校任教的在国家规定的工资标准的基础上向上浮动一级工资。1993年，教职工工资改革，在职人员人均月增100.8元，离退休人员人均月增123.33元，同时提高退职人员生活补贴。1996年，连续教龄满30年的中小学教师，退休金按100%发给。1998年5月，省人事厅、教委、财政厅联合发文，对连续从事教学工作满二十五年的女教师退休待遇问题重新做出规定，符合条件的女教师其退休金按原工资的100%发给。是年起，连续6年每年都提高工资，仅四次调整工资就人均月增349元。

1992年

3月 县职业高中被省政府命名为“省级重点职业高中”，5月，经国家教委批准，县职业高中改为县职业中专，被省政府命名为“省级重点职业中专”。2000年6月，经教育部审查，博兴县职业中专被认定国家级重点职业中专。

3月 博兴被省政府表彰为“山东省勤工俭学先进单位”。

6月11日 国家教委兼职督学周宗京带领国家教委考察组一行3人，到博兴县考察教育工作。

9月27日 博兴一中举办40周年校庆，全国各地的700多校友和在校学生参加校庆。2002年、2012年先后举办建校50周年和60周年校庆。

10月 省教委授予博兴县教育局“教师队伍建设先进单位”称号。11月，博兴县教育局被授予“山东省城镇中小学校舍改造先进单位”称号。

11月 博兴县教师进修学校与党校合并，成为县党团培训中心。

12月4~5日 省级规范化学校验收组到博兴对县实验小学、寨郝村小学进行“省级规范化学校”验收。1993年6月，省教育厅发文，公布县实验小学、寨郝村中心小学通过省级规范化学校验收，成为全省首批省级规范化学校。

是年 新上岗中小学教师都要参加岗前培训和试用期培训。新教师培训时间为120学时，集中培训60学时。至2007年底，全县培训新教师 1854 人。

1993 年

2 月 13 日 中共中央、国务院颁布的《中国教育改革和发展纲要》提出:“到本世纪末,全国基本普及九年制义务教育，基本扫除青壮年文盲。”1994 年 11 月 5 日，省政府下发《山东省实施〈中国教育改革和发展纲要〉的意见》提出:“全省提前三年，即到 1997 年基本普及九年制义务教育，基本扫除青壮年文盲。”同年，地委、行署召开全区教育工作会议，各县市委书记、县市长、各乡镇党委书记参加，这是全区教育史上规格最高的一次会议。

2 月 18 日 中共中央政治局委员、省委书记姜春云到博兴检查指导工作，姜春云到寨郝村听取寨郝乡党委书记郝进然的情况介绍，参观学校。

3 月 博兴县教育局、县实验小学、庞家乡教委、寨郝村中心学校被评为“山东省农村小学教学工作先进单位”。

3 月 博兴县技工学校被省委、省政府命名为“山东省重点技工学校”。

3 月 副省长宋法棠带领教育、科技、农业部门领导视察博兴县成人教育，对店子乡成人中心校农、科、教三结合给予高度评价。

4 月 国家劳动部副部长令狐安视察博兴县技工学校。

4 月 乡镇教育委员会撤销，文教卫办公室建立，办公室主任由党政干部兼任，原教委成员留 2 人管理教育工作，其他人员分流到中小学任教。1994 年 6 月，恢复乡镇教育委员会，设教委主任、中小学教研组长、成职教研组长、工会主席、会计、出纳。

5 月 11 日 县委、县政府发出《关于开展向“舍已救人好青年”张伟华学习活动的决定》。

5 月 县教育局主编的《博兴县教育志》(1840~1985) 印制完成。

5 月 省“萌芽杯”乒乓球赛在寨郝村举行。

6 月 省教委授予博兴“山东省艺术教育示范县”称号。

7 月 行署批准博兴、阳信、无棣、沾化四县成立成人中专。

9 月 全县小学和初中统一使用国家教委组织新编的九年义务教育全日制小学和初级中学的各科教材。

9 月 县机构改革，建立博兴县教育委员会。原县教育局长白长远任教委主任兼党组书记至 2001 年 2 月。工作机构有办公室、人事股、计划财务股、普通教育股、职业教育办公室和教学研究室。10 月，县职工教育办公室(隶属县经委) 撤销。职工教育的部分职能划归县教委职业教育办公室。

10 月 国家颁布《中华人民共和国教师法》，全县采取多种形式学习、宣传、贯彻落实，把加强教师思想政治工作和为人师表的要求，作为重点认真落实，增强培养社会主义建设者和接班人的责任感和使命感，提高教书育人的自觉性。

12 月 县人大常委会通过《博兴县实施九年义务教育的若干规定》，这是博兴执行《义务教育法》的第一个地方法规。经地区验收，博兴县在全区率先实现初等义务教育。

是年 经行署验收，认定博兴实现了初等义务教育，获“山东省小学教育工作先进单位”称号。

是年 闫坊乡高渡中学撤销。乔庄乡一中、二中合并为乔庄中学。

是年 创办山东省干部函授大学博兴县函授站（设在博兴农广校），第一期招收学员 331 人。

1994 年

4 月 中共博兴县教委委员会成立，教委主任兼党委书记，党组随之撤销，设纪律检查委员会、武装部。

5 月 博兴勤工俭学工作受到省教委、经委、计委、财政厅、人事厅、劳动厅等六部门联合表彰。

6 月 2 日 全县教育工作会议召开，县委、县政府下发《博兴县教育改革实施方案》文件。

8 月 在庞家、湖滨两乡镇试点的基础上，全县教育系统按照《博兴县教育改革实施方案》，进行以“五定四制”为主要内容的教育内部管理体制改革，恢复乡镇教委，理顺教育干部管理体制。1997 年暑假，进行第二轮“五定四制”改革。

8 月 全县高考本科上线 144 人，首次突破百人大关，万人比居全区第一。博兴一中高中毕业生王雪瑞、许志广在高考中分别以全区理科考生第一名、第二名的成绩考入清华大学。

9 月 县政府委托县教委制定“博兴县教育事业‘九五计划及 2010 年远景规划’要点”。

10 月 地委、行署召开全区教育工作会议并下发《关于加强“两基”工作的决定》，博兴掀起实施“两基”（基本普及九年制义务教育，基本扫除青壮年文盲）的热潮。

10 月底 经行署研究决定，滨州电大博兴分校在县教委成立。

是年 全国普通高考的科目采用“3+2”，即文、理两类均考语文、数学、外语 3 科，文科类的“2”为政治、历史，理科类的“2”为物理、化学。

是年 全县投资 214.8 万元，新建 3 处、改建 5 处乡镇成人校，经省验收，有 8 处成为省级示范学校。

是年 设立成人职业教育办公室，农民教育办公室撤销，职能转归成人职业教育办公室。1995 年 3 月，设立教师培训股。县教育局督导室由博兴县人民政府督导室代替，系正科级事业单位，隶属县教育委员会。1997 年 7 月，设立教育结算中心和幼儿教育办公室，托幼办公室撤销。

1995 年

2 月 28 日 在全县青少年中开展六个一百（读一百本书、唱一百首好歌、讲一百个故事、参观一百个先进企业、走访一百个先进村庄、看一百部爱国主义影片）活动。

3 月 博兴县人民政府教育督导室建立，为正科级事业单位。开始对乡镇政府进行督政，对全县中小学、幼儿园等教育单位进行督学。

4 月 5 日 国家教委基础教育司司长李仲汉及省、地教育部门的领导在副县长邱云鹏的陪同下，到县聋童学校指导工作。

4 月 26 日 县希望工程办公室投资 12 万元、总投资 20 万元的博兴县第一希望小学，在乔庄乡刘善人村建设。同年又捐助 7 万元，在纯化乡建立博兴县第二希望小学。这是全区最早的两所希望小学。

5 月 省教委、省人事厅授予博兴实验小学“教书育人先进单位”称号。

11 月 25 日 博兴县教育“两基”（基本实现九年制义务教育、基本扫除青少年文盲）工作顺利通过省政府验收。

11 月 下发《关于印发〈博兴县学科带头人队伍建设实施方案〉的通知》，要求到本世纪末在博兴推选小学 100 名、初中 50 名、高中 20 名、中专 5 名学科带头人，亦称“1525 工程”。

是年 取消小学毕业升学考试，直升初中。

1996 年

3 月 印发《博兴县中小学教学系列达标活动实施意见》，在全县开展教学系列达标活动。

5 月 县委县政府批准新建博兴县第三小学，同年 12 月更名为“博兴县第一小学”。1997 年 2 月 24 日，建成开学。

6 月 27 日 省委副书记、省长李春亭视察寨郝镇寨郝村中心小学。

6 月 县教委下发《关于在全县教育系统深入开展社会主义精神文明建设的实施意见》。

12 月 省教委召开全省初中教学工作经验交流会，博兴县教委受到表彰。县教育工会被山东省教育工会评为“教育工会工作先进集体”。博兴师范被评为“山东省语言文字工作示范校”。

是年 省教委确定博兴县实验小学为“山东省电教示范学校”。1997 年，博兴县第一小学被省教委确定为“山东省电教示范学校”；国家教育部命名博兴县实验小学为“全国中小学现代教育技术实验学校”。

是年 全县开展教育质量管理年活动，强化中小学常规管理。

是年 全县学前教育工作会议召开，县政府办公室转发县教委《关于加强学前教育管理工作的报告》，全县幼儿教师进行考核整顿。寨郝幼儿园和兴福中心幼儿园成为省级示范园。

1997 年

3 月 县教委、农业局、县职业中专联合举办送科技下乡活动。

4 月 全县开展中小学教师实施技能和现代化教育技术达标活动。首次把初中毕业生加试理、化、生实验技能列入中考资格条件。全区初中生实验技能考核现场会在博兴召开。

5 月 25 日 “迎香港回归”全县教师基本功展示千人表演大会在县体育场举行，教师基本功表演，得到与会的省、地领导的肯定和赞扬。

5 月 27 日 省委书记吴官正在地、县主要领导陪同下，到博兴县调查研究，走访寨郝村中心小学后说：“对教育重视与否，关系到一个地区发展的前途，博兴县对教育如此重视，让大家看到这里的希望，要继续努力，把教育办得更好。”

8 月 全县教育系统进行第二轮“五定四制”改革。

10 月 山东省中小学计算机辅助教学现场会在县实验小学召开。

12 月 5 日 为贯彻国家教委《关于当前积极推进中小学实施素质教育的若干问题》文件精神，地区教委在博兴召开全区中小学素质教育经验交流会。

是年 县人大牵头，由人大、政协、审计、地税、教委五部门组成联合小组，对各乡镇 1995 年至 1997 年的教育经费进行全面检查，总结经验，找出问题，写出检查报告向县人大常委会汇报。

是年 县直学校教职工工资由县统一管理，县财政局统一发放。农村学校教职工工资，由县统一管理，乡镇政府发放。

是年 启动“广厦工程”，采取政府和地方负担附属设备配套，教师个人集资的办法，在乡镇政府驻地建设教师宿舍楼。阎坊镇率先投资 180 万元建设一栋 3000 多平方米的宿舍楼，32 户教师喜迁新居。8 镇相继建设了教师宿舍楼。1999 年 9 月，被省表彰为“山东省教职工住房建设工作先进单位”。

1998 年

3 月 全县中小学开展素质教育大讨论，从而带动理论学习，以解放思想、更新观念为先导，以先进教育思想和素质教育的理论武装干部和教师头脑，强化育人为本的自觉性，加快由“应试教育”向素质教育的转变。5 月，省教委授予县实验小学、县一小“素质教育实验学校”称号，博兴被确定为首批“省素质教育实验县”。

4 月 10~17 日 举行首次初中毕业生实验技能考试。

4 月 28 日 省雏鹰争章达标现场会在博兴召开，县一小提供现场。

7 月 省教委成教处处长李长廷、中国成人教育杂志社社长罗树华考察博兴成人教育工作，对博兴成人教育基地建设和项目开展给予高度评价。

8 月 高考本科上线 218 人，首次突破 200 人大关，上线万人比列全区第一。2003 年以来，本科录取均过千人，2007 年，本科录取 1332 人，创历史新高。

8 月 省教委印发《开展助学自考加快中小学教师学历培训招生考试工作细则》，同年 11 月，全省统一进行入学考试。学制三年，采用教学和考试相分离的方式。通过“三沟通”（即中学教师函授、卫星电视教育、自学考试相沟通培训）和助学自考培训，全县有 432 人本科毕业，786 人专科毕业。

10 月 由青岛市团委捐助 30 万元，总投资 80 万元的蔡寨乡“情远小学”动工兴建。1999 年 8 月 28 日落成。

10 月 全省计算机辅助小学教学现场会在博兴召开，县实验小学提供现场。

10 月 《博兴县人民政府关于制止义务教育阶段学生辍学的通知》印发，并召集专门会议进行动员，调动全社会力量制止辍学。

11 月 县教委印发《关于加强博兴县中小学计算机教育的意见》，启动以微机室、语音室建设为突破口的现代教育技术工程。自下半年始，把初中计算机教育列为必修课，1999 年进行中考资格考试试点，2000 年统一纳入中考资格考试。

11 月 博兴被省教委命名为“素质教育先进县”。

11 月 博兴被授予“山东省普通高校招生工作先进单位”称号。

12 月 9 日 博兴县师范学校以较高分数正式通过省级规范化学校验收，成为全省第 21 所规范化中等师范学校。

12 月 15 日 县实验中学奠基开工，1999 年 12 月 2 日建成使用。县一中初中部划归县实验中学，县一中成为普通高级中学。

12 月 县教委获“山东省中小学劳动技术（劳动）教育先进集体”称号。

是年 县教委印发《关于教育形象工程的实施方案》，全县教育系统开展以弘扬师德和青少年道德教育为重点的学校精神文明建设活动。县二中青年教师黎华代表地区参加全省师德演讲比赛，获一等奖。

是年 地区教委登记在编、因超龄不能转正的在岗和已办理退休及因公致残完全丧失工作能力的民办教师，待遇标准比照同等条件的公办教师调整工资及退休待遇，全县共有 102 名民办教师办理了退休手续。

是年 县五大班子主要领导和教委主要负责人与特困生结对子，至 2007 年底帮助 152 人接受完九年义务教育。

是年 县教委设立特困生救助基金（来源

于民营企业家和全县教职工捐款），对全县特困生（主要是升入大学的农村学生）进行救助，至2007年共救助特困生514人。

1999年

3月 县教育督导室被评为“山东省教育督导先进集体”。4月，在全省教育督导经验交流现场会上，博兴做典型发言。

4月11日 地区教委在博兴召开全区教师学科基本功训练现场经验交流会，县实验小学、县一小及寨郝镇、兴福镇部分学校提供现场。5月17日，行署在博兴召开全区中小学素质教育经验交流会，县实验小学、县一小、博兴第二小学及店子镇、兴福镇、曹王镇部分学校提供现场。

5月、7月 中央电视台先后两次采访并报道县一小实施素质教育的经验。之前，山东电视台、山东教育报社、中国教育报社曾先后对这项试验采访报道。

6月 全省中小学劳动技术（劳动）教育观摩现场会在滨州召开，博兴一小、曹王一中提供现场。

6月 中央电视台、《大众日报》《农村大众》对纯化乡依法制止学生辍学的做法进行专题报道。

7月中旬 山东省教委批准并公布博兴师范1999年招收五年制普师专科的计划，博兴师范开始招收五年制普师专科，主要招“小教大专班”，中师教育逐渐退出。

8月 全区派出4名骨干教师赴西藏日喀则支教，其中有博兴的张继兵。

9月 省教委授予县教委“山东省教职工住房建设工作先进单位”和“山东省教育系统财会工作先进集体”。

10月 博兴县闫坊镇政府被国家教育部、财政部授予“中华扫盲奖”。

10月 博兴籍运动员姜华珺获国际少儿乒乓球公开赛冠军。

11月中旬 省教委对国家级、省级重点职业学校进行抽查复评和达标验收，经教育部审查同意，博兴县职业中专被认定为国家级重点职业中专。

12月22日 省人大常委会副主任董凤基到博兴视察“义务教育法”和中小学素质教育实施情况。

12月22日 中央电视台《社会经纬》栏目播发博兴县兴福镇50名学生联名依法状告镇政府乱收费问题，成为全国第一例学生依法保护自身利益的典范。

12月 山东省普及实验教学评估团对博兴进行评估验收，博兴成为全省农村中小学普及实验教学第一县。

是年 县教委被省教委表彰为“全省教育系统财会工作先进单位”，被省统计局表彰为“全省统计先进单位”。

是年 博兴师范普通班在全省率先全部改为五年一贯制专科教育，生源仍是初中毕业生，在校学习五年，毕业后颁发专科毕业文凭。

2000年

5月30日至31日 全省小学教师综合能力训练现场经验交流会在博兴召开。博兴作典型发言，寨郝镇、兴福镇、县实验小学、县第一小学、县实验中学提供现场。

8月 出台《博兴县中小学人事制度改革实施意见》，全面推行教职工聘任制。

8月 店子镇张王小学少先大队被中国文化扶贫委员会、全国少工委、中国少年儿童新闻出版总社命名为全国首批“手拉手地球村”，并授村旗。

9月13~15日 省人大常委会副主任何宗贵率省人大常委会检查组到博兴对“义务教育法”执法情况进行全面检查，并给予高度评价。

9月26日 全区学校后勤服务社会化及教师住房建设现场会在博兴召开，县一中、县实验中学提供现场，博兴在大会上作典型发言。10月30日、31日，“《光明日报》、中央电视台《早间新闻》《人民日报》《大众日报》”相继对博兴中小学后勤服务社会化改革情况分别作报道。

11月8~9日 国家督学高玉琛率国家“两基”工作验收组到博兴进行验收，博兴县顺利通过国家“两基”工作验收。同月，山东省人民政府授予博兴县“全省‘两基’工作先进县”称号。

是年 博兴县被授予“山东省学前教育先进县”。

是年 博兴师范通过两项国家级科研课题的鉴定，被中央教科所授予“和谐教学先进单位”。2001年至2002年的两次山东省师范教育年会上，博兴师范共有10项教科研成果获一等奖，占全省一等奖总数的四分之一，被誉为“博兴师范现象”，受到表彰。

2001年

3月 蔡寨乡教委合并到乔庄乡教委。寨郝镇教委易名湖滨镇寨郝教委，湖滨镇教委易名湖滨镇湖滨教委。

4月 博兴成为全省首批课程改革实验区。年底，博兴被授予“全国基础教育课程改革实验先进县”称号。

暑假 全县进行“一评三制”改革。“一评”即综合考评，“三制”即校长聘用负责制、教职工全员聘用制、岗位工资等级制。同时，在全市率先对录用应届师范院校毕业生进行改革，通过公平竞争，择优录用。

暑假 推行“综合考评、竞争上岗、末位调整、合同管理”为内容的管理体制改革。全县辞退临时工149人、代课教师4人及未经批准录用的非师范类毕业生2人，形成能进能出的管理体制。

9月 小学开始改六年制，在校二、三、四年级使用自编教材进行过渡，按教育部《义务教育课程设置实验方案》要求，执行课程改革实验计划。

12月 博兴县被国家教育部、民政部、中国残联授予“全国特殊教育先进县”称号；被省教育厅、省科技厅授予“全省青少年科普教育先进集体”称号。

是年 国务院决定农村义务教育实行“在国务院领导下，由地方政府负责，分级管理，以县为主的体制”。11月起，县政府决定将以各镇中小学教职工工资的国家统一规定项目标准建立“工资资金专户”，由县财政局按月及时发放，其余部分由镇政府补发。至2002年底，全县已基本将中小学教职工工资管理和人事管理上收到县，实现了农村义务教育管理由以乡镇为主向以县为主的根本性转变，经费投入由农民为主向政府为主的根本性转变。

是年 博兴县推进信息技术教育的经验在全省基础教育工作会议上作介绍，被教育厅命名“全省信息技术教育实验区”。

是年 县职业中专被授于“山东省职业教育先进集体”称号。

2002年

4月30日 博兴县技工学校举行晋升国家级重点技校揭牌仪式，国家劳动和社会保障部发电致贺。

5月 全省小学教师综合能力训练现场经验交流会在博兴召开，县教委作典型发言，寨郝镇和兴福镇、县实验小学、县一小和县实验中学提供现场。

5月 山东省中小学信息技术教育现场会在博兴召开。县教委将2002年确定为“教育信息化建设年”，在全市率先建成宽带高速教育城域网。12月，博兴县被省表彰为“全省教育装备先进单位”。《大众日报》《现代教育导报》《联合日报》对博兴县的经验作专题报道。

是年 高考本科录取787人，本科上线万人比连续七年居全市第一，连续六次被评为全市“高中教育质量优胜奖”。12月，县教育局被省教育厅表彰为“全省高校招生工作先进集体”“全省高中会考先进集体”。

是年 实施《中小学教师继续教育“十五”规划》，参加学习并取得证书的教师本科406人，专科130人，中文、数学研究生269人。2007年，有152名教师参加自学助考本科学历进修。

是年 实施教师“富脑工程”，举办理论报告会11次，专家报告会16场，听报告教师达13000人次。2003年至2007年，先后派出250人参加国家、省级新课程骨干教师培训，骨干教师对新课程教师进行全员培训，使基础教育新课程改革顺利实施。

是年 博兴县获“全省素质教育实践基地建设先进县”称号。

2003年

4月 根据市委、市政府调整规划，博兴师范归并到滨州学院。

4月 博兴县技工学校与博兴县职业中专合并组建为博兴职业技术学校，同时保留博兴县技工学校和博兴县职业中专两校的牌子和办学职能。2006年3月，学校被国家劳动和社会保障部评为高级技校，从而更名为滨州市第二高级技工学校。2007年，被评为“山东省职业教育先进集体”“山东省中等职业教育十佳创业明星学校”。

5月18日 县委、县政府决定建二中分校，扩大高中办学规模，博兴二中分校建设工程奠基仪式在县西城区分校校址举行。分校占地441.93亩，规模为60个教学班，计划总投资9000万元，总建设面积83883.9平方米。一、二期工程于2004年6月竣工交付使用。

6月 县政府决定自该月起将中小学教职工工资全额上划，由县财政局统一标准、统一发放。在农村教师工资上划的基础上，教师队伍的管理权和中小学校长的任命权全部上收到县教育局，落实了农村义务教育“以县为主”的教育管理体制。

8月7日 中组部组织局副局级调研员、全国试点办工作指导组组长孟朝晖率中组部远程教育检查团到博兴检查指导农村党员干部现代远程教育。

9月 县博奥学校建成并招生，依托县实验中学建成的博奥学校是一所民办学校，主要招收博兴县非县城及博兴周边县区义务教育阶段学生。

12月28日 县第二小学更名为山东博兴乐安实验学校。

是年 博兴县委、县政府下发《关于建立教育执法目标责任制的意见》，对镇政府教育督导评估纳入组织部对党政主要领导干部的政绩考核，政府加大了对教育投入，使中小学生均公用经费明显提高。

是年 为扩大办学规模，市、县政府决定将博兴师范有偿划拨给一中办分校。2006年6

月，县政府决定将分校拍卖，用于项目开发。

2004年

1月1日 省委常委、组织部长刘伟到博兴参加全国农村党员干部现代远程教育专用频道开通仪式。

2月2日 县第一小学幼儿园被省教育厅授予“山东省十佳幼儿园”荣誉称号。2005年2月，县实验小学幼儿园被省教育厅授予“山东省十佳幼儿园”荣誉称号。

6月 阎坊镇教委更名吕艺镇教委。

8月 落实《博兴县中小学人事制度改革实施意见》，建立学校自主用人，教职工自主择业的用人制度，全面推行教职工聘任制。共有62名教职工调整岗位，66人调动交流，51人分流调出教育系统。

9月 山东省人民政府办公厅转发省教育厅省物价局省财政厅《关于在全省义务教育阶段学校试行“一费制”收费办法的意见的通知》，县财政局、县教育局印发《关于中小学公用经费有关问题规定的通知》，制定中小学公用经费定额标准。随着实行“一费制”和财政增加中小学公用经费，教育乱收费问题得到解决。

10月26日 省教育厅、财政厅在博兴县召开全省中小学校舍设施维护管理工作座谈会，县教育局局长李予作了典型发言。会前，参会人员观摩了店子镇第一中学、兴福镇付园小学、曹王镇第一中学等学校校舍设施维护管理及校园环境建设工作成果展示。

是年 启动“个十百千兴农工程”，即每个成人中心校上一个示范项目，选十个农户搞示范，每个示范户带十户，达到一百户，每户增收一千元，所上项目及示范户都起到示范推动作用。

2005年

4月 县教育局颁发《关于充分利用农村中小学远程教育资源，服务“三农”、服务教育的实施意见》，农村中小学109处远程教育卫星收视点资源共享，利用晚上或农闲时间组织党员干部群众收看，同时县科技局牵头，县教育局和县职业技校承办了首期农村科技致富带头人培训班。

6月 国家副总督学、原国家教育部基础教育司司长王文湛到县实验中学出席全省教师综合能力现场会。

6月 为规范幼儿园招生秩序，探索实行幼儿园园籍卡制度，并在全市推广。7月，县教育局在山东省学前教育事业发展高层论坛暨现场会上做《发挥品牌优势，实行城乡联合，积极探索学校办园新模式》典型发言。

8月31日 县慈善总会、县民政局举行慈善助学金发放仪式。

11月12~13日 由山东省中华诗文教育学会主办、博兴县教育局承办的“山东省中华诗文教育学会第三届年会暨全国优秀小学语文青年教师观摩课展示会”在博兴举办。原山东省副省长、山东省人大常委会副主任张瑞凤到县实验中学参加全省诗文诵读现场会。11月，承办“滨州市区域特色教育观摩会议”。是年，被授予“全国经典诗文诵读实验先进县”和“全省中小学心理健康教育先进集体”。

是年 启动“师德建设工程”，并定为“师德建设年”。先后组织“教师公开承诺签名”“心连心、手拉手”“评选师德标兵”“师德报告会”“评选师德论文”等一系列活动。博兴二中获“全国中小学思想道德建设活动先进单位”称号。

2006 年

4 月 28 日 经专家评审，劳动和社会保障部以《关于公布 48 所国家重点技工学校和 18 所高级技工学校名单的通知》，批准博兴县技工学校改建为滨州市第二高级技工学校。

4 月 全国政协副主席李蒙向家乡捐赠两套《技能型人才培训系列丛书》，总价值 8000 余元。6 月 29 日，再次向家乡捐赠两套《技能型人才培训系列丛书》。

6 月 施行修订后的《义务教育法》，收费义务教育转为免费义务教育。

8 月 高考本科录取人数 1132 人，获全市“高中教育质量优胜奖”。

9 月 智障儿童康复中心成立，承接山东省贫困残疾儿童救助工程，有 50 名智障残儿接受康复训练。是年，县特校利用社会捐助建起“爱心餐厅”，设立“京博奖学金、助学金”，率先在全市对残儿实行“五免一补”义务教育。

10 月 18 日 全省农村中小学现代远程教育工作会议在博兴召开，副省长王军民出席会议并讲话，与会人员到纯化镇中心小学等 8 处学校实地考察。

10 月 自是月始，将 3976 名农村中小学教师的工资列入县财政预算，由县财政统一足额发放，实现农村中小学教师工资真正意义上的上划。

11 月 县教育信息中心成立，普通教育股更名基础教育股，仪器站更名电教仪器站，教师培训股更名教师教育办公室。

是年 博兴一中被评为“全国学校文化建设示范校”，获全国校园文化建设金奖。博兴二中被评为“全国德育工作先进集体”。

2007 年

1 月 博兴县农村义务教育经费保障机制改革办公室成立，全县小学、初中学生免收杂费，中小学按在校生数发放公用经费。

3 月 县教育局与财政局联合成立“博兴县教育会计集中核算中心”，将全县各中小学和乡镇教委全部纳入核算中心集中核算，以学校为单位共建帐 115 套，实现“校财局管”，严格按国家财务管理制度进行收支，确保经费使用规范、安全、有效。

4 月 县教育局获“全国青少年思想道德建设先进集体”称号，店子一中、县实验小学等 5 所学校被授予“全国中小学思想道德建设先进学校”称号。

6 月 博兴镇教委、湖滨镇湖滨教委撤销，锦秋、博昌、城东 3 个街道教委建立。湖滨镇寨郝教委易名湖滨镇教委。2007 年年底，全县设有 9 个镇、3 个街道教育委员会。

7 月 中小学建立岗位绩效工资制度。岗位绩效工资由岗位工资、薪级工资、绩效工资和津贴补贴四部分组成。年度考核合格及以上等次的教职工每年增加一级薪级工资。该次改革在职教职工人均月增 214.3 元，退离休人员月增 267.4 元。

8 月 博兴县被教育部国家基础教育实验中心命名为“首批国家心理健康教育实验区”，有 10 所中小学被教育部国家基础教育实验中心命名为“首批国家心理健康教育实验基地学校”。11 月 29 日至 30 日，全国区域学校心理健康教育成果现场会在博兴召开。

10 月 13~19 日 由山东省乒乓球管理中心主办，博兴县人民政府承办的 2007 年“京博杯”山东省青少年乒乓球锦标赛在博兴县体育局举行。

12 月 成立博兴县学生资助管理中心，当年资助义务教育阶段贫困家庭学生 3692 人，资助高中贫困家庭学生 1074 人，资助县职业技术学校学生 2311 人。

12 月 23 日 中国成人教育协会 2007 年度会议在京召开，店子镇成人校获“全国农村成人教育先进单位”称号。

是年 全县创造性地落实农村义务教育经费保障机制改革，在中央、省市财政承担农村义务教育阶段学生杂费的基础上，全部免除了城区义务教育阶段 56506 名学生的杂费，共计 1342 万元。秋季，免教材费 267 万元，学生实现免费上学。

是年底 县政府决定从 2008 年 1 月起，农村中小学教师按标准发放住房补贴，实现县财政局代发教师工资，全县城乡教师同工同酬。

2008 年

1 月 自是月起农村教师开始发放住房补贴，全县教师工资按一个标准发放。农村教职工工资标准逐年提高。2007 年农村教职工人均月工资 1520.00 元，比 2006 年增长 141.19 元；2008 年 2780.54 元，比 2007 年增长 1260.54 元。

4 月 3 日 由国家教育部关心下一代工作委员会发起，中国教育学会、中国教育报、中央教育科学研究所联合主办的“全国中小学思想道德建设优秀成果展评活动”中，县教育局被授予“2007 年全国中小学思想道德建设先进集体”称号。

5 月 9 日 县教育局在首届全省中小学校长德育论坛上作典型发言。

7 月 23 日 奥运圣火在济南传递，全省 7 名妇女代表之一——博兴一小校长高桂荣，滨州教育界唯一代表——博兴二中化学教师盖志斌参加奥运圣火传递活动。

8 月 高考本科录取 1562 人，创历史新高。是年，博兴一中被济南军区空军司令部授予“飞行员优秀生源基地”称号。

11 月 在《中国学校心理健康教育行动研究》学术年会上，博兴县被评为“2008 年全国学校心理健康教育先进实验区”。

是年 实施“发现名师”工程，评选出首届名师 39 名，首届骨干教师 91 名。县第一小学高桂荣被评为“全省创新校长”，店子镇张侯小学教师王世朋获“全国十佳小学班主任”称号。

2009 年

1 月 20 日 根据《山东省人民政府办公厅转发省教育厅等部门关于做好我省生源地信用助学贷款工作的意见的通知》文件，博兴县和国家开发银行正式签订合作协议，为博兴籍的家庭经济困难大学生开始办理生源地信用助学贷款。

5 月 滨州市第二高级技校创建为滨州技师学院；6 月，山东省人民政府批准滨州市第二高级技校晋升为副厅级事业单位；12 月，山东省人民政府同意滨州市第二高级技校改建为滨州技师学院。

5 月 启动“好学生” 评选表彰工作，共评选出优秀学生 632 名，在“六一节”举行盛大表彰庆祝活动，在社会上引起强烈反响。

9 月 投资 4200 多万元的博兴县第三小学教学楼、办公楼、塑胶操场建成，开学招生。教师和学生从县实验小学、第一小学及附近几所农村学校分流而来，当年招生 1100 人。

9 月 27 日 山东省首届“爱书人杯”中小学生经典诵读和演讲比赛中，由乐安实验学校、博兴二中和博兴实验中学组成的滨州市代表队荣获佳绩，分别获得一、二、三等奖。

12 月 在全省基础教育课程和教学工作会议上作为全省唯一的县级教育主管部门发言，介绍博兴县落实课程方案推进素质教育的做法。

是年 全县义务教育阶段学校全面编制年度预算，经县财政局审核，县人民代表大会审议通过，2009年农村义务教育经费标准为初中625元/生/年，小学430元/生/年，分别比上年提高了105元和55元，分别高出省定标准25元和30元。

是年 县教育局下发了《博兴县特色学校认定办法》，12所学校在特色学校创建方面达到了县级示范学校的标准，被命名为博兴县首批特色学校。

是年 县青少年社会实践活动中心被确定为全国县级青少年学生校外活动场所开展的科普教育共建共享试点单位。

2010年

3月25日 教育部基础教育司二司副司长李天顺一行到博兴调研基础教育信息化工作。

暑假期间 县教育局开展全县在岗教师全员培训活动，培训涉及高中15个学科，初中12个学科，小学6个学科，4000名教师参加培训。

9月9日 《光明日报》记者到吕艺镇京博希望小学，对“吕剧进课堂”特色教育活动专题采访。

11月5日 全国第三届中小学人文教育研讨会暨山东省人文教育实验现场观摩会在博兴县召开，全县7处学校为会议提供观摩现场。

11月17~18日 全省中小学家长委员会建设管理工作现场交流会在博兴县召开。

是年 制定《博兴县化解农村义务教育债务实施方案》，根据方案，2010年县财政共计拨付债务化解资金3959万元。

是年 博兴获“2010年度全国学校心理健康教育先进实验区”“全国第三届中小学生艺术展演活动优秀组织奖”“山东省学前教育先进单位”等20余项市级以上称号。

2011年

4月 根据《国务院关于当前发展学前教育的若干意见》(国发[2010]41号)及省市通知精神，博兴县启动实施第一期学前教育三年行动计划。

4月 博兴县编制委员会办公室批复成立山东省博兴第三中学，9月，招收学生700人。

6月 博兴县出台义务教育学段招生工作意见，按政策对城区小学学生进行合理调整，进城务工人员的适龄子女按政策划片进入国办学校就读，与城区孩子享受同等待遇。

7月 在二中原校址上恢复设立县第三中学，周晋国任校长，当年招生700名。

11月22~23日 山东省中小学“1751”工程学校发展现场观摩暨校际合作会议在博兴县召开。

是年 新建和改扩建部分镇办初中学校，并分别重新命名为县第四、第五、第六、第七中学，由县教育局按县直学校管理，县编办批准为副科级单位。

2012年

3月9日 滨州技师学院与山东职业学院、滨州职业学院签订3+2连读联办协议，实现了技能教育与学历教育的完美结合。滨州技师学院是滨州市唯一一家获此资格的学校。

4月15~17日 在枣庄召开的全省德育工作会议上，县教育局德育工作优秀案例获省级奖励。

5月 全市德育现场会在博兴县召开，县实验中学、县第一小学、寨郝中心学校提供现场。

5月 县第五中学、县第三小学通过省级规范化学校验收。

5月9日 全市2012年学生资助管理工作会议在滨州市技师学院召开。

9月15日 县委副书记、县长殷梅英调研教育重点工程建设项目。

9月 启动社团组织建设，出台《博兴县中小学生社团管理办法》《博兴县教育局关于加强中小学学生社团建设的指导意见》，全县中小学共建立学生社团1689个，教师社团73个。

10月 县教师进修学校作为正科级事业单位从县直学校序列划出，与县教研室合署办公。

12月6日 省验收组到博兴预查“山东省教育工作示范县”创建工作。

是年 县教育局连续三年荣获“全县争先创优综合评估”第一名。

2013年

2月19日 韩国京畿道南富川市青年企业家协会会长金明植带领富川市梧亭小学代表团访问博兴实验小学，推动与博兴实验小学乒乓球交流。

5月 在全国校园安全教育工作研讨会上，县教育局、博兴五中、博兴实验中学获得“全国校园安全工作先进单位”称号。

7月24日 市委书记、市人大常委会主任张光峰到博兴调研职业教育与现代农业发展情况。市委常委、市委秘书长杨国强，县委书记焦本强，县委常委、县委办公室主任赵春良等陪同调研。

10月 省教育厅、财政厅、省残联等部门联合发文，公布山东省10所首批“康教结合”项目实验学校，博兴特殊教育学校榜上有名，并获得100万元的资金扶持。

11月4日 开展全县中小学办学水平观摩评估活动。教育局中层以上干部、教研室初中、小学教研员、各镇（街道）教委主任、中小学校长、部分兼职督学共130人参与活动。

11月28日 博兴县教育书法协会成立并举办首届会员作品展。

12月 市职业教育观摩团到滨州技师学院观摩考察。

2014年

5月4日 县委书记、县人大常委会主任焦本强，县委副书记、县长殷梅英等领导到博兴第五中学调研，并听取了有关工作情况汇报。同日，全县纪念“五四”运动95周年大型图片巡展活动在博兴第五中学启动。

5月26~29日 省政府教育督导组于对博兴县进行了义务教育均衡发展督导评估及省教育工作示范县预查。

6月4日 县委副书记、县长殷梅英到博兴一中、二中、三中检查高考准备工作。全县共有3429名考生参加高考，设一中、二中两个考点，116个考场。

8月3日 第二届“关爱明天、普法先行”—青少年普法教育表彰会在北京人民大会堂举行，博兴县14所学校被授予全国“零犯罪学校”。

8月5日 “京博杯”2014全国少年男子自由式摔跤锦标赛在全民健身中心开赛。21支代表队，105名运动员参加比赛。

8月14日 博兴举行2014年“希望工程 · 圆梦行动”助学金发放仪式，对42名贫困大学新生每人两千元的助学补助。博兴“希望工程 · 圆梦行动”自2009年实施以来，累计筹集捐款57万余元，帮助212名贫困大学新生圆梦校园。

9月 县实验中学被教育部、人社部授予

“全国教育系统先进集体”荣誉称号。

10月14日 “全国义务教育发展基本均衡县”督导认定评估组一行4人，对博兴县推进义务教育均衡发展工作情况进行国家级督导认定评估。10月16日，督导组在济南召开反馈会，会议宣布博兴县通过了“全国义务教育发展基本均衡县”教育部督导评估认定。

12月29日 山东省第五次自强模范暨助残先进表彰大会在济南召开，博兴县特校被山东省政府残工委授予“山东省优秀残疾人之家”称号，博兴县特校教师杨颖被授予“山东省自强模范”称号，京博集团董事长马韵升获“山东省扶残助残先进个人”称号，并被省委、省政府荣记一等功。

2015年

1月28日 全县教育工作会议召开。

2月13日 博兴县人民政府办公室下发《关于转发县教育局等部门<博兴县特殊教育提升计划2014~2016年>的通知》，2014年下半年全县义务教育学校建设特殊教育资源教室12个。

3月 博兴县启动第二期学前教育三年行动计划，在全市率先实行生均经费300元的拨付标准，推动全县学前教育健康和谐发展。成立县级中心教研组，开启了县镇园三级联动教研模式，推进全县园本教研质量的整体提升。3月4日，县教育局召开学前教育工作会议。会前，与会人员到京博控股和万事达集团参观学习，感受企业现代化的管理模式和先进的企业文化。

3月30日 国务院教育督导委员会公布博兴县为全国义务教育发展基本均衡县（市、区）。

5月29日 全县庆六一表彰大会召开。对受到表彰的全县十佳优秀学生、优秀学生、校园之星、优秀家长和优秀社团颁奖。

7月20日 全市全面改善义务教育薄弱学校办学条件现场调度会与会人员到博兴观摩。

7月24日 博兴县教育局工会成立大会暨第一次会员大会在县实验小学报告厅召开。

8月30日 县委副书记、县长殷梅英调度新学期开学前有关准备工作。

9月2日 山东省教育厅公布博兴县等9个县（市、区）为“山东省教育工作示范县（市、区）”。

9月7日 在第31个教师节来临之际，市长崔洪刚到博兴县慰问部分教师，县委书记、县人大常委会主任焦本强陪同走访。

10月13日 省教育厅督查组到博兴进行家庭经济困难学生资助工作专项督查，副县长巩红梅陪同活动。

12月2~6日 《中国青少年手球教学大纲》启动培训暨全国青少年手球校长理事会会议在山东省潍坊市举行。博兴县第四中学被授予“全国青少年手球运动推广学校（2015-2017）”称号。

12月 博兴县在全省学前教育第二期三年行动计划推进会暨贯彻《指南》现场会上做《实施城乡拉手研训工程，带动教师队伍均衡发展》经验交流。

2016年

2月23日 博兴县学生资助管理中心被山东省学生资助管理中心授予“全省学生资助工作先进单位”称号。

3月29日 省教育厅副厅长张志勇带领省“两个规划”终期监测评估组到博兴，就“十二·五”时期妇女儿童发展“两个规划”实施情况进行终期监测评估。

4月20日 全县教育工作会议召开，县委

副书记李红军主持会议，殷梅英县长讲话，启动全县中小学“县管校聘”管理改革工作。8月底，全县中小学全面完成县管校聘管理改革工作。通过改革博兴县调整了26所学校校长和基层党组织负责人，共计4991名教职工以聘任的方式走上工作岗位。通过校内竞聘、校内直聘、交流轮岗与学校签订聘用合同的教职工人数分别达到3263人、1328人和400人，参加交流轮岗的人员中有支教特设岗位9人，城区学校之间交流97人，镇（街道）交流到城区学校16人，镇（街道）内部交流199人，79名镇（街道）教育行政干部调配到教学一线。

4月26日 全县“两学一做”学习教育工作座谈会议召开。为深入贯彻习近平总书记系列重要讲话精神，推动全面从严治党向基层延伸，巩固拓展党的群众路线教育实践活动和“三严三实”专题教育成果，4月29日县教育局召开“两学一做”学习教育动员会议。

5月30日 作为全国“孔子学堂”规范化建设的首站，博兴县孔子学堂落户县第一小学、县第三小学、吕艺镇博华社区。在县第三小学举行“博兴县孔子文化进校园、进企业、进社区”活动启动仪式。

6月1日 县委副书记、县长殷梅英视察高考准备工作。

6月15日 为进一步提升中小学教师专业素质，根据山东省教育厅《2016年“互联网+教师专业发展”工程实施方案》和《2016年滨州市“互联网+教师专业发展”工程实施方案》等文件精神，结合博兴中小学、幼儿园教师培训工作总体安排，在总结近年来教师全员远程研修经验基础上，县教育局制定下发2016年博兴县“互联网+教师专业发展”工程实施方案。

7月12日 市督察组到博兴督察基础教育综合改革工作，副县长巩红梅陪同活动。

9月6~9日 县委书记、县人大常委会主任焦本强慰问原任教于城东街道朝阳小学的李英老师家属。李英老师因病去世，捐献了自己的眼角膜。

9月8日 博兴县教育书法协会更名博兴县教育书画协会并召开成立大会，同时举办博兴县首届中小学师生书画大赛优秀作品展。

9月8日 全县召开庆祝2016年教师节会议。

11月11日 博兴县教育行业工会联合会成立暨第一次代表大会在县教育局召开。

12月15日 国家体育总局手曲棒垒球中心手球部委派亚洲级手球裁判专家程钰峰到县第四中学考察，敲定2017年全国中学生男子手球锦标赛承办事宜。

是年 县教育局与京博控股股份有限公司共同设立乐安慈善教育奖励基金。当年投入资金110多万元，用于奖励高三优秀教师和教学管理干部。浙江赛石集团副总郭柏峰捐资100万元，分四年奖励优秀教师和优秀学生。

2017年

1月3日 由博兴县教育局和博兴电视台联合推出的栏目《看教育》正式开播。

2月10日 全县教育体育工作会议召开，会议提出打造“学在博兴”教育品牌目标。

4月 成立高中实验部，招收学生196名。

5月26日 博兴县2017年国家义务教育质量监测工作顺利完成。

6月1日 县委常委（扩大）会议确定县一中新校区校址为新城二路以西，博昌二路以北。

7月10日 以“中国梦·校园情”为主题的2017年山东省中小学生校园艺术节走进博兴，全县5000余名师生参加，被省教育厅评为“优秀组织奖”。

7月20日 “正大新材料杯”全国中学生

男子手球锦标赛在博兴县第四中学拉开帷幕。

8月20日 县委办公室、县政府办公室出台《博兴县校长职级制改革实施方案(试行)》。8月22日，取消60名中小学校长的行政级别。9月22日，县教育局、县委组织部、县编办、县财政局、县人社局公布对全县60名中小学校长职级评审认定结果。12月底，全县中小学校长职级薪酬落实。

8月25日 博兴县2017~2018学年度集团化办学签约仪式在县行政中心举行，标志着博兴县教育集团化办学改革正式实施。全县组建了8个教育集团，京博集团参与县第四中学管理正有序推进。

8月 取消镇(街道)教委,实行学区制管理。

8月 启动“智慧教育”信息化建设工程。投资2000万元，在8所学校进行“智慧校园与智慧课堂”信息化建设试点。

9月 博兴县被认定为山东省首批中小学“县管校聘”管理改革示范区。

9月 制定教师绩效工资增量工作方案，出台指导性意见。三所高中先行试点，充分体现“多劳多得，优劳优酬”。

11月 全县所有学校通过“煤改电”“煤改气”取暖改造，实现了“绿色取暖”全覆盖。

11月 县第一小学荣获“全国文明校园”称号。

12月27日 博兴县顺利通过国家三类城市语言文字工作评估验收。

12月 顺利完成第二期学前教育三年行动计划。三年共计投资1.1亿元，新建改扩建23处幼儿园，投资1097万元为75所幼儿园配备了保教设备。

第一篇 私学·官学·书院·科举考试

晚清的学校教育基本沿用旧制，主要有三种形式：一为私学，一般为私家自行设立；一为官学，由官府创办；一为半官半私的书院。书院最初是由私人办理的，但随着统治者加强对书院的控制，书院亦逐渐官学化，尤其到了清末，几乎与官学没什么区别。

科举考试就是以分科考试的办法选拔人才的制度。它始于隋代，唐、宋、元、明、清各朝相继沿袭，在中国封建社会共延续了1300多年之久，对封建时代的政治、经济、教育制度以及知识分子的学风，均产生了重大影响。

第一章　私学

第一节 私塾

一、私塾发展概况

私塾是中国封建社会学校教育的主要形式之一，它起源于春秋战国时期。公元前 500 年左右，伟大的教育家、思想家孔子在曲阜设学收徒。自此以后，私学作为一种民间教育形式，一直绵延不绝。通常，中国古代的私学主要有两种：一种是经师讲学，相当于今天的大学教育水平，一般是由名儒大师主持，学生多为成人，宋代以后此种私学渐被书院所代替；一种是蒙养教学，相当于今天的中小学教育水平，主要从事对儿童的启蒙教育，这种私学通常被称为私塾或蒙学。最早见之于古籍记载的蒙学是在汉代，当时称为“书馆”，教师称为“书师”，例如东汉著名思想家王充在《论衡 · 自纪篇》中曾谈到，他幼年所就读的“书馆”，学童达百人以上。在以后的各朝各代，由于私塾主要是由私家办理的，不受朝代更迭的影响，所以在中国古代社会虽经几千年的发展而不衰，至明清时期尤盛。

清朝末年，由于受西方的影响，开始“废科举，兴学堂”，清朝廷对私塾亦采取了“改良”措施。清光绪三十三年（1907），山东提学使朱益藩饬“各属劝学所，由所派员详细调查各私塾住址及塾师姓名，强迫改良教法，或二三塾或四五塾合为一塾。并延聘习师范之人，按日赴各私塾演讲教法”。清宣统二年（1910）学部公布《通行京外学务酌定办法并改良私塾章程》，以“改良私塾以私塾教授渐期合法并补助地方教育为宗旨”，“各省责成提学司督饬地方官劝学所认真经理”。是年，山东提学司饬令私塾一律改为学堂，规定私塾中“生徒能文理粗顺，作文二三百文者，即准一律考升入高等小学堂。将私塾三五处归并，改为初等小学堂”。但由于教师缺乏，小学的发展非常缓慢，私塾仍充斥城乡。延至光绪年间，县内较有权势的乡绅纷纷聘师设馆。

晚清时期，博兴县基本上村村有私塾。民国初年，虽力倡学校，但学校尚未普及，私塾仍占多数。民国八年，全县仍有私塾 300 余处。民国二十年，县内各村办起学校，私塾被政府查禁。民国期间亦多次提出改良私塾、普及国民小学的要求，但是私塾一直未能禁绝。

新中国成立后，仍有私塾存在。为了妥善处理私塾问题，省文教厅颁发《对于私塾之处理方针指示》，实行允许存在、逐步改造的方针。从1952年初开始，私塾分别转为民办小学或并入公办小学。

二、私塾的类型

清代，博兴的私塾主要有以下几种类型：

（1）家塾：又称“东馆”“坐馆”“家馆”“家学”等，是富贵人家或缙绅之家出钱延聘教师，在家中设书房教子弟读书的私塾，目的是为其子弟参加科举考试和考入县学做准备，以便将来入仕做官。

（2）村塾：又称“团馆”“散馆”，是由一族或几房小康之家为了使自己的子弟不再当“睁眼瞎”，出资聘请教师，用祠堂或借闲屋作书房教子弟读书的私塾。清代，博兴以这种形式的私塾为最多。

（3）门馆：又称“学馆”，是由塾师自己开馆招生，学生出钱来塾师家上课的私塾。

以上三种私塾，教师的食宿费用及收入均由学生负担，故入学者多出于小康以上的家庭，贫苦农民子女入学者较少。所教学生，多数识几千字便退学，能参加童子试者百不挑一，能参加府试被录取为儒学生员者，一县之内，数人而已。

三、私塾的教学

私塾在教学上无学制、年限规定，学生年龄参差不齐，程度不一，有七八岁的儿童，也有十几岁的青少年；有刚启蒙读《三字经》的，也有读完“四书”“五经”的，所以教学上只能采用个别教学的方法，因人而异。

私塾的课程大体上可分为二部分：（1）启蒙课程，主要是教小孩子识字，课本主要有《三字经》《百家姓》《千字文》《庄农日用杂字》等。其中最受农民欢迎的是马益的《庄农日用杂字》，此书的作者是临朐县胡梅涧村人，生于康熙年间。全书474句，每句五字，天字韵，一韵到底，通俗易懂，易记易诵，时有“五字经”之称。内容皆农家生活的经验，春耕、夏锄、秋收、冬藏无所不有，饮食起居、婚丧嫁娶、梭织蚕桑样样皆至，涉面广泛，记录准确，为农家日常实用之百科全书。因此一经问世，便广为流传，在社会上产生了深远的影响，曾成为农家儿童的启蒙读物。（2）为科举考试做准备的课程，如“四书”（《论语》《大学》《中庸》《孟子》）“五经”（《诗经》《书经》《易经》《礼记》《春秋左传》），主要针对程度高的学生，学习的顺序通常是先读“四书”，次读“五经”。

私塾主要对学生进行识字、读书、写字、作文四方面的教学。通常，儿童进入私塾后，教师先用一年左右的时间，集中教儿童认识一批汉字，大约2000字左右，然后再教儿童读书。读书是私塾的主要功课，而且所读之书皆要成诵。此时，所谓教师教学生读书，仅是教给学生句读和生字的读音，并不对学生讲解文义，只有学生到了一定的年龄，有了一定的理解能力，教师才开讲。开讲一般从《论语》开讲文义，而且也只是着重讲意思，然后由学生自己去领会和理解，并要向教师“回讲”。真正能开讲的塾师，必须具有较高的水平，一般是家塾的塾师才开讲。

私塾对写字亦非常重视，主要是练大小毛笔正楷字。学生每天要写一篇大仿，一篇小字。写大仿一般是从“描红”开始，依次再写“仿影”“虚影”，有了一定的基础之后，再写碑帖。写碑帖一般是先写“颜体”，打基础，然后改“柳体”或“欧体”，写“赵体”的很少。最常写的碑帖有“多宝塔”“玄秘塔”“皇甫碑”“九成宫”“圣教寺”等。由于学生天天练字，常年不断，故私塾学生的毛笔字写得较好。

作文一般是在学生读书达到一定水平之后才开始进行的。通常是在“四书”中摘出一句作为命题，用论说文的体裁写，而且必须按八股文的格式去做。八股文是明朝以来科场考试的一种固定文体，它规定文章的写作必须包括破题、承题、起讲、入手、初股、中股、后股、束股八个部分。私塾中让学生练习写八股文，主要是为科举考试做准备的。另外，有的私塾里塾师也教学生作五言和七言诗及律诗、对对子等，学点有关声韵的知识，使学生懂得平仄。

另外，灌输封建伦理道德也是私塾教学的一项主要内容。私塾的书房（即课堂）里都供有“至圣先师孔子之神位”的牌位，开学、放假及平时，学生都要行三叩九拜礼。私塾里还有种种“条教”，主要是忠君、尊孔、三纲五常等封建礼教的内容，要求学生严格遵守。对一些不守规矩或成绩不佳的学童，轻则训斥，重则体罚。

四、私塾的教师

私塾的教师，多半是家境清贫而又不愿从事其他职业的知识分子。不过这些人的水平相差悬殊。有在某一方面造诣较高的“饱学先生”，这种塾师是很少的。另有一些塾师水平较低，只不过借教学糊口而已。郑板桥说：“其所延之师不过一方之秀，未必海内名流”。实际上，能称得上“一方之秀”的就是很不错的塾师了。

私塾对塾师一般是实行聘请的办法。每年的旧历年前把聘书送到被聘请的塾师家中（称“下关书”），塾师若同意应聘，就把关书留下，只等来年开学（称“就馆”）。教师就馆时间，一般是在正月十六日，当年腊月十五日结束教学（称“解馆”）。聘任期一般是一年。如果来年继续聘请，当年要另下聘书。塾师的收入（称“束修”“学贽”）没有统一的等级数目，一般是聘请时讲定的。全年的收入在端午节、中秋节和解馆时分三次付清。除聘请时讲定的工资外，遇端午节、中秋节学生还要根据自己的家庭经济情况给教师送“节礼”，一般为现金，平时请教师吃饭也是经常的礼节。

第二节 义学

义学又称义塾，是一种免费学校，入学者多系孤寡无依子弟。义学的名称最早见之于宋代，不过当时是以宗族为单位设立的，只限于教授本族子弟。清代康熙年间，朝廷下诏在边远省份设置义学，招收少数民族子弟入学。乾隆年间，义学由边远地区向内地普及，各府州县也纷纷兴办义学。当时的义学有官办和民办两种，前者教师的收入从国库开支，后者以捐田、捐银、捐房维持。义学与其他学校不同的是它带有对贫寒儿童的救济性质，一般不收学费，有的还发给学习用品。通常义学设塾师一人，监学、绅董二人助同塾师督责学务。各校绅董年终举聘塾师，由县核定。开学后，塾师由知县接见一次，开报到馆学徒人数，领取当年“十二月课程格本”，以后塾师按月填报学徒功课情况，监学、绅董据此按时考核。经考核，学有进步者，由县酌送食品或文具，以资鼓励。义学从程度上可分蒙、经二馆。蒙馆学生接受启蒙教育，以认字为主，同时灌输封建伦理道德，让儿童学习《孝经》《弟子规》《小儿经》等，以达到蒙以养正的目的。经馆学生开始读经，写八股文，做诗答对，准备参加秀才考试。

博兴最早的义学，有记载的是清康熙年间知县李元伟在学宫内设义学，捐俸聘师，以训民间子弟。乾隆四十二年（1777），知县攸万春买博兴城里西隅村李捷宅正屋前后6间，瓦厢屋9间，草门楼2间，以为博兴义学，后改名书院。道光二十年（1840），知县周壬福重修，复名义学，束脩由县捐。同时建北关义学、益家庄（今兴福镇兴益村）义学。北关义学坐落在北关北极庙，以庙田12亩为学租。益家庄义学坐落于七神庙，以庙田8亩为学租。光绪十一年（1885），知县王振録捐银200两，作博兴义学兴修费。光绪十八年（1892），知县李铨因旧义学房舍倾圮，复增购顾、王、李三姓宅基若干，并旧址共计地大亩1亩2分6厘。扩大规模，重新建置博兴义学，“大门外东南隅建高阁，设朱衣神位于其中，以扶文运。其下筑室三楹，仍名义学，以符其旧”。至光绪年间，义学最多达20余处。

社学，有义学的性质。元至元二十三年(1286)，朝廷颁令：凡各县所属村庄以五十家为一社，设社长一人，“教劝农桑为务”，并设学校一所，择通晓经书者为教师，农闲时令子弟入学。元朝灭亡，社学也一时停办。明洪武八年(1375)，朝廷下令各地立社学，延请师儒以教民间子弟。正统元年(1476)，朝廷令提学官及府县官对社学进行扶持和监督，社学中品学兼优者，可免试补为秀才。弘治十七年(1504)，再次明令各府州县建立社学，并规定民间幼童年龄在15岁以下者，应送社学读书。清初沿袭元、明两朝旧制，又令各省道的府、州、县置社学，每乡一所，择“文义通晓、行谊谨厚”者为社师。至清末，社学逐渐消亡，代之以新式学堂。

博兴的社学，在县治所西南，据康熙六十年《博兴县志》记载：“明洪武八年（1375），诏有司正社学。正统九年（1444），令民间子弟愿入学社学者，每社学教读一人，给衣巾，复其身，朔望率子弟赴明伦堂，歌诗习礼。”

第二章 官学·书院

第一节 官学

清代，各府、州、县皆设有儒学，各府、州、县儒学通常又称学宫，其建筑布局一般是大门为戟门，二门为棂星门，入棂星门为泮池，池上有石桥。过桥为大成殿，是祭祀孔子的地方。后为尊经阁，是藏书的地方。在大成殿、尊经阁的两边还有斋舍若干间，如明伦堂、儒学署、射圃等。所以儒学实际是地方上学校与孔庙合一的机构。

据《山东通志》卷十四载："博兴县儒学在县治东南，宋崇宁（1102~1106）初建。元至元（1264~1294）间，监州火尔赤置东西序，后毁于兵。明洪武初，知县王暹重建殿庑堂斋以及戟门、棂星门、射圃、教谕训导宅。嘉靖间，知县张集易民地增建乡贤祠。皇清康熙二十五年，训导钱大受重修大成殿，庙东为城之水门，于门上建楼颜曰'迎秀'，入学拾贰名。社学在各里。"经考证，明李开先《博兴儒学修文庙记》载："博兴自有县治，即有儒学。"儒学或屡毁于兵，或岁久设施倾圮，以致不蔽风雨，露见星月，"官怠于屡迁不及修，邑敝于岁歉不能修。"（李开先《博兴儒学重修文庙记》）博兴儒学元代始修于元贞二年（1296），由监州火尔赤、知州栾汝翼复修，元翰林学士陈俨为之撰《修博兴州庙学记》。明顾连璧《重修博兴儒学记》对上述记载又有补记：嘉靖三十六年（1561），陇西刘公廷琮复重修；隆庆六年（1572），知县王尧臣修，万历九年（1581）在教谕陈荣的倡导下，知县桑东阳率先捐款，其他官员及乡士大夫等好义者各输金赞助，后任知县张登也捐资增修，万历十年竣工，"是一时之义举，而百代之伟观也已"。清贾昉《重修大成殿记略》载，清顺治三年（1646），知县李经国捐资重修；康熙二十三年（1684），掖县钱大受任博兴训导，欲议复修，以岁歉未果，二十九年，他与教谕杜能忠商请知县王玉国同意，众人捐金重修。康熙六十年《博兴县志》对明至康熙年间修建顺序记载更详："明洪武三年，知县王暹重建，二十一年，县丞刘本道、主簿刘克勤修；永乐十三年，知县郭务本重葺；天顺年间，同知刘隆修；弘治十三年，知县何鈛修；十五年，知县姚聪修；正德元年，知县陈文传修；嘉靖元年，知县周让修；三年，知县张集修，三十一年，县丞杜孔禄修，三十六年，知县刘廷琮修；隆庆六年，知县王尧臣修；万历九年，知县桑东阳、张登修；嗣后，知县马壮、王连、赵永安、翁兆云相继增修；明末，毁于兵。国朝顺治二年，知县李经国重建；七年，花友葵修；康熙十一年，署印通判杜必擢、训导迟龙宾重修西庑、筑院墙，教谕李桢修大成门；二十五年训导钱大受重建大成殿；康熙二十九年，知县王玉国重修。”其后，知县李元伟、周壬福、李铨、王炽昌、梁廷揆等，皆率先捐金，乡贤响应，重修官学。乾隆二十一年，县人郑绳立等复修。道光三年，再葺大成殿。其中，知县李铨光绪十六年（1890）、二十年（1894）两任博兴，以振作士气、导扬文风为急务，与士绅王彤一等人筹集巨款，在县西南义学的旧址上，加以拓宽，建立书院，聘请名师教授诸生；书院的扩建，带动了博兴科举的发展。李铨聘请有名望的人教导学生，给他们丰厚的薪水，每月考核一次，亲自排名以激励。从此后，学生都勤奋学习。光绪十九年（1893）秋天的科考，山东例取举人五十一名，博兴即有四人中举，一名在次年又高中进士。王炽昌光绪三十一（1905）年至三十三（1907）年任博兴知县，光绪三十一年（1905），清廷废除科举，兴办学堂。王炽昌到任后，奉命在旧有书院的基础上改建学堂，聘请教师，招募师范、高等学生各一个班，称为官学。

通常县儒学设教谕1人，训导1人。教谕掌管文庙祭扫事宜和教育所属生员，训导辅之。他们都是教官，俗称“学老师”，由官府任命，执掌教事。一般是负责对学生进行月课、季考。每次月课、季考的第二天，要对诸生讲“大清律例”及刑名钱谷等方面的知识。每月还要集诸生于明伦堂，诵“饬士子文”及顺治七年颁布的“卧碑文”诸条，诸生环听。至于清嘉庆年间（1796—1820），月课诸事，渐不举行，虽有人提议整顿，终因教官多数并不如例照行，所谓入学肄业者，久已有名无实了。

入儒学的生员，均通过童试选拔，通常须经县试、府试、院试三个阶段，被录取者称为儒学生员。各府、州、县收到省学政发下的新生名单（俗称“红案”）后，即通知新生于某日雀顶蓝袍齐集官署大堂设宴簪花，并由本官率往孔庙谒圣，至学宫明伦堂谒学老师，因学宫有泮水，故这一仪式称为入学、入泮，又曰采芹。入学的生员根据考试成绩，分为廪膳生、增广生、附学生员三等。廪膳生简称廪生，由官府发给粮米；增广生简称增生，附学生员简称附生，均为自费。廪、增、附生学额固定，一般是府儒学廪、增生各40名，直隶州儒学各30名，县儒学各20名。附生定额是科岁试取文武童府学各20名，州、县学分大、中、小三等，大学各20名，中学各15名，小学各12名。博兴学额有廪生20名，增生20名岁试文武童生各入学12名，廪生出贡1名，科试文童入学12名。这些生员均要参加由教官主持的月课、季考，内容一般四书文外兼试策论。除丁忧、患病、游学、有事故外，不应月课三次者加以戒饬，无故终年不应者黜革。另外，生员们还要参加由省学政主持的科岁试，岁试一般是四书文一篇，经文一篇，五言八韵试帖诗一首，默写《圣谕广训》一则。生员的成绩分为六等：文理平通者列为一等，文理亦通者列为二等，文理略通者列为三等，文理有疵者列为四等，文理荒谬者列为五等，文理不通者列为六等。列一、二等及三等前十名者有奖，并可附生补增生，增生补廪生。岁试欠考三次者黜革。科试为送乡试之考试，内容一般是四书文一篇，策一道，五言八韵试帖诗一首，默经一段，默《圣谕广训》一二百字。名列一、二等及三等前五名的廪、增、附生，有资格参加乡试。另外，府、州、县儒学还定期从廪生中选拔一人（经省考试合格）送国子监学习，称岁贡，非廪膳生不得与贡，食廪十年以上没有中举的廪膳生可以依次被推送到太学学习，称贡生。通常府儒学是一年一贡，州儒学为三年两贡，县儒学两年一贡。

县儒学的经费来源，除了官府津贴外，还都有一定的学田。学田主要由官府拨给，也有名宦达臣以个人名义捐赠的。迎秀门外有学田十四亩（《旧志》作二十亩），明嘉靖间佥事黄鳌置，清康熙年间之地名“学池”。清道光七年（1827），勘玥学田有麻大湖官荒草地6顷7亩；同治九年（1870），入三兴社官荒地1顷21亩4分6厘；同治十年（1871），入官荒地35大亩4分5厘；光绪元年（1875），利城李国祥捐地三大亩（在利城庄北）；宣统二年（1910），知县梁廷棨将支脉、新清河滩暨厅营班房所种的荒田，全数划为学田。学田的收入除了作为学校的日常开支外，还可作为补贴学校师生员工伙食之用。

教谕宅在学宫西，康熙五十九年李元伟修，后圮；乾隆间移建在学宫东；道光十五年，教谕朱兰春修；十七年教谕李同重修。训导宅在学宫东，康熙五十九年李元伟修，后圮；嘉庆二十三年，训导刘砚溪改建在学宫西；道光二十年，训导王盘修。民国成立，学官全撤，教谕宅改为劝学所。

第二节 书院

一、书院的设置

书院是中国封建社会所特有的一种教育组织和学术研究机构。它始得名于唐代，具有教育、教学性质的书院产生于五代十国，发展于宋元，兴盛于明清。作为文化教育机关的书院在县内曾设置。

清初，统治者害怕书院宣传反满思想，不利统治，对书院采取抑制政策。因官府不加支持而荒废。但是书院制度已历经宋、元、明三代的发展，在士大夫阶层和一般知识分子中有很深的影响，清廷虽加限制，也难以取消。顺治末年和康熙年间，民间私立书院者日益增多，朝野上下兴复书院的呼声不绝。于是清代统治者逐步改变了对书院的政策，由消极地抑制转变为积极兴办、加强控制的政策。清雍正十一年（1733），雍正皇帝下诏令各省督抚在省城设立书院，规定书院的经费由官府拨给，书院的山长由各省督抚学臣聘请，书院的学生由各省道员和布政司会同考核，私创书院须申报官厅查核，这样就把书院纳入了官方开办的教育机构中。于是自雍正年间起，各府、州、县纷纷举办书院。博兴在原有书院基础上建立了锦秋书院一处。

清朝末年，随着封建制度的日益瓦解，书院制度亦江河日下，改革势在必行。清光绪二十七年(1901)，清廷开始推行所谓的“新政”，9月14日正式诏令各省书院于省城的均改设大学堂，各府厅及直隶州的均改设中学堂，各州县的均改设小学堂。光绪三十二年（1906），知县王炽昌把书院改办为官立高等小学堂。

二、书院的管理和教学

书院的组织机构比较精干，它的主持人一般称为山长。这主要是由于书院因受禅林的影响，多选址在山林名胜之地，在书院授徒讲学的多是隐居的“长老”，山长就是山中长老的意思。由宋到清，绝大部分书院都相沿使用这一名称。山长负责书院的日常组织管理，规模大些的书院还设有副山长协助山长管理书院。书院的教学人员一般称主讲、教授，另外还有监理、门斗等一般行政人员。由于统治者逐步加强了对书院的控制，所以清代书院的山长、主讲一般均由官府的长官或书院的创办人延聘知名人士担任，例如山东巡抚张曜曾聘请荣成县知名人士孙佩南任尚志书院主讲，咸丰顾命八大臣之一的匡源在被罢官以后曾受聘担任泺源书院的主讲等。

书院在长期的办学过程中，逐渐形成了一套较为严格的管理制度，这些管理制度多载入了书院的《学规》或《学约》中，其中多是关于学生品德修养和为学方面的要求，也有关于山长、主讲的条件和职责的规定。

由于清代统治者继续崇尚程朱理学，所以书院在教育内容方面，仍以儒家学说和体现官方哲学思想的宋明理学著作为主，同时也向生徒灌输封建伦理道德。书院的教育，大体可以分为四类：一是学习作为儒家经典的“四书”“五经”，这是历代书院通用的基本教材；二是学习注释这些儒家经典和阐明儒家学说的著述，如《四书释义》《四书解义》《性理精义》等；三是学习专供揣摩仿写的《历科闱墨》，同时习作八股文、策论一类时文，为科举考试做准备；四是学习学规，用旨在宣扬封建伦理道德的《圣谕广训》等来束缚生徒的思想，规范生徒的言行。

在教学方面，书院一般较注重学生的自学。书院通常都有较多的藏书供生徒阅读，这也是书院的特色之一。在生徒自学的基础上，由大师进行个别辅导点拨，如遇带有普遍性的问题，大师也集中生徒进行讲授，但这种讲授一般不是逐字逐句的，而是提纲挈领的，生徒根据自己的学识深浅自行体会。一般来说，宋明书院较注重名师讲学，教学上与普通官学相比，灵活得多。但是，随着统治者逐步加强对书院的控制，特别是受到明代三毁书院的影响，至清代，除少数书院仍有名儒讲学外，多数书院均为考课型的，已很少进行讲学活动，只负责对生徒进行课考，书院成了科举考试的预备场所。具体情况是：（1）肄业生员分正课、附课和外课，名额一定，正、附课按月给膏火钱，外课没有。（2）按时课试，分等给奖。一般每月课试两次，分别在初三日和十八日，由县官亲到书院点名出题，考卷当日做完收齐，交由山长批阅评定，然后根据课试成绩分别给以奖赏。不到应课者不给膏火，三次不到者正课降附课，附课降外课，四次不到者除名。课试中有抄蓝本雷同者，一次停给一课膏火，两次除名。扣存的膏火用来奖赏其他生童。(3)开课、闭课：一般是每年二月初三日开馆开课，十一月十八日完课闭馆。

书院的经费来源主要有官拨、民捐两种，多以学田的形式拨给或捐给，然后书院把这些学田出租，按期收租，作为书院的经费。另外还有官府公捐、恩赏、个人捐赠等，钱款均存当生息，以充作书院经费。

三、锦秋书院简介

锦秋书院以锦秋湖得名，清康熙五十七年（1718），知县李元伟建于城南笔架山（原县广播站）东百余步（1步5尺）锦秋湖上，对水中小洲，筑使高阔，改建亭数楹于上，与其所建亭西南锦秋书院、亭西北郑公祠呈三角鼎立之势。锦秋亭占藕地9分9丝，锦秋书院占藕地16亩7分5厘，郑公祠占地2分9厘5毫。贾昉《锦秋书院记》载：“高轩五楹，北向。而东隅，为斋者三，为厅者亦如斋之数。西则为厨为厢。外更缭以修廊飞檐，广槛可凭可眺，天光云影，鸢飞鱼跃，悉于是湖得之，遂改为‘锦秋书院’，俨然一濂溪、鹅湖也。”后废。乾隆四十二年(1777)，知县攸万春买博兴城里西隅村李捷宅正屋前后6间，瓦厢屋9间，草门楼2间，以为博兴义学，后改名书院。道光二十年（1840），知县周壬福重修，复名义学。光绪十一年（1885），知县王振録捐银200两，作重修书院基金。至光绪年间，义学最多达

20余处。晚晴时期，全县基本上村村有私塾。光绪十八年（1892），知县李铨因房舍倾圮，乡绅捐资赞助，复增购顾、王、李三姓宅基若干，并旧址共计地大亩1亩2分6厘，拓建锦秋书院，二十年，建成。扩大规模，重行建置，民国二十五年（1936）《博兴县志》记载书院规模："外为迎壁及西向辕门，内为大门三楹，内板门，随时启闭。两侧为斋舍各三楹，由甬路北进二十四步为讲堂五楹，堂东、西为号舍，各四十间，备岁科县试考校文童之用。堂后为主讲内院，正厅五楹，颜曰'育贤堂'。两掖建士子肄业室各五楹。大门外东南隅建高阁，设朱衣神位于其中，以扶文运。其下筑室三楹，仍名义学，以符其旧。工竣，李令亲书额曰'锦秋书院'。"知县李铨撰有《锦秋书院碑记》，记载其事。李铨延聘名师，奖励好学，督察校试，亲圈甲乙。次年癸巳恩科有4人中举，又次年，李士田连捷进士。

坐落于西隅村书院街路东的锦秋书院，光绪三十二年（1906），知县王炽昌改办官立高等小学堂，是博兴最早的学校。堂长由王寿山充任。主要课程仍是读经、修身、读古文词和习字，外加一点算学、舆地、体操。任教的多为落第文人。民国三年（1914）改称县立第一高等小学校，十七年（1928）改定为县立第一小学，后曾名考院小学。抗战胜利后，人民政府在废墟上恢复城关完小，并举办带有中学性质的青训班。地区第五速师曾于1952年在该校兴办。博兴师范初建时，曾借该校招生。1960年该校定为博师附小，成为全县重点学校。

《锦秋书院碑记》

第三章　科举考试

科举考试始于隋炀帝大业二年（606）的进士科，唐代循隋制，使科举考试形成为一套完备的制度。宋、元、明、清各朝对之略有更改，宋时加殿试，元时定以“四书”取士，明时定以八股文取士，清朝基本沿用明制。清朝自顺治二年（1644）开科，至光绪三十年（1904）为止，未曾中断，即使偶有停科，嗣后亦补行。但科举考试行之年久，弊端丛生，尤其到了清末，更是空疏不实，遭到越来越多的抨击，为此清廷不得不对科举考试采取一些变通措施。清光绪十三年（1887）10月，总理衙门奏准添设算学科取士，包括格物、机器与各国史事等，是为废除科举之先声。戊戌变法运动期间，在“废科举，兴学堂”的要求下，光绪十四年（1898）6月23日，光绪帝“谕废八股取士之制，改试时务策论”，首先从内容上对科举考试进行改革。但随着戊戌变法运动的失败，以上改革科举的举措又被停止，一切恢复旧制。然而科举考试毕竟已走到了它的尽头，从内容到形式与时代相差愈来愈远，已到非改革不可的地步。于是清廷于光绪二十七年（1901）4月“复命开经济特科”，8月27日，“命自明年开始，乡会试等均试策论，不准用八股文程式，并停止武生童试及武科乡会试”。光绪二十九年（1903）11月，“谕自丙午科始，将乡会试中额及各省学额逐科递减，至学堂办齐，停止科举”，光绪三十一年（1905）9月2日，袁世凯、张之洞等奏请立停科举以兴学堂，“谕自丙午科为始，所有乡会试及各省岁科考试一律停止”。至此，在中国封建社会延续1300多年之久的科举制度正式被废止。

自唐、宋以来，科举考试通常分文、武两途，历代相沿分道并进。

第一节 文科

文科考试自下而上分别为童试、乡试、会试和殿试。

童试：

童生：凡是没有经过童试或虽经过童试而没有录取者，不分年龄大小，一律称为“童生”。

三级考试：童生试，简称童试，又称小考。包括县试、府试、院试三个阶段。县试由该县知县主持，开考日多在二月，在县考棚举行，共试五场，主要内容是四书文（指从“四书”中出题）、经文（指从“五经”中出题）、五言六韵试帖诗、默写“圣谕广训”等。录取者称“童生”，第一名称“案首”。童生始得参加府试。府试日期多在四月，由该府知府主持，录取者可应院试。院试由省学政主持，录取者称“儒学生员”，又名“秀才”“秀才”赐蓝衫顶戴，见知县免跪，一般没有俸禄，生员取得廪米者称“廪膳生”。院试录取后，取得入学的资格。

入学：童生参加三级考试被录取后，省学政可择优送到国子监入学，称监生，即国子监（全国最高学府）的学生，其余分别入府、县学读书，谓之入学，也叫进学。入学后取得“生员”的身份，俗称“秀才”。古代的学校名“庠”，所以又称“庠生”。明生员入学都给廪膳，补足其生活，相当于现代的助学金，因而又称廪生。清代则须经岁、科两试为一等的生员，才能取得廪膳生的资格。

岁试是一年的大考，相当于现在的期终考试。科考试是每一科的考试。清代曾设置“博学鸿词科”“孝廉方正科”“经济特科”等，相当于现在的政科、文科、理科。当时府学、县学有名额限制，在定额之外的为“附生”，相当于现在的旁听生，“附生”经岁科考合格者，可递补为生员。

乡试：

乡试在省城济南举行，三年一次，逢子、午、卯、酉年为正科，遇万寿登极各庆典加科者曰恩科。试期定在八月，故又名“秋闱”。主考官为朝廷钦命大员，称正、副主考，试场设在贡院。取得“秀才”头衔并在学政主持的科试中名列一、二等及三等前五名者，才有资格报考。考试一般分三场，首场四书文三篇，五言八韵诗一首。四书文从“四书”中出题，若首题用《论语》，则次题用《中庸》，三题用《孟子》；若首题用《大学》，则次题用《论语》，三题仍用《孟子》。题解主要用朱熹的注解。第二场是经文五篇，分别从“五经”中出题。第三场是策问五道，题问经史、时务、政治，文体均用八股文。清光绪二十八年（1902）始，改首场试中国政治史事论五篇，二场试各国政治艺学策五道，三场试四书义二篇，五经义一篇，文体禁用八股文格式。乡试中试者称“举人”，第一名称“解元”，第二名称为“亚元”，第三、四、五名称为“经魁”。举人取得京城会试的资格，也取得做官的资格，所以中举后，人称举人老爷，炫耀乡里，被视为了不起的事情。正榜之外，将成绩较好而未入正榜者，用副榜录取，贡入太学或国子监学习称“副贡”，名额一般为正榜的五分之一。

参加考试的资格：凡本省的府、州、县生员，应岁考和科考及格者，可参加考试，监生经科、岁考，录科、录遗等名目的考试合格者，也可以应考。

监生类别有：(1) 贡生：明制各学岁贡士谓岁贡。国有庆典，其当贡为恩贡。提学考选优等充贡谓选贡，清代因之惟改选贡优等为拔贡。乡试副榜亦准充贡为副贡。又学官举优生由学政、巡抚试而贡之为优贡。合恩、岁、拔、副、优，名曰五贡，清入主后随之。(2) 监生：举监是由各地保送到国子监读书的学生。恩监是由皇帝特许入国子监学习的学生。荫监：又称荫生，因祖先的官职、功劳而特殊照顾进入国子监学习的学生，即祖籍余荫的意思。荫生又分为“恩荫”与“难荫”两种：凡遇国家庆典，文职京官四品以上，外官三品以上，武官二品以上，送一子进国子监读书三年，期满录取叫“恩荫”。凡官员因公死亡，除照本官应升品级加增外，并送一子进国子监读书六个月，期满录取者叫“难荫”。

未取得生员资格，而想参加考试，必须出钱捐纳监生，然后才能以监生名义参加乡试。

山东乡试中额定为 69 人，副榜 13 人，年份不同略有出入。

会试：

会试由礼部备考卷，也是三年一科，以丑、未、辰、戌年为会试正科，遇乡试恩科翌年之会试，名为会试恩科。试期一般定在三月，谓之“春闱”。考试在京城贡院举行，全国举人参加考试。会试的主考官有总裁一人，副总裁三人，选派大学士及一二品进士出身的官员担任。考试形式与乡试类似。中试者称“贡士”，第一名称“会元”。

殿试：

殿试又称廷试，始于宋，明、清相沿成定制。殿试于会试后同年五月举行。在太和殿由皇帝亲自主持，取得贡士资格者方能参加。殿试成绩分为“三甲”，一甲取三名，赐进士及第，第一名称“状元”，第二名称“榜眼”，第三名称“探花”；二甲若干名，赐进士出身，第一名称“传胪”；三甲若干名，赐同进士出身。一、二、三甲共三百余名，总称进士。一甲三名，可直接授翰林院官职。二、三甲可再考翰林院庶吉士，称“馆选”，考中者，称庶吉士（又称点翰林），可以入翰林院深造，这不仅取得未来的高官资格，而且可以直补实缺，无须候补。

明清科举考试流程表

<table>
<tr><td>次序</td><td colspan="3">一考</td><td>二考</td><td colspan="3">三考</td></tr>
<tr><td rowspan="2">考试类型</td><td colspan="3">院试（童生试）</td><td rowspan="2">乡试</td><td colspan="3">会试</td></tr>
<tr><td>县试</td><td>府试</td><td>州试</td><td>会试</td><td colspan="2">殿试</td></tr>
<tr><td>考试地点</td><td>县</td><td>府</td><td>州</td><td>京城或各省</td><td>礼部</td><td colspan="2">皇宫保和殿</td></tr>
<tr><td>主考官</td><td>地方学政</td><td>地方学政</td><td>地方学政</td><td>中央特派官员</td><td>钦差大臣</td><td colspan="2">皇帝（委命大臣）</td></tr>
<tr><td>参考条件</td><td>童生</td><td>童生</td><td>童生</td><td>童生（监生）</td><td>举人</td><td colspan="2">贡人</td></tr>
<tr><td rowspan="3">通过后的身份</td><td rowspan="3">——</td><td rowspan="3">——</td><td rowspan="3">秀才（生员，茂才）</td><td rowspan="3">举人</td><td rowspan="3">贡士</td><td rowspan="3">进士</td><td>一甲：赐进士及第</td></tr>
<tr><td>二甲：赐进士出身</td></tr>
<tr><td>三甲：赐同进士出身</td></tr>
<tr><td>第一名称号</td><td>县案首</td><td>府案首</td><td>院案首</td><td>解元</td><td>会元</td><td colspan="2">一甲第一名：状元（鼎元）；第二名：榜眼；第三名：探花二甲三甲第一名：传胪</td></tr>
<tr><td>考试时间</td><td colspan="3">三年二次</td><td>子卯午酉年8月（三年一次）</td><td>乡试次年三月</td><td colspan="2">会试同年四月</td></tr>
<tr><td>又称</td><td colspan="3"></td><td>秋闱</td><td>春闱</td><td colspan="2"></td></tr>
<tr><td>榜名</td><td colspan="3"></td><td>佳榜</td><td>杏榜</td><td colspan="2">金榜（金甲）</td></tr>
</table>

旧《博兴县志》选举表：

民国二十五年《重修博兴县志·选举志》载：“《旧志·选举表》序曰：‘两汉近古，辟举为公。唐宋以来，渐重科目，县志未作，记述寥寥。迄乎有明，专以科目取士，又世代近，列县志乘并作，年次、姓氏，颇可考。’由斯以谈志选举者，大抵昔略而今详、古疏而今密。有清一代，两举鸿博，一举经济特科，盖仿征辟遗意，而邑人无应选者；惟孝廉方正一科，悉由地方荐举，意与征辟为近，邑中得数人焉，亟应增入。至于文武进士及五贡援例，弋不乏人。谨依《旧志》所录及近年所增，分别列表，计《历代选举表》一、《明选举表》三、《清选举表》三。其他吏员、武秩、世袭、封赠一并附入。”

由上文可知，历代选举分征辟、制科两门。明以前征辟，旧《博兴县志》记载仅两人，北魏蒋少游征中书博士，元张贵以才俊擢博兴知县。制科自北魏至元不过数人，北魏，徐纥举孝廉第一；梁，任昉举秀才第一；后晋，卫融中进士，其子卫偁、卫俦，孙卫齐，都是进士；金，刘拱辰，乡贡、进士；元，药师奴至正十三年乡试第三名。自明以降，科举日兴，清末废科举，兴学校。兹将明清科举征辟、进士、举人、武进士、武举人、贡生、吏员等及取得民国中学以上学历者，简明列明、清、民国选举表通览，以窥博兴人才济济之大观。

明及民国资料取自民国二十五年《重修博兴县志 · 选举志》。清资料取自华文出版社 2005 年出版的王功仁主编《山东省科考名录汇编 · 清代》，为资料完整，据民国《重修博兴县志》补（九）援例、（十）吏员、（十一）武秩。“世袭”“封赠”未予附入。

并根据有关资料做了订正勘误和补漏。明选举表中，王靖、庞暠中进士时间作洪武“辛未科”，民国志其分注考证曰：“《山东通志》列辛未科，而丁丑又重出；县《旧志》亦作是科，当从之。”实际并非辛未科。经查《明清进士题名录》，辛未科为洪武二十四年，无王靖、庞暠二人，丁丑科有王靖、庞暠，王靖为洪武三十年夏榜二甲第 8 名，庞暠为三甲第 21 名。之所以标注为“夏榜”，是因为丁丑科于三月殿试时，中进士的都是南方的士子。明太祖将试官治罪，自阅试卷，取中了 61 人，完全是北方人，于六月廷试，取韩克忠为状元。因此世称春夏榜，也称南北榜。明清进士名次皆录自《明清进士题名录》，间有校正，如，李士田于光绪二十年中进士，《山东通志》载其为三甲第 78 名，《山东省科考名录汇编 · 清代》载其为三甲第 83 名，《明清进士题名录》载其为三甲第 82 名，应以《明清进士题名录》为准。袁沣，《县志》作“吴沣”，《府志》《省志》皆作“袁沣”，不依《县志》。恕不一一说明。

一、明选举表

征辟、进士、举人、贡生、吏员、援纳

（一）征辟

名号	时间	宦迹
孟维新	洪武年间	以儒士荐户部侍郎
蔺　选	洪武年间	以儒士荐刑部侍郎
赵秉初	洪武年间	以儒士荐山西道监察御史
许官仁	洪武年间	鸿胪寺序班
高　进	洪武年间	以人材荐河南怀庆府同知
高　城	洪武年间	员外郎
薛　炎	洪武年间	鸿胪寺序班

（二）进士

进士

名号	时间	宦迹
王　靖	洪武三十年夏榜二甲第 8 名	河南中牟知县
庞　暠	洪武三十年夏榜三甲第 21 名	户部郎中
熊佑，字良佐	成化五年三甲第 125 名	镇江知府、四川布政使，有传

相枢，字拱北	弘治三年二甲第19名	山西参议，有传
顾铎，字孔振，号警斋、南田	正德十二年三甲第130名	陕西太仆寺卿，有传
郭大伦	嘉靖三十八年三甲第209名	户部郎中
顾连璧，字曰温，号文冈	万历二年三甲第60名	浙江嘉兴府知府，有传
顾颐，字寰清	万历二十六年二甲第10名	辽东参议，有传
刘之沂，字浴之，号鲁南	万历二十六年三甲第48名	湖广武昌道参政，有传
宋景云，字青霞，号祥徵	万历四十七年三甲第90名	山西右参议，有传

（三）举人

名号	时间	宦迹
庞　嵩	洪武二十三年	见进士
王　靖	洪武二十三年	见进士
薛　真	洪武二十九年	
孙　恪	永乐六年	御史
韩　恭	永乐九年	陕西宁远知县
傅　润	永乐九年	
刘　椐	永乐九年	广宁府经历
蔺　绅		
	永乐十二年	
远辂（府志分注“远”作“袁”）	永乐十五年	河南汲县知县
高宣	永乐十八年	河南扶沟县教谕
彭恕	永乐十八年	武邑县教谕
穆谨	永乐二十一年	安定县教谕
左麟	永乐二十一年	北直隶魏县知县
许振	永乐二十一年	枣强县教谕
牟恒	宣德四年	河南淇县知县
谢谦	宣德十年	蜀王府教授
熊佑	成化元年	见进士
刘宁	成化四年	保安州知州有传
徐卿（府志分注“卿”作“乡”，科分注辛未，似误）	成化七年	
相　枢	弘治二年	
张　琮	弘治八年	
张继芳	正德五年	户部郎中，有传
张　经	正德十一年	
顾铎	正德十一年	见进士
韩　玥	嘉靖元年	河南太康县知县，有传
周应龙	嘉靖元年	
崔应鹤	嘉靖元年	
郭大伦	嘉靖元年	见进士
初　旦	嘉靖三十四年	户部主事分署通州粮盐
顾连璧	嘉靖三十七年	见进士
顾合璧	嘉靖三十七年	北直隶博野知县，有传
于　藩	嘉靖四十年	
白应乾	隆庆元年	有传
樊东启	万历元年	北直隶成安知县，有传
顾用熙	万历十三年	
顾　颐	万历十六年	见进士
刘之沂	万历十九年	见进士
宋景云	万历三十四年	见进士
王九人	万历四十年	
张于宣	崇祯十二年	

（四）贡生

名号	时间	宦迹
杜　勉	洪武	裕州同知
郝　昺	洪武	宁远县训导
贾　逵	洪武	芮城知县
徐　昺	永乐	任城知县
盛　骏	永乐	汉州同知，府志作知州
张　晟	永乐	大理寺评事
孔复（府志“复”作“福”）	永乐	九江府知府
曲　绅	宣德	南城兵马司指挥
顾　玉	宣德	县丞。有传
成　埜	正统	苑马园长
董　谊	正统	常岩卫经历
高　俊	正统	铁岭卫经历
刘　智	正统	北城兵马司
王　相	景泰	柘城教谕
郭　贤	景泰	延平同知，府志作延安
高　禄	景泰	通判
李　丰	天顺	镇海知县
周　麟	天顺	靖南知县
杨　朴	天顺	行康知县
韩　相	成化	知县

宋麟	成化	蜀州典簿，府志作州判
许 默	成化	吉安府照磨
曹 勉	成化	温州府知府
韩 勉	成化	忠义卫经历
马 素	成化	张家湾批验大使
王 政	成化	汾州吏目
高 让	成化	知县
耿 亨	弘治	永平府经历
高 徽	弘治	知县
吕 聪	弘治	卫经历
李 郁	弘治	怀远县主簿
温 信	弘治	巡城吏目
张 勋	正德	山西按察司检校
李 宣	正德	蒲城县主簿
马 宣	正德	建安县丞
刘 泽	正德	合州吏目
张 肃	正德	
	下为嘉靖至崇祯间，旧志载未有纪年	
息 昭		
朱 庆		
孙 敏		德清县主簿
薛，名失考		
郭 庆		平乡县主簿
赵 源		
韩 凤		
薛克训		丰润知县
于 琇		县丞
韩 玺		
李 铭		颍上训导
赵 祥		武清县丞
封 仪		泌阳训导
唐 儒		壶关县丞
郭 海		陕县县丞
傅 良		滦县训导
王 表		蒲州吏目
刘 益		三河训导
白 昂		大同训导
张 安		宝应训导
徐 汉		霸州训导
高 宏		交城教谕
李 聪		万安教谕，有传
魏 宣		武源主簿
徐 彪		
佐 皓		登封训导
胡 钺		安定教谕
安 仕		滦县训导

王 谦		清丰训导
李 良		永平训导
陈 伦		延安府通判
杨 蓁		
		通许训导
张 祯		大河卫经历
安 铭		
丁 浒		融县主簿
初 良		淑县训导
唐耀（壶关县丞唐儒子）		
安 缙		平乡训导
张光霁		黎县知县
王 威		唐县教谕
张 鉴		安肃教谕
潘淳（教谕潘鋐子入邑籍）		阜城教谕
唐 炳		代州学正
李世荣		长安教谕
庞朝宗		代州训导
马 登		滦县训导
相 煜		
王希贤		宁晋教谕
	以上府志俱列嘉靖	
张汝孝（安肃教谕张鉴子）		新城县丞
周继芳		太原知县
顾存仁		永安府照磨
郭存礼		交河教谕
	以上府志俱列隆庆	
孙应济		桃源教谕
薛楠(左王右南)		河阴训导
相 价		常州训导
苏 魁		海州训导
盖 贤		广宁卫教谕
盖 爌		京武卫教谕
王邦佐		赵州学正
李一元		蓬莱训导
胡 田		
潘楫（阜城教谕潘淳子）		德州教授，府志作德府
张国贤		蠡县主簿
胡从化		高陵教授，府志作教谕
路 蛟		选贡，辽州知州
初 署		平山知县
孙应期		丹山卫经历

盖　洙		定陶县训导
盖　鉽		长山训导，有传
阎国秀		武进主簿
赵　机		
赵宗齐		武定州训导
刘之沇		选贡
宋继召		
孙秉渊		定陶训导
齐怀鲁，府志作东鲁		聊城教谕，有传
潘九阶		单县训导
盖　柱		滨州训导
王梦松		宁州同知
顾用睟		
贾一秀		蒲台训导
贾三才		
王会极		山西平遥知县
唐　芊		沾化训导
王秉聪		武邑教谕
王之纲		榆林卫训导
王　谕		平凉府通判，有传
王蒙开		蠡县主簿
白　楠		繁县知县
崔良能		胶州训导
相时动		考授训导，有传
孙家翰		选贡，真定府通判，有传
初克慎		
王汝翰		晋州学正，有传
黎凤翔		新泰教谕，有传
顾嘉兴		两淮通判
顾　硕		选贡，候选州判
祁道传		池州训导
张文浩		有传
魏　岱		
齐洪纪		莱州府教授
牟孔教		恩县训导，有传
张于宣		拔贡，见举人
王养心		桃源教谕
贾　珩		湘阴知县
顾世臣		蓬莱训导
顾　楷		
王家柱		
顾万象		有传
顾　远	崇祯十五年副贡	有传

（五）吏员

吏员

名号	宦迹
王一兰	定兴县丞
高养心	河南经历
张攀龙	遵化卫经历
王梦熊	平谷卫经历
许思连	盱眙县巡检
赵　志	兰州巡检
焦　桂	解州吏目
曹盛典	泾州吏目
王舜德	灵州所吏目
张梦吉	保定州吏目
张尔奇	崔州吏目
魏采贡	安州吏目
王　猷	肤施县典吏
金廷芳	束鹿典吏
许及第	平利县典吏
张云鹄	县丞
路　龙	县丞
路登瀛	县丞
贾鸣銮	县丞
王守业	巡检
王一香	巡检
王梦庚	仓官
贾　伟	仓官
王梦鸿	仓官
李九钦	典史
王秉纯	所吏目

（六）援纳

援纳

名号	宦迹
赵　福	孝丰县丞
高　宇	典宝
王　秀	主簿
张九思	中城吏目
高　庞	某衙知事
初光业	内黄县丞
王继祚	主簿
赵　禄	兵司马指挥，有传
窦彦明	主簿
王伯祥	吏目
熊庆演	主簿
石　佐	主簿
高　廪	吏目
傅应祥	宁国经历
王用聘	大成县丞

宋宾	县丞
赵秉恭	主簿
霍仲义	
李君用	临洮经历
相　塾	永宁知县
宋继传	代州判官
王尧民	吉安照磨
李　纯	孟津主簿
郭　泽	芜湖主簿
孙应溪	有传
郭　江	荥河县丞
相　翰	上林苑署丞
张国俊	榆次县丞
顾　梯	延安照磨。
顾　椿	怀宁主簿
张宗尧	某地检校
马孔伾	主簿
赵　恩	洧州主簿
顾龙山	附顾铎传
盖　栗	衢州照磨
孙希颢	宁羌主簿
王梦彩	定襄主簿
马孔才	富平主簿
张鹏举	三河主簿，有传
刘梦熊	绍兴经历
马孔任	吏目
赵　愈	南宁照磨
李三春	滦州吏目
王家栋	应天照磨
尹相汤	深州吏目
赵子法	灵台主簿
初开甲	耀州吏目
相　绶	京卫经历
田　润	
夏茂松	庆阳经历
刘之溶	州判
焦　清	交河主簿
魏廷柱	陇西主簿
张鸿勋	沧州判官
王懿德	盱眙主簿
赵　玹	衡王府引礼
赵　堂	衡王府典膳
焦家定	兵马司指挥
顾　俊	县丞
顾　桂	太医院吏目
顾大志	吏目
顾　言	嘉兴府同知
顾　澜	郃阳县知县
顾　镗	怀宁县主簿
顾　金	延安府照磨
顾梓	郃阳县知县
顾连珠	儒官
顾合珠	儒官
顾　萃	典史

注：焦家定之后，顾俊之前，民国《博兴县志》原分注曰："《旧志》又有贾迪、王国楫、刘倪、崔佩、王舜民、顾贯珠、顾雍、初开印、崔集、赵忠、相印、朱应程、朱隆、张茂勋、相绾、曹太初、王大复、初含珠、刘正道、赵鹤翀、魏廷相、魏廷楫、初颉、魏廷松、孙文绩、于元会二十六人，初不列职阶，例宜芟，以事在隔代。故附以待考。以上录《旧志》。"顾俊以下十一人，"据《顾氏家谱》增"。

二、清选举表

征辟、进士、举人、贡生、援例、吏员

（一）征辟

征辟

名号	时间	宦迹
马秉忠	乾隆元年	有传
刘淑身	光绪元年	有传
吴敬堂	宣统元年	

（二）进士

进士

名号	时间	宦迹
栾　瑜	雍正二年 三甲第 148 名	江南龙南县知县。有传
曹象恒	乾隆十三年 三甲第 183 名	兖州府教谕。有传
刘鎧，字捷人	嘉庆七年钦赐翰林检讨	
李菡芳，字莲塘、号信余	道光三年 三甲第 18 名，翰林	散馆改刑部主事。有传
李梦愚，字润堂、号南谷	道光九年 三甲第 49 名	陕西兴平知县，邱民养士，勤奋于职事，倡立学官，置义学设考棚，兴坪文教之兴，自梦愚始。有传
高兰清	同治十三年 钦赐翰林院检讨	

李士田，字经畬、号梦梨	光绪二十年三甲第82名	授内阁中书改直隶涞水、元氏、唐山等知县。有传

（三）举人

举人

名号	时间	宦迹
樊国宾	顺治二年	
马国徵，字明生	顺治二年	大明县知县。有传
赵灿	顺治十四年	江南含山县知县
许州牧	康熙二十六年	笃行好学，从游之士多所成就者。有传
栾瑜	康熙五十三年	见进士
曹象恒	雍正十年	见进士
刘葎	雍正十三年	有传
赵体仁	乾隆十五年	长山县教谕
柳元煜	乾隆二十一年	
栾作新，字景命	乾隆三十三年	
	有传	
王子谧	乾隆三十五年	
马凤翔	乾隆五十三年	
蔺裔青，字宪苍	乾隆五十四年	能文，著《秦台文录》二卷、《惇五堂诗集若干卷》。有传
刘鎧	嘉庆六年钦赐	
刘世涛	嘉庆十二年	甘肃永昌，华亭县知县
袁沣	嘉庆十三年	
周丕烈	嘉庆十三年。	邹平县教谕
刘文翥	嘉庆十五年	莒州学正
杨太和	嘉庆二十四年	滨州教谕
相文紫，字瑞亭、号芝岩	道光二年	天资超逸，能文博学，门下多成名之士。著有《四书讲义》《濯锦轩诗集》等。有传
李菡芳	道光二年	见进士
李梦愚	道光八年	见进士
李道修	道光二十年	
初景韩，字楫柳	道光二十四年	大挑一等授惠民、新城、高密等县教谕。能文，宗程朱之学。有传
赵德毅，字子健	咸丰八年	滨州学政，主讲培凤书院，士子经其陶冶，无不成名。栾凤书为其门出。有传
孙世禄，字星堂	同治元年	栖霞教谕、福山县训导。有传
顾函熙	光绪元年	有传
许兆甲	光绪五年	
王德欣	光绪十七年钦赐	
栾凤书，字义亭，又字恩诏	光绪十九年	幼聪颖，承先业道，有名于时。有传
李士田	光绪十九年	见进士
李义田	光绪十九年	
曹紫庭	光绪十九年	
李树芳，字椒珊	光绪二十八年领乡荐，宣统二年会考中式	度支部主事。幼聪颖，九岁能文，性淡泊，学识渊博，工书法

（四）贡生

恩贡

名号	时间	宦迹
张攀龙	顺治年	铅山县知县
贾琮	顺治年	考授州判。有传
任先觉	顺治年	徽州通判
蔺开禧	顺治年	崇庆州知州
孙瑞麟	乾隆年	长山教谕
蔺国弼	乾隆年	
齐龙书	嘉庆年	
李大中	嘉庆年	
鲍永淦	嘉庆年	
王星凌，字迪斋	道光年	能文博学，嗜读名于时。有传
纪惟易	道光年	
刘徽五	道光年	
张桂	道光年	
马兆绂	道光年	有传
安俊升	道光年	
王星湊	道光年	有传

杨太清	咸三年	
刘锡九	咸三年	
邵德基	咸三年	
赵德新	咸三年	
刘龙翔	咸三年	候选州判
李华堂	咸三年	候选教谕
刘懿庆，字葆初	咸三年	郯城、朝城县教谕。有传
王益三	光绪年	性忠诚，家富但有义名于里。有传
赵鹏海	同治年	
刘澡身	光绪年	
傅凌汉	光绪年	
刘锡缙	光绪年	
高春圃	宣统年	
戴缙阶	宣统年	

拔贡

名号	时间	宦迹
顾主敬	顺治年	邹平县训导
顾承祚	顺治十四年	
李敬修，字寅迪	康熙十一年	广东阳春县知县。有传
赵溯岸	康熙年	广西修仁县知县
孙士翼	康熙年	
刘律	雍正二年	
张汝夔，字虞佐，号钧蕃	乾隆六年	能文，精岐黄。有传
孙显瑞，字兆西	乾隆十二年	有义名于乡里。有传
柳元煜	乾隆二十一年	有传
王子训	乾隆三十年	
刘玉楷	乾隆四十二年	候选直隶州州判
李廷训	乾隆五十四年	湖北麻城县知县
李廷枢	嘉庆六年	蓬莱县教谕
李菘芳	嘉庆十八年	城武县教谕
李鞠芳	道光五年	
李葆芳	道光十七年	
刘地庆	道光二十九年	
李毓岷，字民山	咸丰十一年	阳谷、莱阳县教谕，候选知县。所至，崇道义，端士习，勤月课，戒奢靡。有传

李东河	同治十二年	正黄旗官学教谕、江苏荆溪县知县。有传
李东溪	光绪十一年	
李士仲	光绪十一年	八旗教习
刘宜勷	光绪二十三年	河南直隶州州判、署陈州府经历
李芳曦	宣统元年	
刘邵亭	宣统元年	

副贡

名号	时间	宦迹
魏孟举	乾隆年	
刘南州	乾隆年	茌平县教谕
袁沣	乾隆年	又见举人
魏溥	乾隆年	
刘文成	嘉庆九年钦赐	
顾衡	嘉庆二十三年钦赐	
魏玉孚	嘉庆二十三年钦赐	
刘殿辅，字介生	道光元年	直隶州州判
顾芾棠	道光元年	
张耀东	道光十四年	
李兆庆	道光十四年	
赵德毅	道光十九年	又见举人
刘殿辅	道光二十六年	有传

岁贡

名号	时间	宦迹
王道凤	顺治年	安东县知县
许志孔	顺治年	
李之荣	顺治年	秦州知州
张梦桢	顺治年	新城县教谕
赵禧桢	顺治年	栖霞县训导
宋祚兴	顺治年	内阁中书舍人
路登云，字风阁	顺治年	兖州府训导、滕县教谕，有传
贾绍奎、初捷、王钿、齐杠、周永祚、魏蕃	顺治年	
王浩智	康熙年	青城县训导
曹宪	康熙年	举乡饮大宾

许州政	康熙年	家贫力学，有名于乡里
李德峻	康熙年	官蒲台县训导
张笃生	康熙年	乡饮大宾
金丹	康熙年	汶上县训导
马曾	康熙年	汶上县教谕
栾克昌	康熙年	博学能文，诲人先德行而后文章，有名乡里。有传
李常吉	康熙年	定陶县训导
高珣，字紫阳	康熙年	滋阳县训导。有传
崔镛	康熙年	济阳教谕
李岐阳、张珍、贾光缙、孙二南、马相如、顾翼心、赵士林、马国禄、陈芬、孙十翼、路允亭、孙七襄、张如矢、王僎、孙备万、张凤毛、张辅世、刘有德、庞成章、魏墀、孙之脉、宋汝濂	康熙年	
贾昉，字炅寅	雍正年	以孝闻于里。有传
李文曜，字奎章	雍正年	定陶县教谕。博通经史，尤精理学。有传
栾允修	雍正年	有传
李文昭	雍正年	有传
李文炯	雍正年	笃志学问，不求闻达，至孝，名于乡里。有传
赵王卜	雍正年	
蔺钟华	乾隆年	有传
王大成	乾隆年	儒学训导
李文华	乾隆年	能文有学名。有传
王元禄	乾隆年	馆陶县教谕。有传
顾恪，字肃斋	乾隆年	文清真简练，甚为后学式。有传
李大山，字千岩	乾隆年	有传
李元凤，字图南	乾隆年	有传

李锡祚	乾隆年	有传
刘世宏	乾隆年	有传
纪云龙	乾隆年	有传
赵魁观、宋倩、王天秩、李秉焕、韩思廉、孙三宝、刘振声、王人龙、马颖儒、张善继、商郁文、盖怀琦、刘伸珂、耿廷楷、李杰、贾筤、孙景伋、郝承谟	乾隆年	
王希孟	嘉庆年	能文，诱掖后进，有澹台氏风。有传
朱东园	嘉庆年	博通经史，精岐黄。有传
刘有革，字庚十	嘉庆年	有传
王麟祥、曹宜民、王蔚、王立庭、魏大义、李肇基、张德润、周汝弼、王家宾、郭培盛、李大本、孙显仁、孙显庸、孙象復、纪维易、顾振家、孙墀	嘉庆年	
王惟一，字意诚	道光年	学有根柢，立品端方，治家勤俭，好济人之急，四乡有善人之称，设帐授徒，成就尤众。有传
王锦园，字芳谱	道光年	有传
卞玉科	道光年	候选训导
韩冠伍，字菱塘	道光年	品行端方，喜临池，书法自成一家。有传
舒锡庆，字云坪	道光年	德学兼优，名于时。有传
翟际麟	道光年	品端学粹，善诗文，邑人碑志铭文多出其手。有传

戴际昌、许殿弼、傅联藻、韩善述、盖静思、王之城、王家邻、蔺熙亨、王怀清、焦盛林、曹玉书、祁翘楚、孙崇熙、卞允让、刘士弘、刘德裕、刘仲珂	道光年	
赵振铎，字圣音	咸丰年	天性至孝，学术精纯，尤博通经史。有传
董贯一，字会唯	咸丰年	品谊卓越，器宇宏深，诗文俱有宗派，四方士子咸奉为模范。有传
马采茳、刘振铭、李蓉芳、李毓芳、李莳芳、曹作舟、曹象观	咸丰年	
王梦溪，字仲痴	同治年	学识富博，有胆识，名于时
张汉东，字星槎	同治年	博兴北郭人。生有畸形，右臂残废，以左手为书。家素贫，刻力读书，即采芹食饩。学问渊博，工诗词，精音乐，善书画。著有《春草堂诗集》。有传
高茗园，字竹晨	同治年	才资俊逸，学问渊博，昆仲竞秀，时有二难之目。有传
初毓枢，字星垣	同治年	赋性醇谨，学术湛深。有传
初茂榕，字芳林	同治年	家贫力学，少聪颖，能文，博学，名于一时。有传
周梦弼、赵友邻、马赓廷、孙凤亭、陈法参、张鹏翔、张志铭、魏心清	同治年	
耿秉章	光绪年	候选教谕
张乐菩，字钵因，号莲青	光绪年	候选训导。性慷慨，重义气，为文高古不落恒溪，书法宗板桥体而独树一帜，名于时。有传
张敏莪，字萝斋	光绪年	经明行修，设帐授徒，循循善诱，成就者众
王国庆，字云吉	光绪年	幼承家学，精研经史，为邑学者敬之。有传
赵赓唐	光绪年	赋性厚重，德学兼优，两任儒学，训迪殷勤一生。有传
高芳园、耿廷楷、刘秀清、刘缙、张锡麟、刘应元、李东洲、岳汇东、赵季方、许学贡、郭麟春、赵银光、杨廷芳、李清友、李侨、盖天爵、周树仁、任梅村	光绪年	
刘宜遴	宣统年	
陈鹤舫，字琴轩	宣统年	性孝友，重交游，为文嵌崎磊落。名于时
宋致中，字心斋	宣统年	教授生徒，独树一格，为士林重之
舒曜南	宣统元年优贡	有传。（优贡：清雍正十一年优生作优贡，监例此优贡之始）

补遗

名号	时间	宦迹
刘钢，字铁辜、号鲸百		博昌镇人。品端学优，以善书名于时，笔力挺拔，独称一家，大字草书尤为擅长。青州府署大堂“临之以庄”匾额，博昌镇关帝庙“圣之忠”三字皆其真迹
王元钢，字铁崖		王海寨人。工绘事，大小作品纯用墨水，无不绝佳，山水尤其所长
董唯一，字晓堂、号古愚，又号虚谷		生性镇静，工隶书。品端学粹，教授一生，受栽成者多知名之士
阎廷枚，字黼庭、号临泉		诗学袁简斋而得其神髓，为文古劲不落恒溪。书法奇峭脱胎于汉魏六朝，不规规于一家，士大夫得其片纸只字，视为珍宝

廪贡、增贡、附贡均捐纳，杂职亦多有捐纳，据民国《重修博兴县志》补援例、吏员。

（五）援例

援例

名号	时间	宦迹
宋祚兴	例贡	内阁中书，有传
孙灿	贡生	即墨教谕
刘辉	贡生	曲阜县训导，有传
侯汝温	乾隆间廪贡	
刘珂	例贡	有传
马迪庆	廪贡	有传
侯晋琮	廪贡	叙用典史
李东沂	廪贡	候选教谕
李瑞图	廪贡	淄川训导
戴敬臣	廪贡	
蔡瑞西	廪贡	
王凤之	例贡	
卢锡铭	廪贡	五品职衔
崔星舫	附贡	候选训导
王文礼	廪贡	
吴协和	廪贡	济南府教授
牟天宝	廪贡	
赵銮光	廪贡	
赵维沣	廪贡	范县教谕
张德泽	廪贡	候选训导
许鉴清		鸿胪寺序班
金曰哲	廪贡	
卞瑞谱	廪贡	
王彤一	太学生	五品职衔。有传
魏大儒	附贡	
王之杰	附贡	
白善文	附贡	
白连庆	附贡	有传
傅安一	附贡	
王西洲	附贡	中书科中书
刘成身	附贡	有传
赵鑫光	附贡	
刘玮	附贡	有传
王德元	附贡	
张同阶	例贡	
舒崇华	附贡	
张印溪	例贡	
王国臣	例贡	
王榕旭	例贡	交河县丞
王鸿恩	例贡	
王丰玉	例贡	同知衔
魏大士	例贡	
张庆芳	例贡	
郑皞如	例贡	有传
王端甫	例贡	
马毓璋	廪贡	
杨巨卿	增贡	
魏彦卿	增贡	
牟锡三	例贡	
赵庭训	例贡	
周永久	例贡	
李国祥	附贡	乡饮大宾
王大山		四川成都府司狱。有传
李毓崎		同知
马烺鉴		福建侯官县县丞
安若珩		直隶建昌县知县
李椿年		河南固始县巡检
胡春鸣		典史

（六）吏员

吏员

名号	时间	宦迹
孙环佩		广东高州府梅路镇巡检
朱永兴		江西星子县典史
马颖士		淮安府宿迁县主簿
侯凤藻		

第二节　武科

自唐、宋以来，武科之制，其规条节目虽不及文科那么详明，但文武两途，历代相沿分道并进，也有千余年的历史。直至光绪二十七年（1901），因武举之内容马、步射已失其用，无与兵事，上谕废止武科。

武科考试亦分童试、乡试、会试、殿试四级。考试基本规则与文科相同，只是内容有别。童试一般分三场，首场为马射，驰马发三矢，全不中者不续试。二场为步射，连发五矢，全不中者与仅中一者不续试。再试者先试硬弓，次试刀石，是为外场。三场原试策论，后改为默写武经，是为内场。武经为《孙子》《吴子》《司马法》《尉缭子》《李靖问对》《黄石公三略》《姜太公六韬》，谓之武经七书。录取者可入府、州、县学，称武生，由教官每月在各学射圃考验弓马，并教以武经百将传及孝经、四书俾知大义。

武乡试、武会试均试三场，首场为马箭，纵马三次发九矢，中的二者为合式。二场试步箭，发九矢中布候三者为合式。三场试策论。武乡试一般在文试后举行，一般是在十月，中式者为武举人。山东武举乡试最后一科是清光绪二十年（1894）甲午科。

武会试场期定在九月，中试者参加殿试，殿试成绩亦分三甲，一甲三名，赐武进士及第，二甲赐武进士出身，三甲赐同武进士出身。只不过举榜送榜由兵部进行。1901年奉诏停止。

（一）明武进士

武进士

名号	时间	宦迹
柳毓融	崇祯七年	有传

（二）明武举人

武举

名号	时间	宦迹
相时献	万历二十二年	
顾用诚	万历三十七年	
路登科	天启元年	
初璧	天启元年	
姚鹤鸣	天启四年	
顾万国	天启七年	
柳毓融	崇祯六年	见进士
焦联芳	崇祯六年	
于性善	崇祯十二年	督粮千总
王所徵	崇祯十五年	

（三）清武秩

武进士

名号	时间	宦迹
胡伟烈	顺治十八年	湖广守备
王廷猷	康熙五十一年	候选守备，参与康熙六十年《博兴县志》纂修

武举人

名号	时间	宦迹
胡伟烈	顺治十四年	
陈一魁	康熙二年	
刘文鋐	康熙十四年	福建兴化游击

张纯正	康熙二十年	候选守备
冯连捷	康熙三十二年	参与康熙六十年《博兴县志》纂修

武秩

名号	时间	宦迹
魏一卿		青州营守备，护理参将
萧信诚		花翎五品衔，固安、香河把总

附：《山东省博兴县地名志》选举名录

1992年天津人民出版社出版的《山东省博兴县地名志》中，对各乡镇所辖自然村内有功名者，有不完整的记载，特依书中所列顺序录出列表供参阅，以补旧志中未注明有功名者所属乡村之阙，彰显相关镇村文风之盛，为寻访宗族文脉提供线索。对记载的功名有明显不确者，未做核正；对姓名不确者，有依据者做了更正，如盖芳密应为盖方泌等，其他依旧。所列乡镇皆依当时区划名称。

博兴镇

姓名	功名	村名
赵秉乾	清末廪生	菜园
刘之沂	明万历进士	南隅
王西洲	清末附贡	南隅
顾　铎	明正德进士	西隅
顾连璧	明万历进士	西隅
宋景云	明万历进士	西隅
顾合璧	明嘉靖举人	西隅
初经翰	清道光举人	东关
柳毓融	明崇祯武进士	西关
王子谧	清初举人	西谷王
王子训	拔贡	西谷王
翟际林	拔贡	西谷王
栾凤书	清末举人	椒园
傅桂林	清末庠生	马庙
卞允让	清贡生	东河东
卞玉科	清贡生	东河东
卞树梅	清廪生	东河东
卞树芬	清庠生	东河东
李桂林	清庠生	东河东
高芳园	清光绪贡生	北辛安
高名远	廪生	北辛安
孟光辉	廪生	北辛安
李敬修	清初拔贡	中辛安
李星海	清末庠生	中辛安
顾振家	清嘉庆贡生	鲍庄
顾玉秀	庠生	鲍庄
王德馨	清末举人	相公堂
王心谦	廪生	相公堂
王琨玉	庠生	相公堂
王仁鹏	庠生	相公堂

陈户镇

姓名	功名	村名
岳汇东	清光绪岁贡	相呈
孙　恪	明永乐举人	王孙
魏大儒	清末附贡	纪魏
魏大方	清末监生	纪魏

曹王镇

姓名	功名	村名
孙世禄	清同治举人	东孙
王洪禄	清末庠生	东鲁
宋玉珂	清末庠生	东鲁
张德润	清末岁贡	张家庄子

兴福镇

姓名	功名	村名
李菡芳	清道光进士	兴福
李毓珉	清咸丰拔贡	兴福
李东河	清同治拔贡	兴福
任先觉	清顺治恩贡	义和
任梅村	清光绪岁贡	义和
傅林汉	清贡生	李家
李其元	清廪生	李家
李曰义	清庠生	李家
赵鸾	清末庠生	赵马

蔡寨乡

姓名	功名	村名
刘儒石	明末武举	双台
刘子音	清末庠生	双台
?	清末庠生	张寨
?	清末庠生	梁楼

乔庄乡

姓名	功名	村名
左树坦	清末庠生	乔庄
张金荣	武庠生	乔庄
潘立山	武庠生	乔庄
盖方泌	清嘉庆进士	盖家

纯化乡

姓名	功名	村名
曹紫庭	清末举人	曹家
刘锡九	清末恩贡	周刘
刘秀清	岁贡	周刘
李道修	清道光举人	李家庄

庞家乡

姓名	功名	村名
庞立同	济南府巡按	庞家
崔星符	清末举人	西高
崔星舫	清末贡生	西高
焦兆林	清进士	焦集
焦　坦	清山西太原府巡抚	焦集
纪茵楠	清廪生	焦集
刘大成	清末武举	高庙刘
吴魁三	清初六品官	吴家
吴监塘	庠生	吴家
王凤山	庠生	二甲
杨太和	清嘉庆举人	杨集

闫坊乡

姓名	功名	村名
鲍凤图	武庠生	闫坊
张廷机	副将加总兵衔	刘官
胡镜堂	清末庠生	大胡
胡清远	清末庠生	大胡

马维贞	清末庠生	康坊
赵德毅	清咸丰举人（解元）	龙河
周鹤令	清同治武举	龙河
李梦愚	清道光进士	营李

湖滨乡

姓名	功名	村名
安寿春	清末庠生	湾头
安耀奎	清末庠生	湾头
孙崇熙	清道光岁贡	孟桥
王尊重	清光绪全国铁路总管	傅家
刘士弘	清贡生	南河东
刘仲珂	清贡生	南河东
刘德裕	清贡生	南河东
刘振铭	清贡生	南河东
刘应元	清贡生	南河东
刘方超	清末庠生	南河东
刘士伟	清末庠生	南河东
刘　谋	清末庠生	南河东
刘　式	清末庠生	南河东
刘之清	清末庠生	南河东
舒锡庆	清道光岁贡	柳舒
舒向明	清宣统优贡	柳舒
舒志忠	清末庠生	柳舒
舒秉鲁	清末庠生	柳舒
白英发	清嘉庆武庠生	柳白
白英华	清嘉庆武庠生	柳白
白英烈	清嘉庆武庠生	柳白

寨郝乡

姓名	功名	村名
韩士升	明末文学家	柳桥
韩冠五	清末书法家	柳桥

店子乡

姓名	功名	村名
刘嘉言	清末庠生	店子
刘怀善	清末庠生	店子
刘怀曾	清末庠生	店子
魏品三	清末庠生	沙旺
宋仁旷	清末庠生	马宋
张秀春	清末庠生	马兴

宋振芳	清末庠生	董官
滕光普	清末庠生	董官
马建刚	清末庠生	马庄
杨振宗	明河北顺义县知县	辛杨
杨从吉	明庠生	辛杨
杨有灿	清庠生	辛杨
杨前知	清庠生	辛杨
杨通知	清庠生	辛杨
杨秉元	清庠生	辛杨
杨希周	清庠生	辛杨
杨希闵	清庠生	辛杨

王居	清末庠生	大王
李士田	清光绪进士	利城
李义田	清光绪举人	利城
高春圃	清末廪生	北营
郑安邦	清末武庠生	东郑
郑安太	清末武庠生	东郑
陈鹤舫	清末岁贡	九台
陈相延	附贡	九台
吴鹏云	清末庠生	张吴
吴克顺	清末庠生	张吴
韩发荣	清末武庠生	张卢

第二篇 基础教育

普通高中教育

义务教育

学前教育

第一章 学前教育

第一节 发展概况

抗日战争结束之前，博兴县的学前教育可谓空白。日本帝国主义投降后，解放区迅速扩大，百废待兴，为把妇女干部从家庭、孩子的拖累中解放出来，也为后一代的健康成长，渤海区党委做出兴办区直托儿所的决定，由区妇联干部刘孟负责托儿所兴办事宜。1945年7月1日该所正式开办，所长由博兴县妇联主任崔剑池担任，副所长由陈户区（时为博兴县三区）官王村妇联干部王茂春担任，托儿所设在当时的陈户区官王村，最初只有2名孩子入托，年后增至8名。至此，博兴县域内第一所托儿所诞生，但仍然不规范。后该所于1946年随渤海区迁至区党委驻地惠民县城。

在中国共产党领导下的抗日民主根据地，由于艰苦的战争环境，未曾设置正式的幼儿教育机构，但是通过妇联、小学、儿童团，在一定程度上已开始了对幼儿的正规教育。

1946年9月，省政府在《山东省群众教育工作纲要》中指出："创造经验，在城市试办幼稚园、保育院，但必须根据条件与妇联配合共同进行。"是年，在渤海行署及各界救国委员会的领导下成立了渤海区幼儿保育委员会，负责全区幼儿教育的领导和管理工作。1947年下半年，国民党军队重点进攻山东，加之严重的自然灾害等原因，致使解放区的托儿所和幼稚园一部分停办，一部分转入游击状态或向东北转移，直到全省解放后，才得以恢复或迁回。

1952年，按照教育部制定的《幼儿园暂行规程》和《幼儿园暂行教学纲要》，幼儿教育逐渐走向正轨。1953年，山东省制定了《1953~1957年教育事业计划纲要（草案）》，全省幼儿教育有了较快的发展。1955~1956年，由于农业合作社的发展，需要解放妇女劳动力，农村季节性幼儿园得到发展。到1956年，随着初级社发展为高级社，出现了一批农村常年性幼儿园。1955年，时任博兴县委书记李笑星、县委副书记高德明提议在县城建立机关托儿所，遂借用县委9间平房办起了博兴县第一个机关托儿所。1958年春，随着全省教育工作"百日奋战"的进行，为满足广大妇女参加生产的需要，幼儿教育迅速发展。1959~1960年，全省幼儿教育再次加速发展。这一时期的幼儿园，特别是农村幼儿园，绝大部分是以平调民房的方式办起来的，大多属于照看孩子的托儿所（组）性质，缺少起码的幼儿教育办学条件，基本上不具备现代幼儿教育的功能。在1961~1963年的调整中，这些园所大多自动解散。1964年，随着全省各级各类教育转为正常发展，幼儿教育开始步入正规。“文革”初期，幼儿教育遭到严重破坏，大批幼儿园停办。

1977年始，博兴县托幼事业在全县兴旺起来，县政府成立托幼工作领导小组，由一名副县长兼任组长，县文教局长、卫生局长、县妇联主任为副组长，下设办公室，有专人负责。乡村办幼儿园也蔚然成风，有单设的，有附设于小学的。这段时间，一批老托幼工作者个人办起了不少幼儿园。连当时的县商业局、县医院、工艺美术一厂、农机局、粮食局等单位也纷纷办起了幼儿园。

1982年，上级要求城镇和有条件的农村要大力兴办托儿所、幼儿园，抓好学前教育，省政府指出：“初等教育从幼儿教育，主要是五六岁儿童的学前教育为重点。”

20世纪80年代县机关幼儿园幼儿活动

1986年，博兴县学前教育迅速壮大，遍布乡镇各村，这一年幼儿园处于大面积发动兴办阶段。少数是单设的，多数是附设在有条件的小学，大部分幼儿园大、中、小班混编，只有一两个教师，且多数教师学历不达标，缺乏必备的业务知识与教育管理能力；幼儿园内缺少正轨的教具和玩具，设施非常简陋。1986年后，随着农村经济的发展和办学条件的改善，学前教育也得到较大发展。

1991年以前全县的幼教工作归县妇联领导和管理。自1991年5月起，转归县教委管理。县教委专门制定《幼儿园学前班登记注册办法》《幼儿园园长资格审定暂行办法》，并决定对幼儿园实行分类管理。1996年，召开全县学前教育工作会议，把全县幼教工作推向了一个新阶段。一批高标准的幼儿园迅速建立起来，兴福镇率先建成镇中心幼儿园，寨郝镇寨郝村建成寨郝中心幼儿园，两处幼儿园都通过了省级示范幼儿园（2015年后称“省级示范性幼儿园）验收。城区内县一小幼儿园、县一中幼儿园都达到了较高水准；1998年，县机关幼儿园建成了综合教学楼，并于当年顺利通过了省级实验幼儿园（2015年后称“省级示范性幼儿园）验收。1999年，县教委按照“减少幼儿园处数，扩大幼儿园规模，提高质量”的原则，结合中小学的布局调整，在全县范围内实施“小学改园工程”，充分利用中小学调整后闲置的校舍，改建为幼儿园，使各幼儿园的功能用房逐步完善，并配备了多种现代化教具、玩具及其他教育教学设施。幼教工作人员的教育管理能力、个人的职业道德水平等各方面的素质也明显提高。幼儿教育工作逐渐步入规范化、科学化的轨道。

1998年起，县政府教育督导室每年对幼儿园进行督导评估，通过督导，规范幼儿园的日常管理，提高了幼儿园办园水平。

到1999年，省级实验幼儿园1处，省级示范幼儿园2处，地级一类幼儿园50处，镇乡中心幼儿园10处。是年，博兴县被省教委评为“学前教育先进县”。

2001年开始，对个体办园采取“积极鼓励、大力支持、正确引导、加强管理”的方针，鼓励公民个人独资或联合投资以股份的形式开办幼儿园，使个体幼儿园得到较快发展。是年，博兴县教委印发《关于对个体办园联合检查情况的通报》，对全县登记注册的34处个体办园进行联合检查，规范了全县的个体园所办园水平。2002年，全县深化办园体制改革，建立多元化办园投资机制，吸引社会资金500万元用于园所建设；同年，县教委下发了《关于加强城区园所管理的通知》，县教委鼓励、支持城区内有条件的企事业单位投资向学前教育倾斜，要求抓好幼儿园制度建设，提高保教质量；保障幼儿教育事业经费的投入，加强幼儿园收费的管理，促进幼教事业健康发展。同年，县教研室下发了《关于公布学前教育优质课评选结果的通知》，以进一步提高幼儿教师的教学水平，促进现代化教学手段的运用，树立一批学前教育课堂教学的典型。是年，县教育局对新达标升类的园所统一要求配备多媒体教室、计算机、电视、VCD机等设施。全县幼儿园配备计算机100多台，多媒体教室6个，200多个班级实现“四机一幕”（电视机、录放机、VCD机、投影机、银幕）进教室。新争创市级规范化乡镇幼儿园、示范园、一类园15处。县实验小学幼儿园、县一小幼儿园被评为第六批省级示范幼儿园。

2004年11月，县人民政府办公室印发了《关于调整博兴县托幼工作领导小组的通知》，根据工作需要，对博兴县托幼工作领导小组成员予以调整。12月，县人民政府印发了《关于加强中小学幼儿园及少年儿童安全管理工作和开展专项整治行动的实施意见》，要求切实加强全县中小学、幼儿园安全工作，扎实开展全县中小学、幼儿园安全管理专项整治行动，并成立了由分管副县长为组长的博兴县中小学、幼儿园安全管理专项整治工作领导小组。到2005年，省级实验、示范幼儿园9处，省级十佳幼儿园2处，市十佳幼儿园6处，市级规范化中心幼儿园和示范幼儿园35处，市级一类幼儿园62处。这一年共筹措580多万元新建6处、改建9处、扩建5处幼儿园，总建筑面积达8993平方米。是年7月，县教育局下发《关于公布已登记注册幼儿园名单的通知》，对全县幼儿园进行审批注册，为115处符合办园条件的幼儿园颁发办园许可证。是年，博兴县先后在全省学前教育事业发展高层论坛暨现场会、全省基础教育工作例会上做了典型发言。6月，县教育局撰写的《发挥品牌优势实行城乡联合积极探索学校办园新模式》在山东省学前教育事业发展高层论坛现场会上被选为典型材料。

2006年全县撤并幼儿园36处，幼儿园布局更加合理。该年获市级一类园以上称号的园所112处。全县形成了以城区幼儿园为示范，以乡镇中心幼儿园为骨干，以学校办园与村集体办园为主体，个人办园为补充的发展格局。是年6月，县物价局、县财政局和县教育局联合发布了《关于调整我县幼儿园、托儿所收费标准的通知》，对幼儿园和托儿所的收费项目及收费标准进行调整。县卫生局、县教育局、县妇联、县妇儿工委办公室联合制定了《博兴县托儿所、幼儿园卫生保健工作管理办法（试行）》。县教育局、公安局、物价局、卫生局联合对全县未注册园所进行了检查，并发布了《关于对未注册园所联合检查情况的通报》，对进一步落实园所规范化管理起到了助推作用。同年，博兴县幼儿园在全省幼儿体操比赛中荣获两枚金牌，在全省幼儿舞蹈比赛中荣获一等奖一个，三等奖一个。兴福镇教委在山东省基础教育工作例会上作典型经验交流。

2007年，出台了《关于进一步加强幼儿园园籍管理的通知》，采取了一年级学籍与幼儿园匠籍管理相结合的办法，并根据省市有关文件精神对辖区内的幼儿园重新进行登记注册。是年年底，依据山东省幼儿园办园基本条件对全县申请注册的幼儿园进行了复审。2008年，出台《关于加强学前教育机构管理规范办园行为的通知》和《关于加强幼儿教师队伍管理的意见》，全县学前教育管理逐步走向科学化、规范化。

2011年，启动第一期学前教育三年行动计划。县委、县政府把学前教育纳入全县总体工作发展规划，明确县、镇两级政府在学前教育中的职责，积极筹发发展经费，大力推进学前教育三年行动计划的实施，各镇政府负责办好镇中心幼儿园。

2011~2013年，全县新建、改扩建幼儿园49处。12个镇（街道）的13处中心园全部通过省级认定。严格按《山东省幼儿园基本办园条件标准》加快实施幼儿园园舍标准化建设工程。实行了幼儿园注册和年检制度，每年县教育局、县公安局等联合执法，对辖区内幼儿园进行年检，对新申请注册的幼儿园进行登记注册，并将年检和注册结果进行通报，及时公示，促进了全县学前教育健康、持续、均衡发展。

孩子们在做搭建游戏

2012年10月，教育部颁布《3~6岁儿童学习与发展指南》。2013年9月，组织开展全县注册幼儿园园长《指南》培训活动，旨在帮助幼儿园管理者准确解读《指南》精神，了解幼儿学习与发展的基本规律和特点，有效提高幼儿园科学保教水平。

自2013年1月始，全县农村非公办幼师最低月工资1220元以上，县直非公办教师月工资1400元以上。幼儿园所有公办教师在工资待遇、职称评定、评优选模等方面和中小学教师享受同等待遇。

2015年1月，全县选派20余名园长前往浙江省安吉县学习闻名全国的“安吉游戏”。随后组织全县幼儿园园长与骨干教师开展安吉游戏培训学习，改变教育理念，特别是放手游戏，让“游戏更自主”成为核心教育理念；以镇（街道）中心园为示范点，重新规划调整户外游戏环境，增添多样的低结构游戏材料；调整幼儿一日活动时间安排，增加幼儿自主游戏时间，正确看待幼儿的需要，尝试真正意义上的改变，让游戏点亮儿童的生命。成立了博兴县学前教育中心教研组，定期开展游戏研讨，助推幼儿园课程改革，促进了实践研究，全面提升保教质量。

是年，构建县镇园三级教研网络，开展“一月一园一研”活动。成立综合、游戏、生活三个中心教研组，联动开展工作，而且每月的教研成果制作成教研简报分享给全县的老师们借鉴学习。

2015年开始实施第二期学前教育三年行动计划，全县不断加大幼儿园设施设备的配备力度，按照《山东省幼儿园基本办园条件标准》的要求，配齐配足了各种设施设备。全县所有幼儿园室内外设施、教玩具、卫生保健器材配备三项指标均达到相应类别幼儿园标准要求。

2016年，启动农村幼儿教师全员轮岗培训计划，以城区的省、市十佳幼儿园为培训基地，整合全县的优质师资，按照项目实施方案要求，设置培训课程，每期一周时间，已开展26期，全县895名农村幼儿教师参与集中培训学习。3月，县教育局委托国家教育部园长培训中心，在东北师范大学组织开展全县幼儿园骨干园长培训班，47名园长参加培训，全面系统的学习先进的教育理论和管理经验。

2017年，顺利完成第二期学前教育三年行动计划。三年共计投资1.1亿元，完成23个建设项目。投资1097万元为75所幼儿园配备了保教设备。是年，全县注册幼儿园75所，在园幼儿14085人。其中省十佳幼儿园2所，省级示范性幼儿园21所，乡镇中心园省级达标率为93%，学前教育工作者1609人。

1955～2017年博兴县学前教育发展状况表

年份	处数	班数	幼儿数	入园幼儿数	入园率（%）	教职工	其中教师	中专以上学历人数
1955	1	1		20		1	1	
1956	1	1		24		1	1	
1957	67	116		1369				
1958	1073	1676		28696				
1959	535	1030		16764				
1960	120	143		4040		232	211	
1961	1	2		100		19		
1962	1	3		80		8		
1963	1	2		50		8		
1964	1	2		50		5	3	3
1965	1	1		40		2	2	2
1966	1	1		80		2	2	2
1967	1	1		60		2	2	2
1968	1	1		50		2	2	2
1969	1	1		40		2	2	2
1970	1	1		30		2	2	2
1971	1	1		45		2	2	2
1972	1	1		50		2	2	2
1973	1	1		60		3	3	3
1974	1	1		61		4	4	4
1975	1	1		62		5	5	5
1976	1	1		64		5	5	5
1977	45	60		591		61	59	
1978	43	62	28448	1906	6.7	78	71	
1979	123	142	53634	4988	9.3	184	176	
1980	100	265	63208	9418	14.9	190	182	
1981	203	230	65667	7683	11.7	255	247	

续 表

年份	处数	班数	幼儿数	入园幼儿数	入园率（%）	教职工	其中教师	中专以上学历人数
1982	227	281	72129	7285	10.1	285	279	
1983	205	234	27756	9104	32.8	250	218	
1984	136	170	21742	5218	24	197	187	
1985	72	192	21327	5545	26	219	207	
1986	430	433	26837	13687	51	473	472	
1987	408	430	31029	14894	48	464	463	
1988	425	442	29018	14799	51	485	483	
1989	433	454	29235	14910	51	498	495	
1990	410	453	26015	13528	52	507	502	
1991	367	444	23114	12944	56	526	512	
1992	379	434	22491	13045	58	471	465	
1993	385	431	21013	13028	62	577	518	326
1994	402	476	23667	14910	63	563	503	373
1995	422	518	20653	13218	64	647	612	403
1996	404	506	17538	11891	67.8	642	623	440
1997	386	498	16394	11476	70	650	592	567
1998	382	529	16162	13091	81	677	598	633
1999	353	536	18677	15707	84.1	697	608	678
2000	297	510	18936	16096	85	697	682	658
2001	333	600	24765	22783	92	804	755	721
2002	261	465	21408	20187	94.3	776	765	736
2003	238	552	20486	19420	94.8	877	819	749
2004	208	592	21572	20235	93.8	885	817	761
2005	176	572	17427	19398	94.1	946	854	809
2006	170	567	18648	17622	94.5	847	845	805
2007	160	578	18621	17671	95	1028	985	882
2008	149	559	17286	16422	95	1032	938	876
2009	165	554	18951	18041	95.2	1094	992	919
2010	164	532	17043	16242	95.3	1011	976	926
2011	129	500	16692	15924	95.4	1087	997	965
2012	115	464	14711	14078	95.7	1080	992	965
2013	112	471	14354	13780	96	1141	1012	994
2014	107	470	13560	13045	96.2	1231	1066	1034
2015	106	514	13936	13448	96.5	1298	1098	1108
2016	114	536	14679	14253	97.1	1549	1287	1248
2017	112	533	14415	14085	97.71	1609	1287	1271

2017年博兴县注册幼儿园情况一览表

名称	在园儿童数	名称	在园儿童数
博兴县实验幼儿园	558	湖滨镇中心幼儿园	216
博兴县实验小学幼儿园	562	湖滨镇柳桥幼儿园	223
博兴县博奥幼儿园	677	湖滨镇寨卢幼儿园	184
博兴县乐安实验学校幼儿园	768	湖滨镇寨卞幼儿园	71
博兴县第一小学幼儿园（校外）	589	湖滨镇姜韩幼儿园	45
博兴县第一小学幼儿园（校内）	433	湖滨镇见桥中心幼儿园	127
博兴县第三小学幼儿园	521	湖滨镇五鲁幼儿园	56
吕艺镇第一中心幼儿园	254	湖滨镇西门幼儿园	40
乔庄镇中心幼儿园	132	兴福镇中心幼儿园	183
乔庄镇东崔幼儿园	99	兴福镇第二中心幼儿园	301
乔庄镇宁家幼儿园	37	兴福镇赵马幼儿园	342
乔庄镇希望幼儿园	17	兴福镇兴合幼儿园	205
乔庄镇三合幼儿园	34	兴福镇国宾幼儿园	172
乔庄镇蔡寨幼儿园	118	兴福镇蓓蕾幼儿园	165
锦秋街道办事处中心幼儿园	200	博昌幼儿园	245
锦秋街道办事处益海幼儿园	84	怡和华德福幼儿园	67
锦秋街道办事处西三幼儿园	45	庞家镇中心幼儿园	228
锦秋街道办事处清河幼儿园	93	庞家镇刘家小学幼儿园	86
锦秋北关广厦集团幸福幼儿园	331	庞家镇刘家小学幼儿园分园	62
锦秋街道办事处安馨幼儿园	84	陈户镇第一中心幼儿园	253
锦秋街道博爱幼儿园	61	陈户镇第二中心幼儿园	191
纯化镇中心幼儿园	207	曹王镇中心幼儿园	270
纯化镇窝刘中心幼儿园	138	曹王镇曹一幼儿园	58
纯化镇王文中心幼儿园	97	曹王镇曹二幼儿园	64
店子镇张候幼儿园	141	曹王镇西孙幼儿园	33
店子镇大吾幼儿园	50	曹王镇王海幼儿园	88
店子镇中心幼儿园	483	曹王镇第二小学幼儿园	126
店子镇第二小学幼儿园	63	曹王镇中心幼儿园（南）园	84
店子镇辛朱幼儿园	30	曹王镇爱华幼儿园	56
店子镇辛张幼儿园	53	锦秋街道办事处王林幼儿园	95
店子镇梨园幼儿园	105	城东街道陈刘幼儿园	19
店子镇万梅幼儿园	84	城东街道岭子幼儿园	15
博兴经济开发区中心幼儿园	129	京博慧蒙·第二幼稚园	81
吕艺镇辛集中心校幼儿园	32	京博慧蒙·第三幼稚园	65
吕艺镇许李学区中心幼儿园	177	京博慧蒙幼儿园·益仁园	182
吕艺镇王浩中心幼儿园	97	博兴县博苑幼儿园	60
吕艺镇屯田学区中心校幼儿园	69	博兴县睿之源幼儿园	52
吕艺镇龙河中心幼儿园	43		

第二节　幼儿园选介

博兴县实验幼儿园

博兴县实验幼儿园位于博兴县博城五路398号，占地面积7733.8平方米。幼儿园1955年建园，1958年从县委大院搬迁至南隅，1973年从南隅搬迁至县五七小学，1980年搬迁到现址，1998年由政府建现主教学楼，2004年建宝宝教学楼。2002年由政府管理归为教育局管理。

博兴县实验幼儿园现有大、中、小、托16个教学班，在园幼儿600余名，保教人员72人，教师学历、专业合格率均为100%。建有幼儿阅览室、科学发现室、蒲公英画室、围棋室、建构活动室、幼儿社会实践活动基地、多功能活动厅、保健室。

幼儿园先后荣获“教育部‘十五’规划课题先进单位”“国家级课题‘瑞吉欧中国化研究试验基地’”“省级实验幼儿园”“省级食品卫生A级单位”“市十佳幼儿园”“市学前教育先进集体”“市巾帼建功先进集体”“县平安和谐校园先进单位”等荣誉称号。

博兴县实验小学幼儿园

博兴县实验小学幼儿园坐落于菜园小区，始建于1991年，前身为实验小学学前班，2001年搬迁，新园更名为实验小学幼儿园。现有17个教学班，590名幼儿。

幼儿园2005年被评为“省十佳幼儿园”，并连续三届蝉联该称号，2018年被评为“省百名家园共育示范幼儿园”。园所现有教师54人，其中全省百名优秀园长1人，市级名师1人，市县教学能手、学科带头人7人，18人次获国家、省、市、县各级学前教育先进个人及优秀教师等荣誉称号，12人次获省、市优质课一、二等奖。

博兴县第一小学幼儿园

博兴县第一小学校外幼儿园坐落在博城北区，始建于2001年9月，占地面积7201平方米，建筑面积2427平方米，现有教学班17个，在园幼儿600余名，教职工61人。

幼儿园先后获得了“省级示范幼儿园”“市十佳幼儿园”“省十佳幼儿园”“省教科研先进单位”“省家庭教育示范基地”“市学前教育先进单位”“市‘三八’红旗集体”“市巾帼建功文明岗”等荣誉称号。

博兴县乐安实验学校幼儿园

博兴县乐安实验学校幼儿园成立于1995年，占地总面积3660平方米，是山东省示范幼儿园，共有托、小、中、大21个学龄班，可容纳900余名幼儿就读。幼儿园现有教职工77人，其中省特级教师1名，市学科带头人2名，市优秀教师3名，市教学能手2名，县级优秀教师、学科带头人、教学能手8人。

幼儿园先后荣获“全国啦啦操实验学校”“全国啦啦操培训考级中心”“省级示范幼儿园”“市十佳幼儿园”“市巾帼文明岗”“市学前教育先进单位”“县教书育人先进单位”等荣誉称号。

博兴县第三小学幼儿园

博兴县第三小学幼儿园位于新城二路南首东侧，建成于2015年8月，是一所全日制公办幼儿园，占地面积8974平方米，建筑总面积5238平方米，幼儿园现有16个教学班，在园幼儿近700名，教职工63人，教师学历达标率100%。2015年，荣获“省清洁厨房”荣誉称号，2017年顺利通过了“省级示范性幼儿园”的验收。

博兴县博奥幼儿园

博兴县博奥幼儿园创建于2003年11月，隶属于博兴县博奥学校，是一所普惠性民办幼儿园。总占地面积9981平方米，建筑面积5385平方米；现教职工74名，在园幼儿770名。

建园14年来，幼儿园先后荣获“省示范幼儿园”“市十佳幼儿园”“省课题先进科研集体”“市巾帼文明示范岗”“市学前教育先进集体”“全市幼儿区域活动现场第一名”“全市幼儿教师技能大赛团体第一名”“全国幼儿美术大赛优秀组织奖”“市规范化卫生先进单位”“市消防先进集体”等荣誉称号。

博兴县经济开发区中心幼儿园

博兴经济开发区中心幼儿园位于城东街道办事处李家村以北，改建于2011年8月，是一所全日制公办幼儿园。幼儿园总占地面积3669.05平方米，园内文化建设、玩教具配备及室内设备配备总投资近180万元，现开设6个班（2个小班、2个中班、2个大班），在园幼儿200余名。2012年12月顺利通过省乡镇中心幼儿园的验收；2016年5月顺利通过省示范幼儿园的验收；2017年底通过省“家园共育”百所示范幼儿园验收。

兴福镇中心幼儿园

兴福镇中心幼儿园始建于1992年，由兴福镇人民政府出资建设，属镇妇联主管，1995年8月移交镇教委管理。1995年3月镇政府在兴福镇中心街西首投资建设镇中心小学、中心幼儿园一体的教学楼，1997年建成并投入使用，1998年4月，中心幼儿园搬迁至此，与镇中学、中心小学、镇成职教构成兴福镇教育四中心。

幼儿园占地面积4035平方米，幼儿户外活动场地1838平方米，体育用地面积1000平方米，绿化面积500平方米。现设大、中、小、托班共8个，在园幼儿200多人，教职员工28人。

幼儿园先后荣获“省级示范幼儿园”“市十佳幼儿园”“市学前教育先进集体”“市优秀家长学校”“县学前教育先进集体”“县教育管理先进单位”等荣誉称号。

兴福镇第二中心幼儿园

兴福镇第二中心幼儿园坐落在兴福镇李韩社区内，奠基于2009年10月，于2010年11月建成并投入使用，前身为李韩办事处幼儿园，成立时为兴福镇实验幼儿园，之后更名为兴福镇第二中心幼儿园。园所占地面积4000平方米，建筑面积3460多平方米；现有12个教学班，教职工46人。

幼儿园先后荣获“省级示范性幼儿园”“市

学前教育工作先进单位”“县教书育人先进单位”“县餐饮管理示范单位”等荣誉称号。

湖滨镇中心幼儿园

湖滨镇中心幼儿园，坐落于湖滨镇寨郝村。1976 年，寨郝村委在本村学校内设立了两个育红班，1992 年扩到 4 个班，小学迁出，校园改为寨郝幼儿园。1994 年村民委员会投资 200 多万元兴建了寨郝村幼儿园，2012 年幼儿园更名为湖滨镇中心幼儿园。

幼儿园占地 3000 多平方米，建筑面积近 3000 平方米，现有教职工 24 人，6 个教学班，在园幼儿 216 人，有县级教学能手、学科带头人 4 人，县优秀班主任、先进工作者 4 人。幼儿园先后荣获“省级示范性幼儿园”“市十佳幼儿园”“县学前教育先进单位”“县三八红旗集体”等荣誉称号。

湖滨镇柳桥幼儿园

湖滨镇柳桥幼儿园位于小清河以南，张北路以东与维博路交汇处，离湖滨镇政府驻地 300 米。柳桥幼儿园创建于 1983 年，当时是小学附设的育红班，教师 1 名，1986 年注册为柳桥幼儿园当时是小学附属园。2004 年新建独立的幼儿园，占地面积 4896 平方米，建筑面积 1996 平方米，共有 8 个教学班，现在园幼儿 247 名；教职工 26 人，专任教师 14 人，保育员 7 人，学历达标率 100%。

柳桥幼儿园先后荣获“省级示范幼儿园”“市学前教育先进单位 ”“县三八红旗集体”,“国家科学启智实验园” “ 县学前教育先进集体” 等荣誉称号。

陈户镇第一中心幼儿园

陈户镇第一中心幼儿园始建于 2006 年 3 月，原名“陈户镇城区幼儿园”，2008 年 3 月正式搬迁。2012 年 6 月合并了原陈户镇范家幼儿园，2012 年 8 月又对原陈户二小校舍进行了改造，扩展了校区，幼儿园随之更名为“陈户镇第一中心幼儿园”。2016 年 8 月原陈户镇相呈幼儿园并入。现占地面积 23826 平方米，建筑面积 3445 平方米，户外硬化面积 9000 平方米，塑胶场地 1836 多平方米，绿化面积 9545 平方米。

幼儿园先后被省教育学会评为“十一五”课题“操作材料对幼儿探究式科学学习的支持”实验园、中国学前教育研究会“十一五”研究课题“‘诗画’在提升教师与幼儿综合素质中的实证研究”优秀实验幼儿园，先后荣获“省级示范性幼儿园”“县学前教育先进单位”等荣誉称号。

陈户镇第二中心幼儿园

陈户镇第二中心幼儿园坐落于陈户镇陈户村（村北），东临乔博路。始建于1978年，位于陈户村西头磨坊内，原名陈户村育红班，1985年搬迁于现陈户村碑处，1995年搬迁入村北的幼儿园专用楼房，1999年易名为陈户镇中心幼儿园，2011年更名为陈户镇第二中心幼儿园，2012年搬入陈户镇中心小学旧址。

幼儿园现占地面积22938㎡，建筑面积3720㎡，绿化面积4310.46㎡。教职工18人，在校学生150人。园所设有7个标准教学班和1个早教中心，配有教育活动室、幼儿寝室、盥洗室、保健室、图书室、建构室、美工室、科学发现室、多功能活动室、会议室等功能用房；户外设置了运动区、多功能玩具区、游戏区、戏水玩沙区、体能拓展区以及种植和饲养区。

幼儿园2014年通过省“乡镇中心幼儿园”认定，幼儿园的特色活动在2014年山东省第三届幼儿园特色教育活动展评中获二等奖。先后荣获“省级示范性幼儿园”“市平安校园建设先进单位”“县学前教育先进集体”等荣誉称号。

庞家镇中心幼儿园

庞家镇中心幼儿园坐落于博兴县庞家镇，位于205国道以东200米，庞陈路以北原镇府驻地。2002年由原庞家中心小学改建成“庞家镇中心幼儿园”。

幼儿园占地面积约6342平方米，建筑面积3420平方米，户外活动场地2092平方米，现有7个教学班，32名教职工。幼儿园设置了卫生保健室、美工室、图书阅览室、科学发现室、亲子教室、多功能大厅等专用活动室，各班配备了电钢琴、液晶电视、电脑、DVD、数码相机等教学设备及消毒柜、消毒灯等消毒设备。

幼儿园先后荣获“省级示范性幼儿园”“市学前教育先进单位”“县学前教育先进单位”等荣誉称号。

纯化镇中心幼儿园

纯化镇中心幼儿园地处博兴县东北部的纯化镇政府驻地，属政府办园，幼儿园原

地处中心小学北邻，第一期三年行动计划启动后，2013年8月将原中心小学南校进行改建，并于2013年11月份投入使用。纯化镇中心幼儿园改建过程完全按照省定标准进行，实现了活动室、盥洗室、寝室三室配套。在对户外环境改建过程中，幼儿园本着发展与兴趣并重的原则，利用废旧轮胎作文章，先后建成了轮胎墙面种植区、轮胎攀爬架、轮胎吊环、轮胎钻洞、轮胎吊桥等，形成了本园独具特色的轮胎景观运动。与此同时，幼儿园尽最大能力克服资金困难，不断更新、添置大型游戏器械，为幼儿的发展奠定了基础。幼儿园招生范围涉及袁家、纯化学区14个自然村以及镇直单位3~6岁适龄幼儿，办园规模为4~9个教学班，在园教职工22人。连续两年获县教育局“家长评议幼儿园”第一名；2014年通过省级乡镇中心幼儿园认定及市级示范幼儿园验收；2016年4月通过省级示范性幼儿园验收。

博昌中心幼儿园

博昌中心幼儿园坐落于博兴县胜利一路486号，是一所全日制公办幼儿园。始建于1999年5月，前身为博兴镇中心幼儿园，2007年撤镇设办后，博昌街道投资150余万元在原址建成新园，并于同年8月投入使用，更名为博昌中心幼儿园。

幼儿园占地面积2260平方米，建筑面积1060平方米，是一所设计新颖、科学合理、设施设备齐全的幼儿乐园。现设有8个教学班，在园幼儿280余名，教职工30人全部达到国家规定学历，专任教师100%取得任职资格证，实现了教师队伍的年轻化、知识化、专业化，是一支充满朝气的年轻队伍。

幼儿园先后荣获“省级示范性幼儿园”“省幼儿园远程研修先进单位”“县学前教育先进单位”“县平安校园先进学校”“县幼师五项技能大赛团体一等奖”“县幼师五项技能大赛优秀组织奖”等称号。

店子镇中心幼儿园

店子镇中心幼儿园始建于1991年，位于曹纯路以西、镇中学南邻，2005年由原店子乡教委改建而成，时称店子镇实验幼儿园，2012年更名为店子镇中心幼儿园。

幼儿园占地面积6520平方米，建筑面积1438平方米，运动场地4290平方米，绿化用地792平方米。现有11个教学班，幼儿515人，教职工46人。设置教学活动室、保健室、图书室等专用活动室。户外大、中、小型玩具配备齐全，各班级配备钢琴、液晶电视、电脑、一体机等教学设备。

幼儿园先后荣获“市级规范化幼儿园”“平安和谐校园”“县学前教育先进集体”“县教书育人先进单位”等荣誉称号，2017年10月通过省级示范性幼儿园验收。

湖滨镇寨卢幼儿园

湖滨镇寨卢幼儿园坐落于湖滨镇寨卢村，始建于1997年，2014年寨卢村投资500多万元兴建新园。幼儿园占地面积5700平方米，建筑面积3200平方米，绿化面积400平方米。现有8个教学班，在园幼儿230名,教职工24人。

幼儿园设有一流的多功能活动室、科学发现室、图书阅览室、美工室、保健室等，室内全部铺设高档橡胶地板。宽敞明亮的教室，舒适温馨的寝室，功能齐全的活动室，独一无二的娃娃餐厅和宽阔安全的户外活动场地，为幼儿提供了良好的学习、活动和生活环境。食堂严格按照A级标准建造，各功能区划分明确。各班配备了电钢琴、液晶电视、电脑、DVD、数码相机等教学设备。2017年通过“省级示范性幼儿园”验收。

锦秋街道中心幼儿园

锦秋街道中心幼儿园位于锦秋街道湾头村，始建于1985年9月。2012年先后将陈家、镇前幼儿园合并其中。同年3月开始筹建新园，2013年11月新园正式投入使用，成为一个独立园所。

幼儿园按照省级示范园标准建设，总投资600余万元，占地面积5910.94平方米，建筑面积3200平方米。幼儿园环境优美，配套设施完善，可设11个教学班，服务半径为东风、周陈、湾头、陈家、孟桥、逯桥6个自然村，总服务人口约1.3万人。

幼儿园秉承“启蒙归正，浸润心灵，实实在在为幼儿发展服务”的办园宗旨，先后通过“市级示范性幼儿园”“省级示范性幼儿园”验收。

乔庄镇中心幼儿园

乔庄镇中心幼儿园座落于乔庄镇政府驻地，创建于1994年3月，1997年3月迁至现址。幼儿园服务于镇直及周围的8个自然村，占地4357平方米，总建筑面积约5009.03平方米。2016年8月，将宁家幼儿园、三合幼儿园、希望幼儿园收归中心园管理，形成以镇中心幼儿园为主园，其他三个幼儿园为分园的“一园四区”的格局。幼儿园共有幼儿245名，教职员工37人，其中有县级优秀教师三人，县教学能手2人，县学科带头人1人。

幼儿园设施设备齐全，是“十二·五”教育科研活动优秀教育基地，先后荣获“市级规范化乡镇中心幼儿园”“市学前教育先进集体”“县学前教育先进单位”“县平安校园建设先进学校”“省级示范性幼儿园”“县三八红旗先进集体”等称号。

第二章　义务教育

1904年，清政府把小学教育规定为义务教育。1912年，民国临时政府教育部颁布了《学校系统令》，即《壬子学制》，规定了“初等小学四年，为义务教育”。1986年4月12日第六届全国人民代表大会第四次会议通过了《中华人民共和国义务教育法》，规定国家实行九年制义务教育，并于同年7月1日开始施行。

1989年9月，博兴县宣布全面实施《义务教育法》。1994年11月，地委、行署召开全区教育工作会议，并下发《关于加强“两基”工作的决定》，博兴县掀起实现“两基”（基本普及九年制义务教育，基本扫除青壮年文盲）目标的热潮。博兴县委、县政府作出了《关于认真贯彻<纲要>，确保全县实现“两基”的决定》，县政府印发了《博兴县增加教育投入实施办法》，确立了“教育兴博”战略，把实现“两基”作为实现小康的重要指标，列入县、乡镇两级党委、政府重要议事日程。全县建立了教育目标责任制和月底教育报告制度，并利用各种媒体，宣传实现“两基”的重要性和有关法规，各级党委、政府高度重视，全民齐动员，各行各业大力支持，确保1995年实现“两基”目标。经过全县人民的共同努力，博兴县于1995年11月通过省政府“两基”验收。1999年11月，博兴县被省政府命名为“全省‘两基’工作先进县”。2000年11月，通过国家“两基”工作验收，成为全国首批“两基”达标县。“两基”的实现，使博兴县中小学办学条件得到很大改善，教育普及率迅速提高，全县基本普及九年义务教育，小学适龄儿童入学率达100%。

2006年9月1日起全国开始实施新的《义务教育法》，将义务教育全面纳入财政保障范围，实行免费九年制义务教育。2006年，县政府下发《关于实施农村义务教育经费保障机制改革的通知》，提出五项改革内容：一是全面免除农村义务教育阶段学生杂费；二是提高农村义务教育阶段中小学公用经费保障水平，争创全省教育工作示范县；三是继续对农村贫困家庭学生免费提供教科书并补助寄宿生生活费；四是建立全县农村义务教育阶段中小学校舍维修改造长效机制；五是巩固和完善农村中小学教师工资保障机制。2007年1月，博兴县成立农村义务教育经费保障机制改革办公室，按照中央、省、市文件精神，逐步在全县范围内实施农村教育经费保障机制改革。通过责任分担，强化预算和资金管理，杜绝乱收费，依法全面实施教师资格准入制度，“校财局管”等一系列措施，确保农村义务教育经费保障机制改革的顺利进行。是年起，在中央、省市财政承担农村义务教育阶段学生杂费的基础上，全部免除城区义务教育阶段56506名学生的杂费，共计1342万元。落实中小学预算内生均公用经费保障机制，把全县中小学公用经费纳入财政预算；继续对农村家庭困难学生免费提供教科书并补助寄宿生生活费，投入40余万元对城市生活低保家庭学生实行“两免一补”。2003年12月，博兴县对特殊教育学校学生实行了“三免”政策，即免缴杂费、住宿费、教科书费。2008年1月开始，实施“五免一补”（免杂费、书费、作业本费、住宿费、取暖费、补助生活费）。同时利用社会捐助资金，设立了“京博”奖学金、助学金和艺术特长奖励基金。

2001年以来，博兴县按国家、省、市统一部署，2001~2006年实施农村中小学危房改造工程；2007年实施农村中小学教学仪器更新工程和特殊教育学校教学仪器更新工程；2007~2009年实施中小学校舍安全工程；2013~2015年实施农村义务教育学校校舍标准化工程；2014年实施义务教育薄弱学校改造工程；2015年实施解决城镇普通中小学大班额问题建设工程。借助一系列校舍和设施工程的实施，县财政不断加大投入，各镇（街道）大力配合，义务教育学校的办学条件发生了显著改善，各学校基本达到《山东省普通中小学校办学条件标准》要求。

2001年开始，博兴县相继启动“全国义务教育发展基本均衡县”和“省教育工作示范县”的创建工作。博兴县以创建工作为总抓手，以推进中小学办学条件标准化为主要手段，把实现义务教育均衡发展作为教育工作的重中之重，不断深化农村义务教育经费保障机制改革，加大教育投入，优化教育资源配置，努力改善办学条件，统筹城乡之间、校际之间、区域之间的协调发展。累计投入资金5.7亿元用于中小学基础设施建设及仪器设备配置，先后整合初中学校7所，撤销小学25所、教学点5处，新建和改扩建学校27所，基本实现了每镇1~2所初中、2~4处小学的格局，城乡教育资源得到进一步优化整合和均衡配置。同时，通过建立城乡学校“教育共同体”，开展“教师支教”、名师送课下乡等活动，加大农村偏远学校教师补充力度，加强义务教育学校之间校长和教师的交流，共享优质教育资源，带动农村中小学校教师共同成长，逐步缩小城乡之间师资差距。2014年10月，博兴县顺利通过了国家“义务教育发展基本均衡县”验收。2015年9月，省政府授予博兴县“山东省教育工作示范县”称号。

第一节　小学教育

一、发展概况

清末，山东省的基础教育以清光绪二十七年（1901）为界，之前为旧式教育时期，各地的基础教育机构为私塾、义学、书院等，亦有少量外国人开办的教会学校。1901年9月14日，清政府颁令：“著各省所有书院，于省城立均设大学堂，各府与直隶州均设中学堂，各州县均设小学堂。”随着清廷陆续诏开经济特科始、诏废八股文程式以及诏令各省设立大、中、小学堂，教育开始逐渐步入新时期。山东各地书院遵清廷诏令分别设立中、小学堂，部分私塾、义学改设为私立小学堂，同时陆续新开办了一些中小学堂。

博兴县最早的小学是县立第一小学，始建于康熙五十七年（1719）。清光绪三十二年（1906），知县王炽昌将锦秋书院改为官立高等小学堂，小学堂分为初等和高等，初等小学堂招收 7 岁以上的儿童入学，学制五年。民国元年 1 月，将学堂改为学校，允许男女同校。官立改称国立、省立、县立。博兴官立高等小学堂改名为县立第一高等小学，后又易名书院街高等小学、书院街小学。民国十七年（1928）更名为县立第一小学。

光绪三十三年（1907），地方绅士王西洲创办学堂性质的博昌公学，民国四年（1915），博昌公学改为县立第二高等小学，共有公立高等小学教职员 7 人，学生 114 人，公立初级小学 19 处，教职员 37 人，学生 383 人。民国十七年（1928）并入县立第一小学。

至 1934 年，县立第二至第五小学相继在东鲁、纯化、史口和利城创办；县立第一到第十初小先后分别在祁家、寨郝、陈户、兴福、店子、史口、寨下、姜周、民有等村问世。

1916 年，省府视学孙房视察博兴学务，其《报告》称，博兴共有立案小学 50 处，另有 40 处正在筹办或兴建中。又据有关资料载，1928 年全县有高小 1 处，学生 90 人，县立初小 1 处，学生 30 人，区立初小 161 处，在校学生 2415 人，全县小学在校生共有 2535 人。

到 1930 年，县、区立小学发展到 37 处。1931 年，省教育厅指导员武文来博兴巡视，其《报告》称，博兴县共有高小 1 处，乡镇小学 210 处，就学儿童 4918 人。时博兴县有 415 个自然村，设校村 195 个，占总数的 47%，在校学生约占总人口的四十六分之一。1931~1935 年，博兴小学教育有了较大发展。据 1935 年统计，全县有县立高小、县立初小 15 处，区乡立小学 178 处，连同村立小学共有小学 349 处，设校村庄 311 个，入学儿童约 6000 人。

民国时期，博兴县的学校校舍多由旧庙改建。据载，当时所谓条件最好的第一小学，校舍也是十分简陋，学校没有操场。教师多为原私塾先生，思想、管理和教学方法因循守旧。

1930 年，中共博兴县委成立后，博兴早期的共产党员刘顺元、王博昌、李天佑、马千里等同志，在当时的形势下，利用学校做掩护，培养积蓄革命力量，发展和壮大党的组织和革命队伍。著名的有一小学潮，二小、三小、五小爱国义举。一小驱赶反动教师的举动，就是在县委的领导下，在共产党员蔡炳雯、孙蓬南、冯仙洲、王苇塘、傅敦吾、卢延年、窦瑜、相炜等同志直接组织发动下开展的。

1939 年 1 月，日本侵略者兵逼博城，博兴教育被破坏殆尽。

抗日战争期间，共产党领导的民主政府十分重视教育，把教育看作是争取抗日胜利必不可少的条件，县政府责令县教育科具体负责兴办小学事宜。根据当时形势需要，县教育科首先兴办抗日小学。抗日小学是抗日战争时期恢复各类小学的通称，包括完全小学、初级小学和高级小学。1940 年冬，抗日第一小学在纯化诞生；1941 年，抗日第二小学在陈户店诞生。1942 年，抗日第三小和第四小学分别相继诞生。1943 年，迫于形势，抗日小学化整为零，分散办成乡村联小学（实际上带有中心小学的性质），由联小负责联络、指导和带动周围村庄的抗日小学。当时较著名的联小有：三辛、官王、辛集、刘官、袁家、王家、王文、阎庄、通滨、郑家、贾家、河里等十几所。处“四边”抗日政府管辖的七张夏、八兴合、三毛河一带，处“三边”抗日政府领导下的原蒲台县的三教堂、止河头、魏家庄一带，也兴办了类似的学校。据统计，博兴境内各根据地的 200 多个村庄，几乎村村设立了学校，专任教师 300 多人，学生多达 4000 余人。抗日小学在共产党领导下，由县民主政府教育科统一管理，贯彻“教育为战争服务，为生产服务”的办学方针，遵循自愿和需要相结合的原则，办学形式灵活多样，为宣传、组织和发动群众，为培养干部和积蓄革命力量做出了重要贡献。

1939年1月，日本侵略者及其扶持的伪县公署进驻博兴后，匆忙操办“新民”小学，年内，他们操办的第一、二、三“新民”小学，先后在东门里、北关、东关开张，三处小学共有教员7人，学生50多名，另外还有魏家乡立小学，疃子、西谷王、西关、东关、王家大道、辛安等15处村立“新民”小学相继开张，学生有200名左右。日伪在这些所谓的“新民”小学中，对学生推行奴化教育。1943年冬，日寇对渤海区包括博、广、蒲一带，进行疯狂扫荡和蚕食，日伪地盘暂有扩大，“新民”学校增至75处（其中包括柳桥新辟四小），有高级班15个，初级班98个，教员214人，学生3236人。但这些学校中真正的所谓“新民”小学寥寥无几。另据载，盘踞在小清河南岸的安柴、曹王、兴福一线的国民党保安独立旅旅长周胜芳也开办了渑滨等10余处小学，他们对学生施行的是反共卖国的法西斯教育。日伪与周胜芳同流合污后，周办的学校便成为所谓“新民”小学的一部分。

1945年8月，山东军区第四路军光复博兴城，由县人民政府行使职权，选派得力干部，整顿原有学校，人民教育事业迅速在全县内发展起来。到1946年，全县七个区都设了完小，有的区还设了两处。全县著名的完小有：城关、利建桥、陈户、焦集、辛集、利城、龙河完小等，全县完小在校生共370人；1946年还兴办了乔庄完小。到1947年，全县327个自然村，已有小学302处，村村都有小学，在校学生达12350人。

1947年，国民党军队对山东解放区进行重点进攻，博城沦陷，全县小学几乎全部被迫中止。是年10月，渤海纵队再次解放博城，小学教育又渐次恢复，尤其是1948年省第三次教育工作会议的召开，为恢复和整顿发展小学教育起了决定性作用。到1949年春，全县已恢复完小7处，共32个班，恢复公办初小246处，282个班，在校生共计11844人。另外，还恢复民办初小8处，共8个班。到建国时，全县已有小学415处，526个班，设小学的村庄占全县村庄总数的92%，儿童入学率高达55.6%。全县教育的恢复、整顿和发展，为建国后全面振兴博兴教育奠定了良好的基础。

1949年10月1日，中华人民共和国诞生，也为博兴小学教育的发展铺平了道路，开启了美好前景。全县小学教育一直健康稳定地发展。1958~1959年，在大跃进浪潮中，全省提出一年内普及小学教育，学校无计划盲目发展，数量猛增。而学生又长期停课劳动，耽误了学习，教育教学质量下降；1959年下半年至1962年底，博兴遭受了三年严重自然灾害，为“度荒保人”，又不得不长期停课，小学教育再次受到严重影响。1961~1963年，根据中央“调整、巩固、充实、提高”的八字方针，山东省对过分膨胀的小学规模进行了大的调整。1961年7月29日至8月16日，山东省委文教部在烟台召开的全省教育工作会议精神以及德州灾区教育座谈会议精神的贯彻落实，加之经济形势逐渐好转，使全县小学教育全面复苏。1962年5月，省人委贯彻全国教育会议“关于认真办好一批重点学校”的指示精神，作出了《关于在全日制学校中指定一批重点学校的决定》，在当时发挥了较好的作用，收到了一定效果。根据县政府要求，县教育局考察研究，指定了一部分小学作为重点小学；1963年，全县经济明显好转，各级政府，包括县、公社、生产队，对小学教育的重视程度大有提高，小学教育呈现出蓬勃发展的势头；1964年夏秋，小清河泛滥，全县农田受灾面积80万亩，20多处学校被淹，多处学校墙倒屋塌，上百处学校又被迫停课；1964年下半年到1965年，形势好转，县政府和教育局审时度势，抓住有利时机，认真贯彻“两种教育制度、两种劳动制度”方针，采取多种形式办学，发展小学教育，仅1964年就办起简易小学（后更名耕读小学）20处，在校学生197人，其中4处为重点学校；到1965年，独立设置的耕读小学达到24处，附设于其他学校的15处，1966年上半年，博兴县小学教育的数量、质量都达到历史最好水平。

“文革”开始后，取消了重点小学的提法，一律改为普通小学。1973年，县政府在城区征地29.7亩新建成博兴县机关子弟小学，1975年更名为博兴县五七小学，1982年更名为博兴县实验小学。

党的十一届三中全会之后，党和政府在全国上下，各行各业拨乱反正。县教育局在上级党委、政府领导下，认真落实知识分子政策，整顿教育，纠正冤假错案，激发和提高了广大干部、教师积极性，小学教育迅速步入正轨，教育教学质量连年提高。

从1977年起，省教育厅先后发出了《关于办好重点中小学的通知》和《征求对办好重点中小学的意见》，陆续恢复并新增了一批重点小学。1985年后省教育厅取消了对重点小学的提法，不再有“重点”和“普通”之分。

到1985年，博兴县基本普及了小学教育，新建县直1处、乡镇中心小学12处、联小48处，全县村村有小学。据1982年统计，全县小学校舍面积215663平方米，1985年底，全县基本完成了农村小学校舍改造，基本达到了“教室、桌凳、院墙、大门、厕所、活动场所”六配套要求，总体上改变了“黑屋子、土台子、泥孩子”的落后面貌。

据《省政府验收汇报提纲》载：截止

20世纪80年代的县实验小学

1986年5月，博兴县有12个乡（镇），442个自然村，总人口42万人，共有小学477处、教学班1757个（其中包括复式班309个），在校小学生54358人，其中女生19568人。

1986年，《中华人民共和国义务教育法》颁布实施，博兴的基础教育驶入了快速发展的法治轨道，《教育法》成为了全县“科教兴博”战略的可靠保证。

1986~1987年，全县农村小学校舍改造“六配套”工程全部竣工，目标全面实现，任务全部完成，经地区验收合格。1990年前，全县小学的设置和布局是：县直1所小学（县实验小学），农村小学（包括教学点）一直稳定在476到477所（点）。县教育局按小学辐射3华里的原则，将全县小学（包括教学点）的布局作了调整，进行合班并校。兴福、寨郝、闫坊、陈户、乔庄5个乡镇相继建起了8栋小学教学楼，多数小学新盖了教室和功能用房，并按“六化”（硬化、绿化、美化、净化、知识化、物品摆放有序化）达标活动要求规划校园建设，同时还按要求购置了“六材一书”。经自查测算，生均校舍面积、教学仪器配备达到省二类标准的小学占87.34%。1992年12月，通过省教委验收，博兴县成为全省农村第一个“普及实验教学”达标县。到1995年，基本解决了农村学龄儿童延缓入学和留级问题；小学入学年龄逐渐由7周岁向6周岁过渡。1987~1992年，在全地区开展的“规范化学校建设”工作中，全县有113所小学达到了当时地区制定的规范化标准，办学条件大大改善，办学水平和教育教学质量明显提高。1993年底，规范化学校建设顺利通过地区检查验收。

1988年全县还进行了学校内部管理体制改革，即校长负责制、教师聘任制、教育岗位目标责任制（简称“三制改革”），引进竞争机制，激发了学校内部活力，调动了办学单位和教师教书育人的积极性，建立了分级办学、分工管理的体制。

1989年博兴县宣布正式、全面实施《义务教育法》，提出首先普及小学五年义务教育目标。到1995年，全县小学适龄儿童入学率达100%，在校学生巩固率达99.96%，顺利完成了普及小学教育的预期任务并通过省政府验收。

此后，县教委提出：一是继续调整学校布局。“普九”验收后，小学合班并校继续向前推进。1998年，店户镇率先撤并了教学点19个，其他乡镇也相继进行了撤并教学点与合班并校工作。“九五”期间，全县共撤并了小学（包括教学点）97处。到2000年，全县定点小学合并精简为98处，教学点55个；二是继续改善办学条件。1996年，县政府一次投资1500万元，当年选址征地，当年规划设计，当年竣工交付使用，新建了校舍、设施一流的县第一小学，至此，县直小学成为2处；蔡寨中心小学、寨郝镇柳桥中心小学、闫坊镇王浩小学、湖滨镇柳白小学、河东小学都建起了新教学楼。到1998年，全县已有40所小学达到全区校舍设施维护管理优秀学校标准；三是全面实施素质教育。1998年，博兴县荣获“省素质教育先进县”称号。

2001年以来，为加强学校管理，优化全县小学的布局，借助一系列校舍和设施工程的实施，在满足小学生就近入学的基础上，科学规划小学布局，持续对全县小学进行合班并校。全县2001年有小学106处，到2008年为71处。为满足城区小学适龄儿童入学的需求，县政府投资2496万元，征地20800平方米，于2009年4月动工新建博兴县第三小学，当年9月建成并招生。2011年，博昌街道伏田小学和三伏小学并入新建成的博兴四中。

博兴县第三小学童心剧场

到2017年，全县小学有42所，小学生在校人数28048人。小学适龄儿童入学率始终保持100%，三类残疾适龄儿童入学率保持在98%以上，当地流动人口中适龄儿童入学率达100%，小学在校生辍学率一直为0%。

1949~1966年博兴县小学教育发展状况表

年份		1949	1950	1951	1952	1953	1954	1955	1956	1957	1958	1959	1960	1961	1962	1963	1964	1965	1966
	完（联）小	12	23	34	39	28	28	36	46	416	424	793	787	357	368	473	557	472	472
	初小	403	400	401	419	459	474	475	443	462	45	115	117	41	41	34	39	51	51
	计	415	423	435	458	487	502	511	489	878	469	908	904	398	409	507	596	523	523
年份		1949	1950	1951	1952	1953	1954	1955	1956	1957	1958	1959	1960	1961	1962	1963	1964	1965	1966
班数	初小	496	502	572	744	776	799	850	878		1051	2353	2527	685	553	769	1046	1069	1087
	高小	30	76	122	148	126	123	141	159	173	164	406	465	148	86	73	86	104	111
	计	526	578	694	892	902	922	1001	1031	1044	1215	2759	2992	833	639	842	1132	1173	1198
学生数	学龄儿童总数	50350	50335	50425	50525	50615	50695	50780	50879	50969	51069	95403	94716			59287	64837	65164	62308
	入学率%	55.6	55.8	57.7	60.5	63.6	66.7	69. 3	78.3	75.5	83.4	82.8	86.6			43	48.1	48.2	67.5
	初小	26900	26074	26458	28408	31817	33362	32866	32541	30730	44227	79987	85406	20188	15879	35906	35579	35381	37940
	高小	1691	3724	4484	6226	5392	5249	6204	7320	7789	7082	18560	14012	4571	2361	2510	3167	4521	4520
	计	28591	29798	30942	34636	37209	38611	39070	39861	38519	51309	98547	99418	24759	18240	38416	38746	39902	42460
	其中：女生	6072	7266	7353	8371	8586	8922	9860	12765	11656	18237	37711							10337
	高小毕业生数	640	1001	1647	2373	2192	2202	2247	2415			5845	6785	5803	5775	927	1000	1114	1195

说明：1949 ~ 1956年数含蒲台部分；1958 ~ 1960年系博兴、桓台、齐东合并时数字。

1967~2017 年博兴县小学教育发展状况表

年份	学校处数		班数	适龄儿童数	入学数	入学率 %	在校生数	其中女生	毕业生数
	定点小学	教学点							
1967	535		1022				40673		
1968	569		1538						
1969	489		1418				39967		
1970	545		1375				37742		
1971	556			42913	38162	91	46871		
1972	549			46090	44708	97	49087		6531
1973	547		1672	49190	46306	94	53846	22325	
1974	558		1872			94.2	61890	26387	3621
1975	560		1875	55833	50803	91	67297	29106	5857
1976	564		1881	60112	58428	97	68444	32120	10220
1977	570		2061	60412	58891	97	71193	33327	10919
1978	561		2281	60549	58524	97	74373	34394	10384
1979	557		2264	61416	59063	96.2	75591	35250	10309
1980	484		1810	42323	60390	96.4	75832	35417	9972
1981	560		2283	60658	57667	95	71980	30998	9105
1982	549		2247	55480	53471	96.3	68420	31475	9393
1983	481		1825	45409	42403	93.3	57012	26544	9340
1984	484		1810	42323	40907	96.7	56173	25020	9427
1985	497		1771	41817	40988	98.04	56527	25488	10043
1986	477	2	1757	7815	9292	96.8	54358	19568	9986
1987	475	4	1757	6608	8170	98.91	52426	18872	9843
1988	475	4	1733	7081	8092	99.26	49543	17500	9996
1989	473	4	1719	7573	8222	99.49	46993	18996	10018
1990	469	6	1710	6680	7080	99.44	44073	21196	9600
1991	355	99	1608	5044	5845	99.95	40744	19595	8860
1992	128	301	1543	4214	4790	96.05	36545	15429	7666
1993	125	285	1500	5702	5360	99.87	33563	16415	7508
1994	127	169	1322	7507	7691	100	33832	14547	7578

续 表

年份	学校处数		班数	适龄儿童数	入学数	入学率 %	在校生数	其中女生	毕业生数
	定点小学	教学点							
1995	100	136	1123	7220	7544	100	33014	16046	6946
1996	100	136	1126	6432	6838	100	33738	16398	5133
1997	100	108	1160	6069	6498	100	35103	16404	4463
1998	100	136	1101	4892	5003	100	34946	16617	5039
1999	101	60	1029	5501	5542	100	32971	15602	7517
2000	98	55	981	5523	5703	100	30361	14422	7534
2001	106		923	6265	6265	100	30499	14628	7524
2002	93		1047	7178	7178	100	37198	17772	246
2003	91		1044	7315	7315	100	38002	17997	6263
2004	87		1045	6918	6918	100	39773	18913	5504
2005	83		1046	5815	5815	100	39253	18698	5966
2006	79		1056	7386	7386	100	41020	19429	5613
2007	75		1053	6436	6436	100	42017	19567	6603
2008	71		988	6326	6326	100	41235	18652	7170
2009	71		944	5728	5728	100	37126	17436	7871
2010	68		866	6426	6426	100	35655	16324	6829
2011	68		835	5935	5935	100	34414	17530	6123
2012	49		854	5997	5997	100	35156	16413	6319
2013	49		825	4831	4831	100	33950	15647	6017
2014	48		799	4350	4350	100	32797	14998	5647
2015	43		768	4255	4255	100	31523	14225	5660
2016	42		752	4384	4384	100	29602	13524	5658
2017	42		692	4498	4498	100	28048	13635	6067

说明：1. 不同时期小学学制有“五年制”“六年制”变更，存在数据前后不对应的情况。

2. 1983 年小营镇、龙居乡、蔡寨乡朱全管区划出。

3. “适龄儿童数”一栏，为 7 周岁正常数。1993 年前，小学有 7 周岁以上儿童延缓入学现象，1993 年后，小学入学年龄逐渐由 7 周岁向 6 周岁过渡。

4. “适龄儿童数”“入学数”：1967 ~ 1985 年是小学各年级人数总和；1986 ~ 2017 年是小学起始年级对应人数。

2017 年博兴县小学名单

序号	学校名称	学校地址	学生数
1	博兴县实验小学	博城六路 151 号	1815
2	博兴县第一小学	博城四路 115 号	2659
3	博兴县第三小学	新城二路南首	2511
4	博兴乐安实验学校	博兴县二小路 36 号	1990
5	博兴县博奥学校	博城三路 128 号	2673
6	城东街道朝阳小学	城东街道李家村	464
7	城东街道岭子中心小学	城东街道岭子村	44
8	城东街道辛安小学	城东街道辛安村	159
9	城东街道贤城小学	城东街道贤城村	75
10	锦秋街道湾头中心小学	锦秋街道湾头村	559
11	锦秋街道益海小学	锦秋街道院庄村	328
12	兴福镇中心小学	兴福镇府驻地西首	878
13	兴福镇义和中心校	兴福镇城王村南首	336
14	兴福镇村魏中心学校	兴福镇村魏村驻地	471
15	兴福镇兴合联小	兴福镇兴益村东首	280
16	兴福镇新立中心校	兴福镇西毛村西首	181
17	兴福镇厨都小学	兴福镇付元村驻地	433
18	曹王镇中心小学	曹王镇府驻地	907
19	曹王镇第二小学	曹王镇西赵村	718
20	曹王镇第三小学	曹王蔺家村西	732
21	湖滨镇寨郝中心学校	湖滨镇寨郝村	403
22	湖滨镇柳桥中心小学	湖滨镇柳桥村	591
23	湖滨镇寨卢小学	湖滨镇寨卢村	493
24	湖滨镇寨卞小学	湖滨镇寨卞村	235
25	湖滨镇五鲁小学	湖滨镇五鲁村	335
26	湖滨镇见桥完全小学	湖滨镇柳舒村	664
27	店子镇中心小学	店子镇店子村	954
28	店子镇第二小学	店子镇利城村	658
29	店子镇张侯学区中心小学	店子镇张侯村	460
30	店子镇辛朱学区中心小学	店子镇辛朱村	464
31	陈户镇中心小学	陈户镇陈户村	389
32	吕艺镇京博希望小学	吕艺镇政府驻地	898
33	吕艺镇辛集学区中心学校	吕艺镇辛集村	141
34	吕艺镇龙河中心校	吕艺镇龙五村	326
35	吕艺镇屯田学区中心学校	吕艺镇屯田村	186

续 表

序号	学校名称	学校地址	学生数
36	吕艺镇许李学区中心学校	吕艺镇许李村	424
37	庞家镇第一小学	庞家镇庞家村	685
38	庞家镇第二小学	庞家镇高庙刘村	381
39	纯化镇中心小学	纯化镇政府驻地	456
40	纯化镇王文完小	纯化镇东王文村	241
41	纯化镇窝刘完小	纯化镇窝刘村	306
42	乔庄镇东崔完小	乔庄镇东崔村	190

二、学校选介

博兴县立第一小学

该校原为锦秋书院，清光绪三十二年（1906年）改为锦秋小学堂，民国十七年（1928年）取名为县立第一小学，后又易名书院街高等小学、书院街小学，是博兴最早的小学学校。日寇入侵博兴后，成了日军司令部的兵营。抗战胜利后人民政府在废墟上恢复城关完小，并办起带有中学性质的青训班。后因国民党军队进攻县城而停办。1948年青州会议后，书院街小学在北关恢复，1949年复迁旧址。地区第五速师曾于1952年借该校兴办。博兴师范初建时，也曾借该校招生。1960年该校定为博师附小，成为全县重点小学。建国后的该校规模变化是：1954年有7个教学班学生340人，教职员工14名；1958年有10个教学班，学生510人，教职工20名；1961年有教学班10个，学生总数490人，教职工20名；1966年有12个班，学生总数580人，教职工22名。到1985年，该校已有小学8个年级，共30个教学班。

新中国成立后，先后担任该校领导的有：许文清、蔡剑泉、赵侃、赵博民、张雪芦、郑成久、张武奎、赵钜、韩巨波、李锡永、张春光、尹玉祥、王允森，还有马玉芳、马同祥、王崇寿、贾守端、窦玉馨、李福德等。

重点抗日小学

抗日战争初期，由于根据地党政领导高度重视教育，文教主管部门艰苦工作、广大人民群众积极支持。根据地人民教育事业，教育设施，由无到有，由少到多，由小到大，逐步发展，日臻完善。

1940 年冬，抗日第一小学在纯化诞生（后改名县立一小）。共产党员李健生、邢涛受党派遣到该校工作，李健生任党支部书记、训育主任，校长由抗日民主政府县长相炜兼任，副校长由民主人士袁毅民担任并主持学校日常行政工作。建校伊始，只有两个班，共 80 名学生；第二年发展为 4 个班，120 名学生。学校办公费及学生膳食费由民主政府划拨。清河区党委书记景晓村、行署主任李人风、各救会主任刘群、宣传部长苏洪波、县长相炜、高兴华、张竹天等都曾多次到校巡视并向师生做报告。先后在该校任教的教师有：刘炳南（兼事务主任）、刘贺年、赵广文、高景文、李兰溪、王导之、王伟、徐夫等。1943 年，日寇在王文设据点后，抗日一小便化整为零，分散到几处联办村小。

1941年初，抗日第二小学在陈户镇原姑子庙诞生（后改名为县立二小）。首任校长为张介夫，继任为李植亭，三任校长为刘觉飞。初建校时招生两个班，学生85人。主要教员是：王竹泉、刘景房、刘春朴。1943年该校曾因环境恶化，迁址官王、官张等村。日寇“大扫荡”时被迫停办。学校停办后师生30余人一起参加了抗日队伍。

1942年，县民主政府又在崇德香山寺和辛集各建完小一处，称为县立三小、四小。校长分别是贾耕农和崔秀生。在抗日民主政府举办的抗日小学中，学生学习文化、学习军事、生产劳动、下乡宣传等，为抗战做出了很大贡献。同时，师生带头参军参战，还有的学生未到毕业就到民主政府任职。那时候这些学校实际上都有干部培训班的性质，为抗日和对敌斗争培养了大批革命干部。

博兴县立第三小学

博兴县立第三小学始建于1931年秋，由时任博兴县教育局长晋吉湷发起兴办，上级拨款600大洋，校址选在当时的普济寺旧址，将旧寺拆除后建校，1932年初竣工，是年正月招生3个班，学生100余名，共有3名教师，其中2人是地下党员，校长是刘植槿。

1937年“七七事变”后，受局势影响，学校被迫关闭。1940年，皖南事变发生，当时的清华区党代会曾在此校秘密召开，李仁峰主持会议，主要讨论清华区与晋鲁边区合并事宜。解放后，马千里、景晓村等老领导曾到此校视察；抗日战争时期，学校在动乱中曾坚持开办了一段时间，当时的校长是袁毅民，后因日寇经常扫荡，无奈再次停办。

1948年形势好转，学校又重新开学，改名为纯化完小，王珠泉任校长，在校学生百余名，教员6名。当时的学校除教学生学习文化课外，还是当地的娱乐场所，人们经常在这里搞文娱活动。

1960年起连续遭受三年自然灾害，致使学校被迫解散。经济形势好转后，学校恢复正常教育教学秩序，步入正轨。“文化大革命”开始，学校陷入一片混乱中，时任校长刘深渊等学校领导、老师被批斗；老师没法教、学生不能学，其后多年动荡不安，学校领导变动频繁，1967~1982年，先后调换了4位校长，他们是：王启让、刘树森、卢学成、赵德音。

1985年，拆除原纯化完小，选新校址并更名为纯化小学。

1992年春，选址在纯东村东、纯化中学西邻重建，当年竣工并投入使用。后经1995年、1997年及2002年三次扩建，总占地面积约10亩，教室、办公室、各功能用房共83间，先后更名为“纯化学区中心校”“纯化镇纯化联小”“纯化完小”。1995年10月，被博兴希望工程办公室定为希望小学，分期分批共投资6万余元帮助学校完成了校舍的扩建，同时又命名为博兴县第二希望小学。县政府高度重视和关注学校的发展，1995年以后，博兴县历届政府县长都亲自担任过该学校的校外辅导员。2010年8月并入纯化镇中心小学。

博兴县立第五小学

博兴县立第五小学始建于1932年，当时将利城村东大街北关帝庙改成办公室，向东新建5间大南屋，又新建面南法式学校大门一座，门上面为三角形尖顶建筑样式，上刻五角星，下书利城小学。后又发动村民出义务工拉土填平北部低洼地带，形成南北长50米，东西宽45米，占地2250平米的校园，后更名为利城小学、利城完小。《博兴县志》载“民国二十四年(1935年)，全县有博兴、东鲁、纯化、史口、利城5处县立高级小学”。当时设有六个年级，其中一至四年级为初小阶段，五、六年级为高小阶段。当时的博兴县立第五小学不仅是学生学习的场所，更是师生接触马克思主义思想、传播共产主义、培育革命青少年的摇篮。1935年训育主任、中共党员傅敦吾以学校为阵地对学生进行爱国主义教育，宣传共产党的正确主张和红军北上抗日的精神。1936年，傅敦吾在县立第五小学发展多人为“民先”队员，成立中华民族解放先锋队博兴支部，多名学员在第五小学秘密加入了中国共产党。

民国二十八年(1939)底，日军侵占博城，各级学校一度解散，1940年博兴县抗日民主政府成立，各地先后建立抗日小学、联村小学，国民党县政府也开办多处小学。期间，利城小学几经废立，成为地下党员和爱国志士工作、学习、战斗的场所，涌现出大批的革命志士，先后在五小战斗学习过的有相炜（县委书记）、傅敦吾（训育主任）、王涛清、蔡恩溥、高兴华（原名卢延年）、李干（县委宣传部长）、王玉书、王涛、刘鸣泉、王金声、李云清等，他们为革命作出了突出贡献。

1945年8月21日，中国共产党领导的山东军区第四路军光复博兴城，人民教育事业有了较大发展。张明海在利街（现利城村东部）、李荣在利李（现利城村西北部）、马冠武在西南庄（现利城西南部）分别建立小学，后合并到利城完小。1947年7月，国民党向解放区进攻，学校暂时停办，是年秋，博兴重获解放，学校迅速得到恢复，到1949年春，利城完小逐步规范，1951年初步建成了完整校园。招生年级、规模也逐步走向正规，教师队伍逐步稳定，时任校长高景文。

新中国成立后，利城小学得到较快发展，学校师资队伍不断充实，各项管理制度逐步完善，招生范围涉及整个利城管区、大吾管区以及广饶县西部部分村庄，适龄儿童入学率得到大幅提升，即使三年灾害时期，学校仍照常上课，“文革”期间，虽然游行、串联、批斗活动增加，但是依然正常办学。学校招生范围逐步转变为利城、利王、广饶县的殷家庄、守义等村。在五六十年代，利城小学不仅是当地的教育中心，更是扫除文盲活动的主战场，学校利用早晚时间开办识字班，使大批村民脱盲。1974年成立了村办利城中学（后改名店子镇第二中学），利城小学成为招收一至五年级的完全小学。后因生源减少，利城小学于2004年合并到当时的店子镇第二中学。

新中国成立后，利城小学历任校长有：高景文、王汝敬、赵博民、刘景房、刘忠泉、李荣恩、李光勋、殷英博、许丙成、王世安、王永胜、张启明，孙志康、孙爱国。

博兴县实验小学

博兴县实验小学前身是博兴县机关子弟

小学，1973~1982年校名为“博兴县五七小学”，1982年更名为“博兴县实验小学”，它坐落在博城六路151号，占地约十九亩。现有教职工141人，在校生1865名，共37个教学班。学校建有毓秀楼、致远楼、行知楼、博雅楼及附属幼儿园，总建筑面积达24020平方米。

学校先后获得“省首批规范化学校”“山东省精神文明单位”“省首批教学示范学校”“省教师校本培训示范学校”“全国德育达标示范学校”“省优秀家长学校”“省少先队工作先进集体”“国家级艺术教育特色学校”“国家级体育传统项目学校”“全国先进体育传统项目学校”“全国现代教育技术示范学校”等荣誉称号。

历任校长有：尹型程、郭其祥、周奎齐、路巍、董君明、袁昊、魏兵、戴凤亭。

历任书记有：尹型程、郭其祥、周奎齐、路巍、董君明、袁昊、戴凤亭。

博兴县第一小学

1996年5月，经县委县政府批准新建博兴县第三小学，在原西谷王村小学的校址上开工建设。1996年12月，学校更名为“博兴县第一小学”，为副科级全额事业单位。1997年2月24日学校正式开学。招收博城五路以北区域非农业户口学生和东、西谷王村的学生。

学校占地面积25420平方米，建筑面积20633平方米，现有在校生3700余名，教职工280余人。校内建成科技馆、生态馆、陶瓷馆、化石馆等场馆，开设舞蹈、绘画、田径等60多门特色课程。学校附设校内、校外两所幼儿园。

建校以来，先后获得“全国红旗大队”“全国青少年普法教育先进单位”“全国优秀基层关工委”“省规范化学校”“省首批教学示范校”“省精神文明单位”“全国文明校园”等荣誉称号。

历任校长有：周奎齐、高桂荣、黎强、初学良。

历任书记有：周奎齐、高桂荣、黎强、戴延军。

博兴县第三小学

博兴县第三小学始建于2009年，是当年全县重大民生工程之一。当年九月学校建成后，撤销了原锦秋街道办事处东关小学、西三小学、城关小学等三所学校，招收这三所学校原招生范围内十三个村及乐安大街以西的城区适龄儿童。学校占地151亩，建筑面积26000平方米。学校现有50个教学班，在校生2600多人。附属幼儿园一所，在园幼儿700多名。

建校以来，学校先后荣获“全国心理健康实验基地”“省规范化学校”“省教学示范学校”“省语言文字规范化学校”“省心理健康教育实验学校”“省教育系统行风先进集体”“市教学工作先进单位”等荣誉称号。

历任校长、书记有：王兆强、马立群。

博兴县乐安实验学校

博兴县乐安实验学校创办于 1985 年，原名博兴县第二小学，1988 年 9 月第一届初中生招生，成为一所九年一贯制学校。2003 年 12 月更名为山东博兴乐安实验学校，2011 年 7 月，原经济开发区晨曦小学并入，初中部合并到博兴五中。学校占地面积 56188 平方米，建筑面积 26563 平方米。现有 39 个教学班，在校学生 2000 人，专任教师 102 人，教职工 124 人，其中高级职称 14 人，中级职称 42 人，获得县级以上名师、学科带头人、教学能手业务称号的教师 47 人，山东省齐鲁名师 1 名，山东省特级教师 1 名，滨州市名教师名校长培养人选 3 名，市级教学能手学科带头人 7 名，县教学能手学科带头人和骨干教师 36 名。

学校先后获得“管理创新全国品牌学校”“全国中小学现代文明礼仪教育实践基地”“全国精细化管理示范学校”“省教学示范学校”“省规范化学校”“省语言文字规范化示范学校”“市普通话示范学校”“市优秀单位”“县首批特色学校”等荣誉称号。学校共承担国家、省、市、县教科研课题 19 项。《中国教师报》《光明日报》《现代教育报》《山东体卫艺教育》《创新教育》等国家、省、市、县报刊、电视台多次对学校的办学经验进行报道。

历任校长有：刘洪德、周树甲、李保国、董君明、路巍、袁昊、王建忠、周建军。

历任书记有：刘洪德、周树甲、李保国、董君明、路巍、袁昊、王建忠、岳光华。

博兴县博奥学校

博兴县博奥学校位于博兴县博城三路 128 号，该校依托县实验中学创建于 2003 年 9 月，是一所非营利性九年一贯制混合所有制学校，校园占地面积 58084 平方米，建筑面积 25433 平方米，校园绿化面积 20163.4 平方米。学校设计规模 36 个教学班，各种功能教室齐全，均达到山东省普通中小学办学条件标准。

学校先后荣获“全国优秀少先队集体”“全国特色足球学校”“省级规范化学校”“省先进社会组织”“省远程研修先进单位”“省优秀少先队组织”“市教学示范校”“市特色学校”“市平安校园”等荣誉称号。

城东街道朝阳小学

城东街道朝阳小学始建于1980年，学校位于城东街道李家村西北，原为李家联中，1995年更名为陈户二户。2002年更名为陈户镇第二小学，由赵楼、李家两个学区的三处完全小学合并而成。2007年因撤镇设办，学校划归城东街道办事处，并更名为博兴县城东街道朝阳小学，现服务于京博社区12个行政村。学校现有10个教学班，406名在校生，43位专任教师。

学校先后获得“市规范化学校”“市教学示范校”“市少儿门球特色学校”“市小学教学工作先进单位”“市平安校园建设先进学校”“县教书育人先进学校”等荣誉称号。

锦秋街道湾头中心小学

博兴县锦秋街道湾头中心小学始建于1960年1月，当时为湾头村办小学，占地30亩，投资3.6万元。1985年更名为湖滨镇中心小学。2003年进行校舍危房改造，在湾头村东新建教学楼，同年12月迁入新校。学校占地20.1亩，建筑面积3317平方米。2007年因撤镇设办事处，学校更名为博兴县锦秋街道湾头中心小学。2009~2013年，陈家小学、镇前小学、孟桥小学先后并入博兴县锦秋街道湾头中心小学。学校建有塑胶操场、篮球场，各种功能用房配套齐全，各种教学仪器、设备等均达到省定标准。

学校先后获得“市规范化学校”“市教学示范校”“市实验教学和管理优秀学校”“市校舍维护管理优秀学校”“市红领巾示范学校”“县教学示范学校”等荣誉称号。

曹王镇中心小学

博兴县曹王镇中心小学地处曹王镇经中路，学校始建于1988年，2016年9月份搬进新校区，占地面积50140平方米，24个教学班，教职工65人，学生874名，服务于曹王镇政府驻地附近的7个居民小区及周围12个自然村。学校有市学科带头人1人，市教学工作先进个人3人，博兴县名师、骨干教师13名，县教学能手、学科带头人17人。先后荣获“省王羲之书法特色学校”“市艺术教育特色学校”等22项省、市荣誉称号。

兴福镇中心小学

兴福镇中心小学位于兴福镇政府驻地，始建于1986年，1995年移址新建，1997年迁入

新校，占地5096平方米，建筑面积3198平方米，主建筑是一栋综合教学楼。学校实验室、图书室、音美教室、微机室、舞蹈教室、综合实践活动室、多媒体电教室等功能用房齐全。

学校先后荣获“省艺术教育示范学校”“省健康教育示范学校”“省语言文字规范化示范校”“市规范化学校”“市实验管理与教学优秀学校”“市校舍维护优秀学校”“市教学示范学校”“市‘十佳’优秀图书室”“市特色学校”“市文明校园”等荣誉称号。

湖滨镇柳桥中心小学

湖滨镇柳桥中心小学坐落于博兴县湖滨镇柳桥村，初建于1951年，占地面积34880平方米，运动场地面积18222平方米，建筑面积3620平方米，绿化面积4292平方米。学校现有教职工37人，在校生420余人，11个教学班。学生主要来自柳桥村、柳童村、西门村、南门村，另外还有不少外来务工子女。

学校先后荣获“全国青少年普法教育优秀学校”“全国零犯罪学校”“市规范化学校”“市数字化校园”“市教学示范学校”“市普通话示范校”“市校舍设施管理维护先进学校”“市优秀图书学校”“市艺术教育先进集体”“市教学信息化示范学校”“市实验室及实验教学管理示范学校”“省艺术教育示范校”“县教书育人先进单位”等荣誉称号。

湖滨镇寨郝中心学校

博兴县湖滨镇寨郝中心学校坐落于小清河畔，占地21072平方米，建筑面积9682平方米。现有教学班10个，学生322人，专任教师24人。

学校先后荣获“国家级首批规范汉字书写特色教育学校”“省规范化学校”“省语言文字规范化示范学校”“市教学示范校”“市课程实施优秀学校”“市校舍维护先进单位”等荣誉称号。

店子镇中心小学

学校始建于1984年，前身为店子乡沙旺中心小学，1997年更名店子镇中心小学，2003年合班并校，分设东西两校区，服务范围包括镇直和店子管区9个村，2016年9月新校建成，位于店子村西首，张吴管区4个村并入服务范围。现在校生880名，教师65人。学校占地面积50400平方米，建筑面积14768平方米。

学校先后获得“省语言文字规范化学校”“市数字化示范学校”“市级心理健康特

色学校”“市级教科研工作先进单位”“县级文明单位”等荣誉称号。

庞家镇第一小学

庞家镇第一小学前身为庞家镇中心学校，始建于1995年，位于庞家镇政府驻地，205国道以东。2012年学校布局调整，中学部迁至博兴四中，原小学部、焦集小学和祁家小学合并，更名为庞家镇第一小学。

学校服务范围29个自然村，在校生630人，17个教学班。2014年新建教学办公综合楼一幢及250米环形跑道塑胶运动场。

学校先后荣获“市才艺示范校”“市语言文字规范化示范校”“市依法执教示范校”“市无邪教学校”“市平安校园建设先进单位”“市级课程实施优秀学校”“县新教育实验工作先进单位”“市小学教学工作先进单位”“省健康示范学校”“全国零犯罪学校”“县食堂标准化建设管理示范单位”等荣誉称号。

吕艺镇京博希望小学

京博希望小学始建于1988年，原名闫坊镇中心小学，当时占地面积8.59亩；1990年进行扩建，面积达到20.05亩；2003年更名为京博希望小学；2011年与刘官中心小学、高渡小学、王浩小学合并，形成“一校三点”布局；2013年10月，迁至现校址。现学校位于吕艺镇闫一村东临，占地111.6亩，建有13130平方米的塑胶操场。

学校先后荣获“第一批全国中小学中华优秀文化艺术传承学校”“全国特色学校”“省模范希望小学”“市级规范化学校”“市艺术教育示范学校”“市教学示范学校”“市教学工作先进单位”“市现代教育技术示范学校”“市中小学数字化校园示范学校”“市教科研先进单位”“县首批特色学校”“县教书育人先进单位”等荣誉称号。“吕剧进课堂”特色教育效果显著，山东电视台、中央电视台、中国教育电视台先后来校采访报道，《滨州日报》《大众日报》《人民日报》《光明日报》也先后载文介绍。学校已先后向中国音乐学院、省市艺术学校、文艺团体输送人才90余人。

陈户镇中心小学

博兴县陈户镇中心小学坐落于陈户镇政府以南两公里。学校创建于1982年，经过了两次搬迁，1998年9月由陈户大队院迁至陈户村北的教学楼，2012年8月迁至原陈户一

中校址。

学校占地面积 28153 平方米，总建筑面积 6653 平方米。现有学生 375 名，12 个教学班，学生生源来自 16 个自然村。教职工 35 人，其中县名师 1 人，骨干教师 6 人，教学能手 7 人，学科带头人 1 人。

学校先后荣获“全国和谐校园建设典型学校”“省教学示范学校”“省清洁食堂”“省依法治校示范学校”“市规范化学校”“市德育工作示范校”“全市科研先进单位”“市感恩教育示范学校”“市少先队工作规范化学校”“县教书育人先进单位”“县文明单位”等荣誉称号。

纯化镇中心小学

纯化镇中心小学地处纯化镇政府驻地以东，319 省道北侧，始建于 1984 年。2010 年 8 月与纯化完小合并，一校两区。2013 年 4 月动工新建教学楼，同年 11 月份迁入。学校现有教学班 13 个，在校生 400 人。在岗教师 35 人，其中市级优秀教师 1 人，县级教学能手、教坛新星、县级名师、骨干教师共 13 人。

学校先后获得“国家零犯罪学校”“省健康示范学校”“省语言文字示范学校”“市教学示范校”“市教学管理先进单位”“市小学教育管理先进单位”“市教科研先进单位”“县教书育人先进单位”等荣誉称号。

第二节 初中教育

一、发展概况

民国十三年（1924），国民党博兴县政府教育局董事会会议决定筹建县立初级中学，校址定于东门里八里大寺庙废址，征地二亩许，由教育局拨专款修建。次年二月竣工，随即招生一个班，共 40 人，首任校长为北关人王洪奎；主要任课教师二人，菜园人赵云州和晋家人晋吉清。后因办学经费极度紧缺，无力支撑局面，一级学生毕业后即不再招生。

抗日战争期间，周胜芳、傅相坤等曾聚资开办营子中学和简易师范，其目的是培植党羽和亲信，豢养忠顺奴才，但由于其内部斗争激烈，两校迅速垮台。

抗日战争进入相持阶段后，日军加紧向我清河区中心根据地博兴等地进犯，给我根据地造成极大困难。清河区党委机关为了培养和储备后备干部，决定筹办“耀南中学”，1942 年 8 月，“耀南中学”在六区兴和村建成。随后，该校北迁垦区杨家嘴。1945 年日本侵略者投降后，博兴县人民政府迁于博兴县城。1946 年县政府奉上级之命筹建县学（县学有中等学校的性质）。下半年，即借用城关完小部分校舍，以转训班名义，招收学员一个班，40 人，时县学校长由城关完小校长赵博民兼任。当时只开设语文、算术、文艺等课程，学制为半年，目的是培养干部，以应急需。半年后学员毕业，全部参加工作，被分配到革命之急需岗位。1947 年，由于国民党进攻，博城沦陷，县学被迫停办。

1951 年 3 月，借用城关完小部分校舍创建起博兴中学，遂招收初一新生 1 个班，共 50 人。时任县长王君兼任校长，县文教科长许明村兼任教导主任，城关完小校长赵博民代管校务工作。是年秋季又招收新生一个班，共50人。不久，高青师范迁来博兴西关，暂借博兴中学校舍，博兴中学迁至董杨村。1952年2月，为响应上级“培养百万教师”的号召，县委决定兴办县立速师，惠民专区统一命名，博兴县县立速师为“惠民专区第五速成师范”，遂博兴中学的大部分学生转入速师。是年3月，县委、县政府决定在县城东关北首兴建博兴中学新校，占地7亩，建土坯瓦房43间。7月，速师一级毕业，8月又招收第二届速师新生3个班，共150人。9月，博兴中学新校落成，奉省令命名为“山东省立博兴中学”。黎心敬任校长，设有教学、总务、团委和学生会等处（室），配有分管的专职领导干部，招收第一级初中新生四个班，共203人，专任教师8人。1953年5月，第二届速师班毕业，不再招生。是年7月，省立博兴中学招收二级初中新生3个班，共150人。1956年之前，山东省立博兴中学是博兴唯一的一所初级中学。1956年春，根据国务院指示，博兴、蒲台二县合并，称博兴县，原省立蒲台中学改名为博兴二中。同年，博兴三中在史口创建，筹备就绪后，即行招收一级新生4个班，约200人。1957年，招收二级新生4个班，1958年已扩至12个班，在校生已近700人，有教职员工50人左右。1957年，县人委决定在兴福建博兴四中，闫坊建博兴五中。1958年9月行政区划发生重大变化，桓台、齐东大部分划归博兴，博兴的史口、龙居、乔庄和纯化、闫坊两区一部分划归广饶县。原纯化、乔庄两处中学改称广饶县第十三、十四中学。10月，原桓台一中改称博兴三中、桓台二中改称博兴六中，桓台三中改称博兴七中。11月，淄博十一中迁索镇，并入博兴三中。1960年，在起凤建博兴十中，在荆家建博兴十一中。1961年9月，恢复桓台县建制，博兴五中改称博兴三中。1960年兴办的店子中学为五中，纯化中学为六中，乔庄中学为七中；另外，在湖滨等公社的完小还附设了初中班，每个公社都建立了中学性质的红专大学。

1958年，县委号召各公社奋战百日，争取乡乡办起中学。据该年7月31日统计，全县办起民办中学、农业中学共25处，连同普通中学共有28处，达到了乡乡有中学的目标。之后，越办越多，最多时达40多处。1959~1962年，由于自然灾害严重，全县中学，除博兴一中学生吃国家供应粮和博兴四中附近各村生产、收入较好未停课外，其余中学、中专等都相继停课，时间长达一年之久。

1961年，博、桓、高分县后，新博兴县对中等教育及学校的布局进行了调整，砍掉了1960年兴办的五中、六中（纯化）、七中（乔庄区官庄），还有一哄而上办起的20余处红专大学和几十所农中。条件差、生源少、办学经费无来源的民办中学也相继自行停办。

1966年开始，学校陷入一片混乱之中。1970年起，县奉上级命令发展中等教育事业，全县初中达100多处。1980年后，在县委、县政府领导下，县教育局对全县中等教育结构进行了调整、改革，裁减了原来的社办高中，将这些学校改为初级中学，并适当裁减、合并联办中学。到1985年，全县共保留初中学校28处。

1986~1999年，博兴县加快普及初中教育步伐，进一步改善办学条件，实施农村和城镇初中校舍改造，开展创建规范化学校活动，彻底改变了初级中学的面貌。很多学校新建了理化生实验室，添置了大量教学实验仪器和音体美教学与活动器材，有20所学校达到了地区制定的规范化学校标准，占学校总数的74%。1986~1990年，全县初中普及程度偏低，小学升初中率一直徘徊在60%左右。《义务教育法》颁布后，博兴县初中教育发展进入了快车道。到1993年，全县小学升初中比例增加到97.83%。1994~1995年实施“两基”期间，全县投资近4300万元，用于初中学校校舍和基础设施建设，闫坊、陈户、湖滨、曹王、兴福、店子等七乡镇新建初中教学楼8栋。

1996年起，县教育局进一步对学校布局作合理调整，至1999年底，全县撤并了9所乡镇初中；投资910万元用于农村初中校舍建设与维修；有14所初中达到地区校舍维护管理优秀学校标准；还投资1100万元，购置现代化教学设备，有9所农村初中装备了微机、语音室，教室配备了“四机一幕”（电视机、录放机、VCD机、投影机、银幕）。1999年，投资5000万元新建了博兴县实验中学，县一中、二中的初中部合并到县实验中学。1999年底，全县有8所初中先后达到地区规定的规范化学校标准，占全县初中总数的三分之一。

2001年以来，为加强学校管理，优化全县初中学校布局，改善办学条件，借助一系列校舍和设施工程的实施，在持续加大投入，不断改善办学条件的同时，对全县初中学校的布局进行适当调整。2002年全县有初中学校24处，到2010年为17处。2011年开始，先后新建、改扩建博昌中学、城东中学、锦秋中学和陈户镇中学。2011年、2012年相继收归县教育局直属，并分别更名为“博兴县第四中学”“博兴县第五中学”“博兴县第六中学”和“博兴县第七中学”。

2017年，全县有初中学校15处，在校生16880人，入学率达100%，三年巩固率98.6%。

1951~2017年博兴县初中教育发展状况表

年份	处数	班数	入学生数	入学率%	在校生	其中女生	毕业生数
1951	1	1			50		
1952	3	12			588	12	
1953	3	16			723	22	
1954	3	24			1100	50	
1955	3	24			1080	70	
1956	3	32			1150	142	
1957	3	36			1350	250	
1958	9	87			4433		
1959	9	96			4979		
1960	13	136			7098		
1961	6	44			2399	774	
1962	3	27			1178	396	
1963	3	28			1516	399	
1964	3	30			1480	402	
1965	3	36			1671	301	
1966	3	36			1782	383	
1967	4	33			1478	377	
1968	4	34			1583	397	
1969	81	183			7356	1348	

续 表

年份	处数	班数	入学生数	入学率%	在校生	其中女生	毕业生数
1970	73	243			9846	1668	
1971	74	236			13029	2706	
1972	73	236			12246	2602	
1973	74	240			9900	2404	
1974	74	185			7274	2050	
1975	75	216			8824	2206	
1976	78	382			14974	5343	
1977	74	471			19951	8217	
1978	101	484			20680	8322	
1979	78	425			19255	7895	
1980	81	456			20924	7993	
1981	85	425			1808	6488	
1982	26	309			13677	4817	
1983	23	183			9894	3606	
1984	17	183			10343	4132	
1985	22	207			13047	5045	
1986	25	269	5083	50.96	14697	7896	2776
1987	25	264	5464	55.51	16667	8230	4185
1988	27	293	6340	63.43	17226	8610	5406
1989	27	315	6053	60.42	17501	8636	5291
1990	30	335	6571	68.45	18658	8988	5228
1991	30	348	7177	81	19528	9221	5976
1992	24	368	7363	96.05	20762	9838	6002
1993	25	366	7345	97.83	20910	10000	6383
1994	25	371	7470	98.5	21870	10201	6441
1995	24	415	6919	99.1	21040	10028	6549
1996	24	380	6100	98.96	21396	9727	5709
1997	24	434	4463	96.43	21912	9967	3650
1998	24	374	5039	93.5	20200	9867	6521
1999	24	391	7517	98	22817	10921	4870
2000	23	447	7388	98.3	24901	11847	5525
2001	23	496	7260	96.5	26643	12399	5826
2002	24	414	896	99.65	22568	10489	4600
2003	22	408	6388	100	21432	10016	7200
2004	22	407	5504	100	19620	9145	7343

续 表

年份	处数	班数	入学生数	入学率 %	在校生	其中女生	毕业生数
2005	21	396	5458	100	17253	8151	7455
2006	21	377	5589	99.33	16950	7688	5911
2007	21	380	6560	100	18223	8286	5461
2008	21	395	6763	99.66	19235	8346	5233
2009	21	414	7459	99.88	21404	10170	5419
2010	17	420	6829	99.9	19645	9783	5658
2011	15	412	5935	99.9	20225	9836	6556
2012	15	403	6181	99.41	19106	8852	7306
2013	15	385	5940	99.88	18013	8395	6473
2014	15	371	5419	99.9	17446	8110	5869
2015	15	364	5492	99.98	16806	7825	5880
2016	15	369	5386	100	16301	7614	5864
2017	15	380	6013	100	16880	7874	5431

说明：1.1956年前数含蒲台部分。1958～1960年系博兴、桓台、齐东合并时数字，同时另有民办中学分别是2处、2处、1处，在校学生分别是：135人、145人、172人；
2.1983年小营镇、龙居乡、蔡寨乡朱全管区划出；
3.2003年后学生数含油田46中、县体育中学；
4.不同时期初中学制有“两年制”“三年制”“四年制”变更，存在数据前后不对应的情况。

2017 年博兴县初中学校名单

序号	学校名称	学校地址	学生数
1	博兴县实验中学	博城三路 126 号	2409
2	博兴县第四中学	博兴县博昌街道许营村北	1551
3	博兴县第五中学	二小路北首	1779
4	博兴县第六中学	锦秋街道办事处湾头村	1055
5	博兴县第七中学	陈户镇西王村	1570
6	锦秋街道清河学校	锦秋街道王圈村	1069
7	兴福镇中学	兴福镇府驻地西首	717
8	曹王镇中学	曹王镇驻地	1163
9	湖滨镇寨郝中学	湖滨镇寨郝村	546
10	湖滨镇柳桥中学	湖滨镇柳桥村	659
11	店子镇中学	博兴县店子镇耿王村东北角	1233
12	吕艺镇中学	吕艺镇政府驻地	1267
13	纯化镇中学	纯化镇政府驻地	634
14	乔庄镇中心学校	乔庄镇乔庄村	804
15	乔庄镇蔡寨中心学校	乔庄镇蔡寨村	770

二、学校

博兴县实验中学

博兴县实验中学于 1999 年 12 月建成，同年 9 月借用县一中和一小教室开始招生。2002 年全部建成。2009 年，经县委、县政府批准，原博昌中学合并到县实验中学，原博兴二中老校区（博城三路 99 号）划归博兴县实验中学，该校区 2011 年改造为博兴三中。

学校现有初中教学班 78 个，在校生 3990 人，教职工 316 人，其中省级国家级优秀教师 14 人、高级教师 63 人，省级教学能手 3 人，市级学科带头人 31 人，市级教学能手 48 人，市县级名师骨干 34 人，国家省级优质课一二等奖 51 人次。

学校先后荣获“省级规范化学校”“省首批教学示范学校”“省校本培训示范学校”“省体育传统项目学校”“省艺术教育示范学校”“省示范家长学校”“全国电化教学实验学校”“全国零犯罪学校”“全国青少年创新教育实验学校”“国家级语言文字规范化示范学校”“全国创新教育先进学校”“全国校园安全教育先进单位”“全国中小学心理健康教育特色学校”以及省“1751 改革创新工程”突出贡献奖等三十多项省级以上荣誉称号。连续五年被县委县政府评为“县事业单位考核 A 级单位”，2014 年 9 月被教育部、人社部授予了“全国教育系统先进集体”荣誉称号。

学校先后承办了全国心理健康教育成果现场观摩会、全国第三届中小学人文教育研讨会、山东省中小学现代教育思想研讨会、山东省学校文化建设现场观摩会等。《人民教育》《中国教育报》《山东教育》曾专题报道了学校的教育改革和办学实绩。

历任校长、书记有：周奎齐、王建光。

博兴县第四中学

博兴县第四中学自 2011 年 3 月开工建设，2012 年 9 月正式竣工并交付使用。作为一所九年一贯制学校，有教学班 43 个（小学 17 个，初中 26 个），在校生 1736 人。教职工 173 人，专任教师 109 人，其中省特级教师 1 人、齐鲁名师 1 人、市级名师 2 人、市县教学能手、学科带头人 18 人、县名师、骨干教师 19 人。学校总占地面积 276 亩，总建筑面积 42444 平方米，绿化面积 61778 平方米。学校各种设备、设施完备，常规教学仪器、器材均按国家一类标准配备，功能用房齐全。校园内配备先进的广播系统和校园局域网络系统，实现了班班通。

建校以来，特别是 2017 年 8 月政府与企业合作办学以来，突出办学特色化差异化，为公办学校的教育教学管理改革探索出一条新路。

学校是省级规范化学校，先后获得“全国青少年手球项目推广学校”“全国青少年创新教育实验学校”“市师德建设先进集体”“市零犯罪学校”“市勤工俭学工作先进单位”“市中小学图书室建设管理使用工作优秀学校”“市数字化校园”“市语言文字规范化示范学校”“市学校国防教育工作先进单位”“市诗文诵读示范学校”等荣誉称号。

博兴县第五中学

博兴县第五中学于2011年8月由原城东中学和乐安实验学校初中部组建而成。学校占地面积130余亩，总建筑面积3.5万平方米。现有在校学生1881人，教职工150余人。全校115名专任教师之中，共有省市县教学能手、学科带头人52人，市名师2人，市教坛新星3人，县名师10人，县骨干教师21人。

学校2012年顺利通过“省规范化学校”“省教学示范校”验收，先后荣获“全国校园安全优秀学校”“全国零犯罪先进学校”“省交通安全优秀学校”“平安滨州建设先进单位”“市法治建设先进学校”“市教学工作先进单位”“市首批课程实施十佳学校”“市艺术特色学校”等荣誉称号。学校连续六年被县委县府授予“教书育人先进单位”称号，连续五年被县教育局授予“初中学业水平优秀学校”称号。

博兴县第六中学

博兴县第六中学坐落在董永故里，麻大湖畔，始建于1980年，原名湖滨一中。1998年，湖滨二中并入湖滨一中。2007年更名为博兴县锦秋中学。2012年更名为博兴县第六中学。学校占地176亩，建筑用地64554平方米，运动场面积23345平方米，绿化面积29468平方米。学校总建筑面积为29190.44平方米，教职工137人，28个教学班，学生1269人。市、县级学科带头人、教学能手、名师骨干36人。

学校先后荣获“全国青少年校园足球特色学校”“省教学示范学校”“市规范化学校”“市教科研工作先进单位”“市课程实施优秀学校”“市平安校园建设先进学校”“市实验室管理和实验教学优秀学校”“市校产校舍管理维护优秀学校”“市民主管理先进学校”等荣誉称号。

博兴县第七中学

博兴县第七中学位于陈户镇政府驻地，2008年，合并陈户镇第一中学和第三中学，建成陈户镇中学。2012年暑期，陈户镇中学更名为博兴县第七中学。2014年8月，陈户镇第二中心小学并入博兴七中，成为一所九年一贯制学校。

学校现有教职工174人，39个教学班，1552名学生。学校占地70738平方米。主要有教学办公综合楼、科技实验楼、图书办公楼、男女生宿舍楼、餐厅等几大主体建筑。

学校先后荣获“全国青少年足球特色学校”“全国学校心理健康教育工作先进实验学校”“省级体育传统项目学校”“省中小学安全文化建设重点研究基地”“省级清洁厨房”“十二五语文教师专业发展工程基地学校”“市师德建设先进集体”“市平安校园建设先进单位”“市诗人诵读示范学校”“市中小学校园数字化学校”“县教书育人先进单位”“县文明单位”等荣誉称号。

锦秋街道清河学校

锦秋街道清河学校（原湖滨三中）创建于 1993 年，2007 年 9 月合并 5 所小学，命名为清河学校。坐落于博兴县锦秋办事处王圈村，是一所九年一贯制学校。学校占地 50663 平方米，建筑面积 11695.94 平方米，体育用地 24345 平方米，绿化面积 12600 平方米，现有 28 个教学班，教职工 87 人，其中市学科带头人 1 人，县学科带头人 5 人，县教学能手 22 人，县骨干教师 26 人。

学校先后荣获“省健康示范校”“市小学语文优秀教研组”“市教学示范校”“市规范化学校”“市校舍维护维修先进学校”“市学校体育工作先进单位”“县教书育人先进单位”等荣誉称号。

曹王镇中学

曹王镇中学始建于 1971 年，当时的曹王公社征用闫家村、曹三村土地 70 亩，投资 7 万元，建成后，原曹王中学高中一级学生由曹王家庙迁入，成立曹王镇中学。1980 年，学校由高中改为初中，更名为“曹王镇第一中学”。2012 年，曹王镇第一中学和第二中学合并，恢复原名“曹王镇中学”。学校占地近 105 亩，建筑面积 1.8 万平方米。

学校先后荣获“全国青少年校园足球特色学校”“省级规范化学校”“省级绿色学校”“省创造教育实验基地”“市现代化教育技术示范校”“市教学示范校”“市校产校舍管理维护优秀学校”“市数字化校园示范校”“市图书管理示范校”“市依法治校示范校”“市餐饮管理优秀学校”等荣誉称号。

兴福镇中学

兴福镇中学坐落于兴福镇政府驻地西首，南邻曹纯路。学校创建于1970年，原名兴福联中，位于兴福镇兴四村，后改为现名。1988年8月，迁址于兴福镇西毛村西南首。1994年8月改名为兴福镇第一中学，2005年8月与成立于1994年8月的兴福镇第二中学合并，并迁址至现址。

学校现有18个教学班，在校学生770人，教职工85人，专任教师学历达标率100%，平均年龄40岁，其中有23人被评为市县骨干教师、教学能手、学科带头人、优秀教师等，是滨州市素质教育示范基地。自2012年起，学校先后建起了实验教学楼、学生公寓、餐厅等用房。2016年11月建起了高标准运动场。

学校先后荣获“省卫生示范校”“省语言文字规范化学校”“市规范化学校”“市教学示范校”“市校产设施维护优秀学校”“市教育信息技术示范学校”“县教书育人先进学校”“县教学示范校”等荣誉称号。

湖滨镇柳桥中学

湖滨镇柳桥中学地处205国道和潍高路交叉路口的柳桥村，北邻湖滨镇政府驻地。柳桥中学创建于1985年，学校建校之初，校名为博兴县寨郝乡柳桥中学，后更名为博兴县寨郝镇柳桥中学，2000年寨郝镇和湖滨镇合并后，更名为博兴县湖滨镇柳桥中学。学校占地面积55225平方米，建筑面积12592平方米，有20000平方米的标准化塑胶操场。

学校先后获得“全国零犯罪学校”“市规范化学校”“市教学示范校”“市师德建设先进集体”“市实验室管理与实验教学优秀学校”“市图书管理优秀学校”“市现代教育技术示范校”“滨州市创新教学实验学校”“博兴县德育示范校”“教书育人先进单位”“县初中教学工作先进单位”等荣誉称号。

湖滨镇寨郝中学

湖滨镇寨郝中学坐落于博兴县湖滨镇寨郝村南首，位于省道323与国道205交叉路口以东，省道323以北。学校始建于1969年春，原名寨郝人民公社寨郝中学。1971秋学校改为寨郝人民公社寨郝高中。1983年学校改为寨郝乡完全初级中学。1989年学校改为寨郝乡寨郝中学。1996年，更名为寨郝镇寨郝中学。2000年寨郝中心学校初中部并入。2001年寨郝镇改为湖滨镇，学校随之改为博兴县湖滨镇寨郝中学。

学校占地17565平方米，总建筑面积6390平方米。现有在校生765人，教职工60名，其中市级名师1人，县级名师2人，市县教学能手、学科带头人17人。

学校先后荣获“市规范化学校”“市初中教学工作先进单位”“市教学示范校”“市校舍维护先进单位”“市现代教育技术示范学校”“县德育示范校”“市依法治校示范学

校”“市数字化校园先进单位”“县教书育人先进学校”等荣誉称号。

店子镇中学

店子镇中学位于镇政府驻地，东临曹纯路。学校始建于1960年，原名博兴十三中，1963年改为店子完小，1965年又名鲁迅中学，附设完小，1968年改为店子中学，1971年改为店子高中，附设初中班。1982年改为博兴县第一农技中学（现滨州技师学院前身），附设初中班，1986年农中搬迁至博兴县城，改为店子乡初级中学。1994、1995、2012年店子四中、三中、二中相继并入，1994年店子撤乡设镇，随之改为店子镇第一中学，2000年更名为博兴县店子镇中学。

学校占地面积42655平方米，建筑面积20254平方米，现有30个教学班，在校学生1216人，教职工115人，其中县名师、骨干教师32人，县级以上教学能手、学科带头人26人。2010年科技实验楼投入使用，配有理、化、生实验室，综合实践活动室，音、美、舞蹈教室，计算机教室，图书室及师生阅览室；2011-2014年，学生第二餐厅、第二教学楼、高标准的塑胶操场、学生第二公寓楼相继建成投入使用。

学校先后荣获“省规范化学校”“省语言文字规范化学校”“全国零犯罪学校”“市规范化学校”“市教学示范校”“市教育科研先进单位”“市课程实施优秀学校”“市数字化校园优秀学校”“市实验室管理与实验教学示范校”“市感恩教育示范校”“县教书育人先进单位”等荣誉称号。

吕艺镇中学

吕艺镇中学成立于2011年8月，是由原吕艺镇一中和二中合并而成，坐落在吕剧艺术的发祥地——博兴县吕艺镇政府驻地。学校占地面积56855平方米，现有教学班27个，在校学生1154人，教职工116人。

学校建有教学楼、高标准综合楼各一栋，学生公寓楼一栋，多功能学生餐厅一个。设有图书室、师生阅览室、理化生实验室、仪器室、微机室、录播室、多媒体教室、美术、音乐等专用教室及校园宽带网，建有300米跑道的体育场一个。

学校专任教师102人，学历达标率100%，市县教学能手、学科带头人26人，市县级名师、骨干、教坛新星17人。

建校以来，学校先后荣获“市教书育人先进单位”“市规范化学校”“市教学示范校”“市艺术教育示范校”“市师德建设先进集体”“市现代教育技术示范校”“市普法先进学校”“市中小学数字化校园示范学校”“市平安校园”“市教育信息化示范学校”“市实验室及实验教学管理示范学校”等荣誉称号。

纯化镇中学

纯化镇中学位于纯化镇府驻地，学校始建于1970年，为完全中学，1979年改为博兴县纯化镇中学。

学校现占地面积41765平方米，建筑面积15072平方米，现有18个教学班，在校生620人，现有教职工61人，市教学能手、市教坛新星2人，县学科名师1人，县骨干教师6人，县教学能手、学科带头人17人，县教坛新星2人。2014年后餐厅体育综合楼、学生公寓相继建成投入使用。

学校先后荣获“全国零犯罪学校”“省健康示范学校”“省清洁厨房”“市规范化学校”“市优秀图书室”“市依法治校示范校”“市平安校园建设先进学校”“市数字化校园示范学校”“市诗文诵读感恩教育才艺培养示范学校”“市现代教育技术示范校”“市校舍设施维护管理优秀学校”等荣誉称号。

乔庄镇中心学校

乔庄镇中心学校始建于1985年8月，坐落于乔庄镇人民政府驻地，原名博兴县乔庄乡中学，2012年秋，原乔庄乡中心小学撤销，并入乔庄乡中学，成为一所九年一贯制学校，后更名为博兴县乔庄镇中心学校。2015年4月，原三合完小、宁家完小撤销，并入乔庄镇中心学校。学校占地面积38867平方米，建筑面积14924平方米，绿化面积5926平方米。

学校先后获得“市规范化学校”“市实验室管理与实验教学优秀学校”“市校舍设施维护与管理优秀学校”“市学校民主管理先进集体”“市普通话示范校”“县教学示范校”“市实验室及实验教学管理示范校”“省优秀教育网站”“县举重训练基地”“市中小学数字化校园示范学校”“市平安校园”等荣誉称号。

乔庄镇蔡寨中心学校

乔庄镇蔡寨中心学校创办于1964年，初建为蔡寨农中，校址坐落在蔡寨村北。1968年春，蔡寨公社投资在蔡寨村南方征地筹建蔡寨农中新校舍（现校址），易名为蔡寨中学。1970年，经教育局批准成立高中班。1979年，教育体制改革，高中停止招生，只保留初中部。2012年8月，蔡寨情远小学并入蔡寨中心校成为九年一贯制学校，更名为蔡寨中心学校。学校有21个教学班，734名学生，专任教师77人。占地面积63.6亩，建有教学办公楼两幢、教师公寓楼、学生公寓楼以及标准的学生餐厅等建筑设施，校舍 223 间，总建筑面积 8701 平方米。

学校先后荣获“国家国际象棋特色学校”“省模范希望小学”“省希望工程 20 年优秀学校”“市规范化学校”“市教学示范学校”“市现代教育技术示范学校”“市才艺培养示范学校”“市交通安全优秀学校”“市国际象棋教学普及先进单位”“市艺术教育示范学校”“市校舍设施维护与管理优秀学校”等荣誉称号。

第三节 特殊教育

1989 年 10 月，博兴县委、县政府为贯彻落实《中华人民共和国义务教育法》，普及九年义务教育，发展特殊教育，使全县残疾儿童少年依法接受义务教育，创建了博兴县聋童学校，面向全县招收适龄聋哑学生。县教育局负责学校的校舍建设、师资配备、学生招生等具体工作。调原博兴四中校长黎念学担任校长，调特师毕业两名教师到校任教。当年招收一个班 12 名聋哑学生，自此开启了博兴县特殊教育的先河。

1990 年 9 月，面向全县招收 9 名聋哑孩子入学。1991 年 4 月，县教育局投资 11500 元，完善了学校各种校舍和设施设备。10 月，顺利通过地区对学校校舍改造的检查验收。

1994 年，聋童学校探索对聋生开展职业技能教育，让学生在校学到一技之长，走向社会成为自食其力的劳动者。与博兴梦龙沙发厂挂钩，派 10 名大龄学生到厂培训，学习雕刻、木工、席梦思床垫制作工艺，通过培训全部被该厂录用为工人。另有 8 名学生到华通皮鞋厂学习制作皮鞋工艺，经过一年多技术培训后留厂工作。学校还开展缝纫、毛衣编织等项目的职业劳动教育，培养了学生的谋生技能。12 月，因学校职业教育成果显著，被省政府残疾人工作协调委员会、省扫盲委员会、省民政厅、省残疾人联合会公布为“全省特殊教育通报表彰学校”。

2000 年 7 月博兴县聋童学校更名为博兴县特殊教育学校。开始招收县域内听障、智障两类适龄残疾儿童。2001 年 10 月，县特校顺利通过全国“两基”复查验收；代表博兴县顺利通过国家特殊教育工作的评估、验收，被国家教育部、民政部、残疾人联合会授予“全国特殊教育先进县”称号。2003 年投资 81.2 万元，建成 790 平方米的康复楼。2004 年由京博集团捐资建成 300 平方米的学生餐厅。2006 年 9 月，山东省残联确定博兴特殊教育学校为“山东贫困残疾儿童康复救助工程（项目）定点康复机构”。

2003 年 4 月，在省、市、县三级教育部门的支持下，建成了全省第一家县级涵盖听障、智障两类、1~9 年级各学科教学资源库；开通了博兴特教网。10 月，滨州市聋儿语训康复中心在县特殊教育学校挂牌成立，并开始对全市列入康复项目的学前听障、智障儿童进行康复训练。12 月，为减轻学生经济负担，实行了“三免政策”即免交杂费、住宿费、教科书费。2008 年 1 月开始，实施“五免一补”（免杂费、书费、作业本费、住宿费、取暖费，补助生活费）。同时，利用社会捐助资金，设立“京博”奖学金、助学金和艺术特长奖励基金。2009 年 5 月，县特校被山东省残联确定为省贫困残疾儿童康复救助工程“智障康复训练基地”。2013 年 9 月，省教育厅等三部门批准博兴县特殊教育学校为全省 10 所首批“康教结合”项目实验学校之一。

1989～2017年博兴县特殊教育发展状况表

年份	班数	在校生数	在职教师数	年份	班数	在校生数	在职教师数
1989	1	12	3	2004	8	77	41
1990	2	21	14	2005	8	89	39
1991	3	30	22	2006	8	76	39
1992		41	26	2007	9	125	42
1993		50	36	2008	10	128	43
1994			38	2009	10	125	45
1995			41	2010	10	125	45
1996			41	2011	10	126	42
1997			46	2012	10	106	41
1998			44	2013	10	108	40
1999			42	2014	10	89	40
2000	6	61	40	2015	10	91	39
2001	7	57	39	2016	11	94	39
2002	8	58	41	2017	16	130	39
2003	8	63	41				

附：博兴县特殊教育学校

博兴县特殊教育学校是一所对全县适龄残疾儿童少年免费实施义务教育的省级规范化学校。始建于1989年10月，原名博兴县聋童学校，2000年7月更名为博兴县特殊教育学校。坐落于博兴县城胜利一路639号，学校占地面积9522.6平方米，有16个教学班，在校学生130人，在职教职工39人，其中高级教师6人，一级教师17人，省级优秀教师1人，市级优秀教师、优秀教育工作者2人，省级教学能手2人，市县级教学能手、学科带头人16人。

自建校以来，学校毕业的学生有的升入高一级特殊教育学校学习，有的成为国家正式职工，有的在工厂做工，有的利用学到的知识和职业技能自谋职业，成为自立自强、残而不废、自食其力的劳动者，减轻了家庭和社会的负担。

学校先后荣获“全省特殊教育通报表彰学校”“省贫困残疾儿童康复救助工程（项目）定点康复机构”“省贫困残疾儿童康复救助工程智障康复训练基地”“省级规范化学校”“十一·五全省残疾人康复工作先进单位”“省优秀残疾人之家”等荣誉称号。

历任校长、书记有：黎念学、冯长泰、司继军、张树一、张继忠。

第三章　普通高中教育

第一节　发展概况

1958年以前，博兴县没有高中学校。1958年秋季，博兴一中增设高中部，当年从全县招收第一届高中学生两个班共92人，学制三年。1958年至1961年，桓台、齐东大部分划归博兴县，博兴的龙口、龙居、乔庄和纯化、闫坊两区一部分划归广饶县，期间全县有3处高中。1961年，行政区划重新调整后，全县只有博兴一中一处高中。博兴一中高中部从1958年至1965年，招收了8级高中学生，每级两个班，共16个班。1966年“文革”开始，高中终止招生两年。1968年1月，初、高中招生改为春季始业，学制改为两年，实行“二·二”分段。同年12月，博兴三中（校址位于闫坊）、博兴四中（校址位于兴福）也开始招收高中学生。1970年，博兴二中（校址位于小营）和博兴五中（校址位于乔庄）开始招收高中学生。

20世纪50年代的博兴一中校门

1970年，县奉命发展高中事业，原有的高小部分改为高中，1971年全县相继办起社办高中14处，1978年全县共有高中19处。1978年9月，初、高中学制实行“三·二”分段。1979年，按照地区教育局“调整改革高中”的要求，县教育局对全县高中教育结构进行调整、改革，裁减了原来的社办、村办高中，改为公社初级中学，到1981年，全县共有高中9处。1981年8月，初、高中学制恢复为“三·三”分段。1982年因县级行政区划变更，原博兴二中所在地小营镇划归滨州市，县教育局调整高、初中布局，博兴县城郊人民公社中学更名为山东省博兴第二中学。到1983年，全县仅保留博兴一中、博兴二中、博兴三中、博兴四中共4处高中。1988年，博兴三中、博兴四中停止招生，全部合并到位于县城的博兴一中、博兴二中，至1990年全县仅保留博兴一中、博兴二中两处高中学校，自此博兴一中、博兴二中高中招生数量连年增加。1992年，县一中、二中招收新生按成绩平分生源，两处高中共招收954名高中学生。借城镇校舍改造的契机，博兴一中教学楼和博兴二中综合楼分别于1990年、1991年建成并投入使用，高中学校办学规模进一步扩大，办学条件不断改善，形成了良性竞争的局面，教学质量稳步提升。1994年高考本科上线人数突破100人，1998年突破200人，1999年突破300人，2000年突破400人，2001年突破700人，2003年突破1000人。1999年博兴一中、2003年博兴二中先后成为省级规范化学校。1999年，博兴县实验中学建成招生，原博兴一中、博兴二中初中部划归县实验中学，博兴一中、博兴二中由完全中学成为普通高级中学。

2002年起，随着初中生对普通高中入学需求的增加，高中招生规模进一步扩大，高中学校办学压力日益加大。2003年5月，县委、县政府决定建博兴二中分校，2004年7月一期工程完成并投入使用。2009年7月，博兴二中全部迁入新校区。2003年8月，市、县政府决定将博兴师范有偿拨给县一中，县一中在其西侧另征地75亩，筹建成立博兴一中西校区，2004年8月开始招生。当年，全县共招收高中学生3283人。2006年，县政府决定对博兴一中西校区和博兴二中操场实施“招拍挂”，用于项目开发。

2008年，按照省教育厅关于“严禁公办普通高中占用学校正常教育资源招收复读班和招收往届生插班复读”的要求，县教育局在博兴二中老校区筹建成立高中复读学校。2012年6月，县教育局按照省教育厅文件要求，撤销高中复读学校。

2011年4月，县委、县政府决定在博兴二中老校区成立博兴第三中学。当年9月招聘36名教师，从博兴一中、博兴二中等单位调入教师29名，招收学生700人，全县普通高中招生规模进一步扩大。同年，博兴一中、博兴二中、博兴三中招收新生按成绩10:15:7分配生源，全县共招收高中学生3690人。2015年9月起，全县“三限生”（限人数、限钱数、限分数）全部取消。为加强优生培养，2017年4月，县教育局决定成立高中实验部，从县一中、县二中、县三中抽调骨干教师，当年招收4个班，196名学生。

2016年县委、县政府决定建设博兴一中新校区。2017年6月，县委常委（扩大）会议确定县一中新校区校址为新城二路以西、博昌二路以北地段，占地面积278亩。

县一中新校区规划图

2017年11月，县政府办公室印发《关于开展中小学绩效工资制度试点改革工作的意见》，县教育局制定绩效工资增量工作方案和指导性意见，三所高中分别制定绩效考核评估方案，进行绩效工资试点改革。

1958~2017年博兴县普通高中教育发展状况表

年度	处数	班数	初中毕业生数	入学生数	在校生数	其中女生数	毕业生数
1958	3	15			637		
1959	3	21			895		
1960	3	27			1319		
1961	1	6			256		
1962	1	6			245	48	
1963	1	6			244	45	
1964	1	6			260	51	
1965	1	6			271	57	
1966	1	6			288	61	
1967	1	6			240	44	
1968	1	7			315	58	
1969	5	8			384	73	
1970	5	9			496	98	
1971	14	34			1574	315	
1972	14	74			3448	809	
1973	14	67			3558	746	
1974	14	60			3146	861	
1975	14	84			3422	964	
1976	14	84			3537	1043	
1977	14	93			4761	1351	1571
1978	19	104			5383	1646	2681
1979	16	91			4738	1452	2363
1980	15	71			3612	1007	2481
1981	9	50			2220	488	1691
1982	6	35			1778	401	1146
1983	4	27			1264	366	394
1984	4	38			1977	649	334
1985	4	37			2326	681	575
1986	4	37	2776	650	2082	827	677
1987	4	37	4185	650	2058	840	714
1988	4	37	5406	650	1952	872	677
1989	4	38	5291	650	1953	859	651

续 表

年度	处数	班数	初中毕业生数	入学生数	在校生数	其中女生数	毕业生数
1990	2	32	5228	700	1993	837	644
1991	2	42	5976	800	2153	543	640
1992	2	49	6002	954	2461	864	711
1993	2	55	6383	998	2722	1116	738
1994	2	58	6441	1040	2972	1188	784
1995	2	60	6549	1052	3042	1247	873
1996	2	64	5709	1254	3309	1422	1013
1997	2	68	3650	1317	3626	1522	1027
1998	2	67	6521	1314	3836	1572	1118
1999	2	66	4870	1436	4202	1862	1332
2000	2	77	5525	1699	4724	1990	1604
2001	2	91	5826	1922	5358	2307	1596
2002	2	100	4600	2343	6295	2334	1748
2003	2	124	7200	2977	7343	3131	2242
2004	2	137	7343	3283	7948	3464	2415
2005	2	156	7455	3487	8501	3520	2766
2006	2	161	5911	3092	9607	4213	3050
2007	2	153	5461	2885	9019	3923	3221
2008	2	131	5233	2832	8048	3563	2559
2009	2	128	5419	2726	7997	3659	2564
2010	2	132	5658	2912	7866	3532	2683
2011	3	148	6556	3690	9017	4136	2415
2012	3	175	7306	3832	10345	5201	2341
2013	3	186	6473	3502	10772	5582	2828
2014	3	185	5869	3418	10529	5477	3542
2015	3	174	5880	3138	9889	5163	3681
2016	3	172	5864	3137	9585	5196	3379
2017	3	168	5431	2755	8966	4774	3344

说明：1.1958～1960年系博兴、桓台、齐东合县时的数字；

2.1983年小营镇、龙居乡、蔡寨乡朱全管区划出。

第二节 学校

山东省博兴第一中学

学校坐落于博兴县城东关，北临博城六路，东靠县供销总社，西、南与东关村为邻。自 1952 年建校，现今校园占地 129.3 亩，总建筑面积 78405.3 平方米。学校现有 52 个高中教学班，2818 名学生，教职工 324 人，其中高级教师 85 人，一级教师 107 人；全校共有特级教师 2 人，国家及省市级优秀教师、先进工作者 95 人，省市级教学能手、学科带头人 72 名，正高级职称教师 1 人。

1951年3月，县政府决定借用城关完小部分校舍创办博兴中学。1952年9月，奉省令定名为“山东省立博兴中学”。1956年春，改名为山东省博兴第一中学。1958年改为完全中学，增设高中班。博兴一中高中部从1958年至1966年，招收了八级学生，每级两个班，共16个班。1966年“文革”开始终止招生，1969年又开始招收高、初中生。1977年12月，博兴一中被地革委教育局公布为重点中学。1999年8月，改为高级中学。2003年8月，为扩大办学规模，市、县政府决定将博兴师范有偿划拨给一中办分校，成立博兴一中西校区，又在其邻近地段征地75亩。2004年高一新生13个班就读分校。2005年8月，艺术类学生集中到分校，成为一中艺术学校。2006年6月，县政府决定将分校拍卖，用于项目开发。2016年6月县委县政府充分论证，决定建设一中新校区。2017年6月，县委常委（扩大）会议确定县一中新校区校址为新城二路以西、博昌二路以北地段，占地278亩。

学校是省级规范化学校、省级高中教学示范学校。先后荣获“省工会工作先进单位”“省体育传统项目学校”“省教书育人先进集体”等荣誉称号。

历任校长：王君、黎心敬、孙诗鸿、李韵斋、朱存华、崔殿荣、曹大忠、白长远、穆云瀛、盖学忠、王爱岭。

历任书记有：黎心敬、贾岱东、闫廷松、林继忠、金学智、李韵斋、朱存华、许学温、白长远、穆云瀛、白长远、盖学忠、周奎齐、王爱岭。

山东省博兴第二中学

博兴第二中学位于博城四路517号，前身为城郊公社中学，建于1978年。1982年8月，城郊公社中学更名为山东省博兴第二中学。1985年后，二中仍为完中，18个教学班的规模，其中高中教学班6个，教职工72名。1991年底，二中完成了校舍改造工程，新建起教学、办公、图书、实验等为一体的综合大楼，总建筑面积1万多平方米，同时还建起了学生餐厅、完成了学校绿化美化工作。在上级和县局领导关怀和社会大力支持下二中办学条件逐步改善，又先后建起了教工宿舍楼6栋，学生宿舍楼1栋，400米标准炉渣跑道操场、微机室、实验室、语音室、多媒体校园网络和一些其他功能用房及附属设施等，办学条件日臻优化，学校工作开创了新局面。1998年，最后一届初中生毕业后，不再设初中部，二中成为完全高中学校。2003年5月开始二中分校建设，2004年6月分校建成并投入使用，2007年9月博兴二中全部迁入新校区。目前学校拥有教学班78个、教职工391人、在校生4658人。校园占地21万余平方米，建筑总面积近8万平方米，绿化面积9万平方米。

学校是“省级规范化学校”“省级高中教学示范学校”“省中小学素质教育工作先进单位”。先后荣获“全国教育科研工作先进单位”“全国学校艺术教育工作先进单位”“全国中小学思想道德建设先进单位”“全国青少年校园足球特色校”“省工会工作先进单位”“省卫生工作先进单位”等荣誉称号。

历任校长、书记有：尹玉祥、许学温、盖学忠、王爱岭、王中月 、周晋国。

山东省博兴第三中学

2011 年 4 月，为发展和壮大全县高中教育，缓解上高中难的问题，县委、县政府决定成立博兴第三中学。当年 9 月招聘高级中学教师 36 名，从县一中、二中等单位调入教师 29 名，招收学生 700 人。

学校占地 42 亩，总建筑面积 28102 平方米，42 个教学班，在校生 1900 多名，教职工 191 人，研究生学历 28 人。各种功能用房齐全，安装有校园网络系统、广播电视系统、监控系统，藏书 76328 册。

学校实行扁平式管理，管理重心下移，落实“一岗双责”，完善制度，责任到人，规范管理，塑造和谐稳定的育人环境。学校先后获得“市巾帼文明岗”“市工人先锋号”“市平安校园”“市普通高中教学质量优胜奖”等荣誉称号。

历任校长：周晋国、盖志斌。

历任书记有：周晋国、王博峰。

原博兴二中

原山东省博兴第二中学始建于 1952 年春夏之交，其前身是省立蒲台中学，校址在原蒲台县三区区公所所在地乔庄，其校舍由乔庄完小修葺而成。10 月采取自由报名择优录取的办法，从广饶、高青、滨县等十几个县的考生中录取初一学生 200 名，分为四个班。1953 年，蒲台中学随蒲台县政府迁址于小营镇。1954 年暑假招生初中二级两个班，约 100 名，1955 年又招生初中三级新生四个班 200 名。1956 年春，根据国务院指示，博兴、蒲台二县合并，统称博兴县。原省立蒲台中学遂改名为山东省博兴第二中学，自 1970 年开始增设高中班，成为完全中学。1979 年扩招农技班，挂博兴县农业技术中学牌子。1982年小营镇划归滨州市，更名为滨州市农业技术中学。

历任校长有：李少林、吴作云、李韵斋、孙道明、王维新。

原博兴三中

1957年末，县政府在闫坊建立博兴五中，初建占地30亩。1961年改称博兴三中。1958年开始招收初中新生四个班200名。1966年已发展到教学班6个，教师15人，学生263人，有校舍143间。1968年高中开始招生，成为完全中学。1990年8月，为了合理地调整普通高中布局，县政府决定撤销博兴三中，下放给闫坊乡，更名为闫坊乡第二中学。

历任校长有：张瑞鸿、李荣卿、黎汝昆、郑盛之、李清甫、李惠民、王来敬、宋道选、殷尚华。

原博兴四中

原山东省博兴第四中学，是1957年由博兴县人民政府报请惠民地区专员公署和山东省教育厅批准，在博兴、临淄、桓台、广饶四县交汇地带的兴福镇兴建的一所重点中学。初建占地24亩，是年底经省教育厅和惠民地区专员公署派员验收建设成功，作为鲁北乡村重点中学配备师资，次年按全省统一中学会考招考新生入学。1958年开始招收初中新生四个班200名。至“文革”发展为12个班。1968年12月开始招收高中班，成为完全中学。1990年8月，为了合理地调整普通高中布局，县政府决定撤销博兴四中，下放给兴福镇，合并到兴福镇中学。

历任校长有：王宗祥、张瑞鸿、郝福然、李春华、黎念学。

第三篇 职业教育

师范教育

职业技术教育

第一章　职业技术教育

第一节 发展概况

博兴职业技术教育始于新中国成立后“大跃进”时期创立的农业中学。

1958年，博兴县兴办农业中学。当年建校17处，共有25个班，学生1125人。1959年发展到32处，有40个班，在校学生1950人，专职教师47人，兼职教师15人。1961年因国民经济困难，农中停办。

1964年农业中学教育开始恢复，到1966年全县有农业中学15处。1968年后，大多数农中陆续转为社办普通中学。农业中学采取半工半读制度，坚持勤工俭学原则，学生半日或间日集中学习，半日或间日在校或回家劳动。

农业中学的课程设置为：一年级政治、语文、算术、农业常识。随着年级的增长并根据条件逐步加设历史、地理、数学、物理等，音乐、体育、美术等课不列入正式课程。

农业中学的办学经费，原则上靠学生收费和勤工俭学收入解决，一般每个学生每年交费5~8元，如果勤工俭学收入较好，就免收学费。

十一届三中全会之后，中央提出了“调整、改革、整顿、提高”的方针，积极改革中等教育结构。1978年6月全省教育工作会议提出举办农业中学，扩大中等专业学校的规模、发展职业教育的意见。博兴县革委认真贯彻执行中央和省里有关中等教育的调整改革意见，于1979年6月颁布《关于调整、改革中学教育结构的通知》，对全县中等教育进行改革。是年9月，博兴县将原博兴二中改办为农业技术中学，并在全县招收第一届初中毕业生。1982年底，小营镇划归滨州市，该学校成为滨州市农业技术中学。

1983年，店子公社高中改办为县农业技术中学，1984年乔庄高中改办为县畜牧兽医中学。1985年两校分别改为博兴县第一农技中学和博兴县第二农技中学。1986年，分别改办为博兴县第一职业高中和博兴县第二职业高中。截止1985年，农业中学的学生已占高中阶段学生总数的20%，初步改变了中等教育结构单一的状况。两处职业高中的校务委员会主任都由分管农业的副县长兼任，委员由各有关局、委负责人担任，学校由县教育局主管，农业局协办。两校均在全县范围内招生，学制均为三年，所开课程在高中课程基础上增设专业课。

1987年10月，博兴县职业高中在县城建成并投入使用，第一、第二职业高中相继撤销，职教中心基本形成。同年，博兴县技工学校建成并招生。

1987年，庞家中学率先实行“3+1”教育，即三年初中文化学习后加一年职业技术教育，聘请专业技术人员教学生学拖拉机驾驶和缝纫技术，受到学生和家长的欢迎，这个办学经验先后在省市推广。1988年7月，省电视台和《大众日报》作出专题报道。1989年，省政府授予博兴县“学平度先进县”称号，表彰博兴县教育与生产劳动相结合，教育为当地经济建设服务做出的突出成绩。

20世纪80年代末，博兴县职业教育已经形成体系，设有县职业高中、县卫生学校、县劳动技校、乡镇成人中心校12处，村村都有农民文化技术学校。这些学校担负着全县新增劳动力职前、职后培训任务。

1990年，国家教委颁发《省级重点职业高级中学标准》，博兴县以此为契机，多方筹措资金，努力改善办学条件。1992年3月，县职业高中易名为博兴县职业中等专业学校。5月，经省政府评估，国家教委审批，博兴县职业中等专业学校被认定为省级重点职业中专。

1995年，博兴县开始初三后分流教育试点工作，有的学校设立特长班，为学生特长发展或进入高一级学校打好基础；有的学校设立职业技术班，适当降低文化教学要求，增加职业教育内容，让学生学到一技之长。

1998年6月，县教委印发了《关于初中三年后分流工作的实施意见》，规定初三后分流教育在县职业中专或镇乡成人中心校及乡镇中学内进行，分流教育设专业特长班、职业班两种。初三后分流教育，为学生学有所长拓展了空间，也有效地控制了学生流失。1999~2000年上半年，初中流失学生共计3200余人返回成人中心校参加职业技术培训。

全县初中阶段渗透职业教育100%。中小学校实行一校两用，一师多教，全县45岁以上的中小学教师均取得实用技术合格证书，每人掌握2至3门实用技术，初中毕业生全部实行“双证书”制度。

2000年6月，博兴县职业中专被国家教委认定为国家级重点职业中专。

进入21世纪，博兴县认真落实《国务院关于大力推进职业教育改革与发展的决

滨州市技师学院历史沿革

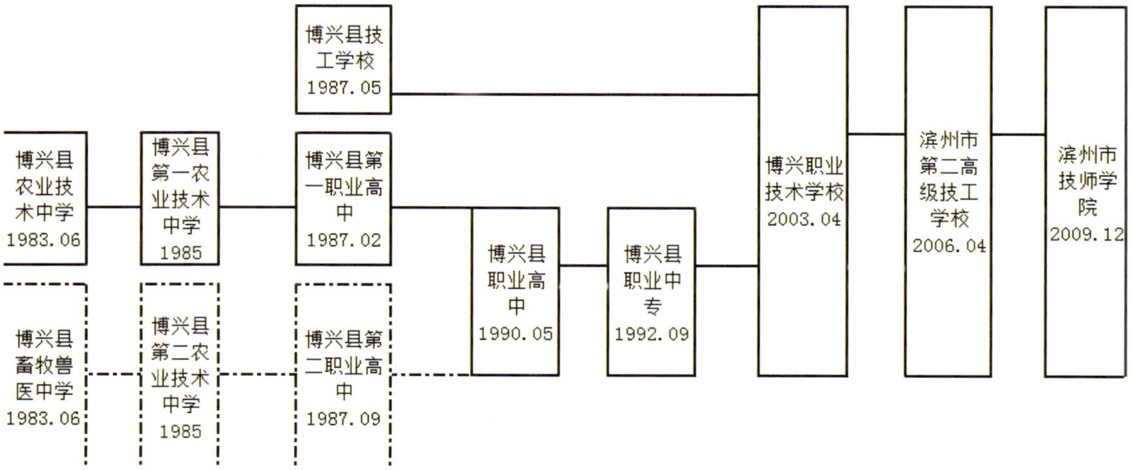

定》，职业教育步入发展快车道。县委县政府站在历史新高度，大刀阔斧调整全县职业学校布局，整合职业教育资源，于2003年4月，将博兴县职业中等专业学校、博兴县技工学校合并组建为博兴职业技术学校，同时保留博兴县职业中等专业学校和博兴县技工学校两校的牌子和办学职能。2006年3月，学校被国家劳动和社会保障部评为高级技校，后更名为滨州市第二高级技工学校。2009年12月，山东省人民政府同意滨州市第二高级技校改建为滨州市技师学院。市政府把滨州市技师学院列入滨州市五大高校之一，2013年被认定为全国首批中等职业教育改革发展示范校。

第二节 学校

博兴县农业技术中学

博兴县农业技术中学1983年由店子高中改办，1985年4月更名为博兴县第一农技中学，1986年9月改为博兴县第一职业高中。学校占地40亩，建筑面积2800平方米，有农场80亩，种植粮食、蔬菜，开展科学研究，对学生进行专业教育。教职工86人（含初中教师），专业设有农学、林果、建筑等，1986年有6个班，学生272人；1987年招收4个班，学生442人。1983年改办后，曹子敏任首位校长兼党支部书记，1984年机构改革，为加强对县第一农技中学的领导，由副县长尚炳信兼任校长，殷英博任党支部书记兼副校长，孙鹏辉任副校长。1987年10月，学校搬迁到县职业高中。

博兴县畜牧兽医中学

博兴县畜牧兽医中学1984年由乔庄高中改办，1985年改名为博兴县第二农技中学，1986年更名为博兴县第二职业高中。学校占地43亩，建筑面积1200平方米，教职工81人（含初中教师），开设畜牧兽医、机电、幼师三个专业，1986年学生205人，1987年学生212人，1988年招收的畜牧兽医班21人，开设兽医门诊，供学生实践和开展便民服务。1990年在校生毕业后，学校撤销，更名为乔庄乡二中。1986～1990年，在该校任校长的有郑春山、王志才。

博兴县职业中等专业学校

博兴县职业中等专业学校前身为博兴县职业高中，建于1987年3月，校址位于博城五路857号。建校之初学校为县财政局、武装部、水利局等4个单位设立财会、预备役、水利、幼师四个专业的委培班，学校时有7个教

学班，328名学生，教职工50人。1990年6月，经省教育厅批准，成为承认中专学历的职业中专。

1992年3月，博兴县职业高中更名为博兴县职业中等专业学校；同年5月，经省政府验收合格，认定为省级重点职业中专。

1993年7月，上级批复同意建立博兴县成人中专，学校规模400人，设文秘、财会、幼师、建筑四个专业，9月增设农学专业。1994年3月，增设电器工程、林果、企业管理专业。1994年7月，批复同意博兴职业中专举办职业中专班，批复7个专业招收计划。其学生连续5年在山东省珠算协会举办的职业学校珠算比赛中获奖。1999年12月，滨州市教委授予博兴县职业中专“滨州市现代教育示范学校”。

2000年6月，学校被国家教育部认定为“国家级重点职业学校”。学校占地107亩，建筑面积2.6万平方米，建有教学楼、教工宿舍楼、办公实验楼、学生宿舍楼、餐厅图书楼，拥有练功房、基础实验室、电子电工实验室、土化实验室、微机室、财会模拟室、画室、多功能语音室、琴房、CAI课件备课室、多媒体教室等专用实验教室16个，拥有先进的交互式双向闭路教学网。图书馆配有相应的阅览室，藏书5万余册，大多为专业技术类图书。学校内有农业科技示范园和校外实习基地4处，为培养学生的专业技术能力和进行项目课题教学研究提供了必备条件。学校设有实验幼儿园，拥有厨房设备加工厂、瓶盖厂、打字复印部等校办产业。

2001年，学校被国家教育部认定为“省职业重点研究课题项目学校”。5月，被授予“省职业教育先进集体”荣誉称号。2002年10月，在博兴职业中专成立了博兴县青少年社会实践活动中心。

2002年，学习借鉴高密经验，进行一年两次招生改革，首次实行春季分流招生，并试办综合高中班，实行双学籍管理，普通教育与职业教育相互融通。是年，计算机应用专业被评为省骨干专业。计算机专业学生代表市参加全省职业学校学生技能比赛获团体三等奖。毕业安置、职业教育科研、职业教育教学改革、骨干专业建设、高职对口升学等工作走在全市前列。同年，在省职业学校督导评估中列全市第一。

自建校至2002年底，设置的专业有农学、建筑、林果、幼师、水利、财务会计等30多个，学制多为2~3年。学校共培养学生7000多人，其中升入大学的近300人。学校办学形式灵活多样，注重实用，以拓宽人才市场为突破口，拉动招生，通过对口升学，劳务输出，定向培养，推荐就业等形式，扩大招生规模，在全省职业学校招生低迷的情况下，县职业中专招生数量连续几年位居全市前列。办学上采取“上挂、横联、下幅射”等多种形式，与曲阜师大联合办学，招收自学助读班本专科学员600余人，与青岛高级职业中专、胜利石油学校、河南西华师范学校等联合招生728人；同财政局、水利局、组织部、人事局、人武部联合办学，招收591人，每年为博兴县培训各类专业人才近600人。

学校先后获得“山东省培养人才先进单位”“山东省职业教育先进集体”、地区“教书育人先进单位”等荣誉称号。2003年4月，博兴县职业中等专业学校与博兴县技工学校合并组建为博兴职业技术学校，同时保留两校的牌子和办学职能。

1987~2003年历任书记有：段英博、崔佃荣、顾洪亭、李继茂、牛建亮。

历任校长有：尚炳信、崔殿荣、曹大忠、李继茂、牛建亮。

博兴县职业中等专业学校教育情况表

年度	班数	学生数	教职工数			
			教师	干部职工	合计	其中退休
1987	7	328	40	10	50	
1988	14	577	55	16	71	
1989	19	763	59	11	70	
1990	17	648	67	13	80	
1991	20	795	72	13	85	
1992	23	837	81	19	100	
1993	28	998	93	18	111	2
1994	26	904	103	29	132	3
1995	23	890	109	45	154	5
1996	17	777	114	49	163	7
1997	20	1030	119	52	171	7
1998	23	1199	120	56	176	9
1999	24	1283	123	56	179	10
2000	24	1283	123	55	178	11
2001	24	1262	122	54	176	16
2002	24	1402	121	54	175	16

博兴县技工学校

1987年5月，省劳动厅批准建立博兴县技工学校，校址位于博城胜利一路369号。9月，首批150名学生入学。11月，博兴县技工学校教学楼、教工宿舍楼、学生公寓动工兴建，师生共同劳动建校。

学校大力发展校办企业作为学生的实习基地。1988年5月开始，先后建立技校大酒店、技校实习商店、印刷厂、建筑公司、制袋厂、幼儿园、润滑油脂厂（现京博控股股份有限公司）、宝港家俬有限公司、石腊厂等校办企业，以校办厂、以厂养校的经验在全省技校系统中作为经验推广。其中，1991年动工兴建并投产的校办润滑油脂厂，历经多年的发展，从单一石化产业发展成综合多种产业的大型产业集团，位居中国企业500强第291位。同年3月，省五部门授予学校“职业技术教育先进集体”称号。

1993年，博兴县技工学校被山东省人民政府命名为“山东省重点技工学校”，成为滨州市首家省级重点技校；是年9月，博兴县技工学校实习工厂——博兴县润滑油脂厂由县油区办接管，但仍是学校实习工厂。

1995年3月、1996年10月，技校分别动工兴建2号、3号教工宿舍楼。2001年10月成立博兴技校改革发展咨询理事会。11月学校筹建2700平方米的实验实习培训教学楼。

随着市场经济的逐步深化和改革，依赖“三靠”政策（靠国家计划分配指标、靠农转非政策、靠学校计划分配工作）招生的技工学校招生就业陷入困境，1998年招生不足百人，为历史最低点。技工学校不等不靠，积极转变办学思路，摸索出了联合办学求发展的办学路子。是年，学校率先与博兴县第四油棉厂达成联合办学、定向委培协议，为其定向培养纺织专业技术工人50名，开了滨州地区职业学校与企业联合办学的先河。至2002年，技工学校先后与15家企业达成了联合办学协议，2002年招生人数713人。同年3月被国家劳动部评为“国家级重点技工学校”，填补了我市无国家重点技校的空白。为满足博兴县域经济发展需求，2002年经省劳动和社会保障厅批准，举办数控、车工高级技工班，当年开办，当年招生。

学校面向社会开展灵活、快捷、实用的短期培训工作，共培训1.6万人次。计算机培训作为龙头专业，拥有三个高档次微机教室，能够承担初级班、中级班、网络班、电脑美术、办公自动化、多媒体电脑组装与维修、会计电算化等技能培训任务。建立职业技能鉴定中心，承担车工、焊工、钳工、电工、计算机应用与维修、美容美发等多种培训鉴定任务。

从建校至2002年底，共计培养各类专业毕业生3200人。2003年4月，县技工学校与县职业中专合并组建“博兴职业技术学校”（一个学校、两个校牌）。

1987~2003年，历任校长、总支书记有：高玉璞、刘洪明、潘益杰。

博兴县技工学校专业设置与招生情况一览表

专业名称	1987	1988	1989	1990	1991	1992	1993	1994	1995	1996	1997	1998	1999	2000	2001	2002
砖瓦抹灰	103	200	107	80	120	150	109									
纺织保全	47	48									25	55	13	86		
烹饪		31														
商品经营		52	100				50	35								
微机			43	27	30	9	30	96	85	88	92					
钳工			50													
家电维修				50												
电工				44												32
工业																

续 表

自动化					50	35										
化工					50	35	28									
财会								56	41	81	50					
机电									32	47	87	42	33	1	14	7
市场营销										43						
艺术											38		3			
无线寻呼													12	5		
机械制造与加工													47		12	11
会计																
电算化													21			29
水泥													34			
钳焊																51
淀粉工艺																55
食品加工																32
车工																61
微机应用与维修														4		
纺织														319	356	230
文秘															12	
镀层工															52	
服装制作															1	
钣金															50	32
保全																120
木材加工																53
合 计	150	331	300	201	250	229	217	187	158	259	292	97	163	415	524	713

滨州市技师学院
（博兴县职业中等专业学校）

博兴县职业技术学校时期的校门

2003年4月，博兴县职业中专与博兴县技工学校合并成立博兴职业技术学校。学校坚持以市场为导向，合理设置专业，2003~2005年先后开设27个专业，共计招生4468人，向社会输送合格毕业生3614人。

积极拓宽就业渠道，形成了立足当地，面向全国的就业格局。学校注重加强“骨干重点专业工程”建设。机械制造技术、计算机应用及软件技术、焊工三个专业成为省重点专业。建立了完善的教学管理体系和教学质量评价体系，在系统测评的基础上，实行社会评价体系，教学质量不断提高。2003年，对口高职升学本科3人，专科65人，“直升本”实现零的突破。2004~2006年，在春季高考与天津工程师范学院单招考试中，本科上线人数合计47人。其中，2004年，167名同学参加对口高职升学考试，本科上线23人，列全市第一。毕业生中级工检定合格率达98%以上，列全市职业学校榜首。2004年8月，学校被列为山东省职业教育100所骨干示范性学校。2004年10月，学校被省中职毕业生就业服务中心确立为“山东省就业培训基地”。2004年12月，顺利通过省教育厅组织的“省中等职业教育教学示范学校”评估验收。

2006年4月，学校被国家劳动和社会保障部批准晋升为高级技工学校，并更名为滨州市第二高级技校，保留博兴县职业中等专业学校牌子和职能。学校根据社会需要，适应市场需求，不断调整和设置专业，2006~2008年先后开设幼儿教育、计算机软件技术、机电一体化、机械加工、数控技术、焊接工艺、热电、空港、传媒、电解工等18个专业。2009年1月，焊工专业被省劳动和社会保障厅、省财政厅评估认定为山东省技工院校百强专业；2009年2月，数控车工被省劳动和社会保障厅、省财政厅评估认定为山东省技工院校重点专业。2008年3月，市教育局成立滨州市中等职业学校骨干专业（学科）教研中心，其中德育教研中心、机械类教研中心设置于滨州市第二高级技校。

滨州市第二高级技校时期的校门

学校坚持走“校校联合”“校企联合办学之路。积极响应国家关于职业教育实行东西部联合办学的政策。自2006年5月开始，先后与甘肃省宁县职业技术学校、甘肃省镇原县新世纪职业学校建立了联合办学关系，并无偿援助甘肃宁县职业技术学校电脑32台，价值10万余元。学校共招收甘肃学生208人，既解决了甘肃籍学生就业问题，又为地方经济培养了技术人才。与县内多家骨干企业签订代培协议。2007年8月，学校开办技师班、当年招生42人。开展“金蓝领”培训，为渤海油脂、京博等企业培训40人，为县域企业的发展培养了高级技能型人才。2006~2008年共计招生4585人，共向社会输送合格毕业生3671人、就业率达98%以上。2007~2009年，在春季高考与天津工程师范学院单招考试中，共有43人考取本科。学校先后被评为“省技工教育先进集体”“省中等职业教育十佳创业明星学校”“省职业院校毕业生就业工作先进集体”；荣获“全国中等职业院校就业质量500强”称号；2009年11月被评为“省百姓信赖的十大教育品牌”。

2009年12月，滨州市第二高级技工学校改建为滨州市技师学院。规格为副厅级单位，隶属于滨州市人民政府。

专业建设与教学：学院每年进行一次企业岗位能力和人才需求调研、结合当地社会经济发展规划进行专业结构布局和专业方向调整，最大限度与产业和企业岗位要求相对接。2015年1月，首批4个现代学徒制试点冠名班正式开班。9月学院成立厨具研究院。2016年，增设电子商务专业和厨具制造技术专业，首批商用厨具制造专业开班。是年，共设置机电技术应用、机械加工技术、焊接技术应用、会计电算化、学前教育、电气技术应用等12个专业，满足县域及市域企业的需求。

积极开展校企合作。先后与华兴机械集团、京博集团、滨州活塞集团等大型企业，搭建“专业+产业”共同育人平台，突出教学过程的实践性、开放性和职业性。通过产学一体，完善“校企共育，产学结合”的人才培养模式，推行项目导向、任务驱动、顶岗实习等有利于培养学生职业技能的职场化教学模式，集“教、学、做”于一体。

积极开展教学改革。重视课程体系建设与改革工作，成立了课程改革与建设工作领导小组，全力推进课程体系改革建设工作。开展人才需求调查，从企业实际工作岗位需求出发设置课程，增减教学内容，突出以能力为本位，以实践为主线，以项目为主体的新型课程体系建设；注重综合素质、创新能力的培养。

在国家示范校建设过程中，作为山东省副组长单位，完成机械加工技术专业全国示范性职业学校数字化资源共享计划科研课题；牵头编写山东省机械加工技术专业教学指导方案；牵头完成山东省机械加工专业5门专业课教材的编写任务；建成省级6门精品课程。学院依据专业特点，推行项目教学法、一体化教学法和案例教学法。

招生与就业：2009年，采取建立宣传服务小组承包初中学校的招生办法。学院和县内多家企业签订委培协议，采取联合招生、招工的方法，招生人数创历史新高，全年招生2727人。

2011年，在全市率先采取春季招生考试录取办法，划定录取资格线，改变过去职业学校招生门槛太低，生源素质不高的局面。实

滨州市技师学院校门

行考试录取，招生人数不降反升，春季招生500余人。

2012年11月，与山东省职业学院和滨州市职业学院联合办学，招收首批4个专业（山东职业学院：机电一体化技术；滨州职业学院：机械加工制造与自动化、会计电算化、应用化工技术）的“3+2”大专班。

2015年，经山东省教育厅批复，学院成为“3+4”本科分段培养试点学校。与滨州学院（机电技术应用专业）“3+4”连读贯通本科班首届招生43人，2016年招生44人，2017年招生43人。是我市唯一获得此招生资格的学校。

自2003年以来，学院毕业生25574人，为博兴县大小企业推荐有技术的学生12878人。先后为京博控股、香驰集团、渤海油脂、华兴机械、永鑫化工、诚力供气、鲁丰环保等企业定向培养学生3412人，升入高一级学校学生3706人。

教师队伍建设：从2009年起，学校通过招考教师，在职教师培训等手段加强教师队伍建设。专任教师中，理论课教师本科及以上学历100%；实习指导教师本科及以上学历90%以上；硕士研究生学历占专任教师总数的23%；高级职称占专任教师总数的29.4%，中级职称占专任教师总数的46%；双师型教师占专任专业课教师总数的88%。有全国模范教师2人，齐鲁名校长1人，省级教学能手8人，齐鲁首席技师4人，省级技术能手8人，滨州市首席技师和枝术能手、有突出页献技师、技术标兵32人。市级优秀学科带头人7人，市级以上教学能手7人，市级专业带头人8人，学院高级技师52人，技师110人。学院的各类枝术人才在全市职教系统中占有优势。

定期选派专业教师到企业实践或挂职锻炼，拓展教师（特别是专业教师）业界经历，扩大学院在业界的影响。近年来，学院引进有业界经历的专业人才11人，通过选派教师到企业实践或挂职锻炼培养有业界经历的教师28人。有业界经历的教师达39人，占全部专业专任教师比例为21%以上。

通过各种渠道搜集各类能工巧匠信息，制定优惠政策，积极争取他们到校任教或做专题讲座，利用他们在业界的宝贵经验，独门绝技，为学生传授技术技能，实现教学和用人需求的对接。已有38名企业、行业专家被学院聘为兼职教师，8名企业、行业有技师以上职业资格的知名高技能人才正式调入学院。同时，学院还经常从省焊培中心、省电力公司、盟威集团、齐星集团、京博集团等多家企业聘请技术专家莅临学院做专题报告或进行技术指导。

选派相关专业教师外出参加上级各有关部门组织的各类培训。教师参加专业培训率年均达97%。积极争取项目和资金，广开培训渠道，送教师出国培训或参加国际培训机构组织的培训。

滨州市技师学院教师吕波在德国学习

学院先后被评为“省职业教育百所骨干示范性学校”“省职业教育教学示范学校”“省职业教育科研示范学校”，2013年建成全国中等职业教育改革发展示范校。

2003年以来历任书记有：张国华、李维东、王惠军、张兆杰。历任校（院）长有：潘益杰、宁守东、丁爱军。

滨州市技师学院（博兴县职业中等专业学校）2003~2017年分专业招生人数统计表

专业名称	2003	2004	2005	2006	2007	2008	2009	2010	2011	2012	2013	2014	2015	2016	2017
焊接技术应用	81	188	128	167	180	160	253	242	351	193	152	140	96	62	11
机械加工技术	105	168	223	41	44	265	178	488	344	181	123	68	103	86	71
机电技术应用	102	132	253	218	350	470	1196	628	904	612	478	288	364	438	276
汽车运用与维修	44	15	9			29	13	102	46	30	80	95	75	71	65
电气技术应用				11	42	125	17	25	77	166	130	106	125	69	24
数控技术应用		4	78	145	237	271	249	93	150	232	131	216	303	147	41
会计电算化	47	179	58	174	186	187	449	543	516	508	363	212	216	218	185
计算机应用	41	98	10	86	175	108	139	271	181	120	132	71	94	170	83
学前教育	50	90	124	52	14	15	28	42	55	40	141	77	102	143	99
化学工艺		14		66	167	189	119	250	142	166	165	223	123	101	54
酒店服务与管理					57	38	86	144	59	61	92		1		58
农村经济综合管理									27	11	5				
农业机械使用与维修									7	3		1		3	1
电子商务												9	50	51	104
物流服务与管理												3			
厨具制造技术														17	8
热电	41	37	4												
国防教育			20												
油脂工艺		34													
木材加工		10													
护理		13													
市场营销		63													
纺织		208													
镀层		43													
仪表自动化		39													
造纸		126													
印染		57													
淀粉工艺		4													
水泥工艺		37													

博兴县卫生学校

博兴县卫生学校始建于1974年，校舍初借县园艺场，1976年迁至位于博兴老城里的县人武部旧址，隶属于县卫生局。学校占地3038平方米，建筑面积929平方米。实验室、图书室等功能用房齐全，配备比较先进的电化教学设施。有教职工14人，其中专业教师6人；同时，根据课程教学需要聘请县人民医院和县中医院部分专家担任兼职教师。

学校的办学宗旨是为基层和农村培养留得住、养得起、用得上、能防能治、能护能保的实用型全科人才。

1986年以前，学校以培训乡村医生和办短期专业培训班为主。从1986年开始，举办护理、医疗两个专业职业中专班；1992年，增设医疗专业成人中专班。自建校以来，共培养护理、医疗等专业毕业生808人，成人中专毕业生205人，短期培训300余人。县卫校毕业生遍及县、乡、村三级医疗卫生机构，为全县医疗卫生事业发展和振兴地方经济做出了积极贡献。博兴县卫生学校根据文件要求，于2001年6月撤销，12位在编人员分流至各单位。

1971~2001年，博兴县卫校领导干部任职情况：1971年至1984年8月，先后由王洪岭、刘振民、董玉坦任校长。1984年8月~1984年12月，张谅新任校长，梁绍华任副校长。1984年12月~1988年7月，梁绍华任校长；1988年7月~1991年9月，梁绍华任党支部书记，魏连真任校长；1991年9月~1997年9月，王炳祥任校长兼党支部书记，周长奎任副校长；1997年9月至学校撤销，王炳祥任党支部书记，周长奎任校长，邓基波任副校长。

滨州京博职业中等专业学校

滨州京博职业中等专业学校，是京博集团创办的一所全日制民办中等职业学校，于2015年3月申办成功。学校以培养化工、机电、市场营销、电子商务、焊接等方向专业人才为主，为企业提供优秀的职业教育平台。

学校占地380余亩，建筑面积70840平方米，固定资产总值达1100万元人民币。截至2016年12月底在校学生358人，其中2015级学生210人，2016级学生148人。

学校以服务地方企业为目标，适应产业结构调整对人才培养提出的新要求，提出了“培养具有中国智慧、世界眼光的职业人”的教学宗旨。

学校自建校便打破高分低能、动手实践能力差的传统教育的弊端，特别注重特色教育，通过国学培养和双元模式培养人才，前者主要是利用国学传统文化打造具有国学智慧的高素质人才，即运用传统文化培养学生的优秀品德。

学校积极推行多种教学模式改革，坚持“结果导向”原则，文化课教学服务于专业课，专业课教学服务于实习，实习教学指向学生岗位能力。学校打造的“五个一体化”培养模式，即：企业学校一体化、学校军队一体化、教室车间一体化，老师师傅一体化、理论实践一体化。将现场教学、项目教学、探究式教学等教学方法落到了实处，突出“做中学、做中教，玩中学、玩中教”，不仅将理论教学与实践教学融为一体，而且让学生在体验式的授课过程中轻松学会理论知识。

第二章 师范教育

第一节 发展概况

博兴县师范教育始于光绪三十年（1904）创办的师范讲习所。讲习所(或养成所)学制一般为一年，招收相当于小学文化程度的人员入学，年龄参差不齐，培养小学堂教师。

民国元年（1912)，国民党博兴县政府奉令建立单级教员养成所，学制为一年，一级招收学生一个班30余人，民国二年（1913）停办。

民国四年（1915），教员养成所恢复，更名为师范讲习所。校址在博兴老城文庙，学制一年，招收学生2个班，民国六年（1917）停办。

民国十年（1921），在书院街（今西隅街）恢复师范讲习所，学制为二年。并附设初级小学一个班，先后毕业3个班，民国十七年（1928）因兵乱停办。

民国二十年（1931），借国民党县政府兴办学校之机，中共博兴地下党组织负责人刘顺元、蔡秉虔、王博昌等积极倡办师范讲习所。王博昌出任所长，秋季开始招生，学制为两年。民国二十年（1931）、民国二十二年（1933）和民国二十四年（1935）共招收3期3个班学生120人。民国二十年（1931），在师范讲习所秘密建立了中共地下党组织，在学生中宣传马列主义，于“九·一八”事变后组织发动学生开展抗日救国运动，为无产阶级革命培养出一批人才，如李震、柳志盟、郝子桥、郝其昌、宋树功、张竹天等皆为该校学生。

民国二十一年（1932）“八四”农民暴动失败后，王博昌同志被迫只身出走。国民党县政府派临清籍政客任凤元任所长。民国二十三年（1934）师讲所改为师范，学制改为三年，校长由教育科长漆信鲁兼任。是年10月，河南省正阳人周治谟任校长，民国二十五年（1936）由赵新萼接任。因抗日战争形势紧迫，师范被迫停办。

民国三十一年（1942），国民党在今锦秋街道南河东村天主教堂创办山东省立博蒲桓高4县乡村师范学校，通称河东师范，招生3个班，分简师班（一年制）、乡师班（三年制）和1个初中班，每班50人。民国三十二年（1943）秋停办。

抗日战争胜利后，博兴县人民政府为了培

养干部和造就教师，于民国三十五年（1946）冬，在城关完小旧址举办简易师范一所，招收新生一个班，共30人，校长为孟宪村。民国三十六年（1947），国民党军队进攻山东解放区，博兴县城被占，师范先后迁到通滨区东高和陈户区李家村流动办学，后因条件恶化而停办。

1951年6月，惠民行署教育局决定在高青筹办师范。7月，在唐坊区郑家埝招收新生，将阳信中学150名学生并入该校，入学学生共计250名。由于办学条件差，饮水困难，后又迁入堤上刘村，但办学条件仍不得改善。博兴县长王君、文教科长许明村从大局出发，上书省教育厅和行署教育局，请示在博兴筹建师范新校。1951年10月，省教育厅批准高青师范迁至博兴西隅，暂用博兴中学房舍（博兴中学暂借城关完小部分校舍招收初中一年级新生），易名为博兴师范。

1952年2月，县委响应上级“培养百万教师”的号召，决定兴办县立速师，先借城关完小部分校舍，后迁董杨天主教堂，后又在东关北首大寺庙附近建设新校，地区统一命名为惠民专区第五速成师范。招新生一个班50名，学制为一年。博兴中学大部分学生转入速师。始设校由县长王君兼任校长，1952年6月，县委秘书黎心敬出任校长。1953年6月，第二届速师班学生毕业。是年暑假，速师并入博兴县第一中学。速师办学一年余，共培养学生200余名。

1952年下半年博兴师范新校建成，占地30亩，校址在博兴城西北首。

1956年县教育科创办初级函授师范学校。1959年，经县人民政府批准改为中师函授学校。1966年，函授学校停办。

1978年创办博兴县教师进修学校，其目的是组织教师进修，对全县中小学教师进行业务辅导，开展高师函授，办好业余师范等。1985年开始招中师班，1986年招中师函授班。1992年11月，该校与党校合并，成为县党团培训中心。

第二节　学校选介

博兴师范学校

山东省博兴师范学校，前身为山东省高青师范学校。1951~1956年为初师，学制三年，9个班，共410人，教职工20余人；1956~1958年为中等速成师范，学制一年，9个班，共410人，教职工20余人；1958年改为中等师范，校名定为山东省博兴师范学校，学制三年，维持14个班规模。“文革”期间，招收工农兵学员。1977年开始招收高中生入中师学习，学制为二年。1980年起，招生规模和专业设置都有了很大变化，除继续招收普师外，开始招英语和体育专业（高中中专，学制两年）、民师和幼师专业（初中中专，学制三年）；1986年以后，英语、体育专业停止招生。1988年后，开设的专业主要有普师、幼师、民师等。民师在1980~1981年连招两年后停招，1990年又恢复招生。

1997年9月，学校启动省级规范化学校创建工作，投资近千万元，新建校舍，购置教学器财和图书等。1998年12月，博兴师范学校通过省级规范化学校验收，成为全省第21所规范化中等师范学校。

1999年开始招收“三二连读”大专班，生源仍是初中毕业生。是年，学校在全省率先全部改为“三二连读”专科教育，中师教育逐渐退出。

2000年，博兴师范通过两项国家级科研课题的鉴定，被中央教科所授予“和谐教学先进单位”。在2001~2002年两次山东省师范教育年会上，博兴师范共有10项教科研成果获一等奖，占全省一等奖总数的四分之一，被誉为“博兴师范现象”，受到表彰。

至2003年3月，学校占地126.51亩,校舍建筑面积21745平方米，资产总计2897.33万元，仪器设备价值204.29万元，教职工98人，高级讲师21人，讲师40人，获得“曾宪梓教育基金”教师奖2人，省级教学能手2人。在校生789人。建校55年来，培养、培训各类人才15000人。2003年4月，市委、市政府整合全市中等以上教育资源，把博兴师范整体并入滨州师范专科学校（现滨州学院）。

博兴师范历任校长有：邢 涛、李伯衡、王宗祥、吴少峰、孙诗鸿、宗长仁、史祥恩、曹高杰。

博兴教师进修学校

博兴县教师进修学校始创于1978年。

建校开始的7年，与县教研室、县一中等协同，对教师进行培训，先后主办中学教师短训班18期，培训语文、数学、物理、化学、生物、地理、历史等学科教师987人次；培养英语教师109名；利用寒暑假期举办时间长短不一、形式灵活的学习班、进修班、教材分析会、专题讲座等，并对106名顶替退休人员进行专门培训。

1978~1983年，担负起对往届和应届毕业生的辅寻工作。先后举办理科辅导班5期，8个班，近500人。向高等院校输送新生100余人，向中等专业学校输送新生近300人。

自1979年，进修学校承担组织高师函授和电视大学学员的管理任务。这项工作在全区领先，多次受到地区电大站的表彰。有9名电大学员和29名函授学员毕业；有127人英语单科结业，数学、物理、化学单科结业各8人、1人、9人；生物单科结业20人。全县分设电大收听点多处，上百人收听收看各类电视讲座。

1980年5月1日，进修学校附属业余师范开学，总校设在进修学校。下设12处分校，分设教学点32个，教学班58个；是年，招收业师学员1774名，占小学教师总数的65%，1274人经考试和补考合格，100名学员获得毕业证书。

自1982年开始，进修学校受县委组织部、地区电大站和县教育局委托，承担山东电视大学干部专修科博兴教学班、山师大、山东教育学院和其他高等院校函授生的管理和辅导工作。1985年，在校学员150人。

1985年机构改革，学校升格为正科级单位。是年，开始招中师班。1986年招中师函授班，学员为在职公、民办教师。1985~1992年，进修学校中师班毕业1001人，省教育学院音像班毕业121人，电大和卫电高师毕业1136人。

1992年11月，该校与党校合并，成为县党团培训中心。

2012年10月，县教师进修学校由与县委党校一个机构两块牌子调整为与县教学研究室合署，配备校长1名，副校长2名，隶属县教育局管理。

县进修学校历任校长有：张瑞鸿、赵长宝、李志锦、罗启明、赵友生、崔殿荣、王中月。

函授学校

1956年县教育科创办初级函授师范学校。主要通过函授、面授和巡回辅导，提高广大小学教师的业务水平。建国初，博兴县师资水平远远不能适应教育形势发展的需要。据

1957年统计，在1055名小学教师中，大专毕业及肄业2人，中师毕业或肄业30人，小学程度的有378名。建立初级函授师范学校，较好地解决了师资水平亟需提高的当务之急。函授师范学校翻印和编写了大量小学各科参考资料，全面、深入地剖析现行教材的难点、重点，由浅入深，循序渐进地讲解语文、算术等学科基础知识。初建时，虽然只有4~5人，但工作卓有成效，深受教师欢迎。申请参加函校学校的教师与日俱增。到1957年，已有509名学员结业，新招200人，在校人数达239人，初具8个班的规模。

1959年，经县人民政府批准，县初级函授师范学校改制为中师函授。副局长孙道明兼任校长，另设教导主任主持日常教务，下设语文、数学、生物三个教研组，教学人员各科分别为6人、5人、3人，并设有文印室，具体负责打印发放讲义。改为中师函授后，各科专业教师针对广大学员提出的问题，利用假期分片设点面授。1962年，函校又兼管起高师函授的工作。在全县形成一个高、中师函授网。

1966年，函校停办，设备被抢，人员云散。建校10年中，函授学校举办初师班34个班，1800名学员结业；举办中师函授34个班，有1700名学员结业。帮助高等院校招收函授生150名，全部毕业。该函校曾被评为地区先进单位。

函校历时10年，其主要领导有：孙道明（兼）校长（1956~1966年）；庞湘滨，教导副主任（1956~1960年）；张子义，教导主任（1960~1961年）；李承泉，教导副主任（1961~1965年）；庞成义，教导副主任（1965~1966年）。

附：师范讲习所学潮简介

1931年9月18日，日本帝国主义武力侵占东北三省。日寇的血腥暴行，激起全国人民的义愤，抗日怒火燃遍于城市乡村。青年学生一直走在运动的前列，他们走上街头游行示威，到政府请愿，纷纷要求停止内战、出兵抗日。博兴师范讲习所立即行动，掀起声势磅礴的学潮。

1931年，师讲所已秘密建立了共产党和共青团组织。9月下旬，在中共博兴特支和师讲支部的领导下，在共产党员、青年团员和进步学生带动下，大多数学生走上街头，高举抗日标语，声讨日寇暴行，要求当局出兵。他们响亮地提出“武装学生，开赴抗日前线”的口号。之后，他们又开出县城，到城郊和东鲁、利城一带进行宣传，宣传活动长达40余天，得到了全县完小的响应和支持。

师讲所学生派代表与伪县长张裕良（天爵）提出回校复课三条件：一、发枪，对学生军训；二、开辟一个阅览室；三、每个学生每月发三元津贴。并提出对参加宣传的学生不准开除的条件。经过一周的交涉，县长张裕良表示，学生回校后保证答复。张裕良催促进步人士教育局长晋吉清、师讲所长王博昌出面劝说。

十月初，学生胜利返校。所到之处，人民群众夹道欢迎。在伪县府广场，县长派一科长代为接见，并约定次日下午到县衙谈判。

王汉儒（博昌）和师讲所进步教职员工列队在校门口欢迎，王所长热泪满面，亲切慰问学生，表示支持学生的抗日行动。

李震（汝瀛）和郝其昌到县衙与张裕良谈判，张裕良被迫答应：开辟阅览室；实行徒手军训，待以后发枪；每个学生每月发三元津贴。斗争取得了暂时的胜利。

寒假之后，张裕良调任，新任的县长部履均到职，王博昌、晋吉清被解职，三名学生领袖人物被开除。新任所长任风云（瀚武）系县长部履均的亲信，他采取各种手段，分化、瓦解学生，使学生运动难以组织、发动。尽管如此，1932年“五一”，师讲所学生和一小学生还是上街游行，砸了国民党县党部的牌子，国民党政府沿途布置军警阻止，也无济于事。

第四篇 成人教育

民国时期，随着通俗教育讲演所、平民学校、民众教育馆及乡村建设研究院等专门机构的设立，成人教育的内容、形式日趋丰富起来。

抗日战争时期，抗日民主政府大力组织实施了各种形式的成人教育，如开展冬学运动，扫除文盲，成立民校、妇女识字班、民众教育馆等，并举办各类干部训练班、文化补习班。

新中国成立后，大力开展以扫盲为中心内容的工农学文化运动。以此为基础，在职工成人教育中，逐步发展起比较正规的业余初等、中等教育，干部教育则从文化补习班发展成为工农干部文化学校、工农速成中学、机关干部学校等。

十一届三中全会之后，至20世纪90年代初，全县成人教育初步形成由扫除文盲，到业余初等、中等教育比较完整的城乡成人教育体系，成为培养各类建设人才的全县国民教育体系中一个不可或缺的重要门类。

随着1995年全县实现基本扫除青壮年文盲历史目标的基础上，大力发展各级各类成人教育，着力提高劳动者素质，尤其是在农村实行普通教育、职业教育和成人教育“三教统筹”改革，实施“农、科、教”结合，加强县、乡农民成人教育中心校和村农民技术学校建设，积极开展以农民实用技术培训为重点的农村成人教育。

进入21世纪，农村成人教育受多种因素影响，逐渐萎缩，2016年“县管校聘”教育改革，镇（办）成人中心校撤销，教职工分流。博兴县农村成人教育工作终结。

第一章　扫盲工作

第一节　民国时期的民众教育

民国时期的民众教育，主要是对平民进行识字教育和对失学民众进行文化补习教育。其施教机构主要有民众学校、通俗讲演所、民众教育馆等。

民国五年（1916），民国县政府在县署西侧东西大街路南（今县城老城路西段）开办一所半日学堂，后改为民众学校，招收学员百余名，中午、晚间授课。民国八年（1919）改为第一国民学校。是年，县政府开办通俗讲演所1处，附有阅报处和图书馆。民众学校和通俗讲演所是后来举办的民众教育馆的基础。

民国十八年（1929），省里合并社会教育经理处、公立通俗图书馆、通俗教育讲演所三者而成立山东省民众教育馆，并通令各县效法。

遵照省通令要求，民国十九年（1930）3月博兴县成立民众教育馆，首任校长王醒九。该馆由通俗讲演所、图书馆和民众学校合并而成，地址在旧日学堂前院。馆内设学校、健康、阅览、讲演4个部。民众教育馆所设图书馆存有“万有文库”1部，其他书籍24种。所设图片陈列室，陈列着有关“五·卅”惨案、“九·一八”“一二·九”剪报和图片；是年冬，卢延年莅任馆长，在他的努力下，民教馆空前活跃。在县府前街广场举办演讲会，每周两次，特别是“九·一八”事变后，通过演讲会揭露日本侵略者强占我国东北三省的罪行，进行爱国主义宣传。民国二十年（1931）秋，该馆还编演话剧，化妆演出，卢延年亲自登台，于县城、东鲁等地演出，剧目内容是宣传抗日、破除迷信和揭露地主罪恶。是年，在馆内开办夜校一处，抗日战争爆发前停办，坚持六年之久。民教馆不但自己办夜校，同时还辅助七个区的县、区立小学附设成人夜校，民教馆供给识字课本，发给一定数额的灯油费。先后在这里任馆长的有王延津(醒九，叛徒)、卢延年、卞洛书。

民国二十年（1931）冬，高家渡党组织举办东、西两处民众夜校。参加学习的青年达五六十人。张静源、李天佑、张复生等给民众夜校讲课，宣传马克思列宁主义，向民众灌输革命思想，培养壮大革命力量。

第二节　抗日根据地和解放区的扫盲运动

1939年1月25日，日本侵略者占领博兴城及公路两侧村镇，建立新民学校，实行奴化教育。书院街小学成为日寇兵营；其它5处县立小学，10处区立小学，182处乡镇村立小学，30多处义塾和约80处私塾相继停办，博兴教育处于瘫痪状态。

1940年，随着抗日民主政府的建立，抗日根据地建立了冬学运动推行委员会，开展了抗日民主教育，冬学运动蓬勃发展。是年冬，博兴县抗日民主政府设立教育科，王君任科长，田耕任副科长，庞钧和李干任科员。同年，博兴县抗日民主政府创办民众教育馆，田耕、鲁光、蔡剑泉等先后出任民教馆长。在抗日民主政府的组织领导下，根据地200多个村庄，村村办起民校、冬学和妇女识字班。官王、陈户、三新、辛集等抗日小学都附设有高级民校，纯化区杨家村、陈户区蔡家村的民校是渤海区的典型。民校用爱国主义教育群众，激发广大干部群众的抗日救国情绪，动员参军参战，支前优属，同时还教授文化，传播生产技术和传授军事知识，是乡村最活跃的场所。民校教师由群众推荐，民主政府定期培训，每年都召开选模大会，表彰先进，推广经验。民校积极分子杨枫林、杨玉山、蔡德中、戴先义、吴品香、王圣贵、郑金泉、郭淑荣等不但举县皆知，渤海区内也遐迩闻名。据老同志回忆，当时民校成立了“群众之家”，妯娌不和、夫妇吵架、婆媳闹意见都到民校要求民师帮助解决。

1944年2月28日，山东省政委会发布《关于开展今后民校工作的指示》，要求将冬学有计划地转为民校，使教育和生产劳动与对敌斗争结合起来。5月，县抗日民主政府举办各类民校180处，民校学员达2323名；妇女识字班58处，学员达1732名。自1943～1944年，大办冬学，博兴根据地村村成立冬学委员会，村村办起冬天学校，妇女识字班、农民夜校、联户学习小组、地头树下学习组、小先生任教组等如雨后春笋般发展起来。据历史资料记载，在冬学运动中，根据地内200多个村庄共举办男、女民校472个班，学员30164人。

抗日战争胜利后，县民主政府大力倡办冬学民校。1946年全县老解放区（今吕艺、纯化、陈户、店子一带）有男民校班271个，学员17935人；女民校班201个，学员14036人；新解放区（今兴福镇、曹王镇、湖滨镇一带）男民校78处，学员3952人；女民校77处，学员2755人；全县共有民校627班，学员共有38678人。老区参加学习的群众，占群众总数的28%，新区占6.9%。活跃于读报组、通讯组、俱乐部、村剧团和黑板报组的成人、儿童有56820人。到1949年，全县有午校班260个；夜校班170个，学员18865人，民师312人。有的民校还办有初小班、高小班。初小班结业的学员，即升入高小班学习。

活跃的农民技术教育

冬学、民校不光学文化知识，还学政

治，学军事，学生产，学卫生知识，办秧歌队、高跷队、业余剧团等，开展丰富多彩的文娱活动。冬学运动，在宣传群众，提高群众觉悟方面，在动员参军参战，反“扫荡”，反蚕食，反奸除霸方面，在破除迷信、移风易俗方面，都发挥了重要的作用。

第三节 新中国成立后的扫盲工作

1949年10月1日，中华人民共和国成立，博兴扫盲事业进入一个新的历史发展阶段。

新中国成立初，以识字为主的冬学运动进一步开展。1949年，各区、乡及时将冬学改为常年民校；各完小都附设高级民校，常年开班，有的半日脱产学习，有的整日学习，全县参加民校学习的就达6600人。1950年，全县冬学开午班173个，夜班149个，学习组32个，共有男学员3900人，女学员6510人。冬学教师共有368人，其中323人受过县集中训练。

1951年始，教育科专设社教科员，负责全县农民教育工作。1952年县建立工农业余教育委员会，县长兼任主任，教育、农业、文化科长为副主任，办公室设在教育科内，由办公室主任、副主任主持日常工作。是年，博兴县推行祁建华速成识字法，学习时间为200小时，先教注音符号，然后突击学认2000个生字，再通过阅读和写句子进行巩固。1952～1953年，博兴县机关文化夜校带头推广速成识字法，连续举办两期速成识字班，每期两个月，推进了扫盲工作。

1953年，县政府正式建立工农业余教育委员会，下设办公室，办公室设主任、副主任和辅导员，各区都设扫盲校长。扫盲工作贯彻华东局“典型试验，由点到面，稳步前进，既速且成”的方针，对扫盲组织、速成班、民校及扫盲教师进行整顿，扫盲工作基本纳入正轨。

1954年2月底，全县已开冬学政治班193个，学员8347人；文化班351个，学员10496人。同时，县文教科要求冬学文化班和民校除进行政治教育外，还要适当进行文化课教学；冬学和民校要克服盲目正规的思想，有条件的要转入经常民校；县要加强民校师资班培训辅导，区要配备专职扫盲干部，乡、村要普选文教委员会。办公费用由村筹措，从百分之七的地方附加粮中开支；灯油费由学员摊敛。

1956年为了推动社会教育事业，县教育科设工农教育研究室，同期，工农业余教育委员会改为扫盲委员会，下设办公室。各区、乡成立扫盲协会。随着农村合作化的进展，出现了农村中除日常民校外，小学学生都成了小先生分散到各户，送文化上门，有文化的青年男女都承担了包教任务，地头、田埂，树荫下、炕头上到处都有朗朗读书声，墙壁上都画着生字图画，识字黑板随处可见，农村扫盲活动达到高潮。是年，厂矿成立职工业余学校，其主要任务是扫除文盲。1957年全县有职工业余文化补习学校20处，39个班，学员1383人。

1958年3月22日，《大众日报》发表《全省宣传文教工作大跃进“百日奋战”计划要点》，山东文教工作“大跃进”开始。3月，为搞好扫盲工作，全县向各乡配备扫盲辅导员24名。8月25日，博兴县委、县人委向专署报捷：博兴全县农民业余教育取得“决定性胜利”，入学人数80359人，占青壮年总数的100%，共扫除文盲65097人，占青壮年总数的87%，农村识字人数达106336人。受“五风”影响，业教工作也追求高指标，浮夸现象时有存在。

1959~1962年自然灾害严重，农民业教工作被迫中断，到1963年才开始回升。

“文革”期间，农民业余教育以举办政治夜校为主要形式。1972年全县农村举办政治夜校58处，学员18134人。

1977年11月，县重新成立扫盲业余教育委员会，下设办公室，具体负责扫盲工作。到1980年5月，全县13390名文盲半文盲，已扫除7380人，112369名青少年中有106339人脱盲，青少年脱盲率为94.6%。1983年，县里加大扫盲工作力度，公社、大队落实扫盲责任制，层层签定扫盲合同，制定奖惩制度。实行以“四定”(定任务、定职责、定考核、定奖励)为主要内容的农民教育工作责任制。建立农村文化档案，实行“一村一个册，一队一个本，一户一张纸”的措施。是年底统计，一年多来对4207名复生和新生青少年文盲进行了文化补习。1986年，全县青壮年非文盲率为91.9%，经省政府验收合格。

1988年2月，国务院颁布《扫除文盲工作条例》，规定个人脱盲标准是：农民识1500个汉字，职工和城镇居民识2000个汉字。提出基本扫除文盲的单位，要继续扫除剩余文盲，使15~40周岁人口中的非文盲人数达到95%以上。

1990年是国际扫盲年，根据国务院《扫除文盲工作条例》精神和国家教委的统一部署，省政府作出了“关于深入贯彻《扫除文盲工作条例》，尽快扫除全省青壮年文盲”的具体部署。博兴县实行了行政领导负责制，县、乡、村分级承包扫盲任务，签订扫盲合同，订立奖罚制度和乡规民约。各级政府还注意解决扫盲工作中的人员、设施、经费等实际问题。教育部门负责解决扫盲教材、师资等问题。同时发动全县中小学教师、中学及小学高年级学生积极参加扫盲工作，有效地提高了扫盲成效。

1990年人口普查以来，博兴县认真贯彻“一堵、二扫、三提高”的方针，全县共扫除青壮年文盲16620人，其中1990年扫盲9565人，1991年4651人，1992年2078人，1993年526人。

1993年2月13日，中共中央、国务院颁布的《中国教育改革和发展纲要》提出：“到本世纪末，全国基本普及九年制义务教育，基本扫除青壮年文盲。”1994年11月5日，省政府下发《山东省实施〈中国教育改革和发展纲要〉的意见》提出：“全省提前三年，即到1997年基本普及九年制义务教育，基本扫除青壮年文盲。”同年，地委、行署召开全区教育工作会议，各县市委书记、县市长、各乡镇党委书记参加，这是全区教育史上规格最高的一次会议。会上下发了《关于加强“两基”工作的决定》，提出确保1997年，力争1996年基本扫除青壮年文盲，基本普及九年义务教育的目标。博兴县迅速贯彻落实，掀起实施“两基”工作 的热潮。是年底，全县实现非文盲率99.7%。为了防止复盲，全县各乡镇从实际出发，把扫盲同实用技术培训结合起来，在脱盲对象中广泛开展了学文化竞赛，发放了《实用数学》《实用语文》《实用科技》等课本，并根据生活和农时季节需要，充分利用乡镇成人校和农民文化技术学校，开展农业科技知识等实用技术培训，推动了全县经济的发展，对巩固脱盲成果起到了重要作用。1995年实现非文盲率99.77%，是年12月顺利通过了省政府的“两基”验收，扫盲工作任务已经基本完成。1999年10月，闫坊镇政府被国家教育部、财政部授予“中华扫盲奖”。是年，博兴县被评为“全省‘两基’工作先进县”。全县完成扫盲历史任务。

第二章　农民教育

第一节　职业培训

1981年博兴县建立农民教育委员会，办公室设于教育局内，由一名副局长分管此项工作。先后在教育局负责这项工作的有：胡金凤、曹大昌、李峰、晋凤祥、王树梅、张玉坡、王金南、刘永岭、宫洪文、生东洛、杨旭章、刘金光、巩曰异等。自是年起，农民业余教育的重点逐步转向技术教育。

1981年，县、社办重点技术业校9处，其中小班8个，学员有139人；技术班6处，学员186人；其他业小班27个，学员436人；技术班52个，学员1200人；季节班10个，学员457人。1982年县、社办重点业校21处，其中业小5处，学员130人；技术班16处，学员548人；其他业小班27个，学员436人；技术班102个，学员3889人；季节班108个，学员11926人。是年，收听技术广播的有35190人，办专题讲座630次，有15854人次参加学习；通过集市宣传、巡回辅导、现场会等形式传授农业技术，有52644人参加学习。1982年，有专职民师92人，兼职民师47人，县、社培训民师10期，172人次。1983年全县技术业校常年班109个，专职民师177人，兼职民师40人，学员有4143人，季节性短期班138个，学员15718人；技术广播66次，参加收听的有105638人次；技术讲座112次，参加学习的28319人次；巡回辅导36次，受教育的3445人次；集市宣传72次，受教育的群众8582人次；现场会26次，参加学习的6260人，总共有169823人次，参加了各种形式的农技学习。棉办、科办、农业局、教育局向全县分发科技资料724700份。农民技术教育的发展促进了全县农业丰收，1983年与1982年相比，小麦单产增长53%，棉花单产增长31%。

1981~1984年期间，乔庄公社苍上大队、陈户公社崇德大队、庞家公社栾李大队所办的技术业校受到上级表彰，省电视台在苍上、崇德拍摄了新闻电视片并在全省播放。

1984年后，农民教育转入实用技术专业培训，乡镇均建立农民技术中心校，以帮助农民科技致富和发展商品经济。1985年全县有169823名农民通过多种形式参加了农技、植保、果树栽培、畜牧兽医、缝纫等专业的业余技术学习。

1985年后，博兴县农民教育建立了以县成人中专为龙头，乡镇成人教育中心校为依托，带动辐射村农民文化技术学校的三级办学网络。1986 年，全县有乡镇农民文化技术学校 12 处，镇乡办学覆盖面达 100%，村办农民文化技术学校 270 处。1989 年开始，地区把农民文化技术学校建设、农民实用技术培训列入全年教育工作年度目标，加快了对农民实用技术培训的步伐。1990 年以前，乡镇成人教育中心校发展不平衡，除去店子、曹王两镇按省颁标准建校外，大部分镇乡成人教育中心校只有简陋教室、功能用房，仪器、图书不配套，师资不足。1990 年以后，农村成人教育发展比较快。是年 2 月，12 月，惠民地区农村成人教育现场会在博兴召开，推广博兴成人教育经验。

店子镇成人中心校，积极实践“教学、科研、生产经营、技术培训、社会服务”办学体制，举办林果、蔬菜、柳编、缝纫、会计、法律等培训班，为各村培训技术员 2000 余人次。马兴的富士苹果，西郑村的东北土豆引种推广实验，都取得非常可观的经济效益，帮助农民走上了致富路。1993 年 3 月，宋法棠副省长带领教育、科技、农业部门领导视察博兴县成人教育，对店子镇成人中心校农、科、教三结合给予高度评价。

上世纪九十年代初，博兴县在抓好扫盲工作和农民实用技术培训的同时，不断加强镇乡成人教育中心校建设力度。1991 年 8 月，县教委行文规定乡镇成人教育中心校建校规格等同于镇乡中心初中。各镇乡通过新建和校舍改造，加快了成人中心校的阵地建设。是年 11 月 29 日，全区成人教育现场会在博兴召开。同月，曹王镇成人教育中心校被国家教委授予“农村成人教育先进学校”称号。

1992 年 3 月，曹王镇成人教育中心校、店子镇成人教育中心校通过了省教委规范化成人教育中心校验收，是全区首批通过省教委验收的学校。1994 年 4 月，陈户镇成人教育中心校和蔡寨乡成人教育中心校，通过了省教委规范化学校验收。1995 年后，全县以“两基”迎验为契机，加快成教阵地建设，全县投入 237 万元，新建湖滨、兴福、寨郝三处成人教育中心校，其中湖滨镇投入 80 万元建成了高标准的教学楼。博兴镇、庞家镇和乔庄乡改建了成人中心校，全部达到了省颁标准。

曹王镇成人中心校

是年，全县成人教育中心校在岗师资 98 人，其中专业课教师 46 人。各成人教育中心校电教设施、图书、仪器设备配套，功能用房齐全，均达到省示范成人教育中心校标准，顺利通过了省政府对博兴县的“两基”验收。

从 1997 年起，县教委连续三年深人持久地开展了送科技下乡活动。三年中，县教委共复制科技录像带 480 盘无偿发放到乡镇，组织科技服务队 10 个，放映科技录像 970 场，举办科技讲座 117 次，推广新技术 83 项，接受咨询 7800 人次，编印科技小报 436 期，印发 15 万份，适时送到农民手中；组织科普大集 70 个，发放科技资料 14.43 万份，送科技书籍 470 册。1997 年 4 月，全区实施燎原计划现场会在博兴召开。是年《中国燎原信息报》《中国农村教育》《滨州日报》及博兴电视台等新闻媒体先后对博兴县湖滨镇成教中心办学情况进行报道。

1997年暑假，根据地区在农村中小学教师中开展农业科技培训的要求，博兴县对50岁以下的农村中小学教师进行农业实用技术培训，以推动农民科技培训和农业新技术推广和应用，农村中小学做到“一校两用，一师两教”，成为乡村基层文化、科技和教育活动重要阵地。

1998年，县教委制定《博兴县乡镇成人职业教育工作评估方案》，加强对乡镇成人教育工作的全面指导，特别是加强了乡镇成人教育基地建设的工作力度，把搞好基地开发，为当地经济建设服务作为农村成人教育的主攻方向。1999年，全县成人学校建有地毯加工厂4个，年培训260人，解决就业300人，经济收入49万元；冬枣基地2亩，高温大棚9个。闫坊、陈户成人中心校食用菌推广中心有偿为农民提供菌种3万余斤，无偿为农民指导食用菌生产4000平方米，直接经济效益50余万元。店子镇成人中心校投资1.6万元在镇蔬菜大棚示范区建成高标准塑料大棚2亩，引进国外西红柿优良品种，年创收1万余元。各乡镇成人学校发挥阵地和师资优势，组织机电维修、缝纫、种养技术等各类培训班几十个，培训2000余人，为农村经济发展培养了大批具有一技之长的合格人才。全县成人学校已形成集种植、加工、培训、技术推广、服务多位一体的发展模式。通过基地建设和项目开发，不仅增强了乡镇成人中心校自我发展的能力，而且带动了当地农村多种产业的发展。

1999年3月，全区成人教育基地建设和项目开发现场会在博兴召开，博兴镇、兴福镇、闫坊镇提供现场。

在基地建设和项目示范引领方面，最突出的当属店子镇。多年来，店子镇成人校坚持以服务“三农”为办学方向，积极探索“学校+基地+农户”的办学路子，立足当地实际，依靠科技服务百姓。2003年前，校长王法增，就在自家庭院办起了小型养猪场，积累了丰富的养猪经验，但由于养殖规模小，示范和带动作用发挥得不够好。2003年，由店子镇教委、镇成人中心校和王法增三方共同出资3万元，从外地购进了20头良种种猪，在镇驻地潍博路南侧建起了“店子镇成人校养猪示范基地”，当年就收到了很好的经济效益和社会效益，辐射带动了店子、兴福及广饶部分养猪专业户。

2004年，县教育局在镇成校启动“个十百千兴农工程”（每年每个成校上一个科技示范推广项目，选择10个农户进行示范，每个示范户带动辐射10户，达到100户，每户年增收1000元），积极探索新形势下农村成人教育的办学方式，充分利用农村成人教育资源优势，以服务“三农”为宗旨，走学校+基地+农户的路子，辐射带动农民发家致富，促进了农业增效，农民增收。据统计，当年博兴县各乡镇成人中心校上项目9个，且都有较好的示范作用，部分项目得到推广，农民从中学到技术，得到实惠。

全县“个十百千兴农工程”调度会

随着农业产业结构的调整，农民对实

用技术的多元化需求越来越迫切。博兴县各级职成学校本着让农民“学有所获，学以致用”的办学思路，不断创新培训模式，采取基地集中培训，聘请专家实地培训，派出科技服务队上门指导，散发农业科技小报等培训形式，坚持经济发展需要什么，农民群众想学什么就培训什么的原则，广泛开展了无公害蔬菜大棚生产和蔬菜标准化种植、汽车维修等方面的实用技术培训，让农民想学有门路，学了就能用，用了就见效，增强了培训的灵活性和时效性。博兴县各级职成学校每年举办各种培训班 200 期以上，年培训人数超过 8000 人，培养了大批农业生产骨干和科技致富带头人，为农村发展起到了积极促进作用。

吕艺镇成人校专业教师到农民蔬菜大棚指导

店子镇成人校专业教师在培训基地上课

2005年4月，县教育局下发《关于充分利用农村中小学远程教育资源，服务“三农”、服务教育的实施意见》，依托全县农村中小学109处远程教育卫星收视点资源共享，利用晚上或农闲时间组织党员干部群众收看；教育局创办的《科技致富小报》每月出版一期，12000份无偿发放到农民手中，对指导农民学习和掌握农业实用技术起到了重要作用。是年5月，由县科技局牵头，县教育局和县职业技术学校承办了首期农村科技致富带头人培训班，全县140人参加培训。同月，全市农村成人教育现场会在博兴县召开，全市推广博兴科技兴农经验。2007年11月在滕州召开的全省农村职业与成人教育工作现场会上，县教育局作了典型发言。是年12月23日，中国成人教育学会2007年度会议在京召开，店子镇成人校获“全国农村成人教育先进单位”称号。博兴县创新农村成人教育工作的做法引起各级媒体的关注，《中国教育报》《大众日报》《滨州日报》《山东教育导报》《中国农村教育》等相继大篇幅报道。

自2013年起，滨州市技师学院成教处针对有就业愿望的广大农民工开展农村劳动力转移培训，根据就业需要，开设了电工、焊工、计算机等培训专业，累计培训农民工600余人。提高了农民工就业创业能力，增加了农民收入，促进了农村经济发展。是年始，成教处承担县扶贫办“雨露计划”培训项目（“雨露计划”是一项以增强农村贫困人口自我发展能力为核心的专项扶贫开发措施，以贫困户需要为基础，以市场需求为导向，以实现转移就业为目的培训），本着“培训一人、转移一人、脱贫一户”的宗旨，认真组织培训。截止2017年12月，累计培训农村贫困劳动力2000余人。

附：部分镇成人中心校简介

店子镇成人教育中心校

店子镇成人教育中心校，始建于1989年。2008年在职教职工13人，其中副高级职称4人，中级职称4人，并聘有校外兼职教师9人，学校有藏书8500余册，实验仪器、设备齐全。校外实验基地39亩，实验工厂2个，农业科技服务部1处。学校每年举办十余期各类科技培训，培训农村劳动力数千人次。2003年创建的养猪示范基地带动了店子及周边地区养猪业的蓬勃发展。2009年组建蔬菜种植实用技术培训基地，成立了蔬菜种植专业合作社。多次为市、县农村成职教经验交流会提供现场。1992年被评为“省级规范化学校”。2007年12月被中国成人教育协会授予“全国农村成人教育先进单位”。

吕艺镇成人教育中心校

吕艺镇成人教育中心校成立于1981年，时称闫坊公社成人校，设在闫坊农机站内。1986年迁至原闫坊联小，时称闫坊乡成人校，占地10.15亩。1994年12月更名为博兴县闫坊镇成人教育中心校，1995年开始举办中专班；1997年学校有幼师中专班、缝纫培训班、食用菌培训班，校内有实验实习基地2亩，食用菌示范棚4个，小型食用菌种厂一个。1998年被评为“省级规范化学校”。1998~2000年学校举办初三分流职业教育班，时有教职工8人，专职教师7人，有设备配套的电化教室，图书室、仪器室各一间，教学仪器202件，标本112件，藏书2708册。2004年5月，闫坊镇更名吕艺镇，学校更名为博兴县吕艺镇成人教育中心校。2005年迁至原吕艺镇二中老伙房院内。2016年县管校聘，成人校教师回编制单位。

湖滨镇成人教育中心学校

湖滨镇（现锦秋街道）成人教育中心校建于1986年。为适应经济发展的需要，1995年镇政府征地十余亩，投资80万元，建成了高标准的成人教育中心校，建筑面积1063平方米，教室、图书室（3000多册）、实验室、仪器室（200多件）、活动室、阅览室、标本室（100多种）、电教室等功能用房，电教设备齐全，配有卫星电视接收装置一套，校内实验基地5.5亩，时有教职工8人，兼职教师7人，均取得了专科以上学历。

建校以来学校先后举办过蔬菜、林果、养殖、草柳编、缝纫、安全用电、医疗卫生、人口理论、计划生育、幼师等方面的培训班20多期，累计培训2000多人次。同时还创办了《农村科技园》和《小康导报》，在辖区各村建立了12处发放点，帮助农民提高致富本领，先后组织了科技下乡20多次，受训人员1.2万人次。

1995年学校被县委县府授予“教书育人先进单位”。1996年省电视大学校长王恩大来校考察，对学校基地建设和教学情况给予充分肯定。1997年《中国燎原报》《中国农村教育报》《滨州日报》和博兴电视台等多家媒体报道了学校的办学经验。1998年学校被评为“省级规范化学校”。

兴福镇成人教育中心校

兴福镇成人教育中心校成立于1990年，设在原镇中心小学。学校时有专兼职教师12人，其中本科1人，专科11人，1998年被评为“省级规范化学校”。学校以“科教兴镇”战略思想为指导，以服务地方经济建设为办学方向，举办了一些特色专业培训班：1997 年聘请了淄博星火技校的缝纫教师，办起了缝纫培训班；1998 年与原山东工程学院（现山东理工大学）联合办学，举办了机电班，培训电气焊、制冷等技术，学生毕业后全部被兴福镇厨具设备厂录用；1999 年与县职业中专合办了幼师班，学员按时合格毕业并由镇教委安置在镇村幼儿园任教。几年来，学校共培训专业技术人才 620 多名，助力了地方经济的发展。

第二节 学历教育

博兴县农民学历教育始于1963年业余学校开设的业余小学、业余中学班。当年业余小学班134个，学员2480人，业余中学班46个，学员1428人。据统计，1963~1985年全县业余学校小学班 4046个，学员17108人，毕业1448人；中学班183个，学员 4917 人（1966~1971年文化大革命中断，1972年恢复办学，但办学不规范）。县直办农民中等学历教育从1986年开始，至1999年农民中等学历教育7987人；镇乡办农民中等学历教育始于1991年，至2002年招生1952人，主要通过镇乡成人教育中心校组织实施，办学形式：与博兴县成人中专及其他中等专业学校联合办学，学习形式以学员业余自学为主，集中面授辅导为辅。

2000 年后，博兴县乡镇成人中心校积极服务农村生产和经济发展需要，在办好农民实用技术等短期培训的同时，办好农村新增劳动力的学历教育。共招收财务会计、企业管理、幼师等中等学历教育专业学生 853 人。其中兴福镇成人中心校根据本地生产厨房设备对人才的需求，与山东工程学院联办机电专业中专班，招生 24 人，毕业后全部被用人单位聘用。湖滨、闫坊、兴福、庞家相继举办幼师中专班，毕业学员 70 余名。2004 年以后乡镇成教中心不再举办各种形式的成人学历教育班。

2009 年秋，滨州市技师学院成教处，开展电大“一村一名大学生”培训计划，针对农村两委成员开设乡镇企业管理、农业经济管理、畜牧兽医、园林种植技术等大学专科专业，至项目结束共培养学员 1159 人；2016 年招收农村和城市社区“两委”成员专科学历班 51 人，为提升基层干部整体素质做出贡献，促进了博兴县社会主义新农村建设。

博兴县农民业余教育状况表（1963~1985年）

年份	青壮年数	其中：文盲数	扫盲教育			业余小学			业余中学		政治班		技术班		说明
			班数	学员数	本年毕业数	班数	学员数	本年毕业数	班数	学员数	班数	学员数	班数	学员数	83、84年扫盲学员数中主要是包教。
1963			214	7737		134	2480		46	1428	165	5776	16	591	
1964			387	10248		169	3387		44	1048	149	5452	15	354	
1965			394	11981	2659	154	3652	388	41	816					
1966															
1967															
1968															
1969															
1970															
1971	87039	40412	1134	40801											
1972	81733	36590	550	16803		87	2698		18	548	587	18134			83、84年扫盲学员数中主要是包教。
1973			609	19528							302	9510			
1974			93	4154	689				6	215	90	564			
1975			236	7602	2239				15	460	312	39415			
1976															
1977	215751	40796		5606											
1978															
1979	221821	41643	306	12316	2410								20	332	
1980	172800	21184	103	2498	516	32	1571	1060							
1981						35	575						58	1386	
1982						32	566		12	376			118	4437	
1983	201545	35153	13	370		23	609						109	4143	
1984	201545	35153	7	2726	4880	22	817						93	3352	
1985	201545	35153			12659	24	762		1	26	107	3804	51	1598	

博兴县成人教育发展状况表（1986~2002年）

年度数目	村级办学				镇乡办学				县直办学			
	处数	扫盲教育	实用技术培训	专兼职教师数	处数	学历教育	短期培训	专职教师	处数	学历教育	短期培训	专兼职教师
1986	263	4722	173227	387	12		1786	67	3	257	103	56
1987	270	5120	19216	421	12		2900	67	3	186	128	60
1988	270	5608	21360	421	12		3120	73	3	210	119	60
1989	330	5076	2583	436	12		2600	76	3	319	210	87
1990	446	9365	27900	453	12		1876	78	3	817	287	87
1991	446	4651	29300	453	12	156	2103	86	3	620	461	90
1992	446	2078	30979	460	12	171	2324	137	3	978	1077	150
1993	446	1506	36570	461	12	132	2496	137	3	565	1160	168
1994	446	526	37481	456	12	143	2870	148	4	476	976	173
1995	446	482	45927	456	12	153	4720	151	4	530	874	173
1996	446		55396	456	12	186	3400	155	4	376	900	181
1997	446		58072	450	12	210	3270	148	4	389	843	187
1998	446		59700	449	12	146	3530	148	4	347	1011	196
1999	446		63000	449	12	167	3641	160	4	216	1210	210
2000	446		63000	449	12	210	3700	167	4	270	920	210
2001	446		63200	450	10	133	3620	81	4	290	1150	195
2002	446		63400	451	10	145	3730	80	4	309	1200	203

说明：此表2002年后不再统计。

附：农民教育学校选介

博兴县农业广播学校

博兴县农业广播学校校址在县农业局院内，原名中央农业广播学校博兴县办公室，于1981年创建。当年，通过考试录取第一期农学专业学员77人（其中国家干部8人），1985年毕业35人。1983年，招收第二批学员500人，增加了农业经济管理和畜牧兽医专业，学校当年被评为山东省先进单位。1985年，招收第三批学员140人，其中农业经济管理专业121人，畜牧兽医专业11人，水产养殖专业8人。1987年，改称中央农业广播学校博兴分校，王天明同志任校长，工作人员5人。1988年7月，升格为副科级教育事业单位，尚炳信副县长兼校长，刘曰华、王天明为副校长（副科级）。1990年，经省教委评估，正式成为国家成人中等专业学校，改称山东省农业广播电视学校博兴分校，刘曰华同志任校长，编制10人，专兼职教师12人，校舍面积200平方米，其他电教设施配套齐全。

自1986年以来，学校招生成人中专班（函授）18届，共计2846人。专业设置，有农学、果树、蔬菜、园林与花卉、企业经营管理、会计与审计、现代乡村综合管理、电算会计、畜牧兽医、机电、农村电气化、家电维修、计算机应用、汽车摩托车维修、人口与计划生育、服装裁剪和农田水利等，学制二年。1991年被山东省农业厅授予“全省评估达标县级单位”称号。1992年，挂靠山东农业管理干部学院，联合招收具有专科学历教育的函授学员，开设的专业课有经济管理、企业管理、财务会计、农业技术推广等，学制三年，办班7期，毕业学员386人。

2004年经县编委审批，加挂“博兴县农村科技教育培训中心”牌子，面向广大农村和农民，以实用技术和基本技能等为内容，以提高广大农民的科技文化素质和促进农村增收为目的。大力实施科教兴农战略，积极开展实用技术培训和中专、大专、本科等学历教育。每年举办各类农业技术培训班20余期，受训农民达2000余人次，累计培训中专、大专、本科学员5000余人。

2006年至今，连续多年组织实施了“阳光工程”“新型农民科技培训”“新型农民创业培训工程”“新型职业农民培育工程”“青年农场主培训计划”“农业扶贫培训”等国家和省级培训项目，累计培训农民4000余人，为全县培养了一大批懂技术、会经营、善管理的农业实用技术人才。

博兴县农业机械化学校

博兴县农业机械化学校于1963年创建，隶属县农业和机械管理局，是面向全县广大农村、农民，以农业机械使用、维修、农机化新技术应用等各类专业机手的培训及农机专业技术咨询服务的教育机构。办学以短期培训为主，采取校内外相结合，分散自学与集中辅导、重点讲解相结合的办法，年培训800余人。1989年12月，学校被地区教育局、农业局验收批准纳入成人教育管理。

1992年，成为有独立配套的培训基地。学校教学机构、设施齐全，设有办公室、电教室、实验室以及容纳100人的多媒体教室，教练实习场地2800平方米。学校师资力量雄厚，具有丰富的理论知识和实践经验，专业配备合理，现有理论教员6人，教练员5人，管理人员1人。先后被省农机局授予全省“四有化”学校和“规范化”学校。学校广泛深入农村，配合专业人员积极做好农机化进程服务，先后为全县乡镇、办事处培训各类服务人员6000多人次。特别是近几年，先后承担新型职业农民科技培训、农机手实用技术培训及农民科技展翅行动培训并圆满完成。自建校以来，为博兴县培养了大批农机化服务人才，为全县的农机现代化发展做出了贡献。

第三章　职工教育

第一节　文化补习

抗日战争和解放战争时期，博兴县党组织和县人民政府十分重视各类干部的培训提高。在极其艰苦、恶劣的战争环境里，在人力、物力、财力都相当缺乏的情况下，创办耀南中学，把根据地师范、青训班和抗日高小，作为培训干部的场所。在培训中，坚持自愿和需要相结合的原则；在文化、政治教育中，重在政治教育；在培养、提高的关系中，首先是培养，以应急需。当时的干部教育没有固定校舍，没有现成教材，教员不是专门人才，但教育质量很高。生动的爱国主义教育，激发了广大干部的民族觉悟、阶级觉悟，激励他们勇敢地投身于民族解放和社会解放的斗争中去。

解放前夕，许多干部随军南下，成为开辟新区的骨干。县党政机关又补充进一批新的工农骨干，因为他们的出身和经历，文化水准大多很低，对他们进行文化理论教育，就成为十分迫切、十分突出的任务。

新中国成立伊始，博兴县机关干部和工人职工的文化水平很低。据1952年抽样调查102名职工，文盲半文盲90人，高小程度12人。据1955年统计，全县乡级干部303人，高中程度只有3人，初中程度137人，高小程度的105人，文盲半文盲58人。据1956年统计，全县干部2852人（其中县级1323人，区级1150人，乡级379人），勤杂人员240人，另有家属保姆104人。干部中文盲有133人，半文盲550人，高小毕业生1665人，初中毕业生465人，高中毕业生38人，大学毕业生1人。勤杂人员中，文盲半文盲有164人，高小程度71人，初中程度5人。家属及保姆除了17人为高小毕业外，其余全是文盲半文盲。1957年抽样调查1141名，其中文盲半文盲539名，高小生448名，初中生154名。1958年抽样调查1883人，文盲半文盲784人，高小生487人。据1960年（合县后）统计，全县职工8085人，文盲半文盲有3249人，初小程度3576人，初中程度1100人，高中程度40人，初等技校100人，中等技校20人。这些历史统计资料充分说明当时举办干部职工教育势在必行。

根据党中央关于开展干部在职教育的指示和省委有关部署，结合博兴县实际情况，为了尽快地提高广大干部职工的文化水平和政治理论水平，以适应新的形势和新的工作任务，博兴县委于1950年春夏之交，作出了举办县直文化业校的决议，筹建工作于是年秋季进行。由县委、县政府、县供销社、县公安局、地直劳改驻博兴大队五个单位各出粮500斤作为基金，委托县社筹办。经过三个月的紧张工作，房舍、汽灯、20套课桌凳筹集完备，于11月正式开学。县委和县政府负责同志到校祝贺，不少领导同志成为第一批学员。开学之初，只有姚方吾一名专任教师，一个复式小学班（三、四、五年级），学员50人。学校没有专职干部，日常事务和教学工作均由姚一人承担。筹措资金，人事调动，重大校务都是由县委秘书黎心敬和文教科长许明村出面会同其他有关单位解决。因为县委、县府对职工教育工作抓得紧，又因为教与学的积极性都得到了充分调动，业校很快成为全地区的榜样。1951年暑假，在各县业校评优活动中博兴县被评为一等业校，获锦帐一面，小米500斤；姚方吾被评为一等模范教师，奖励书籍十几本，授奖章一枚；十几名学员被评为模范学员，各授奖章一枚。根据职工的要求和当时的办学条件，1954年暑假后，干部文化业校又扩招一个初中班，开语文、数学两门课程。举办业校，使县直机关干部职工的知识水平和学历结构发生了很大变化。据1956年4月13日统计，县委干部114名，达到高中程度3人，初中程度50人，高小程度44人，初小程度6人，半文盲8人，文盲只有3人。在这些干部中，文化程度偏低的31人，仍留在业校学习文化，58名文化程度较高的转入理论班学习。

在县委举办县直文化业校的同时，全县各区都办起干部业校，工厂企业也办起职工业校。1956~1957年，第一学期职工业余文化学校有20处，39个班，学员1383人，有专任教师9人。学员中有女工101人，青年职工526人。1957年10月，全县共有干部业余文化学校38处，63个班，小学班学员667人，初中班学员1405人，总计2072人，占干部总数的90%，有教职员20人。这些干部中，政府部门干部624人，党群部门干部437人，事业部门干部158人，企业部门干部890人。1958年，各区较大的厂子和剧团都办起业校，县向这些单位派去专职教师。小营油棉厂干部职工教育是闻名全区的先进单位。

1960年，经济困难，各级业校被迫停课，1963年有所恢复。

“文革”期间，业校停课，1972年以后停办。

1982年7月，成立县职工教育管理委员会，由一名副县长兼任主任，下设办公室（博兴县职工教育办公室），负责全县职工教育。是年，根据中央指示精神，凡1970~1980年的初、高中毕业生一律进行业余文化补课。县内较大的企业均办起业余文化补习学校。到1984年底，全县办初中文化补习班40个，学员2910人；办职工大、中专考前辅导班15个，学员1084人。业余文化补习班和辅导班均采用晚间授课，一般每晚讲授3课时。1985年职工教育由文化补习转为班、组长培训和中级技术培训。1986年4月，山东省职工教育工作会议召开，会议强调要求搞好职工教育的重点转移，由主要进行文化补课和技术补课，转移到岗位培训上来。

1950~1958 年博兴县干部职工业余学校发展情况调查统计表

年度			50	51	52	53	54	55	56	57	58	59
学校数	中学						1	2	18	38	35	
	小学		1	2	2	3	4	4				
	小计		1	2	2	3	4	4	18	38	35	
班数	中学						1	3	19	51	46	
	小学		2	3	4	6	7	9	36	25	21	
	小计		2	3	4	6	8	12	55	76	67	
学习人数	中学	男					42	128	1102	1281	1001	
		女						5	49	111	79	
		小计					42	133	1151	1392	1080	
	小学	男	102	162	213	305	385	501	1554	956	727	
		女	8	18	16	25	30	32	125	91	51	
		小计	110	180	229	330	415	533	1679	1047	778	
	小计		110	180	229	330	457	666	2820	2439	1858	
毕业班数	中学											
	小学					2	1	1	2	7		
	小计					2	1	1	2	7		
毕业人数	中学											
	小学					28	45	40	75	249		
	小计					28	45	40	75	249		
教师数			1	2	2	3	4	6	25	27	24	
职工干部总数			200	2150	2185	2418	2620	2952	3345	3101	2710	
干部职工入学总数			110	180	229	330	457	666	2827	2439	1858	
干部职工入学率			5.5%	8.4%	15%	14%	17%	23%	81%	79%	70%	

机关干部业余文化补习学校课程设置情况

扫盲班 1951.2.5

	第一学年		第二学年		两学年总时数
	第一学期	第二学期	第一学期	第二学期	
国语	5	5	5	5	40
算术	2	2	2	2	160
政治	1	1	1	1	80
每周教学总时数	8	8	8	8	640

高小班

	第一学年	第二学年	两年教学总时数
国语	4	4	320
算术	2	2	160
史地	2	2	160
自然		2	80
政治	1	1	80
每周教学总时数	8	8	640

中学班

	第一学年	第一学年	第一学年	第一学年	四年教学总时数
国语	3	3	3	3	480
历史			2	2	160
地理	1	1			80
自然	1	1			80
理化			2	2	160
算术	2（代数）	2（几何）			160
政治	1	1	1	1	160
每周教学总时数					

第二节　学历教育

一、中学教育

职工学历教育始于1982年县职工教育办公室的成立。

1985~1986年，博兴县委组织部与教育局在县职工俱乐部联办干部高中补习班，学员50人，全部脱产，学制1年。课程设有政治、语文、数学、历史、地理。学习期满，考试合格者发给毕业证，承认高中学历，次年全部毕业。

1986~1993年7月，博兴县职工教育办公室隶属县经委。县职工教育办公室和大企业开始举办初中文化学习班，到1990年底，全县青壮年职工全部达到初中以上文化程度。

自1986年始，县职工教育办公室举办高中职工班，业余学习，每周五晚集中辅导，学制一年。1987～1992年，每年招生150人；1993年招收60人，80%考试合格领取职工高中毕业证书。

1988年，县职工教育办公室举办职工中专函授班，招生60人，学制三年；1991年，与北京经济学院联合办学，招收企业管理结业证书班85人，学制一年半。

博兴县成人中专自1993年成立以来，招收多期面向干部、职工的成人函授中专班，专业有企管、电工、建筑等，招收1000余人。

2009年以来，滨州市技师学院成教处面向在职职工开设会计电算化、机电技术应用、市场营销等成人中专专业，累计培养学员2600余名。

二、大学教育

1982年，山东电视大学在博兴县招收业余电大中文专业生22名，学制3年，县设辅导站，至1985年仅毕业5人。

1985年，山东电视大学在博兴县内招汉语言文学专业生25人，学制三年，学员以自学为主，每星期集中辅导1次，期末考试前集中辅导两周，这些学员有21人拿到了大专毕业证，4人领到肄业证。同年，山东电视大学惠民地区辅导站在博兴县举办全脱产党政干部电视大专班，招收学员51人，其中博兴县学员42人，外地学员9人，学制2年，所修课程16门，设班于县实验小学，由博兴县教师进修学校管理。学习方式是收看电视录相、收听录音、聘请教师辅导和自学相结合，这些学员全部按时毕业。

1994年10月，滨州电视大学博兴分校在县教委成立，首任校长李予。办学形式以函授为主，专业设置，主要有教育管理、高级护理、经济信息、法律、汉语言文学、企业管理等。至2000年底，共招生456人，本科毕业96人，专科毕业258人。1999年开始举办开放式教育本专科班，1999~2008年与滨州电大合作举办开放式教育管理专科班2个，招生110人，本科班4个，招生103人。2003年与青岛电大合作办学，举办教育管理、汉语言文学专业本科班各一个，分别招生36人、61人，全部按时毕业。博兴电大这几年开放教育专、本科班招生对象主要是县域内在职中小学教师，对提高全县教师学历达标率，提升教师业务素质做了大量有效的工作。

1998年8月，省教委印发《开展助学自考加快中小学教师学历培训招生考试工作细则》，同年11月，全省统一进行入学考试。

学制三年，采用教学和考试相分离的方式。集中辅导在每年寒暑假进行，每年3月和9月两次集中考试由省、地教育学院组织实施。省自学考试办公室负责命题、阅卷，地区招生考试办公室组织考试。通过“三沟通”（即中小学教师函授、卫星电视教育、自学考试相沟通培训）和助学自考培训，全县有432人本科毕业，786人专科毕业。

2009年9月，为使电大资源利用更大化，经博兴县教育局和滨州市技师学院研究，决定将电大职能整体交由滨州技师学院成教处负责，管理和业务与县教育局脱钩。转移后的电大规模不断扩大。先后开设会计学、学前教育、行政管理、土木工程等21个专业，主要招生对象是各行各业在职干部职工。截止2016年底，培养本、专科学员3332名。

滨州市技师学院成教处致力于拓展新型办学模式，自2012年起，学院与奥鹏教育合作，成立奥鹏网络远程教育学习中心，先后与北京航空航天大学、福建师范大学、东北师范大学、北京理工大学、吉林大学、中国医科大学建立合作关系，累计培养学员357名。

近些年来，滨州市技师学院成教处重视成人学历教育。在招生调研的基础上，集中力量对学员比较热衷的金融、教育、建筑、卫生等行业进行重点招生宣传，并充分利用电视媒体、蓝卓信息平台、博兴电大在线、微信微网站等平台宣传招生政策，扩大招生宣传的覆盖面，取得良好效果。另外，成教处把办学质量作为成人教育的一条生命线来抓，调整教师兼课制度，强化面授辅导，使教学更有针对性。发挥博兴电大在线、微信微网站的教学作用，将新兴的网络技术运用到教学当中。电大、函授、网络远程教育的办学质量都有了较大提高。

第三节 职业培训

1993年8月，机关进行机构改革，将博兴县职工教育办公室撤销，其职能由县教委成职教办公室承担。随着企业体制改革的深入，职工教育逐渐由企业自主管理培训。1998年9月，根据地区经委、职工教育办公室机构调整情况，职工教育职能重新划归县经贸委管理。1999年起，职工教育转为岗位培训和技术技能培训。

1994年10月，新成立的滨州电大博兴分校充分利用设在县教委的优势，对全县教职工的培训发挥了很大作用。电大分校机构健全，设施配套，有专职兼职教师20人。2002~2004年，博兴电大分校负责对全县中小学教师计算机应用培训，有4215名教师考取省计算机初级证，1256名教师考取省计算机中级证。

2009年以来，滨州市技师学院成教处为适应企业产业升级和技术进步的要求，以企业在岗职工为主要对象，大力开展岗位技能提升培训，提高企业在岗职工的技能水平。积极开展“金蓝领技师、高级技师培养计划”等高技能人才培养项目，累计完成各类岗前、岗位培训6000余人。

2011年，滨州市技师学院成教处以有培训愿望、具备一定创业条件的各类城乡劳动者以及处于创业初期的创业者为主要对象，大力开展创业培训。积极开展“创业培训进校园”活动，将创业培训设于常规教学课程中。累计培训学员2600余人。同时，成教处还承担市总工会“工友创业”培训、市安监局特殊工种培训、市服务发展局家政培训、县人社局失业职工再就业培训、县民政局退伍军人培训、县旅游局“乡村旅游”培训以及各类职业资格技能培训等多种培训项目。

2016年，滨州市技师学院响应国家“大众创业、万众创新”号召，开始“博兴县创业大学”筹建工作。创业大学把建设创业培训、创业辅导、创业大赛三位一体的种苗培育体系和以地方特色产业园区为载体的孵化基地作为途径，助力地方特色产业转型升级，促进经济社会健康发展。

附：博兴县成人中专简介

1993年3月，博兴县成人中专经滨州地区行署批准成立，与博兴县职业中专同校（一校两牌）一套班子，师资共用，具体业务由培训处分管，采用多种形式，灵活办学。招收成人中专班，以函授为主，辐射带动镇乡成人中心校办学。专业设置，有财会、幼师、工企管、农学、电工、建筑、计算机等。学制，高中生为2年，初中生为3年。自建校以来，校本部共招生毕业1708人。开办自学助读班，上挂曲阜师范大学，招收政治管理专业，学员365人；挂靠山东师范大学，招收政治管理专科学员165人，政治管理本科学员102人。短期培训班，专业主要有：建筑、师资、计算机初中级培训等，培训1500人。学校发挥智力和技术优势，为博兴县培养了近4000名中、初级专业技术人才，成为各条战线上的骨干。

2009年滨州市技师学院成立成教处，逐步取代博兴县成人中专职能。2009年培训3381人；2010年培训3550人；2011年培训3200人；2012年培训3033人；2013年培训3106人；2014年培训3150人；2015年培训6845人。至2015年底，博兴县成人中专退出历史舞台。

第五篇　教师

师

有理想信念

有道德情操

有扎实学识

有仁爱之心

第一章 教师队伍

第一节 清末和民国时期的教师队伍

清末学宫、书院及后来改办的学堂，系官办教育设施。讲经传道多由县府聚资聘用落弟举人、仕途不达的文人或地方名流担任。联办的义学和私塾，也多招聘仕途不达的当地文人。光绪三十年，为适应办学堂之需，博兴创办师范讲习所。讲习所（或养成所）学制一般为一年，招收相当于小学文化程度的人员入学，年龄参差不齐，以培养小学教员为目标。

民国之初，学堂改为学校。教员由县立教员养成所培养，或从学堂、私塾教师选拔录用，报省备案，县发聘书，教员有正副之分。1931年后，国民党省府教育厅，每年对教员进行一次考核鉴定，责成县长将合格教员列表公布于众。

县立初级中学和师范讲习所教员多由省派遣，在两校任教的有于炳离、孙蓬南、王苇塘、李维汉、冯仙州、李济沧等，他们多系大专毕业。

1931年，中共博兴特别支部秘密建立，次年，第一届县委诞生。党组织为了积蓄力量，培养骨干，发展组织，借国民党兴办教育之机，积极倡办各类学校。共产党员刘顺元、王博昌等人，利用他们在国民党县党部的合法身份，或在学校任职，或到学校兼课，有十几名共产党员被派进学校、师范讲习所。

抗日战争时期，民主政府大力创办学校，抗日高小蓬勃发展，抗日小学遍及各村，1942年8月耀南中学在博兴县初创。清东专署与县抗日民主政府合署办公后，教育科负责人曹锡元、马健等亲自考察和任用教师，亲自动手编写教材，多次召开选模大会，进行业务培训。抗日战争时期的人民教育事业，遵循“需要和自愿”相结合的原则，学文化，学科学，学军事，兼做群众工作，也直接参加抗日、除奸、拥军优属和社会治安活动，学校成为学习队、工作队、宣传队、军队后备队的培养场所。

盘踞在小清河南的周胜芳、傅相坤等曾聚资开办营子中学和简易师范等几所学校，由于其内部斗争激烈，各校很快关闭。

1941年7月，清河区行政公署根据山东省教育会议关于每一行署设一所师范的规划和博兴等县及垦区抗日小学急需教员的情况，在广北创办清河师范。学校招生一个班，70余人，一年结业，共办两期，后毕业生大多分配做党政干部。

1945年3月10日，渤海区行署决定停办建国学校、耀南中学，成立耀南公学，负责轮训在职的县区级政权干部，培养区级政权干部及具有专门技能的根据地建设工作干部，同时在许多地方推广“庄户学”。

1946年，山东省政府召开第二次全省教育会议，会议提出要“首先开办师范学校，在普通中学中亦应设立师范部师范班，以便大量培养师资”。同年9月，山东省政府又对师范学校办学的具体问题作了规定，要求师范学校采用前期师范和后期师范两级制。前期师范的任务是“提高现任与培养新的初级小学与初级民校的教师”，要求每个专区先办一处。随之，博兴县立师范建立。

1947年，博兴县共有教员302人，1948年8月，全县小学教师357人，并于秋假集训评定级别：高级教员45人，其中乙级4人，丙级12人，丁级17人，戊级12人，无甲级教员；初级教员318人，其中甲级3人，乙级64人，丙级105人，丁级102人，戊级35人，代用9人。

1948年9月，省召开的第三次教育会议，在全县产生了极其深远的影响。这次会议以后，全县教育渐次恢复，迅速发展。新中国成立前夕，博兴县教育已呈现“县筹中学，区建完小，村办小学、民校”齐头并进，综合发展的大好局面。至1949年初，全县任用教师318人，其中完小教师44人。从文化程度来说，具有初小程度的35人，高小程度的184人，初中程度和初师程度的47人，8名是私塾出身，其余文化程度偏低。

第二节 新中国成立后的教师队伍

新中国成立初期，县文教科采取措施，统一调整布局，调配师资，制定统一条规，建立相应的基层业务组织，加强全县的教育工作正规化建设。

这一时期，博兴县师资水平较低，据1957年统计，在1055名小学教师中，大专毕业或肄业2人，中师毕业或肄业30人，小学程度的有378名，师资水平远远不能适应教育形势的发展。1955年博兴师范奉专署之命，开始对小学教师分期分批进行轮训。

1959年到1961年，博兴县因遭受严重自然灾害等因素影响，全县有56处学校114个班停课达一年半之久。县教育局对全县中小学教师进行了精简。1961年底统计，全县精简教师226人，占教职工总数的12%。全县师范到校学生只占应到校人数的54%，公办、民办和代课教师自然减员410名。

1963年以后，博兴县积极发展民办小学、耕读小学和民办农业中学，学校数量增加很快。同时，各级各类学校对教学工作抓得很紧，教师培训形成制度，教学研究蔚然成风，观摩教学广泛开展。

1966年“文革”开始后，教师队伍受到冲击，全县中小学领导普遍受到揪斗。

1968年11月，博兴县学习嘉祥县侯振民、王庆余二人提出的农村公办小学全部下放到大队来办、小学教师一律回原籍大队的“经验”，全县农村小学教师回原籍大队记工分，一律实行工分加补助的待遇方式，代替工资制。

1972年，全县高中发展到14处，初中发展到一百余处。多数高、初中教师学历未达到专科、本科水平，半数以上小学教师未受过专门培训，文化程度参差不齐的民办教师被大量录用。公办教师逐年减少，而民办教师逐年增加。

从1979年始，在县委、县政府领导下，县教育局设立专门落实政策办公室，组织清理一系列历史积案，落实知识分子政策，许多“右派”得以平反，“文革”期间被审查批判的教师全部得到公正评价。

1985年9月10日是全国第一个教师节，县委、县政府对县级优秀教师、尊师重教先进单位和个人进行了表彰奖励，县领导分头走访老教师、优秀教师和家庭困难教师代表。此后每年都以不同的方式开展教师节系列庆祝活动。

1986年11月，根据《中共山东省委、山东省人民政府关于贯彻〈中共中央关于教育体制改革的决定〉的意见》等一系列文件，在行政管理上，进行校长负责制试点；在教师队伍管理上，进行职称改革，实行教师聘任制，有些学校不拘一格，引进人才。

1997年，教师资格过渡工作结束。全县共认定教师资格5578人，其中幼儿教师资格487人，小学教师资格2375人，初、高中教师资格2716人。

新中国成立以来，民办教师一直是全县教师队伍的主体。1977年，民师占到教师总数的62.9%。1988年5月，县政府颁布《关于民办教师退休的暂行规定》，对男教师年满60周岁、女教师年满55周岁，连续教龄20年或累计教龄25年的；或男教师年满50周岁、女教师年满45周岁，连续教龄20年或累计教龄25年，完全丧失工作能力或任教期间因公致残的民办教师给予退休待遇，分别享受本乡镇当年民师月工资的80%、70%、60%的退休金，对获得地区以上政府表彰的优秀教师，提高退休金5%。根据国家政策和上级文件规定，自20世纪80年代起，将符合条件的民办教师转为公办教师。经过十几年的转正、招考、退休安置等形式，到2000年底彻底解决了民办教师问题。自2014年起，全县4386名符合条件的原民办代课教师陆续享受教龄补助。

1988年，县委、县政府印发《博兴县教育改革实施方案》，进行农村中小学“三制”改革，三年为一周期。从1994年起，改革扩展至县直学校。2001年暑假推行以“综合考评，竞争上岗，末位调整，合同管理”为内容的改革。2002年，落实省政府《关于完善农村义务教育管理体制的通知》，将农村义务教育管理由以乡镇为主上收到以县为主，中小学教师和校长的管理调配由县教育局负责，为人才的合理流动奠定了基础。2016年，实行中小学教师“县管校聘”管理改革，实现教师从“学校人”到“系统人”的转变，激发学校内部活力。

2008年3月，县教育局启动“名师培养工程”，先后开展了八届，共评选出名师271人、骨干教师1059人、优秀教育工作者178人。

到2017年，县教育行政部门和各学校教学管理日趋科学化、规范化。除了贯彻执行中央、省有关规定条例外，县教育局先后颁发了《博兴县中小学教职工学年奖惩暂行办法（试行稿）》《博兴县中小学考核暂行办法（试行稿）》《民办教育联教计酬办法》《博兴县教育系统工作人员岗位责任制暂行规定》等条规制度，并在贯彻执行中日趋完善。

2017年底，在编教职工5009人，先后有17人被评为“山东省特级教师”，许多教师先后荣获“全国模范教师”“全国优秀教师”“山东省优秀教师”“山东省优秀班主任”“齐鲁名师”等荣誉称号。

1949～2017年博兴县教职员工统计表

年份	学前教育	小学			中学			职业教育		成人教育
		教职员工总数	公办教师	民办教师	教职员工总数	公办教师	民办教师	教职员工总数	专任教师	
1949		586	550							
1950		768	689							
1951		871	749		21					
1952		1076	940		42					
1953		1082	982		52					
1954		1113	1013		86					
1955	1	1161	1023		87					
1956	1	1203	1079		92					
1957		1219	1055		144	64				
1958		1933	1750		418	217				
1959		2860	1896	824	436	220				
1960	232	2973	1949	934	477	252				
1961	19	999	912	52	164	108				
1962	8	846	796	34	152	92				
1963	8	978	825	125	167	80				
1964	5	1182	821	325	188	91				
1965	2	1349	958	363	272	98				
1966	2	1336	945	363	179	100				
1967	2				181					
1968	2									
1969	2		1143		628					
1970	2				685	634				
1971	2	3091	1927	1114	689	592				
1972	2				963	815				
1973	3	2059	711	1282	997	561	114			
1974	4	2113	704	1309	1083	727	103			
1975	5	2340	735	1605	1124	781	199			
1976	5	2384	696	1688	1268	807	401			
1977	61	2498	648	1847	1624	724	746			
1978	78	2554	642	1904	1898	707	977			
1979	184	2697	612	2043	1685	571	744			
1980	190	2746	608	2106	1880	660	778			
1981	255	2787	680	2072	1830	692	675			
1982	285	2944	750	2117	1498	651	452			

续 表

年份	学前教育	小学			中学			职业教育		成人教育
		教职员工总数	公办教师	民办教师	教职员工总数	公办教师	民办教师	教职员工总数	专任教师	
1983	250	2473	770	1597	1432	647	453			
1984	197	2595	776	1691	1101	692	188			
1985	219	2479	792	1549	1270	727	166			
1986	473	2289	875	1414	1410	1128	282			
1987	464	2314	896	1408	1452	1176	276	48	38	
1988	485	2298	924	1374	1578	1305	273	69	53	
1989	498	2337	954	1383	1688	1386	302	69	58	6
1990	507	2325	948	1387	1787	1467	320	79	66	9
1991	526	2336	976	1360	1982	1679	303	84	71	16
1992	471	2287	969	1318	2070	1802	267	101	77	29
1993	577	2218	1034	1184	2151	1883	268	111	89	33
1994	563	2202	1119	1083	2140	1921	219	140	106	39
1995	647	2284	1252	1032	2119	1945	174	162	110	68
1996	642	2278	1335	943	2179	2035	144	171	115	75
1997	650	2375	1521	854	2250	2143	107	182	121	88
1998	677	2522	1879	643	2351	2310	41	188	125	88
1999	697	2512	2066	446	2354	2318	36	195	128	94
2000	697	2458	2061	417	2514	2490	24	196	128	95
2001	804	2513	2513		2616	2616		198	148	
2002	776	2859	2859		2663	2663		201	149	
2003	877	2876	2876		2687	2687		290	203	
2004	885	2960	2960		2761	2761		301	210	
2005	946	2971	2971		2812	2812		316	221	
2006	847	2974	2974		2815	2815		320	224	
2007	1028	2789	2789		2966	2966		330	231	
2008	1032	2651	2651		2851	2851		342	239	
2009	1094	2699	2699		2840	2840		370	246	
2010	1011	2556	2556		2897	2897		391	250	
2011	1087	2589	2589		2913	2913		399	251	
2012	1080	2571	2571		2926	2926		416	256	
2013	1141	2554	2554		2883	2883		414	256	
2014	1231	2526	2526		2800	2800		434	286	
2015	1298	2484	2484		2726	2726		428	282	
2016	1549	2438	2438		2717	2717		417	275	
2017	1609	2284	2284		2725	2725		404	270	

第二章 教师管理

第一节 任用与调配

按清光绪二十九年（1903）《奏定任用教员章程》规定，各级办学主管部门负责选任、甄别录用教员。中等以上学堂的教员，少数由提学使司加派，大部分从本地胜任教师工作的人士中选用。各级学堂教员分为主讲各门课程的正教司（正教员）和协助讲课的副教司（副教员）。

民国时期，教育部颁布的《国民学校令》和《高等小学校令》规定：国民学校（初等小学校）、高等小学校教员，须在师范学校或教育总长指定的学校毕业，或经同级学校教员检定合格，并持有许可状者始得充任。民国初期，山东的小学教员分为本科正教员和副（助）教员、专科正教员和副（助）教员四种。1930年又规定了小学教员分为小学正教员、初级小学正教员、小学专科教员、初级小学专科教员四种。1933年又分为级任教员、专科教员和助教员三种。教师实行聘任制，任用与否由校长定夺，呈报教育局审查备案。

1949年10月省政府发布《山东省小学教师服务暂行规程（草案）》，制定了教师的职责、资格、任免、待遇、学习、考核与奖惩等办法。明确规定高小或完小教员由县（市）人民政府介绍，由校长聘任；或由校长选聘；报县（市）人民政府批准。村初级小学教员由县人民政府介绍，由村负责聘任；或由村负责选聘，报县人民政府批准。

教员任期一般以一年为原则，初聘、续聘、解聘均于学年或学期末进行，任期（聘约）未满以前不得无故调动、辞退或辞职，因工作需要或其他原因中途调动时，须经县、市人民政府同意。教职员离职时，均须交接清楚始能离校。同时，省政府对小学师资问题做了指示，为保证教师队伍的稳定，已经分配工作的就不要轻易调动，调动教师工作，必须经过县政府批准，小学教师改行做其他工作，必须经过专署批准。师范学校毕业生，必须一律担任教师，不经省政府同意，不得分配其他工作。

1959年，山东对中小学管理权限陆续作出一些规定：初中、初师、公办小学教职员的调配、任用由县（市、区）负责，民办小学教师的调配、任用由公社负责。是年9月，教育部颁布《全日制中学暂行工作条例》《全日制小学暂行工作条例》，规定中学教师的管理、调配工作，应在党委统一领导下，由县以上教育行政部门负责。师范院校毕业生应全部分到教育系统工作。小学教师由县（市属区）教育局在党委领导下统一管理。教师工作力求稳定，不要轻易调换他们所在的学校和所任的课程，以便他们积累教学经验，提高教学质量。未经主管教育行政部门批准，不得抽调教师参加校外工作，已调离教育战线而又适合担任教师的应该返回教育岗位。同时，将农村小学公办教师的调配、管理和民办教师的任用辞退权改由县教育行政部门负责。

1986年，国家教委发布《中学教师职务试行条例》《小学教师职务试行条例》，规定中学教师职务设中学高级教师、中学一级教师、中学二级教师、中学三级教师；小学教师职务设小学高级教师、小学一级教师、小学二级教师、小学三级教师，均实行聘任或任命制。1987年，省教育厅根据上述两个条例制定了相应的《暂行办法》，规定省中学教师职务评审委员会负责评审中学高级教师职务任职资格；市（地）中学教师职务评审委员会负责评审中学一级教师职务任职资格；市（地）小学教师职务评审委员会负责评审小学高级教师职务任职资格；县（市、区）中学教师职务评审委员会负责评审中学二、三级教师职务任职资格；县（市、区）小学教师职务评审委员会负责评审小学一、二、三级教师职务任职资格。中小学教师职务一般实行任命制，由校长或教育主管部门的领导负责。

1997年，地区教委下发《关于严禁系统外人员调入教育系统任职的通知》，对系统外人员调入作出严格规定。1999年2月，《滨州地区关于加强教师队伍管理的几项暂行规定》下发，规定财政是否包干到乡镇，包括代课教师在内的所有中小学教师都由县级以上教育行政部门进行管理，教师录用由县级教育行政部门审核，报地区教育部门、人事部门批准，使教师管理步入法治轨道。2001年暑假，全县辞退临时工149人、代课教师4人及未经批准录用的非师范类毕业生2人，形成能进能出的管理体制。2003~2007年，全县为农村学校公开考选聘任376名教师，确保农村义务教育健康发展。

2016年，实行“县管校聘”，让教师在全县范围内有序流动。通过按需设岗、科学考核、平等竞争、择优聘任、合同管理，逐步建立自主用人、教职工自主择业、岗位能上能下、待遇能高能低、鼓励年轻教师脱颖而出的用人制度。按照责、权、利相统一的原则，根据受聘上岗人员履行岗位职责情况，确定相应的工资待遇。严格对病假人员的管理，精简、压缩非教学人员，清理各类在编不在岗人员，对落聘人员实行待岗培训。建立城镇中小学教师到农村任教服务期制度，实施“农村支教”工程，逐步推行城乡教师定期交流制度，促进教育均衡发展。

第二节 地位与待遇

一、新中国成立前教师的工资报酬

清朝末年，书院任教人员俸禄由官府支付，以学田租入补其不足，义塾塾师的待遇由联办人凑集解决，私塾塾师报酬由举办人付给，其他学堂教师待遇与此类同。清代私塾，教师的食宿费用及收入均由学生负担，故入学者多出于小康以上的家庭，贫苦农民子女入学者较少。

私塾对塾师一般是实行聘请的办法。每年的旧历年前把聘书送到被聘请的塾师家中（称“下关书”），塾师若同意应聘，就把关书留下，只等来年开学（称“就馆”）。教师就馆时间，一般是在正月十六日，当年腊月十五日结束教学（称“解馆”）。聘任期一般是一年，如果来年继续聘请，当年要另下聘书。塾师的收入（称“束修”“学贽”）没有统一的等级数目，一般是聘请时讲定的，全年的收入在端午节、中秋节和解馆时分三次付清。除聘请时讲定的工资外，遇端午节、中秋节学生还要根据自己的家庭经济情况给教师送“节礼”，一般为现金，平时请教师吃饭也是经常的礼节。

清雍正十一年（1733），雍正皇帝亲自下诏令各省督抚在省城设立书院，规定书院的经费由官府拨给，书院的山长由各省督抚学臣聘请，书院的学生由各省道员和布政司会同考核，私创书院须申报官厅查核，这样就把书院纳入了官方开办的教育机构中。清末学堂的教师薪金，政府没有规定统一的标准，名堂不一，差别较大。其薪金基本上分为两类：（1）义务教员无薪水者，补助一部分车马费。（2）拿薪水者，薪水多少无统一标准。

民国初期，博兴县的县立学校靠教育经费支付教师报酬，乡村小学靠学田租金、渡口船捐、基金生息和摊敛集资解决。据史书记载，1933年全县有公立小学教师414人，其中320人月薪5~12元；35人月薪13~15元；23人月薪16~25元；36人月薪为26~35元。时任教育局长的晋吉清月薪为50元，至于乡村教师的收入，那就更低了。

抗日战争期间，博兴县在根据地民主政府管辖下的完小、联小，实行以粮代薪制。每人每月发75斤小米或玉米，有困难的学生可享受一定补助。村小多采用代耕、换工的方式或由群众自筹资金，用作教师报酬。当时有“以劳力换知识”的说法。

博兴日伪统治区的县立学校，采用薪金制，校长和日语教师月薪为30元；教务、事务、训育主任为25元；教员在12~20元之间；勤杂人员低于12元。当时教育科长月薪为100元，视导员和科员为55元。

解放战争时期，博兴县人民政府辖区学校仍以粮付薪，高小、初小各分为7级。初小只有3~7五个级差，折合200、190、180、170、160斤粮；高小只有2~6五个级差，折合230、220、210、200、190斤粮，校长月薪折合为320斤粮。1948年9月，山东省政府在青州召开全省第三次教育会议。会议以后，博兴县委、县政府负责人在陈户镇对解放区200余名教师进行定级评薪，按省统一规定照发报酬。

二、新中国成立后教师生活工资待遇

（一）住房

1997年起，启动“广厦工程”，采取政府和地方负担附属设备配套，教师个人集资的办法，在乡镇政府驻地建设教师宿舍楼。是年，闫坊镇率先投资180万元建设一栋3000多平方米的宿舍楼，32户教师喜迁新居。8镇相继建设了教师宿舍楼。1999年9月，县教委被省表彰为“山东省教职工住房建设工作先进单位”。2007年底，累计投资3亿多元，建成教职工宿舍楼26.378万平方米，2527户入住新居。成套住房教职工家庭人均居住面积34.79平方米，达到当地城镇居民的平均水平。

（二）工资

1949年11月，省政府出台了《关于调整城乡中小学校教职员工工资待遇标准的决定》，按规定博兴县中小学教职员工工薪标准是：初中、前师教员200~300斤（粮食，折合为小米计，下同）；高小教员140~220斤；初小教员120~180斤。

1952年7月，政务院发出《关于颁发各级人民政府供给制人员津贴标准及工资制工作人员工资标准的通知》，走出工资改革的第一步。它把党政机关工作人员自上而下分为29级，工资随级别而定，不以当时尚不稳定的货币为结算单位，而以实物为基础进行折算，称为“折实单位”，又称“工资分”。工资分由伙食分、服装分、津贴分三部分构成，按粮、布、油、盐、煤5种实物的数量进行折合。工资分的折实牌价由人民银行每天挂牌公布。比较通行的折算量为一个工资分约含2.8斤粮食、0.05斤植物油、0.2尺白布、2斤煤、0.02斤食盐。

1954年改薪粮制为薪金制，教师待遇有所提高。1956年实行定级定薪、教师收入更加稳定。1956年9月，全国实行工资改革，博兴县中学、师范教职员的人均工资由44.97元（新人民币，下同）增加到53.29元，提高18.5%；小学教职员人均工资由27.81元增加到38.9元，提高39.88%。同时注意简化福利费手续，举办托儿所，解决女教职员带孩子的困难，重视解决夫妇两地分居等问题。1963年进行工资调整，提升面占40%。但是“文革”期间，农村小学教师回大队记工分，实行工分加补助的方式，代替工资制。

1971年9月，提高民办中小学教师补助费标准。小学民办教师由每人每月2元提高到12元，中学民办教师由每人每月5元提高到15元（其中8元直接拨给生产队）。

1974年9月，县革委财政局、政治部教育组对民办教师的报酬作出规定，民办教师实行男女同工同酬，采取工分加补贴的办法。国家给民办教师的补贴费为：小学教师每月13元，中学教师每月16元，其中8元交生产队。教师所在生产队给予工分补助，其实际收入水平一般应略高于所在社队中等以上劳力。中学民办教师在校食宿者，另发伙食补贴每月2元。民师病假六个月内及女教师产假期间，国家补助部分照发。

1977年进行低工资调整，升级面占40%，1978年升级面2%。1979年又给42%的教职工升级，1981年国家又给中小学教师普提一级工资，贡献大的教师连提两级。

1981年10月，全县中小学民办教师增加补助费，平均每人每年增加50元。中学民办教师全年为260元，小学民办教师全年为220元。1984年4月，博兴县根据山东省政府文件精神和公安厅、教育厅、粮食局联合下发的通知要求，决定解决中教五级、小教三级以上教师家庭农转非问题。1985年10月，全县中小学、幼儿园教学人员实施了教龄津贴。

1982年2月，地区财政、教育两局联合转发省财政厅、教育厅《关于民办教师补助费具体实施办法》。《办法》规定：小学民办教师每人每年发给补助费198元，中学民办教师每年234元。民办教师的其他福利待遇，《办法》也作了规定。

1985年1月起为中小学教师提高工资，并发放教龄补贴。这一年，中学教师月均工资84.60元，比改革前增加22.48元；小学教师月均工资81.8元，比改革前增加了26元，为1956年工资改革后的2.1倍。

1986年10月，中小学、幼儿园教学人员实行教龄津贴，人均月增7.4元。1987年10月，中小学教师职务基础工资提高10%。

1991年，满30年教龄的公办退休教师的退休补贴费提高5%。1992年10月，中小学教师在乡、村学校任教的，在国家规定的工资标准的基础上向上浮动一级工资。1993年，教职工工资改革，在职人员人均月增100.8元，离退休人员人均月增123.33元，同时提高退职人员生活补贴。1996年，连续教龄满30年的中小学教师，退休金按100%发给。是年起，连续6年每年都提高工资，仅四次调整工资就人均月增349元。

1997年始，县直学校教职工工资由县统一管理，县财政局统一发放。农村学校教职工工资，由县统一管理，乡镇政府发放。1998年，地区教育局登记在编、因超龄不能转正的在岗、已办理退休及因公致残完全丧失工作能力的民办教师，待遇标准比照同等条件的公办教师调整工资及退休待遇，全县共有102名民办教师办理了退休手续。是年5月，连续从事教育工作满25年的女教师，退休金按工资100%发给。2001年1月起，县政府决定将各镇中小学教职工工资的国家统一规定项目标准建立“工资资金专户”，由县财政局按月及时发放，其余部分由镇政府补发。

2006年10月，县政府决定，农村中小学教职工工资全额由县财政局统一发放，基本解决了全县中小学教师同工同酬问题。2007年6月，农村中小学教职工享受县直单位公费医疗待遇。同年7月，中小学建立岗位绩效工资制度。岗位绩效工资由岗位工资、薪级工资、绩效工资和津贴补贴四部分组成。年度考核合格及以上等次的教职工每年增加一级薪级工资。这次改革在职教职工人均月增214.3元，退离休人员月增267.4元。是年底，县政府决定从2008年1月起，农村中小学教师按标准发放住房补贴，实现县财政局代发教师工资，全县城乡教师同工同酬。

三、新中国成立后党的知识分子政策的贯彻与落实

新中国成立后，山东省继承和发扬了山东老解放区的“尊师”传统。1948年，山东省行政委员会召开的第三次教育工作会议，为教育的恢复和整顿制订了切实可行的方针、政策和步骤。博兴县民主政府派出县委秘书闫冲和文教科长马健主持了在陈户镇原耶稣教堂房舍举行的教育恢复整顿会议，认真纠正前段在知识分子问题上的偏向。

1951年，省政府专门下发了《关于开展尊师运动的通知》，《通知》要求在全省范围内普遍开展一次尊师运动，并拟定了具体措施。

1952年6月，中央人民政府政务院发布《关于全国各级人民政府、党派、团体及所属事业单位的国家工作人员实行公费医疗预防的指示》。8月，省财政、卫生两厅在联合通知中明确规定：中小学教职员工实行公费医疗、预防，并定于自8月份起实行。

1953年，县政府针对各级各类学校参加社会活动较多、正常的教学秩序受到影响的问题进行了整顿，辞退了一部分不能胜任教学工作的教师。

1957年的“反右”和1958年的整风运动中，错划为“右派”的大部分人分别被开除、降级和降薪；另有380名教师虽未戴帽，却受到大会斗争或点名批判。1961~1965年，全县精简教师734人。在“四清”运动中，有112人受到牵连。1971年，“一打三反”运动有275名教师受到批判斗争，学校领导干部一半以上被解职。

1977年，县教育局在县委领导下对公、民办教师进行组织和思想整顿。1978年，各级教育部门和学校按照中共中央4月5日批转的中央统战部和公安部《关于全部摘掉右派分子的帽子的请示报告》和9月17日批发的实施方案，对1957年反右派斗争中被错划为右派分子

的干部、师生员工进行复查和改正。是年，在县委、县政府领导下，县教育局组织清理一系列历史积案，落实知识分子政策。至1983年底共清理历史旧案283起，连同外县转来的共99人的右派问题得以平反纠正。接收被无辜开除的几十名教学人员，“四清运动”中受牵连的112人，复议纠正98人，“文革”期间被审查批判的教师全部进行澄清复议，作出明确公正的结论。

从1980年开始，县教育局组织力量，再次对全县公、民办教师进行全面整顿，通过考试、考核和考查对每一个教师作出考评结论，有30多名优秀的中青年教师被提拔到领导岗位。1983年，县教育局又在庞家公社进行定员定编的试点工作。通过整顿，教师队伍质量得到了提高。

1983年1月，省教育厅向全省具有30年教龄的老教师颁发荣誉证书。全县有272名任教30年以上的教师荣获省教育厅颁发的荣誉证书。1984年1月至7月，根据1983年教育部和省教育厅《关于中小学教师队伍调整、整顿和加强管理的意见》及市教育局关于《中小学教师队伍调整、整顿工作安排意见》，对全县中小学教师，从政治思想表现、工作态度、教学效果、业务能力以及文化程度等方面进行了全面考核，通过考核辞退了不称职的超编民办教师。1985年，县教育局组织一次对全县教师的考核评级。

1986年7月，县首届教代会召开。以教师代表为主体的教代会，对教育和学校的重大事项进行审议、决议，是教师参与民主管理、监督的基本形式。县直学校和各乡镇自此每年举行一次教代会成为制度。

1989年，根据国务院及上级文件规定，在普调基础上，将教师及其他专业技术人员工资标准分别提高两档。为体现按劳分配、鼓励先进的原则，在1989年调整工资工作中，对有突出贡献的中青年教师及科研人员给予重点照顾，在普调和提高档次的基础上予以奖励升级。根据教师劳动的特点，1979年在中小学建立班主任津贴制度，津贴标准分别为每月6元和5元，约有40%的中学教师和70%的小学教师担任班主任。1989年，根据国务院文件，中小学班主任津贴在原有标准上提高到13~15元，同时还建立了中小学教师超课时制度，每课时酬金中学为1.5元，小学为1.2元。

20世纪80年代，博兴县还根据国家、省、地区有关规定，陆续采取了一些改善教师福利待遇的措施。如中教五级和小教三级教师家属已全部农转非，具有高中、中专学历教龄达25年或年龄满45岁的公办教师已全部办理了家属农转非手续，受地区以上单位表彰的具有高中、中师文化程度的教龄20年，年满40岁者，也办理了家属农转非手续。中小学教师看病、住院、转院和经费报销以及副食品日用品供应，与当地脱产干部同等对待；增加教职工住宅投资，改善教职工住房紧张的状况等。

1988年，中小学教师开始评定职称，教师职称评审工作每年一次。对具有大、中专以上学历的教师实行服务期制度，服务期为8年，服务期未满实行培养经费补偿制度。1996年，省教委制定教师资格过渡工作实施办法。全县对1993年12月31日以前在岗的5090名教师实施了过渡，认定教师资格4923人。1997年起，严禁系统外人员调入教育系统任职。

2000年5月，全省小学教师综合能力训练现场会在博兴县召开。同年8月，出台《博兴县中小学人事制度改革实施意见》，全面推行教职工聘任制。

第三节 考核与奖励

清末，政府对办学有功者赏以官衔，或赐以匾额彰扬旌表。

民国时期，随着学校教育的渐次普及，政府及教育行政机关对教师任职资格的考核（时称“检定”）也渐趋规范、严格。

1918年11月，山东省检定小学教员委员会成立，制定了《山东检定小学教员施行细则》，其要点：（1）组织“检定小学教员委员会”，设会长一人，由省教育厅长兼任，常任委员六人，由教育厅长、教育厅科长、科员、省视学及省立师范学校校长、教员担任，另有临时委员若干人。（2）调查教员资格分为无庸检定、无试验检定及试验检定三类。（3）高等小学正教员、助教员及国民学校教员检定试验科目为：修身、国文、教育、数学、历史、地理、理科、体操。

高等小学及初等小学检定科目虽相同，但其深度要求有别。山东省小学教员检定自1920年开始，至1927年共举行七届。

1928年6月，南京国民政府取代北洋政权对山东的统治。因国民党山东省政府教育厅成立伊始忙于涤除积弊，故1928、1929两年未进行教员检定。1930~1933年，在恢复正常检定工作的同时，先后公布了《山东省检定小学教员委员会组织大纲》《山东省检定小学教员委员会办事细则》《山东省检定小学教员暂行规程》及《山东省检定小学教员暂行规程施行细则》等单行法规。这些法规的公布与实施，对小学教员的检定起到了一定的督促作用。

抗日战争爆发后，国民党统治区学校教育勉为支撑，囿于战争环境，检定工作被迫中断。在日伪统治区，录用教员都必须按日伪政府1939年制定的《山东检定小学教员暂行规程》《山东检定中学教员暂行规程》进行严格检定。检定内容首先是思想检定，“合格”教员必须拥护“共亚灭共”的教育宗旨，凡违反教育宗旨、违反教育法令者不得录用，录用后凡违反者、执行不力者一律辞退。

在中国共产党领导的山东抗日根据地，为了加强小学教师队伍建设，1942年，省战工会决定对小学教师普遍进行一次检定，并制定颁发了《山东省检定小学教师暂行办法》，规定：凡是小学教员，不论学历如何、任职久暂、成绩优劣，应一律接受检定，未接受检定的教员一律作为临时教员；小学教员分为初级、高级、正副教员及高级专科教师，经检定合格后由专署文教科发给服务证明书。

1950年以后，博兴县学校对教师进行过一定的政治、业务考查。但由于建国后普及教育任务繁重，新建学校过多，师资极为匮乏，因而在一个相当长的时期内，对教师任职资格的考核难以严格，造成大量不合格教师占据讲台的局面，直接影响了教学质量。从1981年开始，在省教育厅的统一部署下，县级教育行政部门从政治思想表现和工作态度、教学业务能力和教学效果、文化程度三个方面，对中小学教师进行全面考核。考核合格的教师发给合格证书；基本胜任教育教学工作，文化专业知识或业务能力不完全合格的，组织参加培训进修，使其达到合格；不合格但尚有培养前途的，组织离职脱产培训，定期考核，达到合格程度的发给合格证书，仍不合格的调离教学岗位；考核不合格，确实不适宜做教学工作的，转为职员、工人，个别的调出教育系统。

根据省教委制定的《山东省中小学教师考核工作试行意见》，从1991年开始，博兴县每年对教师进行一次考核，采取自我总结与组织考核相结合、定性考核与定量考核相结合、定期考核与不定期考核相结合的方法，全面考查每个专业技术人员一年中的政治表现、工作业绩、科研成果与业务能力的提高等情况。考核结论划分为优秀、称职、基本称职、不称职四个等级。建立了考核档案，作为以后教师晋升职务、评优选模的主要依据。

近年来，博兴县教育行政部门和各级各类学校教学管理日趋科学化、规范化。除了贯彻执行中央、省有关规定条例外，教育局先后颁发了《博兴县中小学教职工学年奖惩暂行办法（试行稿）》《博兴县中小学考核暂行办法（试行稿）》《民办教育联教计酬办法》《教育系统工作人员岗位责任制暂行规定》和《博兴县教育局有关规章制度》等。这些规章制度，在贯彻执行过程中日趋完善。

2017年11月，根据滨州市《关于深化中小学绩效工资改革的指导意见》，结合博兴实际，县人社局、教育局、财政局联合出台《关于开展中小学绩效工资制度试点改革工作的意见》，首先在高中学校开展绩效工资制度试点工作。从师德表现、管理服务情况、工作量、业绩贡献、出勤情况等方面进行考核，增加工作量和实际贡献在绩效工资分配中的权重，切实调动教师的教学积极性，绩效考核结果作为绩效工资分配的主要依据，同时，也作为教师资格定期注册、岗位聘任、职务职称晋升、培养培训、评优奖励等工作的重要依据。县财政将绩效工资纳入财政预算，按每生每月100元投入，又从教职工现行奖励性绩效工资中按每人每月提取500元，一起用于绩效工资重新分配。各高中学校边试点边反思，及时总结经验，为下一步在义务教育段学校全面推开奠定基础。

表彰优秀教师团队

第四节 职称评聘

1986年，中央职称改革领导小组向全国转发了国家教委制订的中学、小学教师职称改革的一系列文件。省里下发了中小学教师任职条件、考核办法等文件。

1987年9月全省中小学及中等专业学校首次教师职务评审和聘任工作开始进行，至次年6月底基本结束。1988年，县教育局根据地、县部署，按照有关文件要求，制定了工作细则，成立了博兴县教师职称改革领导小组和博兴县中小学教师职务评审委员会，建立了工作机构，各乡镇教育组、各中小学成立了评审推荐小组，中小学教师职称评审工作随即在全县展开。经过逐级评审，评出中学高级教师33名，中学一级教师115名，中学二级教师299名，中学三级教师84名；小学高级教师221名，小学一级教师538名，小学二级教师488名，小学三级教师138名，顺利完成了我县首次中小学教师职务评审工作。同年6月，按职称评审级别任命、聘用教师，并颁发了任命书。

从1992年开始，县教育局按照职称改革文件规定，对新分配的师范类大中专毕业生及从事教育工作的非师范类大中专毕业生，确定相应的中小学教师职务，待任期满后，参加晋升教师职务的评审。

1993年初，县教育局组建了新的中小学教师职务评审委员会及工作机构，各乡镇教委、中小学同时成立了新的评审推荐小组，对各级职务任期已满的教师进行了评审，上半年和下半年分别完成了1992年和1993年的评审任务，并为评审合格的教师办理了聘任证书。

从1994年以后，博兴县教师职务的评聘工作逐步走向制度化、规范化。每年一次组织中小学教师职务评审委员会，对各级职务任职期满的教师进行评审，并办理聘任证书。中小学教师职务的评聘工作，提高了广大教师的政治地位和工资待遇，调动了广大教师的工作积极性，推动了全县教育事业的发展。

2016年开始，教师职务的评聘工作按省市有关规定，中小学高级教师职务评审委员会下放到市级组织，高级教师职务评聘由滨州市教育局和人社局确定；中级和初级教师职务评审委员会下放到县级组织，中、初级教师职务评聘由博兴县教育局和人社局确定。

博兴县教师技术职称情况统计表

年份	初级						中级			高级	
	小学			中学		其他系列	小学	中学	其他系列	高级教师	正高
	二级	三级	员级	二级	三级						
1988	538	488	138	299	84		221	115		33	
1989	538	488	138	299	84		221	115		33	
1990	538	488	138	299	84		221	115		33	
1991	538	488	138	299	84		221	115		33	
1992	538	488	138	299	84		221	115		33	
1993	618	455	75	373	83		342	160	4	45	
1994	747	405	25	496	71		511	235	4	60	
1995	766	323	22	480	49		604	368	4	81	
1996	856	280	11	590	40		675	441	4	105	
1997	956	290	8	664	27		760	572	5	129	
1998	986	296	3	725	24		829	734	9	149	
1999	1028	255	3	731	70		971	822	10	200	
2000	1028	255	3	731	70		971	822	10	200	
2001	1098	268	2	736	62		984	831	12	245	
2002	1123	277	1	762	51		927	807	13	287	
2003	1328	251		841	53		937	823	14	319	
2004	1376	261		837	41		961	818	15	338	
2005	1390	249		917	37		757	717	15	378	
2006	1381	242		987	26		901	764	16	423	
2007	1396	241		978	19		1128	789	16	497	
2008	1444	239		1180	8		1101	180	17	465	
2009	1464	242		1195	12		1139	762	18	484	
2010	1476	241		1215	13		1152	803	19	542	
2011	1534	239		1230	14		1129	855	19	536	
2012	1530	148		1245	15		1045	919	20	563	
2013	1614	130		1241	14		612	888	21	500	
2014	1534	118		1176	12		771	1119	22	618	
2015	1546	110		1162	10		787	1142	22	571	
2016	1549	107		1169	9		826	1163	23	595	
2017	1588	107		1208	9		845	1182	23	614	3

说明：自2013年起，专业技术职称改为中小学教师水平评价，不分中小学；本表按2013年后职称系列统计。

第三章 教师培训

第一节 师德建设

新中国成立初期，在减租减息、清匪反霸、土地改革、抗美援朝和“三反、五反”中，博兴县各级各类学校广大师生积极参加运动，并利用各种形式向社会作宣传。到1954年，全县仅读书组、读报组就有395个。在宣传过程中，师生也受到深刻教育。此时期，党和政府对知识分子的思想教育是积极稳妥、和风细雨式的，目的是肃清封建的、买办的、法西斯主义的思想，使知识分子通过自觉思想改造，树立革命的人生观，树立为人民服务、为社会主义服务的思想。

从1953年开始，学校重视对师生进行劳动教育，注意组织师生参加生产劳动，以利于他们克服旧社会遗留下来的脱离政治、脱离实际的弊习。从1954年开始，学习和宣传过渡时期总路线，一时成为学校政治思想工作的中心，在学习和宣传活动中，师生逐步加深理解我们国家的政体、性质和前途，对进行社会主义改造的重要性、必要性和方法步骤都有明确的认识。在学习和宣传宪法的同时，各级各类学校组织师生学习宣传时事政治、农业合作社政策、粮食统购统销政策等，师生中涌现出很多报名入社、踊跃交售余粮的先进典型。

1955年以前，博兴县的学校政治思想教育，是在县委宣传部的直接领导下，在团县委的协助下，在教育行政部门和各级各类学校的党、政、团、工会组织的一致努力下进行，做到了重点明确、中心突出、步骤稳妥、方法适当、效果显著。

1956年，为加强学校政治思想工作，县委专设文教部，负责对文教卫生部门的监督管理和思想领导。在县委文教部的领导下，全县各级学校政治气氛很活跃，师生对教学改革展开广泛讨论，改革试点工作得以顺利进行。

1977年以后，全县各级各类学校逐步恢复和健全各种政治思想工作制度，发挥了党、团、少先队、学生会、教研组、班主任的政治思想教育作用，开展了关于真理标准的讨论，对师生进行“四项基本原则”的教育，广大知识分子被宣布为工人阶级的一部分，冤假错案得以纠正，广大教师的政治地位、经济地位，发生了和正在发生着重大的变化。县教育局制订了岗位责任制和其他若干规章制度，奖勤罚懒，激励先进。

1986年，国家颁布了《中华人民共和国义务教育法》，全县教师在学习宣传活动中，加深了对教育工作重要意义的认识，进一步增强了事业心与责任感。1988年，中共中央颁发了《关于改革和加强中小学德育工作的通知》，1990年，国家教委又颁发了《关于进一步加强中小学德育工作的几点意见》，为认真落实《通知》与《意见》的文件精神，县教育局积极采取措施，加强教师队伍的思想政治工作，建设一支素质良好的德育工作队伍。1991年9月，国家教委和全国教育工会颁发了《中小学教师职业道德规范》，县教育工会翻印了上千份《规范》，发放到全县各中小学，县教育局部署教师认真学《规范》，找差距，制订整改措施，树立良好职业道德规范。县一中请来专家教授做师德规范专题报告，请来外地优秀教师介绍模范事迹，使全校教师受到生动深刻的师德教育。

1991年10月，中央下发《关于进一步组织中小学干部、教师学习社会主义理论的通知》，同年11月，中央宣传部、国家教委又下发了《关于加强和改进中学干部、教师思想政治工作若干问题的通知》，根据两个《通知》的要求，博兴县进一步加强了学校干部与教师的思想政治工作，教育他们认真学习马列主义、毛泽东思想和邓小平理论，坚定具有中国特色社会主义的信念，全面贯彻党的教育方针，做好教书育人工作。1993年10月，国家颁布《中华人民共和国教师法》，全县各学校采取多种形式学习、宣传、贯彻落实《教师法》，把有关加强教师思想政治工作的要求，作为重点认真落实，把教师思想政治表现纳入了考核内容，成为受聘任教、工资晋升、职称评定、评优选模的先决条件，使教师的思想政治工作进一步制度化、法制化、科学化。

1996年6月，县教委党委根据上级有关文件精神，下发了《关于在全县教育系统深入开展社会主义精神文明建设的实施意见》，开展了“德育工程”和“形象工程”，以及“十佳校长”“十佳教师”“十佳学生”“文明学校”的争创活动。1997年3月，县教委又下发《树立和维护教师形象的实施意见》，提出内强素质，外树形象的方略，强化师德建设，开展了师德标兵的评选活动，当年评出省级师德标兵1 名，县级10名。此后，每年评选一次，1998年和1999年又评出地级师德标兵2人，县级20人。1997年8月，国家教委、全国教育工会又颁发了《中小学教师职业道德规范》（修订稿），为配合这次《规范》的学习宣传活动，县教育工会组织了专题演讲比赛，博兴二中青年教师黎华代表滨州地区参加省里组织的以“我的学生 我的爱”为题的师德演讲比赛，荣获全省第三名，获得一等奖。

1998年，下发了《博兴县教委关于教育形象工程的实施方案》，要求全县中小学领导干部与教师以党的十五大精神为指针，以《中小学教师职业道德规范》和地区制订的学校文明建设双六十条为基本要求，切实解决当前社会关注与群众反映强烈的教育热点、难点问题，树立人民教师为人师表的形象，学校文明示范的形象，教委机关廉洁治教的形象，教育工作者从教为民的形象。

1999年，中共中央、国务院召开了第三次全国教育工作会议，颁发了《中共中央、国务院关于深化教育改革，全面推进素质教育的决定》，县教委组织各校干部与教师认真学习、宣传、贯彻落实《决定》，加大教育教学改革的力度，加强思想政治工作，把全县素质教育推向一个新阶段。

2001年，县教育局印发《关于开展中小学教师职业道德教育全员培训的实施意见》，组织征订《中小学教师职业道德修养》《中小学教师继续教育证书》，以校本培训为主要形式，在全县开展了以“强师德，铸师魂”为主题的读书修身活动。2002年，博兴县实施“学校德育工程”，以《中小学教师职业道德修养》为主要培训教材，以校本培训为主要形式，加强对中小学教师职业道德的全员培训，开展了“创优良教风，树师德风范”活动。

2003年，组织教师学习《义务教育法》《教师法》《中华人民共和国未成年人保护法》《教师职业道德规范》和《关于加强青少年学生法制教育工作的若干意见》，加强对全体教师的职业道德修养教育和法制教育，并成功举办了“全县教育干部法律法规、廉政教育培训班”。2004年，为进一步加强师德教育，提高教师职业道德水平，在中小学校长培训和教师继续教育工作中，坚持把师德教育作为重点内容；在教育工作督导评估和包乡镇调研工作中，教师的职业道德表现都是检查的重中之重；在职称评审和教师教育教学实绩考核中，坚持实行师德考核“一票否决制”。2005年，开展“师德建设年”活动，先后组织了“教师公开承诺和签名活动”“心连心、手拉手活动”“表彰师德标兵”“举办师德报告会”“评选师德论文”等一系列活动。2006年，进一步学习宣传贯彻新《义务教育法》，举办“我讲我的故事”师德演讲比赛。

此后，县教育局每年与县工会、团县委、县妇联联合开展优秀教师、师德标兵等评选工作，并通过师德征文、演讲比赛等形式，进行师德教育。2017年，县教育局制定《博兴县“师德建设年”活动方案》，有组织、有计划地在全县教育系统深入开展“寻找博兴最美教师”、教师宣誓、师德案例评选等一系列活动，教育和引导广大教师强化责任意识，为人师表、敬业爱生、教书育人，做学生尊敬、家长认可的教师。在新教师岗前培训、跟踪培训、全员继续教育培训、中小学校长培训中都将师德师风作为必设科目，开展了一系列的师德师风继续教育培训活动。

拒绝有偿补课宣誓

第二节 业务培训

1978年前，主要由县教研室和各学校组织对全县中小学教师和校长的业务培训。1978年，县教师进修学校成立后，承担起教师培训的职能。1992年县教师进修学校并入县委党校，这项工作由县教委职教办负责。1997年8月，县教委设立教师培训股，具体负责教师和校长的业务培训工作。

1985～1992年，在县进修学校中师班毕业学员1001名，省教育学院音像班毕业学员121名，电大班毕业学员126名，招收卫电高师班学员1136名。在校长培训工作中，1989年至1993年，省教育学院教管专业专科班、专业证书班毕业学员74名，教管专业本科班毕业学员38名。举办小学校长培训班毕业学员81名。

1995年，县教委开展了教师通用基本功（写钢笔字、毛笔字、粉笔字，画简笔画，说普通话）训练活动。1997年5月，博兴县组织了“迎香港回归博兴县教师千人表演大会”。2000年5月，全省小学教师综合能力训练现场经验交流会在博兴召开，省教委齐涛副主任出席会议并讲话。

1998~2000年，对教师计算机应用能力进行等级培训考核，有4215名教师取得初级证，1256名教师取得中级证。1998年，县教委开展计算机培训工作，先后举办教师培训班与校长培训班26期，参加人数达2500余人次。1996~2000年，县教研室举办中小学教师教学大纲、教材、教法培训班24期，参加人数2700余人次。

2001年以后，教师业务培训形式多样，更加细化。

一、基础教育新课程师资培训

2001~2002年，县教育局制定《基础教育新课程师资培训意见》，下发《走进新课程》《新课程标准》等培训材料，先后派出62人参加国家、省级新课程骨干师资培训班，并由这些骨干教师在全县范围内开展学科培训。博兴县新课程师资培训的经验在山东省基础教育新课程师资培训工作简报上做了介绍，并在山东省师范教育学会第十三次学术年会上交流。青州市进修学校等单位前来县参观学习，省新课程督导检查组对博兴县新课程师资培训工作检查后给予高度评价。

2003年，根据《基础教育新课程师资培训意见》，对全县小学107名《综合实践》课程教师、140名《思品与生活》课程教师、38名初中《物理》课程教师进行了“通识+学科”的基础教育新课程师资培训。

2004年，在县教师进修学校举办全县第三期小学英语教师培训班，共有36名小学英语教师参加培训。先后组织15名高中教师参加省课程改革新教材培训、24名中小学教师和教研员参加省骨干教师培训、95名中小学教师参加市骨干教师培训、120名高中教师参加市课程改革新教材培训。举办了全县中小学教师暑期师资培训活动，全县各级各类中小学教育干部、起始年级任课教师等共计1048人次进行了通识培训和九个学科培训。

2005年，对高中二年级语文、数学、英语、思想政治、历史、地理、物理、化学、生物等学科的全体任课教师进行培训，对初中一二年级全部教师和小学一年级全体教师进行了学科培训。

2006年暑期，通过网络对小学10个学科964名教师、初中17个学科1010名教师、高中10个学科196名教师进行了培训。在滨州市年度教育创新人物评选中，全县共有7人获教育创新人物奖。

2007年，组织全县初中、小学共16个学科的200名（中、小学各100名）骨干教师，参加了全省新课程远程教育培训，根据省里的要求，初步建立全县中小学教师信息管理系统。

2008年3月，县教育局印发《博兴县校长、教师综合素质发展评价实施方案》，深入开展县“名师”“名校长”“名班主任”培养工程。2011~2015年，举办名师论坛、名师送课下乡、名师报告会，组织各学段教师参加国培、省培计划，聘请高层次教育专家、知名学者举办师德励志、转变思维模式等内容的教育大讲堂，全方位提升教师教育理念。

自2008年以来，为进一步提高全县师资队伍的素质和水平，结合全县师资培训的实际情况，组织参加全省暑假中小学教师远程研修，帮助教师诊断和解决教学中的问题，提高教师课程实施水平，提高教育教学质量，促进全县基础教育课程改革与发展。

2009年为促进青年教师迅速成长，组织了“青年教师成长与专业发展”论坛。

2017年制订《博兴县乡村教师支持计划实施细则》，做好乡镇学科教师分批次、分学科到县直学校的全方位跟岗培训活动，加大对乡村教师的培训力度，大力促进乡村教师专业发展，推进城乡教育均衡发展。

二、中小学教师继续教育工程及校本培训

2001年，博兴县被省教育厅表彰为“山东省中小学教师继续教育先进单位”。2002年，博兴县全面实施“中小学教师继续教育工程”。出台《关于博兴县骨干教师培训对象培训的意见》，加大对骨干教师的培训力度；制定《关于中小学教师计算机应用能力培训的意见》，对教师进行计算机信息技术培训。实施中小学教师“富脑工程”，举办理论报告会11次，专家报告16场，共计13000人次参加报告会。

2003年，制定《博兴县教育局2003年开展中小学教师校本培训的意见》，组织教师认真学习《素质教育观念学习提要》《新课程标准》两本教程。注重做好校本培训与“农村支教”结合工作，先后组织省市级教学能手、骨干教师、学科带头人等集中讲学58次，听课6130人次；选派8名市级以上教学能手到乡镇学校上课，乡镇学校相应派教师到县直学校跟岗上课，从而达到相互学习，相互促进、共同提高的目的。全县154名市级以上骨干教师与年轻教师结对帮扶，为全县教育发展储备力量。2003年县实验小学校本培训经验在全省中小学教师校本培训经验交流会上作典型发言，县一小、兴福镇中小学的经验材料在全省中小学教师校本培训经验交流会上交流并印发。

校本教研

2010年11月，组织全县教育系统50名教师参加了“国培计划（2011）”——县级教师培训机构培训者远程培训项目培训。

2004~2017年，县教育局每年结合业务学习与考试、集体备课、全省教师全员远程研修等活动，通过结对子、以老带新、骨干教师讲座等形式，对新入职教师及其他青年教师进行培训，积极推进中小学教师继续教育工程及校本培训工作。

三、英特尔教育培训

2002~2003年，县教育局选派7名骨干教师参加省“英特尔未来教育”师资培训班。省培训结束后，先后组织三期相应的县级培训，由参加省培训的教师对全县101名教师进行培训；参加县培训的教师又在各自单位相继开办“英特尔未来教育”培训。

四、新教师培训

自2001年开始，对新上岗教师进行上岗前培训。采取集中通用知识培训、分散学科培

训、日常实践培训三种形式，使新教师迅速做好角色转化，适应教师岗位，累计1561人次参加培训。

五、教师学历提升

2000年，与北京师范大学、山东师范大学合作举办了教育管理（在滨州师专学习）、现代教育技术（在博兴师范学习）两个研究生课程进修班，全县有100名教师参加了学习。2002年，与山东师范大学合作，举办了中文、数学两个研究生课程进修班，学员69名。是年，实施《中小学教师继续教育“十·五”规划》，参加学习并取得证书的教师本科406人，专科130人，中文、数学研究生269人。2003年，对已就读的390名本科生、13名专科生、69名研究生进行辅导，鼓励教师通过各种渠道进修学习，提高学历学位层次。是年，全县有100名教师取得研究生学历证书。

2004年，组织23名中小学教师参加全省教师自学考试，鼓励和支持教师通过函授、助学自考等渠道进修学习，提高教师的学历层次，全年，226人取得高一层次的学历。2005年，组织了两次自学助考学员培训。

2007年，先后两次组织160名教师自考学员，参加了全省组织的学科培训和计算机等级考试培训，对他们的960多份作业进行了批阅，并将成绩统计上报。

2008~2017年，每年组织部分教师通过函授、助学自考、离职学习等渠道进修学习，提高教师的学历层次。

六、教师全员远程研修工作

2008年山东省教育厅组织高中教师率先进行暑期全员远程研修，在以后几年内各学段教师远程研修工作逐步展开。2009年除了高中教师参加远程研修外，全县所有初中语文、数学和英语教师参加远程研修；2010年本县高中教师和所有初中理化生教师参加了远程研修；2011年全县高中教师和所有初中史地政音体美教师参加远程研修。至此，三年内所有初中教师都参加远程研修。同年，博兴县所有小学教师开始参加远程研修。2012年，高中、初中、小学和幼儿园四个学段的教师远程研修工作全面展开。

2008年7月~8月，全县高中教师所提交的作业数量和质量都远远超过滨州市其他高中学校。

2011年，博兴县共有6篇资源被省专家课程团队录用（博兴二中4篇，博兴一中2篇），博兴二中和博兴一中关注度分列全市第一、二名。初中远程研修中，县实验中学、曹王一中等多所学校关注度列全市前列。

2016年6月，为进一步提升中小学教师专业素质，根据省教育厅《2016年“互联网+教师专业发展”工程实施方案》和市教育局《2016年滨州市“互联网+教师专业发展”工程实施方案》等文件精神，结合博兴中小学、幼儿园教师培训工作总体安排，在总结近年来教师全员远程研修经验基础上，县教育局制定下发2016年博兴县“互联网+教师专业发展”工程实施方案。暑期远程研修以推进中小学教师自主专业发展为目标，以中小学教师全员参与的“一师一优课、一课一名师”活动为主线，开发丰富的菜单式课程资源，满足教师个性化自主选学需要。2017年4月，组织全县168名高中班主任，367名初中班主任，719名小学班主任完成2016年滨州市“互联网+班主任专业成长”工程远程研修，并取得优异的成绩。其中61人获得优秀学员，4人获得优秀辅导员。

2008~2017年博兴县参加省教师全员远程研修情况一览表

年份	高中	初中	小学	幼儿园
2008	全员			
2009	513	668（语数英）		
2010	485	190（理化生）		
2011	491	367（政史地音体美）	1308	
2012	505	1260	1398	282
2013	593	1240	1485	275
2014	631	1180	1426	383
2015	688	1448	1680	579
2016	734	1583	1853	669
2017	750	1582	1904	723

第三节 语言文字工作

1954年12月，国务院成立中国文字教育委员会。1985年12月16日改名为国家语言文字工作委员会。逐步健全语言文字领导机构，实施规范化管理，全面推进语言文字工作。20世纪90年代初，博兴县语言文字工作委员会成立。2000年《国家通用语言文字法》颁布，2001年，县教育局下发《关于加强学校语言文字工作的实施意见》，开展了《国家通用语言文字法》宣传周活动，举办了116名中小学校长和140名教师参加的普通话培训班，建立普通话测试员档案。本年度创建县级“普通话示范校”6处，申报市级“普通话示范校”5处。

2002年，积极开展“普通话宣传周”活动，举办了两期共359人参加的普通话培训班。是年，共有7处学校被命名为县级“普通话示范校”，3处学校被命名为市级“普通话示范校”。2003年，开展“说普通话，写规范字”活动，并对850人进行了普通话测试。2005年，组织全县第八届“推普宣传周”活动。店子一中等6处学校获得“滨州市普通话示范校”称号。

加强普通话的培训与测试，是贯彻实施《国家通用语言文字法》的重要举措。根据博兴实际，制定普通话培训与测试计划，按照先教育，后机关企事业单位的顺序，遵循“以训保测、以测促训”的原则，有条不紊地开展普通话培训与测试工作，并在每年的3月和9月，分两次对没有普通话证和普通话不达标的人员进行普通话测评考试，自2008年至2015年共测试人员达3000余人，达标率在90%以上。

按照每年不同的宣传主题积极做好普通话宣传周的推广工作，通过专栏张贴、悬挂门前街头横幅、博兴大集为群众讲解、散发宣传单等形式进行推广宣传，并利用报纸、电视等媒体宣传报道。

抓好“普通话示范校”创建工作，是促进普通话、规范字成为校园用语用字的重要方法。按照县教育局制定的《博兴县普通话示范校评估标准》，自2004年先后有13所学校通过了省语言文字规范化学校验收，有28所学校被评为市级“语言文字规范化学校”，有36所学校被评为县级“语言文字规范化学校”。

2016年，结合第19届“全国推广普通话宣传周”活动，积极做好有声数据库博兴方言发音人的征集报名与遴选工作。

2017年启动迎接国家三类城市语言文字验收工作，制定工作方案，开展党政机关、学校、新闻媒体、公共服务行业四大领域普通话培训测试工作，共组织4934人参加普通话测试，积极组织准备全县各单位的语言文字档案材料，并于12月高标准顺利通过国家三类城市语言文字验收。

第四节 名师培养

2008年3月，县教育局启动“名师工程”，制定出台《博兴县校长、教师综合素质发展评价实施方案》，以“学生（家长）喜欢、同事支持、领导满意、学术认可”为评选标准，自2008年起，每年开展一届名师评选工作，按照评选即培养的原则，先后开展了八届评选活动。共评选出名师271人、骨干教师1059人、优秀教育工作者178人。

在县名师评选、培养的基础上，积极推报县名师中的优秀人员参加上级评选，王爱岭、高桂荣获“齐鲁名校长”称号，赵国防、周玉霞、李红岩、张永华获“齐鲁名师”称号，白桂云入围“齐鲁名师建设工程人选”。在市教育局组织的首届“三名”（名师、名校长、名班主任）评选中，博兴县有10名校长、16名教师、8名班主任入选。第二届市“三名”评选中，博兴县有6名校长、12名教师、7名班主任入选。

2008~2015年“名师工程”情况一览表

年份	名师	骨干教师	优秀教育工作者
2008	39	91	
2009	51	118	
2010	21	127	14
2011	49	139	29
2012	16	142	33
2013	33	164	35
2014	45	151	37
2015	17	127	30
合计	271	1059	178

2016年县教育局出台了《博兴县名师培养工程实施意见》，继续实施名师、骨干教师培养工程。2017年组织“三名”培养工程人选参加全市集中培训和跟岗培训。并承担了市第二期“三名”小学培养工程人选的跟岗培训任务。在名师、骨干教师作用发挥方面，先后举办市“三名”培养工程人选送教巡讲4场次，参会人数1000余人；举办县名师、骨干教师送课（教）下乡活动4场次，参会人数700余人。

第五节 校长培训

一、校长培训

2001年，举办116名中小学校长参加的普通话培训班，建立普通话测试员档案。2002

年，选派 6 名县直学校校长到上海 3 处名校挂职锻炼。

2003 年，组织 1 名高中校长，23 名初中校长、28 名小学校长参加省、市举办的校长任职资格学习班，13 名初中校长参加市举办的校长提高培训班，两名校长参加省举办的高级研修班。2004 年，完成了 7 名中学校长提高班学员的业绩实效考核。

2005 年，先后三次组织 41 名中小学校长参加滨州市组织的第二批中小学校长提高培训和任职资格培训。组织 49 位中小学校长赴江苏参加第四期洋思教学模式观摩研讨会，并于 6 月 28 日举办学习洋思经验交流会。在全省组织的“山东省年度教育创新校长”评选中，周奎齐获得“年度教育创新校长”荣誉称号，高桂荣获得提名奖。

2006 年，组织 65 名校长参加“十一 · 五”期间全市第一期、第二期中小学校长任职资格培训班，组织 6 名校长参加义务教育阶段小学校长新课程省级高级研修班。组织 20 名校长参加义务教育阶段初中校长新课程省级高级研修班。

2012 年，组织全县中小学校长、教委主任、幼儿园园长 206 人参加了市教育局和国家教育行政学院联合组织的校长高级远程研修。

2016 年，组织全县 3 名高中业务校长和 19 名初中校长（含副校长）分别到江苏省、浙江省名校进行了为期 2 周的跟岗培训。

2017 年举办“中小学校长现代教育技术应用能力”培训班，进一步提高中小学校长现代教育技术应用能力，促进现代教育技术在教育教学和学校管理中的有效运用。2007~2016 年先后组织全县高中、初中、小学和幼儿园校（园）长参加国家、省级中小学骨干校长培训班和任职资格培训班。是年，委托第三方通过省外名校跟岗培训、外出考察、专项研修等形式，培训中小学校长 100 余名，通过培训提高了校长管理学校的水平和能力。

二、校长论坛

为加强和改进博兴县中小学教育教学管理工作，搭建教育管理经验交流平台，全面提高教育教学质量和办学水平，推动全县教育事业又好又快发展，2010 年 ~2015 年，县教育局每年组织全县中小学校（园）长围绕办学经验、管理经验、学校特色等进行交流。

第六篇　教育教学

党的教育方针

坚持教育为社会主义现代化建设服务、为人民服务，把立德树人作为教育的根本任务，全面实施素质教育，培养德智体美全面发展的社会主义建设者和接班人，努力办好人民满意的教育。

第一章 德育工作

清朝以前，德育体系以孔孟儒家伦理为主体，其思想核心为“三纲五常”以及在学校推行“内圣外王”、修身克己、恭顺谦卑人格修养和注重背记古训的模式。“五·四”运动以后，学校德育的特征和任务是颁布世俗学制，废除尊孔读经，反帝反封建，倡导科学与民主，创立新文化、新道德，学校德育工作的内容和形式发生了根本性变化。

新中国成立初期，学校德育重在接管学校时对旧德育的批判与新德育的重建。按照时代要求，结合国家颁布的一系列有关德育的法令、方针、政策，县内各学校采取多种途径整顿德育秩序，废除反动德育课程；继承县域解放区（闫坊、陈户等）德育经验，强调学校的政治思想教育为无产阶级政治服务，理论联系实际，运用民主教育方法帮助和组织学生积极开展生产劳动和各种政治运动；利用“四史”(村史、社史、厂史、家史)进行教育，请“三老”(老贫农、老工人、老红军)作忆苦思甜教育。

1963年毛泽东主席发出了“向雷锋同志学习”的号召，博兴县各学校掀起了向雷锋同志学习的热潮。其后，结合不同时期实际，广泛开展学习英雄的活动，王进喜、焦裕禄、雷锋等人的高尚品质深入人心。随着学习的不断深入，1993年起，把“学雷锋活动”与文明礼貌教育结合起来，将每年3月定为“文明礼貌月”，与时俱进的开展文明教育活动，广大学生争做好人好事。

十一届三中全会后，重新确定了德育在学校中的重要地位。博兴县各学校通过观看爱国主义教育影片、唱红歌等形式，集中进行坚持四项基本原则的宣传教育，并与革命理想和共产主义道德品质教育相结合。

1981年教育部颁发《小学生守则》和《中学生守则》，为规范中小学学生行为，形成文明举止提供了依据。县委、县政府下发《关于贯彻<中共中央关于改革和加强中小学德育工作的通知>的意见》，各学校掀起了学习“两纲”（《中学德育大纲》《小学德育纲要》）、“两则”（《中学生守则》《小学生守则》），落实“两个规范”（《中学生日常行为规范》《小学生日常行为规范》）的热潮。1983年开始，各学校结合全国学联等九单位要求，通过校园文化建设、举行系列活动等形式，在中小学生中开展“五讲”（讲文明、讲礼貌、讲卫生、讲秩序、讲道德）“四美”（语言美、心灵美、行为美、环境美）“三热爱”（热爱祖国、热爱社会主义、热爱中国共产党）活动。

从1989年下半年起，县直各学校成立主管学生德育工作的机构——政教处，学校德育工作有了新的起色。各乡镇教委和学校相继建立德育工作领导小组，有条件的乡镇在初中成立了政教处。是年始，全地区每年4月份开展“优化育人环境月”活动，促进了学校德育工作和育人环境的整体优化，博兴县走在此项活动前列，连年受到地区教委表彰。

1990年4月，国家教委发布《关于进一步加强中小学德育工作的几点意见》。同年11月，县委宣传部、教育局等五部门联合发出《关于开展中小学德育宣传月活动的通知》，制定了具体的实施方案，推动了全县德育工作有效开展。同时，全县中小学普遍开展“三热爱”活动，激发学生爱党、爱祖国、爱人民解放军的深厚感情。县一中、二中从1989年开始对高一新生实行军训，成为“国防教育”的重要组成部分。

1991年开始，博兴县各学校普遍开展“两史（中国近代史、现代史）一情（国情）”教育。通过印发学习资料、广播宣传，开展知识竞赛、升国旗、唱国歌、演讲比赛、征文评选等爱国主义教育活动，“两史一情”教育更加深入扎实。为培养学生的集体主义、共产主义精神，开展“中小学‘手拉手、结对子’联谊活动”，博兴一中与蔡寨中学、寨郝中心校与井冈山革命老区一小学、县实验小学与蔡寨乡榆林小学在活动中结下深厚友谊。1994年，中共中央颁布了《爱国主义教育实施纲要》，县教委和各学校加大爱国主义教育的力度。从是年开始，观看百部爱国主义电影被列入德育工作议程。在县委宣传部、县教委等部门领导下，组织观看爱国主义电影工作进展顺利。到1998年，全县各学校、乡镇全部配齐了电影放映机，保证每月让学生观看一部影片。1997年，县教委紧紧围绕“迎香港回归”等重大时事，组织开展“迎回归读书活动”“倒计时活动”“书画展”“演讲比赛”等丰富多彩的德育活动，把爱国主义教育推向高潮。同时，全面贯彻全国第二次中小学德育工作会议精神，全县中小学德育工作呈现新局面。1998年6月，全地区中小学开展“庆香港回归，盼祖国统一”演讲比赛活动，博兴县中小学选手分获全地区中学组和小学组第一名。1999年，以“庆祝建国50周年”和“迎澳门回归”两件大事为主题，广泛开展“光辉的50年”读书活动、“理想、信念、科学”征文、“保卫21世纪中国”演讲比赛、优秀德育手抄报展评等庆祝活动。2008年，恰逢北京奥运会和改革开放三十周年，县教育局组织开展迎奥运创意画大赛、“为奥运加油、为中国加油”宣传活动、爱国主义教育展览等系列活动。2009年，县教育局组织开展“庆祝新中国成立六十周年”演讲比赛等活动。2014年，随着中国人民抗日战争胜利纪念日、南京大屠杀死难者国家公祭日的确立，博兴县各学校开展了一系列爱国主义教育活动。

1994年，中共中央颁布了《关于进一步加强和改进中小学德育工作的若干意见》，县教委和各学校加大学校德育工作的力度。重点加强德育工作体制、机构建设和网络建设，优化德育工作队伍，形成了学校、家庭和社会全方位的育人网络。学校注意发挥各类优秀学生的榜样作用，注重对“差生”的教育转化工作，严格执行“学生思想品德评定办法”等条规，学生管理工作开始走上制度化、规范化与科学化的轨道。

是年4月23日，博兴县陈户四中初二学生张伟华为保护13名同学，于手榴弹操作时英勇放身。同年5月11日，博兴县委、县政府授于张伟华“舍已救人好青年”称号，并发文全县开展学习张伟华同学的活动。山东省人民政府批准他为革命烈士。

同年6月，全国少工委制定《跨世纪中国

少年雏鹰行动雏鹰奖章实施细则(试行)》，在全国少先队员中开展“雏鹰争章”活动，全县各小学落实文件精神，积极开展争章活动，通过自主小队、自主中队活动分年级落实争章活动。县实验小学被命名为“全国雏鹰大队”。

1996年，以加强精神文明建设为中心议题的党的十四届六中全会召开。博兴县教育系统随即召开“精神文明建设动员大会”，全县教职工“讲师德、树形象、作表率”蔚然成风，学生“学《规范》、讲文明、懂礼貌”教育活动普遍展开。

1998年，县教委以开展“创建德育示范学校”活动为动力，全面落实国家教委颁布的《中小学德育工作规程》，开创了具有博兴特色的德育工作新局面。是年有10处中学、9处小学被评为“县德育示范学校”，10所学校获得“十佳德育示范学校”称号。2009年开始，市教育局每两年评选一次“滨州市德育示范校”，现已评选五批，县一小、县实验小学、县乐安实验学校、曹王中心小学、县三小、县二中、县实验中学、县三中、县一中、县五中先后被评为“滨州市德育示范学校”。

1999年，县教委作出部署，要求全县中小学积极探索德育工作规律，努力提高德育工作的实效性。2000年以来，县教育局组织德育干部、班主任专题培训和论坛。在全县提出以文化建设为引领、以课程建设为中心，加强德育渗透，开展德育科研，传承优秀传统文化，进一步促进德育工作科学化、规范化。

2000年，中共中央办公厅、国务院办公厅颁布《关于适应新形势进一步加强和改进中小学德育工作的意见》。县教育局按照文件精神和市教育局《关于进一步加强学校德育工作的意见》，制定了《博兴县养成教育方案》《博兴县中小学德育系列化教育实施方案》，对中小学各年级、各阶段德育活动的主题、内容、目标作出设计和说明，提出了具体的要求，对如何实施操作提出了参考意见，并纳入县教育局对中小学的督导评估。2010年8月，县教育局下发《博兴县中小学“386养习成德”活动方案》，启动实施“生活德育”，重点是强化对学生行为习惯的培养，建立全员育人导师制，实施教书育人一岗双责制度。各学校结合实际，制定养成教育实施方案，创新性开展学生行为习惯养成教育工作。县实验小学的好习惯银行、县一小的影像德育等成为养成教育的有效尝试。

2001年，中共中央印发《公民道德建设实施纲要》，明确提出：“努力提高公民道德素质，促进人的全面发展，培养一代又一代有理想、有道德、有文化、有纪律的社会主义公民。”博兴县各学校围绕这一目标，积极开展小公民道德建设活动，县实验小学获得“全国小公民道德建设先进单位”称号。是年，教育部颁布《基础教育课程改革纲要》，提出做“四有新人”（有理想、有道德、有文化、有纪律）。县内各学校围绕这一目标开展演讲比赛、德育论坛等活动，在广大师生干部中掀起学习高潮。期间各学校针对德育评价进行研究。

2005年县教育局进一步加强学校德育工作，组织未成年人思想道德建设系列活动，与博兴县电视台联合录制“电视座谈”节目。2008年县实验中学被省文明办等部门表彰为“未成年人思想道德建设先进单位”。同年5月，县教育局在全省首届中小学德育论坛上作典型发言。11月，全市未成年人思想道德建现场会在博兴召开，博兴县青少年社会实践中心和县一小提供了现场。2014年县教育局被省文明办表彰为“未成年人思想道德建设先进单位”。

2009年“六·一”节前夕，为促进学生全面发展，实施对学生的多元评价，县教育局、县团委、县妇联组织首届“好学生、好家长”评选(后改为“优秀学生、校园之星、优秀家长”评选）活动。此后，每年一届，成为惯例。

好学生好家长评选

为进一步促进学校教育与家庭教育的有效结合，2009年，省教育厅印发《山东省普通中小学家长委员会设置与管理办法(试行)》。县教育局出台了《关于中小学家长委员会设置与管理办法的意见》，各中小学成立了家长委员会，构建起班级、级部、学校三级家委会体系，各学校设立家委会办公室和家长开放日，家委会成员驻校办公，参与学校、年级和班级管理。2010年11月，全省中小学家长委员会建设管理工作现场交流会在博兴县召开。2015年10月，教育部印发《教育部关于加强家庭教育工作的指导意见》。2016年，全国妇联、教育部等九部委出台《关于指导推进家庭教育的五年规划》，全县各学校积极开展家庭教育的探索，结合家委会工作推进家长学校建设。

2012年县教育局规范各学校德育管理机构，将政教处改为德育处，形成以校长负责，德育处主抓，其他处室协同，家委员会参与，班主任直接管理、教师全员参加的德育管理网略。推动全县中小学德育常规工作主题化、系列化、程序化，各中小学根据德育纲要、传统节假日和学校实际，每学期确定四个主题，常规德育工作围绕德育主题展开。制定《博兴县中小学养成教育系列化方案》，根据学生不同的年龄段，分阶段实施，使养成教育做到时间固定、内容规定。

2013年，县教育局制定《博兴县普通中小学班级教导会实施意见》，要求各学校加强班级教导会建设，整合各种德育资源，搭建新的育人平台，探索新的育人机制。在班级教导会的基础上，在德育处统一协调下，由班主任牵头，各学校为每一位在校生配备了育人导师，通过定期的谈心、沟通、指导，促进每一个学生的健康成长。

2014年10月，市委高校工委、市教育局下发《关于在全市大中小学培育和践行社会主义核心价值观的实施意见》，全县开展运用重要时间节点深化“我的中国梦”主题教育实践活动。

2015年4月，县教育局成立德育中心教研组，通过《博兴县德育中心教研组章程》，明确研究的目标，制订德育科研的激励机制。是年9月，县教育局下发《关于深入学习贯彻落实教育部<中小学生守则（2015年修订）>的通知》。

2016年，县文明办、县教育局联合开展文明校园创建活动，县实验中学等15处中小学校通过验收。是年，县教育局、团县委、县文明办制定《博兴县中小学生德育综合改革实施方案（2015-2020年》，县教育局出台《博兴县教育局开展中小学德育课程一体化试点工作实施方案》，确定7所学校开展试点工作。制订《博兴县教育局关于开展“董永文化”进校园工程建设的实施意见》，积极推进“董永文化”品牌建设。将县博物馆、县烈士陵园、滨州市第一个农村党支部——吕艺镇高渡村党支部、陈户战役烈士纪念馆、打渔张森林公园、县青少年社会实践活动中心确定为博兴县中小学生社会实践基地。

积极推进文明校园、文明单位创建工作。2016年起，县教育局每年组织一次文明学校评选，县内各学校积极参与创建活动。县实验小学、实验中学、县一小被评为“省级文明单位”，县乐安实验学校被评为“省级文明校园”。2017年，县一小被评为“全国文明校园”。

2016年3月，根据省市文件精神，县教育局制定下发《博兴县教育局关于开展学生成长指导中心试点工作的指导意见》，县第一小学、县实验中学、县第三中学作为试点学校，开展学生成长指导中心的试点工作。

2016年12月，《山东省中小学德育课程一体化实施指导纲要》提出立德树人和德育课程、学科课程、传统文化课程、实践活动课程“四位一体”德育理念，博兴县以县二中、县实验中学、曹王中学、县实验小学、县一小、乐安实验学校、县三小为试点学校，积极参与德育一体化试点工作。2017年12月，《中国德育》杂志社对博兴县德育一体化试点工作进行了专访。

第二章　学制与课程

第一节　发展概况

一、小学学制与课程

光绪二十九年，清廷颁布《奏定学堂章程》，也称“癸卯学制”。境内初等小学堂实行五年制，高等小学堂四年制。初等小学堂设有修身、读经讲经、中国文学、算术、历史、地理、格致、体操八科，高等小学堂加图画，共九科。按照该章程规定，山东于省城济南设立学务处一所，综理全省学务。

1906年，知县王炽昌将锦秋书院改为官立高等小学堂，小学堂分为初等和高等。初等小学堂招收7岁以上的儿童入学，学制5年。是年，小学堂开设体操课，内容以步兵操为主。民国十一年（1922），初小、高小设体育课。民国二十五年（1936）一二年级音乐、体育并为唱游课，三年级以上为跳绳、游戏等，中学为列队操、童子早操、田径、球类。

1911年，辛亥革命推翻了清朝封建统治。中国资产阶级民主派以孙中山的“三民主义”为教育方针。1912年中华民国临时政府教育部公布了“壬子学制”，规定初小四年、高小二年，工业高等小学三年，7岁为入学年龄。次年又修改补充为“壬子葵卯学制”。

1922年11月，国民政府公布“壬戌学制”，规定初小、高小为“四·二”分段，亦可合设为一校，6岁为入学年龄。1928年5月，国民政府公布“戊辰学制”，规定小学仍以“四·二”分段，入学年龄为7岁。其课程设置一般为初小设“修身、国文、算数、手工、图画、唱歌、体操、缝纫、英语”，高小设“修身、国文、算术、本国历史、地理、手工、理科、图画、唱歌、体操、农业、缝纫、英语”。

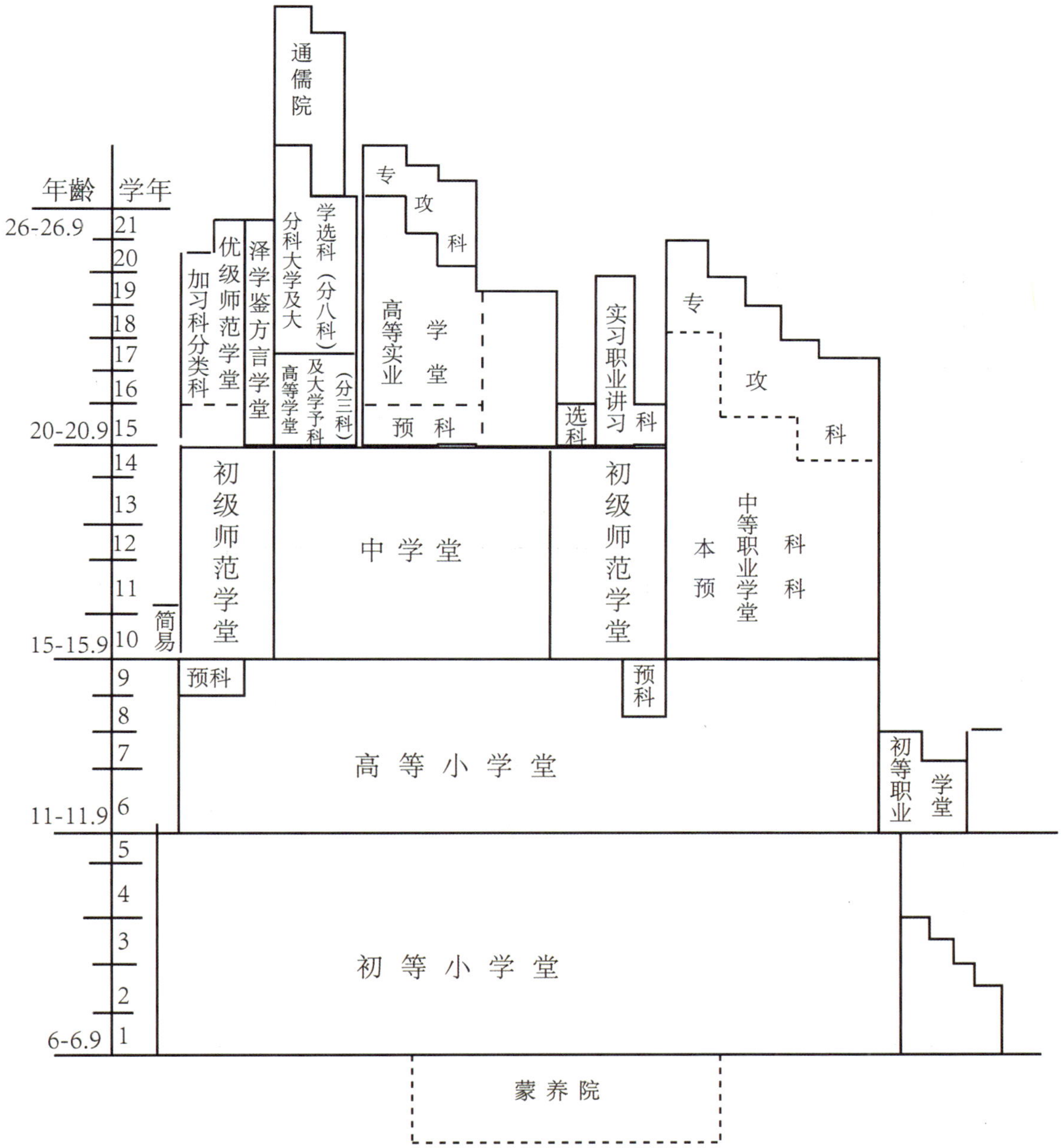

年龄
学年
26-26.9
20-20.9
15-15.9
11-11.9
6-6.9
通儒院
分科大学及大学选科（分八科）
高等学堂及大学予科（分三科）
优级师范学堂
加习科分类科
译学鉴方言学堂
专攻科
高等实业学堂
预科
选科
实习职业讲习科
专攻科
初级师范学堂
中学堂
初级师范学堂
中等职业学堂
本科
预科
简易
预科
预科
高等小学堂
初等职业学堂
初等小学堂
蒙养院

癸卯学制系统图

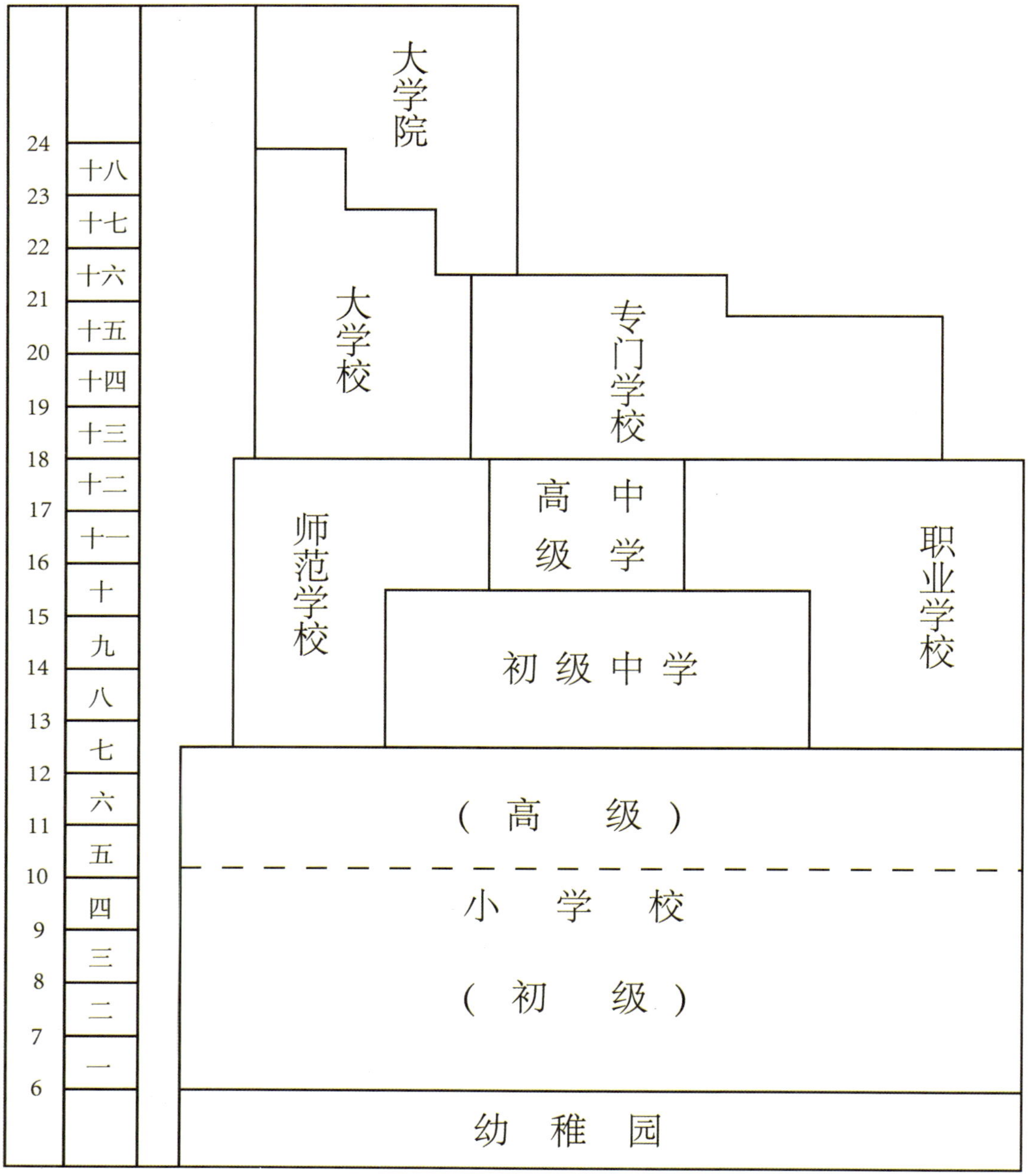
大学院
大学校
专门学校
师范学校
高级中学
职业学校
初级中学
（高级）
小学校
（初级）
幼稚园
24 23 22 21 20 19 18 17 16 15 14 13 12 11 10 9 8 7 6
十八 十七 十六 十五 十四 十三 十二 十一 十 九 八 七 六 五 四 三 二 一

壬戌学制图

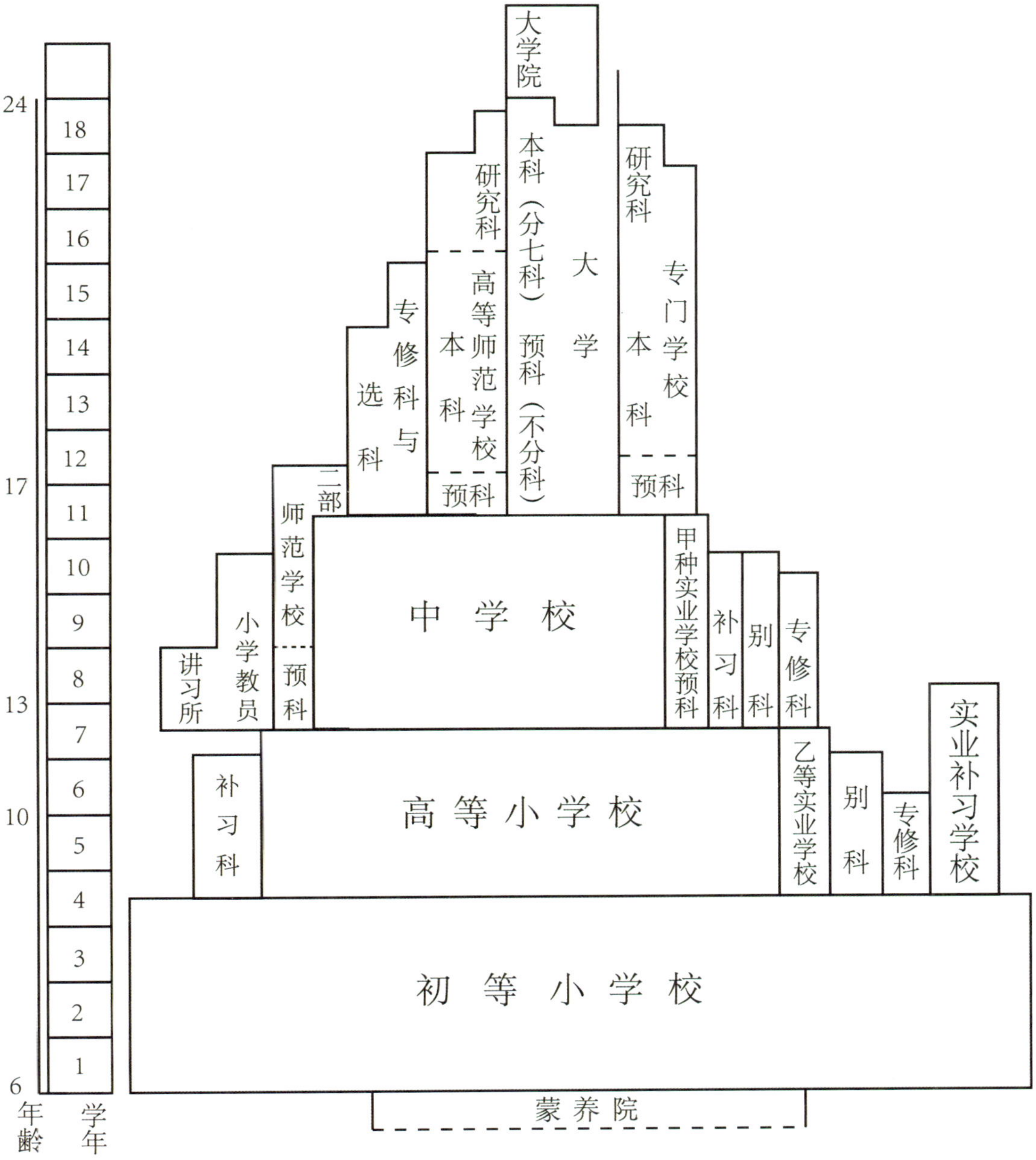

大学院
本科（分七科）
预科（不分科）
大学
研究科
高等师范学校
本科
预科
专修科与选科
研究科
专门学校
本科
预科
二部
师范学校
预科
小学教员
讲习所
中学校
甲种实业学校预科
补习科
别科
专修科
补习科
高等小学校
乙等实业学校
别科
专修科
实业补习学校
初等小学校
蒙养院
24
17
13
10
6
年龄
学年
1
2
3
4
5
6
7
8
9
10
11
12
13
14
15
16
17
18

壬子癸丑学制学制图

民国初期小学课程表

	初等小学				高等小学		
	一	二	三	四	一	二	三
修身	2	2	2	2	2	2	2
国文	10	12	14	14	10	8	8
算数	5	6	6	5	4	4	4
本国历史					3	3	3
地理					3	3	3
理科					2	2	2
手工	1	1	1	1	男2 女1	男2 女1	男2 女1
图画		1	1	男2 女1	男2 女1	男2 女1	男2 女1
唱歌	4	4	1	1	2	2	2
体操	4	4	3	3	3	3	3
农业						2	2
缝纫			1	2	2	4	4
英语							3
合计							

注：教育部1912年11月公布。女生加缝纫课。唱歌、外语等为随意科。

1912~1936年初等小学课程设置

	课程设置							
1912	修身		算术	手工	图画	唱歌	体育	缝纫(女)
1916	修身	国文	算术	手工	图画	唱歌	体育	缝纫(女)
1923	国语	算术	社会	自然	工用艺术	形象艺	音乐	体育
1928	三民主义	公民训练	国语	算术	历史	地理	卫生	自然
1936	公民训练	国语	算术	社会	自然	劳作	美术	体育

1912~1936年高等小学课程设置

年代	课程设置												
1912	修身	国文	算术	手工	图画	唱歌	体操	缝纫女					
1916	修身	国文	算术	手工	图画	唱歌	体操	缝纫					
1923	国语	算术	社会	自然	工用艺术	形象艺术	音乐	体育					
1928	三民主义	公民	国语	算术	历史	地理	卫生	自然	乐歌	体育	党义童子军	图画	手工
1936	公民训练	国语	算术	社会	自然	劳作	美术	体育	音乐				

抗日战争和解放战争时期，因为战争和特殊形势需要，小学入学年龄未作严格限制，课程也未作统一规定，学习内容（课本）一般由教育科组织有关人员编印，分发到各校，各学校也可自行编印，自行安排。

新中国成立初期，学制仍沿用旧制。1951年2月，教育部宣布从1952年开始，小学将在五年内逐步改为五年一贯制。1952年2月，教育部颁发“四·二”制小学教育计划，规定小学设语文、算术、自然（高小）、历史（高小）、地理（高小）、体育、音乐、美工等八科。1953年12月，国务院宣布停止推行五年一贯制，小学仍沿用“四·二”制。1955年9月，教育部明令全国，小学三年级以上精简语文、算术、历史等学科教材，增设手工劳动课，增加自然课和体育课时，目的是实施生产技术教育，加强劳动体育工作。1957年7月，教育部颁发教育计划，小学五六年级每周增设农业常识一节，各年级均增设班会一节。1958年9月，各地进行五年一贯制试点工作。1959年6月，教育部发出通知，规定小学主要课程是语文和算术。1961年4月，教育部通知各地，高小主要课程是语文和算术，特别是珠算。1962年4月，教育部强调加强小学珠算教学，以适应农村人民公社对会计和统计人员的需求。1962年7月，五年一贯制试点学校四五年级设外语，六年制小学如有外语老师，亦可在五六年级开设外语课。1963年1月，教育部通知，小学各年级设写字练习课。1963年6月，教育部通知，小学六年级设生产常识课。1966年7月，中共中央下达关于小学生学习《毛主席语录》的指示，并以此作为教材列入教学计划。1969年5月《人民日报》发表吉林省梨树县《农村中小学大纲》，《大纲》规定，小学由生产队办，实行民办公助，中小学实行九年一贯制，“五·二·二”分段，小学设政治、语文、算术、革命文艺、军体和劳动五门课程，全国各地都效仿照做。1970年山东省省编通用教材供全省使用。1973年9月国务院内部刊物上综合反映了学制改革情况，全国22个省份把小学学制定为五年，均设政治、语文、数学、外语、自然常识、体育、音乐、美术八门课程。1981年3月，教育部颁发教育计划，要求小学一至五年级增设思想品德课，每周一节，并陆续恢复地理和历史课，将自然常识课改为自然课，自三年级开设，每周两课时。新中国建立至1952年，为春季始业；1953～1972年，改为秋季始业；1972下半年至1977年底再次改为春季始业；1978年1月又改为秋季始业至今。

1982年5月，教育部颁发小学品德课大纲，进一步强调加强思品课教学。博兴县的小学学制沿用1987年教育部统一规定的五年制。1981～1993年秋季，实施1981年教育部颁发《全日制小学教学计划（修订草案）》。1993年秋季，博兴县开始实施国家教委1992年颁布的《九年义务教育全日制小学、初级中学课程计划（试行）》。小学阶段取消了历史、地理，增设了社会，自然改为一至五年级全部开设，劳动课改为三至五年级开设。课时安排，增加了自然、体育、音乐、美术和劳动课时数，减少了语文、数学课时数。活动内容主要包括：晨会、班团队活动、体育锻炼、科技文体活动、社会实践活动、学校传统活动。1994年，按照国家教委《实行新工时制后全日制小学、初级中学课程（教学）计划（试行）》规定，课程设置整体结构不变的前提下，进行适当调整，减少了周课时总量。

之后，小学学制与课程的调整与初中部分一致。

1949 年小学课程及授课时间表（1949 年 10 月）

级别	初级				高级	
科目	一	二	三	四	五	六
国语	400	400	400	400	360	360
算数	160	160	200	200	225	225
政治常识				90	90	
历史					90	90
地理					90	90
自然					90	90
常识	160	160	200	200		
体育			80	80	90	90
音乐			80	80	90	90
唱歌	160	160				
珠算			80	80	45	45
劳作			40	40	45	45
美术	80	80	40	40	90	90
合计	960	960	1120	1120	1305	1305

注：1949 年 10 月山东人民政府发布。授课时间：每节初级四十分钟；高级标准：四十五分钟。

1955 年小学教学计划表（1955 年 10 月）

	一年级	二年级	三年级	四年级	五年级	六年级
语文	12	12	12	12	9	9
算数	6	6	6	7	6	5
历史					2	2
地理					2	2
自然					2	2
体育	2	2	2	2	2	2
唱歌	2	2	2	1	1	1
手工劳动	1	1	1	1	1	1
图画	1	1	1	1	1	1
合计	24	24	24	24	26	26

1958 年小学教学计划表（1958 年 8 月）

	一年级	二年级	三年级	四年级	五年级	六年级
政治					1	1
语文	12	12	12	12	10	10
算数	6	6	6	6	6	6
自然					2	2
地理					2	2
历史					2	2
农业常识					1	1
手工劳动	1	1	1	1		
体育	2	2	2	2	2	2
唱歌	1	1	1	1	1	1
图画	1	1	1	1	1	1
周会	1	1	1	1	1	1
合计	24	24	24	24	29	29

1963年全日制小学教学计划 （1963年7月）

	一	二	三	四	五	六	学科总时数
周会	1	1	1	1	1	1	221
语文	15	15	16	16	12	12	3176
数学	6	6	7	8	9	9	1649
历史					2	2	142
地理					2		72
自然					2	2	142
生产常识						2	70
体育	2	2	2	2	2	2	442
音乐	2	2	2	2	1	1	371
图画	1	1	1	1	1	1	221
手工	1	1	1				114
每周上课时数	28	28	30	30	32	32	6620

1972年小学各年级周教学时数表 （1972年10月5日）

科　目	一	二	三	四	五	六	学科总时数
周　会	1	1	1	1	1		
语　文	15	15	16	16	12	12	3176
数　学	6	6	7	8	9	9	1649
历　史					2	2	142
地　理					2		72
自　然					2	2	142
生产常识						2	70
体　育	2	2	2	2	2	2	442
音　乐	2	2	2	2	1	1	371
图　画	1	1	1	1	1	1	221
手　工	1	1	1				114
每周上课时数	28	28	30	30	32	32	6620

1981 年五年制小学教学计划表（1981 年 12 月）

	一	二	三	四	五	上课总时数	备注总时数
思想品德	1	1	1	1	1	180	
语文	11	12	11	9	9	1872	包括讲读作文写字
数学	6	6	6	7	7	1152	
自然			2	2	2	216	
地理				2		72	
历史					2	72	
体育	2	2	2	2	2	360	
音乐	2	2	2	2	2	360	
美术	2	2	2	1	1	288	
劳动				1	1	72	
并开科目	6	6	7	9	9		
每周总课时	24	25	26	27	27	4644	
自习	2	2	2	2	2		
科技文娱活动	2	2	2	2	2		
体育活动	2	2	2	2	2		
周会班队活动	1	1	1	1	1		
每周在校活动总量	31	32	33	34	34		

1992 年 8 月九年义务教育“六・三”学制全日制小学、初中级中学课程安排表

阶段		小学						初中			九年		
周		一	二	三	四	五	六	一	二	三	小学	初中	合计
	科目												
学科	思品	1	1	1	1	1	1					204	404
	思政							2	2	2		200	
	语文	10	10	9	8	7	7	6	6	5	1473	568	2302
	数学	4	5	5	5	5	5	5	5	5	986	500	1486
	外（1）							4	4			272	272
	语（2）							4	4	4		400	400
	社会							2	2	2		204	
	历史							2	3	2		243	608
	地理							3	2			170	
	自然	1	1	1	1	2	2					272	
	物理							2	3		164	702	
	化学									3		96	
	生物							3	2			170	
	体育	2	2	3	3	3	3	3	3	3	544	300	844
	音乐	3	3	2	2	2	2	1	1	1	476	100	576
	美术	2	2	2	2	2	2	1	1	1	408	100	508
	劳动			1	1	1		1			136		
	劳技						2	2	2		200	300	
	周学科课时	23	24	24	25	25	25	32	33	27	4964	3074	8034
活动	晨会（夕会）	每天十分钟											
	班团队活动	1	1	1	1	1	1	1	1	1	170	134	3041
	体育锻炼	3	3	3	3	3	3	3	3	3	510	402	912
	科技文体活动												
	周活动课时	4	4	4	4	4	4	4	4	4	680	536	1216
	地方安排课程	2	2	2	2	2	2	7*	10*				
	周课时总量	31	32	34	34	34	35	35	36	36	5610	4756	10366

* 表示外语课水平 I 开设的周学科时数和地方安排课程的时数：如果外语课按水平 II 开设，则初中三、四年级的地方安排课程时数各减去四课时，分别为 3 课时和 6 课时。

二、初中学制与课程

1950年8月，教育部颁发《中学暂行教学计划（草案）》规定，中学设政治、语文、数学、自然（初中包括植物、动物、达尔文学说基础、生理卫生）、化学、物理、历史、地理、外国语、体育、音乐、美术，数学教学程序为初一算术、初二代数、初三平面几何。

1951年10月，政务院公布《关于改革学制的规定》，中学修业为六年，初高中“三·三”分段；工农速成中学修业年限为3～4年；业余中学初高两级修业年限为3～4年；中等专业学校修业年限为2～4年。

1952年3月，教育部颁发《中学暂行规程（草案）》，规定：中学设语文、数学、物理、化学、生物、历史、地理、中国革命常识、社会科学基础知识、共同纲领、时事政策、外国语、体育、音乐、美术、制图等科。

1952年普通中学各学期教学计划表

年级		初一		初二		初三	
学期		上学期	下学期	上学期	下学期	上学期	下学期
科目			节数				
语文		8	8	7	7	6	6
数学	算术			6	6		
	代数		3	3	3	3	
	几何		2	2	2	2	
	三角						
	解析几何						
物理		2	2	2	2		
化学		2	2	2	2		
植物		3	3				
生动物		3	3				
动物卫生		2	2				
生物		达尔文理论基础					
地理		3	3	2	2	2	2
历史		3	3	3	3	3	3
外语		3	3	3	3	3	3
中国革命		3	3				
时事政治		1	1	1	1	1	1
体育		2	2	2	2	2	2
音乐		1	1	1	1	1	1
美术		1	1	1	1	1	1
每周授课时数		31	31	32	32	32	32

1957年6月，教育部对1957～1958年教学计划作临时调整，其中包括：农村中学首先开设文学、汉语、数学、政治、植物、动物、农业基础知识。同年8月，教育部发出通知，精简中学历史、地理、物理、生物学科内容，并提出了精简办法。同时规定，初一、初二的政治课讲“青年修养”，初三讲“政治常识”。教学时数，除初二每周一课时外，其余年级每周开设政治常识，包括共产主义道德、社会发展史等。此外，初三另设时事政策课，初一、初二定时进行时事教育。

1963年1月，教育部发出通知，要求全国各地初中一年级每周增设一课时写作指导课。3月，全国有不少地方进行学制改革试验，大多采用初高中“三·二”分段制。3月，中共中央颁发《全日制中学暂行工作条例（草案）》，规定初中设语文、数学、外国语、政治、历史、地理、生物、物理、化学、生产知识、体育、音乐、图画、劳动等课程。7月，教育部发出通知，时事教育课可占用政治课的四分之一时间，初中三年级开设生产知识课，1964年8月，教育部发出通知，调整和精简外国语。“文革”开始后，中学课程全部废除，以毛主席语录和“两报一刊”社论（《人民日报》《解放军报》《红旗》杂志）代替课本。1969年1月，《红旗》杂志发表兰州制造厂厂办中学的“经验”，把原来的17门课程合并为毛泽东思想教育、工、农业基础、革命文艺、军事体育五门课。1969年5月，《人民日报》发表吉林省梨树县的《农村中小学大纲》，《大纲》规定，中学设毛泽东思想教育、农业基础、革命文艺、军事体育、劳动五门课，并在编者按中要求全国学习梨树经验。1973年9月，国务院科教组在一个内部刊物上综合反映各省（市）、自治区进行学制改革的情况，其中有的初高中“三·二”分段，有的初高中“二·三”分段。1974年3月，国务院科教组发出通知，将毛主席给李庆霖的复信、李庆霖的信和张铁生的答卷及《人民日报》对张铁生信所加的编者按语，一并编入中学课本，强调这些材料是向学生进行路线教育和反修防修教育的生动活泼的好教材。8月，国务院科教组向全国介绍上海经验，普通中学按1:1安排文化课和专业课，物理课加上三机（拖拉机、柴油机、电动机）一泵（水泵）；化学课增加土壤改良、农药使用；语文课增加写大批判稿、小评论、工作总结；数学课增加会计、测量内容。1975年8月，教育部、卫生部联合发出通知，中学体育与卫生合并为体育卫生课，学习人体解剖、生理常识，常见病、多发疾病的预防和治疗等。1977年，教育部发出通知，中学学制为四年，初高中为“二·二”分段，中学统一改为秋季始业。

1980年，教育部颁发通知，中学改为五年制，初高中“三·二”分段。3月，教育部在济南召开中学政治课教材编写大纲大会，确定从1981年秋季开始初一至高二的政治课依次开设青少年修养、法律常识、社会发展简史、政治经济学常识、辩证唯物主义常识等。5月，教育部发出通知，中学学制恢复“文革”前的六年制，初高中“三·三”分段。1980～1992年，博兴县初中学制为三年，实行1981年教育部颁发的《全日制六年制重点中学教学计划（试行）草案》中初中部分，并开设短期职业技术指导课。1992年省印发《山东省“五·四”学制区域性实验暂行规定》，同年秋季始业。博兴县开始实施“五·四”学制实验，寨郝、博兴两镇的部分学校承担了改制实验。1994年，全县改制全面展开。1997年完成改制过渡，初级中学不再保留三年制班级。

1981 年全日制六年制重点中学教学计划（试行草案）

	初中			高中			上课总时数	
年级	一年级	二年级	三年级	一年级	二年级	三年级	（一）	（二）
学科	每周节数							
政治	2	2	2	2	22	22	384	384
语文	6	6	6	5	74	84	1208	1000
数学	5	6	6	5	36	36	1028	1086
外语	5	5	5	5	55	4	960	932
物理		2	3	4	34	4	292	560
化学			3	3	34	4	288	432
历史	3	2			3	3	350	266
地理	3	2			22	3	318	234
生物	2	2		2	2	2	200	192
生理卫生			2				64	64
体育	2	2	2	2	22	22	384	384
音乐	1	1	1					
美术								
每周上课时数							5554	5734
劳动技术	2 周	4 周					576	576

1992年，国家教委颁布《九年义务教育学制小学、初中课程计划（试行）》，分“五·四”制和“六·三”制两种课程安排表。1992～1997年，博兴县改制过渡期间，初中三年级学校实行《九年义务教育“六·三”学制课程计划》和1994年调整后的《九年义务教育“六·三”制课程计划》初中部分的课程计划。1995年，按照省教委《实行每周40小时标准工作之后调整中小学课程（教学）计划》，各年级周学科教学控制在26课时之内。1997年后，全县初中统一实行“五·四”学制课程计划。这期间，国家教委对课时计划于1994、1996年两次进行调整，全县各初中亦随之进行了调整。

2001年，国家教育部确定博兴县为“义务教育课程改革实验区”，根据教育部《义务教育课程设置实验方案》和省教育厅《山东省基础教育课程改革实验区义务教育阶段课程安排表（试行）》的要求，实施新的课程改革实验。2002年起，博兴县对义务教育段学制进行了调整，开始实行“六·三”制。

2001 年义务教育课程设置及比例

	年级									九年课时总计（比例）
	一	二	三	四	五	六	七	八	九	
课程门类	品德与生活	品德与生活	品德与社会	品德与社会	品德与社会	品德与社会	思想品德	思想品德	思想品德	7~9%
							历史与社会（或选择历史、地理）			3~4%
			科学	科学	科学	科学	科 学（或选择生物、物理、化学）			7~9%
	语文	语文	语文	语文	语文	语文	语文	语文	语文	20~22%
	数学	数学	数学	数学	数学	数学	数学	数学	数学	13~15%
			外语	外语	外语	外语	外语	外语	外语	6~8%
	体育	体育	体育	体育	体育	体育	体育与健康	体育与健康	体育与健康	10~11%
	艺 术（或选择音乐、美术）									9~11%
			综 合 实 践 活 动							16~20%
	地方与学校课程									
周总课时数（节）	26	26	30	30	30	30	34	34	34	274
学年总课时（节）	910	910	1050	1050	1050	1050	1190	1190	1122	9522

说明：1 表格内为各门课的周课时数，九年总课时按每学年 35 周上课时间计算。
2. 综合时间活动主要包括：信息技术教育、研究新学习、社区服务与社会实践以及劳动与技术教育。

2007 年 12 月，省教育厅出台《山东省普通中小学管理基本规范》，从 2008 年起，博兴县按照省、市相关规定，强化了课程方案的落实，综合实践、学校课程得以落实。同时，对各年级地方课程的设置更加具体，例如：初一、初二年级地方课程是安全教育、环境教育以及传统文化；初三的地方课程是安全教育、人生规划；综合实践活动课包括：信息技术、研究性学习、劳动技术和社区服务。

2012 年 9 月，省教育厅对教育部 2001 年义务教育阶段课程设置及比例作了进一步细化和调整，博兴县按照新的调整方案执行。

三、高中学制与课程

博兴县高中教育始于 1958 年，当年秋季博兴一中设立高中部，学制为三年，1968 年秋由三年改为二年，1981 年秋恢复为三年制。

1952 ～ 1966 年，高中一直使用国家教育部统一规定的教材，其后的几十年中，教材的使用出现过几次较大的变更。1966 年起，原来的教材全部废除，各地选用自编教材。1970 ～ 1978 年，采用省教育厅所编教材；1978 年以后，各学科都采用全国统编中小学十年制教材；1991 年，采用全国统编高中教材，分为必修和选修；2000 年按上级要求更换了教材，仍为必修和选修。

1959～1960学年度，博兴一中高中部设语文、代数、平面几何、立体几何、三角、政治、物理、化学、外国语、中国历史、世界近现代史、地理（高二设经济地理）、生物（高一）、体育等课程。

1963年，国家制定了《全日制中学教学计划》，加强了外语教学，高中各年级每周设5～7节，历史、地理两科教学时数减少；正式课程中取消了劳动课，规定中学生每年劳动累计一个月。“文革”初期，取消了外语和一些传统的科目。1969年，又将物理、化学合并为工业基础知识，增设了农业基础知识和农业会计常识课，取消了历史、地理、物理、生理卫生等学科；1972年，又恢复了物理、化学、历史、地理课。

1981年，上级教育主管部门下发了《1981~1982学年度全日制六年制重点中学教学计划（试行草案）》和为适应分科学习，即侧重文科或侧重理科而制定的《教学计划（试行草案）》，开始规定必修和选修课。1990年，国家教委印发《现行普通高中教学计划的调整意见》，对高中教学计划和考试制度作了重大的改革，增加了社会科学知识的教学，减少自然科学，增加了选修课、劳技课和活动课；实行会考制度。

1994年和1995年，鉴于实行新工时制，国家教委先后两次调整全日制中小学课程（教学）计划。

2000年，山东省进行普通高中课程试验，课程设置按教育部《全日制普通高级中学课程计划（试验修订稿）》执行。

2003年，教育部制定了《普通高中课程方案》，高中课程结构由“学习领域、科目、模块”三个层次构成，课程设置由必修和选修两部分组成，并通过学分描述学生的课业修习情况。2008年，省教育厅出台了《山东省普高中课程设置及教学指导意见》，规定普通高中课程设置要全面开设八个领域的课程，开足必修课程模块，尽量多开设选修模块。博兴县各高中学校认真落实教育部《方案》和省教育厅《意见》的有关规定，对课程设置、教学内容、教学进度等进行科学安排，并提出了高中课程设置计划，严格课程实施要求。

1963年全日制中学教学计划表（草案）

阶段	初中			高中			上课总时数
年级	一年级	二年级	三年级	一年级	二年级	三年级	
学科	节数						
政治	2	2	2	2	2	2	412
语文	8	7	7	7	7	7	1512
外语	5	5	5	5	5	5	1030
数学	7	7	7	8	7	6	1440
物理		3	3	4	3	4	579
化学			4	2	2	4	404
生物	2	2	1	1			243

续 表

历史	2	2	2		2		276
地理	3	2					
农业生产知识							
农业常识			2				66
体育	2	2	2	2	2	2	412
音乐	1	1					70
图画	1	1					70
选修					（2）	（2）	136
上课总时数	33	35	35	39	30（32）	30（32）	6831

1990 年调整后的普通高中教学计划表

年级	高一	高二	高三	授课总时数
科目	教学时数			
政治	2	2	2	184
语文	4	4	5	392
数学	5	4	5	426
外语	5	4		306
物理	3	3		204
化学	3	3		204
生物		3		102
历史	2	2		136
地理	3			102
体育	2	2	2	184
劳技	每学年 4 周	每学年 4 周	每学年 4 周	432
社会实践	每学年 2 周，在劳技课、课外活动或学科教学时间内进行。			
每周必修课总课时数	29	27	14	2240
选修课	3	4	16	
课外活动	6（体育锻炼其它 3	6（体育锻炼其它 3）	6（体育锻炼其它 3）	
每周活动课	38	38	38	

2000年全日制普通高级中学课程设置表

<table>
<tr><th colspan="3">课程</th><th>周课时累计*</th><th>必修、选修授课时数</th><th>总授课时数</th></tr>
<tr><td colspan="2">思想政治</td><td>必修</td><td>6</td><td>192</td><td>192</td></tr>
<tr><td colspan="2">语文</td><td>必修</td><td>12</td><td>384</td><td>384</td></tr>
<tr><td colspan="2">外语</td><td>必修</td><td>12</td><td>384</td><td>384</td></tr>
<tr><td colspan="2" rowspan="2">数学</td><td>必修</td><td>8</td><td>280</td><td rowspan="2">332-384</td></tr>
<tr><td>选修</td><td>2~4</td><td>52~104</td></tr>
<tr><td colspan="2" rowspan="2">信息技术</td><td>必修</td><td>2</td><td>70</td><td rowspan="2">70-140</td></tr>
<tr><td>选修</td><td>2</td><td>70</td></tr>
<tr><td colspan="2" rowspan="2">物理</td><td>必修</td><td>4.5</td><td>158</td><td rowspan="2">158-306</td></tr>
<tr><td>选修</td><td>5</td><td>148</td></tr>
<tr><td colspan="2" rowspan="2">化学</td><td>必修</td><td>4</td><td>140</td><td rowspan="2">140~271</td></tr>
<tr><td>选修</td><td>4.5</td><td>131</td></tr>
<tr><td colspan="2" rowspan="2">生物</td><td>必修</td><td>3</td><td>105</td><td rowspan="2">105~183</td></tr>
<tr><td>选修</td><td>3</td><td>78</td></tr>
<tr><td colspan="2" rowspan="2">历史</td><td>必修</td><td>3</td><td>105</td><td rowspan="2">105~236</td></tr>
<tr><td>选修</td><td>4.5</td><td>131</td></tr>
<tr><td colspan="2" rowspan="2">地理</td><td>必修</td><td>3</td><td>105</td><td rowspan="2">105~209</td></tr>
<tr><td>选修</td><td>4</td><td>104</td></tr>
<tr><td colspan="2">体育和保健</td><td>必修</td><td>6</td><td>192</td><td>192</td></tr>
<tr><td colspan="2">艺术（音乐、美术）</td><td>必修</td><td>3</td><td>96</td><td>96</td></tr>
<tr><td rowspan="4">综合实践活动</td><td>研究性学习</td><td rowspan="4">必修</td><td>9</td><td>288</td><td>288</td></tr>
<tr><td>劳动技术教育</td><td colspan="3">每学年1周（可集中安排，也可分散安排）</td></tr>
<tr><td>社区服务</td><td colspan="3">一般应利用校外时间安排</td></tr>
<tr><td>社会实践</td><td colspan="3">每学年1周（可集中安排，也可分散安排）</td></tr>
<tr><td colspan="3">地方和学校选修课</td><td>11-19</td><td colspan="2">340-566</td></tr>
</table>

山东省 2008 年高中学校课程设置表

学习领域	科目	必修	一年级		二年级		三年级	
		学分	学分	周学时	学分	周学时	学分	周学时
语言与文学	语文	10	8	4	2+6*	4	4*	5
	外语	10	8	4	2+6*	4	4*	5
数学	数学	10	8	4	2+6*	4	4*	5
人文与社会	政治思想	8	4	2	4	2		
	历史	6	4	2	2+2*	2	12*	
	地理	6	4	2	2+2*	2		12
科学	物理	6	4	2	2+2*	2		
	化学	6	4	2	2+2*	2	10*	
	生物	6	4	2	2+2*	2		
技术	信息技术	4	2	1	2+2*	1		
	通用技术	4	2	1	2	1		
艺术	音乐	3	1		1	1	1	
	美术	3	1		1		1	
体育与健康	体育与健康	11	4	2	4	2	3	2
综合实践活动	研究性学习活动	15	6	3	6	2	3	2
	社区服务	2	三学年至少 10 个工作日					
	社会实践	6	2	全年至少 1 周	2	全年至少 1 周	2	全年至少 1 周
学校课程（选修学分 11）			2	1	2	1	2	1

注：1、带“*”的数字表示选修学分；2、此表系山东省暂设课程

第二节 课程实施与校本课程选介

根据国家和省课程实施方案与相关要求，博兴县落实国家课程标准，加强课程管理，开全课程，开足课时。通过开学检查、综合督导、专项检查等方式，督查各学校课程方案落实情况，在各学科教学中培养学生核心素养。各中小学结合学校实际，开展高效课堂创建和地方课程规范化活动，以校本课程、综合实践活动课程的开发与建设为抓手，建设具有学校特色的课程管理体系，推进课程实施工作。

2009年始，县一小提出了“国家课程精品化、地方课程规范化、学校课程特色化，教育活动课程化”理念，将学校开设的所有课程整合为四大版块，即科技教育版块、艺术教育版块、人文教育版块和体育与健康教育版块。科技教育版块包括国家课程（科学、综合实践、数学），地方课程（环境教育），必修学校课程（创意、思维训练）和选修学校课程（科技学院系列课程、数学学院系列课程、科技教育系列活动）；艺术教育版块包括国家课程（音乐、美术），必修学校课程（书法艺术、演讲与口才）和选修学校课程（艺术学院系列课程、艺术教育系列活动）；人文教育板块包括国家课程（语文、品德与生活、品德与社会、英语），地方课程（传统文化），必修学校课程（经典诵读）和选修学校课程（文学院系列课程、外国语学院系列课程、礼仪学院系列课程、德育系列教育活动）；体育与健康教育版块包括国家课程（体育），地方课程（健康教育、安全教育），必修学校课程（阳光大步走、阳光体育活动）和选修学校课程（体育学院系列课程、体育系列活动）。

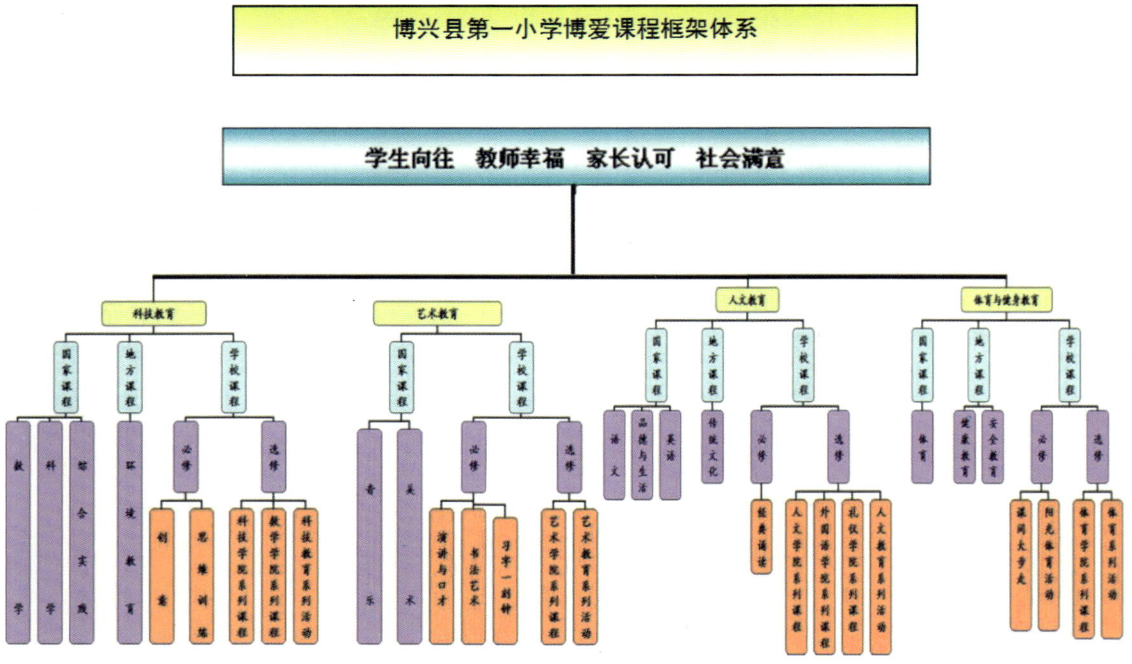

县实验中学成立了课程规划组织机构，经过对课程规划的研究、探讨和尝试，逐步形成了具有本校特色的课程规划方案。一是按照课程方案要求配齐、配足各门课程专兼职教师。二是充分利用校内课程资源，加强图书和教学仪器的配备、管理和使用，建立和完善图书馆、实验室和网络教室等教学设施面向全体学生开放和使用制度，充分发挥学校人力、物力、信息等资源优势。三是积极开发校外课程资源，加强学生的校外学习实践活动，组织好课程开发和实施过程中的校外教育内容，并纳入教学计划。利用博兴县青少年社会实践教育基地和“三馆”（图书馆、文化馆、博物馆）及打渔张国家森林公园等校外课程资源，补充和丰富校内课程资源。四是在课程实施过程中，严格执行《山东省普通中小学管理基本规范》，把教师的精力引向研究课堂，打造高效课堂，并纳入学校发展规划和教师考核。

博兴县实验中学特色课程结构与门类

课程类型	课程名称
德育系列化课程	节日课程、升旗课程、入（开）学课程、毕业课程、远足课程、养成教育课程、孝文化教育课程、礼仪教育课程。
科学素养类课程	标本制作、花卉栽培、科技创新课程、走进环保、玩转数学。
人文素养类课程	个性化阅读与写作、我爱家乡、古诗文诵读、学习方法指导、书法类课程、收藏类课程。
艺术类课程	工艺与美术课程、剪纸艺术、篆（雕）刻艺术、剪（刻）纸艺术、泥塑课程、器乐课程、表演课程、摄影课程、欣赏艺术课程、表演艺术课程。
体育竞技类课程	心理健康指导、田径课程、球类课程、棋类课程、武术课程、跳绳、踢毽子、滑轮、街舞。
综合实践类课程	烹调与厨艺课程、走进社区课程、角色类课程、手工制造类课程。

县第五中学严格按照国家课程方案，采取师资（劳动技术、安全教育、环境教育等安排专任教师，兼课教师实施异班授课）、课程、制度、场所、时间和经费“六保障”措施，开全课程，开足课时，重点加强音体美、综合实践活动、地方课程等薄弱课程的实施。

寨郝中学和柳桥中学自 2009 年起，把书法课纳入学校课程体系，坚守“用墨香浸润心灵，从点画书写人生”的理念，把“一笔一画写好字，一生一世做真人”作为培养学生的目标，充分挖掘书法“育德、育智、冶美、修身、养性”等功能，致力于建设和谐儒雅、具有人文精神的墨香校园。

曹王中学自 2012 年以来，开设了鼓乐、民乐、陶艺、国画、剪纸、合唱、篮球、排球、足球、自行车、田径、摄影、象棋、手工编织、轮滑、软笔书法、手绘油画、钻石画等 36 门学校课程，并外聘足球教练、排球教练、自行车教练、鼓乐队教师、民乐团教师等 11 人。

博兴一中自 2004 年，全面实施国家课程方案，积极开发学校课程。2015 年，学校设立特色游学课程开发中心，开发游学特色课程，旨在规范游学过程中的教学活动，逐步完善特色课程体系。主要分为准备课程、实践课程、反馈课程及课程活动四个主要方面。

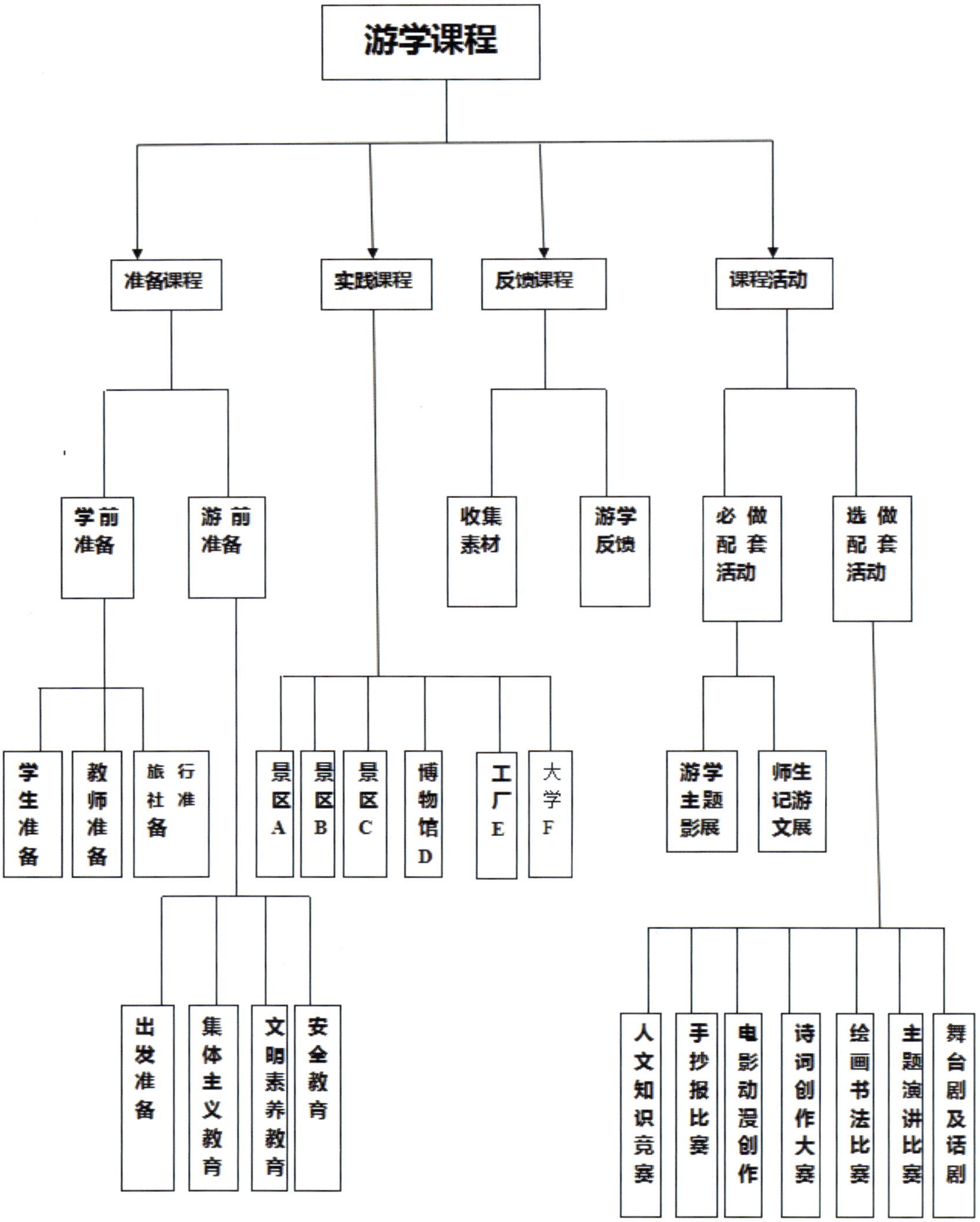

游学活动流程

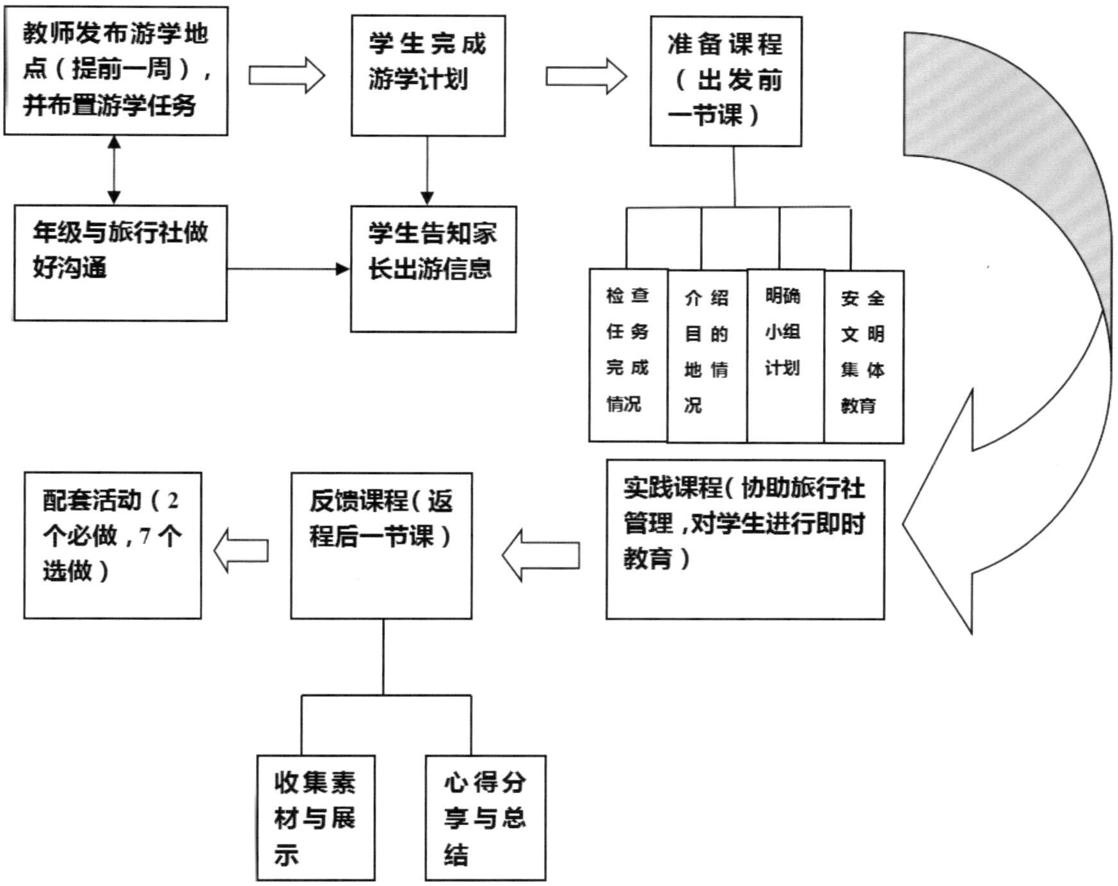

博兴二中成立了学校课程开发与管理领导机构，制订、编制学校课程开发方案、计划与开发纲要，全面整合校内、社区的教学资源，调动各学科教研组、各科室的科研力量，选拔由具有良好专业素质和业余特长的教师，成立学校课程开发小组，负责学校课程的开发、实施与评价。主要开发的学校课程有：《圣师孔子》《唐诗宋词选读》《天然乐园麻大湖》《化学与生活》等。

博兴三中因地制宜开发和实施学校课程，根据需要对课程安排、教学内容及进度进行了适当的调整。在保证课程实施的基础上，科学开展课程整合实验，提升课程实施水平。从2011年开始，组织开发的学校课程有《高中学习方法指导》《乡土旅游文化》《孔子文化与人文修养》《中学生安全健康饮食》等。

第三章　教学研究

第一节　教研机构

书院是中国封建社会特有的一种教育组织和学术研究机构。它始得名于唐代，具有教育、教学性质的书院产生于五代十国，发展于宋元，兴盛于明清。清初，统治者害怕书院宣传反满思想，不利统治，对书院采取抑制政策。博兴县锦秋书院始建于康熙五十七年(1719)，由知县李元伟倡办，县衙具资，建于笔架山下锦秋湖侧，初名李公书院，后由李元伟执意更名为锦秋书院。之后，书院几经废兴。

民国之初，学堂改为学校。博兴县建立教员养成所，为培养小学教师提供了条件，同时亦是教学研究之所。民国十三年（1924），国民党博兴县政府教育局董事会会议议定筹建县立初级中学，校址定于东门里大寺庙废址，征地二亩许，由教育局拨专款修建。至民国二十三年，县内共有188处初级小学，义务短期小学40处。这个时期的教学研究主要依托县域知名学校进行。

抗日战争和解放战争时期，在博兴东北部和西南部两片抗日根据地内，民主政府为争取抗日战争的最后胜利，大力创办人民教育事业，抗日高小蓬勃发展，抗日小学遍及各村，1942年8月耀南中学在博兴县初创。清东专署与县府合署办公后，教育科负责人曹锡元、马健等，亲自动手编写教材，进行业务培训。1945年初，渤海区行署决定将建国学校、耀南中学停办，成立耀南公学，负责轮训提高在职的县区级政权干部及具有专门技能的根据地建设工作干部。教研工作基本由学校和教师自发进行。

新中国成立后，博兴县文教科贯彻执行“为国家建设服务，向工农开门”“普及与提高正确结合”的方针，对原有学校进行整顿改造，调整布局、调配师资、统一条规，建立相应的基层教研组织，加强了全县的教学研究工作。1955年，博兴县文教科设立小学教研组和工农教研组，小学教研组由科员周庆荣负责，工农教研组由科员胡金凤为主。1956年，小学教研组改为教研室。1962年，教研室有工作人员8人。1966年，教研室工作中止，1973年得以恢复，主要精力放在中学教研上。

1979年2月，省教育厅发出《关于印发<山东省教学研究室工作条例（试行意见）>的通知》。1989年3月，省教委又印发《山东省各级教学研究室试行工作条例》。两个《条例》对各级教研室的性质、任务、机构设置、教研员条件、职责范围、人员编制、经费来源、领导人员等问题作了具体规定。

博兴县 1982 年始设小学教研员。1983 年始，各乡镇设置教研组长，上承县教研室，分管本乡镇教学研究工作。1985 年县教研室配齐中小学教研员。

1986 年，教研室主任由一名副局长兼任，副主任 2 人，教研员 12 人。1990 年以后，根据国家教委《关于改进和加强教学研究工作的若干意见》，逐步配齐了音乐、体育、美术、劳动等学科教研员；语文、数学、外语等学科教研员分别增加到 2 至 3 人。是年 8 月，县教研室升格为副科级事业单位，设主任 1 人，副主任 3 人。

1993 年，根据县教委《关于加强初中教学管理、提高教学质量的意见》，各乡镇成立中学教研组，配备各科教研组长。1994 年，建立小学各科教研组和幼教中心教研组，对实行年级组办公的学校，同时建立学科教研组，实行双轨管理，形成了以县教研室为龙头，以乡镇教研组和县直学校教科研室为基地，以学校教研组为基础的三级教研网络。1999 年，县教研室增设教育科研室。

2000 年，县教研室又聘任全县教学精英，成立了博兴县中、小学学科中心组。是年，县教研室工作人员增至 26 名。

2009 年 8 月，县教研室做出调整，设立高中教研部、初中教研部、小学教研部和教育科研室，有小学教研员 7 人，初中教研员 7 人，高中教研员 9 人，音体美教研员分别由体卫艺办公室 3 人担任。

截止 2017 年，县教研室设主任 1 任，副主任 3 人，教研员 27 人。其中正高级教师 1 名，高级教师 14 名，省级教学能手 1 名，市级教学能手 15 名。

附：1955~2017 年博兴县教研室负责人任职情况

历任教研室主任：

周庆荣（1955~1956） 盖桂元（1956~1957）
王哲正（1958~1965） 许宝玉（1973~1976）
朱存华（1977~1980） 赵士臣（1980~1982）
孙同会（1982~1987） 曹大忠（1987~1987）
邹立盛（1988~1993） 许秀峰（1993~1995）
李　予（1995~2001） 王中月（2001~2004）
戴延军（2004~2009） 盖志斌（2009~2017）
黎　强（2017~　　）

历任教研室副主任：

张玉坡 杨旭章 彭德著 刘成龙 张秀坤 李金佐 司继军 张树一 周相尊 董君明 孙奉文 郝丕亮 郝高远 曹家忠 明晓昕 安芝林 王振龙 刘克光 刘 君。

第二节 教研工作

自 1956 年博兴县文教科小学教研组改为教研室始，教研室主要工作有：帮助、指导公社（或区）中心教研组和各学校、学区教研组开展教研活动；召开一系列教学研讨会、经验交流会、学术报告会和教材分析会；帮助教师学《大纲》，学先进经验，搞好教材过关；开展观摩教学，利用典型示范引领和以老带新、以尖子带一般的方法提高教师授课水平；与函授学校、县进修学校、县一中等单位联合进行师资培训，组织教研员搞教学研究，撰写学术论文，创办学术刊物，编印学术文集，印刷教辅和培训资料。在县教育局组织领导下进行教学检查。

1966 年 ~1972 年，全县教研工作处于停滞状态。1979 年至 1984 年，县教研室除了开展日常的中小学各科教研外，还举办了多期专业培训班。

1986年至1990年，县教研室每年组织对中小学进行教学视导检查；利用寒暑假组织教师业务培训50余次，组织开展教研活动60余次。1990年5月，县教研室被评为“山东省优秀教研室”。

从1990年起，根据国家教委颁发的《关于改进和加强教学研究室工作的若干意见》,每4年评选一次教学能手，每2年组织一次学科带头人、优质课及论文评选活动。至2016年,全县评为省级教学能手的有15人，市级教学能手96人，县级教学能手156人；市级学科带头人114人，县级学科带头人150人。

1996年，县教研室对全县中小学教师进行教学大纲、教材及教法的考核，合格率达100%。历时三年的中小学教师基本功系列达标活动共有3095名教师顺利达标。

1997年，县教研室制订了“教研员学科负责制”，实行教研员带课视导、送课下乡制度，教研员到学校上研究课累计达700余节。是年，县一中和二中建立语文实验室，进行高中语文自学辅导教学实验。下半年，县二中地理教研组实行学案教学。

1998年，为强化国家课程方案的落实，推进素质教育的实施，县教研室对学科课程、活动课程、特色课程分别加强刚性管理与指导；改革对乡镇、学校核教师的教学评价方式，由只注重教学成绩改变为全方位考核，构建教科研工作的新评价体系；改革备课形式，由教师个人单独备课为集体备课，再到微机备课；改革课堂教学模式，建立符合素质教育要求的以学生为主体的课堂教学模式。是年，开始创建教学示范校活动，当年，全县有2处中学、7处小学被评为地级教学示范校。

1999年，县教研室在全区率先制定了《博兴县教研室工作规范》，并将单一的“教研员学科负责制”改革为教学研究、教学管理、教育科研全面负责制。同年9月，在全县开展了“教学常规月”活动。2000年，开展“课堂教学改革年”活动。

2001年，第八轮全国课程改革开始，博兴县作为首批课改试验区进行课改实验。

2006年，出台《博兴县教育局关于进一步加强教科研工作的意见》，明确教科研的指导思想、任务和思路，教育科研提倡应用研究、行动研究，构建新型教研网络，明确教研室的工作为教育科研和教学研究。

加强教学和教研常规工作管理。2008年，县教研室组织教师进行课程标准考试。5月，启动了全县小学教师读书工程，并推荐了教师阅读书目。暑假，县教研室出台了关于布置暑假创新作业的指导意见，并对暑假作业设计进行检查、评比，颁发优秀设计证书，设立作业资源库，共享优秀作业设计成果。2009年，县教研室对暑假小学生“综合实践活动”做出了部署。2011年，根据上级相关要求，县教研室在全县建立中小学教研员定点联系学校工作制度。2012年，县教研室进行高效课堂教学资源的录制活动，各学段、各学科共提供49节课。当年，县教研室被评为全省首批“示范教研机构”。

2010年，县教研室对暑期教师培训工作提出要求，制定切实可行的县、镇、校培训方案并组织培训。2011年，县教研室确定县级研修采用问题征集解答与教学案例分析相结合的方式进行。2016年，县教研室组织教研员“蹲点教研”，帮助学校解决困扰教学质量提升的问题。

自2004年至2017年，县教研室及相关学校共承担省规划课题34项，省教研课题128项，市规划课题162项，市专项课题80项，县课题 204 项。

截至 2017 年，县教研室先后获得“省先进教研室”“省教科研先进单位”“省优秀教研机构”“省首批基础教育示范教研机构”“省校本教研示范县”等荣誉称号。

附：教研成果选介

1989 年，县实验小学在县教育局支持和教研室指导下，承担了“小学自然课型及结构”课题研究，历时四年，构建了小学自然“四课型”教学模式，研究成果通过专家鉴定，并先后在全区和全省推广。1994 年始，县实验小学进行低年级音像阅读和中高年级电脑作文研究（县一小于 1997 年参与）。历时 4 年，共编制了 64 课时音像阅读教材和三四年级电脑作文教材，探索出二段四步式课堂教学结构，实验报告刊载于《山东电教》《中国电化教育》,实验成果获得省一等奖。1996 年,县实验小学进行“计算机辅助小学数学教学”实验，并在全省推广。

1995 年，乐安实验学校进行中学语文自学辅导教学实验，历时三年。1997 年被省教研室评为先进教改项目，学校成为中央教研所实验基地。

1999 至 2002 年，县二中“中学英语二十四字整体教学法”“语文阅读教学研究”“高中地理教学中素质教育的探索”“化学学案教学研究”“历史阅读教学研究”等十七个国家、省、市课题先后立项、研究和结题，被中语会确立为“十·五”重点课题实验学校，是省探究教学重点实验基地，被评为省重点项目“学习能力培养的研究”实验工作先进单位，是中央教科所外语教育研究中心“中学英语二十四字整体教学法”实验区。2009 年，县二中承担了市普通高中课程实施研究课题“五步三段式教学模式探索”，2010 年 6 月顺利结题，成果在市教学研讨会上展示，由此创立了“观课议课”特色教研活动。

第三节 现代教育技术在教学中的应用

20 世纪 90 年代起，全县中小学陆续配备了“四机一幕”（电视机、录放机、VCD 机、投影机、银幕），各学校采取激励措施，引导教师在课堂教学中使用现代教育技术。1998 年，县教委提出了在全县中小学实施“教育现代化工程”的目标，并纳入对乡镇政府、教委和中小学督导评估内容。至 2000 年底，全县有 21 所学校实现了“四机一幕”进教室并建立教学闭路电视系统，3 所中学建成了双向控制交互式教学网络系统。县教育局组织开展全县中小学教师“现代教育技术达标”活动,对计算机应用能力进行等级培训和考核,有 4458 名中小学教师通过了“现代教育技术达标”考核，4215 名教师取得计算机应用能力培训考核初级证，1256 名教师取得中级证。高中、初中、小学教师计算机应用能力考核达标率分别占 98%、95%、60% 以上，教师能根据教学需要制作课件。县实验小学和县一小被评为“全国中小学现代教育技术实验学校”“山东省电化教育示范学校”，博兴一中等 15 处学校荣获地区“现代教育技术示范学校”称号。

2001 年，博兴县推进信息技术教育的做法在省基础教育工作会议上作了经验介绍，被省教育厅确定为“全省信息技术教育实验区”。12 月，全省计算机与各学科课程整合学术研讨会在县实验小学召开。

2002 年，县教育局确定为“教育信息化建设年”，投资 160 万元，在全市率先建成

1千兆英特尔网为骨干的宽带高速教育城域网，各中小学建成校园网后，以宽带形式接入教育城域网，其他学校利用拨号上网，实现了“校校通”。是年，县职业中专的计算机应用专业被评为全省骨干专业，计算机专业的学生代表全市参加全省职业学校技能比赛，获得团体三等奖。同年，全县教师开发优秀教学课件2000多个，其中有216个课件在全国和省市举行的教学评比中分获一、二、三等奖，县实验中学荣获“山东省多媒体课件评选先进学校”称号。同年5月，全省中小学信息技术教育现场会在博兴县召开，县实验小学、县实验中学和县一中为大会提供现场。12月，博兴县被省教育厅表彰为“全省教育装备先进单位”。《中国教育报》《大众日报》《现代教育导报》《联合日报》对博兴县推进教育信息化的经验作了全面报道。到2002年底，博兴县已有6所学校成为“全国中小学现代教育技术实验学校”，有8所学校成为“山东省现代教育技术实验学校”，是全国农村地区最早开设计算机必修课的县之一。

2004年，省教育厅、发改委、财政厅联合印发《山东省农村中小学现代远程教育工程试点工作方案》，要求按照“整体规划、先行试点、重点突破、分步实施”的原则，积极推进农村中小学现代远程教育工程的实施。滨州是全省三个试点市之一，博兴县作为基础教育信息化条件比较好的县，要求用两年时间基本完成建设任务。通过项目的实施，为边远农村中小学提供了优质教育资源，开展了基于信息技术环境的教育交流互助、资源共享，弥补了农村学校师资力量不足、教学水平不高的问题，推动教育创新，改革培训模式，促进教育均衡发展，逐步缩小城乡教育差距。2006年10月，全省农村中小学现代远程教育工程教育工作会议在博兴县召开。

2013年在全国电教优质课、信息技术与课程整合课件评比活动中，县特校和县实验幼儿园教师获优胜奖。在省、市评比活动中，博兴县获得省一等奖14节，省二等奖22节，市一等奖26节，市二等奖25节，获奖数量居全市第一名。

2014年，市电教馆开展中小学创建“数字化校园”活动，要求到2017年底，全市50%的中小学通过验收。博兴县2015年启动该项工作，到2017年底，全县所有中小学通过了“滨州市数字化校园”验收。

为加快博兴县教育信息化工作进程，充分发挥现代信息技术对教育教学的助推作用，2017年，县教育局决定在全县启动“智慧教育”建设工程。总体思路是采取“整体规划、标准引领、项目示范、分步实施”的策略，重点抓好“智慧课堂试点学校项目”，按照县直学校与农村学校的不同类型特点，提出不同进度要求，力争经过三年左右的努力，基本建成以智慧课堂为核心，课堂、校园、县域一体化的县域智慧教育体系。7月，县教育局对报名参加试点工作的学校进行评审，确定县实验中学、县第五中学、县第一小学、乐安实验学校、曹王镇中学、锦秋街道清河学校、纯化镇中心小学、陈户镇中心小学等8处学校为试点学校。8月，县人民政府第10次常务会议通过了《关于实施“智慧教育”信息化建设试点工作事宜》的决定，批准县教育局启动博兴县“智慧教育”建设试点工作。拟投入2000万元进行“智慧教育”第一期工程建设。

附：县实验小学现代教育技术应用成果简介

从1993年起，县实验小学进行低年级“音像阅读”和中高年级“电脑作文”研究，县一小于1997年参与这项研究，两校编制64课时音像阅读教材和三四年级电脑作文教材，探索出“二段四步式课堂教学结构”，实验报告刊载于《山东电教》《中国电化教育》，实验成果获得省一等奖。

1995年12月，县实验小学成为山东省电教试点学校，揭牌仪式及滨州地区电教现场会在县实验小学召开。

1996年，县实验小学荣获“山东省电化教育示范学校”称号。

1997年，县实验小学“高年级四段式电脑作文”和“低年级二段四步式音像阅读”实验总结获得国家一等奖。2001年该实验顺利通过“山东省计算机及现代技术在小学教学领域里的开发和应用研究实验课题组”的鉴定，并荣获“山东省小学语文教育现代化实验学校”称号。同年，县实验小学荣获“全国中小学现代教育技术实验学校”称号。

1998年5月，山东省计算机综合能力训练现场会上，县实验小学50名教师进行现场课件表演；该校教师撰写的《计算机在档案管理中的应用》在国家级刊物《电化教育研究》1998年第五期上发表。9月，山东省小学数学计算机辅助教学现场会在县实验小学召开。12月，县实验小学被评为“山东省电化教育先进单位”。

2000年10月，县实验小学在教育部电教工作会议上做“以现代信息技术为突破口，全面推进学校教育现代化”的书面经验交流。

2001年，县实验小学被省教研室授予“山东省多媒体课件评选先进学校”“山东省电化教学实验学校”“山东省多媒体网络教学实验基地”等称号。7月，县实验小学被评为“山东省小学自然学科计算机辅助教学及软件开发优秀学校”。同年9月，县实验小学“山东省计算机辅助小学数学课堂教学”课题顺利通过由山东省教育科学化领导小组的专家鉴定。同年11月，被命名为“山东省多媒体网络教学实验学校”。

第四章 学校体育、卫生工作与艺术教育

第一节 学校体育工作

1952年，全县中小学普遍推行广播体操。1956年9月，全县中学推行劳卫制。根据上级指示，初中学生到毕业时，争取达到劳卫制预备级或劳卫制一级一组的标准；高中学生毕业时，争取达到劳卫制预备级或劳卫制一级、二级标准。

1958年后，中学普遍配备专职体育教师，小学也普遍开设体育课程。每周除两节体育课外，学生还利用每天早操、课间操和课外活动时间，自觉刻苦地进行锻炼，体育工作走上正规。1959年，中学继续推行劳卫制，经过一年的体育运动锻炼，部分初中生达到劳卫制少年级标准，少数高中学生达到了劳卫制一级标准。体育课和课外活动逐渐改进，体育教学质量较前有所提高。

1960至1961年，为国民经济暂时困难时期，中小学由每周两节体育课减为一节，毕业班取消体育课，有的将体育课改为劳动课，有的学校操场改为生产园地。

1963到1966年，全县学校的体育活动又开始活跃起来。各校全面贯彻执行“体育教学大纲”。注意提高体育课的教学质量。除平日坚持早操、课间操和眼睛保健操外，全县每年都要组织春、秋两季学生运动会。

1955年全地区中学生篮球比赛，博兴县荣获亚军，此后，多次获前三名；女子中学生篮球队连续三次获地区冠军。1963年、1964年连获地区射击比赛总分第一名。1963年以来，一直保持地区乒乓球比赛的前三名。1965年高中组获地区田径赛总分第一名，多次获前三名。

“文革”十年，学校体育课改为“军体”课。1977年以后，学校体育工作逐步恢复。

党的十一届三中全会以后，学校教育重点转移到以教学为中心的轨道上来。各级领导重视提高学生的健康水平，正确处理德、智、体三者之间的关系，把体育工作纳入重要议事日程。总的指导思想是，依据“大纲”要求，上好体育课，大力开展群众性体育活动，积极推行《国家青少年体育锻炼标准》，坚持“三操”“两活动”。各校除平时开展小型多样、单项分散竞赛活动外，还坚持每年举行春、秋两季田径运动会，不少学校在开展体育活动中，坚持普及与提高相结合，努力发展自己的传统项目，取得明显成绩。1983年，生梅娟

在全国业余体育田径运动会上获跳远第一名；石朝宏获省少年田径运动会百米第一名。博兴一中重点开展田径、篮球两个传统项目，并于1984年被惠民地区体委命名为地区传统体育项目学校。

1982年博兴县乒乓球代表队参加惠民地区乒乓球比赛，获得团体冠军。6月，博兴县乒乓球代表队代表惠民地区参加山东省第十二届运动会，荣获男子少年乙组团体冠军，女子少年乙组团体第四名。1982年8月，省电视台播放该校乒乓球训练的实况，国家《体育报》和省《体育报》《山东画报》都刊登过该校有关乒乓球训练的专文和照片。

1984年县实验小学的乒乓球队员史为民、史三云代表山东出席全国业体乒赛。《大众日报》为此作了专题报道。6月，山东省首届“萌芽杯”乒乓球比赛在博兴举行，省乒乓队队员唐诚、刘伟等进行表演比赛。是年9月，中共山东省委、山东省人民政府在“体育战线表彰大会”上，授予县实验小学“山东省体育先进集体”称号。11月11日，《大众日报》公布博兴县实验小学为山东省乒乓球训练点。12月27日，省教育厅、省体委把县实验小学命名为山东省体育传统项目学校，之后被教育部、国家体委评为体育先进集体，并授予奖状。1986年山东省“希望杯”乒乓球比赛，博兴男、女队员代表惠民地区参赛，一举夺得男女团体、男女单打等七个项目冠军；自1978年到1986年，该校向省体工队输送乒乓球队员5名，向地区业体和中专体校输送乒乓球队员23名，田径队员2名，有两名学生高中毕业考入体育学院。

1986年，县委、县政府发出“争创全国体育先进县”的号召，推动了全县体育工作的全面开展。全县中小学认真贯彻山东省《中小学体育工作暂行规定》，按教学大纲要求开全体育课，恢复“三操两活动”，保证学生每天有一小时体育活动时间。各种体育竞赛活动空前活跃，是年举行的全县中学生篮球比赛，12个乡镇和县直5处学校全部派代表队参赛。同年，博兴县组队参加地区中学生篮球比赛，获得冠军。县实验小学乒乓球和武术两支代表队参加省、地比赛，获得4项冠军。是年11月，县实验小学向省输送的乒乓球队员唐诚参加全国乒乓球赛，荣获混合双打冠军，获得一枚金牌。这是山东省有史以来乒乓球在全国荣获的第一枚金牌。为此，《大众日报》和国家《体育报》均在1月5日、6日作了专题报道。1987年3月，寨郝中心学校被命名为“山东省体育传统项目学校”，并承办了全省第三届“银球杯”儿童乒乓球邀请赛。5月，博兴县实验小学全国群众体育先进集体”称号。

1989年，县教育局制定了《中小学生体育合格标准实施细则》和贯彻中小学体育工作暂行规定》评估办法，体育教学进一步规范，“三操两活动”亦成为学校常规。根据《国家体育锻炼标准》，全县中小学扎实有效地开展了体育达标活动。同年，博兴县顺利通过“全国体育先进县”检查验收。经验收抽查，中小学生体育达标率分别为86.7%和85.4%，均符合国家标准，被评为“全国体育达标先进县”，马太先等3名体育教师荣获“全国农村优秀体育教师”称号，县教育局受到县委、县政府通令嘉奖。

1990年3月，国家教委和体委颁布了《学校体育工作条例》。全县中心小学以上的学校全部配齐了专职体育教师。根据山东省学校体育工作条例评估细则》，县教育局制定相应的制度和评估办法，加大对学校体育工作的评估力度。每年对全县的体育教师进行业务培训和工作考核，开展体育优质课评选活动，促进了全县体育教师整体素质和业务水平的提高。县教育局下发《全面加强学校业余体育训练的通知》，规定除平日里坚持上好“三操两活动”外，每年定期举办中小学生田径运动会、中学生篮球赛、冬季越野赛及其他赛事。博兴县于是年创建业余体校。该校培养、输送出去的体育人才在各级体育比赛中，破三项全国举重纪录，获省级比赛金牌106枚、银牌98枚，铜牌82枚，获地级比赛金牌672枚，并向国家输送了27名优秀体育人才。1992年，县业余体校被评为“省业余训练先进单位”。

1993年后，为培养更多更好的体育后备人才，博兴县积极创建体育传统项目学校，县一中、寨郝村中心校、县一小先后成为省级体育传统项目学校。1993年5月，寨郝村中心校承办了全省“寨郝杯”少儿乒乓球比赛，该校代表队获男，女团体两项冠军。同年，在乒乓球，武术、田径、举重等传统项目比赛中，博兴县向省里输送的人才获国家级金牌51枚，省级金牌120枚。是年“全国体育先进县”复评中，中、小学生体育达标率分别为89.2%和86.5%，体育合格率分别为100%和98.9%，均比1989年验收时有明显提高，全县中小学生身体素质综合指标列全省第一。

1994年，县教委调整高中招生办法，明确规定将体育成绩正式列入高中招生录取总分，采取严格有效的措施，集中对初中业生进行体育测试。这一举措，有力地促进了全县初中体育工作。1996年，县教委转发省教委《关于对全省学校体育工作检查评估的通知》，进一步规范了学校体育教学、课外体育活动及管理工作。同年，出台《博兴县音体美特长生界定办法》，全县的体育教学、训练和特长生培养与选拔工作更加科学、规范，选招的特长生质量逐年提高。是年，县业余体校更名为县体育中学。

1998年，博兴县率先在全区推广“中小学系列广播操”和“121”健力操，并且学习泰安经验，率先在全区创办“快乐体育园地”，受到地区教委表彰。是年，曹臻选入国家八一乒乓球队，姜华珺选入国家乒乓球队。1988年到2000年，县实验小学向省以上体工队输送少儿乒乓球队员11人。

县教育系统认真落实“全民健身纲要”，积极开展教工业余体育和健身活动。县一中、二中等学校每年都组织教工开展篮球、乒乓球、羽毛球、象棋、跳棋等系列体育比赛活动，学校春秋季运动会均有教工参赛项目。县教育工会每年在五一节、国庆节前后组织教工球类、棋类比赛。县老教协多次组织老年门球比和太极拳(剑)的辅导、表演和比赛。1996年8月，教育系统举行教工篮球和乒乓球比赛，全县所有乡镇、县直学校和教委机关共19个代表队全部参加，参赛人数超过500人，创博兴县体育史上参赛单位最全、人数最多的纪录。在1992、1996两届县全运会上，教育系统代表团均获团体总分第一名。1985年至2000年，博兴县学校体育教研、教改取得丰硕成果，先后有8人评为地级教学能手，3人被评为省级教学能手，有16人获地优质课奖，2人获省级优质课一等奖，1人获二等奖，1人获三等奖。1996年，县实验小学被评为全国“推行《国家体育锻炼标准施行办法》先进集体”。1998年，全区体育教师基本功大赛在博兴举行，博兴县获团体总分第一名。有3人获“省体育先进工作省”称号，2人被评为“全国优秀体育工作者”，张方宏被评为“全国教育系统劳动模范”。1999年县二中被评为省级“推行《国家体育锻炼标准施行办法》先进集体”，全县有3名体育老师被评为省“推行《国家体育锻炼标准施行办法》先进个人”。全县体育工作者有18篇论文在国家级刊物上发表，36篇在省、地级评选中获奖。

2000年7月，在安徽省黄山市举行的全国第26届“新星杯”少年乒乓球锦标赛甲A联赛中，县实小代表队荣获儿童女子甲组单打冠军、团体总分第四名的好成绩。

2006年博兴县中小学生长跑、竞走比赛在博兴县体育中心田径场举行，来自全县11个单位的近160名运动员参加了男甲10000米等10个项目的比赛。这项运动每年举行，成为惯例。

为认真贯彻落实教育部、国家体育总局《关于进一步加强学校体育工作，切实提高学生健身素质的意见》，县教育局、体育局先后下发《关于加强中小学体育工作的实施意见》和《关于学校体育工作督导办法》。2007年4月，在县体育局田径场举行博兴县中小学体育健身运动会暨阳光体育运动启动仪式，来自全县10个镇（街道）和7个县直学校的1148名师生参加了五个组别128个项目的角逐。是年，承办“京博杯”山东省青少年乒乓球锦标赛，博兴县选手夺得三枚金牌。

为迎接2008年北京奥运会，唱响“全民健身与奥运同行”主旋律，激发学生关注奥运，同时在全县学校中形成浓郁的校园体育锻炼氛围和全员参与体育锻炼的良好风气，切实提高学生身体健康水平，活跃校园文化生活，县教育局、体育局共同组织“阳光体育与奥运同行”健身系列活动，同时开展“校园吉尼斯挑战赛”（包括教师组和学生组跳绳、踢毽子、呼拉圈、颠足球等），参赛人数达1120人。同年，组织开展教育系统教职工篮球比赛，共有来自全县8个镇（街道）教委和7所县直学校的近200人参加比赛。

2008年1月，县实验小学被确定为省乒乓球训练基地。4月，山东省乒乓球学校唯一一所中小学分校在县实验小学成立。在7~8月举行的滨州市青少年年度比赛上，博兴县在10个项目中，有9个项目获得年度比赛金牌总数和团体总分第一名的优异成绩。在2009年的年度比赛上，博兴县在14个项目中的6个项目称雄并夺得金牌总数、团体总分第一名。

自2008年起，高中学校实行选课走班制度，每一个学生都选一项自己喜欢的体育项目。经过一段时间的锻炼，学生对所选项目的掌握都有了很大的进步，测试水平及身体素质都有明显提高。

博兴县的学校篮球运动非常活跃，学生的喜爱程度非常高，1994年开始举行全县中学生篮球比赛，由县一中、县二中及各乡镇中学参加，由于种种原因只举行了两年，直到2010年举行博兴县教育五大体育联赛，开始有篮球比赛，各个组别的冠军还代表县参加市级、省级的教育系统五大体育联赛。2011年县实验中学、县第五中学分别被评为省级篮球传统项目学校，极推动了全县学校篮球运动的发展。

2011年4月，博兴县“体彩杯”中小学生体育健身运动会在县全民健身中心举行，来自全县的12个镇（街道）36个单位的800余名运动员参加了6个大项89个小项的比赛，创下了县运动会参赛人数最多的记录。在比赛中，广大运动员顽强拼搏，创造了多项优异成绩，共有 7 人打破 5 项全县最高纪录。是年 7 月，滨州市十七届运动会在博兴县举行，这是全市运动会第一次由县区承办。博兴县共有 676 人参加比赛，一举夺得参赛金牌 269.5 枚，参赛总分 3661 分，总金牌 376.5 枚，总分 7331 分，再次囊括市运会“四个第一”，获“体育道德风尚奖”。

2011 年，成功举办全县中小学生春季田径运动会、秋季篮球俱乐部联赛、冬季师生长跑运动会。按照教育部和省教育厅要求，认真开展体卫艺专项督导活动，全县中小学先后投资近 300 万元用于中小学体卫艺教学仪器的购置。11 月，在全市体卫艺督导复评中，博兴县成绩名列前茅。同时，山东省教育厅授予博兴县“全省体卫艺工作宣传先进单位”称号。

2013 年，认真落实中小学生每天一小时校园体育活动，扎实开展大课间阳光体育活动。参加市中小学首届阳光体育运动会，荣获团体总分第一名，由 60 多名中小学生代表滨州市参加省中学生运动会分列初中跳绳团体、个人第一名；高中跳绳第二、高中生健美操团体第二名；初中健美操第四、高中轮滑第二，县实验中学和县一中体质测试分列第一名和第三名，为滨州市团体总分第二做出突出贡献。

县实验中学、县一中、县二中、县五中被市教育局表彰为突出贡献奖。博兴教育局被评为“省群众体育先进单位”。组织参加中小学体育教师教学基本功大赛和小学体育优质课评选。先后有 5 名体育教师获省一二等奖，4 名教师获市一等奖；2 名小学体育教师获省优质课一等奖。

2014 年 3 月，承办山东省第二十三届运动会古典式摔跤预赛暨“中国体育彩票杯”山东省古典式摔跤锦标赛；8 月承办“京博杯”全国少年男子自由式摔跤锦标赛。

2016 年，先后举办了“体彩杯”春季师生健身运动会、秋季师生篮球联赛、冬季师生长跑运动会中小学生乒乓球、教职工足球等体育社团竞赛活动，参与师生达到 5 万多人次。组织教师参加省、市音体美优质课评选活动，体育与健康荣获省优质课一等奖 3 个、二等奖 2 个。组织参加市音体美教学能手评选，小学体育列全市第二名，初、高中体育分列全市第一名。

2017 年，全县共 5 所学校创建为全国青少年校园足球特色学校，8 所学校创建为省体育传统项目学校。举办“京博和苑杯”、中小学生足球联赛和“万事达杯”中小学生足球精英选拔赛。在滨州市“向尚运动 · 市长杯”校园足球联赛中荣获冠军 1 个，亚军 1 个、第三名 2 个，所有参赛队均进人全市前八名。校园足球工作在市委市府年度重点工作评估中列全市各县区第一名。是年，成功举办了“体彩杯”中小学生冬季长跑运动会、中小学生春季田径健身运动会、中小学生篮球联赛。

博兴县高中体育特长生培养始于 20 世纪 80 年代，原博兴四中率先开办体育班，面向全县招收体育特长生，90 年代以来县一中、县二中也相继开办体育特长班，为博兴县培养了一批体育人才，为高校输送大批体育人才。1999 年高考中，博兴县体育本科上线 20 人，居全区首位。2000 年，全县体育本科上线 36 人，创历史最高纪录，禅连全区第一。博兴一中高水平运动员张辉以 10 秒 54 的全省百米最佳成绩被石油大学优先录取。2001 年，县一中体育考生 54 人专业过关，本科录取 38 人，列全市第二名。2002——2012 年十年间，县一中、二中向高一级学校输送体育本科人才 294 人。2003 年，博兴一中获滨州市中学生运动会团体总分第三名，2004 年获山东省“学校杯”运动会团体总分第六名。博兴二中先后获得全国健美操冠军、亚军 5 次。

为贯彻落实国家体育总局、教育部《关于加强竞技体育后备人才培养工作的指导意见》，改革、完善竞技体育后备人才培养体系，不断提高青少年体育训练质量和效益，推动竞技体育后备人才培养工作科学高效开展，充分发挥上下联动、教体融合、各有侧重、互为补充的作用，有效整合资源，进一步推动博兴体育事业的改革与发展，加强体教结合、加快优秀体育后备人才培养工作。2017 年，县教育局、体育局确定县体育中学、县实验中学、县第六中学、县第五中学、县第七中学、县实验小学、博奥学校、县第三小学 8 所学校为全县体育特色学校，县第四中学、曹王镇中学、乐安实验学校、乔庄镇中学 4 所学校为全县青少年业余训练基地。根据“条件优先，兼顾可能，适度加压，力促提高”的思路，将篮球、足球、手球、田径等项目安排到有条件的训练基地和学校，实行县队校办。

附：博兴县体育中学简介

博兴县体育中学始建于 1990 年，是全市第一所县级“三集中”业余体校。学校占地 217.3 亩，设有篮球馆 5858 ㎡、游泳乒乓球馆 6884 ㎡、网球馆 3603 ㎡、2.95 公顷的体育场、羽毛球馆、综合训练馆、室外训练场区、教学楼、运动员餐厅、运动员公寓等多个单体建筑。

县委书记李守江为 2017 年全县中小学生精英选拔赛开球

学校现有教职工 80 余人，其中专职文化课教师 27 人、教练员 40 人。设有办公室、竞训科、教务处、学生科、伙食科、科研所、招生办等七个科室和田径、重竞技、球类、武术等四个运动项目管理中心。共开展田径、篮球、乒乓球、网球、拳击、散手、柔道、游泳等

18类项目，开设五至九年级共五个教学班，在校生160人，走训生150人，在全县各学校共设置18处训练基地，240名在训生，总在训生达550人，每年向上级体校输送100人。学校先后培养出曹臻、姜华珺、王海霞、徐春燕、孙蓉、褚盟、张博文等一大批全国冠军和世界冠军。

学校曾荣获“振兴山东体育先进单位”“省业余训练工作先进集体”等多项荣誉称号，多次被博兴县委、县政府荣记“集体三等功”。2012年荣获“省级文明单位”称号。2013年和2017年连续两届被授予“省高水平体育后备人才基地”和“国家高水平体育后备人才基地”。

1990年以来，任校长的有：赵军，李兴林，王济章，吴国华，王道义，刘国梁。

第二节 学校卫生工作

1951年，省教育厅颁发《小学卫生工作大纲》后。博兴县各级学校遵照有关指示，加强学校防疫工作，并经常对学生进行爱国卫生教育，有力地改善了学习环境条件。博兴一中、博兴师范自建校始即配备了专职医务人员，其他学校亦采取了相应卫生措施。1953年12月，中央通知各地注重改善教师健康状况。1954年4月，山东省人民政府教育厅、卫生厅、中国教育工会山东省筹委会、团省委联合发出《关于改善教师健康状况的指示》。同年9月，县政府文教科向全县各区、乡公所和各完小、小学发出《关于减轻小学生负担的几点意见》。《意见》提出了五项具体措施，敦促各校迅速行动，尽快减轻学生负担，以利于学生身心发展。1959年6月，在县委和县人大的领导下，由县教育局、县卫生局组织联合检查组对县直一、七、八中学和城关、田庄、高城三个完全小学进行卫生保健状况抽样检查。检查结果表明，学生卫生保健状况不好，学生健康状况正在恶化。三处完小，139人受检，除了个别干部子女，其他皆无达到一盆一巾，有牙刷的寥寥无几，经常吃生冷食物的占90%以上。受检243人，其中沙眼183人，龋齿32人，近视47人，有蛔虫病的152人。县委要求各校改进措施，力争保健状况的根本好转。

1959年夏天，根据教育部关于大搞卫生运动的通知精神，全县掀起了轰轰烈烈的爱国卫生运动。这项工作，小学做得较为突出。许多小学认真执行检查制度，每早学生到校，首先检查手、脸、衣服的清洁卫生。部分小学的卫生教育做到了经常化。城关小学、博师附小、兴福完小密切配合教学和课外活动，通过黑板报、广播筒，经常宣传卫生知识。各校学生普遍做到了不随地吐痰、不乱丢果皮纸屑，扫地时戴口罩等，师生精神面貌大有改观。学生的卫生基本做到了整齐清洁，卫生工作日趋制度化、经常化。是年，教育部、卫生部关于保护学生视力的通知下达后，全县中小学开展了保护视力的宣传教育工作，把眼睛保护教育列为经常性的工作。尤其对班主任教师提出严格要求：即注意教育学生懂得眼睛的卫生保健知识，使学生在看书写字方面，养成好的习惯。1964年和1965年，随着国民经济的全面好转，学校的卫生工作全面展开。

1977年后，在各级各类学校广泛开展爱国卫生运动。1979年和1980年，县教育局、卫生局联合多次对学龄儿童进行防疫免疫教育和接种卡介苗，同时注重培养学生爱清洁、讲卫生的良好习惯。1985年3月，省、地两级卫生教育部门联合对博兴学生体质进行抽样调研，对1698名学生进行检查的结果表明，学生体质基本良好。

1986年到1989年，全县学校卫生工作虽有进展，但仍处于相对薄弱时期。突出表现为：认识和管理不到位，卫生人员奇缺，卫生设施较差，相应的制度不够健全，健康教育未能落实，学生体质健康状况有所下降，尤其是近视眼发病率呈上升趋势。这种状况引起了县委、县政府和县教育局的关注和重视。

1990年6月，国家教委、卫生部颁布了《学校卫生工作条例》，县教育局随即制定下发《博兴县学校卫生工作实施方案》和相应的检查评估办法。县教育局、乡镇教委、学校都成立了卫生工作领导小组和卫生管理机构，学校卫生工作进入依法管理的新时期。师生齐动手，治理和消灭脏乱差状况的群众性卫生活动在全县中小学展开。

1991年，省教委、省卫生厅联合下发《关于建立农村学校卫生试点县的通知》，全县各学校都积极行动，经过三年努力，博兴县以950分的好成绩一次通过省检查验收，成为全区第一个“省农村学校卫生试点县”，受到省地有关部门表彰。

1992年5月，县教育局转发地区教育局《关于学校育人环境规范要求》，督促各学校加强对环境、教室、宿舍卫生的管理。各学校相应建立卫生扫除及检查评比制度，坚持每日检查，周周小结，月月汇总通报，并将卫生管理纳入班级评估。这一制度有力地促进了学校卫生面貌的改观，学校内消灭了卫生死角，彻底改变了脏乱差局面。1996年6月，县教委制定印发《关于在全县教育系统深入开展社会主义精神文明建设工作的实施意见》，各学校迅速掀起治理整顿校园内乱经商和乱扔废弃物等不文明、不卫生行为的高潮，教委及学校都制定相关规定，有效地制止了学生吃零食、吃冰糕、喝冷饮和随手乱扔食品包装袋等不良行为，学校卫生面貌发生了巨大变化。

1993年，全县85%以上的中学和70%的小学开设了健康教育课，不少中学还开设青春教育课或讲座。1994年1月，县教委制定《博兴县学校卫生工作评估细则》，加大对学校卫生工作的评估力度，加强卫生保健人员队伍建设。1994年，县教委聘请省卫生厅学校卫生科有关领导和专家，对40多处学校的卫生保健人员进行为期三天的业务培训，收到明显成效。此后每年有计划地派出部分校医参加全国及省、地组织的业务培训，还定期请县医院名医进行指导。县直学校均配齐了专职校医，并且增加投资，加强卫生医疗设施建设。全县60%的农村中学、40%的乡镇中心小学配备了卫生保健人员。

1995年11月，地区卫生局、教育局联合下发了《滨州地区1996—2000年学校卫生工作规划》，县教委制定了《九五期间博兴县农村学校卫生工作发展规划》，确定了新的学校卫生工作目标，提出了强有力的管理措施，开创了学校卫生工作的新局面。是年，顺利通过“省农村学校卫生试点县”复查验收。1997年后，县教委根据上级有关文件精神，采取了中小学生减负措施。初中一年级以下（包括初中一年级）取消早、晚自习，初一体育课增加到每周三节，努力上好健康教育课，狠抓眼睛保健操质量的提高，同时增加课外文体活动时间，保证学生充分的睡眠时间，改善照明条件等，有效地保护了学生的视力。加强常见病的防治，每年为中小学生普查一次身体，对在校学生进行各种疫苗接种、注射，每年两次集中给学生服“肠虫清”，防治肠道蠕虫感染，加强龋齿的防治和学生营养性贫血疾病的控制、治疗。学校食堂卫生明显好转，学生饮用开水有了保证。有条件的学校还实行了营养配餐，饭菜多样化，让学生能吃上足够数量的食油、蔬菜、豆类，保证正常营养。2000年调查统计，全县学生视力低下率，小学降到了5%，初中低于35%，高中已控制在60%以内，沙眼患病率低于15%，肠道蠕虫感染率降到了5%以下，龋齿患病率比1994年下降了20个百分点，学生营养性贫血患病率降至20%以下，中小学生的体质及健康状况良好。

2013年，开展《国家学生体质健康标准》体质达标活动和视力检测活动，中小学全部完成数据汇总和上报。中小学生体质达标率90%以上，中小学近视率均低于全国平均值。

2016年，落实《中小学健康查体管理办法》，教育局与卫生局联合开展全县义务教育阶段所有在校生健康查体工作，在校生建档率100%，全县中小学生健康状况良好。

第三节　艺术教育

1989年2月，国家教委、文化部提出《关于加强少年儿童艺术教育的意见》。同年11月，国家教委制定印发《全国学校艺术教育总体规划》。1990年，博兴县成立“博兴县学校艺术教育委员会”，并于1991年3月制定《博兴县学校艺术教育实施规划》，启动了学校艺术教育工作。

从1990年起，县教委每年举办一届“博兴县中小学艺术节”。连续五次参加地区每两年一届的中小学艺术节，共有130多个文艺节目和150多件书画作品获奖，县教委每届都获优秀组织奖。

1991年，博兴县被省教委艺术教育委员会命名为“山东省艺术教育示范县”，县实验小学被命名为“山东省艺术教育示范学校”。

1992年，全县大多数中小学按照国家教委“关于组织实施《九年义务教育全日制小学、初级中学课程方案（试行）》意见”，开齐开足音乐、美术课，课外艺术教育活动开展活跃。实验小学相继成立了“电声乐队”“荷声民乐队”“军乐队”“合唱队”“舞蹈队”等；县第一中学、县实验小学、县第一小学、县第二小学、县实验中学等学校开设书法课，开展课外书画兴趣小组活动。1990年代初，全县中小学普遍开展校歌、校园歌曲征集和创作活动，多数学校都有了自己的校歌，“博兴一中校歌”被评为山东省中小学优秀校歌。

各中小学把“唱百首爱国主义歌曲”活动作为常规要求已坚持数年，各学校平时在晚点前，集会时唱歌曲已成为习惯。每年举行多次歌咏比赛，既活跃了校园气氛，又陶冶了学生情操，激发了爱国热情。每年元旦、春节等传统节日和重大纪念日，县教委都组织学校文艺调演、会演，深受社会欢迎，有许多高质量的节目在省、地、县文艺汇演或比赛中获奖。

从1994年开始，为培养学生的艺术情趣和欣赏能力，县一中、二中开设音乐、美术欣赏课，为提高艺术教育水平奠定基础。

1995年以来，县教委为推进学校艺术教育工作，在教研室配备专职艺术教研员，县直学校逐步调整配齐专职音美教师。县教研室加强了对全县音美教师的业务培训和指导，多次组织优质课及教学论文评选，开展业务技能比赛，学科带头人和教学能手评选等活动，有力地促进了艺术教师整体素质的提高。在教师基本功比赛中，全县有3人获省级奖，23人获地区奖。是年，国家教委召开“全国中小学器乐教学研讨会”，印发《全国中小学器乐教学研讨会纪要》，县教委认真贯彻会议《纪要》，县实验小学率先落实《纪要》精神，将儿童打击乐器和竖笛引入课堂。1996年，县教委出台《博兴县音体美特长生界定办法》，对高中招生录取办法适当调整，音美特长生由县教委统一组织专业考试，保证了特长生质量。是年，县教委在县直小学三年级进行竖笛教学实验取得成功，1997 年推广到全县，全县普及了竖笛教学。

1997 年，在全区音乐美术优质课评选中，博兴县小学、初中各有两名音乐教师获得全区并列第一名；小学和初中美术分别获得一、二等奖。1998 年，实验小学的董晴等 3 同学，在第六届“慧光杯”全国美术摄影大赛中获金奖。是年 5 月，国家教委颁布《关于加强学校艺术教育的意见》，县教委针对学校艺术教育现状，制定《博兴县学校艺术教育质量评估办法》，进一步强化了对音美课堂教学及课外艺术活动管理措施。1997 年，县一小顺利通过“省艺术教育示范学校”验收。同年，县教委组织举办第八届中小学艺术节，举办“皇冠杯”《金色的秋天》文艺汇演和书画展。

1999 年，在全省第三批中小学音乐美术教学能手评选活动中，博兴县四名选手均获奖，其中初中音乐名列全省第一，小学音乐名列第三。是年，侯松等 2 同学在第四届全国青少年美术、书法“金球杯”大赛中获银奖。全县累计有 50 多篇艺术教育论文在各级评选中获奖，有的在省级以上刊物上发表。2000 年，有 14 名学生考入本科艺术学院深造。

2000 年 1 月，博兴二中获“省艺术示范学校”称号，10 月，被国家教育部授予“全国艺术教育先进单位”称号。

自 2001 年始，县教育局每年专门召开艺术教育工作会议 2 次，宣传艺术教育重要性，要求各级各类学校加强艺术教育管理力度，点评各学校艺术教育活动，指出缺点，限期改正。组成艺术教育督察组，对全县艺术教育工作进行专项督察。

自 2005 年起，县教育局开始每学期不定时对各学校进行艺术教育检查，通过学生座谈、抽样调查等，了解学校音乐、美术以及艺术教材的使用情况，以督促艺术教师按照课程标准和教材内容进行教学。同时通过对艺术教师的随堂听课、备课笔记抽查，关注艺术教师对学生发展需求和当地艺术教育资源拓展教学内容的思考，关注艺术教师对课堂教学过程的优化，关注对学生的艺术学习兴趣的激发，关注艺术教师多媒体运用的能力，关注艺术课堂中学生能主动参与积极性，关注学生是否真正成为学习的主体，从而获得生动的审美体验。同时，研发了《体育艺术“2+1”评价手册》，对艺术教育成绩纳入每位学生的学期成绩综合评定之中，并分年段实施不同的考评方式，将艺术评价纳入学生的成长档案。

2007 年始，陆续向县委、县政府申请增加教师编制 80 余人，全部分配给偏远农村小学，使农村中小学音体美教师数量进一步充实。此外，全县还聘请艺术师范院校的毕业生或社会上有艺术特长的人才 30 余人担任学校兼职艺术教师，以弥补专业教师之不足。

2008 年，博兴县先后制定出台《博兴县深化中小学课堂教学改革实施方案》《博兴县进一步加强校本课程开发与实施工作方案》《博兴县创建义务教育阶段特色目录学校方案》《博兴县加强中小学学生艺体特长发展指导意见》《博兴县普通高中社团建设实施方案》《博兴县小学、初级中学社团建设实施方案》等文件，为全面、优质地开展艺术教育提供了有力的政策保障。

2009 年，博兴县成立艺术教育名师工作室，吸纳 16 名优秀教师为工作室成员。充分发挥名师的示范、引领、辐射、带动作用，把研训工作作为工作目标，深入一线研究、指导教学工作，加快艺术教师的专业化发展。是年起，博兴县在滨州市率先组织美术教师外出写生活动，把写生作为美术教师专业发展的撬动点，取得了非常大的成功。黄山、太行山、沂蒙山、淄博、崂山都留下了美术教师们的足迹。美术教师专项写生培训300余人次，覆盖了85%的专业美术教师。写生活动提高了教师们的业务水平，促进了教师间的交流和合作。写生相关的专题书画展览、比赛为美术教师提供了更为广阔的艺术舞台。同年9月，在滨州市率先成立博兴县教育艺术团，传承高雅艺术，弘扬文明文化，积极引领全县学校艺术教育逐步向着规范化、科学化和高品位的方向发展，同时为基层学校培养和造就一批能歌善舞、能写善编的文艺骨干。

2011年，县教育局下发专门文件，指导学校进行校本课程的开发与实施。各学校充分调动教师、学生、家长、课程专家等社会各界人士参与校本课程的开发与实施，先后开发了校本剧、吕剧、故事、合唱、舞蹈、乐器演奏、刺绣、草柳编、绘画、书法、摄影、民间艺术等30余门校本课程，每周固定时间、固定场地、固定教师，对学生实施教育。同时，通过开展校园艺术活动，调动了师生参加艺术活动的积极性，提高了艺术创作能力。学生的文艺节目、书画作品屡屡在市以上各类艺术作品评比中获奖。

2013年，博兴县在山东省中小学生合唱节暨戏剧大赛中获优秀组织奖。

2014年，在省教育厅组织的中小学器乐舞蹈大赛中，博兴县获优秀组织奖。是年，曹王中心小学、湖滨寨下小学被评为“王羲之书法特色学校”。

2015年6月，博兴县教育美术协会成立。2016年9月，与博兴县教育书法协会合并，成立博兴县教育书画协会。

2016年7月，举办第十八届中小学生艺术节。全县中小学和幼儿园近万名学生参与，同时选拔参加省、市中小学生艺术展演活动，取得了一等奖50个。县教育局联合县广电局联合开展“晔基置业 · 花园新城——博兴好声音 · 校园‘星’计划”活动，历时近4个月，参与学生2000余人。县教育局在教育部主办的全国第五届中小学生艺术展演活动被评为“优秀组织奖”。

2017年7月，举办第十九届艺术节暨山东省“中国梦 · 校园情”走进博兴暨滨州市校园艺术节启动仪式，参与学生达到两万余人次，充分展现全县艺术教育成果。展览活动被10余家电视台，几十家门户网站转播报道，社会反响强烈。

是年，先后有10余位音体美教师执教省市公开课，乐安实验学校在全国合唱比赛中获得二等奖的好成绩，并受邀参加在新加坡举办的国际合唱比赛。博兴二中美术教师张艳婷执教的的《纤维艺术——草柳编》顺利通过全国高中美术优质课初选，将参加全国优质课评比和展示，这是博兴县美术教学的一次大的突破。

第七篇 教育行政

博兴县教育局机构设置
（2017）

- 县政府教育督导室
- 县教师进修学校
- 县教学研究室
- 办公室
- 人事股
- 计划财务股
- 基础教育股
- 政策法规与宣传办公室
- 招生考试办公室
- 学校安全办公室
- 成人教育与职业教育办公室
- 工会
- 仪器站
- 电教站
- 勤管站
- 审计督查室
- 体卫艺办公室
- 学前教育办公室
- 教师教育办公室（县语言文字委员会办公室）
- 学生资助管理中心
- 校舍安全办公室
- 教育质量评价中心

第一章 行政机构

第一节 县级教育行政机构

明、清两代，县级教育行政机构为儒学署，主管教育的官员称教谕和训导。博兴县儒学署置于学宫内。教谕掌管文庙祭祀事宜和教育所属生员，训导辅之。

明清两代博兴县教谕、训导任职情况：

明代教谕

姓名	籍贯	姓名	籍贯
潘鋐		杨应第	云南人
戚元辅		陈达道	辽阳左卫人
逯 德		刘 庚	祁州人
郭 宜		刘 楠	利津人
佐 辅	仪封人	吴邦周	沛县人
戚 恩	浙江人	徐 伟	临清人
黄楚峰	庐州人	张应芳	滕县人
孔 昕	广东人	徐秉元	莆田人
郭大伦	山海关人	马逢图	临清人
王 金	无为人	李 真	广宁举人
栗 儒	万金卫人	韩 孝	青城人
丁良增	庆都人	刘广张	濮州人
高 章	容城人	童学贤	余姚人
马 岳	无为人	岳 相	堂邑人
耿 錞	新城人	赵明德	海丰人
曹 绩	蒲州人	王维邦	辛县人
徐 安	辛县人	张 述	海丰人
陈 荣	长乐人		

明代训导

姓名	籍贯	姓名	籍贯
白 岳		耿文辉	胶州人
万 明		张应昭	禹门人
陈 翊		汪应轸	馆陶人
金 焕		汤邦振	冠县人
元 仕		杨若凌	青城人
杨 瑗		崔应魁	禹城人
魏 进		靳 旭	德平人
白 虹		李汝桂	章丘人
高 岑		吴之藩	德平人
吕 辅		曹 纪	文登人
王 琢	祥符人	杨春芳	三元人
杨承祉		李进善	黄县人
沈文奎	延安人	李 峨	德州人
徐秀之	浙江人	王体元	肤施人
张 相	亳州人	郝 斗	朝城人
郑应铭	桐庐人	张文昂	汶上人
仪 右	高密人	丘凌云	肥城人
黄梦旸	嘉祥人	傅佳允	抚宁人
郭汝梅	临清人	刘□□	宁晋人
姜 伟	文登人	张 锦	五台人
施 纪	江山人	郭沐恩	莱芜人
孔文秀	曲阜人	耿惟直	沾化人
韩遇春		秦执中	邹县人
杨承恩	济南人	王象益	新城人
吴来聘	洛阳人	郭 纯	
崔希岳	宁远人		

清代教谕

姓名	籍贯／功名／任职时间	姓名	籍贯／功名／任职时间
顺治		道光	
生秉直	滕县人	车椿年	海阳举人。十六年署。
刘　鉌	高唐人，八年任。	李　同	掖县拔贡。十七年任。二十一年改名图。
康熙		于谦光	古牟举人。二十八年任。
赵之屏	长清人	咸丰	
宋　炎	城武贡生	谷振祥	栖霞举人
单务和	高密岁贡	牛儒干	
任　培	高密岁贡	成毓杞	章丘举人
杜能忠	乐陵举人	同治	
张三徵	新城岁贡	韩丕燿	即墨举人
纪之复	利津岁贡	王愷之	
曾闻诗	郓城岁贡	李其感	邹平癸酉科举人
杭之洞	邹县拔贡	光绪	
赵实发	商河举人	陈正镌	新城举人
乾隆		徐际云	潍县举人
卢　珩	堂邑举人，三十一年去任	杜荣申	齐河举人
孙宏受	淄川拔贡	刘启宇	掖县举人，二十年任
曾　衍	" 郓城恩贡，四十二年任。《旧志》作“曾衍枚”。	牟家梁	日照县拔贡，二十八年任。
薛　偘	乐陵拔贡。四十八年任。	邓作云	
嘉庆		张金门	
公　震	阳信岁贡。三年任。	李梦元	高唐岁贡，三十一年任。
张　潍			
邓元炳	胶州副贡生。六年署。		
刘元桐	济宁州举人。三年、六年两任。		
李泰曾	利津举人，六年任。		
张维岳	青城廪贡生，十一年任。		
刘思睿	淄川廪贡，署。		
刘允泰	辛县恩贡，十八年任。		
朱兰春	聊城拔贡，二十五年任。		

清代训导

姓名	籍贯 / 功名 / 任职时间	姓名	籍贯 / 功名 / 任职时间
顺治		嘉庆	
郑　印	黄县人元年任。	朱凝烓	历城举人，五年署。
康熙		亓　保	商河拔贡，六年署。
靳廷策	丘县岁贡。	马　璘	六年署。
迟龙宾	莱阳人。	李元燮	高密举人，六年任。
李　桢	德州岁贡。	郭书升	潍县举人，二十二年署。
钱大受	掖县岁贡。	刘砚溪	阳信举人，二十三年任。
郭星高	兖州岁贡。	道光	
张吁俊	兖州岁贡。	张大樽	齐河举人，十一年署。
陈子哲	灵山岁贡。	赵叔琅	肥城岁贡，十一年任。
鞠　渠	文登岁贡。	张　鹗	乐陵举人，十七年署。
李作植	濮州岁贡。	于谦牧	福山举人，十七年署。
李化凤	宁阳岁贡。	潘闻韶	乐陵举人，十八年署。
李维屏		王　磐	临清举人，十八年任。
乾隆		侯　霆	掖县举人，二十九年任。
李　选	德州选贡。二十年任。	光绪	
由闻远	岁贡。二十六年任。	李　焯	邹平举人，十六年任。
王　琚	三十三年任。		
于祖桂	平度廪贡。四十三年任。		
王平格	莱芜廪贡。五十年任。		
孙曰沄	宁海举人。		
刁思诚	肥乡岁贡。五十七年任。		
高铸九	邹平举人。		
杨学礼	阳信岁贡。		

光绪三十一年(1905)，废科举，兴学堂，儒学署裁撤。次年学部奏定县设教育行政机关劝学所，置总董职办理全县学务。光绪三十三年(1907)，博兴县设置劝学所，举人栾凤书首任劝学总董。宣统元年（1909），劝学总董改称劝学所长。宣统二年（1910），本县人马惟贞出任所长，时各区设视学员一人。

中华民国元年（1912），劝学所改称视学所，设所长1人，劝学员多人。民国五年冬，视学所复称劝学所。民国十二年（1923）劝学所改称教育局，设局长一人，以下设视学员一人，教育委员多人。1933年教育局改称县府第五科，设科长、督学各一人。1936年7月，县政府实行四科制，教育行政归属第四科，科长尹希圣，另有视导主任1人，视导员3人，科员3人，童子军指导员、民教辅导员、图书馆管理员、小学经费委员会事务员、义务教育委员会事务员各1人。

县级教育行政机构领导任职情况表（1907~1936）

姓名	基本情况	姓名	基本情况
栾凤书	字恩昭，光绪癸巳科举人，博兴县人，光绪三十三年任劝学总董。	许鸿云	字铭三，博兴县人，法律学堂毕业，民国十六年任教育局局长。
马惟贞	字度卿，博兴庠生，宣统二年任劝学所所长。	马汝骅	字开云，安丘人，民国十七年任教育局局长。
王西洲	博兴县人，山左公学师范班毕业，民国三年七月任视学所所长。	赵东岱	字镇青，博兴县人，民国十七年任教育局局长。
李仲玳	字文簪，博兴县人，省立第十中学毕业，民国五年任劝学所所长。	张文彬	字幼均，菏泽县人，民国十八年任教育局局长。
卢锡铭	字予臣，博兴廪生，山左公学师范班毕业，民国六年任劝学所所长。	赵瑞麟	字湘南，博兴县人，民国二十年任教育局局长。
崔星符	字信斋，博兴庠生，省立第一师范毕业，民国十年任劝学所所长。	晋吉清	字镜寰，博兴县人，民国二十年任教育局局长。
毛振东	博兴县人，山左公学中学班毕业，民国十二年任劝学所所长。	张宪文	民国二十一年任教育局局长。
孙景淦	字新卿，平度人，民国十二年任劝学所所长，改教育局后并任局长。	杨荣昌	昌邑县人，民国二十二年任第五科科长。
赵秉衡	字辑五，博兴县人，山左公学中学班毕业，民国十三年任县视学。	漆信鲁	字次曾，民国二十二年任第五科科长。
高俸之	字绍廉，博兴县人，工业专门毕业，民国十三年任县视学。	尹希圣	民国二十三年任第五科科长。

1940年7月县抗日民主政府成立后，设文教科。1941年3月改为教育科，并建立负责社会教育的民众教育馆。1942年，清中专员公署与博兴县人民政府合署办公，两教育科合一。增设督学。1943年6月至10月，教育科与民政科合为民教科；同年11月重设为教育科。

新中国建立后，县人民政府设置文教科，为全县教育文化行政主管机关，是县政府的一个职能部门。科内由科长主持工作，副科长辅之，另有专人负责普通教育、业余教育、教学研究、财会、人事和文化体育工作。1955年，文教科内设置小学教学研究组和工农教学研究组。1956年3月，文化、教育两科分置。是年6月教育科改称教育局。1958年，博兴、桓台和高青大部区域合并后，称博兴县教育局。1961年博、桓、高三县分治。1962年教育局与文化科合并为文教科。

1967年3月7日成立县革命委员会，设文教卫生办公室。

1969年9月改为教育革命办公室。

1971年改为教育组。

1975 年改称文教局。

1981 年教育局与文化局分设。

1993 年 9 月县机构改革，教育局与职教办合并建立教育委员会。

2002 年 7 月，县教育委员会改称县教育局。

2017 年，县教育行政机构仍称县教育局。

县级教育行政机构领导任职情况表（1940~2017 年）

机构名称	职务	姓名	任职时间
文教科（1940 年冬设立，1941 年 3 月改为教育科）	科长	李　干	1940.7~1941.3
		王　君	1941.3~1941 冬
		曹锡元	1941.12~1943.6
	副科长	田　耕	1941 春 ~ 夏
		鲁　光	1942 冬 ~1943.12
	督学	马　健	1943.12~1945.8
教育科	科长	马　健	1945.11~1949.3
	副科长	马　健	1945.8~1945.11
		许明村	1948.8~1950.7
文教科（1950 年 7 月设立）	科长	许明村	1950.7~1952.2
		张同科	1954.5~1954.10
		许冠宇	1954.12~1956.3
	副科长	陈子房	1951.11~1952.6
		韩永堂	1952.6~1954.5
		李兆华	1954.12~1956.3
		王书润	1954.12~1956.2
教育科（1956 年 3 月设立）	科长	石恩卿	1956.3~
	副科长	李兆华	1956.3~
教育局（1956 年 6 月设立）	局长	石恩卿	1956.3~1958.6
		张嵩山	1958.12~1961.8
	副局长	李兆华	~1958.9
		孙道明	1956.10~
		赵克俊	1959.12~1960.6

续 表

机构名称	职务	姓名	任职时间
文教科（1962 年 10 月设立）	科长	张同科	1963.2~1963.8
		常士恒	1964.11~1965.11
	副科长	孙道明	1962.10~1966.5
		林永敏（女）	1965.7~
文教卫生办公室（1967.3.10 设立）	主任	安家训	1967.3~1969.9
教育革命办公室（1969 年 9 月设立）	主任	孙道明	1969.9~1970.12
		王长江	1970.12~
	副主任	彭德著	1975.5~1981.10
教育组（1971 年 9 月设立）	组长	王长江	1971.1~
	副组长	郑盛之	1972.4~
文教局（1975 年 5 月设立）	局长	王长江	1975.5~1977.10
		郑盛之	1977.10~
	副局长	王哲正	1975.5~1981.10
		郑盛之	~1977.10
		张在群	1977.3~1978.3
		戴延久	1977.10~1981.10
		李韵斋	1979.12~
		赵金生	1979.12~
		郭汝彬	1981.5~
教育局（1981 年 10 月设立）	局长	郑盛之	~1984.12
		曹子敏	1985.3~1993.4
		白长远	1993.4~
	副局长	王哲正	1981.10~1990.4
		赵士臣	1982.8~1984.6
		李韵斋	~1984.5
		郭汝彬	~1984.12
		赵金生	~1984.6
		任林堂	1982.8~1984.6
		孙同会	1985.1~1992.11
		曹大忠	1987.5~1987.12
		穆云瀛	1989.3~1993.4
		刘来亭	1989.12~（1989~1992 挂职曹王镇科技副镇长）
		冯庆忠	1992.11~1993.9

续 表

机构名称	职务	姓名	任职时间
教育委员会（1993 年 9 月设立）	主任	白长远	~2001.2
		李　予	2001.2~2002.7
	副主任	刘来亭	~2001.3
		许秀峰	1993.9~2002.7
		董奎三	1993.9~2001.2
		李　予	1998.3~2001.2
		周奎齐	1999.1~2002.7
		韩寿山	2001.2~2002.7
		盖学忠	2001.2~2007.9
		王建光	2001.4~2002.7
教育局（2002 年 7 月设立）	局长	李　予	2002.7~2007.6
		周奎齐	2007.6~2015.8
		石卫山	2015.8~2016.8
		李光辉	2016.8~
	副局长	周奎齐	2002.7~2007.6
		许秀峰	2002.7~2003.4
		韩寿山	2002.7~2004.2
		盖学忠	2002.7~2007.9
		王建光	2002.7~2007.7
		牛建亮	2003.4~2006.5
		王中月	2003.8~
		李保国	2004.2~2013.4
		袁　昊	2005.6~2007.8
		魏　兵	2006.7~2011.11
		刘爱庆	2009.10~
	主任科员	董君明	2017.6~

2017 年博兴县教育局领导班子一览表

姓　名	职　务
李光辉	党委书记、局长
王中月	县教师进修学校校长、副局长
董君明	主任科员
刘爱庆	县政府教育督导室主任、副局长
黎　强	县教研室主任
郭　瑞	县教师进修学校副校长
张庆明	县政府督学
李洪波	党委委员

第二节 教育局工作机构

清末及民国时期，劝学所或视学所等县级教育行政机构均未内设工作机构。

1940年，县抗日民主政府文教科附设民众教育馆，负责社会教育。1941年后教育科增设督学。

新中国成立后，文教科内设有专人负责普通教育、业余教育、教学研究、人事和文化体育工作。1952年建县工农业余教育委员会，办公室设在教育科内。1955年，文教科内设置小学教学研究组和工农教学研究组。

1956年，小学教学研究组改为教学研究室，负责全县教学研究工作。同期，工农业余教育委员会改为扫盲委员会，下设办公室；1957年，成立扫盲协会。“文革”后，恢复业余教育委员会，1981年又建立农民教育委员会，办公室设于县教育局内，由一名副局长分管此项工作。

1986年，县教育局下设办公室、普通教育股、政工股、计划财务股、老干部股、招生办公室、教学研究室、仪器站、工会、团工委、农民教育办公室、落实政策办公室。

1987年，落实政策办公室撤销，设立勤工俭学管理站。

1990年8月，成立教育局督导室为正科级单位，教学研究室成为副科级事业单位。

1991年4月，设托幼办公室。同年，成立高中毕业会考办公室，职能由招生办公室代管。

1992年11月，老干部股撤销，职能转归工会。

1993年9月，县机构改革，教育局与县职工教育办公室合并建立博兴县教育委员会。原教育局长任教委主任兼党组书记，工作机构有办公室、人事股、计划财务股、普通教育股、职工教育办公室和教学研究室。

1994年4月，中共博兴县教育委员会成立，教委主任兼党委书记，党组随之撤销。同年，设立成人职业教育办公室，农民教育办公室撤销，职能转归成人职业教育办公室。

1995年3月，教育局督导室由博兴县人民政府督导室代替，系正科级事业单位，隶属县教育委员会。

1997年7月，设立教育结算中心和幼儿教育办公室，托幼办公室撤销。8月设立教师培训股。

2002年7月，县教育委员会改为县教育局。

2004年，政工股更名人事股。

2006年11月，教育信息中心成立，普通教育股更名基础教育股，仪器站更名电教仪器站，教师培训股更名教师教育办公室。

2007年7月设立审计督查室，12月设立学生资助管理中心。

2008年，电教仪器站分设为电教站和仪器站。

2009年，设立体卫艺办公室、校安办公室，幼教办更名为学前教育股。

2010年10月设立宣教室，2015年7月更名为政宣室。

2017年底，教育局下设工作机构有：办公室、人事股、计划财务股、基础教育股、政策法规与宣传办公室、招生考试办公室、学校安全办公室、成人教育与职业教育办公室、工会、仪器站、电教站、勤管站、审计督导室、体卫艺办公室、学前教育办公室、教师教育办公室、学生资助管理中心、校舍安全办公室、教育质量评价中心、县教学研究室。

1985~2017 年教育局（教委）工作机构领导任职情况表

部门	职务	姓名	任职时间	备注
办公室	主任	许龙祥	1985~1995.1	
		王建忠	1995.2~1997.11	
		卢宗平	1997.12~2002.12	
		张继忠	2003.1~2004.1	
		袁　昊	2004.1~2005.8	
		郝乘胜	2005.9~2007.8	
		李洪波	2007.9~2015.6	
		曹恒志	2015.6~	
人事股	股长	赵长宝	1983~1985	
		高秀英	1985~1992.12	
		许学忠	1992.12~1999.5	
		王　震	1999.5~2002.12	
		孙奉文	2002.12~2008.9	
		段长青	2008.9~	
计财股	股长	李福森	1985~1987	
		崔佃策	1987~1993	
		张长江	1993~1999	
		王丰杰	1997~2006	
		张　君	2006~2014	
		益　峰	2014~	
普（基）教股	股长	王俊儒	1985.1~1987.8	
		顾洪亭	1987.9~1990.2	
		宋道选	1990.3~1997.8	
		郝丕亮	1997.8~2002.3	
		马立群	2002.4~2002.8	
		岳光华	2002.9~2009.1	
		宋卫忠	2009.1~	
安全管理办公室	主任	王大东	2006.8~2011.9	
		吴树立	2011.9~	
学前教育股（办）（2009 年前称幼教办）	主任（股长）	胡　芳	1994.4~2003.5	
		冯爱梅	2003.5~2009.7	归基教股
		朱学清	2009.8~2015.5	
		冯爱梅	2015.6~	
职业教育办公室	主任	巩曰异	1982.11~1993.10	
		李　予	1993.10~1995.3	
		周相尊	1995.3~1997.8	

续 表

部门	职务	姓名	任职时间	备注
职业教育办公室	主任	李向东	1997.8~1999.8	
		封子君	1999.8~2012.1	
		郑新店	2012.1~2015.6	兼
		王天强	2015.6~	
教师教育办公室（2006 年 9 月前称师训股）	股长	周相尊	1997.8~2001.4	
		孙奉文	2001.4~2004.10	2002 年 12 后兼
		田成生	2004.11~2015.6	
		王永祥	2015.6~2017.7	
		李希杰	2017.7~	兼
（电教）仪器站	站长	王青田	1985.3~1995.4	
		任相如	1995.4~1999.4	
		宋卫忠	1999.5~2008.12	
		卢宗平	2009.1~2014.8	
		李希杰	2014.8~	
勤管站	站长	张同庆	1987.5~1995.3	
		耿景乐	1995.3~2002.12	
		卢宗平	2002.12~2009.10	
		薛希卫	2009.10~2014.8	
		郑新店	2014.8~	
教育局督导室	主任	李金佐	1990.8~1995.3	副科级
	副主任	高爱荣	1992.11~1994.4	副科级
县招生办公室	主任	孙同会	1985.3~1993.9	
		徐建勇	1992.9~1999.9	
		戴凤亭	1999.9~2009.1	
		贾晨光	2009.1~	
审计督查室	主任	齐连堂	2007.7~	
体卫艺办公室	主任	赵桂国	2009~	
校安办公室	主任	韩立国	2009.8~	
电教站	站长	张继明	2008.8~	
政宣室（2015 年前称宣教室）	主任	白雪峰	2010.10~2015.6	
		王光军	2015.7~	
学生资助中心	主任	王焕水	2010.8~	
教育质量评价中心	主任	王建忠	2017.8~	

第三节 镇、街道（区、公社、乡）教育行政机构

清宣统元年（1909），各区设视学员1人。

民国初期，县教育科把全县分为七个学区，由教育委员作为各区视学。

1940年后，民主政府在各区设文教助理员，主管本区教育。

新中国成立后，各区分别设文教助理和扫盲辅导员，负责本区普通、社会两项教育。

1971年，各公社成立教育组，由教育组长、业教干部、工会主席、教研组长、会计等人组成。

1975年县恢复文教局，各公社亦设文教组，文教组由1~3人组成。

1981年，公社文教组易名为教育组。

1986年，全县3镇、9乡共设12个乡镇教育组。教育组设组长、教研组长、业教干部、会计。组长主持工作。

1988年3月，撤销乡镇教育组，成立教育委员会，教委主任由乡镇长或一名乡镇党委副书记兼任，教委常务副主任由教育干部担任，主持日常工作。

1993年4月，撤销乡镇教育委员会，建立文教卫办公室，办公室主任由党政干部兼任，原教委成员留2人管理教育工作，其他人员分流到中小学任教。

1994年6月，恢复乡镇教育委员会，设教委主任、中小学教研组长、成职教研组长、工会主席、会计、出纳。

2001年3月，蔡寨乡教委合并到乔庄乡教委。湖滨镇设湖滨教委与寨郝教委。

2004年6月，闫坊镇教委更名吕艺镇教委。

2007年7月，撤销博兴镇教委、湖滨镇寨郝教委，建立锦秋、博昌、城东3个街道教委。全县设有湖滨、曹王、兴福、店子、吕艺、陈户、庞家、纯化、乔庄9个镇和博昌、锦秋、城东3个街道教育委员会。

2017年8月，取消镇（街道）教委，实行学区制管理，全县设有湖滨、曹王、兴福、店子、吕艺、陈户、庞家、纯化、乔庄9个镇和博昌、锦秋、城东3个街道学区。

自抗日民主政府成立到新中国成立在各区担任教育行政干部的有：

一区（城郊区）：王天民、马强、张华、祁心一、宋振铎。

二区（柳桥区）：李惠、白玉峨。

三区（陈户区）：赵乐、张华、马安堂、贺子元、吕泉、高南斌、崔世星、李惠、于曙光、孟献村、赵建亭、张秀峰。

四区（兴福区）：许俊、张华、周庆荣、王曰升、李栋林。

五区（利城区）：高景文。

六区（闫坊区）：黄炳文、牛洪汝、鲍成、国增文、王增祥、李绪英。

七区（通滨区）：李明阶、王新吾、张华、刘庆光、国兴。

原蒲台县乔庄区：王森源、王奎儒。

蔡寨区：王云泉。

乡镇（区、公社）教育行政领导任职情况表（1949~1985 年）

乡镇（区、公社）	姓名	任职时间	乡镇（区、公社）	姓名	任职时间
博兴镇	宋振铎	1952~1953	兴福镇	李栋林	1948~1952
	索景三	1953~1956		孙建元	1952~1955
	何克俭	1957~1958		赵克俊	1955~1957
	魏墨田	1961~1962		宫宝元	1958~1963
	韩巨波	1962~1963		郝元之	1963~1964
	曹宝先	1963~1969		许中南	1964~1971
	李树堂	1969~1976		许宝玉	1971~1972
	张风祥	1976~1977		郑玉亭	1973~1976
	郑春山	1977~1985		侯功芳	1976~1979.7
	孙万法	1985.1~1985.8		魏振环	1979.8~1984.7
	周树甲	1985.8~		许中南	1984.8~
陈户镇	张秀峰	1949~1950	曹王镇	李长庆	1969.12~1975.12
	赵建亭	1950~1952		郝福然	1976.1~1978.3
	韩巨波	1952~1953		王来敬	1978.3~1979.5
	白玉峨	1953~1954		许中南	1979.5~1982.3
	刘月志	1954~1955		曹高杰	1982.3~1983.3
	白玉峨	1955~1957		冯长泰	1983.3~1985.12
	晋风祥	1958~1959	湖滨乡	白玉峨	1949.7~1954.8
	刘万杰	1959~1972		郑立光	1954.10~1956.8
	张长松	1973~1974		白友鹤	1956.8~1958
	刘金光	1975~1977		张希福	1959~1961
	周树甲	1977~1985		白友鹤	1961~1968
	董奎三	1985.8~		高维湘	1969~1970
寨郝乡	赵法林	1958~1961		张长松	1972~1973
	郝元之	1964~1972		郝向岳	1973~1975
	许中南	1972~1976		李振岳	1975~1976
	李树堂	1977~1980		许中南	1976~1978
	宋景纯	1980.12~1984.8		魏本恕	1978~1979
	宋道选	1985.1~1985.8		卢振清	1979.8~1984.5
	孙万法	1985.9~		韩子忠	1985.1~

续 表

乡镇（区、公社）	姓名	任职时间	乡镇（区、公社）	姓名	任职时间
庞家乡	国兴	1947~1952	店子镇	高景文	1949~1952.10
	刘登科	1952~1954		刘仲奎	1952.11~1953.3
	赵克俊	1954~1956		刘兆清	1953.4~1955.12
	霍育三	1957~1958		张庆恩	1956.1~1956.12
	李廷德	1958~1959		赵克俊	1957.7~1958.6
	段树林	1959~1960		赵法林	1958.7~1958.12
	王崇寿	1960~1962		郝元之	1959.1~1963.6
	祁曰銮	1962~1963		宫宝元	1963.7~1964.7
	孟献礼	1963~1965		马玉芳	1964.8~1965.12
	黎念学	1965~1970		孟献礼	1966.1~1968.12
	李桂祥	1970~1975		戴延久	1969.1~1970.10
	赵清元	1976~1978		许增康	1970.11~1976.7
	张风祥	1978~1983		朱玉亭	1976~1983
	顾周南	1983~		许兰普	1983~
乔庄乡	李安村	1949~1952	闫坊乡	李旭英	1949~1951
	郭同太	1952~1956		郑成九	1951~1954
	张新安	1956~1960		刘东波	1954~1956
	吴汝芳	1960~1962		王珠全	1956~1957
	宫洪文	1962~1969		白玉峨	1957~1958
	韩其良	1969~1975		刘　杰	1958~1959
	郑春山	1975~1976		魏墨田	1959~1961
	史兴华	1976~1978		张长松	1961~1968
	曹占奎	1978~1979		刘洪德	1968~1976
	姜荣义	1979~1981		周树甲	1976~1977
	常风岭	1981~1983		高景花	1977~1980
	张金江	1984~		李振岳	1980~1982
蔡寨乡	王云泉	1949~1950		韩光辉	1982~1984
	张耀生	1951~1953		于寿鹏	1985~
	李廷德	1954~1957	纯化乡	胡寿山	1956~1958
	李长庆	1957~1960		马玉芳	1959~1962
	祁曰鸾	1961~1963		张长松	1962~1970
	宫宝元	1967~1970		李福德	1970~1971
	孙金梧	1971~1975		黎念学	1971~1972
	王相坤	1975~1978		刘金光	1973~1975
	赵清元	1978~1981		卢光增	1975~1980
	孙金梧	1981~1983		胡守智	1980~
	常风岭	1983~1984			
	谭成浩	1984~			

乡镇教育行政领导任职情况表（1986~2000 年）

乡镇	1986~1988.3	1988.3~1993.4		1993.4~1994.6		1994.6~2000	
	教育组长	教委主任	教委副主任	文教卫办主任	文教卫办副主任	教委主任	教委副主任
博兴镇	周树甲	张启龙（兼） 杨玉锋（兼） 高英江（兼）	左文芹（兼） 周树甲 王来敬 张英明 王允森	王新军	张英明	张英明	魏士群
湖滨镇	韩子忠	鲍学让（兼） 张英锋（兼） 许英光（兼）	窦学彬 王大东	赵文学	王大东	王大东 郭希堂	
曹王镇	冯长泰	穆云营（兼）	王中亮 郝丕亮	赵林县	郝丕亮 曹宝贵	曹宝贵 张兆金	
兴福镇	许中南 耿景乐	朱庆胜（兼）	耿景乐	黎　光	耿景乐	耿景乐 齐连堂 李永辉 胡云江	付文修
店子镇	朱玉亭	刘宝亭（兼）	朱玉亭	王连彬	朱玉亭	宋卫忠 耿惠德	
寨郝镇	孙万发	刘世明（兼） 张　明（兼）	孙万发 王中林		王中林	王中林 魏瑞彬	
闫坊镇	于寿彭	盖庆华（兼） 张星三（兼）	于寿彭 马汉民	赵春忠	马汉民	马汉民 封子君 李向东	张玉堂 刘　海
纯化镇	卢光增 胡守智	耿世东（兼） 张　明（兼）	胡守智 贾湘澄	周玉学	胡守智 贾湘澄	贾湘澄	王丰杰
陈户镇	董奎三	刘春明（兼） 常祖海（兼）	董奎三 韩其德	尹佐贵 裴守则	韩其德	韩其德 韩英生	李新华
乔庄乡	张金江	王立华（兼） 胡树明（兼）	张金江	魏晓辉	刘爱同	刘爱同 刘国华	
蔡寨乡	谭承浩	李玉泉（兼） 谭承浩（兼） 顾孟远（兼）	张树一 李锡敏	顾孟远	李锡敏 张法军（代）	朱学清 郑新店	
庞家镇	顾周南	许道泉（兼） 候平周（兼）	顾周南	候平周	李向东	李向东 代延军 孙江三	刘洪玉

镇（街道）教委（学区）主任任职情况表（2000~2017年）

镇、街道	姓名	任职时间	镇、街道	姓名	任职时间
博兴镇	张英明	2000~2001.8	兴福镇	胡云江	2000.1~2001.3
	来兆庆	2001.8~2007.7		付文修	2001.3~2003.8
博昌街道	来兆庆	2007.7~2009.8		耿惠德	2003.8~2008.8
	周乃来	2009.8~2012.8		吴树立	2008.8~2011.8
	李然峰	2012.8~		段光宝	2011.8~2014.8
锦秋街道	魏瑞彬	2007.7~2008.12		傅洪涛	2014.8~2017.8
	郑新店	2009.1~2012.1		李宝峰	2017.8~
	王子宏	2012.1~2014.8	吕艺镇	李向东	1999.8~2006.8
	段光宝	2014.8~		张学军	2006.8~2008.8
城东街道	张兆金	2007.7~		李希杰	2008.8~2014.8
陈户镇	韩英生	1996.4~2003.8		李克智	2014.8~2017.8
	张兆金	2003.8~2007.7		李国春	2017.8~
	赵东宗	2007.7~2011.8	庞家镇	孙江三	1999.8~2008.8
	尹永军	2011.8~		庞庆尧	2008.8~2017.8
曹王镇	张兆金	2000.8~2003.8		张永柱	2017.8~
	韩英生	2003.8~2008	纯化镇	郑新店	2001.8~2009.1
	曹新忠	2009.1~2017.8		许兆剑	2009.1~
	曹新杰	2017.8~	乔庄镇	刘国华	1996.3~2003.8
湖滨镇	郭希堂	2000~2002.8		薛希卫	2003.8~2008.12
	魏瑞彬	2002.10~2007.7		段光宝	2009.1~2011.8
	张继忠	2007.7~2017.8		傅洪涛	2011.8~2014.8
	卢长东	2017.8~		王　亮	2014.8~2017.8
店子镇	耿惠德	2000.1~2003.8		郑宝田	2017.8~
	付文修	2003.8~2009.7	寨郝镇	魏瑞彬	1993.8~2002.8
	许建设	2009.7~2017.8		郝高远	2002.8~2004.2
	孙志康	2017.8~		张继忠	2004.2~2007.7

2007年7月，撤销博兴镇教委和湖滨镇寨郝教委，设立博昌街道教委、锦秋街道教委和城东街道教委。

第二章 党群组织

第一节 共产党组织

一、组织机构

1931年，在共产党博兴县秘密特支领导下，王博昌等即着手在博兴师范讲习所建立党的秘密组织，在一小和五小也相继秘密建立党的组织。之后，闫坊、兴福一带部分村庄的教师，也秘密建立党小组。当时以教育工作为掩护的著名共产党员有：王博昌、蔡秉虔、王苇塘、相炜、窦瑜、孙蓬南、冯毅之、高兴华、傅敦吾、李天佑等。

1935年12月，在“一二·九”学生运动的影响下，师范讲习所共产党员李文清等学生发起组织成立“学生救国会”，全县小学爱国师生纷纷以实际行动，投身到抗日救亡运动中。

新中国成立后，各级各类学校均在各级党组织的领导下进行工作。党员教职工在县机关支部参加活动。1952年9月，博兴中学建立党支部，校长黎心敬兼任支部书记。1954年，文教系统有党员36人。1960年有党员284人。1962年以后，各区（公社）相继建立教育支部。1965年全县文教系统党支部开始建立，文教科庞湘滨为副书记，孙道明、林勇敏为委员。1975年12月建立文教局党组。1977年教育系统有党员236人。1981年11月，建立教育局党组，同时建立局机关支部。是年底，教育系统有党员427人，其中教师281人。随着知识分子政策的落实，1980年到1985年发展200多名教师入党，到1985年底，全县公办教职员工中共有党员667人。

1985年后，全县教育系统党组织不断发展壮大，并逐步健全完善。1994年4月建立县教育委员会党委，同时成立纪律检查委员会、人武部。年底，县直学校有一个党总支、10个党支部，党员271名；到2000年底，发展为2个党总支，15个党支部，党员471名。2006年底，有党总支2个，党支部18个，党员599人。2011年底共有党总支2个，党支部21个，党员发展到714人。2017年12月，教育局党委共有党总支5个，党支部32个，党员905人。乡镇教育系统的党组织隶属乡镇党委。全县12个乡镇教委都建立了党总支或党支部，各乡镇中学、中心小学及学区也都建起党支部或联合党支部，总计10个党总支、58个党支部、776名党员。

1986年，教育局党组开始设立纪检组。

纪检组主要是协助县纪委工作，落实知识分子政策，纠正行业不正之风，对党员违法案件进行协查处理等。1994 年 4 月，中共博兴县教委纪律检查委员会成立。县教委党委所属的总支、支部均设一名兼职纪检委员。教委纪委在加强党风廉政建设、严肃考风考纪、制止中小学乱收费、在职教师有偿补课、整顿机关作风及组织人事工作等方面，发挥了有效的监督作用，维护了教育系统良好的社会形象。2017 年 6 月，县纪委、县监察局不再派驻县教育局纪检组、监察室。

县教育机构党组织领导任职情况表

机构名称	职务	姓名	任职时间
文教局党组（1975 年 12 月建立）	组长（书记）	王长江	1975.12~1977.10
		郑盛之	1977.10~1981.11
	副组长（副书记）	王哲正	1975.12~1981.11
	党组成员	张在群	1977.3 ～ 1978.3
		戴延久	1977.10 ～ 1981.10
		李韵斋	1979.12 ～ 1984.5
		赵金生	1979.12 ～ 1984.6
		郭汝彬	1981.5 ～ 1984.12
教育局党组（1981 年 11 月建立）	书记	郑盛之	1981.11~1985.12
		曹子敏	1985.12~1987.6
		朱存华	1987.6~1988.7
		王哲正	1988.7~1990.3
		白长远	1993.4~1993.9
	副书记	王哲正	1981.10~1988.7
		戴延久	1977.10~1981.11
		任林堂	1982.8~1984.6
		赵士臣	1982.9~1984.6
		曹子敏	1987.6~1990.3
		刘来亭	1992.11~1993.9
	党组成员	赵金生	1979.12 ～ 1984.6
		孙同会	1985.1 ～ 1992.11
		曹大忠	1987.5 ～ 1987.12
		冯庆忠	1992.11 ～ 1993.9
	纪检组长	王哲正	1987.7~1990.4
		刘来亭	1990.9~1990.12
		穆云瀛	1990.12~1993.4
教育委员会党组（1993 年 9 月成立，1994 年 4 月撤销党组，成立党委）	书记	白长远	1993.9~2001.2
		周奎齐	2001.2~2002.7
	副书记	刘来亭	1993.9~2001.3
		李　予	2001.2~2002.7

续 表

机构名称	职务	姓名	任职时间
教育委员会党组（1993年9月成立，1994年4月撤销党组，成立党委）	党委委员	许秀峰	1993.9 ～ 2002.7
		董奎三	1993.9 ～ 2001.2
		盖学忠	2001.2 ～ 2002.7
		王建光	2001.4 ～ 2002.7
	纪检书记（组长）	韩寿山	1994.4~2001.2
		张明昌	2001.2~2002.6
		马立群	2002.6~2002.7
	人武部长	张明昌	1994.4~2002.7
教育局党委（2002年7月，教育委员会改称教育局）	书记	周奎齐	2002.7~2007.6
		韩其振	2007.6~2009.5
		刘西宗	2009.11~2012.1
		石卫山	2015.8~2016.8
		李光辉	2016.9~
	副书记	李　予	2002.7~2006.8
		周奎齐	2007.6~2015.8
		刘西宗	2006.8~2009.11
	党委委员	盖学忠	2002.7 ～ 2007.7
		王建光	2002.7 ～ 2007.7
		牛建亮	2003.4 ～ 2006.5
		路　巍	2005.8 ～ 2006.4
		袁　昊	2003.8 ～ 2004.2
		王中月	2003.8 ～
		李保国	2004.2 ～ 2013.4
		刘爱庆	2009.10 ～
		黎　强	2017.8~
		郭　瑞	2007.9 ～
		戴延军	2009.11 ～ 2017.8
		盖志斌	2013.1~2017.8
		李洪波	2013.1 ～
		张庆明	2017.9~
	纪检书记	马立群	2002.7~2004.2
		袁　昊	2004.2~2005.5
		董君明	2007.9~2017.6
	人武部长	张明昌	2002.7~2007.11

二、党建工作

县教育局（教委）党组织一向重视党建工作。1986 年到 1990 年，局党组所属的基层党支部从 4 个增至 7 个，党员 159 名。1991 年后，尤其建立党委之后，党建工作进一步加强。先后在县直学校建立党总支 2 个、党支部 8 个、发展新党员 140 名。有 3 个学校分别建立中学生党校，培养选拔高三优秀学生入党。建起党员活动室 9 处、电教室 9 处。配备 4 名专职党支部（总支）副书记，专管党建和党务工作。

教育系统各级党组织，普遍坚持“三会一课”与党员学习制度，强调认真看书学习，坚持理论联系实际。定期召开党组织班子成员民主生活会和党员民主生活会，联系实际开展批评与自我批评；年终进行民主评议党员活动，评选优秀基层党组织和优秀党员，给予表彰奖励；以报告会、演讲会、知识竞赛、有奖征文、文艺观赏等形式，经常开展党员教育活动。

局党组织坚持用党的正确路线方针统一党员思想和行动，要求党员自觉地在思想上、行动上与党中央保持高度一致。组织党员认真学习邓小平理论、三个代表重要思想和科学发展观。2000 年后，紧跟党中央部署和上级党组织要求开展的重大政治活动有声有色、卓有成效。2004 年底至 2005 年上半年开展“永葆党员先进性教育”活动、“实事求是，解放思想大讨论”活动，2009 年开展“学习实践科学发展观暨作风建设年”活动。2013 年至 2014 年，开展党的群众路线教育。2016 年 4 月开展“两学一做”学习教育活动。7 月 1 日，县教育局党委召开庆祝建党 95 周年党员大会，授予王树涛等 50 名同志为“模范共产党员”荣誉称号，授予县第二中学党支部高三支部等 3 个党支部为“过硬党支部”荣誉称号。

2017 年，组织所属 32 个基层党支部每月开展“主题党日”活动，发展预备党员 6 名，转正 10 名预备党员。制定《“两学一做”学习教育常态化、制度化实施方案》，持续推进“两学一做”学习教育常态化、制度化，完成山东省委组织部“灯塔党建在线”系统建设，录入党员信息 905 名，开通山东 E 支部和滨州手机 E 线通系统。

第二节　共青团组织

1932 年 2 月，博兴县师范讲习所学生、中共党员张继光介绍同学李震（原名李汝瀛）、郝子乔加入共产主义青年团（简称“共青团”，下同）。成立师讲所共青团小组。5 月，在中共博兴特支领导下建立了师讲所团支部。此后在县一小、县四小、县三小、县五小等相继建立团的组织。1936 年 8 月，在利城小学任教的傅敦吾受组织委派建立中华民族解放先锋队，发展学生王玉书、李云清、杨永霖等为“民先”队员，成立民先支部，王玉书任书记。抗日战争时期，根据地完小亦有青年团组织。

1949 年 5 月，成立中国新民主主义青年团博兴县工作委员会。1952 年，博兴中学、蒲台中学建立团组织。此后，各完小、各业务组都建立了教工团支部。1956 年全县教职工有团员 413 人。1957 年，新民主主义青年团更名为共产主义青年团。到 1958 年，中学设立团总支，年级设支部，班设小组，随即各级各类学校均建立团的组织。

1966 年“文革”开始，共青团停止活动。1977 年全县教职工中有团员 500 人。

1983 年，全县教育系统共有团员 1833 人，有教工和学生团支部 147 个。教育局设专人分管团队工作，一中设团委并有专职团委书记。县二中、县三中、县四中和店子农中、乔庄兽医技校设总支，由团县委直接领导。其余联中、联小或小学均设支部、小组，教工设相应的基层组织。1983 年全县教育系统评出县级模范团支部 6 个，县级优秀团员 285 人。1984 年至 1985 年，全县教育系统共评出县级模范团支部 12 个。1985 年学生团员有 3000 余人。

教育系统的团组织，围绕教书育人开展团的工作，组织富有教育意义的集体活动。为便于团员青年进行学习和活动，县教育团委及学校团总支相继建立团校，博兴二中率先建起全区第一所“中学生共产主义学校”，成为进行爱国主义和革命传统教育的阵地。1994 年，县教育团委团校被评为省优秀团校。1995 年，全县教育系统涌现出县级模范团支部 13 个。陈户四中学生团员张伟华舍己救人事迹突出，被团省委授予“舍己救人的优秀共青团员”荣誉称号。

2000 年，全县教委系统共青团组织有了较大发展。各高中学校、职业中专及县实验中学、县第二小学设有团委会，隶属团县委领导。乡镇各中学设有团总支，归乡镇团委领导。高中、初中及职业技术学校各班设有团支部，各校设有教工团支部。全县教育系统共有团支部 284 个，团员 5018 人。

进入 21 世纪，教育局团工委根据形势的发展和时代要求，进一步加强对学生法律法规的宣传和教育，让青年学生了解有关法律法规知识和相关文件，如《中华人民共和国未成年人保护法》《未成年人思想道德建设纲要》等。部分学校团组织通过举办法制知识讲座、聘任校外普法辅导员等形式，教育学生遵纪守法，争做道德高尚的公民。同时，各学校还加强了对学生进行科学知识的宣传和教育。

从 2010 年起，全县教育系统共青团组织深入宣传党的路线、方针、政策，向广大青年学生介绍党重要会议和国家领导人的重要讲话精神。各校团组织通过专题作文竞赛、办墙报、演讲比赛、开办爱国主义专题讲座等活动，引导学生树立实现中华民族的伟大复兴，把我国建设成为富强、民主、文明的社会主义现代化强国的崇高理想，把个人奋斗目标融入到党的伟大目标中去。这些教育活动，使建设有中国特色社会主义的思想深入人心，学生的民族自尊心和自豪感大大增强。

除了各个时期特定的具体活动外，各校团组织还坚持开展团的常规活动，活动内容为：搞好团队衔接工作，充分发挥全体团员的示范带头作用，积极引导学生早日加入共青团组织；发挥中学生团组织的作用，抓好团前教育，使学生迈好青春第一步；搞好团组织制度的规范化工作。结合“五四”青年节庆祝活动，纳新团员，举行“18 岁成人宣誓”仪式。

2017 年，博兴县教育系统设有 1 个团工委，22 个团委，54 个团总支，564 个团支部，共有团员 20205 人。

第三节 少先队组织

1950 年，博兴县建立少年儿童群众组织，名为中国少年儿童队，1953 年 6 月，“中国少年儿童队”改称“中国少年先锋队”，简称“少先队”。少先队在共青团团县委领导下，各中小学发展少先队员，建立大、中队部，聘请大队、中队辅导员，积极开展活动。1960 年以前，少先队组织发动队员收集废铜铁、种树、种向日葵、蓖麻子，支援社会主义建设。同时开展除四害、讲卫生、学普通话活动。1963 年广大少先队员积极响应毛泽东主席“向雷锋同志学习”的号召，以雷锋同志为榜样，助人为乐蔚然成风。做针线包、节约箱，建立光荣簿，争做好人好事。“文革”中，少先队称号被取消，中小学成立“红小兵”组织，1976年红小兵总数47300名。“文革”结束后，1978年全县中小学恢复少先队组织。在共青团领导下，广泛开展“我们爱科学”“人人争做小红花”“五讲四美”“三热爱”等活动。1983年，全县有少先队员48 193人，有少先队大队485个，团县委聘兼职公社总辅导员12人，大队和中队兼职辅导员2 156人，聘校外辅导员多人。是年全县共评出先进少先队大队45个，先进中队45个，模范少先队员150人。实验小学的少先队工作成绩突出，是省、地、县先进集体。1985年全县建立少先队的小学482处，中学23处，共有少先队员61317人。大队辅导员552人，中队辅导员1743人。

1990年少先队开展学雷锋活动。1996年开展学“宋彩铃”“赖宁”“十佳少年”等模范人物活动，效果突出。是年举行全县中小学鼓号操比赛，选出县实验小学鼓号队代表全区赴省作汇报演出，获优胜奖；1998年，县第一小学做为全省“雏鹰争章”现场会主要现场，学校少先队的工作获得团省委和省教委的高度赞扬与表彰。1999年，县教委团委被团地委授予“少先队工作红旗单位”称号。

2000年底，全县共有91个少先队大队，31072名少先队队员。县教委团委聘请专职与兼职镇乡总辅导员12人，少先队大队、中队兼职辅导员281人，校外辅导员23人。

2000前5年间，全县共评出先进少先大队15个，“国旗中队”45个，模范少先队员150人。店子镇张侯小学王世朋老师获得“全国优秀少先队辅导员”称号，县实验小学获得全国少工委授予的“雏鹰大队”称号，县第一小学被定为山东省“雏鹰行动”示范校。

2001年后，各少先队大队部都重视对少年儿童进行法律意识的培养。一些学校经常与当地派出所联系，聘请公安干警担任法制辅导员，向少先队员讲解法律知识，大队辅导员也定期组织开展类似的活动。之后，通过开展学习《未成年人保护法》活动，加强对青少年的法制和纪律的教育，帮助他们懂得建立健全社会主义法制的重要意义，懂得国家法律制度的作用是保护人民利益的，懂得社会主义民主与法制的关系，懂得什么叫犯罪、治罪等，少年儿童的法制意识不断增强，遵规守纪的自觉性进一步提高。

2010年后，少先队组织把环保意识的培养作为对少年儿童思想教育的一项重要内容。围绕对少年儿童环保意识的培养，各少先队大队组织开展了形式多样的活动：开办讲座，向少年儿童宣传环境保护的重要意义；组织学生参与保护环境的劳动，如清理垃圾，铲除杂草、培植花草树木等；有些大队发起并参与了保护鸟类的活动。

2017年，全县各小学均建有少先大队，各班有少先中队，下设小队，在校二年级以上小学生均加入了少先队组织。少先队活动丰富多彩。

第四节 教育工会

一、组织建设

清宣统二年（1901），博兴县奉命设教育会，作为县教育行政机关的辅助机构。开始票选正副会长各1人。民国二十年（1931）奉令改组，实行委员制，召开会员大会，票选干事5人，然后由干事推选常务干事1人。民国二十二年又改选一次。

1946 年，博兴县城关等区建立了教联组织。新中国成立后，随着学校党团组织的建立，工会组织也很快建立起来。自 1950 年开始，博蒲两处中学与各区相继成立工会，由学校主要负责人兼任工会领导，会员颁发证书和徽章。县教育工会负责人由教育科主要负责人兼任，在县总工会和文教系统党组织领导下进行工作。1964 年到 1965 年，县文教科配备肖锡祜为专职教育工会主席。“文革”中，工会组织瘫痪。1980 年，县教育工会恢复，各乡（镇）和各中学、小学业务组也陆续建立起工会组织。

1983 年底，全县有工会基层委员会 20 个，会员小组 98 个，会员 1 283 人；到 1984 年，会员小组增为 104 个，会员增到 1 489 人；1985 年，会员小组增到 151 个，会员人数增为 2 012 人。同时开始在民办教师中发展会员的试点工作，发展民办教师会员 312 人。

1985 年 5 月，在各乡（镇）教育组配备专职工会干部，在县直学校配备兼职工会干部。

1986 年后，博兴县教育工会迅速发展壮大。2000 年，全县基层教育工会委员会有 21 个，会员小组 381 个，会员增至 4572 人，其中民办教师会员 473 人。

2015 年 7 月，县教育局成立工会，标志着全县教育系统基层学校工会组织建设拉开了序幕，以“六有工会”为目标，切实加强了基层学校工会组织建设，“六有”即有依法选举的工会主席；有独立健全的组织机构；有服务职工的活动载体；有健全完善的制度机制；有自主管理的工会经费；有会员满意的工作绩效，全县 90% 以上的基层学校工会达到“六有”标准。是年底，全县基层教育工会委员会增至 87 个。2016 年 11 月成立博兴县教育行业工会联合会，全县教职工会员增至 5454 名。

2017 年 12 月，全县有工会基层委员会 96 个，会员 5485 人，兼职工会干部 1552 人。

博兴县行业工会联合会成立
暨第一次代表大会

教育局工会主任（主席）任职情况表

姓名	任职时间
王哲正	1985.5~1990.4
郭其祥	1990.12~1992.11
高秀英（女）	1992.11~1996.12
张明昌	1996.12~1997.9
相邦传	1997.9~2007.5
郭　瑞	2007.8~2014.10
白雪峰	2015.7~

二、工会工作

扶贫救助。1988 年，根据省教育工会的部署，在教育系统开展教师扶贫工作。各基层教育工会通过调查了解，确定扶贫对象，按照他们各自的实际情况与条件，支持、帮助他们开辟脱贫门路。经两三年时间，取得明显成效。之后，县教育工会积极开展为特困职工解困工作。从 1997 年到 1999 年，建特困职工档案 119 件，教育工会协同党政领导为他们寻求解困办法，并筹集慰问资金近 3 万元，为特困职工送温暖。期间，博兴县加入地区教委互助基金协会，入会教职工达 4 千余人，互助基金达 12 万余元。1998 年，博兴县救助 13 人，1999 年救助 14 人。互助基金协会为困难职工送去温暖与关怀，体现了全系统帮扶解困的互助精神。

2010年后，高度关注民生改善，切实加大对困难教职工的帮扶力度，把组织的温暖送到每一户困难教职工家庭。

2015年根据中央精准扶贫的指示，切实帮困扶贫送温暖。通过入户调查，建立精准的困难教职工档案，为45名因重大疾病导致贫困的职工办理专项帮扶。运用教职工互助基金帮扶16人。与贫困村的80名学生组织实施精准帮扶。组织实施对困难教职工的多形式多渠道帮扶工作。开展对困难教职工的送温暖活动。每年春节，局工会班子成员对全县重点对象进行慰问。是年县教育工会用于“走访”和补助困难教职工的经费达6万余元。各学校工会亦结合各自实际，广泛开展“走访”活动，为重病、困难教职工送去物质和精神上的关怀，工会组织帮困送温暖活动做到了制度化、常态化。不少学校工会还积极为外来教师排忧解难，帮他们解决住房、家属工作、孩子入学（园）、回乡探亲等困难，为外来教师操办婚事。年底，全县中小学教职工工会福利按政策全部落实到位。为全县5485名会员教师办理服务卡，加入在职职工住院医疗综合互助保障基金，缓解了职工因病、因伤造成的经济困难。组织开展丰富多彩的文体活动。各基层学校工会根据各自情况，组织各类文体社团，开展跑步、舞蹈、球类、书画、琴棋等活动和比赛，丰富了教职工的业余生活。

工会会员福利从2015年底恢复发放，节日慰问品每人每年总额1000元，生日蛋糕200元。全县教育系统基层工会都能按政策发放福利。

“教工之家”建设。1985年开始创建“教工之家”试点工作，1986年，博兴一中工会被评为地区“先进教工之家”。1990年，学习邹平经验，加强“教工之家”建设，博兴镇走在了全县前列，县教育工会在该镇召开现场会推广其经验。随之各乡镇教委、县直各学校都很快建起了融展室、会议室、活动室为一体的“教工之家”。1991年8月，国家教委和全国教育工会颁布了《中小学教师职业道德规范》，基层教育工会采用多种形式，组织会员认真学习、自觉遵守师德规范。县教育工会组织了以师德教育为主题的演讲比赛。1997年8月，国家教委和全国教育工会，颁布《中小学教师职业道德规范[修订稿]》，县教育工会组织知识竞赛、演讲比赛等学习宣传活动，并开展了师德标兵评选活动。是年，赵春凤被评为省级师德标兵，店子镇张王小学的全国优秀教师王世朋被授予地区师德标兵提名奖，并发给证书和奖品。为方便学习，县教育工会翻印近千张《中小学教师职业道德规范》（修订稿），要求各学校在办公室普遍张贴，并用知识竞赛的形式进行考查，并举行全县教育系统的师德教育演讲比赛，选派博兴二中青年教师黎华代表地区参加省里组织的师德演讲比赛，获全省第三名、一等奖。1999年，实验小学被评为“省级师德建设先进集体”。2016年，博兴一小工会、曹王一中工会、庞家一小工会被评为滨州市“模范职工之家”；博兴一中工会被评为山东省“模范职工之家”。

各基层教育工会，带领教职工积极投入教育教学改革，参与评选教学能手、优质课和教学论文活动，组织老教师对中青年教师进行传帮带。1992年，全县举行优秀教案评比活动，促进了各学校的教育教学改革。在1996年迎香港回归、1999年迎澳门回归和庆祝建国50周年等重大活动中，县教育工会和基层教育工会积极行动，通过举办书画展览、诗文征集、文艺表演、组织收看有关影视节目等活动，使教职工受到生动的爱国主义教育。

为丰富教职工业余生活，组织开展歌咏、舞蹈、书画等项活动，许多学校为教职工安排了专用活动场地和活动室。经常组织篮球、乒乓球、羽毛球、象棋、跳棋等项赛事。县教工队参加县和地区举办的体育单项比赛和运动会，均取得优良成绩，连获两届县全运会团体总分第一名。

全面加强校务公开，学校民主管理进一步深化。2015年9月，首先在县第一小学、县第七中学、曹王镇中学、庞家镇中心小学、乔庄镇东崔小学、县实验幼儿园等6个单位作为全县推进阳光校务工作的试点单位先后组织召开动员大会，先行先试，严格按照博兴县教育局提出的五项措施来推进阳光校务工作，以公开促落实，以公开促规范，以公开促服务，切实规范教育管理、办学行为和从教行为，树立教育良好形象。

2016年博兴县教育局紧紧围绕教育改革发展和人民群众关注、关切的教育热点问题，从完善现代学校管理制度入手，出台《博兴县推进阳光校务工作的试点方案》，在五个方面作出规定：一是全面推进校务公开透明。建立健全校务公开机制，认真梳理公开项目，明确职责分工，广泛利用会议、宣传栏、印制宣传材料、广播、电视、网络等各种公开形式，全面推进决策公开、执行公开、管理公开、服务公开、结果公开及重点领域信息公开，切实保障广大师生和人民群众的知情权、监督权，把公开透明的要求贯穿校务公开的各个环节，以公开促进教育教学水平的提高。二是全面实施教代会制度。全面落实教代会的各项职权，保障教职工的知情权、参与权、表达权和监督权。事关学校教职工收益分配、聘用聘任、考核奖惩办法或方案、教职工福利制度等，都必须提交教代会进行表决。三是全面推行民主议政日制度。民主议政日活动每月组织一次，与党员学习日、校务公开日、矛盾纠纷排查合并进行。活动采用学习讨论、座谈了解、专题报告、质询解答等多种形式，实施议事过程公开、议事结果公开，自觉接受师生、群众的监督。严禁杜绝议而不决现象发生，注重议事结果的落实，真正发挥民主议政对教育教学、学校管理的促进作用。四是全面推行民主理财制度。通过民主理财切实加强对“一把手”财务审批监督，杜绝学校“小金库”，从源头上预防和治理腐败的有效措施。学校大型工程项目、大宗物资购置、较大规模开支等财务活动，事前必须通过教代会和民主理财小组同意后方可实施，严格落实民主理财小组监督审计、审核签字、参加财务决策会议等理财程序。五是全面推行校规师约。以建设阳光教育、构建和谐社会为主线，尊重全体师生的共同意志，以“推动学校发展、促进校风和谐”为主要目标，在学校章程等学校管理制度的基础上，总结提炼，并经全体师生讨论修订，形成各具特色的校规师约，引导师生自我管理、自我教育、自我服务、自我约束，进一步加强学校民主政治建设，维护学校、社会和谐稳定，规范师生日常行为，倡树和谐文明新风，创办群众满意学校的重要措施。

为确保试点取得实效，进行了周密部署，由局领导挂帅成立6个指导小组指导试点工作的开展，建立健全了阳光校务工作系列规章制度，把阳光校务工作纳入党风廉政建设责任制，健全措施和工作机制，确保阳光校务不走过场、不流于形式，让校务公开更加阳光透明。

全面深化校务公开工作。制定全县教育系统阳光教育实施方案，不断完善校务公开，充分发挥校务公开的知情监督功能。重点抓了招生、收费、财务、干部教师管理、学生管理、基建采购经营等工作的公开。健全校务公开工作领导小组、工作小组、监督小组，以教代会报告、集体座谈、民主酝酿等形式，充分听取教职工意见；在校园网和校园墙面等显著位置，设立公开栏，接受社会、家长和学校师生的监督。

工会积极参与涉及教职工切身利益的改革方案、规章制度等重大事项的研究与制定，在全县教育系统作风整顿方案和县教育局工作制度的制定中，工会代表广大职工提出了30多条意见和建议。

实施民主监督，参与民主管理，是工会组织的重要职责。各基层教育工会经常向党政领导提出有关学校建设、教育改革等方面的意见、建议与合理要求，努力维护教工合法权益，通过开展合理化建议活动，让教工群众为学校发展献计献策；召开教工座谈会，让党政领导经常听取群众意见与呼声，以改进工作，解决教工的一些实际问题。教代会是学校民主管理的一种基本形式，这项工作为提高学校管理水平发挥了重要作用。

第五节 教职工代表大会

1985年9月，博兴县开始教职工代表大会试点工作，部分乡镇与县直学校陆续召开首届第一次教代会，取得积极成果。1986年7月4日，县首届教代会在县城隆重召开，出席教代会的正式代表199人，代表由乡（镇）教代会通过民主选举产生。代表中有老、中、青三个层次，有党、团、群、教、职、工各个方面，有广泛的代表性。12名德高望重的退离休老教师、老教育工作者作为特邀代表列席了会议。县教代会征集提案473件，这些提案基本上得到了落实。随后，教代会制度在全县推开，各乡镇与县直学校，每年召开一次教代会成为定例。若有重大事项须经教代会审议决定，则召开临时性会议对临时性或突发性重大事情进行审定。如博兴一中1987年5月召开一次临时性会议，审议“住房分配方案”，经表决通过后付诸实施。连续几年教代会的成功召开，得到上级主管部门的充分肯定，1990年2月，县教育工会主任王哲正参加省教育工会第一届第三次全委扩大会议，在会上专题介绍了博兴县教代会工作的成绩和经验。

乡镇和学校党政领导对教代会工作都十分重视，在每次教代会筹备期间，党政有关领导亲自参与筹备工作，协助解决一些实际问题；会议召开时，党政主要领导出席会议，做工作报告，解答提案；会后，认真落实代表提案，为教育工作和教工群众办实事，尊师重教逐渐成为社会时尚。

县教代会与乡镇、学校教代会提案的落实率都超过90%。教代会工作，对于全县、乡镇及学校教育教学工作的规划与决策，起了重要的参谋作用；对教育领导干部的思想作风、工作表现，发挥了督促与评价作用；为解决教工群众的若干切身利益问题，起到了有力地促进作用。民办教师待遇的提高，教工住房条件的改善，福利待遇的增加等问题，都是在教代会上形成决议，而后落实提案，得以妥善解决的。同时，随着教代会制度的日益深入人心，教育领导干部和教工群众的民主意识也逐渐增强，教工群众的主人翁地位得到巩固和提高。

1998年6月，县一中、县二中及博兴镇教委，再次被地区评为教代会先进单位。随着教育事业的不断发展，县教育工会在党委的领导下，不断拓宽教代会的新领域，全县农村中学以“加强学校管理，提高教育质量”为中心议题的教代会，每年按时召开，程序逐步规范，教代会在社会民主管理中的作用日益增强。

2015年，认真学习贯彻落实教育部《学校教职工代表大会规定》《山东省中小学校教职工代表大会工作规定》，努力推进教代会制度的深化和完善，出台《博兴县教职工代表大会管理规定》，进一步规范教代会制度，现代学校管理机制逐步形成，每年全县61处中小学都能按程序规范召开教代会，使原来学校管理中的一些老大难问题得到解决，学校的发展规划和教职工聘用方案、福利分配等重要决策，都能提交教工（代表）大会审议通过后实施。2016年，博兴县在全省试点推行教师县管校聘交流轮岗改革，在整个改革过程中，各学校工会组织真正起到了桥梁纽带作用，改革中所有考核、聘任、绩效工资分配方案、制度都必须经教职工代表大会讨论表决通过后实施，现代学校民主管理模式形成。

第六节 老教育工作者协会、关工委、教育书协

历届博兴县老教育工作者协会

成立于1991年1月，首任会长王哲正，副会长卞士凯、许宝玉。随后，县直各学校和乡镇教委也大都成立了基层老教协组织，计有11个协会。1995年12月，召开第二届县老教协代表会议，制订并通过了《博兴县老教育工作者协会章程》，选举了新一届理事会会长、副会长，王哲正连任会长，副会长是孙同会、高秀英。基层老教协增至16个，还有3个协会小组。

1993年，基层老教协更名为老教协工作委员会。

老教协在党组织的领导支持下，协调、督促、检查离退休老教工各项待遇的落实情况，维护他们的合法权益。同时加强思想政治教育，占领思想文化阵地。积极引导老教工崇尚科学，破除迷信，抵制各种不良思想影响。广泛开展有益于老年人身心健康的文体娱乐活动，举办多期太极拳、太极剑培训班，多次组织举办拳剑表演与比赛；老年门球运动在老教工中不断发展，水平不断提高，在全县和地区的比赛中多次获得好成绩。全县老教协组织帮助支持老教工发挥余热，老有所为。2016年，有100多处中小学聘请了离退休教师担任校外辅导员，对青少年进行思想政治和道德品质教育；组织部分老教师参与教育教学改革，听课、评课，对青年教师进行业务指导；还有些老教工积极参与各类社会公益活动，受到普遍好评。

博兴县老教协工作成效显著，多次受到上级表彰奖励，1997年，被省老教协评为“先进集体”，王哲正会长被评为省级先进个人。

博兴县教委关心下一代工作委员会

博兴县教委关心下一代工作委员会，成立于1995年3月，教委副主任刘来亭兼任主任，副主任是原教育局副局长、退休干部王哲正和原县教育工会主任高秀英（兼），委员有原教育局副局长孙同会等8名同志，共11名同志组成县教委关心下一代工作委员会。

关工委的主要任务，是指导、组织教育战线的离退休教师、干部、职工配合学校对青少年学生进行思想政治工作和道德品质教育，使学校、社会、家庭教育融为一体，为社会主义建设事业培养合格人才。

老教育工作者讲党史

全县各级关工委组织，在学校、社会、家庭三教结合方面开展工作。县直各学校、乡镇各学区都聘请部分离退休教育干部和教师担任专职或兼职辅导员，利用团队活动日、节假日进行传统教育、爱国教育、社会公德与家庭美德教育。湖滨镇付怀明老师对学生进行尊老敬老公德教育，店子镇王立祥老师对学生进行传统教育，都颇有成效，分别受到县和地区的表彰。县实验小学的王连英老师，主办校刊《家教报》，担任家长学校主讲教师，在县电视台进行家教系列讲座，做了大量工作，受到各方面的好评。

2013 年 9 月对博兴县教育局关心下一代工作委员会组成人员进行调整，主任由县政府教育督导室主任、教育局副局长王中月担任，副主任由县纪委监察局派驻教育局纪检组长董君明、教育局副局长刘爱庆、教育局工会主席郭瑞、县政府教育督导室副主任代延军、县教研室主任盖志斌、县教育局办公室主任李洪波、县政府督学张庆明担任，委员有齐连堂、宋卫忠、翟朝晖、孙宁，共 12 名同志组成县教育局关心下一代工作委员会，办公室设在教育局老干部股，齐连堂担任关工委办公室主任。

积极开展青少年普法教育活动，2014 年 4 月在第二届"关爱明天、普法先行"普法教育活动中，县教育局被中国关心下一代工作委员会、中华人民共和国司法部、中央社会治安综合治理委员会为先进单位，41 人获先进个人，14 所学校获全国零犯罪学校称号。几年来，先后组织普法知识竞赛、读后感、模拟法庭、维权岗、手抄报等一系列活动，组织"五老"法制宣讲员深入中小学校开展多场法制报告会。

2016 年 1 月出台《关于进一步加强青少年党史国史教育的实施意见》，以活动读本为依托，组织青少年开展党史、国史教育读书活动、写读后感，加强青少年对党的历史和中国近代史的了解，成立五老宣讲团进校宣讲，组织报告会、主题班会、国旗下讲话系统深入地进行宣传教育。组织收看经典影片，举办党史、国史教育知识竞赛、演讲比赛活动，县第一小学、县第三小学建起了党史国史馆为教育基地，各中小学结合实际，落实"十个有"夯实活动基础，即：有文件、有领导、有方案、有教材、有课时、有队伍、有氛围、有典型、有激励、有档案。坚持"四个突出"即：突出理想信念为根本、突出教育主体内容、突出做好结合文章、突出实践养成，确保活动实效。

诗文诵读·感恩教育·才艺培养"三项活动"是对青少年进行社会主义核心价值观教育的重要载体，关工委先后组织学生背诵优秀诗文、感恩父母长辈、感恩师长和他人、感恩党和祖国、能有一技之长等活动，自 2012 年开展以来，已连续开展了五年，博兴县 35 所学校分别达到了"诗文诵读""感恩教育""才艺培养"示范学校的标准。

2015 年 3 月调整传统教育关爱团成员，周奎齐任团长，张庆明、齐连堂任副团长，鲍汝润等 12 名同志任成员。"五老"关爱团成员鲍汝润 64 岁时，通过全国英语自学考试拿到山东省高等教育自学考试（二）合格证，实施万·百·万工程，七年间走进100多所学校演讲，为百校送去《老者自学的经验谈》，2015年12月又踏上演讲的路程，在滨州市5县两区留下他助学的足迹。周景孟，退而不休，依然坚持为京博希望小学辅导社团，传承吕剧文化事业。

2015年7月周景孟、韩广森冠名滨州市第一批五老志愿者关心下一代工作室。

2016年，全县6所学校被司法部和国家关工委评为“全国零犯罪学校”。

博兴县教育书画协会

市书协副主席赵雪松、毕经文先生为协会揭牌

2013年11月，成立博兴县教育书法协会。

2016年9月，教育书法协会与教育美术协会整合成立博兴县教育书画协会，卞葆彤任名誉会长，訚学忠任会长，赵桂国、贾晨光、曹新忠、曹立山、王青松、郑亚林、杨山勇任副会长。有个人会员180人及吕艺镇、曹王镇、实验中学及博奥学校4个分会。县教育书画协会机关内设办公室、组织联络部、培训研究部、活动展览部及书法、美术两个专业委员会。

博兴县教育书画协会是博兴县教育系统书法、美术创作和书法美术研究工作者、书法美术教育工作者及书法美术热爱者自愿组成的专业性群众团体，是全县中小学教师和学生联系书法美术界的桥梁和纽带，是促进全县教育界文化艺术繁荣发展的重要力量。

协会成立后，每年都举办书画展览或组织书画大赛活动。开展书画教师培训和会员临帖培训。推进书法教育进课堂。积极组织会员参赛并屡创佳绩。2014年，在省教育书法协会组织的首届“绿地泉景杯”全省师生硬笔书法大赛中，博兴县师生有9人获金奖，21人获银奖；有11名师生在“海豚杯”滨州市首届中小学师生书法大赛获奖（全市共29人获奖）；侯晓钟、穆德强、刘中华、盖迪、刘海凤五名会员获“九七杯”山东省首届中小学教师书法篆刻大赛优秀奖(全市共29人获奖)；

2016年，会员王相华、吴玉丽、匡秀丽国画作品入选山东省第十二届美术新人新作展；盖迪荣获山东省首届青少年硬笔书法大赛特等奖，并授予山东省首届青少年硬笔书法100佳荣誉称号；曹立山、王青松、齐文韬、盖迪、李巨刚、穆德强、刘海凤、胡洪峰等8人在“滨州市首届中小学教师临帖展”中获奖。

第七节　妇委会

1940年初，博兴抗日根据区的闫坊、康坊两村首先成立妇女抗日救国会（简称妇救会）。1949年10月改为民主妇女联合会，在全县区、村均健全了组织。1957年改为妇女联合会（简称妇联），村级妇女组织改为妇女代表会。“文革”中妇女组织一度瘫痪。1973年3月恢复。

1986年县妇联下设有办公室、宣传部组织部、维权部、托幼办公室。1991年托幼办公室移交县教育局管理。

1986年，县教育局设立妇委会，负责

计划生育和妇女工作，由黄会传任妇委会主任，在县妇联的领导下开展工作。1993 年，县教育局妇委会由赵秀英任主任，时教育局机关有 30 多名妇女职工。按照县妇联的安排，开展对口扶贫，每单位包一户贫因家庭，县教育局妇委会组织女职工前往蔡寨乡帮助贫困家庭养兔子、搭帘子等，增加副业收入。

县教育局妇委会每年组织女职工进行健康查体，召开座谈会，评选“三·八红旗手”“巾帼百佳”“好媳妇”“五好家庭”等荣誉称号，截止 2017 年底，博兴县教育系统共有教职工 5009 人，其中女职工 3065 人，占比 61%。被评为县级“三·八红旗集体”60 余次，县级“三·八红旗手”80 余人次；县级“十佳巾帼建功先进个人”及“十佳巾帼女杰”48 人。

2006 年开始，持续推进“春蕾计划”助学活动。在县妇联的组织和领导下，每年六一期间组织全县各单位进行捐款救助，募集捐款十万余元，救助春蕾女童上千名。

2016 年协同县妇联完成了迎接全国“两纲”中期评估（即《中国妇女发展纲要（2011－2020 年）》和《中国儿童发展纲要（2011－2020 年）》）和省“两个规划”（《山东省妇女发展“十三五”规划》《山东省儿童发展“十三五”规划》）终期监测评估工作，将各单位五年来推进妇女儿童发展“两个规划”实施工作达标情况在自我评估的基础上，完成了检测评估报告。

县教育局妇委会历任主任有黄会传、赵秀英、郝丽华、姜玉华、明晓昕、王凤翠、翟朝晖等。

第八节　学生会

学生会是在学校党政组织领导下的全体学生的组织，是学生进行“自我服务、自我教育、自我管理”的群众团体，是全体学生与党政组织联结的桥梁和纽带。学生会的主要任务是：团接带领全体同学贯彻党的教育方针，共同在德、智、体、美、劳诸方面全面发展；采取多种形式，组织广大学生广泛开展有益于大家身心健康的，丰富多彩的活动，提

山东省博兴中学学生会委员及全体教员合影

高大家的思想觉悟和道德水平，激励同学们热爱祖国、勤奋学习、勇于实践；充分发挥桥梁和纽带作用，代表和维护同学们的合法的，正当的权益，积极参与涉及同学们健康成长及其切身利益的学校事务，代表和反映大家的正确建议、意见和要求，努力为同学们服务；协助学校搞好管理，为师生创造良好的教育教学

1966 年原博兴四中学生会

秩序和学习生活环境。

建国前，博兴仅有的中学，如中华民国十四年（1925年）成立的县立初级中学、抗日战争时期的“耀南中学”，都没有学生会组织。

建国后成立的博兴一中于1953年10月，召开了首届学生会选举大会，选出了学生会主席、副主席和学习、文体、劳动部委员，正式成立了学生会。此后，县二中、县三中、县四中等初级中学也相继成立了学生会。根据学生会的章程，各校的学生会在文革前都认真履行职责，带领全体学生在参与学校管理，开展学习、劳动、文体、维护学校秩序和社会宣传等活动中发挥了积极的作用，起到了学校党政与学生广泛密切联系的桥梁和纽带作用。

“文革”开始后，学生会自行解散，学校处于极度混乱状态，“红卫兵”组织，特别是“造反派”竟然成了当时说一不二的“权威”组织。

党的十一届三中全会后，学校工作走向正规，党、团建设工作加强，学生会组织也恢复正常。1984年10月，博兴一中率先恢复学生会组织并活跃地开展正常工作，随后，全县有条件的中学也都重新成立了学生会。在新形势下，学生会的工作任务和活动内容也有一些新的变化。学生会在团组织和1989年起成立的政教处（德育处）领导和指导下开展工作。学生会在生活管理方面的职责逐渐弱化，学生们自我管理明显加强，学生会配合学校政教（德育）处加强纪律、卫生和“两操”的检查、评比工作加强，并做到常态化；配合政教、团委开展“五讲四美”“讲文明、懂礼貌”“学雷锋、学赖宁”等教育活动，进行社会调查和社会实践活动、慰问敬老院老人、向有重大疾病和困难的同学“送温暖、献爱心”捐款等活动，90年代集中开展的“爱国主义”主题教育中，学生会也紧密配合政教处（德育处）、团委，发挥了自身的作用。

2001~2017年，全县初中学校共有16个校学生会，有的学校在各级部还设有分会。学生会在协助德育处检查卫生、学生纪律、课间操、眼保健操等方面发挥了相当有效的作用；每年在学校的春秋两季体育运动会、冬季越野赛中，协助德育处、体育组抓纪律、抓安全、抓卫生、搞宣传等方面发挥了很大的作用。

第三章　管理体制

第一节　办学体制

1986年1月，山东省委、省政府《关于贯彻〈中共中央关于教育体制改革的决定〉的意见》提出："全省实行分级办学，分工管理的体制。"是年7月4日，博兴县第一届教职工代表大会召开，次日，博兴县教育工会第一届代表大会召开，为全县教育民主管理、民主监督揭开新的一页。1987年9月，博兴县农村基层政权建设领导小组颁布《关于教育组、中学、小学下放给乡镇的试行办法》后，乡镇教育组和农村初中、小学由乡镇管理，县教育经费切块到乡镇。这样，全县形成了农村小学村办或联办，乡镇主管；农村初中乡镇举办，县里主管；县办高中和城区中小学的三级办学、分工管理的教育体制。

1993年2月，中央印发的《中国教育改革和发展纲要》中指出："必须充分发挥各级政府、社会各方面和人民群众的办学积极性，坚持以财政拨款为主、多渠道筹措教育经费""继续完善分级办学、分级管理的体制"。1993~1996年，全县社会集资5661.8万元，全部用于中小学校舍建设和设施配备，办学条件基本适应"普九"要求，办学体制日臻完善。

2001年，国家实行农村税费改革，向不收农村教育费附加过渡。县政府决定从当年11月起，按照各镇中小学教职工工资的国家统一规定项目标准建立"工资资金专户"，由县财政局按月及时发放，其余部分由镇财政补发。2002年，国务院办公厅和省政府办公厅都下发《关于完善农村义务教育管理体制的通知》，县政府决定从2003年6月起，将中小学教职工工资全额上划，由县财政局统一标准、统一发放。在农村教师工资上划的基础上，教师队伍的管理权和中小学校长的任命权全部上收到县教育局，落实了农村义务教育"以县为主"的教育管理体制。2003年12月，县委、县政府颁发《关于建立教育执法责任制的意见》，2004年，县委下发《关于将各镇教育执法工作督导评估纳入县目标管理升位考核的通知》，从而强化了各级政府落实"以县为主"的管理体制，加大政府对教育投入。2006年1月，县政府颁发《关于落实农村义务教育"以县为主"管理体制的实施意见》，标志着"以县为主"管理体制全面落实。

2016年，教育实施阳光办学。加大社会监督力度，科学、规范管理，实行阳光招生、阳光编班、阳光助学，消除“择校”“择班”现象，让各类学生群体都能够充分享受到教育资源分配上的公平。

2017年，根据市政府《关于实施集团化办学推进城乡教育一体化发展的意见》，县政府制定《关于实施集团化办学推进城乡教育一体化发展的意见》，县教育局出台《博兴县教育局2017~2018学年度集团化办学实施方案》，明确集团化办学的基本思路是：通过区域学校、教师三个不同的层面的整体构建，突破差异，逐步实现优质教育资源的多向联合，达到义务教育办学水平的整体提高。是年8月，采用“名校托管”“名校＋乡村校”“名校＋特色校”“名校＋企业”等形式成立了八个教育联盟，并举行了办学联盟签字仪式，完成集团化办学教育联盟的组建工作。同年8月，取消镇（街道）教委，实行学区制管理。

第二节　人事管理体制

1985年11月，省政府颁发《关于中小学领导管理体制的暂行规定》，县的主要职责是“按现行规定任免县属学校领导干部和乡镇初中、中心小学的校长、副校长；负责办理全县学校人员编制、调配和公办教师自然减员补充”；乡镇的主要职责是“任免初中、中心小学的中层干部，中心幼儿园园长、副园长，其他小学的校长、园长和主任教师，负责本乡镇的初中、小学教师和幼儿园公办教师的管理、调配，但不得调出教学系统”；村的主要职责是“对本村小学、幼儿园领导干部的任免、奖惩和小学教师的调配、聘任、奖惩提出建议，决定幼儿园教师的聘任、奖惩，并报乡镇备案”。从1986年起，中小学领导干部和教师的管理按照省政府规定执行，全县人事管理趋于统一、科学。

1988年，县委、县政府印发《博兴县教育改革实施方案》，进行农村中小学“三制”改革，三年为一周期。前两轮是农村中小学改革，从1994年起，改革包括县直学校。这项改革，促进了人才合理流动，逐步形成一种教师管理体制。

1997年，地区教委下发《关于严禁系统外人员调入教育系统任职的通知》，对系统外人员调入作出严格规定。1999年2月，《滨州地区关于加强教师队伍管理的几项暂行规定》下发，规定财政是否包干到乡镇，包括代课教师在内的所有中小学教师都由县级以上教育行政部门进行管理，教师录用由县级教育行政部门审核，报地区教育部门、人事部门批准，使教师管理步入法治轨道。2001年暑假，推行“综合考评、竞争上岗、末位调整、合同管理”为内容的改革。全县辞退临时工149人、代课教师4人及未经批准录用的非师范类毕业生2人，形成能进能出的管理体制。2002年，落实省政府《关于完善农村义务教育管理体制的通知》，将农村义务教育管理由以乡镇为主上收到以县为主，中小学教师和校长的管理调配由县教育局负责，为人才的合理流动奠定了基础。2003~2007年，全县为农村学校公开考选聘任376名教师，确保农村义务教育健康发展。

2010年，深化学校内部管理体制改革，完善全员聘任制实施办法。配合县人保局、县纪委完成2010年博兴县教师考选工作，为教育系统选招教师72名，补充到乡镇学校和两所高中，优化了教师队伍。

2016年，博兴县作为全市“县管校聘”管理改革唯一试点，基本完成各项改革任务。中小学全部参与其中，4518名教师由“学校人”变成“系统人”。在“总量控制，动态调控”的机制下，全县共有312人通过跨校竞聘走向新的教学岗位。其中，138人由超编学校流向缺编学校，9名县直骨干教师到农村偏远学校竞聘到支教、特设岗位。另外，有79名教委、成人校人员充实到教学一线，一系列教育老大难问题迎刃而解。新招聘教师94人，师资力量得到进一步强化。

根据市教育局《滨州市中小学校长职级评审认定实施方案（试行）》要求，2017年8月，博兴县委、县政府出台《博兴县校长职级制改革实施方案（试行）》，县委常委会议决定取消36名副科级以上干部行政级别，同时取消13所县直学校的行政级别。9月，经个人申报、资格审查、专家评审，并报县中小学校长职级评审认定工作领导小组研究同意，确定了15名一级校长、26名二级校长、19名三级校长，共计60名校长的职级。9月29日完成全县60名校长、77名副校长、5名支部书记的聘任并发放校长职级薪酬。

第三节　民办教育管理

进入20世纪80年代中期，民办教育主要是幼儿园和学前班，管理以举办者为主，教育行政部门进行业务管理。县被服厂和公民举办的缝纫班，在县业余教育办公室备案，由举办者管理。

1990年1月，行署《批转地区教育局关于贯彻执行省政府〈山东省社会力量办学暂行办法〉的实施意见的通知》，对社会力量办学的审批权、程序、广告、审批、学校管理、收费及财务管理等作出了规定，进一步加强对民办教育的管理。2004年，县政府颁发《关于加快民办教育发展的意见》，推动民办教育加快发展。

1999年7月兴建的私立曹王镇中心幼儿园，于2002年9月通过市级示范园验收。至2007年底，全县民办幼儿园有30处，其办园水平、保教质量都达到标准，成为学前教育的生力军。2010年后，民办幼儿园获得较快发展，到2017年底，全县有民办幼儿园17处。

2003年9月，非营利性混合所有制民办学校——博奥学校建成招生。

为适应博兴县经济、教育发展需求，培养适合当地企业、产业所需专业人才，探索新形式下职业教育办学模式。2015年3月，县人民政府印发《博兴县人民政府关于同意筹建成立滨州京博职业中等专业学校的批复》，山东京博职业中等专业学校正式成立。

第四章 教育督导

第一节 督导机构

1933年，民国县政府第五科设督学1人。1942年，县抗日民主政府教育科增设督学一职。

1977年9月，邓小平提出恢复教育督导机构和制度的设想，1986年，国家教委成立督导司。1990年8月，博兴县教育局建立督导室，设正、副主任各1人（兼督学），1992年11月，县教育局督导室配副科级督学2人。1995年3月，建立博兴县人民政府教育督导室，为正科级事业单位，设正、副主任各1人，编制5人，隶属县教育委员会领导。1998年2月，县教委设立督导室办公室，设主任1人，负责督导室日常工作。8月，建立乡镇督导员制度，县教委公布每乡镇设1名专（兼）职督导员，从而形成了全县教育督导网络体系。2001~2015年，县政府先后聘任专职督学20人，教育兼职督学11人，社会兼职督学57人。

县政府教育督导室任职情况表

职 务	姓 名	任职时间
主任	许秀峰	1995.3~2003.4
	牛建亮	2003.4~2005.7
	王建光	2005.7~2007.7
	王中月	2007.8~2017.9
	刘爱庆	2017.9~
副主任	益洪佐	2002.8~2009.11
	戴延军	2009.11~2017.8
教育督学	李金佐	1995.3~1998.2
	徐建勇	1998.3~2001.8
	董奎三	1999.10~2002.8
	李道之	2001.4~2001.8
	马立群	2001.4~2001.12
	周建军	2001.4~2001.12
	张树一	2001.8~2003.8
	郭 瑞	2005.1~2007.8
	明晓昕	2009.11~2013.4
	张庆明	2009.11~

第二节 督导制度

1995年，县教育督导室建立以来，根据上级有关规定与法规，结合博兴县实际情况，逐步建立健全教育督导评估的各种规章制度。制定《博兴县幼儿园办园水平督导评估实施细则》，制订并不断完善《中小学督导评估方案》《中小学常规管理和教育水平评估标准》《博兴县镇（街道）教育工作考核评估方案》与《博兴县镇街道政府教育工作考核评估办法》等文件，成为博兴县教育督导工作的法定依据，以保证教育督导工作的严肃、客观、公正。

2001年3月，博兴县人民政府制定了《关于加强教育督导工作的实施意见》，对县级督导机构的职能作出了明确的规定：（1）制定教育督导工作计划。（2）监督、检查教育部门及学校贯彻国家有关教育方针、政策、法规及教育督学和教育管理等情况。（3）评估下级教育行政部门和学校的教育管理、办学水平和教育质量。(4)总结推广教育工作经验。(5)向本级人民政府和教育行政部门提出意见和建议，提供决策。（6）开展教育督导实践和理论研究。（7）督导机构完成督导任务后，应向本级政府、教育行政部门报告督导结果，提出意见和建议，并可向社会公布。（8）督学必须熟悉国家有关教育的方针、政策、法规，有较高的政策水平；具有大学专科以上学历或同等学历，有十年以上从事教育工作的经历，熟悉教育教学工作业务。正式任命的督学应颁发督学证，督学必须持证上岗。（9）在实施综合督导，专项督导前15日向被督导单位下达督导通知书。（10）每次督导后，向督导单位下发督导通报，肯定成绩，指出不足，提出整改建议，限定整改时间。（11）完成政府和教育行政部门委托、交办的其它工作。

落实责任督学挂牌督导，划分了九个责任区，聘任了155名专兼职督学，并在全县所有中小学校和中心幼儿园悬挂责任督学公示牌。构建新的督导框架，切实加强教育督导工作，进一步强化教育督政作用，继续开展安全、减负、控辍等专项督查。制定《博兴县镇（街道）教委工作考核评价内容及标准》《博兴县兼职督学聘任管理办法》和《博兴县教育强镇建设实施办法》，提高镇（街道）对教育重要性的认识，加大对教育的投入，推进全县教育整体、均衡发展。

第三节 督导工作

1990年到1995年底，教育督导室围绕“两基”开展工作，重点是督政。督促政府搞好中、小学布局调整和校舍内部设施的配套建设。1996年后，围绕巩固提高“两基”成果、实施高标准“普九”和大力推进素质教育的实施开展工作，既督政又督学。

1996年，对全县初中、中心小学计38处学校进行督导评估。1997年起，每年对乡镇政府管理教育工作进行考核评估。是年，对全县初中、中心小学、完全小学和县直学校计64处进行督导评估；1998年起，每年对幼儿园督导评估。是年，对全县79处中小学和13处幼儿园进行督导评估；1999年3月，县教育督导室被评为全省教育督导工作先进集体，4月，在全省教育督导工作现场会上博兴县作典型发言。

2000年起，每年都将督导评估情况和结果以正式文件形式进行通报、公布，并以此作为学校评优的主要依据，从而促进了全县初中、小学管理水平和办学水平的提高，推进了素质教育的全面实施，涌现了一大批善管理的先进单位和实施素质教育的优秀学校。

抓住教育热点问题，进行专项督导。主要针对规范学校收费、减轻学生课业负担、落实课程方案、制止学生辍学、增加教育投入、解决教师工资等进行专项督导，并将有关情况及时反馈县委、县政府和县教育局，从而促进了有关问题的及时解决。

2006 年 4 月，修订印发《博兴县 2006 年幼儿园办园水平督导评估实施细则》。

2007 年 5 月 23 日至 24 日，省教育工作综合督导评估团对博兴县进行 2006 年度教育工作综合督导。12 月 3 日至 10 日，县人民政府教育督导室组织专业人员，按照《博兴县镇（街道）党委政府教育执法工作督导评估方案》及评估标准，对全县十二个镇（街道）进行督导评估，2008 年 3 月，博兴县人民政府教育督导室修订印发《博兴县中小学素质教育工作督导评估方案》。3 月 27 日市政府对博兴县进行教育工作专项督导评估，市督导团分为综合组、经费保障组和素质教育组，对各项工作进行验证评估。9 月 2 日印发《博兴县中小学办学水平评价方案（试行稿）》。10 月 4 日印发《博兴县幼儿园办园水平评估方案（试行稿）》。

2010 年 4 月，博兴县人民政府教育督导室印发《博兴县兼职督学聘任管理办法》。2011 年 3 月至 4 月，出台《关于进一步完善教育督导责任区制度的实施意见》；聘任 57 名兼职督学充实督学队伍；启动创建“省教育工作示范县”工作；博兴县代表滨州市迎接省教育工作综合督导评估。是年，博兴教育改革创新经验作为全省的典型经验被省教育厅推报国家教育部。

2012 年积极开展省教育示范县创建工作。

5 月中旬，市政府督导室组织专家组对博兴县创建工作进行复评，12 月初，省政府对博兴县创建省教育工作示范县进行预查后予以充分肯定。

2013 年在全市率先引进以“重点发展项目”为核心内容的中小学发展性督导评估理念，制定出台《博兴县中小学校发展性督导评估方案（2013—2014 学年度）》，建立素质教育导向机制，规范学校办学行为，促进学校素质教育的深入实施。

2014 年 1 月，按照《国务院教育督导委员会办公室关于印发〈中小学校责任督学挂牌督导办法〉的通知》精神，结合博兴县实际，制定《博兴县中小学挂牌督导工作实施办法》。成立了督学责任区工作领导小组，划分九个责任区，聘任专、兼职督学 155 名，统一制作责任督学公示牌，在全县所有中小学校和中心幼儿园落实责任督学挂牌督导工作。1 月中旬，市督导室对博兴县教育行政部门工作进行考核。考核成绩名列全市前茅。3 月下旬，市督导室对博兴县进行党政领导教育工作考核，考核成绩优异。3 月 20 日至 22 日，市督导室对博兴县义务教育均衡发展情况进行复评。4 月，举办全县幼儿园办园水平观摩督导活动。观摩组分别对布局调整及园所建设、教育环境、队伍建设、保教管理、亮点工作等方面进行有针对性的观摩督导。发现工作中的亮点并进行推介，发现的问题帮助找出改进意见，进一步改进幼儿园工作，提升管理水平。8月19日，博兴县顺利通过省义务教育均衡发展督导评估复查。10月14日，国家督导组对博兴县申报“全国义务教育发展基本均衡县”工作进行督导认定。在10月16日的反馈会上，宣布博兴县通过了“全国义务教育发展基本均衡县”国家督导认定。

2015年3月30日，国家教育督导委员会正式认定博兴县为“全国义务教育发展基本均衡县”。同时，省政府对博兴县创建省教育工作示范县进行复评。9月2日，省政府正式命名博兴县为“山东省教育工作示范县”。

2015年4月至5月底，开展全县县直初中、乡镇中心小学及规模较大完全小学的发展性督导评估活动。督导组改进以往信息采集办法，大量访谈教师和学生，关注教师和学生的全面发展，从学生发展变化判断学校的状态，用学生的变化验证学校的变化。同时把学生做过什么作为评价学校的主要依据，引领学校将工作重心倾向于关注每个学生的发展，促进学校的规范发展、自主发展、特色发展与可持续发展。

为进一步深化教育督导评价改革，促进学校科学发展、自主发展和特色发展，指导帮助学校科学制定并有效实施学校发展规划。2017年3月，县教育督导室邀请上海市教育督导专业委员会副理事长裴晓春主任作了《基于学校发展规划的督导评估》的专题报告，指导学校科学编制了中长期发展规划，并于新学年正式实施。

第五章　教育经费

第一节 清末的教育经费

一、旧式教育时期

清末兴学堂之前，博兴各地均设有私塾、义学、书院及县儒学等旧式教育机构，其经费来源各不相同。

私塾，因其办学形式不同，经费来源亦有差异。家塾（亦称东馆、家馆、家学）经费主要由举办之家负担。其塾师束修一般每年300千文左右，分期交付，年终结清。门馆（塾师自己设馆）经费由入学塾生负担。学生向塾师缴纳束修，或银或粮，数量由塾师自定，一般低于家塾而高于村塾。村塾，则有同族举办、一村或数村联办之别。同族举办者，其经费多数由族田收入中祭祖剩余部分支付。一村或数村联办者，其经费一般由入读学生之家平均负担。

义学亦称义塾，多为地方官挂名设立。其经费除义捐外，官府略予补助。也有乡里民间举办者，经费来源多为乡民绅士义捐。

书院，一般有官立或民办两种，其经费来源皆出于书院田租。官办者由官府拨给田产，以其租金充作书院经费；民办者多由私人捐赠，以田产居多，以供收取租金用于书院消费。

县之儒学，其经费主要靠学田收入。学田由官府拨给，也有名宦达官以个人名义捐赠者。

清末旧式教育的经费使用，主要支出项目为膏奖（讲课金）、薪酬、饭食、修缮以及杂支等费用。开支数额依学校规模、经费来源多寡而定。

二、新式教育时期

光绪后期，随着洋务运动的兴起，“废科举、兴学堂”呼声日甚。1901年（清光绪二十七年）8月，清廷颁布《兴学诏书》，谕令各省书院于省城均改设大学堂，各府厅州均设中学堂，各州县均设小学堂。遵清廷谕令，博兴自改办兴办学堂之日起，教育经费的来源、使用与管理渐次入规，较之旧式教育时期皆有新的发展变化。

（一）经费来源

1901年，山东巡抚袁世凯为推行新政，先行奏设山东筹款局，以筹办烟酒各税，作为办理新政经费。同时，采取改订税制、增加赋税、实行募捐、发行公债等措施，以解决财政经费紧张问题。对于兴办新式学堂经费，规定县属学堂由举办之县筹集。博兴学堂经费来源渠道大致为产业租入、存款利息、官款拨给（包括省款及县摊解之款）、公款提充（包括旧有书院底款在内）、学生纳费、派捐、乐捐、杂入等8项。博兴学宫有学田40亩，锦秋书院有学田8顷20亩。义学也有一定学田，北关义学和益家庄（今兴福镇兴益村）义学，分别以庙田42亩和庙田8亩为学田。

（二）经费使用

清末，博兴教育经费的使用，依其支出项目分类，大体有以下5项：

1. 教育行政经费

列入教育行政经费开支的范围，主要是县教育行政机构，具体支出范围和数目依不同时期教育行政机构的规模而变化。开支范围包括：县劝学所（前身为儒学署）、教育分会等。开支科目以员司薪津为大宗，其余各项杂支包括仆役工食、房租、基建修缮、设备购置等。

2. 官立学堂经费

开办之初，因学款奇绌，多借学宫及书院地址为之。其后日渐推广，城乡学校林立，组织完密，制度亦详备。官立学堂经费在清末博兴学务岁出中一直占有较大比重，支出数目随官立学堂数的增加而变化。

3. 学堂及学生补助费

省对各地的公、私立学堂略予补助，数目较小。

4. 社会教育经费

清末博兴的社会教育经费，主要指宣讲所、阅报处等社会宣传教育机构所需经费，以及图书馆经费等。因清末的社会教育处于初始时期，规模尚小，支出项目多为开办费及员工薪津，故支出数额较小。

5. 其他杂支经费

清末用于教育的杂项开支项目较多，其中主要的有补贴各地义学的膏火、视查学务人员的薪津及公费，以及其他杂支机构的经费等，年支银数目不等。

以上各项为博兴教育经费的支出分类。博兴教育经费的支出，在兴办学堂以后大体分为三部分：首先以支付学堂职员、教员、工役薪津为大宗；其次是学生的服食用品开支；再次是用于购置图书、标本、器具和营建、修缮校舍及杂项支出。囿于经费和办学条件所限，用于教学实验的费用甚微。清末学宫教谕、训导年俸皆为白银40两；斋夫3名年工食银37.2两；膳夫2名年工食银13.8两；门斗2名年工食银14.9两。每年褒掖学业优良的廪膳生白银173.6两。私塾开销由开办人负担，无官贴。

（三）经费管理

1909年（清宣统元年），成立博兴劝学所，作为全县的教育行政机关，在负责指导办学的同时，一并负责教育经费的筹集与支配等管理事务。

第二节 民国时期的教育经费

一、民国初期的教育经费

（一）来源与筹集

1912年以后，博兴教育经费主要来源有钱粮附捐、地亩租价、基金生息三项，而以田赋附捐为大宗，共约3000余元。教育经费异常拮据，以之办理全县教育，其左支右绌，因陋就简，自不待言，不敷之数，随时会集办学人员，设法筹措。1928年省教育厅成立后，针对各县教育经费症结所在，采取措施积极扩充教育经费收入，并于1930年在全国率先实现县教育经费独立，经费数目逐年增加，直至抗战爆发。如民国21年（1932年），全县年政费57057元，教育经费为36449元，占全县政费的63.9%；教育行政费3872元，占教育总经费的11%；学校经费16548元，占教育总经费的45%；社会教育经费3633元，占教育总经费的10%；临时费12396元，占教育总经费的34%。全县人均负担政费0.243元，负担教育经费0.156元。民国大部分时期，博兴教育经费的来源，大体有如下各项：

1. 田赋附捐

1922年，山东省议会议决，下忙每地丁银1两征收教育附加费银元0.05元。1928年后，为扩充县教育经费数目，改为每地丁银1两征收教育附捐银元1元。1931年共征收20690元，占当年全县教育经费岁入数的76.1%。1934年共征收25225元，占县教育经费岁入总数的59.3%。1933年上忙每正银一两加征上年度中等学校附捐洋3角。至抗战爆发前，田赋附捐岁入占县教育经费岁入总数的比重，大体稳定在70%上下。

2. 学田租金

在1928年之前，学田租金收入在县教育经费岁入总数中还占着较大比重，后来由于田赋附捐的加征，学田租金则比重减小。1931年租金收入为4007元，占当年县教育经费岁入总数的14.7%。之后随着整理旧有教育款产，清丈学田，租金收入有所增长，1934年为9610元，占县教育经费岁入总数的22.6%，之后相对稳定。

公立小学之外的乡镇村立小学，主要靠学田租入，河口船捐和摊敛集资来开销。据载，1935年全县近200处学校中，北隅镇初小、羊桥乡初小、傅桥乡初小、毛园乡初小和辛安乡初小靠基金生息；疃子乡初小、常套乡初小和东营乡初小，靠渡口船捐；其余皆靠学田租入，学田多者30亩，少者2.35亩不等。

3. 杂捐

包括各类苛捐杂税，门类繁多，不一而足。因有“厘金”之嫌，原有者已征收困难，欲再增加则更加困难，所以在县教育经费岁入中属于极不稳定的一项，所占比重亦不大。1931年收入1100元，占当年县教育经费岁入总数的4%。1934年为1100元，占当年县教育经费岁入总数的2.5%。

4. 基金利息

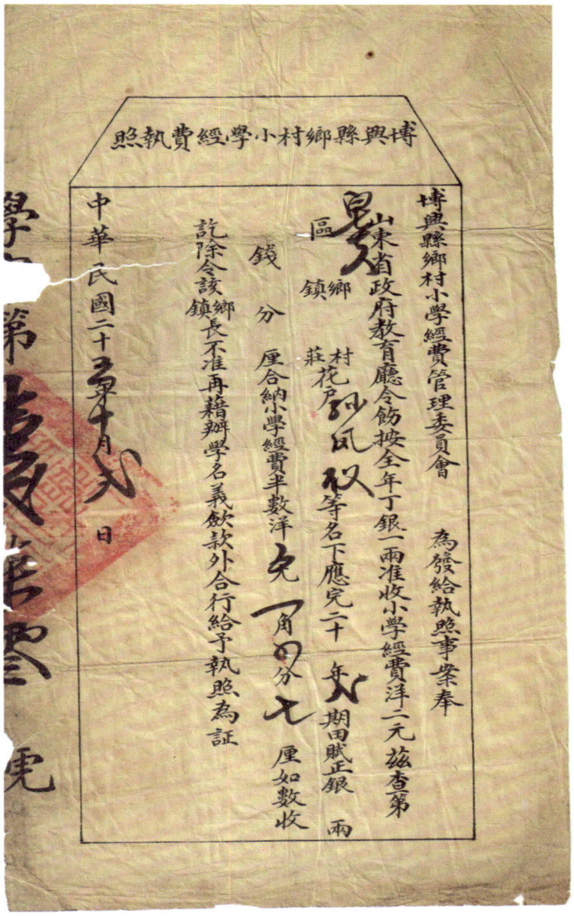
博興縣鄉村小學經費執照

博興縣鄉村小學經費管理委員會　為發給執照事案奉
山東省政府教育廳令飭按全年丁銀一兩准收小學經費洋二元茲查第
區　鄉鎮　村莊　等名下應完二十　年　期田賦正銀　兩
錢　分　厘合納小學經費半數洋　角　分　厘如數收
訖除令該鄉鎮長不准再藉辦學名義歛款外合行給予執照為証
中華民國二十　年　月　日

民国时期乡村小学经费执照

即将教育基金用放贷方法收取利息，是教育经费的一项数目不大但较为稳定的来源。1931年利息收入为1490元，占当年县教育经费岁入总数的 5.5%。1934 年收入 5389 元，占县教育经费岁入总数的 12.7%。

5. 临时收入

即上述 4 项以外的其他各项杂入，各校皆不相同，多数年份亦无正式统计，多为各校自收自支，比重甚微。

公立小学之外的乡镇村立小学，主要靠学田租收入、河口船捐和摊敛集资来开销。民国 24 年 (1935 年)，全县近 200 处学校中，北隅镇初小、羊桥乡初小、博桥乡初小、毛园乡初小和辛安乡初小靠基金生息，疃子乡初小、常套乡初小和东营乡初小靠渡口船捐，其余皆靠学田租收入。民国 25 年 (1936 年) 成立县乡村初级小学经费管理委员会，将全县小学经费统收统支。规定每丁银 1 两，收小学经费洋两元，每年共收 58854 元。

山东省博兴县民国二十年度教育费预算岁入经常门

科目	本年度预算数	上年度预算数	比较		备考
			增	减	
入字第十一款	114.188.78				
第一项 附捐	110.690.67				
第一目 丁银附捐	110.690.67				全县丁银四万五千六百元整，征收如上数
第二项 租金	4.007.60				
第一目 学田岁租	4.007.60				学田共计两千九百零二四零一四，年租每个不一，共计约收如上数
第三项 息金	1.490.41				
第一目 教育基金生息	460.41				基金一千七百九十三元二毛七分七厘，月利二分生息，全年共计如上数
第二目 车事偿还券息金	940.00				车事偿还券四千元，月利二分行息，全年共计如上数
第四项 项收入	1100.00				
第一目 祀孔费	500.00				每年春秋二次，每次折价一百五十元，全年共计如上数
第二目 契纸捐	600.00				每年约三千二百元二角，全年共计如上数

山东省博兴县民国二十三年度教育费预算岁入门

科目	本年度预算数	上年度预算数	比较		备考
			增	减	
入字节第十款	42.524	41.391	1.136		
岁入经常	41.324	41.391		67	
第一项 附捐	25.225	25.225			
第一目 丁银附捐	25.225	25.225			丁银二万九千四百二十五两， 全年计报附捐如上数
第二项 租金	9.610	10.006		396	
第一目 学田岁租	9.610	10.006		396	学田三千九百余亩，每亩租价不等， 全年共计如上数
第三项 息金	5.389	5.060	329		
第一目 教育基金生息	3.389	3.060	329		基金一万六千九百四十五元五角五分， 以年利二分计，全年共计如上数
第二目 务基金生息	2.000	2.000			基金一万元，以年利二分计， 全年共计如上数
第四项 项收入	1.100	1.100			
第一目 祀孔费	500	500			屠户年缴二百五十元牙祀， 年缴二百五十元全年共计如上数
第二目 契纸捐	600	600			契纸每张征收附捐二角， 全年共计如上数
岁入临时	1.200		1.200		
第一项 民教补助费	1.200		1.200		
第一目 民教补助费	1.200		1.200		由县地方预附费内，年租如上数

附：教育经费收入表

据省政府教育厅编各县地方年度教育费预算中博兴教育经费载，1930 年博兴教育经费来源 13381 元，其中丁漕附捐 8895 元，学田亩数 3894 亩岁租 4177 元，教育基金 1764 元年利 309 元。1931 年教育经费来源共 27188.58 元，其中丁银附捐 20690.67 元，学田岁租 4007.50 元，息金 1490.41 元，杂项收入 1100 元。1932 年博兴教育经费 36449 元，1933 年为 41391 元，比上年增 4942 元。1934 年博兴教育经费 42524 元,比 1933 年的 41391 元,增 1133 元。1934 年年度预算为 42524 元，由以下诸项内取得：丁银附捐 25225 元，学田岁租金 9610 元，息金 5389 元，杂项收入 1100 元，临时岁入 1200 元。其中，年度预算比上年度增加 1133 元，行政经费 3872 元，与上年度持平。1935 年教育经费 42024 元，其中教育行政费 4352 元，比上年增加 480 元，教育事业费 37672 元，比上年增加 220 元。

以 1932 年为例可知教育经费在整个政费中的比率和各项教育开支在教育经费中所占的比例及其他有关数字。该年政费为 57057 元，教育经费占其中的 63.9%；教育行政费 3872 元，占教育总费的 11%；学校经费 16548 元，占教育总经费的 45%；社教经费 3633 元，占教育总经费的 10%；临时费 12396 元，占教育总经费的 34%；全县人均负担整个政费 0.243 元，负担教育经费 0.156 元。

附：民国二十五年《博兴县志》卷十一《教育：学款》

县有学款约分数项列下：

一、基金。分教育基金及义务教育基金两项，共计 36945.55 元。

二、附捐。每年分上下两忙，由田赋正银项下带征，拨充教育经费，共计岁收总额 25011 元。

三、息金。基金贷款由教育经费委员会定为利率二分，共计岁收息金总额 6089 元。

四、田租。共有学田 4516.47 亩，岁收租金总额共计 9610 元。

按：上列各款，均属县有，至乡镇、村立各小学，其经费有旧积公款者，有临时筹集者，或按银粮，或按地亩，多寡不同，间有义坡、船捐、行捐，所入无几，均经县政府核准有案。

又按：县有学田，大别为冢子洼、麻大湖、新清河两岸、支脉沟底四处，其余零星各段附焉。民国二十三年，组织勘丈学田委员会，开始清丈。除麻大湖草地尚未丈清外，其余学田已勘丈清楚，绘制图表，分别呈报备案。

又按：博兴乡村小学经费，向由各乡镇村庄长自行摊敛，支配无一定准则，情形各异。民国二十五年，县长张其丙体察情形，成立乡村初级小学经费管理委员会，将全县小学经费统收统支，创立简章，呈准省政府及教育厅，每丁银一两，收小学经费洋二元，计每年共收 58854 元，学生入学一概免费。向未设学之村庄，亦纷纷设学。民国二十五年，共增设学校 72 处，增学生 67120 余人，教育日见发展。

（二）支出与使用

在民国初期北洋军阀当政的十余年间，县教育经费皆异常拮据，虽然教育尚不普及，但即便用以支撑现有教育事业，亦不免捉襟见肘，苦不堪言。多数年份全县教育经费年支出总数 3000 元左右，后虽逐渐增加，但相对于教育事业的发展所需，仍是入不敷出，倍感艰难。国民党政权统治山东后，县教育经费逐年增长，1930 年支出即达到银元 13381 元，1931 年支出增至 27188 元，1935 年支出增至 42024 元。

至于博兴教育经费历年支出数目，皆因教育统计缺乏完整系统资料可藉，仅就查询到省政府教育厅编 1930~1935 年之间各县地方教育费预算中博兴教育经费支出记载，作一简述。

附：教育经费支出表

山东省博兴县民国二十年度教育费预算岁初经常门

科目	本年度预算数	上年度预算数	比较		备考
			增	减	
出字第十一款	110.110.00	20204.00			
第一项教育局经费	2600.00				
第一目薪工					
第一节薪金	2850.00				局长一员，月支五十元；督学一员，月支四十元；教委委员三员，月各支二十五元；教员二员，月各支二十五元；干事一人，月支二十元；月共支二百叁五元。全年共计如上数。
第二节工资	252.00				工友三人月各支七元，全年共计如上数
第二目 办公费	458.00				
第一节 文具	108.00				月需笔墨 4 元，纸张 5 元，全年共计如上数。
第二节 邮电	48.00				月需邮电费 4 元，全年共计如上数
第三节 消耗	188.00				月约需 3 元，茶水 3 元，话梅 3 元，一二月冬季炭费 80 元，全年共计如上数。
第四节 杂费	114.00				旅行经费等全年共计如上数。
第三目 设备	72.00				
第一节 赕置	46.00				器具书报等月需 3 元，全年共计如上数。
第二节 修造	46.00				月约需 3 元，全年共计如上数。
第二项 县立学校	111.273.00				
第一目 小学	9.560.00				
第一节 第一小学	4.462.00				计高级 4 班初级 3 班，校长一人月支出 5 元，教员 8 人，月支出 30 元者二人，25 元者六人；教科。
					教育局各一人，各支出 4 元；工友八人，月支 7 元；办公费支 80 元一二月冬季。
					百六十元全年共计如上数

续 表

第二节 第二小学	1.418.00				计高级一班、初级一班月支出 89 元，办公费 20 元， 一二月冬季炭费 30 元，全年共计如上数。
第三节 第三小学	1.418.00				计高级一班、初级一班月支出 89 元， 办公费 20 元，一二月份冬季炭费 30 元，全年共计如上数。
第四节 第一女子小学	1.423.00				女生班校长月支出 30 元，教员二人月各支 15 元，工友三人月各支 7 元，办公费 15 元一二月冬季炭费 40 元，全年共计如上数。
第二目 初级小学	1.800.00				
第一节 初级小学	1.800.00				本年度增设初级小学 10 元，共计如上数。
第三目 其它学校	1.91200				
第一节 师范讲习所	1.912.00				计示范生一班初小一班校长月支 30 元， 教员三人月各支 25 元，工友三人月各支 7 元，办公费月支 30 元，又一二月份冬季炭费 40 元， 全年共计如上数。
第三项	社会教育经费	11.432.00			
第一目	民众教育馆	11.421.00			
第一节	民众教育馆	11.42.00			计馆长一人月支 30 元， 馆员八人各支 25 元，工友三人月各支 7 元，办公费月支 30 元，一二月冬季炭费月支 60 元，全年共计如上数。

山东省博兴县民国二十年度教育费预算

岁出临时门					
科 目	本年度 预算款	上年度 预算款	比 较		备 考
出字第四款	6.884.78		增	减	
第一项 补助费	1.1500.00				
第一目 农村小学补助费	1.400.00				农村小学甄别成绩之优劣酌量给奖金。年约如上数。
第二项 义务教育费	960.00				
第一目 义务教育费	960.00				本年度专项存款辑不勤用
第三项 预算费	4.44.58				
第一目 预备费					教育局各学校各教育单位经费及所属小学教育费等，全年共计如上数。

山东省博兴县民国二十三年度教育费预算

岁出门					
科目	本年度预算款	上年度预算款	比较		备考
出字十款	42.524	41.391	1.133		
岁出经常	33.033	30.297	2.736		
第一项 行政费	3.872	3.872			
第一目 经委会	840	840			
第一节 薪工	396	396			委员由各团体职工委任，不另支薪共计一人月支 25 元，工友一人月支 8 元，全年共计如上数。(录事一人年薪 180 元，事务员一人年薪 300 元由预备费支出)
第二节 办公	348	348			月需文具 9 元，邮电 4 元，消耗 12 元，杂费 4 元，全年共计如上数。
第三节 设备	96	96			月需购置 5 元，修理 3 元，全年共计如上数。
第二目 县政府第五科	3.032	3032			本科办公设备等费由经委会开支恕不列数
第一节 薪 工	2.832	2.833			科长一人月支 60 元，科员一人月支 25 元，督学一人月支 40 元，教育委员三人月共支 75 元，管事一人月支 20 元，工友二人月共支 16 元，全年共计如上数。
第二节公杂费	200	200			督学视察费年需 30 元，教育委员视察费每人年需 40 元，冬季炭费年需 50 元，全年共计如上数。
第二项 学校经费	24.248	22.792	1.456		
第一目 小学	13.986	12.494	1.492		
第一节 书院街小学	5.122	3.916	1.206		高级五班初级三班校长兼教员一人月支 35 元，教导处教员一人，月支 30 元，高级任教员四人月各支 28 元，科任教员二人月共支 50 元，初级教员三人月共支 60 元，事务员一人月支 22 元，工友七人月共支 56 元，办公准备等费用共支 57 元，冬季炭费 58 元。全年共计如上数。

续 表

第二节 东鲁镇小学	2.216	2.264		48	高级二班初级一班校长兼教员一人月支30元，高级教员三人月共支84元，初级教员一人月支20元，工友三人月共支24元，办公设备等费月共支25元，又冬季炭费20元，全年共计如上数。
第三节 纯化镇小学	2.216	2.264		48	同右
第四节 博昌镇小学	2.216	1.350	866		同右
第五节 利成镇小学	2.216	1.350	866		同右
第六节 第一女子学校		1.350		1.350	该校合并于书院街小学，兹不列数。
第二目 初级小学	2.2160	1.800	360		
第一节 第一初级小学	216	180	36		学生一班月支18元，全年工计如上数。
第二节 第二初级小学	216	180	36		同右
第三节 第三初级小学	216	180	36		同右
第四节 第四初级小学	216	180	36		同右
第五节 第五初级小学	216	180	36		同右
第六节 第六初级小学	216	180	36		同右
第七节 第七初级小学	216	180	36		同右
第八节 第八初级小学	216	180	36		同右
第九节 第九初级小学	216	180	36		同右
第十节 第十初级小学	216	180	36		同右
第三目 其他学校	8.102	8.498		396	
第一节 师范讲习所	3.688	4.048		396	师范一班初小一班所长兼教员一人月支40元，专任教员一人月支35元，科任兼小学教员一人月支30元，初小专任教员一人月支20元，工友三人月共支24元，办公费用支30元，又冬季炭费40元，学生津贴1500元，全年共计如上数。
第二节 联立乡师	4.414	4.414			该校经费全年共计如上数。
第三项 社会教育经费	3.713	3.633	80		

第一目民众教育馆	1.700	1.908		208	
第一节民众教育馆	1.700	1.908		208	馆长一人，月支35元；馆员三人，月支25元者一人，月支20元者两人；工友两人，月共支16元；办公费月支24元，又冬季炭费20元，全年共计如上数。
第二目民教事业费	2.013	1.725	288		
第一节民教事业费	2.013	1.725	288		凡社会教育事业用费均由本节所列经费内开支，但须先将经办事业及经费数目同军呈听批准后方得助用。
第四项民教实验区经费	1.200		1.200		
第一目民教实验区	1.200		1.200		
第一节民教实验区	1.200		1.200		详细预算另案呈核
岁出临时	9.491	11.094		1.603	
第一项补助费	3.405	3.000	405		
第一目学校补助费	3.000	3.000			
第一节郑村初小补助费	3.000	3.000			郑村初小三百余处，全年共计如上数
第二目乡师学生津贴	405		405		
第一节乡师学生津贴	405		405		联立乡师本县学生27名，每名年费津贴15元，全年共计如上数。
第二项贷费	1.500	1.500			
第一目学生贷费	1.500	1.500			
第一节大学生贷费	1.150	1.150			全年共计如上数。
第二节高中生代费	200	200			同右
第三节职业生贷费	150	150			同右
第三项预备费	4.586	6.594		2.008	
第一目预备费	4.586	6.594		2.008	
第一节特别预备费	2.586	4.594		2.008	专作充实设备之用应由经委会详细计划，另列预算并附具说明书另应备核
第二节预备费	2.000	2.000			各学校各教育机关一切临时开支，全年共计如上数

县教育经费支出项目，主要包括以下各项：

1. 教育行政费

1928 年前后，年支出数较少，全部教育经费仅在 3000 元左右。之后随着事业单位的增加和待遇的提高，教育行政经费随之增加，以 1935 年为例，全县教育行政费支出 4352 元，占教育经费支出总数的 12.7%。

2. 学校经费

学校经费是县级教育经费支出的大宗，支出数目在不同年份随学校数和规模大小而不同，但在教育经费总支出中所占的比重，一直在 50% 以上。1930 年后，学校经费曾一度分为普通教育经费和义务教育经费两项，前者指中等学校和高级小学的经费，后者指初级小学和短期小学经费。但在支出数目统计中常常相互交叉，区分并不明晰，尤其高级小学经费和义务教育经费时常又称为初等教育经费，难分彼此。民国时期县级教育经费统计状况之混乱由此可见。1934 年全县学校经费支出数为 13792 元，占县教育经费支出总数的 32.4.9%。

民国初期，县立学校靠教育经费支付教师报酬，乡村小学靠学田租金、渡口船捐、基金生息和摊敛集资解决。如 1933 年全县有公立小学教师 414 人，其中 320 人月薪 5 元 ~12 元；35 人月薪 13 元 ~15 元；23 人月薪 16 元 ~25 元；36 人月薪为 26 元 ~35 元。时任教育局局长的晋吉清月薪为 50 元，至于乡村教师的收入，那就更低了。

3. 社会教育经费

社会教育的地位在南京国民政府统治时期得到提高，教育部明令规定社教经费应占全部教育经费的 10% ~20%，省教育厅曾通令自 1929 年起一律按照教育部明令规定，从事社教经费数目扩充，并规定了支配标准。如 1931 年全县社教经费支出为 3422 元，占年教育经费总支出的 16.9%。1934 年全县社教经费支出为 3623 元，占年教育经费总支出的 8.5%。

4. 临时费

主要用于营建修缮、设备购置等支出，由县教育局掌握分配使用。

除上述几项主要支出项目外，还有不同的杂项用费支出。

（三）经费管理

1. 管理体制

教育经费在 1928 年以前，向由县署及学务款产处管理，因办理不善，致使侵蚀挪用现象时有发生，地方教育之不能发展，此为根源。国民党政权之山东省教育厅成立后，洞悉各县教育经费症结所在，遂从体制入手，颁行《山东县教育经费委员会规程》及《山东县教育局会计规程》以救其弊，颇称便利。后与省财政厅所定《会计须知》有抵，乃商同财政厅会令公布《山东省各县地方教育经费收入规则》，规定凡各县随同丁漕带征之地方教育附捐，统由财政局经收，按日转拨教育局。各项杂捐中指定充作教育经费者，以及教育款产收入等，统由教育局经收。自此，教育经费与地方经费权限分离，县级教育经费得以独立。

2. 整理学产

县教育款产素乏统计，情况复杂，监督困难。1928 年，省教育厅始从事调查整理，先后印制统一表格，通令各县遵填呈报，于是博兴教育款产始有确切统计。对学产整理，采取措施督令遵行。如清丈学田，清丈后，1934 年统计为 4516 亩。结合学田清丈，厘订学田公租办法，凡学田租金与邻近同等民田相差过巨者，均督令改租，使租金有所增加。对教育基金的整理，规定凡基金以钱为单位者，一律统一以银元为单位，并颁布《山东县教育经费委员会贷放基金暂行办法》，以清除积弊，增加收益。实行几年后，颇有成效。

3. 清理积欠，扩充收入

为清理教育经费积欠，省教育厅于1931年制定《清理积欠办法》，规定当年收入应以维持现有事业开支为主，节余款项则摊偿旧欠。为扩充收入，倡导各县区乡村百姓自愿筹集经费办学，为此订有《乡区人民自动兴学筹集经费办法》。此外，如以军费偿还余款拨充各县实施义务教育经费，及先贤祠财产应拨充地方办理教育文化事业经费，均分别订有《义务教育基金存放办法》《各县每年度偿还军费余款划拨实施义务教育经费办法》及《山东先贤祠财产保管暂行办法》等，扩充了县教育经费的数目。

4. 经费管理

按照省教育厅厘订《山东县教育经费委员会规程》，博兴建立教育经费委员会，监督县教育经费的收支，并负责教育经费的筹划和保管。至于教育经费之稽核及会计规程、交代手续等方面，皆按省教育厅统一规定执行（具体方法同前述省教育经费管理之相关内容）。

二、抗日根据地和解放区的教育经费

在抗日战争和解放战争时期，山东抗日民主根据地和解放区的教育事业，是在克服日伪频繁“扫荡”和国民党反动派猖狂进攻，以及物资、师资、文化等方面极端困难的情况下，重新建立并发展起来的。教育经费在财政十分困难并要服从军事需要的条件下，实行统筹统支。随着根据地民主政权的巩固和财政状况的逐步好转，教育经费在整个预算中所占的比重也逐年有所增加。

（一）来源与筹集

抗日根据地和解放区的教育经费来源，从整体上讲，是本着两条腿走路的方针，即通过由民主政府拨款和依靠群众共同出力的办法加以解决。具体的教育经费来源主要有以下几项：

1. 民主政府拨款

是教育经费的主要来源。凡干部教育、基础教育和继续教育，其经费均由政府拨付。各抗日小学和抗日联小、耀南中学经费由专署照拨。对民办小学采取“民办公助”的办法，政府按不同地区、不同情况分别给予一定补助，一般按实际支出补助三分之一。政府发给村小学灯油纸张费，其他不足部分由群众凑集，村学教师待遇，一般采取代耕、换工或由群众集资解决。

2. 学田、公产收入

凡原有的学田、庙产、田赋之教育附捐、教育基金利息等收入，全部充作教育经费，明令规定不准挪作他用。

3. 教育基金

除原有教育基金外，省战工会（省政府）规定凡绝产官产及其他一切公款，均按25%拨作教育基金，其利息收入纳入教育经费。

4. 没收资产收入

1940年，省战工会规定，凡属没收的敌伪资产等收入，均按70%的比例拨入教育经费。

5. 社会捐助

在抗日根据地和解放区，受中国共产党及民主政权重视发展教育的政策感召，热心教育的社会人士纷纷捐助教育，如款项、粮食、土地等，均充作教育经费。

6. 合作社利润

在抗日根据地，合作社经济有了较快的

发展，经集体公议，将某些经营效益较好的合作社利润中拿出一部分，补充教育经费不足，主要用于补助当地小学办公费开支。

7. 勤工俭学

1944 年 2 月，山东省政委会（战时行政委员会，即省级政权，前身为省战工会）颁发指示，号召各中、小学开展生产运动（勤工俭学），要求当年中学生平均生产 10 元～15 元，小学生平均生产 3 元～5 元，并规定了生产收益的分配使用原则：30%用于学校设备，50%用于学生劳动奖金、游艺会等费用，20%用于教员生活改善。博兴响应省政委会号召，积极开展生产运动，勤工俭学。劳动形式多种多样，有农业生产、副业生产和手工业生产，效益不断提高。如孟宪村领导的三新联小，开荒种棉 30 亩，还举办小卖部，师生纺棉织布；杨枫林领导的杨家枣行小学，开荒 30 亩，两校经费都做到了自给有余。到 1946 年博兴小学全部做到了民办公助，小学全部转为民办。

8. 以劳代资

主要通过各级民主政权组织群众为教师代耕种土地的办法，作为教师教学报酬的一部分。这一方法较好地弥补了教育经费不足的问题。

9. 群众自筹

1946 年 9 月，省政府（前身为省政委会）规定农村新建小学一律实行民办。规定公办小学除高级小学、完全小学仍暂维持公办，所有农村初级小学一律改为民办。学校经费发动群众自筹，并结合土改由群众自己决定酌留一定数目的村校学田。在群众自筹自给小学经费后，政府亦保持一定的补助费，补助额一般为原供给数的三分之一。

（二）分配与使用

按照统筹统支的原则，省战工会于 1940 年 12 月制定的《山东省战时国民教育实施方案》中规定：在全部教育经费中，40%用于基础教育，25%用于社会教育，15%用于继续教育，20%用于干部教育。

抗日根据地和解放区的财政支出，以服从军事需要为前提，教育费支出在财政总支出中所占的比重不大。1941 年上半年，博兴所属清河区教育费占财政总支出的 2.36%；1943 年清河区教育经费支出占财政总支出的 1.54%。

教育经费的支出使用范围，主要有教职工柴粮供给及津贴、办公费等经常费和开办费、修缮费等临时费。此外，还有公费生的衣履膳食等开支。支出标准在各个年代均有统一规定，如 1941 年省战工会规定：小学和中等学校教职员，每人每日供应粮食 2 斤 4 两，津贴（包括菜金、服装）小学每人每月法币 8 元～12 元，中等学校每人每月 10 元～40 元。办公费小学每班每月 6 元～10 元，中等学校每班每月 30 元。开办费小学每班 10 元～50 元。对学生待遇也都作出明细规定。1942 年 4 月，因物价上涨，省战工会发出《关于教育经费开支标准的修正决定》，对教职员工生活费标准和办公费、临时费等作了适当调整。抗日战争期间，在博兴根据地民主政府管辖下的完小、联小，实行以粮代薪制。每人每月发 75 斤小米或玉米，有困难的学生可享受一定补助。村小学多以代耕、换工或由群众自筹资金。当时有“以劳力换知识”的说法。

抗日战争胜利后，人民政府进驻博城，开始对全县行使职权之后，用于教育的经费，约占公粮的 30%。为了弥补教育经费的不足，县文教科大力提倡学校勤工俭学和群众捐资兴学，文教科利用河岸湖泊种植苇草，亦扩大了财政收入。

解放战争时期，县人民政府辖区学校仍

以粮付薪，高小、初小各分为 7 级。初小有 3~7 五个级差，折合 200~190~180~170~160 斤粮；高小有 2~6 五个级差，折合 230~220~210~200~190 斤粮。校长月薪折合为 320 斤粮。青州会议以后，县委、县府负责人在陈户镇对解放区 200 余名教师进行定级评薪，按省统一规定照发报酬。

教育经费的管理。1941 年省战工会规定，建立各级教育经费保管委员会，在各级政府直接领导下工作。教育经费保管委员会由各方面代表组成，其主要职责是负责教育经费的设计筹集、收支保管和保障教育经费的独立。

附：日军在 1939 年 1 月 ~1945 年侵占博兴期间，在日伪统治区推行奴化教育。1941 年教育经费 32882 元；1942 年为 60576 元；1943 年为 86284 元；1944 年为 196522 元；1945 年为 937988 元。日伪教育经费，一部用于所谓公立“新民”小学；一部用于所谓“新民”社会教育（民众教育馆，1943 年增至 14 人，年经费为 15936 元）；一部用于发展特务组织收买走卒亲信，不少落于日伪要员私囊之中，教员的薪俸则极其微薄。日伪统治区的县立学校，采用薪金制，校长和日语教师月薪 30 元；教务、事务、训育主任月薪 25 元；教员月薪在 12 元 ~20 元之间；勤杂人员低于 12 元。教育科长月薪 100 元；视导员和科员月薪 55 元。

第三节 建国后的教育经费

一、来源与筹集

建国后，教育经费的来源构成，随着国家财政体制的变化，在不同时期亦有相应的变化。1950 年，国家财政实行统一收支、三级管理的体制。在国民经济恢复时期及以后的几年间，相继进行了土地改革和“三大改造”，社会经济结构发生了变化，此前作为教育经费来源成份的学田、教育款产收入以及资本家、工商业者的资助等，也相应发生了变化。除农村一部分小学仍由民办外，教育经费基本上全由国家财政拨款。其后，中央、国务院曾于 1958 年提出了“两条腿走路”的办学方针，倡导国家办学与厂矿企业、农业合作社办学并举，以期解决教育经费渠道单一、国家财政负担过重的问题，但由于未有相应的立法和行政措施，落实并不到位，因而并未达到预期的成效，教育经费依赖国家财政负担的局面在相当长的时期内没有发生根本变化。

十一届三中全会以后，教育的地位和作用得到高度重视，妥善解决加快发展教育与教育经费严重不足的矛盾问题尤显迫切。由于历史原因，教育经费单由国家财政统包的状况不能满足教育事业发展的需要，全县基础教育尤其是农村基础教育十分落后，仅靠财政投入的增长已不足以达到根本性的转变。以农村中小学校舍建设为例，直到 1978 年，“黑屋子、土台子”的状况尚占全县农村中小学的半数以上，如果校舍改造任务全由国家财政统包下来，显然不行。因此，县委、县政府把解决教育经费严重不足的问题提到重要议事日程。通过调查研究，提出了“人民教育人民办，办好教育为人民”的方针，发动全社会“八方招教”，广开经费渠道，除国家财政增加拨款外，坚持多渠道、多形式增加教育投入。如用足用好教育费附加政策，开辟地方性经费渠道，开展集资办学，用勤工俭学收入补充教育经费，发动企业办好职工教育等。

1986 年前，博兴教育经费主要是来自国家拨发教育事业费，其拨款分三级：省定期拨发经费，专署每年对县教育事业追拨部分经费，县财政从地方自筹资金中拨出一部分用于发展教育事业。其次是乡、村集体办学。

另外，学生交纳少量学杂费和勤工俭学收入作为教育经费的补充。随着教育事业的发展，教育经费不断增加，但仍不适应教育发展的速度。1955~1965年，教育经费占全县财政总支出的20%，中学生每人每年平均占有教育经费95.41元，小学生为23.94元。1966~1976年，每个中学生每年占有教育经费44.10元，小学生占有12.84元。1977年后，教育经费占全县财政支出的比例年年超过20%。但由于学校增加，特别是中学骤增，每个中学生占有教育经费36.17元，小学生占有11.77元。1985年全县财政支出1484.9万元，其中教育经费支出393.06万元，占总支出的26.5%。

自1986年起，按省政府《关于贯彻国务院发布〈征收教育费附加的暂行规定〉的通知》要求，开始征收农村教育费附加和城市教育费附加。1991~1992年，全县社会捐资集资2025.5万元，主要用于城镇中小学校舍改造。1986年至1993年，全县预算内教育经费的安排采取"基础加发展"的办法，即在上年度预算安排数（基数）的基础上，每年适当增长一定的百分比。1993年起，根据省物价、财政、教育等有关部门的文件，对义务教育阶段学生的杂费和非义务教育阶段学生的学费收取标准都有不同程度的提高。同时，大力倡导和扶持学校开展勤工俭学活动，其收入除用于扩大再生产外，用于改善学校办学条件和弥补公用经费的不足。

设立救助特困生基金，建立扶贫机制。从1994年始，团县委利用希望工程基金帮扶特困生，至2007年先后扶助贫困生儿童4200多名。1995年以来，县妇联实行"春蕾计划"，每年对女特困生进行帮扶，至2007年先后帮扶837名女童受完九年义务教育。1998年，县教委设立特困生救助基金（来源于民营企业家和全县教职工捐款），对全县特困生（主要是升入大学的农村学生）进行救助，至2007年共救助特困生514人。从1998年起，县五大班子主要领导和教委主要负责人都与特困生结对子，至2007年底帮助152人受完九年义务教育。2007年12月，成立博兴县学生资助管理中心，当年资助义务教育阶段贫困家庭学生3692人，资助高中贫困家庭学生1074人，资助县职业技术学校学生2311人。

2002年10月22日，根据国务院、省政府的有关规定，山东省财政厅、教育厅联合下发《关于农村中小学公用经费标准有关问题的通知》，文件对农村中小学公用经费的标准、来源和开支范围提出了明确要求。农村中小学公用经费标准：初中每生每年180~360元，小学每生每年110~280元，除学校按规定收取的杂费外，公用经费标准与杂费的差额由县、乡两级政府预算安排。

2003年9月17日，国务院下发《国务院关于进一步加强农村教育工作的决定》，文件中明确了农村教育在全面建设小康社会中的重要地位，把农村教育作为教育工作的重中之重；落实农村义务教育"以县为主"管理体制的要求，加大投入，完善经费保障机制，明确了各级政府保障农村义务教育投入的责任，县级政府要切实担负起对本地教育发展规划、经费安排使用。

2005年12月24日，国务院下发《关于深化农村义务教育经费保障机制改革的通知》，按照"明确各级责任、中央地方共担、加大财政力度、提高保障水平、分步组织实施"的基本原则，逐步将农村义务教育全面纳入公共财政保障范围，建立中央和地方分项目、按比例分担的农村义务教育经费保障机制。改革的主要内容：一是全部免除农村义务教育阶段学生学杂费，对贫困家庭学生免费提供教科书并补助寄宿生生活费（即"两免一补"）。二是提高农村义务教育阶段中小学公用经费保障水平。次年，省市相继出台关于实施义务教育经费保障机制改革的通知，明确了改革的内容、标准等事项。

2006年12月28日博兴县人民政府根据国家和省市通知精神，制订《关于实施农村义务教育经费保障机制改革的通知》，对全县具体实施农村义务教育经费保障机制改革做出具体部署。按照中央、省、市文件精神，从2007年春季开学起，博兴县全部免除农村义务教育阶段学生杂费，贫困家庭学生免费提供教科书并补助寄宿生生活费，生均公用经费按省教育工作示范县标准，农村初中每生不低于365元（含公用经费65元），农村小学每生不低于270元（含公用经费60元），特殊教育学校每生不低于1100元。2008年，根据国家的统一部署推进改革，逐步提高农村义务教育阶段学校生均公用经费标准。截至2017年，全县初中小学生均公用经费1035元、840元，分别高出省定标准125元、130元。学前教育生均公用经费达到300元的省定标准。高中生均公用经费900元，于2016年全面实施。

2007年2月，县机构编制委员会批复同意成立“博兴县教育会计核算中心”。核算中心的成立，标志着实现县级教育行政部门统一管理中小学财务工作，对全县中小学经费实行“校财局管”的财务管理体制的落实。

2015年9月，义务教育学校基建债务得到国家审计署和财政部认可、并开始偿还。在县委县政府的大力支持下，财政局最大限度帮助教育部门化解债务。11月偿还义务教育学校基建欠款2.14亿元。

2001年11月，县政府决定将中小学教职工工资的国家统一规定项目标准建立“工资资金专户”，由县财政发放。2003年7月，县政府决定将中小学教职工工资上划，由县财政统一按标准发放。2006年1月，县政府颁发《关于落实农村义务教育“以县为主”管理体制的实施意见》，从当年10月起，将全县农村中小学教师工资（住房补贴除外）全部由县财政通过银行发到个人工资账户。2007年春季开始，全部免除义务教育阶段学杂费，建立学校公用经费和校舍维修改造的长效机制。

具体经费来源渠道主要有：

（一）国家财政拨款

建国后，国家财政预算安排的教育拨款，始终是教育经费的主要来源。60余年间，博兴县国家财政预算中对教育经费的支出安排，在绝对数上除个别特殊年份外，一般是逐年增加的，但相对数即教育经费拨款占财政支出的比例，随着全县整个社会事业发展的变化，有一定起伏波动。分阶段看，国家第一个五年计划时期，1953~1955年在27万元左右；1956年蒲台县与博兴合县后，1957年为77.7万元。五年教育经费累计拨款194.1万元，年均38.82万元。“二五”期间，受“大跃进”影响，教育事业也经历了大起大落的变化，教育拨款显现大幅波动。因1958~1960年为桓台、齐东与博兴合县期间，教育经费分别为195.8万元、170.5万元、208.9万元，1960年为最高，随之又大幅下降。分县后的1961年为最低，仅33.1万元，甚至少于1956年的36.5万元。五年累计拨款684.2万元，年均136.84万元。接下来的三年调整时期，教育拨款开始缓慢回升，累计拨款210.6.09万元，年均70.2万元。“三五”和“四五”时期，恰逢“文革”，教育事业遭到严重破坏，前五年教育拨款基本停滞不前，后五年虽从绝对数上略有增加，但占财政支出的比重反而有所下降，只能维持最低限度的开支，教职工待遇和办学条件无力改善。“五五”时期，教育拨款开始逐年增加，五年累计拨款1018.3万元，年均203.66万元，由

1978年占财政支出的17.7%上升到1980年的30.4%。但由于中学教育尤其是高中的发展失控，教育经费的增长幅度显然与教育规模的扩大不同步，缺口大，欠账多，形成小马拉大车的局面，直接导致教育质量普遍下降。进入“六五”时期后，上述问题有所扭转，教育拨款的增长幅度较大，五年累计拨款1769.11万元，年均353.822万元，平均占财政支出的25.44%。“七五”期间，教育拨款增幅逐年加大，开始征收教育事业附加费，五年累计教育经费支出7121.3万元，年均1424.16万元，其中平均财政拨款占47.7%，年平均占财政支出的30.82%。可以看出，“七五”时期的五年间，教育拨款比“六五”期间有了较大幅度增长，占财政支出的比例亦有较大上升。由于历史欠账过多的因素，退离休教职工的全部费用列入教育经费开支，教育经费中的人头费比例逐步加大，而公用经费的比例则相应下降。五年合计，人头费部分平均占70.37%，公用部分只占29.63%。因此说，教育投入仍处于较低的水平，尚不能完全适应教育事业发展的需要。

八五至十二五期间，教育拨款总额及增幅逐年加大，平均财政拨款占比逐年提高，见附表：

1991~2015年教育经费情况一览表（单位：万元）

期间／项目	教育经费总支出	年平均	财政拨款占比%
1991~1995	19942.80	3988.56	36.20
1996~2000	32727.60	6545.52	52.77
2001~2005	70253.80	14050.76	56.07
2006~2010	159613.70	31922.74	71.79
2011~2015	382324.70	76464.94	79.07

1953~2007年教育经费一览表（单位：万元）

年度	教育总支出	预算内教育经费	社会捐集资		各级政府征收用于教育的经费			校办产业、勤工俭学用于教育的经费	学杂费	其他经费	财政拨款占教育总支出的%	预算内教育经费占财政总支出比例
			计	其中农村	计	城市附加	农村附加					
1953	25.6											
1954	27.7											
1955	26.6											32.8
1956	36.5											22.4
1957	77.7											41.6
1958	195.8											31.2
1959	170.5											9
1960	208.9											14.9
1961	33.1											10.9

续 表

1962	75.9											23.1
1963	37.6											14.6
1964	82.4											14.2
1965	90.6											13.3
1966	87.8											22.7
1967	103.7											18.1
1968	93.6											17.7
1969	89.5											13.2
1970	96.2											14
1971	118											20.4
1972	131											21.1
1973	140.1											25.9
1974	143.5											27.1
1975	161.1											22.6
1976	161.7											17
1977	172.9											21.5
1978	191.2											19.2
1979	211											22
1980	281.5											29.9
1981	282.7											21.4
1982	321.8											23.1
1983	335.3											23.7
1984	371.4											24.4
1985	457.91	393.06	164.85	164.85								25.5
1986	741.1	455.5	0.9		228.1	10.7	217.4	26.6	26.5	3.5	61.5	44.1
1987	932.5	478.6	46.1		319.9	4	315.9	31.4	33.4	23.1	51.3	31.5
1988	1311.5	632.1	7		538.8	3.3	535.5	47.3	54.7	31.6	48.2	29.5
1989	1862.8	719.9	379.5		447.9	17.7	430.2	150.1	129.7	35.7	38.6	24.2
1990	2273.4	885.7	144.3		516	22.4	493.6	89.6	74	27.4	38.9	24.8
1991	2644.6	913.3	883.3		566.3	40	526.3	173.2	85.7	22.8	34.5	24.5
1992	3176.7	1124.4	1142.2		625.1	33	592.1	180.2	91.4	13.3	35.4	26
1993	2610.6	1138	401.4	115.6	581	2	579	99.6	203.9	6.7	50.5	25.4
1994	3354.6	1801.1	401.1	131	604.7		604.7	199.7	323.5	24.5	53.7	50
1995	8156.3	2243.2	4154.2	4053.7	948.5	45	903.5	151.7	498.7	160.8	27	46.9
1996	5105.4	2791.1	705.1	385.7	1221.7	77	802.6	142.4	239	9.7	54.7	50.7
1997	5204.5	2909	439.9	221.4	1242.1	80	912.1	131.7	425.8	56	51.2	37.4
1998	6747.9	3081.1	230	102.6	1946.8	28	1684.2	170.3	594.9	724.8	45.7	41.2

续 表

1999	7342	3997	55.6	45.6	1568.9	16	1283.6	59	890.1	771.4	54.4	47.5
2000	8327.8	4492	566.1	51.6	1382.6	92	1099.5	38.2	1021.8	181.7	53.9	25.1
2001	10401.2	5612	745.6	91.8	1481.2	353.1	928.1	100.8	1564.7	310.9	53.9	30.9
2002	12599	6461.4	725.9	375.4	1718.8	1117	360.8	90.6	1878.3	355.5	59.2	32.7
2003	14632	8354.8	1467.4	665.4	932	707	225	45.6	2116.1	419.7	57.10	25.59
2004	15784.4	9124.2	394.2	300.2	1223.2	1023.2	200	50.2	2261.8	505.6	57.81	22.18
2005	16837.2	9838.4	127.6	57.9	1536	1327	209	44	2985.8	226.5	58.43	17.91
2006	20563.7	11857	76.2	56.2	1986	1704	282	58.9	2719.3	1271.3	57.66	18
2007	22995.4	14798	159.5	45.4	2891	2332.5	558.5	0	2357.7	513	64.35	18.3

注：1. 农村义务教育附加征收到2003年结束，从2004年起，开始征收地方教育附加。
2. 2007年前，学校经费主要来源于收取学杂费，之后国家免学杂费，主要来源是财政拨款。

2001~2013年博兴县教育经费总收入情况（单位：千元）

年份	总计	国家财政性教育经费								非财政性教育经费			
		合计	预算内教育经费		各级政府征收用于教育的税费				校办产业、勤工俭学和社会服务用于教育的经费	合计	社会捐集资办学经费	事业收入	其他收入
			小计	其中：教育事业费拨款	小计	（城市）教育费附加	农村教育费附加	地方教育附加					
2001	10401.2	71940	56120	55820	14812	3531	9281	2000	1008	32072	7456	21507	3109
2002	125990	82708	64564	64614	17188	11170	3608	2410	906	43282	7259	32468	3555
2003	146320	93324	83548	83548	9320	7070	\	2250	456	52996	14674	34125	4197
2004	157844	103976	91242	90042	12232	10232	\	2000	502	53868	3942	44870	5056
2005	168372	114184	98384	98384	15360	13270	\	2090	440	54188	1276	50647	2265
2006	205637	139019	118570	117570	19860	17040	\	2820	589	66618	762	53143	12713
2007	229954	176890	147980	147980	28910	23325	\	5585	\	49333	1595	47280	4189
2008	321816	274936	238886	238886	36050	26820	\	9230	\	46880	2702	40121	4057
2009	353650	300850	265630	265630	35220	27150	\	8070	\	52880	2724	45646	4510
2010	485000	414070	377330	375830	36740	27950	\	8790	\	70930	4255	63587	3088
2011	664995	569470	505580	505580	63890	40600	\	23290	\	95525	6849	84755	3921
2012	750660	663890	584680	584680	79210	44780	\	28650	\	86770	4243	78852	3675
2013	776189	687400	609710	609710	77690	48800	\	25610	\	88789	3837	81836	3116

2014 年博兴县教育经费总收入情况表（单位：千元）

年份	总计	国家财政性教育经费									民办学校中举办者投入	捐赠收入	事业收入	其他教育经费
		合计	公共财政预算安排的教育经费			政府性基金预算安排的教育经费				企业办学、校办产业和社会服务收入用于教育的经费				
			小计	教育事业费	教育费附加	小计	地方教育附加	其他政府性基金安排的教育经费						
								小计	其中：从土地收益中计提的教育资金					
2014	809271	733685	702721	653441	49280	30964	25230	5734	990	\	\	560	74730	296

2015~2017 年博兴县教育经费总收入情况表（单位：千元）

年份	总计	国家财政性教育经费									民办学校中举办者投入	捐赠收入	事业收入	其他教育经费
		合计	公共财政预算安排的教育经费			政府性基金预算安排的教育经费				企业办学、校办产业和社会服务收入用于教育的经费				
			小计	教育事业费	教育费附加	地方教育附加	从土地收益中计提的教育资金	其他政府性基金安排的教育经费						
								小计	其中：彩票公益金					
2015	822132	749723	748873	669633	51270	26000	1360	850	850	\	\	1880	70527	\
2016	876100	793078	792627	750897	41180	\	550	451	451	\	\	3589	78342	1089
2017	912547	815508	815134	743934	71200	\	38	374	374	\	\	3887	93047	55

注：2016 年 ~2017 年地方教育附加在教育事业费中统计。

1986~2017年博兴县教育费附加征收表（单位：万元）

年份	（城市）教育费附加	农村教育费附加	地方教育附加	合计
1986	10.7	217.4		228.1
1987	4	315.9		319.9
1988	3.3	535.5		538.8
1989	17.7	430.2		447.9
1990	22.4	493.6		516
1991	40	526.3		566.3
1992	33	592.1		625.1
1993	2	579		581
1994	0	604.7		604.7
1995	45	903.5		948.5
1996	77	802.6		879.6
1997	80	912.1		992.1
1998	28	1684.2		1712.2
1999	16	1283.6		1299.6
2000	92	1099.5		1191.6
2001	353.1	928.1		1281.2
2002	1117	360.8		1477.8
2003	707		225	932
2004	1023.2		200	1223.2
2005	1327		209	1536
2006	1704		282	1986
2007	2332.5		558.5	2891
2008	2682		923	3605
2009	2715		807	3522
2010	2795		879	3674
2011	4060		2329	6389
2012	4478		2865	7343
2013	4880		2561	7441
2014	4928		2523	7451
2015	5127		2600	7727
2016	4118		2500	6618
2017	7120		5520	12640

（二）教育费附加

1984 年 12 月，国务院下发《关于筹措农村学校办学经费的通知》，要求对农业、乡镇企业征收教育事业费附加。1985 年 11 月，省政府制定了《关于贯彻执行 < 国务院关于筹措农村办学经费的通知 > 的意见》，对农业、乡（镇）村两级企业征收教育费附加的办法和征收比率提出意见。1985 年，《中共中央关于教育体制改革的决定》中指出，地方可征收教育费。1986 年 4 月，国务院正式下发《征收教育费附加的暂行规定》，将征收范围扩大到凡缴纳产品税、增值税、营业税的单位和个人，以“三税”税额为计征依据，附加率为 1%。据此，省政府于 1986 年 7 月发出《关于贯彻国务院发布的〈征收教育费附加的暂行规定〉的通知》，省财政厅、省人民银行、省教育厅也分别下文就教育费附加征收有关问题做出规定。1990 年 6 月，国务院发布第 60 号国务院令，对教育费附加的征收比率等问题做出修改，对以“三税”实际缴纳税额为计征依据的教育费附加率，由 1%改为 2%。博兴县教育费附加征收工作在各级党委、政府的重视下，呈现出健康发展的良好势头，年征收额逐年上升，自 1986 年开征至 2015 年，共征收 69930.6 万元，其中 2015 年征收 7727 万元，占当年国拨教育经费的 10.31%，成为仅次于国家财政拨款的第二项大的教育经费来源。

（三）地方性机动财力

1986 年，省委、省政府提出，凡征收城市维护费的地方，都要从中提取一定比例用于中小学校舍修缮。还规定城市和乡镇建设必须配套建设中小学和幼儿园，所需投资列入建设总投入之中。1988 年，县政府决定征收社会集团购买专项控制商品附加费，全部用作教育发展周转金。地方性机动财力主要用于全县中小学校舍改造和修缮。

（四）社会集资

利用社会集资办法，博兴县起始于 50 年代。当时，为了普及初等教育，全县农村举建小学，建校资金主要靠社、队集体集资以及发动群众献工献料解决。大批民办教师的待遇，除国家补助外，也由集体给予补贴。1980 年 12 月，中共中央、国务院做出《关于普及小学教育若干问题的决定》，省委、省政府在贯彻意见的通知中指出，要鼓励群众自筹资金办学，农村社队出钱出物办学，不应视为“平调”和不合理负担，并规定农村人民公社的基本核算单位，每年应从公益金或提成中提出一定数量的财力，用于农村教育事业。有条件的地方，应从社队企业收入中酌情提取一部分财力用于教育事业。社队集体及群众筹资全部用于农村中小学校舍改造。1986 年开始征收教育费附加后，全县城乡为了进一步改善办学条件，如解决危房、建设中学实验室、购置仪器设备、课桌凳等，在教育费附加以外，则开展单项性社会集资。自 1986 年至 2015 年，共收到社会集资 15958.1 万元。参与集资的有城镇企事业单位、农村集体和个人、城乡个体（专业）户、华侨、港澳同胞等，集资额也不断增加，1986 年尚不过 0.9 万元，而到 2015 年，则达到 188 万元，1995 年更是达到了 4154.2 万元，成为博兴县教育事业经费的又一重要来源。

（五）勤工俭学收入

博兴县在上世纪 50 年代末和 70 年代初，曾两次较大规模地开展了勤工俭学活动；但由于受“左”倾思想影响，过分强调生产劳动，忽视课堂教学，打乱了正常的教学秩序，降低了教学质量。中共十一届三中全会以后，根据中央指示精神，全县在总结以往经验教训的基础上，把勤工俭学活动纳入到尊重教育规律的健康发展轨道，不仅取得了育人成果，同时也获得了可观的经济效益。1986年以来，全县勤工俭学收入用于补充教育经费的数额逐年增加。校办企业由1986年8家发展到2000年35家，年总收入由1986年26.6万元，增加到2000年1300万元，增长了近49倍。服务网点由17个增加到60个，增长了3.5倍。1986~2000年，全县学校勤工俭学总收入达5615万元。成为教育经费的一项不可忽视的来源。2001年以后，勤工俭学收入仍是教育经费的一项重要来源。2001~2006年勤工俭学收入合计390.1万元。随着国家政策的调整和校办企业的改制，2007年以后教育经费中不再体现勤工俭学收入项目，但不能忽视早期对教育事业的发展所做的贡献。

（六）学杂费收入

中小学学杂费收入作为教育经费的一项补充来源，在各个年代，由于经济条件不一，收取标准不尽相同。同时，为了减轻农村中小学生的经济负担，曾多次调整收取标准，对家庭生活特殊困难的学生及烈军属子女，还实行了相应的减免政策。上世纪80年代后，随着经济的发展和人民生活的逐步改善，把中小学杂费收支纳入规范化管理轨道，严格控制收取标准。1986年，全县中小学杂费收入为26.5万元。2015年，为6624.4万元。

（七）社会力量出资办学

进入上世纪80年代，随着国家战略重点向经济建设的转移，厂矿企业除办好中小学外，还十分重视职业教育，单独或与其他部门联合举办职业技术学校，其经费由企业在营业外支出项下拨付。另外，自1981年后，县属以上企业从职工工资提取1.5%用于职工业余教育，计入企业成本。扩大经营自主权的企业，在利润留存中安排支出。

社会力量办学，其办学经费自筹，但不得强行募捐和摊派。根据1985年12月省政府颁发的《山东省社会力量办学暂行办法》规定，可以通过向学生收取合理的学杂费来解决，收费标准按课时计，具体数额由批准办学机关确定。此外，社会力量办学可以接受华侨、港澳同胞捐资，但须经政府有关部门批准，按规定办理手续，并保证专款专用。

（八）增加教育投入的政策和渠道

新中国成立后，随着国民经济的恢复和发展，教育投资逐年有所增加。“文革”前，教育经费约占全县财经总支出的20%。1962年占23%；1963年占17.3%；1964年占19.5%；1965年占16%。中学生每年占有教育经费95.41元，小学生为23.94元。1962~1966年，5年教育基建总投资为26500元，其中，中学18500元，小学为8000元。”文革”期间，教育片面追求数量，无计划发展，中小学失调，教育经费紧张。”文革”后，教育经费占全县财政支出的比例，年年超过20%。由于学校，特别是中学骤增，每个中学生占有教育经费36.17元，小学生占11.77元。1977~1981年，基建总投资为194万元，平均每年38.4万元，教育经费大部用于中学，小学多由本村负责。1983年以后，大力提倡乡镇集资办学和群众集资办学，弥补了教育经费的不足。1984年，国务院就集资办学问题，专门下发文件，县人民政府于1985年10月行文提出贯彻执行国务院文件的意见下发各乡镇。该年底，近半数乡镇如数上交规定款额。采取集资的办法，是动员社会办学的有力措施。

1985年10月，县人民政府行文提出贯彻执行国务院《关于筹措农村学校办学经费的通知》的意见，就集资办学问题做出规定，当年全县社会集资164.85万元，占当年教育投入的29.5%。

从1986年开始，根据县政府文件精神，博兴开始征收农村教育费附加和城市教育费附加，并且每年都搞教育社会集资，从而开辟了教育投入的新渠道，逐步解决教育经费严重不足的矛盾。

1993年，中共中央、国务院印发《中国教育改革和发展纲要》，首次把“教育经费”作为一部分作出规定。《纲要》突破了过去与高度集中的计划经济体制相适应的教育经费框架，建立与社会主义市场经济体制相配套的新体制，逐步建立以财政拨款为主，辅之以税费等多种渠道筹措教育经费的体制，标志着中国有社会主义特色的社会主义教育体制建设进入了一个新阶段。

1993年12月，县第十三届人大常委会六次会议通过并公布《博兴县实施九年制义务教育的若干规定》。《规定》分规划、就学、实施保障、管理与监督、附则五部分，共二十一条。就实现初等和中等义务教育的六项基本要求、建立健全教育基金制度、用于义务教育学校的基本建设投资和内部配套设施投资、渠道等作出具体要求，为实现“普九”开辟了教育投入的多种渠道。

1994年11月，县政府印发《博兴县增加教育投入的实施办法》。《办法》从发挥国家财政拨款的主渠道作用，加强教育费附加的征管用工作，完善人民教育基金制度，动员社会力量集资办学和捐资助学，大力发展校办产业与勤工俭学，改革教育经费管理体制等方面都作出了明确规定。《办法》疏通了人民教育基金制度的十条征收渠道，作出了社会力量集资办学和捐资助学的四项规定，明确了教育经费从1995年起实行预算单列等，这些规定成为全县落实教育优先发展战略地位的法律保障。以法规的形式建立与完善教育投入保障机制，为彻底解决全县教育投入不足问题，奠定了良好基础。仅1995年，全县社会捐集资4154.2万元，占当年教育总投入的50.9%，占1986~2000年15年捐集资总数的41.7%，极大地改善了办学条件，博兴“两基”工作顺利通过省政府验收。同时，全县生均教育事业费和生均公用经费逐年提高。小学生均教育事业费由1986年的35.8元，提高到2000年的635元；初中生均教育事业费由1986年的87.9元，提高到2000年的886元；小学生均公用经费由1986年的6.7元，提高到2000年的32.4元，1995年最高达57.1元；初中生均公用经费1991年为47.4元，2000年为60.3元，1995年最高达135.8元。

1995年，中共中央公布了《关于教育体制改革的决定》。《决定》明确提出：“发展教育事业不增加投资是不行的。在今后一定时期内，中央和地方政府的教育拨款的增长要高于财政经常性 收入的增长，并使按在校学生人数平均的教育费用逐步增长。”在基础教育管理权属于地方一段中规定：“为了保证地方发展教育事业，除了国家拨款以外，地方机动财力应有适当比例用于教育，乡财政收入应主要用于教育。地方可以征收教育费附加，此项收入首先用于改善基础教育的教学设施，不得挪作他用。地方要鼓励和指导国营企业、社会团体和个人办学，并在自愿的基础上，鼓励单位、集体和个人捐资助学，但不得强迫摊派。同时严格控制各方面向学校征收费用，减轻学校的经济负担。”这些规定，彻底改变了建国后包得过多、统得过死的国家单一办学模式，使基础教育开创了国家、集体、团体和个人办学共同发展的喜人局面，找到了解决穷国办大教育缺少经费的路子。

附：博兴县增加教育投入的实施办法
（1994年11月26日）

为全面贯彻落实中共中央、国务院颁发的《中国教育改革和发展纲要》，进一步建立与完善教育投入保障机制，确保我县教育改革和发展任务目标的顺利实施，特制定本办法。

第一条 继续加大财政对教育的投入，发挥国家财政拨款的主渠道作用。

县、乡两级政府在财政预算安排上，要优先保证教育的需求，切实做到教育拨款的增长高于财政支出的增长，保证教师实际收入和生均公用经费和扣除物价上涨的因素后逐年增长，争取各级各类学校在1995年达到国家规定的设学标准。国拨年生均公用经费达到省定标准，即在城区初中、小学要分别达到80元、50元，在农村初中、小学要分别达到65元、33元；职业学校经常性专业教学经费城镇每班每年5000元，农村每班每年4000元。按《纲要》规定，到本世纪末，财政性教育经费占国民生产总值的比例达到4%，1995年我县应达到3.3%。乡镇财政收入，应在保证人员工资性支出的前提下，主要用于教育。各级财政预算内应安排一定数量的教育基建投资并随着基建总投入的增长而增长。县财政要拨出专款，设立扶持贫困乡镇义务教育保证基金制度。

第二条 切实加强教育费附加的征管用工作。

（一）城市教育费附加，按增值税、消费税、营业税的3%，分别由县国家、地方税务部门负责征收，按规定解缴入库，财政部门定期拨付教委安排使用。

（二）农村教育费附加，农民按上年人均纯收入的1.8%交纳，由乡镇财政所负责征收；凡交纳三税的乡村企业及个体、联合企业按销售收入的4‰交纳，由乡镇税务部门负责征缴入库，乡镇财政部门定期拨付乡镇教委安排使用。农村教育费附加，主要用于民办教师工资、中小学公用经费和各类职业学校办学经费，任何单位和个人不得扣减、挪用。各乡镇农村教育费附加的10%上缴县财政，用于补充全县职业技术教育经费，每年9月份一次性交纳。财政支付的民办教师工资国家补助部分，由县财政按时拨付各乡镇。

（三）要加强教育费附加的管理，成立由分管县长任组长，教育、财政、税务、审计、监察等部门组成的征收管理领导小组，确保教育费附加按规定足额征收，并每年分两次检查审计全县教育费附加的征管用情况，对不按规定征收、征收不足、管理不善或挪作他用的，要责令限期改正，并视其情况追究有关领导者的责任。

第三条 完善县人民教育基金制度，疏通各条征收渠道。

人民教育基金主要用于城镇学校校舍、设施建设及维护，改善办学条件。其来源有：

（一）凡在博兴境内的国家干部、职工（含合同工、计划内临时工，不含现役军人和离退休人员）均按个人工资总额的2%计征义务教育费。各单位于每年3月底，将当年度的义务教育费一次性交县教育基金办公室。

（二）全县行政企事业单位，用自筹资金进行非生产经营性基本建设的，按申报投资额的3%上交县教育基金办公室后，县计委凭缴费证明审批计划；征用土地的，按地价的5%计征，由县土地管理部门负责征收。

（三）新购载重1吨（含）以下的小汽车（不含警车及消防车、救护、科普等特种车辆）按车价10%计征，以后每车每年按300元计征；载重1吨以上的小汽车，每车每年按300元计征；运输车辆每吨每年按50元计征；农用汽车每车每年按200元计征；机动三轮车每车每年按100元计征；两轮摩托车每车每年按50元计征。分别由县社控办、公安交警队和公路局负责征收。

农用拖拉机，大拖每车每年按150元计

征，小拖每车每年按50元计征，由县农机管理部门负责征收。

（四）城市建设维护税提取10%，由县财政部门拨付教育部门使用。

（五）预算调节基金地方分成部分的10%，由财政部门年底一次性拨付教育使用。

（六）社控商品附加费，全部用于发展教育周转金。

（七）新增非农业户口增容费提取50%，年底一次划拨教育使用。

（八）对宾馆、旅社、招待所、饭店按住宿费标准加收3%的义务教育费，由单位将加收义务教育费单独汇总记账，地方税务机关征税一并收缴。

（九）对水产品按农林特产税加收1%的义务教育费，由各乡镇财政所征收，上缴县财政部门后，划拨教育基金办公室。

（十）以上各项征收款项，各征收单位必须按时上缴教育基金办公室专户储存。教育基金办公室按季编报征收进度表，报送县政府及财政、教育主管部门，按教育部门编制并经县政府批准的计划，拨付教育部门使用。

第四条 动员社会力量集资办学和捐资助学。

（一）各乡镇根据统一规划布局，属于新建扩建校舍、内部设施购置和危房改造、校舍维护所需资金，由各乡镇人民政府负责，采用群众集资的办法，报县政府批准后予以筹措。

（二）在城镇统一筹集职业教育经费，凡城镇全民、集体企事业单位，每年按职工工资总额的1%，由单位交纳，企业从营业外支出中列支，事业单位从自有资金中列支。根据单位的隶属关系，县直单位和省地驻博单位由地方税务部门负责征收，乡镇由乡镇税务部门负责征收，于每年9月份一次收清。

（三）鼓励和提倡厂矿企业、事业单位、社会团体和公民个人根据自愿、量力原则捐资助学、集资办学。对教育事业的捐资，依照有关规定，从应纳税的所得中扣除。

（四）各级各类学校修建校舍，免交公共设施配套补贴费、用水用电权费、增容费、征地配套费和其它行政性费用。

第五条 大力发展校办产业与勤工俭学。

对校办产业，仍根据国家规定实行减免税收政策。财政金融部门要提供一定数量的周转金、低息贷款予以扶持校办企业与勤工俭学项目。

第六条 调整义务教育阶段杂费标准，提高非义务教育阶段的学费标准。在省下达新收费项目和标准之前，根据当地实际，由县教育、物价部门确定具体收费标准，报县政府批准后执行。

第七条 改革教育经费管理体制，实现事权与财权的统一。经费从1995年起实行预算单列。每年年初由县教委根据国家有关规定和定额标准编制年度预算，提出本年度教育经费支出的计划建议，报县财政部门列入预算，经批准后实施。每年的教育经费支出情况，由县教委、统计局按国家规定的指标进行统计并予以公布。

第八条 各级教育部门和学校要坚持勤俭办学方针，科学统筹安排教育经费开支，调整学校布局，优化教育结构，精简人员，压缩不必要开支。要建立健全财务管理制度，重视财会队伍建设，切实加强对教育经费的管理。财政、审计部门要对教育经费的管理使用情况依法进行监督。

第九条 要切实加强对教育经费筹措工作的领导。各职能部门要各负其责，确保各项教育费征足、管好，保证及时到位。要把重视教育，保证教育投入，为教育办实事，列为各级领导的任期目标责任与政绩考核的重要内容。对多渠道筹措教育经费工作中的先进单位和个人给予表彰奖励；对代征单位完不成任务的，属财政拨款单位，由财政局扣该单位经费抵顶，非财政拨款单位由开户银行从其账户内扣顶，并追究单位领导者责任。

第十条 本办法由县教委负责解释。

第十一条 本办法自公布之日起施行。

二、分配与使用

（一）教育事业费

教育事业费的分配，按照国家统一的预算支出科目，共分为高等教育经费、中等专业学校经费、职业教育经费、中学经费、小学经费、高等业余教育经费、普通业余教育经费、教师进修及干部培训经费、民办教师补助费、特殊教育经费和其他教育经费等项（在上世纪50年代还先后设置过私立学校补助费、扫盲费、工农速成中学事业费等项支出）。其中主要的有：

1.中等专业学校经费　指教育部门举办的师范学校，以及教育部门和计划、财政、统计部门举办的各种初、中级专业学校的经费。由教育事业费内列支的只有中等师范学校，1976年后，重视师资培训，中等师范和幼儿师范有了较大发展，经费支出也随之增长，其后呈现逐年稳步增长的趋势。

2.中学经费　中学经费在博兴教育事业经费中一直占较大比重，是教育事业费支出的大项之一。从1958年开始直到1978年，在二十余年中，普通中学盲目发展趋势甚猛，中学经费支出增长较快，在教育事业费中一直占较大比重。此后尽管中学经费仍以较大幅度稳步增长，但对于膨胀更猛的中学规模，仍入不敷出，造成中学经费严重不足，校舍常年失修，课桌凳残缺不全，教育质量难以保证。中共十一届三中全会后，开始进行教育体制改革，把普通教育的发展控制在合理的范围内，将一部分普通中学改办成职业中学，适当压缩了普通中学尤其是普通高中的建设。中学经费虽然逐年均有较大幅度增长，但人头费支出的比重越来越大，中学经费不足的矛盾依然非常突出。

3.小学经费　小学经费不足，办学条件长期得不到改善，“黑屋子、土台子、泥凳子”的现象十分突出。“六五”期间，在发动社会集资进行校舍改造的同时，政府对小学经费的投入也开始逐年递增。小学经费的支出中，人头费比重过大，公用经费比重过小且逐年下降，所以在各项教育事业费中，小学经费最为紧张。

4.职业教育经费　主要包括教育部门举办的职业中学、农业中学、半工（农）半读中学的经费或补助费。1964年、1965年曾在教育支出中设职业教育费项级科目。但其经费支出大部分年度无单独统计。进入上世纪80年代后，随着全县中等教育结构的改革，职业技术教育开始有了较快发展，从1981年起，在教育支出中设置职业教育经费科目。1983年，省委、省政府决定，为了鼓励各县将部分高中改为农业技术中学，对批准改办的学校，每校给予8万元的开办补助费。

5.业余教育经费　包括普通业余教育经费和高等业余教育经费。主要支出范围有农民中等技术（专业）学校补助费，教育部门举办的广播电视大学、函授、夜大学和各类普通高校附设的函授、夜大学经费，农民专科学校经费等。建国初期曾先后设有工农业余教育事业费、工农业余文化学校经费等，1957年设业余文化学校经费及扫盲经费，以后又多次变化。1968~1975年曾并入其他教育事业费中。1976年设置业余教育经费项级科目，1981年分为普通业余教育经费和高等业余教育经费两项，1987 年又分为普通业余教育经费和广播电视教育经费两项。1967 年之前，业余教育经费主要是用于初、中级普通业余教育，年开支额度不等。1978 年后，为加快培养专业人才，提高职工文化水平，各类函授大学、夜大学和广播电视大学等相继建立，高等业余教育有很大发展。“七五”期间，业余教育规模相对稳定，支出增加幅度不大。

6. 教师进修及干部培训经费　主要指教育部门举办的教育行政学院（干校）、教育学院、教师进修学校经费，师资培训班及其附设的函授教育经费和利用假期举办的师资培训班经费。建国初期，为了加强师资力量，在教育事业费支出中设教师进修及轮训费，但支出数额不大。1956 年，教师进修规模增大，此后直到 1967 年，支出数额较小。1968 年至 1978 年并入其他教育事业费。1979 年起，师资培训工作重新得到重视和加强，支出数额逐年增加，随后逐年保持较高的递增幅度。1989 年改称教师进修及干部培训经费，1990 年，按照国家教委的要求，博兴开始着手中小学校长的正规化岗位培训，规定参加培训并获得合格证书者方能上岗履职，支出教师进修及干部培训经费有所增加。

7. 民办教师补助费　是国家对农村及城镇中小学民办教师的补助费，其他教育事业单位中也有少量开支，但比重不大。博兴县自 1963 年起设民办教育事业补助费科目，1976 年起改为民办教师补助费。民办教师待遇在 1971 年前，主要由生产大队或生产队评工记分，国家财政给予定额补贴。小学民办教师每人每月补贴 2 元，中学补贴 5 元。也有的只记工分，补贴不发给个人。1971 年秋季开始，为减轻群众负担，在评工记分的基础上，对个人和集体都由国家财政给予补贴。小学民办教师每人每月 12 元（个人 4 元，交生产队 8 元），中学 15 元（个人 7 元，交生产队 8 元）。1978 年起，对民办教师队伍进行整顿，人数逐年减少，1982 年末提高补助标准。中学民办教师每人每年补助 260 元，小学民办教师每人每年补助 220 元。之后进一步整顿民办教师队伍，通过考核清退了一部分不符合条件的人员，并逐步将一部分民办教师转为公办教师，民办教师人数又有所下降。1990 年民办教师补助费占教育事业费总支出的 4% 左右（自 1985 年起，民办教师补助费科目并入其他教育事业费中）。

8. 幼儿教育经费　系教育部门举办的幼儿教育的经费。建国初期就有这项支出，但支出数额不大，1968 年后并入其他教育事业费。从 1980 年起设幼儿教育经费科目。

9. 特殊教育经费　系教育部门举办的盲童学校、聋哑学校、弱智学校及其他生理缺陷儿童学校和工读学校的经费。1982 年在教育事业费中设特殊教育经费项级科目。

10. 其他教育事业费　支出范围各个时期均有所不同，主要是一些数额较少，牵涉面小不便单独设立项级科目的经费，以及其他各项教育事业费未列入的支出。另外，在不同时期，根据需要还支付一些临时性的费用。主要用于教育主管部门直接开支的教学业务指导费、招生经费、教材编审费、业务资料印刷费等。

以上是按事业类别划分，在各类事业分目支出中，基本分为两部分，即人员经费和公用经费。前者包括工资、补助工资、福利费及人民助学金等；后者包括公务费、业务费、设备购置费、修缮费等。

（二）基建投资

基本建设投资与教育事业费同属教育经费的组成部分，但在分配、管理的方式、程序上有所不同。通常情况下，各学校校舍维修、大修缮费用基本在教育事业费中开支，其中常规性的、小型的修缮费用均在学校的经常费中开支，大型修缮或修建费则由教育主管部门掌握的教育事业费专项经费中核拨。基本建设投资方向，主要是上述范围之外的规模较大的学校校舍建造和大型设备购置等固定资产建设。除教育经费的基建投资之外，还有通过多渠道筹集的经费用于学校固定资产建设，如 20 世纪 80 年代全县农村中小学校舍改造工作，多渠道筹资发挥了极其重要的作用。

（三）预算外经费支出

教育事业预算外经费主要指学杂费收入、勤工俭学收益、教育费附加、高校社会服务收入、各项社会资助及其他等项收入。其开支范围和项目均有明确规定，如中小学学杂费的用途，中学除用于校舍修缮和设备购置外，还可用于民办教师补助。小学则用于教学行政费、校舍修缮、设备购置和民办教师补助。勤工俭学收益中学校分成的部分，规定主要用于改善办学条件，如补充公用经费不足，购置教学仪器、文体设备、图书资料以及修建校舍、美化校园等；开展劳动教育，如购置劳技课工具设备，兴办劳动教育中心或教室及劳动教育的其他开支；师生集体福利，如兴办食堂、水炉、浴室、托儿所、洗衣房等福利设施，购置师生生活服务车，补充教工宿舍修建费以及生活困难学生的补助；师生奖励，包括经上级有关部门批准增发的教职工奖金、优秀学生奖学金等。教育附加费的开支，在城市主要用于中小学的校舍修缮以及教学设备如教学仪器、图书资料、文体器材、实验室图书室柜橱和课桌凳等的购置；在农村则主要用于民办教师工资、福利费中按规定应由集体补助的人员经费部分，以及教育行政费、校舍修建、教学设备购置等公用经费不足的开支。高校社会服务收入的开支，主要部分用于公务业务费、设备购置、修缮及自筹基建支出等，此外还可用于教职工的福利奖励支出。

三、财务管理

（一）管理体制

建国以来，博兴县教育经费的管理体制，随着国家财政管理体制的改变，分为三个阶段。

第一阶段（1950~1953 年）。实行中央统一财政收支，三级管理体制。在国家实行财政统收统支的情况下，博兴县各级各类学校按其不同管理隶属关系，教育经费分别纳入三级财政管理，由各级人民政府统管。按照政务院的规定，中央直接管理的大中小学经费，列入中央人民政府财政预算，由财政部掌握；各大行政区、省（直辖市）管理的县立中学以上教育事业费，分别纳入大行政区及省（直辖市）预算内；简易师范、县立中小学和乡村小学的经费，由县人民政府随国家公粮征收地方附加公粮解决，地方附加公粮不得超过国家公粮的 15%。城市小学经费，由征收城市附加教育事业费解决。

第二阶段（1954~1979 年）。实行条块结合、以块为主的管理体制，教育部门不搞条条上报或条条下达，由各级人民政府负责编制和执行教育事业经费的预算。1959 年，针对教育事业管理权力下放之后出现的挤占、挪用教育经费的现象，在继续实行条块结合、以块为主管理体制的同时，开始强调教育、财政部门共同管理教育经费。1963 年，根据财政部、教育部关于加强教育经费管理的一系列文件精神，省财政厅、教育厅要求各级财政和教育部门应在当地人民委员会的领导下，共同负责管理好教育经费。财政部门在编制教育经费概算和核定下级教育经费预算时，应与同级教育部门协商拟定。教育经费预算指标安排定案后，由教育部门统一掌握使用，财政部门则负责核定用款计划、拨付款项并进行监督检查。“文革”期间，教育经费管理体制遭到严重破坏，教育经费的管理使用处于极度混乱状态，几无预决算可言。1973年9月，国务院科教组、财政部等部门联合下达文件，要求加强教育事业费的计划管理。博兴县按照国务院有关部门的文件规定，仍本着条块结合、以块为主的原则，要求教育、财政部门对上级核定下达的教育事业费指标，共同协商并提出分配方案，经同级革命委员会审定后单独列出，带帽下达。

第三阶段（从1980年起）。随着国家财政体制的改革，各级财政实行划分收支、分级包干的新财政体制。教育事业经费以1979年实行支出为基数，切块给各级财政。此后，教育经费大体分为三块，即省级教育经费、普通教育专款和市（地）、县级教育经费。省级教育经费由省教育厅管理，主要是高等教育经费，其次是厅直单位经费；普通教育专款也由省教育厅掌握，主要用于补助老区、山区和贫困地区中小学校舍维修及设备购置，以及补助各地培训教师和进行中等教育结构改革等所需经费；市（地）、县级教育经费基本是普通教育经费，由财政部门在总包干基数中切块划拨给市（地）、县教育行政部门，再由教育行政部门分配到所属学校，包干使用。自1986年开始，按照国务院《关于筹措农村学校办学经费的通知》和省政府相关的贯彻意见，博兴县财政安排的农村初中和小学的教育经费，以1985年正常经费支出为基数，包干到乡镇，不能减少或截留。教育经费包干到乡镇后，市（地）、县财政增加的教育经费主要用于加强师范教育和补助贫困地区。实行切块包干的办法，有利于财政下放，克服了上面集中过多，下面依赖等靠、缺乏积极性的弊端。

1993年12月，县人大常委会通过并公布《博兴县实施九年制义务教育的若干规定》，规定“建立健全教育基金制度，疏通各条征收渠道，保证全部用于教育事业”“用于义务教育学校的基本建设投资和内部设施投资，由县、乡（镇）人民政府和村委会负责筹措”。1994年11月，县政府印发《博兴县增加教育投入实施办法》，明确疏通人民教育基金制度的十条征收渠道，作出社会力量集资办学和捐资助学的四项规定，教育经费从1995年起实行预算单列。1994年始，财政采取“零基预算法”安排预算内教育经费，即根据上年末实际人数核算人员经费，公用经费按职工人数或学生定额进行安排。1995年起，按照省委、省政府《山东省实施〈中国教育改革和发展纲要〉的意见》要求，开征职工义务教育费、职业教育费、宾馆旅社招待所教育费、水产品教育费，逐步建立以财政拨款为主渠道，辅之以税费等多种渠道筹措教育经费的体制，加快了“普九”步伐。1996年，进一步完善人民教育基金制度，筹集资金1500余万元，建成博兴县第一小学。1998年10月，建设省级规范化学校——博兴县实验中学，并于1999年12月投入使用。

2002年10月，根据国务院、省政府的有关规定，山东省财政厅、教育厅联合下发《关于农村中小学公用经费标准有关问题的通知》，文件对农村中小学公用经费的标准、来源和开支范围提出了明确要求，农村中小学公用经费标准：初中每生每年180~360元，小学每生每年110~280元，除学校按规定收取的杂费外，公用经费标准与杂费的差额由县、乡两级政府预算安排。

2005年12月，国务院下发《关于深化农村义务教育经费保障机制改革的通知》，按照“明确各级责任、中央地方共担、加大财政力度、提高保障水平、分步组织实施”的基本原则，逐步将农村义务教育全面纳入公共财政保障范围，建立中央和地方分项目、按比例分担的农村义务教育经费保障机制。实施步骤：2007年，中部地区和东部地区农村义务教育阶段中小学生全部免除学杂费；中央财政同时对中部地区和东部部分地区农村义务教育阶段中小学安排公用经费补助资金，提高公用经费保障水平。

2007年2月，核算中心的成立，标志着实现县级教育行政部门统一管理中小学财务工作，对全县中小学经费实行“校财局管”的财务管理体制的落实。

（二）开支标准和财务制度

1950年，省财政厅、文教厅制定了中小学校行政费开支标准，1951年3月又作修订。1952年9月，省财政厅、文教厅颁发《修正山东省中等学校经费开支暂行标准》，执行范围包括速成师范、联立师范、县立师范和县立中学。1963年，根据财政部、教育部关于进一步加强教育经费管理的意见，省财政厅、教育厅在贯彻执行中制定了《山东省重点中学、师范学校教育行政经费标准》等一系列有关规定，对教育经费指标的分配使用，中小学杂费开支范围，中小学修缮费、设备费的财务处理，勤工俭学收入的管理使用等重要问题，均作出了明确规定，教育经费的管理逐步走上规范化、制度化的轨道。“文革”开始后，教育经费管理和财务制度受到严重破坏。1974年，省财金局、教育局、卫生局印发了《山东省中小学财务管理若干问题的意见》，开始进行相应的整顿。1976年以后，教育经费管理和财务制度建设得到进一步加强。1980年4月，省财政厅、教育厅发出《关于省属重点中小学教学行政费开支标准及重点中学人民助学金补助定额暂行规定的通知》，自此开始，全县各级各类教育事业经费管理制度建设有了较大进展，先后出台了一系列具体管理规定，其内容涉到全县各级各类教育事业经费收支和管理的方方面面。至1990年，现行的中央、国务院、国家有关部门和省市县有关教育经费开支标准及经费管理、财务管理等方面的正式文件有600余件，教育经费管理和财务制度建设均提高到一个新水平。核算中心成立后，制订了多项财务管理制度，对学校开支标准、范围等作出了明确规定，形成制度汇编并及时修订。

四、管理措施

努力提高教育经费的使用效益，是各级教育部门和学校在财务管理上永恒的主题。为了把教育经费管好用好，必须把会计人员管理好，把财务规章制度落实好。

（一）会计队伍建设

会计人员政治业务素质的高低，制约着教育经费管理的质量。为了提高会计人员素质，经常举办培训班或研讨会，认真学习财务规章制度，系统学习会计知识原理、会计账务处理等相关业务，使会计队伍整体水平得到提高。1989年通过培训，全县财务工作实现“五统一”（账簿、科目、报表、核算、装订统一）管理，开始向规范化迈进。1994年，召开了全县会计会账评账研讨会，交流了经验，纠正了存在的问题。1998年，举办了新会计制度培训班，通过看录相、听录音、学教材，结合实际进行讨论，大家初步掌握了新会计制度的内容实质。不久又召开了两次专题研讨会，进行新旧比较，基本掌握了新会计制度的要点。按财政部文件要求，自7月份开始全部结转新账，顺利完成了新旧会计制度的过渡。1999年，各乡镇教委和县直中小学的财务人员参加了地区举办的会计业务计算机管理培训班，全县十二个乡镇和县直学校实行了计算机记账、报账，使财会工作向电算化迈进。

会计人员应该是一支精干稳定的队伍。为了确保队伍质量，1987 年，调换了部分年龄偏大和素质较差的财会人员。1991 年，全县所有财务人员轮流参加了地区为期三个月的会计培训班，考试合格者颁发了证书，为落实会计资格证书制度奠定了基础。1994 年，调整换了部分会计，对新任会计，采取以老带新、重点帮助、参加培训等方式，使其尽快适应工作的需要。

1988 年，县教育局计财股被财政局授予“财务工作先进单位”称号。1996 年，县教委评选出五个会计工作先进乡镇和四个县直学校。1997 年，全县教育系统有 3 人被省教委、省财政厅授予“先进财会工作者”称号。

自 2007 年以来，县教育局每年的 5 月—6 月份举办针对全县中小学、幼儿园、食堂的会计人员的业务培训。同时，联合财政局、审计局等部门多次开展财务会计知识培训和专项培训：2007 年 9 月在滨州技师学院的业务知识培训及会计人员表彰会议；2007 年 12 月在乐安学校举办的规范公用经费管理制度培训；2008 年 5 月，针对学校在实际工作中遇到的问题和部分会计人员无会计证的问题，邀请滨州技师学院的老师举办两次会计知识培训和珠算培训，2008 年 10 月在博兴县实验小学举办会计业务知识培训和业务技能比赛，2009 年 9 月在滨城一中参加全市的中小学会计人员预算编制管理专项培训；2014 年 1 月，博兴率先在滨州市执行新中小学会计制度，应对新制度下科目改变、账目结转等带来的新问题，多次组织全县会计人员的业务培训；2014 年 10 月，博兴县财政局邀请山东省财经大学会计学院王敏教授在博兴县博奥学校报告厅举办新会计制度培训，解决工作中遇到的问题，王敏教授做了详细的解答。

（二）监督与审计

为了使有限的教育经费发挥最大的社会效益，主动接受县、乡镇人大的监督和有关职能部门的检查、审计。每年的人代会，都有教育工作报告，《报告》阐明上级增加教育投入的政策、法规，说明教育经费收入、支出情况，接受各级人大代表的监督。每年的教育工作会议，都要学习、宣传有关教育经费的文件，使有关领导同志自觉掌握教育经费的有关政策、法规，依法办事。1999 年 5 月，全县开展了“教育投入政策法规宣传周”活动，印发宣传材料，出动宣传彩车，悬挂横标，张贴标语，召开各种形式的座谈会、研讨会。

为强化财务管理，根据省地文件精神，从 1999 年开始，全面实行“集中管理，分校核算”的乡镇教育财务统管体制，资金管理权归乡镇教委，资金所有权属学校，资金拨付收取执行有关规定、标准，资金支付使用有严格的审批监督机制。这样，使教育经费管理自始至终处于严格的监督之中，杜绝了学校乱收费现象，提高了资金利用率，使有限的教育经费发挥更大的效益。

主动接受并联合财政局、审计局、物价局等职能部门定期进行教育经费检查审计，是管理使用好教育经费的重要措施。1988 年、1992 年，地、县财政局、教育局都对教育费附加的征管用进行了审计检查。1997 年底，县人大牵头，由人大、政协、审计、地税、教委五部门组成联合小组，对各乡镇九五年到九七年教育经费进行全面检查，总结经验，找出问题，写出检查报告。1993 年、1994 年，县教委会同审计局专业人员对校办企业进行审计检查，加强了校办企业的财务管理。1996 年，县审计局对县教委 1995 年度财政预算执行情况进行就地审计，当年县教委、县审计局、县财政局、县税务局四部门联合对乡镇农村教育费附加征管用进行了全面检查，找出了存在的突出问题，提出解决问题的措施。1998 年，县教委与县物价局组成联合检查小组，对全县 26 处普通中学、12 处小学、1 处职中、12 个乡镇教委自 1996 年至 1998 年收费情况进行全面检查，当年县教委、县物价局、县监察局、县财政局四部门进行复查，从而规范了学校收费。从 1996 年、1997 年起，县政府教育督导室每年都对中小学和乡镇教委、乡镇政府定期进行督导评估，教育经费管理使用是重要评估内容，也为发挥教育经费的最大效益起了推动作用。

县教育局于 1998 年被县政府授予“财务工作先进单位”称号；1999 年，县教委被省教委授予“全省教育系统财会工作先进集体”称号，被省统计厅授予“全省统计先进单位”称号。2000 年 8 月，滨州教委、财政局对全县乡镇教育财务管理工作考评，有十个乡镇被评为优秀，两个乡镇评为合格。

按照核算中心的职责范围和业务流程的要求，制定了多项管理制度、办法和岗位职责，如：《博兴县教育会计集中核算中心工作职责》《核算中心岗位职责》《核算中心会计核算方法》《核算中心业务流程》《资金划转与资金管理暂行办法》《内部转账暂行管理办法》《备用金管理暂行办法》《票据使用说明》《银行票据管理暂行规定》《印章管理制度》《会计电算化管理制度》《错账责任追究制度》《核算中心内部管理制度》《会计档案管理办法》等。

2007 年 2 月成立“博兴县教育会计集中核算中心”，将全县各中小学和镇教委的账务全部纳入核算中心统一核算，真正实现县级教育行政部门统一管理中小学财务工作，对全县中小学经费实行“校财局管”的财务管理体制的落实。

2013 年 1 月，对全县备案的公办幼儿园全部集中到核算中心记账；同年 6 月份，又把中小学校办食堂 24 处集中到核算中心记账，对幼儿园和学校食堂的集中管理，规范和完善了学校的财务管理，杜绝财务违规违纪的发生。

为做好报账单位与核算中心会计工作的衔接，规范会计核算业务，保障资金的正常运转，根据财政部《会计基础工作规范》的要求，结合核算中心的工作特点，制定《博兴县教育会计集中核算中心单位报账员工作规则》。

五、学生资助

自 1991 年起，博兴县逐步建立健全对学生的各项资助、奖励制度，加强勤工俭学，实行助学贷款，最大限度帮助贫困学生完成学业。

2003 年 9 月 17 日，为认真贯彻落实党的十六大精神，加快农村教育发展，深化农村教育改革，促进农村经济社会和城乡协调发展，进一步加强农村教育工作，国务院下发《国务院关于进一步加强农村教育工作的决定》，强调建立健全资助家庭经济困难学生就学制度，保障农村适龄少年儿童接受义务教育的权利。到 2007 年，争取全国农村义务教育阶段家庭经济困难学生都能享受到“两免一补”（免杂费、免课本费、补助寄宿生生活费），努力做到不让学生因家庭经济困难而失学。

2003 年 12 月 12 日，滨州市人民政府《关于加快农村教育改革与发展的决定》中要求，确保农村义务教育阶段家庭经济困难学生在 2005 年都能享受到“两免一补”。2003 年 12 月，滨州市教育局、滨州市财政局下发《滨州市义务教育阶段贫困学生助学金管理办法》的通知，进一步规范学生资助工作，《办法》中对经费来源、发放对象、发放标准和办法都做了详细说明。

根据国家教育部、财政部《关于要求县级教育行政部门成立学生资助管理中心的紧急通知》文件精神，为了更好地推进贫困子女上学工作，建立健全家庭困难学生资助体系，结合博兴实际情况，2007年12月，县教育局成立“博兴县学生资助管理中心”，专门负责学生助学工作，各学校也建立健全学生资助工作机构。

（一）资助政策、标准

学前教育。自2011年起，设立学前教育政府助学金，资助惠普性幼儿园3—5岁在园家庭经济困难儿童、孤儿和残疾儿童。资助面为在园幼儿的10%，平均资助标准为每生每年1200元。

义务教育。全面免除城乡义务教育阶段学生杂费，对农村学生和城市家庭经济困难学生免费提供教科书，对农村学生免费配发新华字典，对家庭经济困难寄宿生提供生活补助，补助比例为寄宿学生的10%，补助标准为小学每生每年1000元、初中每生每年1250元。2015年，提高义务教育学校资助比例，资助比例提高到15%，资助标准仍保持原水平，资助比例提高了5个百分点。

普通高中。实行以国家助学金为主体，学校和社会资助为补充的资助政策。国家助学金资助比例为在校生的10%，平均资助标准每生每年1500元。自2015年起，博兴县根据国家政策，平均提高资助标准到2000元每生每学年。具体分为三档：一档1500，二档2000，三档2500元。2015年，进一步提高普通高中资助标准，具体提高到每生每学年2000元标准，各级财政安排国家助学金192万元，资助学生1118人。

中等职业教育。实施免学费和国家助学金为主，顶岗实习、学校和社会资助为辅的资助政策。一是全部免除中等职业教育学校学生的学费；二是对为全日制正式学籍一、二年级家庭经济困难学生进行国家助学金资助。资助标准为每生每年1500元，资助比例为一、二年级在校生的10%人数和在校涉农专业学生。2015年，进一步提高中职学校资助标准，提高到每生每学年2000元标准。

高等教育。自2014年起，提高生源地助学贷款限额，普通本专科生每人每年申请的最高额度由6000元提高至8000元，研究生由6000元提高至12000元。自2007年以来，共为9740名家庭经济困难大学生办理生源地信用助学贷款15730笔，实际发放贷款10865万元，对意外死亡或家庭遭遇重大灾害无力偿还的贷款学生，依据国家政策，给予免除。

（二）规范助学金的评审、发放工作

规范评审程序，做到公开、公正、公平。通过电话回访、召开师生座谈会、档案账簿的现场检查等形式加强监督。对义务教育阶段助学金的发放，在博兴教育信息网上将评审的条件、程序、人数、金额全部公开，并设置举报电话；对学前教育、高中、中职教育助学金的发放，全部按照财政部、教育部的要求，通过银行为受助学生制作资助卡，将助学金打入资助卡，由学生本人或监护人持卡激活后领取。确保在资助工作中不出现任何违规、违法现象的发生。

2007~2016年，博兴县共资助学生40700人次，发放资助金5320万元，全县没有一名学生因家庭经济困难而失学。

（三）精准扶贫，建档立卡

截止2016年，博兴县建档立卡的贫困家庭学生共计564人，其中：学前教育阶段40人，小学228人（寄宿生3人），初中157人（寄宿生127人），高中86人，中职53人。依据政策，学前教育阶段助学金平均每人1200元，占在校生人数的10%；小学寄宿生平均每人1000元，占寄宿生人数的15%；初中寄宿生平均每人1250元，占寄宿生人数的15%；高中、中职平均每人2000元，占在校生人数的10%。在发放助学金时，将其优先纳入资助范围，享受最高档次，所需资金54万元，各级财政列入预算，省市财政占80%，县配套20%。办理大学生生源地助学贷款，所有建档立卡家庭中考入大学的学生均得到保障。

对困难家庭的学前儿童和高中在校学生，免收保教费和学杂费。整合统筹教育救助政策，将建档立卡贫困户幼儿保教费、义务教育非寄宿生补助资金、大学生学费免除所需资金，列入本级财政预算。博兴县2016年度普通高中建档立卡家庭经济困难学生85人，家庭经济困难残疾学生6人，农村低保家庭学生52人，农村特困救助供养学4人，共计147人。自2016年春季开始免学杂费，原来已收取的学杂费25.26万元，全部退还给学生。

已实现各个教育阶段学生资助的全覆盖和不同性质学校的全覆盖，形成以政府为主导、学校和社会为补充的“三位一体”的资助格局，形成普惠性资助、助困性资助有机结合的“多元混合”资助模式，为当地家庭经济困难学生解决了实实在在的就学问题。

助学圆梦

生源地信用助学贷款

年度	人数	金额（万元）
2009	36	17.616
2009	293	152.385
2010	583	326.157
2011	1057	609.0703
2012	1649	967.5322
2013	2274	1343.611
2014	3137	2281.824
2015	3501	2666.7129
2016	3191	2481.1140
2017	2836	2233

学前教育助学金

年度	人数（人）	金额（万元）
2011	912	54.7
2012	2652	160
2013	2185	169.13
2014	2717	163.3
2015	2604	156.52
2016	1254	150.5
2017	1116	151

高中国家助学金

年度	人数（人）	金额（万元）
2009	1345	65.675
2010	1553	110.6
2011	2060	156
2012	1982	149
2013	2210	165.6
2014	2345	175.8
2015	2246	223.62
2016	1020	204
2017	975	195

中职国家助学金

年度	人数（人）	金额（万元）
2009	7692	576.9
2010	9921	744.075
2011	10883	816.225
2012	4478	335.85
2013	1703	127.725
2014	665	49.875
2015	710	71.1
2016	636	63.6
2017	219	43.7

中职免学费

年度	人数（人）	金额（万元）
2012	4267	377.82
2013	2586	491.34
2014	8369	1316.41
2015	8071	807.1
2016	11183	1520.84
2017	3536	1107.5

第六章　学校建设与后勤管理

第一节　校舍

中华人民共和国成立初期，博兴县乡村学校多数设在寺庙和土改后没收的地主恶霸房舍，教具多数由群众凑集。随着集体积累的扩大，国家、集体对教育的投资也逐年增多，校舍改造的步子逐年加快。1962~1966 年，教育基建总投资 2.65 万元。1968 年后，中学校舍由县财政和所在公社筹资建设；村办小学和村办初中班所需校舍由各村建设。1979 年，县教育局抓紧了校舍改造工作，设分管局长，设专门班子，采取国家拿一点，社队投一点的办法，加快了校舍改造的步伐。1977~1981 年，基建总投资 194 万元，主要用于中学建设。1981~1983 年，全县新建校舍 4 846 间，购置木制课桌凳 23 381 套，新垒院墙 53 165 米，新建大门 259 座，新盖教学楼 4 700 平方米，维修改建校舍 823 间，共投资 918 万元。到 1986 年全县已有 448 处学校实现“六配套”（教室、桌凳、院墙、大门、厕所、活动场所），占全部学校的 91.8%，坚固适用的课桌凳占 91% 以上。经地区验收，全县校舍改造合格。在自制教具活动中，有 10 个乡镇按部颁三类标准实现了教具、仪器配套达标。

20 世纪 80 年代的原博兴三中

1986 年，县乡两级党委、政府加强领导，教育行政部门积极指导，组成专门班子，加大工作力度。“再穷不能穷教育，再苦不能苦孩子”，这响亮的口号变为干部群众的共识，成为全民办教育的动员令，加快了校舍改造的步伐。全县各乡镇共投入资金 2583.6 万元，新建校舍 28.5 万平方米，其中有教工宿舍 2.8 万平方米；维修面积 0.6 万平方米，拆除旧校舍 1.9 万平方米；新建大门 498 个，院墙 85622 米，厕所 2292 间，各校都修建了操场，购置木质课桌凳 59702（单人）套。是年有 11 个乡镇、448 处学校达到地区验收标准。1987 年上半年，全县所有乡镇学校经地区验收合格。全县“六配套”率达 98%，完成了农村中小学校舍改造任务，使6万多名中小学生彻底告别了“危房子、黑屋子、土台子”，学校面貌焕然一新。1988年，省政府授予县教育局“农村中小学校舍改造先进单位”称号。博兴县委、县政府、店子镇党委和镇政府、纯化镇政府、陈户村委受到地委行署的表彰。

1989年至1990年，在中小学开展以充实学校内部设施为重点的规范化学校创建活动中，继续进行校舍建设。全县投资1278.9万元，新建校舍3.87万平方米，其中教工宿舍0.82万平方米，新建大门17个，院墙598米，厕所23间，购置标准课桌凳2150（单人）套。

1989年，县委、县政府根据上级文件精神，决定对城镇学校校舍进行改造，并且调整全县高中学校布局。为解决资金困难，县政府下发文件，多渠道筹措资金。为此，县政府下发文件，由县财政局和教育局联合成立教育集资办公室。到1991年，已筹资1910万元。校改总投资2363万元，征地68.87亩，新建校舍面积56227平方米，其中教学办公楼5栋。增加绿地8123平方米，硬化路面13346平方米，建雕塑10座，布景点13处，立校碑7座，修标准化炉渣跑道操场3个，购置教学设备投资178万元，使7所城镇学校实现了“规模、校舍、场地、设施、环境”五达标，以全省总分第三名的成绩通过省政府验收，《大众日报》对此进行了专题报道。

1994~1995年，全县实施“两基”工程，筹资5554万元，新建校舍近12万平方米，其中教学楼27栋，维修校舍近3万平方米，校园路面全部实现了“硬化”，购置标准课桌凳22979（单人）套。同时，12个乡镇都建设了成人教育中心校，校舍建设达到了省政府“两基”验收标准。1992年11月，博兴县被授予“山东省城镇中小学校舍改造先进单位”称号。

1992~1995年，城镇学校继续进行校舍建设，县二中、职业中专建设了学生宿舍楼，县一中、县二中、职业中专新建了教职工宿舍楼，教师住房开始步入楼房化时代。

1996~2000年，农村和城镇学校建设出现新校建设和老校扩建的喜人局面。农村中小学新建小学教学楼5栋，初中教学实验办公楼2栋。1996年，投资1647万元，新建了县第一小学、县实验幼儿园。1999年开始新建县实验中学，投资2500万元，当年一期工程峻工并交付使用；二期工程随即施工，两期工程建筑总面积24950平方米。2000年，县实验小学综合教学楼、县聋童学校综合教学楼、县二小初中教学楼、县一中、县二中、湖滨一中学生宿舍楼、实验中学教师宿舍楼动工兴建，共建楼房9栋，总建筑面积38985平方米。全县学校校舍建设速度加快的原因主要是投资机制发生了变化，投资由单靠政府拨款，变为政府拨款和吸引社会资金（以承建方为主要成分）的多元化投资机制，从而克服了资金困难，形成了校舍建设的热潮。

2001~2006年，按照中央省市的统一部署，全县实施农村中小学危房改造工程。2001年5月，由县府办、县纪委、监察局、建设局、教育局、农业局等部门组成检查小组对全县农村中小学的校舍进行拉网式排查，共查出存在危险因素需要维修的房屋（平房）1884间，厕所87间，院墙3452米，楼顶防水4660平方米。其中D级危房12067平方米，C级危房736平方米。墙体、梁柱等部位出现裂缝，需要整修的楼房8栋，有的校舍因年限久远，碱蚀严重，砂浆酥松，失去整体结构能力。还有的由于设计不科学、有缺陷，致使钢木屋架受力不合理，已严重变形。面对危房的存在，博兴县加大城乡学校改造和建设的力度。县实验小学拆除60年代末建的平房，投资700余万元新建5500平方米的教学楼与3500平方米的幼儿园；县特殊教育学校投资400余万元，建成4800平方米教学办公楼；县乐安实验学校投资70余万元，建成1100平方米教学楼1栋；纯化中学投资240余万元，建成4000平方米的教学办公楼1栋，投资74万元，新建1100平方米学生宿舍51间，430平方米餐厅和400平方米的厕所；曹王镇后唐联小投资20余万元，新建校舍16间，修建院墙400米，建厕所8间，建大门1个；湖滨镇见桥小学投资230余万元，征地30余亩，新建3522平方米的教学办公楼1栋；姜韩小学投资100余万元，新建1180平方米的教学楼1栋及平房42间；寨卞小学投资120余万元，征地20余亩，新建1100平方米教学楼1栋。

2002年起，博兴县逐步实施学校后勤社会化服务，吸引社会资金，进行校舍建设。县一中吸引资金600余万元，新建6300平方米学生公寓楼，2728平方米学生餐厅；实验中学吸引社会资金900万元，建成4800平方米学生公寓楼，2200平方米学生餐厅，4000平方米综合楼，2000平方米阶梯教室，1200平方米后勤服务楼；县二中吸引社会资金230万元，建成3316平方米学生公寓楼，1500平方米餐厅；湖滨一中吸引社会资金300余万元，建成4000多平方米学生公寓楼2栋，1000多平方米学生餐厅；陈户一中积极吸引社会资金400余万元，建成4500平方米学生公寓楼；蔡寨中心校吸引社会资金近230万元，建成3000平方米的学生公寓，700平方米的餐厅。

2004年9月，博兴县代表山东省迎接国家三部委的危房改造验收。全县危改工作受到上级领导的充分肯定和高度评价。10月全省校产管理座谈会在博兴县召开。2005年博兴县被评为全省危改工作先进县。截至2006年底，全县共筹集资金4474万元（其中中央省市专款531万元）用于危房改造，改造危房30828平方米（其中D级危房22911平方米），新建校舍63899平方米。农村中小学危房改造工作取得阶段性成果，初步改善了农村中小学办学条件。是年10月，省教育厅、财政厅在博兴县召开全省中小学校舍设施维护管理工作座谈会。会前，参会人员观摩了店子镇第一中学、兴福镇付园小学、曹王镇第一中学等学校校舍设施维护管理及校园环境建设工作成果展示。

2007~2009年，在实施农村中小学校舍维修改造工程中，兴福镇中学投资70万元，新建学生餐厅1090平方米；庞家镇中心小学投资210万元，新建学生公寓楼3208平方米；王文小学投资150万元，新建教学楼2248平方米；柳桥中学投资450万元，新建教学楼4258平方米；曹王一中投资240万元，新建学生公寓楼2264平方米；吕艺一中投资400万元，新建学生公寓楼4204平方米；店子镇中学投资450万元，新建图书实验楼3593平方米，学生餐厅1200平方米。

2009~2013年，全国范围开始实施中小学校舍安全工程。2009年8月，成立以县长为组长，分管县长为副组长，县直15部门主要负责人、各镇（街道）镇长（主任）为成员的“博兴县校舍安全工程与布局调整领导小组”，制订并下发《博兴县校舍安全工程与布局调整方案》，启动了全县校安工程与布局调整工作。领导小组办公室组织教育、地震办、水利、消防、设计、监督、监理等部门的专业技术人员对全县94处学校现有的987幢、50万平方米的校舍逐校、逐幢进行校舍场址安全、校舍场址防洪安全、校舍抗震设防和结构安全性能的排查，形成详实、准确、全面的校舍安全排查报告1100余份，组建全县校安工程纸质档案1000余卷和电子版档案，初步建立起了校舍安全工程档案室。在各镇（街道）上报规划的基础上，校安办组织安全工程成员单位认真分析研究，形成博兴县校舍安全工程改造总体规划和分年度实施规划方案。根据规划方案，三年总投资2.1亿元，新建校舍153805平方米，加固校舍62629平方米。

为推进工程顺利实施，县领导多次深入学校实地调研，及时解决工作中遇到的困难和问题。2010年4月30日，县委县政府召开了全县教育基础设施建设工作推进会，下发《全县教育基础设施建设工作推进会议纪要》，对全县教育基础建设有关费用作出减免规定。9月29日，县政府出台《关于调整城市基础设施配套费征收标准等有关问题的通知》，调整城市基础设施配套费征收标准，专项用于全县义务教育学校建设。

2012年，为争创“山东省教育示范县”，根据《滨州市人民政府办公室关于全面消除中小学校舍不安全屋盖的通知》和《滨州市关于全面消除中小学校舍不安全屋盖的实施意见》。文件要求，在全县中小学实施以更换农村中小学平房校舍水泥檩条和杨木梁为重点的全面消除不安全屋盖工程，提高全县中小学校舍抗震防灾能力，消除校舍安全隐患，切实保障广大师生生命财产安全。县教育局制定农村中小学水泥檩条、杨木梁校舍改造规划，列入教育局《2012年工作计划要点》。在县委县政府组织召开的争创省教育示范县推进会上，县长殷梅英也强调了中小学校舍不安全屋盖改造的重要性，并与各镇（街道）政府签订了目标责任书，将此项工作纳入县重点建设项目进行督查。有关中小学结合学校实际，利用春节、清明节、五一等节假日陆续改造不安全屋盖校舍。县财政按每间3000元的标准，对农村中小学校舍不安全屋盖改造进行奖补，共计奖补资金647万元，占改造工程总投资的59%，保障了全县中小学校舍不安全屋盖改造工程的进展。截止2012年10月，共计改造不安全屋盖校舍学校55所，254幢，2187间，53633平方米，完成投资1100余万元，基本完成中小学校舍不安全屋盖改造任务。

在实施中小学校舍安全工程期间，结合校舍维修改造、薄弱学校改造、标准化学校建设等重点建设工程，全县新建学校5所，建筑面积8.4万平方米，改扩建学校11所，建筑面积8.6万平方米，维修校舍学校55所，建筑面积5.8万平方米。新建博兴县第三小学、第四中学、益海小学、曹王三小、寨卢小学，改扩建第五中学、第六中学等11所。

2013年，省教育厅、财政厅联合下发《关于实施全省农村义务教育学校校舍标准化建设工程的通知》，决定于2013~2015年实施全省农村义务教育学校校舍标准化建设工程，进一步推动全县普通中小学办学条件标准化建设。逐步消除存在安全隐患的校舍，消除旱厕，改善师生就餐条件，改善县镇中小学校舍条件，到2015年农村义务教育学校校舍全部达到基本办学标准。

博兴县根据农村义务教育学校布局规划情况和学校生源变化情况，统筹考虑城区扩容、小城镇建设、中心村建设对校舍的需求，尤其充分考虑城区扩容与现有校舍资源供给的突出矛盾问题，充分考虑教学用房和学生生活用房不足、现存结构缺陷校舍、旱厕改造及食堂需求情况，并争取通过本次校舍改造消除城镇大班额现象。结合当地财力状况科学编制了《博兴县2013~2015年农村义务教育学校校舍标准化建设工程规划》。规划学校26所，建设项目36个，建筑面积52127平方米，规划投资7894万元。其中校舍改造类项目10个，建筑面积40685平方米，规划投资6104万元；消除旱厕类项目16个，建筑面积3344平方米，规划投资605万元；改善就餐条件类项目10个，建筑面积8098平方米，规划投资1185

万元。

截止2015年底，经省资金清算初审，博兴县通过初审项目43个，建筑面积64562平方米，涉及学校31所，累计完成投资9000余万元，其中上级奖补资金1936万元。

2017年11月，全县所有学校通过“煤改电”“煤改气”取暖改造，实现了“绿色取暖”全覆盖。

2017年12月，顺利完成第二期学前教育三年行动计划。三年共计投资9855万元，新建改扩建25处幼儿园，投资1097万元为98所幼儿园配备了保教设备。

2014年7月，根据山东省教育厅等5部门《关于全面改善我省贫困地区义务教育薄弱学校基本办学条件的实施意见》精神，县教育局、县发改局和县财政局密切配合，全面摸排分析全县中小学学校布局、校舍、教师和学生现状、基本办学条件，充分考虑各镇（街道）政府经济发展状况、地域特点、教育发展水平等实际情况，遵循教育发展规律，根据“重点突破、全面推进，保障基本、满足需要，统筹规划、分步实施”原则，结合校舍标准化建设规划和学校标准化建设规划，根据学校上报的规划方案，制定了《博兴县全面改善义务教育薄弱学校基本办学条件实施方案》。规划学校25所，校舍改造项目5个，面积5077平方米，规划投资736万元；运动场建设项目16个，面积17.4万平方米，规划投资1970万元；围墙改造项目1个，规划投资22万元；设备购置项目11个，购置设备2900件套，规划投资446万元。

为推进全面改善义务教育薄弱学校基本办学条件工作顺利开展，县教育局会同发改局、财政局联合成立“博兴县全面改善义务教育薄弱学校基本办学条件领导小组”制定了每所学校改善薄弱学校基本办学条件的时间表、路线图（2014~2018年）。各镇（街道）教委、县直义务教育学校也成立了领导小组，明确责任人，协调组织本辖区全面改善义务教育薄弱学校基本办学条件工程实施工作。

截止2015年底，博兴县2014~2015年全面改善薄弱学校基本办学条件工程项目已全部完成，累计完成投资4500余万元，其中上级奖补资金648万元。

2015年9月起，实施解决城镇普通中小学大班额问题建设工程。为解决城镇普通中小学大班额问题，进一步优化教育资源配置，促进义务教育均衡发展，全面提升教育教学质量，县政府按照省政府办公厅《关于解决城镇普通中小学大班额问题有关事宜的通知》、市政府《关于贯彻解决城镇普通中小学大班额问题的意见》等文件要求，结合全县新型城镇化建设整体规划、国家计生政策调整后预计新增人口情况及学校科学布局需求，制定出台《解决城镇普通中小学大班额问题专项规划与实施方案》，用两年时间解决大班额问题。成立县长为组长，常务副县长和分管副县长为副组长，相关单位负责人为成员的工作领导小组；把解决普通中小学大班额问题规划项目建设列入《政府工作报告》，特别是将博兴一中新校区建设列入“十项民生实事”重点推进；县政府与各镇（街道）签订解决普通中小学大班额问题目标责任书，并作为考核各镇（街道）教育工作的重要指标，纳入科学发展综合考核，确保各项工作有序推进。

博兴县解决大班额问题建设项目学校21所，规划总投资12.23亿元。在确保县级资金投入的基础上，强化金融扶持，积极协调政策性金融机构以政府购买服务的方式，增加大额长期信贷资金和政策性贷款规模，用于解决大班额问题，博兴县争取政策性贷款97840万元，全面启动全县解决大班额问题建设工作。

博兴县农村中小学校舍改造与建设筹资投入情况表

			1986~1988年累计	1989	1990	1991	1992	1993	1994	1995	1996	1997	1998	1999	2000
筹资情况（千元）	合计		25836	1322	11467	2689	10878	1327	1346	39302	3683	2134	731	1003	18637
	国拨		823												
	税费	小计	3885	927	1500	987	1708	459	172						480
		城市附加													
		农村附加	3885	927	1500	987	1708	459	172						480
	捐集资		18879	299	9667	1273	8955	787	1174	39002	3642	2134	731	1003	13532
	勤工俭学		2165	49	200	242	107	9							
	学杂费		31	47	100	163	108	72			41				
	其他		53			24				300					4625
投入使用情况（千元）	合计		25836	1322	11467	2689	10878	1327	1346	39302	3683	2134	731	1003	18637
	新建校舍	小计	18807	925	1445	2142	10626	607	762	26100	3083	1549	406		14632
		其中住宅	2115	306	1116	694				715	300	406	301		11171
	维修		359	26	3190	141		30	18	1600	600	350	172	68	1399
	征地		155		1740	7				3800					
	其他基建		3135	72	396	137				244					
	课桌橙		1257	10	144	40	42	188	128	1159		172	40	63	75
	配套设施														534
	教学设备	小计	2123	289	552	222	210	502	438	6399		63	113	872	1997
		仪器	1222	99	427	55	121	374	330	2028		15	95	46	317
		图书	379	42	23	31	13	128	108	1321		8	18	26	132
		音体美	316	48	50	33	33			2971					50
		电教	206	100	52	103	43			79				800	1498
完成情况（千平方米）	新建校舍	小计	285	6	32.7	12.11	11.7	0.7	3	47	1.5	7	11		27.4
		其中住宅	28	2	6.2	2.8				1.3	0.7		10		19.7
	维修面积		6	2	40	3.5		2	0.7	21	6	4	3		20.4
	拆除面积		19							26					
	大门（个）		498	17											3
	院墙（米）		85622	598											820
	厕所（间）		2292	23											20
	课桌（单人套）		59702	350	1800	727	715	4000	2000	15537		2593	1000	3000	1230
	年末校舍总面积												303	312	339.4

博兴县县直学校校舍改造与建设筹资投入情况表

			1988	1989	1990	1991	1992	1993	1994	1995	1996	1997	1998	1999	2000
筹资情况（千元）	合计		963	3388	5030	8808	2944	3029	2610	881		17994	10653	19748	46422
	国拨		384	90	1000	530	365								
	税费	小计	416	17	730	997	480	300	520		2781	2550	50	47	820
		城市附加	15	17	400	426	180	20							800
		农村附加	401		330	571	300	280	520						
	捐集资		75	2977	3200	7132	1815	2321	1502	516	834	6594	3781	8963	13243
	勤工俭学		88	14	100	56	86	48	135			30	105	104	114
	学杂费			268		60	175	360	278	365		370	100	298	900
	其他			22		33	23		175			8450	6617	10336	31345
投入使用情况（千元）	合计		943	3388	5790	8808	2944	3029	2610	881	3615	17994	10653	19748	46422
	新建校舍	小计	752	2875	3998	7045	1105	2972	2141	504	3067	15919	8154	11376	34809
		其中住宅	17	1420	580	750	880	1100	400	300	560	4000	4600	4454	16496
	维修		100			149	574		76	100		217	196	1338	547
	征地		20	244	284							74	1000	2150	2905
	其他基建				1189	944	405		250					525	1824
	课桌凳		44	44	7	141		9	73	94	45	120	97	160	59
	配套设施			166								71	32	504	597
	教学设备	小计	27	59	312	529	860	48	120	183	503	1593	1174	3695	5681
		仪器	27	46	30	464	758	38	96	112	458	122	40	32	222
		图书		13	12	65	22	10	24	71	45	91	186	137	155
		音体美			270		80					261	38	70	135
		电教										1119	910	3456	5169
校舍面积（千平方米）与课桌凳	新建校舍	小计	6	8	8.3	20.8	1	16.2	3.6	3.2	5.6	21.5	10.1	10	49.2
		其中住宅		4	4.9	4.5	0.5	11.4	2.6	3.2		4.2	7.8	5.8	20.8
	维修面积						2.1		0.6			11.3	14.7	24	15.8
	拆除面积		3		1.7	0.8				1				1.2	2
	大门（个）											2		1	2
	院墙（米）											1000			579
	厕所（间）											4		10	23
	课桌（单人套）							2000		1003	325	1766	1000	1600	800
	校舍建筑面积					78	79			95.6			113	130	177.2

注：以上各数据皆为每年经费决算统计表中所列，由于各种统计原因，可能个别数据与实际情况有出入，97年以后筹资情况栏内“其他”科目内的资金，多为借款或吸纳社会资金。

2000~2017年校舍情况统计表

年份	房屋情况（建筑面积／千平方米）											
	房屋使用情况				房屋结构情况				房屋分类情况		建筑总面积	工程总造价（千元）
	教育用房	行政用房	生活用房	校办企业	钢混结构	混合结构	砖木结构	其他结构	楼房	平房		
2000	220	94	182	21		217	284		217	284	501	171428
2001	216	66	199	6		234	253		234	253	487	201704
2002	231	69	185	9		281	213		281	213	494	222306
2003	256	69	205	4	53	269	212		300	234	531	213957
2004	238	65	216	3	42	290	190		343	179	522	249090
2005	292	74	253	3	116	290	215	1	384	238	622	268718
2006	266	60	286	13	104	321	186	14	407	218	625	271463
2007	285	79	253	13	189	272	169		419	213	632	288597
2008												
2009	322	46	240		115	385	117		439	177	618	358429
2010												
2011												
2012											886	613481
2013											923	681334
2014											947	802731
2015											935	892753
2016											974	1201827
2017											1027	1348043

说明：表中数据来自于教育经费统计，因统计口径变化，自2012年只统计年度末校舍总建筑面积和价值。

第二节　教育装备

一、教学仪器设备

1987年前，全县中小学教学设施建设比较薄弱，城镇学校由省拨给少量实验教学仪器，而农村中小学的教具、仪器只能靠自己制作，量少质差。全县除高中学校有实验室外，其余学校均无实验室。1988~1993年，经过城镇学校校舍改造和农村中小学创建规范化学校活动，各中小学教学设施情况明显好转。城镇学校的实验室、图书阅览室等配套建设基本完成，达到了当时省定标准。农村初中和中心小学也建设了实验室、仪器室，并购置了大量物理、化学、生物、自然仪器、音体美器材和图书，基本能开齐演示实验。但多数普通农村小学的教学设施总体水平仍很低，其中较好的只是配备了简单的教具箱。1994~1995年，全县实施“两基”工程，实验室、仪器室、图书室、阅览室建设及“六材一书”配备等教学设施成为“硬件”指标，为实现达标，全县付出了巨大努力，各级中小学新建综合实验楼7栋，理科实验室195个，其中一类实验室4个，二类实验室122个，新增图书阅览室132个；投资800余万元，配备了教学仪器和音体美器材，新购图书60多万册，报刊100多种，小学、初中“六材一书”配备率基本达到省定二类标准。

1996年后，重点加强教学设施使用管理、普及实验教学和加快教育技术现代化设施建设。1996年，县教委开展创建地区“实验室管理及实验教学优秀学校”“实验室管理及实验教学优秀示范乡镇”活动，组织中小学教师进行实验技能达标测试，强化学生理化生实验操作能力培养，实行初中毕业生实验技能资格考试制度。到1998年，全县有101所中小学被地区评为“实验室管理和实验教学优秀学校”，有9个乡镇被地区评为“实验室管理及实验教学示范乡镇”；4458名中小学教师实验技能达标测试合格；9988名初中毕业生参加了实验技能资格考试，全部及格。1999年，两次对全县139名中小学实验员进行培训，规范了实验教学管理，中小学实验开出率达98%以上，通过了省“普及实验教学”评估组的验收，成为全省第一个农村地区“实验教学普及县”。

2001年后，随着新课程标准和农村中小学危房改造、课桌凳更新以及现代远程教育一系列惠民工程的实施，中小学实验室建设与改善后的中小学面貌显得极不相称，教学仪器设备这一基本的办学条件与教材结合性差的矛盾日趋显现，也远远不能满足新课改的需求。2006年7月，教育部《中小学理科实验室装备规范》《初中理科教学仪器配备标准》《初中科学教学仪器配备标准》和《小学科学教学仪器配备标准》等四个新的教育行业标准颁布实施后，省教育厅及时在全省农村中小学启动实施“教学仪器更新工程”。2007年1月，县教育局按照省市工作部署，对全县中小学教学仪器进行摸底调查并对所需经费测算，与县财政局联合下发《博兴县农村中小学教学仪器更新工程规划及实施方案》和《博兴县特殊教育学校教学仪器更新工程规划及实施方案》。工程规划从2007年起，利用4年的时间，完成投资670余万元，使全县98所中小学和县特殊教育学校教学仪器配备分别达到教育部、教育厅最新颁布的配备标准。

博兴县中小学教学仪器更新工程资金使用情况一览表

配备额 年度	中小学仪器配备（元）	特校仪器配备（元）	合计（元）
2007 年度	1566696.97	333236.48	1899933.45
2008 年度	1482155.39	52753.00	1534908.39
2009 年度	1153879.27	272500.00	1426379.27
2010 年度	1792769.88	0	1792769.88
2011 年度	417923.54	0	417923.54
工程总计	6413425.05	658489.48	7071914.53

2013~2014 年迎接省教育示范县和县域义务教育发展基本均衡县验收期间，全县各级中小学查缺补漏，补充购置教学仪器 345227.10 元；全县中小学理科教学仪器配套达标率 100%。在实施教学仪器更新工程的同时，全县各级中小学结合学校布局调整，不断优化和改善实验教学环境，特别是 2008 年《山东省普通中小学基本办学条件标准》实施后，各学校结合学校标准化建设实施了实验室标准化建设。截止 2017 年，新（改）建实验室 124 个，占全县实验室总数的 68.9%；投入经费 553 万余元购置实验桌、厨等实验室设备。

标准化化学实验室

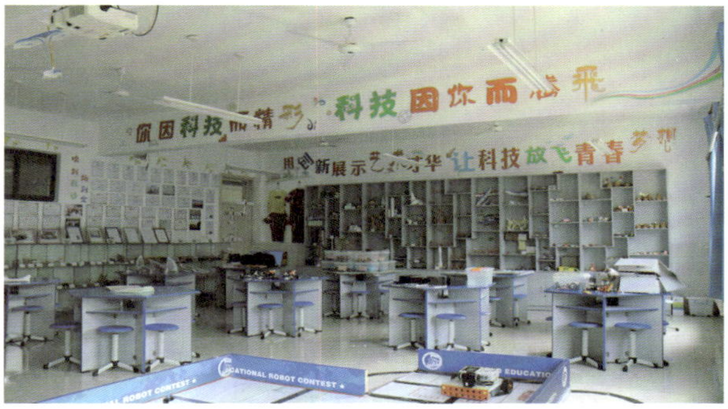

标准化科技活动室

2008~2017 年新（改）建实验室统计表

学校	新建	改建	累计	学校	新建	改建	累计
朝阳小学		1	1	曹王镇小	2		2
辛安小学		1	1	曹王二小	1		1
贤城小学		1	1	曹王三小		1	1
岭子小学			1	兴福镇小			1
陈户镇小		1	1	厨都小学		1	1
吕艺镇小		2	2	义和小学			1
许李小学		1	1	村魏小学			1
辛集小学			1	新立小学			1
屯田小学			1	兴合小学			1
龙河小学			1	寨郝小学	2		2
纯化镇小	1		1	柳桥小学		1	1
王文小学	1		1	寨卢小学	1		1
窝刘小学		1	1	寨下小学		1	1
庞家一小	1		1	建桥小学	2		2
庞家二小	1		1	五鲁小学			1
湾头小学		1	1	店子镇小	2		2
益海小学	1		1	店子二小		1	1
清河学校	4		4	辛朱小学	1		1

续 表

学校	新建	改建	累计	学校	新建	改建	累计
张候小学			1	柳桥中学		2	3
博奥学校			3	店子中学	6		6
实验中学			12	博兴五中	10		10
博兴一小	2	2	4	博兴六中	7		7
乐安学校		2	2	博兴七中	6		6
博兴三小	4		4	乔庄中心校	3		4
实验小学		2	2	蔡寨中心校		4	4
吕艺中学	6		6	东崔小学			1
纯化中学		3	3	博兴四中	10		10
曹王中学	6		6	博兴一中			12
兴福中学	6		6	博兴二中			15
寨郝中学		3	3	博兴三中		6	6
合计					86	38	180

二、图书

1998年，地区教委和县教委开展争创“优秀图书室、阅览室”活动，以加强图书、阅览室建设和管理，提高图书利用率，丰富学生知识。博兴县投资117.6万元，购图书29.4万册，中学生均图书增加6册，小学生均图书增加4册，使65所学校达到县级优秀图书室、阅览室标准，20所学校达到地级优秀图书室、阅览室标准，28所学校的图书室、阅览室达到省定一类标准。

2000年起，博兴县依据山东省颁布的《普通中小学基本办学条件标准》，根据市教育局要求，大力推进图书室建设。为完成这项任务，一方面积极向上级申请图书购置经费，另一方面为学校提供图书信息和技术支持，帮助学校尽快达标。2001~2013年，每年由政府财政下拨至全县中小学的图书购置经费由最初的几十万元发展到后来的上百万元，学校图书室也由当初的几张桌椅、几份报刊发展到功能用房及设施配备齐全、生均几十册图书。2012年，省教育厅向博兴县免费发放图书32万多册，价值400多万元，基本满足了全县中小学图书室配备的要求。截止2014年，全县中小学校图书配备已全部达到甚至超过国家标准，即小学生生均30册、初中生生均40册（或以上），图书借阅全部实行计算机管理。

标准化图书馆

三、电教设备

1990年前后，全县中小学陆续配备“四机一幕”（电视机、录放机、VCD机、投影机、银幕）。1998年，县教委提出了在全县中小学实施“教育现代化工程”的具体目标，将其纳入对乡镇政府、教委和中小学督导评估内容，并逐年增大比重。到2000年，共计投入资金1646.2万元，装备微机1674台，装备微机室48个，语音室24个，多媒体教室17个，音像备课中心7个，卫星地面接收系统28套。有21所学校实现了“四机一幕”进教室，并建立教学闭路电视系统；有3所中学建成了双向控制交互式教学网络系统。同时，中小学教师开展了“教育现代技术达标”活动，对计算机应用能力进行等级培训考核，有4458名中小学教师通过了“教育现代技术达标”考核，4215名教师取得计算机应用能力培训考核初级证，1256名教师取得中级证。县实验小学和县一小被评为“全国现代教育技术实验学校”“省电化教育示范学校”，博兴一中等15处中小学荣获地区“现代教育技术示范学校”称号。

2002年，县教育局定为“教育信息化建设年”，投资160万元，在全市率先建成1千兆英特尔网为骨干的宽带高速教育城域网，各中小学建成校园网后，以宽带形式接入教育城域网，其他学校利用拨号上网，实现了“校校通”。全县共建微机室89个，装备微机4670台，学生用机2628台，平均16名学生一台微机，有27所中小学实现了计算机进教室，信息技术必修课中学普及率100%，小学普及率60.3%；教师用机2042台，有26所学校达到教师人手一台。全县共建语音室29个，有1930座，卫星地面接收站31个。

2004年，山东省教育厅、发改委、财政厅联合印发《山东省农村中小学现代远程教育工程试点工作方案》，要求按照“整体规划、先行试点、重点突破、分步实施”的原则，积极推进农村中小学现代远程教育工程的实施。滨州是全省三个试点市之一，博兴县作为基础教育信息化条件比较好的县，要求用两年时间基本完成建设任务，项目所需资金，由国家、省政府专项补助20%，其余由县、乡镇和学校统筹解决。全县共投入资金235.88万元，新建卫星接收点77个，116个项目学校远程教育设备于当年底全部集成完毕，开始接收、下载远程教育资源。通过项目的实施，为边远农村中小学提供了优质教育资源，开展了基于信息技术环境的教育交流互助、资源共享，弥补了农村师资力量不足、教学水平不高的问题，推进教育创新，改革培训模式，促进教育均衡发展，逐步缩小城乡教育差距。2006年10月，全省农村中小学现代远程教育工程教育工作会议在博兴县召开。

2007年，县教育局投资70余万元，购置思科核心交换机替换旧的教育城域网主交换机，从硬件上扩宽了城域网出口，提高了网络负载能力，彻底解决了因核心交换机超负载导致的断网、网慢的问题。同年，对教育城域网网络布局进行二次升级，解决了网络拓扑中的环绕问题，县直学校、全部镇（街道）中学和部分镇（街道）小学通过光缆联接到县教育局电教站，部分小学通过ADSL宽带联接互联网。

2008年，县教育局设立电教站，设主任1名，工作人员2名，具体负责全县中小学信息技术教育教学的研究、现代化教育装备、教育城域网的运行和维护工作。是年，县教育局建成内部网络办公平台，承担局内信息传送、资源共享，创造了局内部无纸化办公环境。

2009年，县教育局电教站出台《关于加强“电教两费”管理使用的通知》。要求“电教两费”本着“专户管理、专款专用、年终审计、帐目公开”的原则，运作“暂存科目”和“开支预算”的模式，资金和帐目由教育局统一管理，所有权和使用权归学校，从而保障了电教经费的投入和专用。本年全县投入1041万元用于购置电教软硬件设备，截止12月，全县中小学共建有多媒体教室742个；配备学生计算机2763台，教师计算机2890台。店子、陈户、兴福三个乡镇达到了市标准规定的“班班多媒体”“专任教师人手一机”“微机室微机达最大班额数人手一机”“有校园网及资源库”的要求，并于12月顺利通过市教育局教育信息化示范乡镇的验收。

2010年，开发区、湖滨镇、曹王镇、吕艺镇、庞家镇、纯化镇六个乡镇通过市教育局教育信息化示范乡镇验收。在山东省优秀教育网站评选活动中，乔庄中学校园网站荣获省一等奖。同年，博兴县教育城域网完成三期改造工程，至此全县所有中小学网络均由千兆光纤接入。

2011年，县教育局与上海恒信金融租赁有限公司签订协议，融资1197万元用于教育信息化建设，使全县教育信息化建设水平又达到一个全新的高度。是年底，全县中小学共有学生微机室99间，本年度新建19间；学生用机共有6120台，本年度新增2263台；教师办公用机共3981台，本年度新增220台；另外还新增投影仪397台，电子白板360套，数字一体机140台，服务器14台。全县教育信息化设备配备水平已达到《山东省普通中小学基本办学条件标准（试行）》中的要求。在全国中小学电脑作品活动中，店子镇中心小学学生的作品《遇见西红柿》荣获全国一等奖。

2012年，新购微机813台、多媒体设备375套，全县各学校基本达到专任教师人手一机，班班多媒体，学生用机按最大班额人手一机配备，各专业教室最少有一间配备多媒体设备的要求。网络方面，优化教育城域网网络结构，调整、合并学校的网络。各接入学校（教委）的光纤收入器改光交接机的网络改造工程逐步完成。

2013年，县教育局投入资金600多万元，为各学校采购笔记本电脑500多台，台式电脑600多台，教室用投影幕布180多套，教室用投影白板90多套，教室用65寸多媒体触控一体机20多套以及交换机等一批设备，通过这次统一配备，全县所有中小学已完全达到省级教育示范县所要求的电教设备的配备标准。是年，按照教育局工作部署和局党委的要求，电教站首次对全县中小学信息技术课教育教学进行质量监测活动。

2014年，投入100多万元，配置高性能三层交换机50多台，对所有县直学校的乡镇内乡节点进行升级改造工作，把教育城域网构建成“接入层”与“汇聚层”结构清晰的标准城域网构架，使整个教育城域网数据传输速度大大提高。截止年底，全县所有学校（包括部分幼儿园）全部用千兆光纤点对点接入教育局电教站，所有学校都建成了功能完善的校园网，实现了“校校通”；全县1328个教学班，班班都配备多媒体设备，县教育局和各学校都建设了科类齐全、适应教与学两方面需求的资源库，实现了优质教学资源“班班通”。所有学校共配备学生用计算机5396台，教师用计算机5201台。

2015年，县教育局与科大讯飞公司合作，由科大讯飞公司一次性投入70多万元，为全县14所初中和1所高中建成网上阅卷系统。2016年，全县所有初中及以上学校都建成了网上阅卷系统。

2017年，县教育局决定在全县启动“智慧教育”建设工程。总体思路是采取“整体规划、标准引领、项目示范、分步实施”的策略，重点抓好“智慧课堂试点学校项目”。是年7月，确定县实验中学、县第五中学、县第一小学、乐安实验学校、曹王镇中学、锦秋街道清河学校、纯化镇中心小学、陈户镇中心小学等8处学校

为试点学校。8月，县人民政府第10次常务会议通过了《关于实施“智慧教育”信息化建设试点工作事宜》的决定，批准县教育局启动博兴县“智慧教育”建设试点工作。拟投入2000万元进行“智慧教育”第一期工程建设。

第三节 校产管理与维护

1995年，按照《山东省中小学校舍设施维护管理暂行办法》《山东省中小学财产物资管理暂行办法》《山东省中小学校舍档案管理暂行办法》《山东省中小学财务管理暂行办法》等要求，在全县范围内开展学校校舍设施维护管理工作，每个学校固定资产建账设卡，校舍建档。成立了县乡校校舍设施管理委员会，清理了学校的资产，全县中小学固定资产达2.1亿元。为学校办理了房屋使用证，建校产档案1500余卷，立固定资产帐1200余册，设物资卡片71万张，形成了系统的管理网络。各中小学为实现“产权明晰、家底清楚、设施完好、环境优美”目标而努力工作，加强了学校资产的维护管理，延长了资产的使用寿命，杜绝了流失，及时消除了危房隐患。校舍设施维护管理带动了校园绿化建设，不少学校起点高，创意新，努力创建园林式的校园。1996年起，按照《山东省中小学校舍设施维护管理考核评估试行标准》，地、县开展了“校舍设施维护管理优秀学校”评选活动，实行动态管理，常抓不懈。在1998~2000年全区校舍设施维护管理考评中连续三年列全区第一，寨郝镇、兴福镇、博兴镇被评为“全优乡镇”，县实验小学等57所中小学被评为“校舍设施维护管理优秀学校”。2007年，在市教育局、财政局联合组织的全市校舍设施维护管理年度“双优评估”活动中，博兴县以六个全优镇（办事处），71处优秀学校的绝对优势，获得全市第一。中小学校舍设施维护管理工作取得“四连冠”的佳绩。为提高校舍设施维护管理人员业务素质，自1995年起，举办了不同层次、不同形式的中小学校舍设施维护管理人员培训班。

2004年以来，县教育局坚持加强校舍设施维护管理就是增加投入这一理念，在教育经费投入不足的形势下，靠管理提高办学效益，全县筹措资金90多万元，在全市率先初步实现微机化管理。自2009年起，为了建立科学的校舍设施维护管理制度，提高管理水平，确保校舍设施安全完整，提高政府投资办学效益，优化育人环境，全面提高教学质量，对全县中小学校舍设施维护管理实行校园网络版管理，校舍设施维护管理工作取得明显成效，各级学校做到了产权明晰、家底清楚、设施完好、物尽其用、档案齐全、环境整洁，教育资源得到优化，最大限度发挥了校舍设施的作用。

第四节 学校安全工作

2006年8月，博兴县教育局成立安全管理办公室。各学校根据自身情况设立校园安全工作分管责任人和直接责任人。

2011年，县教育局公布第一批镇（街道）教委、县直学校安全办主任。学校建立健全各项安全工作领导小组，明确各自安全职责。

2012年下半年，中小学全部按要求设立班级学生安全委员，安全委员是班委会成员，协助班主任做好班级和校园安全工作。各中小学校根据县教育局要求，以居住地为划分依据，分别成立了安全互助小组，小组组长负总责，小组成员互相监督，确保假期不发生安全意外事故。

安全规范性文件：2012 年 4 月，县教育局出台《博兴县中小学校车台账标准化建设规范》，对校车档案的建立健全作了具体要求；6 月和 8 月，分别出台《博兴县学校食堂安全管理实施意见（试行）》《博兴县学校食堂大宗食品原材料供应管理办法（试行）》，对学校食堂进行规范管理；2013 年 3 月，出台《学校门口及周边安全规范化建设标准》，对校园门口及周边安全、安保人员配备、门卫管理制度及“四个一律”的落实、警械配备、外来人员出入登记制度等作了明确规定。2013 年 3 月底，县教育局整合以上文件并进行了补充完善，出台《博兴县学校安全管理规范》，从学校门口及周边治理、校车管理、食堂管理、监控和消防等安全设施、疏散逃生、安全工作常规等方面对校园安全工作进一步规范。

2014 年 12 月，县政府出台《博兴县校车安全管理实施意见》，就成立校车公司、成立校车管理办公室、校车的公司化整合、整合后的相关问题、校车公司职责、学校职责、其他职能部门的职责等作出全面明确的规定，成为校车安全管理的重要依据。

2015 年 3 月，县教育局出台《博兴县学校安全工作管理办法》的通知，对学校的安全工作包括任务与职责、校内安全（包括制度建设和落实）、学校周边安全、应急事故处置等方面作了全面具体的要求和规定，从而让学校的安全工作在新形势下有据可依、有章可循。

2016 年 2 月，下发《博兴县教育局关于做好 2016 年领导班子成员联系督查镇（街道）和县直学校安全工作的通知》，全面实行局领导班子成员定期督查镇（街道）、县直学校安全工作制度，成立了 8 个分包工作督查小组，每月深入校园，按照督查标准，全面督查学校安全工作。3 月，县教育局制定了两个清单：《博兴县中小学（幼儿园）安全常规工作清单》和《博兴县中小学安全工作负面清单》。通过《博兴县中小学（幼儿园）安全常规工作清单》，让各学校清楚了哪些是必须做的，做好的标准，什么时间做；通过《博兴县中小学安全工作负面清单》的解读、认领、分解，明确了每个岗位上、每名教职员工的具体的安全风险，解决了学校找不出安全隐患的问题，形成了全员安全，精细管理，精准治安的安全管理新局面，有效规避了安全风险，避免责任事故的发生。4 月，制定《博兴县学校消防安全管理办法》，对学校消防组织、消防制度预案、消防设施配备、疏散通道管理、用电用火安全、危化品及特种设备管理、消防安全教育和培训、消防隐患排查等八个方面作出具体要求，进一步完善校园消防安全管理标准化建设。7 月，根据市政府相关文件要求，县教育局与宣传、水利、交通、公安、安监、文化旅游、国土资源、城管执法、卫生、体育、城乡建设等部门联合出台《关于加强预防学生溺水工作 建立全县预防学生溺水长效工作机制的通知》，建立联席会议制度，明确各部门的职责，加强全县所有水域的摸底排查，完善防护措施和警示标识，强化隐患排查整改及责任追究，进一步加强预防学生溺水工作，保障学生生命安全。

“学校安全制度落实年”：2015 年，根据《中共山东省委高校工委 山东省教育厅关于印发〈山东省学校安全制度落实年工作方案〉的通知》和《中共滨州市委高等院校工作委员会 滨州市教育局关于印发〈滨州市学校安全制度落实年实施方案〉的通知》要求，博兴县教育局在全县教育系统积极开展“学校安全制度落实年”活动。

3月，各中小学校（幼儿园）制定《学校安全无缝隙管理实施方案》《学校安全岗位职责》和《安全责任追究制度》，实行无缝隙安全管理，落实安全岗位职责和责任追究制。

5月，县教育局制定《博兴县学校安全制度落实年实施方案》，及时召开全县安全办主任会议，对落实“学校安全制度落实年”活动作出安排和部署。各中小学校（幼儿园）根据实施方案，结合本校实际，进一步完善和规范校园安全工作规章制度。通过活动的开展，全县各中小学校（幼儿园）在活动中废止制度140个，修改制度322个，新立制度360个。

同时，以教育部《中小学幼儿园应急疏散演练指南》为参考，制定并完善各种预案。9月，组织全县中小学、幼儿园对学校各项应急预案进行编制修订，进一步规范了学校应急预案。

落实校园安全责任主体：自安全办设立起，逐步健全完善校园安全工作领导机构，明确学校是校园安全管理的责任主体，校长是第一责任人；加强岗位安全职责培训，层层签订安全责任书，全面落实校园安全管理责任。

自2012年始，各学校每学期开学前都进行一次安全隐患排查，每月进行一次集中隐患排查，将发现的隐患及时整改，并形成隐患排查整改台账，上报县教育局安全办，以此监督各学校对安全隐患的排查及整改。

2013年，县教育局对各学校进行安全工作大检查，包括：安全专项检查、中小学教育督导安全检查、全县中小学办学水平评估安全督查、食堂专项检查、校车及学校安全教育和安全管理检查、幼儿园安全专项检查，配合县综治办进行综合治理抽查，配合市政府“护校安园”抽查。联合道路交通部门在全县教育系统开展道路交通“平安行·你我他”行动专项检查活动。

2014年，先后成立二十多个督导组对全县中小学（幼儿园）进行安全专项检查六次，包括四部门联合检查、安全百日攻坚、校车安全专项检查、食堂安全专项检查、幼儿园观摩督导等，全年共检查出学校存在的各类安全隐患1078处，整改到位1078处。

2015年，根据县政府安委会文件要求和教育系统的实际，开展了安全专项整治、安全工作大排查、打非治违专项活动、夏季消防隐患排查、违法违规接送学生车辆排查整治等行动，共排查出各类隐患682处，各学校采取积极措施对存在的隐患进行了整改。

2016年上半年，落实局领导到校督查制度，成立了8个工作督查小组，各督查小组每月深入校园，按照督查标准，全面督查学校安全工作。3月，根据县政府办公室《关于深入开展企业安全生产主体责任落实情况专项执法检查的通知》精神，教育局向各中小学、幼儿园下达安全隐患整改指令书118份，要求学校（园）积极落实校园安全主体责任，全面进行安全隐患排查和整改。通过全面排查，共查出校园安全隐患269处，全部整改到位。4月，安全办到有食堂的28所中小学进行安全检查。5月，由县综治办牵头，综治办、公安局、教育局联合对全县22所中小学、幼儿园周边隐患及安全保卫等工作进行暗访。校车公司加强对校车隐患的排查整改力度，每两个月对所有校车实地全面排查一次，对排查出的各类安全隐患进行督促整改，确保校车安全运行。

安全教育和培训：自2006年开始，安全办根据上级要求，结合自身实际，落实了安全教育课，通过主题班会、校园广播、黑板报、手抄报等形式加强对学生的安全教育；开展多种形式的安全培训，如消防知识培训、卫生知识培训、盐与健康知识培训、交通知识培训、预防 H1N1 流感知识培训等。

2013 年，在各中小学校、幼儿园中全面推行并落实“1530”安全教育模式，即：每天进行 1 分钟的安全教育、每周末放学前进行 5 分钟的安全教育、每次放假前进行 30 分钟的安全教育，使安全教育常规化，天天讲，时时讲，做到及时提醒和教育。

聘请交警对学生进行交通安全教育

2014 年开始，每学年组织引导学生参加“安全教育体验集中展示活动”。安全体验项目包括学生防落水与溺水自救互救演练、穿越火焰演练、穿越烟道演练、消防标志识别、二楼逃生演练等项目，通过逃生演练和安全体验操作，提高学生的遇险应急和逃生能力。2016 年小学五年级、初中一年级、高中一年级达到全覆盖。定期进行安全应急演练，演练内容包括防火逃生应急演练、防震逃生应急演练、防暴力应急演练、校车应急演练、防食物中毒应急演练等，做到每月至少演练一次。

2015 年，《滨州市学校安全教育平台》给所有中小学、幼儿园全部开通了学校、教师和学生账号，通过安全教育平台的资源对学生进行安全教育，积极组织学生参加各项安全专题教育活动，提高学生的自救自护能力。教育局通过教育信息网定期对各学校的参与情况进行通报。每次寒暑假前，教育局针对寒暑假期间容易发生的安全事故，对全县中小学生开展一次安全知识检测、问答活动。安全知识检测、问答涉及防溺水、防拐骗、交通安全等方面，要求中小学生对以上问题熟知并牢记，进一步提高学生的安全防范意识。

每年 3 月份，学校发放《防溺水致家长的一封信》；每次放寒暑假前，学校都会召开家长会，加强对学生家长的培训，发放《致家长的一封信》。通过以上措施，要求家长切实担负起学生寒暑假期间的监护责任，重点做好防溺水、防拐骗、防食物中毒、防火、防盗、防自然灾害、防交通事故等各方面的工作，确保学生假期安全。

每学期定期召开全县教委主任、县直学校校长会议，全县安全办主任会议，全县食堂主任会议，就学校安全工作进行全面培训，提高学校领导对安全的认识，加强防范意识。另外，每学期开学前对校车车主、校车驾驶员、校车跟车员、学校安保人员、学校食堂工作人员进行专项培训，明确各自的职责，增强他们的安全意识和安保技能。

人防物防技防建设：自 2012 年起，各学校根据县教育局要求，加强了人防物防技防建设。

（一）学校安全保卫

各中小学校、幼儿园按要求配足安保人员，其中县直学校、镇（街道）中学和中心小学以及规模比较大的农村小学（600 人以上）全部聘用县保安公司的专业保安。2016 年，全县中小学、幼儿园共聘用保安 236 人，其中，县保安公司 148 人，村委或学校聘用的保安人员 88 人。学校严格出入登记制度，严格落实门卫“四个一律”：外来人员一律由教职工带入校园并逐一登记；闲散可疑人员一律禁止进入校园；外来车辆未经许可一律禁止进入校园；上学、放学时段一律安排教师和保安人员在门口护送。

各中小学校、幼儿园严格落实无缝隙管理制度，在重要时间段、重点部位都有专人值班；学校根据要求全部成立了巡逻队，定期对校园进行巡逻检查，确保校园安全；各学校均按要求设立班级学生安全委员，安全委员是班委会成员，协助班主任做好班级和校园的安全工作。

（二）安全设施配备

2013 年，各学校共投资 16 余万元购买安保设施，安保警械全部按标准配备到位：全县所有学校警务室按标准配备两根电警棍、两支强光手电、两条橡胶警棍、两副钢叉、两副防割手套、一支辣椒水、两个防暴头盔、一部固定电话、两副雨衣雨具等。学校对安保设施进行及时检查，对损坏的安保警械及时维修或更换，确保所有警械正常使用。

消防设施、应急灯及疏散标志落实到位：学校重点部位、重要场所全部配备灭火器，安装应急灯；教学楼、综合楼、实验楼、宿舍楼等每层都张贴疏散示意图，走廊和楼道内张贴疏散标志。学校对应急灯和消防设施进行定期检查，对压力不足的灭火器及时更换或重新换粉。学校每年新购或充粉的灭火器达到 1300 多个，仅此一项，每年投入 10 余万元。

（三）建立监控平台

2013 年，县教育局投入 13 余万元为 93 所中小学校、幼儿园门口安装“一键式报警系统”，并与公安联网。是年，各学校新增监控探头 1089 个，共计投入资金 298 万元，县教育局投资 22 万元建立了局校园监控平台，并将学校监控系统接入教育局监控平台。

2014 年下半年，县教育局投资近 60 万元为所有校车安装 4 个监控头、具有卫星定位系统的行驶记录仪，同时建立校车监控平台，做到实时监控和事后取证。

2015 年，建立食堂监控平台，并将学校食堂的 433 个监控探头全部接入教育局食堂监控平台。6 月，县教育局进一步完善校园监控平台，将各学校新增的 1944 个监控头全部接入教育局监控平台，并将校园监控平台、校车监控平台、食堂监控平台全部与市教育局监控平台对接。

2016 年，对“一键式报警系统”的联网进行了维护，对未安装“一键式报警系统”的学校和幼儿园全部进行安装并联网。学校遇有意外突发事件能够及时报警，公安部门在最短时间内到达事发地点，及时处置突发事件。

校车管理：2007 年开始，为方便接送孩子上下学，一些个体司机用普通客车、大型客车、面包车等车辆经过改装后接送学生上下学。2011 年起部分个体司机购进专用校车接送学生，接送学生车辆逐步增多。

各校配备规范标准的校车

2012 年 4 月，国务院颁发《校车安全管理条例》，对校车的管理和运行提出指导性意见。同年，启动滨州市中小学“平安校车”工程，滨州市人民政府印发《滨州市人民政府关于实施中小学“平安校车”工程的试行意见》，博兴县出台《博兴县中小学“平安校车”工程实施方案》，鼓励个体继续购买校车，补充学校所需要的校车，更换过渡期校车，逐步将全县校车更换为符合国家标准的校车。

“平安校车”运行之初，选定的校车运

营模式是：社会车辆运营，政府财政补贴，学生适度承担。2012 年，县教育局、财政局、物价局联合出台《博兴县关于对中小学学生校车乘车费及补贴的管理办法》，学生乘坐校车，县、镇（街道）两级财政分别给乘车学生发放补贴，减轻学生的负担。

2014 年 7 月，经县政府批准，成立校车公司。校车公司化运营和管理的模式是：由县政府购买校车公司的服务，政府向学生发放乘车补贴，校车公司负责校车全面管理，承担安全生产的主体责任，县教育局对校车公司的服务进行监督、评估。

校车公司化运营推行以后，积极办理校车使用许可证和校车标牌，完善校车手续。至 2016 年，加入校车公司的 113 辆个体校车和庞家第一小学的 1 辆学校校车全部办理了校车使用许可证和校车标牌。校车公司进一步完善了校车管理规章制度和应急预案，加大了对校车的规范管理力度，为所有校车全部配备了有校车驾驶资质的合格驾驶员，根据要求配备了跟车员；每学期开学前对驾驶员和跟车员进行定期培训，强化他们的安全意识和能力。学校完善了交接手续，加强了对校车运行的安全监督，定期举行校车应急演练。县教育局和校车公司通过校车监控平台对校车的运行进行实时监控，校车公司对发现的违规违法运营行为进行处罚，并及时通报至公安交警部门，申请依法处置，促进了校车的规范化运营。

每学期开学前，校车公司对所有校车进行全面检查，每月进行定期隐患排查。主要对校车驾驶员是否合格、是否配备了跟车员、校车是否按要求配备灭火器、逃生锤和急救箱等安全设施、学生乘车秩序是否维持良好等方面进行检查。对排查出的安全隐患下发隐患整改通知书，要求车主及时整改，并形成隐患排查和整改台账。

食堂管理：2012 年以前，全县中小学食堂全部对外承包，由承包商独自经营。

2012 年，县教育局要求学校终止与原学校食堂承包商的承包关系，收回经营权，由学校对食堂规范经营，并由县教育局进行统一管理。收回食堂经营权之初，县教育局在陈户一中、兴福中学、店子中学等三所学校进行试点，试行半年后在全县中小学范围内全面展开，全部由学校收回食堂经营权。学校聘请原来的食堂承包商担任食堂职业经理，对食堂进行规范化管理，让学校食堂回归公益，将安全关口前移，保障学生就餐安全。

县教育局出台《博兴县学校食堂安全管理实施意见》和《博兴县学校食堂大宗食品原材料供应管理办法（试行）》两个文件，并采取了一系列措施加强了食堂的管理。学校食堂大宗食品原材料如肉、蛋、油、面粉、大米、豆制品等实行“四统一”，即：统一标准、统一采购、统一配送、统一监管。对每天的食品原材料生均用量标准作了统一规定，确保学生饭菜营养搭配均衡。实行统一招标采购，2012 年、2014 年及 2016 年暑假，通过政府采购办进行了三轮食堂原材料的招标采购，确定了原材料供货商；中标供货商根据学校需求进行统一配送。县教育局和县食品药品监督管理局对大宗食品供货商进行统一规范的管理，定期对其进行培训，并不定期对食品原材料进行抽样检查，确保食堂原材料的质量及安全。

2014 年上半年，投入 2370 万元，新建食堂、餐厅 7 个，改扩建食堂餐厅 6 个，购置设备 4400 套，高标准通过市“放心食堂”工程验收。下半年，落实资金近 200 万元，全面推行“双五常法”食堂管理模式。一是实行食堂员工工作岗位“五常法”：常组织、常整顿、常清洁、常规范、常自律。县教育局编写了《博兴县中小学食堂五常法员工手册》，以此来规范员工的操作。二是实行食堂管理层面“五常法”：即常公开、常监督、常核算、常评议、常考核，让食堂管理更加规范。通过实施“双五常法”管理模式，学校食堂管理工作更加精细化、规范化、程序化和习惯化，形成了独具特色的食堂管理模式。

2015 年，投资 180 余万元建设食堂监控平台，全力打造“透明食堂”。一是家长进食堂监督。学校每天安排 3~5 名家长到学校食堂进行全面全程监督，从进货验收、操作流程、生均用量、餐厅及个人卫生、饭菜质量、物品摆放、员工绩效考核等方面进行监督。学校将县教育局制定的食堂信息公开内容发放给家长，组织家长统一学习，由家长填写《家长进学校食堂监督记录表》。县教育局对学校落实家长监督情况进行不定期抽查，每学期对值班家长进行一次电话满意度回访，作为对学校食堂考核的重要依据。二是监控公开。在学校食堂重点部位安装监控头，在学生餐厅主要部位安装大屏幕监视器，并接入校园局域网。学生和值班家长在就餐过程中通过观看监视器的镜头回放，了解饭菜制作的全过程，教职工通过校园网能够对食堂操作进行实时监控；将学校食堂监控接入县教育局监控平台，县教育局安全办通过监控平台对学校食堂进行监督；将县局食堂监控平台与市局监控平台对接，接受上级监督。三是财务账目公开。学校食堂每周进行一次成本核算分析，每两周进行一次账目盘点，每月进行一次零利润调控；同时在餐厅门口设立公示栏，对原材料进校当日价格、每月账目支出和结余、零利润调控情况、每周食谱等进行公示，以接受学生及家长监督。

2016 年上半年，下发《关于进一步规范中小学食堂工作的通知》，通过 13 个方面对食堂管理进行规范，如完善索票索证制度，规范食堂原材料进货验收程序，包括在固定地

公益食堂让孩子吃好

点、固定时间段，在监控下 3 人（其中 2 名公职人员）验货收货并签字、公开，确保“零利润”，取消食堂内部招待，教职工在餐厅就餐要缴纳足够的费用等。

通过一系列措施加强对学校食堂的管理力度，食堂管理和服务水平得到了极大的提升，真正做到了让学生向往，让家长放心，让社会满意。

第五节 勤工俭学

抗日战争及解放战争期间，博兴根据地和解放区学校为补充经费不足，培养学生劳动观念，开展勤工俭学。项目多为利用课余时间拔草、拾粪，有的学校开辟生产园地，实行教、学、做合一。如孟宪村领导第三新联小，开荒种地 30 亩，师生纺棉织布，并创办小卖部；杨枫林领导的杨家枣行小学开荒 30 亩，两校经费做到自给有余。

1950 年，县政府教育科组织人力在滩涂、荒地栽种芦苇，补充办学经费之不足。

1958 年，贯彻“教育为无产阶级政治服务，教育与生产劳动相结合”的方针，劳动课列为正式课程。是年，学校组织师生办农场

82处，种地1019亩。但由于过多强调劳动课的重要性，影响了文化课的正常教学。

1960年，中学的勤工俭学以种实验田、办饲养场为主。小学以复收粮食、棉花和割草、采集树种为主。“文革”期间，过分强调劳动，学生学业荒废。

1977年后，学校以教学为主，力所能及地进行勤工俭学活动，宜工则工，宜农则农，宜商则商。县第一中学开办印刷厂和电机修理门市部，县第二中学开办木工厂，县实验小学开办百货门市部，店子农中种实验田，还有一些学校采取复收、养猪、养兔、养鸡等多种方式增加学校收入。所办厂（场）店有专门工人坚持生产。至1979年全县教育系统办工厂4个，总产值18601元，纯收入1026元；校办农场占有土地518亩，粮食收入总值44544元；全县勤工俭学总收入70343元。

1982年，全县学校附设工厂4个，总产值125785元，纯收入11900元；学校农场占地398亩，小林场11个，粮食总产62262斤，其中小学收粮28527斤，农副业收入13750元；其他收入52294元。该年勤工俭学总收入77944元。县第一中学校办印刷厂和电机修理门市部1980~1983年总产值为211000元纯收入80000元，扩大再生产投资55000元，向学校投资25000元，为办学提供了经费。

1983年后，国务院先后两次批转教育部等四部委关于中小学开展勤工俭学活动的请示、意见。县教育局（教委）认真贯彻执行上级指示和《全国中小学勤工俭学暂行工作条例》，大力开展勤工俭学。县教育局建立勤工俭学管理站，配备专职干部，负责领导、协调和指导全县中小学勤工俭学工作，县直学校和乡镇教委也都设立了勤工俭学办公室。

1985年，全县有校办工厂6个，总产值272000元，纯收入33000元；校办农场纯收入56000元；服务网点10个，收入13000元；其他勤工俭学收入243000元。

1986年后，县直学校校办企业走在全县前列，带动了全县勤工俭学工作。校园经济是发展学校勤工俭学的重要途径；是促进教育与生产劳动相结合，全面贯彻党的教育方针的重要措施；是对学生进行劳动观念和劳动技术教育，全面实施素质教育的重要渠道。博兴县校园经济建设，仅种、养、加工业，年全县总收入突破100万元。1991年5月，全区校园经济现场会在博兴县寨郝镇召开。1992年，博兴县被省政府表彰为“全省勤工俭学先进单位”。到1996年，全县中小学校办企业发展到33个，县一中、县二中、县实验小学占20家。县一中9个企业年产值达800万元，上交学校20万元；县二中8个企业，年收入30万元，每年为学校补充经费10万元。

1997年，校办企业出现滑坡，省、地教育主管部门加强了对勤工俭学工作的领导。县教委提出“以效益求生存，以质量求发展，不等不靠闯市场、找出路”的方针，解放思想，更新观念，拓宽市场，增加经营项目，校办企业经济效益很快出现回升，全县校办企业继续在全区处于领先地位，1997年5月，全区校办企业现场会在博兴县召开。是年，根据省教委指示，地区教委将部分图书、报刊的征订发行、学生校服和有关学习用品的征订发放作为勤工俭学项目，实行全区统筹管理，博兴县的征订、发行量及服务质量连续三年名列全区第一。

2000年，全县有校办企业35家，年总收入1300万元，比1986年增长近49倍；有服务网点60个，比1986年增长3.5倍。

20世纪90年代末，根据省市主管部门要求，校办企业与公办中小学校陆续脱钩或关闭。结合新时期工作特点，勤工俭学工作的宗旨由补充教育经费、缓解教育投入逐步过渡到引领发展、服务教学上，工作重心也相应发生重大变化。图书、报刊的征订发行，学生校服和相关学习用品的征订发放，以及校方责任险的投保成为勤工俭学工作的主要构成。

2006年，滨州市在全省率先启动在中小学实施校方责任险。为保障广大师生的人身安全，博兴县全部实行通过公用经费为全县中小学师生投保，并实现100%全覆盖。为此，每年财政拨款达100多万元，而每年学生和教职工在校因伤甚至死亡而获得赔付的金额达十几万到几十万元。

在校服征订过程中，勤工俭学管理站要求各学校由学生代表、家长代表和教师代表组成的考核小组，联合对校服生产定点企业、样式、质量和价格考察确认后，再为学生订购服装，保证工作的规范、透明。

第七章　招生考试

招生考试委员会办公室（简称招考办）是县招生考试委员会下设的具体负责招生考试工作的办事机构。

1977年恢复高考，博兴县成立招生委员会，主任由一名副县长兼任，委员会办公室亦设在县教育局内，一名副局长兼任办公室主任，日常工作由办公室负责，具体负责高考考务工作及有关事宜。

1984年2月博兴县自学考试办公室成立，与招生考试办公室合署办公，1994年5月合称“博兴县招生考试办公室”，负责普通高校招生、成人高校招生、高等教育自学考试、高中会考（后称高中学业水平考试）、社会证书考试、初中专招生及空军飞行员选拔工作。

第一节　中小学招生考试

一、小学招生

小学属于普及教育，凡7~11周岁的儿童，除失去学习能力者外，均属招生对象。

新中国成立初期，小学实行“四·二制”（初级小学四年，高级小学二年），初级小学阶段毕业转入高级时，由各高级小学自行命题，组织考试，录取名单报县备案。1958年，改由县教育局统一命题，各高级小学组织考试，考试科目为语文、算术、常识3科。录取者张榜公布，报县备案。当时升学率约在75%左右。1966~1969年，小学停止招生。1969年开始，小学实行五年一贯制。1986年，《中华人民共和国义务教育法》颁布，义务教育法规定“凡年满6周岁的儿童，不分性别、民族、种族，应当入学接受规定年限的教育，条件不具备的地区，可以推迟到7周岁入学。”小学招生开始纳入法制化轨道。乡镇小学招收本乡镇适龄儿童，按照就近入学、划片招生的原则，学校在秋季开学时，组织适龄儿童入学。学生报到后，学校填写新生学籍注册登记表，报县教育局备案；学校为学生建立学籍卡，县教育局加盖学籍专用章后由学校保存。2002年，义务教育阶段改为六·三学制。2007年，省教育厅下发《关于加强全省普通中小学学籍信息管理的通知》，入学年龄严格限制为6周岁。

2010年前，城区小学一年级招生只招收父母双方是非农业户口的县域内的职工子女。此后增加招收进城经商和进城务工家庭的适龄儿童。自2015年起调整为只要在招生片区长久居住有房产的就可以进校就读。

二、初中招生考试

新中国成立初期，县初级中学招生采取自主招生、自行命题的办法，应届高小毕业生及同等学历的知识青年均可报考，考试科目为语文、算术、常识3科，当时高小毕业生升学率约为30%。1955~1966年，初中招生改由地区专署教育局命题，县教育局配合招生，学校组织考试。考试科目仍为语文、算术、常识3科，报考师范者另加口试。1962年，招生考试工作再次由县教育局统一命题，学校组织进行。1970年初中招生实行推荐和选拔相结合的办法。

1977年以后，全县初中实行计划招生，考试录取。县教育局统筹制定各初中招生计划、统一命题并组织初中招生考试，各学校依据招生计划和招生范围，按照考试成绩从高到低依次录取。当时由于国办中学和社办中学并存，县教育局在招生方面的指导思想是：国办优先，即首先由国办中学择优录取，然后由社办中学录取。1987年开始，县教育局普教股负责全县初中学生的学籍管理，各学校填写“新生学籍注册登记表”，并建立“学籍卡片”，由县教育局普教股加盖学籍管理专用章，“新生学籍注册登记表”一式三份，学校、县教育局普教股、市教育局基础教育科各存一份。此表作为学生升学、转学、休学或留级的依据。1988年起，各科分值和考试时间有所调整：“语文”分值为100分，考试时间为90分钟；“数学”分值为100分，考试时间为90分钟；“常识”为“自然”“思想品德”“社会”合卷，分值60分，考试时间为60分钟。1995年开始，全县改革初中招生制度，由考试录取改为划片直升，取消初中招生考试，小学毕业即可就近升入所属初中学习。

三、高中招生考试

1958~1966年，高中招生改由地区专署教育局命题，县教育局配合招生，学校组织考试。考试科目：语文、数学、政治、历史、地理、生物、物理、化学。1966~1968年，高中学校停止招生。1970年后，高中招生采取推荐选拔的办法。1977年后恢复考试入学。1980年后，初中中专招生实行在应届毕业生中预选的办法。由地区教育局命题，县教育局组织考试阅卷。为保证招生质量，凡达到第一分数线的一律录取高中，达到第二分数线者向中专投档，地区教育局招生办负责录取。中考科目为语文、政治、数学、英语、物理、化学、生物、地理、历史9科，分值为语文、数学120分，政治、英语各100分，物理、化学两科合卷为120分，历史、地理、生物三科合卷为100分。1994年，高中招生只考语文、数学、外语、物理、化学、政治、历史7科，生物、地理只作为考查学科。1996年，高中招生恢复生物、地理科目的考试。1997年，高中招生制度进行改革，允许学校招收少量的自费生。1998年，体育测试成绩按照满分20分计入高中招生升学总成绩。是年，高中开始招收音体美特长生。2000年，高中招生考试增加物理、化学、生物实验技能考试。2002年增加信息技术等级考试。是年，县职业中专招收普通高中生，开设试办综合高中班。

2000年以后，坚持将不低于招生计划70%的指标分配至初中学校，并向农村初中学校倾斜。70%的统招生录取后，按照所有高中招生计划的比例均分到高中，然后按志愿和语文、数学、英语三科学业考试等级择优录取择校生，并设置指标生分数下限，低于指标生分数下限的一律不得录取。县属普通高中只招收本县区内学生，严禁跨县区招生和招收外地学生。擅自招生的一律不予注册学籍。

烈士子女，归侨、华侨、港澳台籍同胞子女，农村独生子女和合法生育两女采取绝育措施家庭的子女，少数民族考生，普通高中录取时，降低10分录取；军人子女报考普通高中，录取时按照滨州市《军人子女教育优待办法实施细则》规定执行。同一考生只能享受以上优惠政策的其中一项。上述特殊考生的资格认定由县教育局具体负责。2014年以前，初中毕业年级受表彰的市级优秀学生干部，普通高中录取时总得分加10分。2015年降为加5分。是年起，取消择校生。2016年取消加分。

第二节 普通高校招生考试

一、概述

清末，高等学堂招生，初为各州县秀才、举人和在职官员，后期开始招纳中等学堂毕业生、肄业生，方式为各大学堂组织招考。毕业后予以举人头衔，多数以候补官员形式分配到官衙工作。

民国时期，大学分别举行考试，招考中等学校或相当学历学生，毕业生自行择业，不包分配。

新中国成立后，高校招生分配工作有了很大变化。20世纪50年代初，对公立、私立高等学校毕业生实行政府招聘和地区调剂的分配方法。各高校单独招生，招生计划、招生条件和办法，由各校自行决定。从1953年起，为适应第一个五年计划对人才的迫切需要，逐步扩大招生人数。根据高教部关于招考新生规定，动员部分机关、部队、厂矿、城乡知识青年报考高等学校，高校招生数量每年递增。学生分配坚持“集中使用，重点配备”的方针，强调国家需要与学用一致相结合，实行有计划的分配，严格控制提前抽调学生。1959年后，招生分配工作逐步列入统一计划，实行毕业生统招统分制度。1963年在部分学校试行劳动实习制度，毕业生分配后先参加劳动实习1年，再见习1年。1965年又决定毕业生提前1年预分。

新中国成立后高校招生一个重要特点就是对新生进行政治审查，被管制分子、反革命分子、依法被剥夺政治权利的分子和坚持反动立场的分子均不录取；直系亲属有重大政治问题，本人不得录取重要专业；历史或家庭关系有可疑情节者，不得录取机密专业。

1966~1970年山东省高等学校停止招生，1971年恢复招生。按照省革委政治部《关于1971年度省属大学招生方案》的规定，中止了原来招收应届高中毕业生和实行全国统一文化考试的招生制度，改为不招收应届高中毕业生，取消文化考试，实行“自愿报名，群众推荐，领导批准，学校复审”的办法，招收工农兵学员，条件规定为“政治思想好、身体健康、具有三年以上实践经验，年龄在三十岁左右，有相当于初中以上文化程度的工人、贫下中农、解放军战士和青年干部。有丰富实践经验的工人、贫中下农，不受年龄和文化程度的限制”，“对于活学活用毛泽东思想，接受工农兵再教育表现突出的，实践经验在两年以上的知识青年也可以考虑推荐”。1972年招生，山东省革委根据《全国教育工作会议纪要》规定：“招生的主要对象是具有二至三年以上实践经验的优秀的工农兵”“有丰富实践经验的老工人、贫下中农和革命干部入学，可根据情况放宽年龄和文化程度的限制”。彻底取消文化考试，实行群众推荐上大学。

1977年冬，中央决定恢复高等学校（包括招收高中毕业生的中等专业学校）招生考试制度，实行德、智、体全面考查，择优录取的原则。县统一组织安排考点和监考。大专考试分文、理两科。文科考试：语文、数学、历史、地理、政治；理科考试：语文、数学、物理、化学、政治。后又加试外语。

1979 年和 1980 年两年，招收高中毕业生的中专学校与高等学校招生考试同时进行，考场单设，用高考试题，由地区组织、抽调各县中学教师进行阅卷，择优录取，考试时间为 7 月 7 日至 9 日。报考中师的中、小学民办教师，参加招收初中毕业生的中专考试，由各公社单独组织报名，单设考场，学校单独录取。

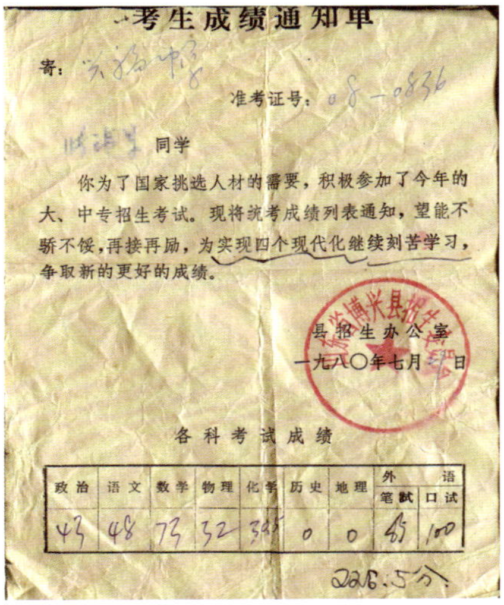
考生成绩通知单

寄：

准考证号：08-0836

同学

你为了国家挑选人材的需要，积极参加了今年的大、中专招生考试。现将统考成绩列表通知，望能不骄不馁，再接再励，为实现四个现代化继续刻苦学习，争取新的更好的成绩。

县招生办公室

一九八〇年七月　日

各科考试成绩

政治	语文	数学	物理	化学	历史	地理	外语	
							笔试	口试
43	48	73	32	[illegible]	0	0	[illegible]	100

226.5分

1980 年考生成绩通知单

1981 年，山东省人民政府文件规定，高等学校（含招收高中中专学校）招生，实行预选，高中毕业生可以大专、中专兼报。预选名额由县统一分到各中学和乡镇。

1983 年实行高考生源改革，考生由直接参加统考改为进行预选后参加统考。同时，重视招生来源与毕业去向适当结合，实行定向招生、定向分配和合同制委托培养两项改革。重点院校按 20% 的比例定向，一般院校、专科学校按 75% 定向。1984 年，农、医、师范院校 50% 的招生指标用于定向，其中 90% 按人口比例分配到各地市，另外 10% 直接下达到文化教育比较落后的县，农、医、师范、水利专科学校和其它学校专科班则全部实行定向招生。

1983 年，对高校招生录取工作也进行了改革：（1）对志愿报考农、林、水利、地质、油田、军队、师范等科类院校实行一次投档，增大考生录取的可能性并保证这些院校的考生质量；（2）其它院校实行按 1∶1.2 比例投档，给招生学校较大的自主权，也有利于学校在德智体各方面全面选优；（3）实行卡片调档的办法，排除录取中的不正之风干扰。是年，高考时间为 7 月 15 日至 17 日。1984 年又采取“根据志愿，按比例投档”的办法，突出了考生报考志愿在录取中的作用，并扩大了学校自主权。是年，高考时间恢复为 7 月 7 日至 9 日。

1990 年高校招生又进行重大改革。实行将高校招生计划分配到市地的办法。本科招生计划分配原则和办法是：省按照各市地 1987 年至 1989 年三年录取新生的平均数为基数，在参照 1989 年实际录取数的基础上，根据 1990 年全省本科招生计划和各市地事业发展及人才需求情况稍作调整。专科招生计划分配是：部、省属专科学校（专业）招生计划，原则上根据各市地 1989 年理工农医、文史、外语类的招生情况分配，一般未做大的调整；市地属高校艺术、体育专业计划的 80% 安排在本市（地）招生，20% 在其他市地招生，理工农医、文史、外语类招生计划基本上安排在当地招生；面向全省统一招收的本、专科委托培养招生计划随国家任务招生计划一起分到市地，面向市地（含市地）以下单位招收的委托培养招生计划归委托培养单位或按合同划定的生源范围所在的行政区招生，不参加计划统一分配。

1991 年后，普通高等院校招生考试（简称“普通高考”）政策不断调整，制度逐步完善，规模不断扩大。全省实行以分指标到市、到县为主要内容的普通高考改革。2003 年起，高考时间由每年7月改为6月。2004年实施新高考改革方案，促进了中学生全面发展和素质教育全面实施，高考方案中推出考核基本能力，以招生并轨为标志的改革打破了传统干部教育模式，双向选择的大学毕业生就业机制为学校持续扩招奠定了政策基础。以出口规模控制进口规模招生计划管理模式的改变，使高等教育迅速从精英化教育转向精英与大众教育并存的教育。

二、考试

考试组织：1984年始，实行县与县之间轮调监考员制度。1986年后采用省、市两级派遣统考检查组的办法。2001年后实行省招生办公室（简称省招办）主要领导带队分别到全省包片蹲点巡视检查的办法。

1996年，考点实行“一把手工程”，层层把关，实行责任制。把考点管理作为评价学校和校长工作的重要内容。1995年至2000年，每隔两年进行一次招生考试工作人员登记。登记过的人员如果触犯招生考试纪律，从严从重处罚。

从1990年起，陆续推出利用数码相机照相、计算机随机编排考号、计算机打印准考证、条形码技术、指纹检测仪、考生在试卷及准考证上按指纹等技术防止替考、替学，也取得明显效果。

随着无线传输技术的迅速发展，考试违纪舞弊行为隐蔽化、舞弊手段现代化的趋势，为防止考生作弊多样化、现代化行为，根据依法治考的需要，2003年省教育厅制定《山东省普通高考电子监控总控室管理办法》，提出用3年时间建立电子监控系统。2005年，全县考场实现电子监控，2011年，作为首批标准化考点建设试点单位，在原来考场电子监控的基础上，顺利完成博兴一中、博兴二中标准化考点建设，建成标准化考场150个，其中博兴一中60个，博兴二中90个，实现与教育部考试中心、省教育招生考试院及市招生考试办公室的互联互通，考试网上巡查系统全覆盖，通过电子监控全程录像和网上巡查，有效打击违纪舞弊行为。

考试科目：科目设置改革是高考改革的一条重要主线。

（一）恢复高考后的考试科目

1977年恢复高考制度，考试分为文理两类，文史类考政治、语文、数学、历史、地理、外语；理工农医类考政治、语文、数学、物理、化学、外语。外语成绩采取逐年提高加分比例的办法。1981~1993年，理工农医类增加生物考试。

（二）“3+2”式考试科目

“3+2”式考试科目（语文、数学、外语必考，文科加考历史、政治，理科加考物理、化学）是在高中会考基础上进行的高考科目改革。目的是通过高中会考，遏制高中过早文理分科现象，解决高中学生偏科问题，减轻学生负担，利于选拔适合高校培养要求的优秀新生。从1994~2001年采用这一科目设置。

（三）“3+小综合”考试科目

2002~2005年，采用“3+X”高考科目。“3”是指语文、数学、外语3科，其中数学分文、理科试卷，外语听力计入外语科总分；“X”指综合科目，分文科综合（包括政治、历史、地理）和理科综合（包括物理、化学、生物）。国家规定，地理、生物科目的命题按《教学大纲》的必修部分命题。

“3+X”高考科目设置的改革既注重知识的考查，更注重能力和素质的考查。其范围既遵循现行普通高中相关各科《教学大纲》，又不拘泥于《教学大纲》。试题增加应用性和能力型题目，主要检验和考查学生是否具有进入高校学习的潜能和初步创新能力。综合科目的考试，首先是学科内的综合，其次才是跨学科的综合。

“文科综合”和“理科综合”试卷满分各为300分，考试时间为150分钟。

（四）“3+X+1”考试科目

2004年公布了2007年采用“3+X+1”模式。“3”指语文、数学和外语3个科目，是所有考生的必考科目。“X”是指文科综合或理科综合。文科综合包括政治、历史、地理3个科目的必修内容和部分选修内容；理科综合包括物理、化学、生物3个科目的必修内容和部分选修内容。报考文史类、文科艺术类的考生须参加文科综合的考试，报考理工农医类、理科艺术类、体育类的考生须参加理科综合的考试。“1”指基本能力，内容涉及高中课程的技术、体育与健康、艺术类、综合实践等以及运用所学知识解决生活和社会实际问题的能力。所有考生都参加基本能力考试。语文考试时间150分钟，分值150分。数学考试时间120分钟，分值150分。外语考试时间120分钟，分值150分。文、理综合考试时间各150分钟，分值各200分（实际执行为240分）。基本能力考试时间120分钟，分值100分（实际执行为60分）。总分750分。

（五）“3+综合”考试科目

自2014年起，山东省普通高校考试招生科目设置和考试内容进行适当调整。其中，夏季高考考试科目采用“3＋综合”模式。考试时间由原来的两天半缩至两天。“3”指语文、数学(分数学1和数学2)和外语(分英语、俄语、法语、德语等语种)三个科目，是所有考生的必考科目。综合分为综合1和综合2。综合1包括政治、历史、地理三个科目的必修内容和部分选修内容；综合2包括物理、化学、生物三个科目的必修内容和部分选修内容。考生根据自身特点和招生院校要求自主选考数学、综合和外语语种。

2014年，外语考试科目中的听力考试不再纳入夏季高考统一考试内容（2015年恢复）。招生院校可在招生章程中对考生高中学业水平考试中的外语听力成绩提出要求。

春季高考：根据《山东省2012和2014年普通高校考试招生制度改革实施方案（试行）》的有关精神，山东省自2012年起，普通高校考试招生实行以国家统一考试为主、面向不同学生类型的分类考试办法，即普通高校考试招生分春季高考与夏季高考。

春季高考重点面向中等职业学校学生跟普通高中学生，春季夏季高考可以兼报。春季高考由省统一命题，统一组织考试，主要为高职院校和部分本科院校选拔合格生源。春季高考考试科目由知识、技能两部分组成。“知识”部分包括语文（120分）、数学（120分）、英语（80分）、专业知识（200分），专业技能（230分），总分750分。考试时间为每年的5月份。

应急处置预案：2004年5月，省委宣传部、省教育厅、省监察厅、省公安厅、省信息产业厅、省保密局联合印发《山东省普通高考突发及偶发事件应急处置预案》。

博兴县每年在高考前成立考试安全突发事件应急处置工作组，组长由县分管教育的政府负责人担任。其主要职责是第一时间上报事件情况，落实上级协调组办公室工作部署；执行上级决策及指示；落实突发事件的善后处理工作；负责处理偶发事件。

三、招生录取

师范提前单独招生：师范提前单独招生始于1991年。主要改革内容是增加面试、单编考场、参加统考、单独划线、提前单独录取。

通过改革，师范生源数量大幅度增加，生源素质普遍提高，新生专业思想牢固。1997 年，根据并轨后出现的新情况，根据师范类生源有极大改善的实际，取消原来的师农文、师农外、师农理，只设文史类、理工农医类、体育类。师范单独招生完成历史使命。

定向招生： 国家于 1983 年决定从国家任务招生计划中拿出一定比例（部属院校 5% 以内，省属院校比例自定）实行定向招生、定向分配。定向招生，按招生来源不同分为两种形式：一种是面向定向地区或行业招生，毕业分配回定向地区或行业工作；另一种是面向全省招生，毕业后分配到定向地区或行业工作。1998 年，随着计划并轨全国铺开和人才市场的建立和完善，不再接收定向计划。

委托培养： 1983 年，出现了用人单位出钱委托普通高校培养专门人才的招生形式，收到良好效果，委托培养为山东的经济腾飞储备了大量人才。1997 年招生并轨后，委培的招生形式即行终止。

自费生招生： 1983 年委托培养招生形式出现的同时，自费生相伴而生。1985 年《中共中央关于教育体制改革的决定》把普通高校、中专招收委托培养、自费生确定为教育体制改革的重要组成部分。随着改革的进一步深化，自费生招生迅速发展，1992 年达到新高峰。这一改革打破了国家包办高等教育的单一模式，探索了一条适应社会主义市场经济体制发展高等教育的新路子。1997 年招生并轨后，自费生的招生形式即行终止。

并轨招生： 并轨招生改革从 1994 年起步，至 1997 年在全国所有高校推行。将普通高校实行的国家任务和调节性（委托培养、自费生）两种并存的招生计划形式，以及在录取新生时采取的两种录取分数线标准（即“双轨”）合并成一种国家任务计划形式，实行计划形式、录取标准、收费标准三统一。“并轨”后录取时，同批次学校执行同一分数线，学生缴费上学，毕业生自主择业。为保证招生并轨顺利进行，国家同时推行一系列配套改革措施，主要有：（1）收费制度改革。在充分考虑学校培养费用和学生家长实际支付能力基础上，因地因校因专业而异建立科学的收费制度和合理的收费标准。（2）建立奖、贷学金制度和特困生补助金制度。设立优秀学生奖学金，对品学兼优的学生给予奖励；设立与就业挂钩的专项奖学金，以保证国家重点建设项目、艰苦地区和艰苦行业对毕业生的需求；设立贷学金，对家庭有经济困难的学生提供帮助（学生毕业后应按期归还贷款及其利息）；设立特困学生补助金，用以资助少数家庭有特殊困难的学生完成学业。（3）毕业生就业制度改革。改变过去学生上大学由国家包下来的办法，学生毕业后，国家不再以行政分配的办法安排就业，而是以方针政策为指导，引导毕业生参与人才市场竞争，实行自主择业。

本科录取不分批次： 1985 年 6 月，经教育部批准，山东开始实行“根据考生志愿，学校单独录取”的办法，即取消重点院校控制分数线，打通重点、一般院校分批录取的界限，在本科最低线以上按考生志愿由学校单独录取，调档数量由学校决定，录取与否由学校决定，遗留问题由学校负责处理，省招办进行必要监督。这一办法实行后，在本科最低线以上，决定考生是否录取或者是否录取到好学校确实不能单以成绩计较了。考生的志向、爱好、身体、政治思想表现等都可以成为影响因素，对于中学改变“片追”有很好的导向作用。

分指标到市县： 为了缓解片面追求升学率，全面贯彻教育方针，使学生德智体全面发展，开始大规模计划再分配的实验。1990~1994 年，将统一计划统一划线录取改为计划分配到市地，分市地划线录取。专科大部分分配到县区，分县区划线录取。1995~1999年取消了分计划，又恢复全省统一计划统一划线录取。2000~2001年，除重点高校外，本科重新改为计划分配到市，分别划线录取。2002年以后再次取消。

录取批次调整：随着本科计划规模的增加在一批中录取不能很好地、有效地组织选拔，从2000年开始，本科录取又重新分批进行，本科一批为部委属本科院校和进入“211”工程的本科院校，本科二批为其他普通本科院校。

2015年山东省夏季高考取消本科三批，合并为本科二批，从2017年继续调整，本科一批、二批录取批次为“本科普通批”，整个夏季高考录取工作分为本科提前批、自主招生批、本科普通批、专科提前批、专科（高职）普通批5个批次。

1986~2017年博兴县高考录取人数统计表

年份	录取人数			合计	年份	录取人数			合计
	本科	专科	中专			本科	专科	中专	
1986	71	117	65	253	2002	787	586		1373
1987	50	93	65	208	2003	1104	579		1683
1988	98	118	46	262	2004	1033	785		1818
1989	62	112	47	221	2005	1141	950		2091
1990	66	136	32	234	2006	1138	941		2079
1991	89	140	68	297	2007	1292	828		2120
1992	86	226	64	376	2008	1333	1417		2750
1993	95	411	49	555	2009	1542	1077		2619
1994	144	415	53	612	2010	1579	981		2560
1995	98	464	43	605	2011	1594	711		2305
1996	125	349	14	488	2012	1625	854		2479
1997	151	240	55	446	2013	1409	1022		2431

续 表

1998	218	326	100	644	2014	1496	1542		3038
1999	344	488	71	903	2015	1358	1668		3026
2000	446	623	77	1146	2016	1403	1550		2953
2001	716	692		1408	2017	1458	1524		2982

第三节 高等教育自学考试

高等教育自学考试制度是为自学者创立的以学历考试为主的国家高等教育国家考试制度，是个人自学、社会助学和国家考试相结合的高等教育形式，是落实《宪法》第十九条关于“鼓励自学成才”的有力措施。与其他教育形式相比，它有开放、灵活、投资少、见效快、效益高等特点，已成为高等教育中不可替代的重要组成部分。

1982 年 3 月成立国家自学考试委员会，建立国家大学自学考试制度。博兴县自学考试办公室于 1984 年 2 月成立主要负责全县高等教育自学考试、中等专业自学考试和各类社会证书的考试工作。

全县自学考试工作于 1983 年下半年开始筹备，1984 年上半年举办首次考试，从此全县自学考试逐步发展。开设专业从 1984 年的 4 个专业（党政干部基础科、法律、汉语言文学、会计），发展到 2016 年的 84 个（不含已停考专业）。专业门类由单一的文科扩展到文、理、工、农、医、师、法、经济、工程、机械、电子等门类；1984~2001 年报名人数逐年增加，由 1984 年的 75 人增加到 1998 年的 1520 人，累计报名 2800 人次，报考科次数 5680 科次，累计建档 2428 份。1998 年后由于高校及成人高校的扩招，自学考试报名人数逐年下滑。1986 年上半年产生首批高等教育自考毕业生 4 人。以后每年都有考生陆续毕业，至 2016 年，已毕业考生 2192 人（含卫电高师、教师助学自考），其中本科生 1280 人，专科生 912 人。

为加快全省自学考试农村工作体系的建立，全面推进自学考试向农村延伸，根据省教委文件有关精神，结合全县实际，经过充分论证，以县考试委员会、县教委文件形式下发《关于在我县部分乡镇建立“自学考试工作站”，推进自考向农村延伸工作的意见》，1999 年底在全县 12 个乡镇都建立自考工作站。各工作站都安排了兼职工作人员，依托当地成人学校开展工作，主要负责自考宣传、组织报名、沟通信息等，乡镇自考工作站的建立为推动农村社会教育搭建了平台。

高等教育自学考试每年组织两次，报名时间安排在 6 月 18~24 日，12 月 18~24 日，考试时间分别是当年的 10 月份和来年的 4 月份，考点一般安排在市区学校。

全县的高等教育自学考试除国家自学考试外，还有专业证书考试、中等专业教育自学考试等。为加快中小学教师学历达标，

1988~1992年开设中学教师《专业合格证书》、卫星电视高师和音像高师等师范类各专业的自学考试,1999年又开考了中学教师助学自考。

（一）卫星电视高等师范自学考试。1987年7月~1992年7月，连续六年进行招生考试，报考对象为全县中学教师。设汉语言文学、音乐、美术等5个专业,其中280人获得毕业证书。

（二）音像高等师范自学考试。1989年7月~1992年7月，连续四年招生考试，设汉语言文学、英语两个专业。全县中学教师可以报考，共报考68人，52人获得毕业证书。

（三）中学、小学、幼儿园教师专业合格证书考试。1989年7月进行考试，共报名1032人，1018人获得合格证书。

（四）中等专业教育自学考试。1986年7月，根据山东省自学考试委员会统一安排，首次开考中专自学考试。招生的专业有中等师范、物价、工商管理、邮电管理、护士五个专业。1992年上半年,中等专业自学考试下放到地市，当年滨州市开考中等师范、中等幼儿师范两个专业，具体课程设置、教材发放，建立题库和组织报名、考试，颁发毕业证书等工作都由市自学考试办公室统一领导，县自学考试办公室具体负责，至1995年停考，全县共有578人获得毕业证书。

（五）中学教师助学自考。为确保实施九年义务教育，提高基础教育质量，加快中学教师学历培训步伐，根据省教委文件《关于开展助学自考加快中学教师学历培训工作的意见》精神，1999年，滨州市以助学自考形式开考高师本科、高师专科等18个专业。报考对象为具有任职资格的在职中学教师，由滨州市师训办公室负责组织入学考试，滨州市自考办建立计算机管理信息系统和考籍档案。此项考试全县共录取学员126人，122人获得毕业证书。

（六）各类社会证书考试。在承办国家学历考试的同时，自学考试的功能和服务领域逐步扩展。从1993年开始，滨州市相继开设全国计算机等级考试、全国公共英语等级考试、全国计算机应用技术证书考试、剑桥少儿英语等级考试等、山东省中国书画艺术等级考试等多项非学历社会性证书考试，受到社会各界的普遍欢迎。博兴县主要是做好政策宣传和生源发动工作，除山东省中国书画艺术等级考试之外其他考试不设考点。

山东省中国书画艺术等级考试是经省教育厅批准，由山东省教育招生考试院主办的社会证书考试项目。省书画艺术等级考试专家委员会对考生的书法或国画的基本技艺水平做出客观认证。本考试项目2007年上半年开考，于2016下半年停考。博兴县自2007年下半年开始组织报名考试，共有7268人次参加考试，6960人次获得不同级别的证书。

第四节 成人高等学校招生考试

成人高等学校招生全国统一考试简称成人高考，是我国成人高等学校选拔合格的毕业生以进入更高层次学历教育的入学考试。成人高考同普通高考一样，都是选拔人才的国家考试，只是由于本身的学习特征需要，才在学习形式等环节上有所差别，进行了一定区分。考生需参加教育部组织的全国统一考试，由各省市自治区、直辖市统一组织录取。设立之初，是为解决在岗人员的学历教育和继续教育问题，参加者多为成年人，是国家高等教育重要组成部分。成人高考分高起专、高起本、专升本，选拔要求因层次、地域、学科专业的不同而有所区别。学习形式存在全脱产（全日制）、半脱产（业余）、函授（自学为主，集中面授为辅）三种形式。经过系统地学习后，本科毕业生通过毕业论文答辩、学位英语考核达到规定成绩，符合学位申请条件的，可申请授予学士学位，并可继续攻读硕士学位和博士学位，成人高校考试适应成人特点，不断调整考试科目、形式和时间。

一、考试时间

1991~2002年，为每年5月的第2个星期六、星期日。2003年因非典推迟到11月的第2个星期六、星期日。2004年以后为10月的第2个星期六、星期日。

二、考试科目

1991年的考试科目：理工农医类（含体育、非教师班地理专业）考政治、语文、数学（理工类）、物理、化学5科。文史类（含财经、政法、外语、艺术、教师班地理专业）考政治、语文、数学（文史类）、历史、地理5科（艺术类专业，数学考试成绩不计入总分，供录取时参考）。

高中起点本科各专业（不含师范类教师班）和外语、外贸、外经专业的本、专科均须加试外语。分英、俄、日3个语种，由考生任选1种。由国家教委统一命题。考试成绩不计入总分，单定录取标准。以上各科满分均为100分。

普通高校、教育学院举办的大学专科起点的各类中等学校教师本科班各专业，由省统一组织命题制卷，其命题范围不超出《中学教师进修高等师范专科教学大纲》规定的内容。其它类别专科起点本科班的命题，由有关部委或学校单独命题，但命题难度要达到大专毕业水平，不能降低要求。专业课专业科目由学校自定。

考试科目及命题在不断调整。

（一）全国各类成人高等学校招生统一考试中，英、日、俄等外语科目分“公共”和“专业”两类试卷，自1991年起合为一卷，满分为100分。

（二）1993年，山东中医药类成人高等教育招生考试科目由原来考政治、语文、数学、物理、化学改为考政治、语文、数学、中医基础学、中药学。

（三）1994年，对专升本命题进行改革。师范类专升本科班的政治教育、汉语言文学教育、历史教育、英语教育、数学教育、物理教育、化学教育、地理教育、生物教育、体育教育、音乐教育、美术教育、教育管理等13个专业考试科目为4科，除艺术科外的各科试题由国家教委统一命制。

13个专业之外其他非师范类专科起点本科班各专业的考试科目为4科：公共课2科、专业基础课1科、专业课1科。国家教委统一组织命题。

（四）2000年，教育部进行较大规模的考试科日调整。

1. 高中起点本、专科考试科目：

(1) 理工农类考政治、语文、数学（理工类）、物理、化学。

(2) 文史类考政治、语文、数学（文史类）、历史、地理。

(3)“3+2”考试科目改革试点，具体范围及考试科目如下：

①西医类（不含药学）考政治、语文、数学（理工类）、生理学、人体解剖学。

②中医药类考政治、语文、数学（理工类）、中医基础学、中药学。

③技师类考政治、语文、数学（理工类），另加2门专业课。

④劳改劳教类考政治、语文、数学（文史类）、监狱（劳教）基础、狱政（所政）管理。

政治、语文、数学实行全国统考；专业课分别由卫生部、国家中医药局、劳动和社会保障部、司法部组织命题。

(4) 高等职业技术教育班（简称“高职班”），实行“3+2”形式，3门基础课政治、语文、数学（文史类）实行全国统考，2门专业课不参加全国统考，由省招办委托有关单位单独组织命题、考试、阅卷。

本科各专业和外语、外贸、外经专业专科须加试外语，分英、日、俄3个语种，由考生任选1种，由教育部统一命题。考试成绩不计入总分，单定录取标准。

各科满分均为150分。

高等艺术院校艺术类专业艺术科加试由院校自行组织。加试科目的成绩不计入总分，供录取时参考。非高等艺术院校艺术类专业艺术科加试，原则上由省招办委托有关单位统一组织进行。需自行组织加试的，要报省招办批准。

2. 专升本科班考试科目：

专升本科班招生分为师范类（系指普通中学教师和各中等学校普通课教师）和非师范类（系指考生为普通中、小学教师以外其他学校教师和非教师）。考试科目共4科：公共课1科，专业课3科（音乐、美术专业除外）。公共课为教育理论课（教育学、心理学，侧重教育学部分）。各专业课根据分类分别规定。音乐、美术教育专业原则上由各招生学校单独组织命题考试。非师范类专升本科班的公共课和专业基础课实行全国统考，由教育部统一命题。民法由司法部组织命题。非师范类专升本的专业课命题考试由各招生学校单独组织进行。

（五）2003年全国成人高校招生考试科目设置的调整。

1. 专科起点升本科统考科目按学科门类，不再按生源类别设置。统考科目为政治、外语和专业基础课3门。专业基础课根据各学科门类的特点设置8门，由招生院校按专业的需要规定考生应试其中1门。

2. 高中起点升专科（含高职）、高中起点升本科考试按文科、理科分别设置统考科目。其中，高中起点升专科（含高职）统考科目为语文、数学（分文科类、理科类两种，下同）、外语3门。报考高中起点升本科的统考科目的理科类考生增加“物理化学综合课”（简称物化），文科类考生增加“历史地理综合课（简称史地）。

3. 各类考生除参加上述规定的统考科目考试外，招生院校可根据专业要求自行确定是否再加试1门考试科目。如需加试，招生院校必须在招生简章中注明并自行命题和组织考试，于录取工作开始前，向有关省级成人高校招办提交加试合格考生名单。录取时，省级成人高校招办根据加试合格考生名单向招生院校投档，招生院校根据考生参加统考的成绩，由高到低择优录取（艺术类和体育类专业在考生文化课符合要求的基础上，按加试专业课成绩从高到低录取）。不需加试的院校，按考生参加统考科目的成绩录取。

4. 统考科目除专科升本科考试的民法试题由司法部命制外，其它试题均由教育部统一命制；各门试题满分为150分；高中起点升本科、专科的统考科目每门考试时间为120分钟，专科升本科每门考试时间为150分钟。

（六）从2005年起，取消高中起点升专科（高职）考试科目中的医学综合、中医综合、监狱（劳教）基础、公安专业基础等4门专业基础课考试。报考相关专业的考生只参加语文、数学、外语3门统考科目考试。专科起点升本科考试科目中的民法专业基础课考试改由教育部组织命题。

博兴县 1986~2017 年成人高考录取人数统计

年份	录取人数		合计	年份	录取人数		合计
	本科	专科			本科	专科	
1986	21	76	97	2002	128	193	321
1987	30	81	111	2003	127	191	318
1988	34	78	112	2004	137	205	342
1989	36	75	111	2005	148	221	369
1990	27	82	109	2006	168	252	420
1991	32	85	105	2007	194	291	485
1992	34	90	124	2008	211	317	528
1993	31	89	120	2009	235	351	586
1994	28	76	104	2010	132	197	329
1995	29	78	107	2011	94	142	236
1996	35	81	116	2012	131	198	329
1997	32	79	111	2013	105	156	261
1998	29	95	124	2014	130	194	324
1999	34	118	152	2015	251	376	627
2000	37	161	198	2016	218	326	544
2001	96	144	240	2017	233	352	585

第八篇 人物与荣誉

- 全国首批“两基”达标县
- 全国义务教育发展基本均衡县
- 全国特殊教育先进县
- 全省教育工作示范县
- 全省农村中小学校舍改造先进单位
- 全省城镇中小学校舍改造先进单位
- 全省工会先进单位
- 全省教育督导先进单位
- 全省扫除文盲先进县
- 全省学前教育先进县
- 全省素质教育先进县
- 全省艺术教育示范县
- 全省教师队伍建设先进单位
- 全省招生考试工作先进集体
- 全省学生资助工作先进单位

……

第一章 人物简介

一

舒万化 （生卒年不详），江西玉山县人，博兴知县。崇祯十六年十二月初三日，清兵攻博兴城，登北门楼望敌，见守者皆有惧色，万化义勉之："我为王臣，尔为王民，敢不效死乎？"矢石交下，攻者稍退却。忽闻城西北隅已陷，守者拥公下城，急走入家内更换衣冠，束带自缢，从容就义。县典史沈季佐，戎服佩剑巡城，连杀初攻者二人，知势不敌，仰天叹说："此我死所也！"伏剑自尽。县学教谕张述，城陷死之。新城人县学司调王象益，字冲孺，号冲宇，明万历丁丑岁贡，城破，夫妇被执不屈，同死官舍。县学司训郭纯，城陷，有老仆劝出南门履冰去，曰："既食禄，身将焉逃？"遂以头触壁而死。邑廪生顾远，崇祯十五年副榜第一，协助知县舒万化誓死守城，城破慷慨殉难。

钱大受 （生卒年不详），字伯衡，掖县（今烟台莱州）人。康熙二十三年春，由岁贡任博兴县训导。见学宫破败倒塌，视为自己的失职，劝导县里的绅士修建。康熙二十九年，钱大受写诗文呼吁四乡之绅士与民之好义者各输重资，备尝艰辛重修博兴学庙大成殿。卒于博兴任上。

李元伟 （生卒年不详），字侪英，号璞菴，福建安福（今江西安福）人，清康熙五十五年（1716）任博兴知县，六十一年（1722）离任。后曾任益都知县、日照知县。于雍正元年，经官吏考绩之典，升任广西廉明知府。在任期间，"治城垣，饬学校，济河渠，建衙舍"，促博兴发展。百姓感念其恩德，在锦秋湖边为他修建生祠，后改名锦秋书院。锦秋书院的设立，使学生有了集中求学之处。第二年又捐俸为学官建设教谕宅、训导宅学署机关，学官有了栖息及办公之所。

周壬福（生卒年不详），字鹤侪，江苏昭文（今江苏常熟）人，附贡生，道光二十年（1840）任博兴知县。做事果断有毅力，为博兴发展倾注了大量心血。据民国《重修博兴县志》记载，他主要做了以下工作：重修路筑桥，为行人提供便利；顺应民意，重启迎秀门；兴办义学，如北关义学和益家庄义学；易风俗；纂修《博兴县志》。调任后博兴百姓在燕公祠旁分筑一室来祭祀他。

李 铨（生卒年不详），字少唐，天津人，进士。光绪十六年（1891）任博兴知县。在任期间把振奋士气、劝导文风作为首要任务。县里原有锦秋书院，已徒有虚名，又没有考试院校，便与士绅王彤一等人筹集巨款，在县西南义学的旧址上，加以拓宽，建立书院。光绪十八年购买顾、王、李三姓的宅基地若干，对锦秋书院进行扩建，从壬辰三月到甲午九月完工。从旧存的经史子集中选择若干种放在书院，供有志于学的士子前来翻阅。聘请有名望的人教导学生，推动博兴科举的发展。癸巳（1893）秋天的科考，山东例取举人五十一名，博兴即有四人：李义田、栾凤书、李士田、曹紫庭。其中，李士田在次年又高中进士。

王炽昌（生卒年不详），字寿卿，山西临汾人，进士。光绪三十一年至三十三年任博兴知县。到任后，奉命在旧有书院的基础上改建学堂，聘请教师，招募师范、高等学生各一个班，称为官学。光绪末年，升格孔子为大祀，与县里的士绅王丰玉、栾凤书、王子玢、李士仲等募集巨款重修文庙，委托举人栾凤书作为劝学总董，催促办理全县的教育。

张其丙（1894~1972），云南石屏县人，毕业于日本成城学校，曾任口北道尹、山东省政府秘书等职，民国二十四年任博兴县县长。民国二十五年，成立乡村初级小学经费管理委员会，对全县小学的经费统一收取，统一支配，并创立简章呈报省政府和教育厅，每个壮丁交纳小学经费洋币二元（或一两银子），每年共收取58854元，学生入学后一律免除学费。没有设立学校的村庄纷纷效法修缮县署，改革教育，重修出版《博兴县志》。在任期间，疏浚小清河。民国二十五年共增加学校72所，学生6120余人，教育事业日渐发展。

按：本部分收录了历史上重视博兴教育事业发展的官员。

二

李　干　（1921.2~2018.4），原名李树屏，博兴县店子镇利城村人。济南乡村师范学校毕业。1937年3月加入中国共产党，参加革命工作。1938年2月刘霭泉、蔡恩溥、相炜、李干、张文韬等十多名党员在五区利城村李干家召开了抗战时期第一次全县党员会议，研究筹建中共博兴县委、建立抗日武装等工作。1940年至1941年任博兴县政府教育科长（抗战时期由我党组织任命），后在渤海一、二专署工作，任财政科长、粮食局长。1948年起历任沧南专署副专员、德州专署专员、中国第一重型机器厂副厂长、中国第二重型机器厂副厂长和厂长、四川省德阳市人大常委会主任、党组书记等职。

王　君　（1908.6~1980.5），原名王景夷，东营市广饶县西关村人。1923年高小毕业，后就读于青岛私立胶澳中学、省立第四师范学校。1930年6月，毕业后返广饶从事教育工作，1937年3月加入中国共产党。1941年3月至12月任博兴县民主政府教育科长，后任博兴县县长。1951年3月至1952年3月，博兴中学初建，兼任校长。1961年11月至1966年3月，任宁夏粮食局人事处处长。

曹锡元　（1911.8. 6~？），又名曹墨林、曹西园，淄博市临淄区大柳村人。1938年2月参加革命工作，1938年9月入党。1939年至1945年先后任临淄、博兴、蒲台县政府教育科长，后任清中专署教育科科长。1971年至1984年先后任楚雄五七大学副校长、楚雄州教育局和卫生局局长、政协楚雄州委员会副主席等职。1942年任博兴县教育科长时，编辑出版过初小语文、算术、常识课本和高小教育用的青年夜校课本、妇女识字班课本、冬学课本等。

马　健　（1915~？），原名马安堂，曾用于格林、马静庭等化名，博兴县庞家镇兴马村人。1932年济南正谊中学初中毕业后，回乡从事教育工作。1941年参加革命，任博兴一区教育助理员。1944年1月至1949年3月任渤海区教育科督学、博兴县教育副科长、科长。1949年4月随军南下，任华东人民革命大学三、四部教育科党支书、班主任等职。1952年至“文革”期间，在华东局党校（后改上海市委党校）马列主义教研室工作，1979年调上海交通大学马列主义研究室。

许明村　(1916.11~2005.7)，博兴县吕艺镇兴和村人。自幼读书至1940年5月参加教育工作，同年5月加入中国共产党。曾先后担任过刘官完小校长、博兴县青年训练班班主任、博兴县文教科副科长、科长等职务。在渡江战役中担任支前担架团副团长，获支前二等奖。1952年3月至1956年8月先后任博兴县委秘书、宣传部副部长、部长等职。1956年8月至1957年7月在省委党校学习，任组长。1957年7月至1958年10月任博兴县委副书记。1958年10月至1959年5月任临淄专区交通运输指挥部副主任。1959年5月至1960年7月任淄博专署计划委员会副主任。自1960年7月始先后任惠民地区粮食局局长、党组书记、顾问等职。1983年12月离休。

许冠宇　1917年4月生，临邑县沙河公社沂家村人。1944年参加工作，1946年5月加入中国共产党。1947年任惠民县城关区区委书记，1954年12月至1956年3月任博兴县文教科科长，1956年任博兴三中副校长，1959年任五中（史口划出后改为三中）副校长，1973年任民政局副局长、党组成员。

石恩卿　(1925~1961)，原名石玉堂，滨城区三河湖镇陈家村人。1945年至1947年参加革命军队，1945年入党，从部队转业后任小学教师。1948年至1956年先后任区文书、联防主任、县委通讯干事、县学副主任、《大众日报》记者站助理记者、蒲台县文教科科长。1956年3月至1958年6月任博兴县教育局局长。在整风反右运动中，被错划为极右，1958年遣返原籍自谋生活。

张嵩山（1920~1978），原名张子兴，吕艺镇刘官庄村人。幼读私塾，1930年考入县民众小学读书，1936年考入高苑师范。1939年参加革命工作，历任博兴抗日小学教员、桓台县石桥区副区长、区长、区委书记，桓台县文教科副科长、科长、博兴县文教局局长、桓台县教育局局长、桓台县政府党组书记（副处级）等职。

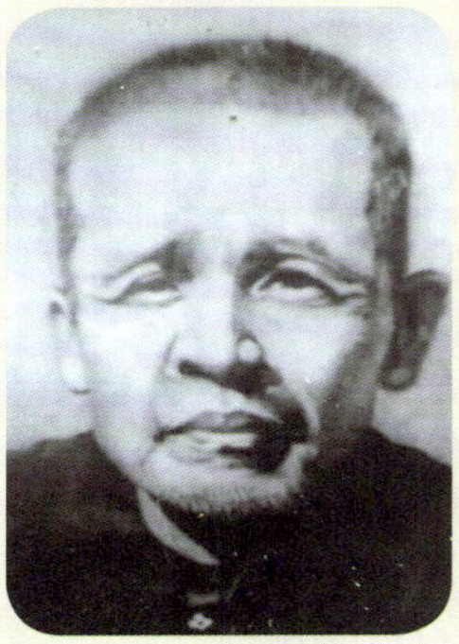

孙道明 （1924.11~1987.11），博兴县纯化镇止河头村人。1956年加入中国共产党。1934年至1943年先后在纯化镇初小、高小和鸿文中学读书。1944年至1949年投身于根据地的教育事业，创立小学，发展社会教育和协助民主政权做群众工作。1949年8月先后任蒲台县教育科科员、副科长。1956年任博兴县教育科副科长，主持日常工作到1966年。1969至1970年任县教育革命办公室主任，1972年调博兴二中（即小营中学）任革委主任。

王长江 1932年2月生，博兴县纯化镇河里村人。1948年6月参加工作，1952年10月加入中国共产党。1948年至1959年先后在王文医药合作社、闫坊联社、博兴县联社等任职。1959年5月至1961年4月在淄博专署商业局工作，历任副科长、科长等职。1961年5月至1962年1月在惠民专署外贸局工作，历任人秘科科长、外贸公司副经理等职。1965年8月至1970年12月，历任蔡寨公社书记、湖滨区副书记等职。1971年1月任博兴县教改组长，后改任教育组长、文教局长，1977年10月任博兴党校校长。1978年11月至1993年3月在博兴县供销合作社历任主任、监事会主任、副书记、纪委书记、调研员等职。

郑盛之 1933年出生，阳信县温店镇王坤席村人，中共党员。1950年渤海师范毕业，在蒲台县团委工作。1953年调博兴二中任团总支书记，1958年任博兴三中教导主任，1972年任博兴县教育组副组长，1977年10月任文教局长、党组书记，1985年初任惠民县教育局局长、教育局党委书记。

曹子敏 1950年6月生，博兴县店子镇利城村人。1968年12月参加工作，1978年6月入党。先后任店子公社高中教导主任，博兴县第一农技中学校长。1984年5月任寨郝乡党委书记，1985年3月任博兴县教育局长、党组书记，1993年4月调滨州地区任招生办公室主任，后任滨州地区教育局副局长、教委副主任、滨州市教委副主任。2002年1月任滨州职业学院党委副书记、副院长，2006年3月任滨州市人大教科文委副主任，同时被滨州市人民政府聘为首席督学。1989年9月，被授予“全国先进教育工作者”称号，1997年9月，获第二届“中华扫盲奖”，2006年6月被省委授予“山东省优秀党务工作者”称号。

白长远 1949年10月生，博兴县湖滨镇柳白村人，大专学历，中共党员，中学高级教师。1970年11月任本村学校教导主任；1979年9月任湖滨中学教导主任、校长，1984年5月任兴福镇党委副书记、书记；1989年1月任博兴一中校长、书记；1993年4月至1994年4月，任县教育局局长；1994年4月至2001年2月，任县教委主任、党委书记；1999年9月至2001年2月，兼任博兴一中校长、党总支书记；2001年2月至2004年12月，任博兴一中校长、党总支书记。被县委、县政府记大功一次，三等功四次，两次评为地区先进教育工作者。1993年评为全省先进少年儿童教育工作者，1999年被省人事厅、省教委授予“先进教育工作者”称号，被国家教育部授予“关心下一代先进工作者”称号。

李　予 1960年12月出生，山东省高青县人，研究生学历，1994年破格晋升为中学高级教师。1982年7月至1993年7月，在博兴一中工作，先后担任高中语文教师、教务处副主任；1993年7月至2007年6月，在博兴县教育局工作，先后担任职教办主任、教研室主任、副局长、局长；2007年6月至2008年5月，在博兴县委宣传部任常务副部长；2008年5月至2013年7月，在滨州市技师学院任纪检书记、副院长；2013年7月至2014年4月，任滨州市教育局副局长、山东省北镇中学校长；2014年4月起任滨州市创业大学和滨州市创业孵化中心负责人。1993年9月被评为“全国优秀教师”；2001年11月被评为“山东省妇女儿童工作先进个人”，荣立一等功；2001年8月被省政府授予“山东省两基工作先进个人”；2002年11月被市政府记二等功一次；2000年9月至2004年荣立个人三等功4次。是滨州市第七届、第九届、第十届政协委员。

周奎齐 1962年8月生，博兴县城东街道椒园村人，研究生学历，中共党员。1978年8月参加工作，1990年起历任县实验小学、县第一小学、县实验中学校长；1999年7月至2002年7月兼任县教委副主任、党委委员；2002年7月至2007年6月兼任县教育局党委书记、副局长；2007年6月至2007年11月任县教育局局长、党委副书记、县体育局党组书记、县实验中学党支部书记；2007年11月至2010年12月任县教育局局长、党委副书记、县实验中学党支部书记；

2010年12月至2012年9月任县一中党总支书记，县教育局长、党委副书记、县实验中学党支部书记；2012年9月至2015年8月任县一中党总支书记、县教育局长、党委副书记；2015年9月至2015年12月任县一中党总支书记，县政协党组成员；2012年12月起任县政协党组成员，港澳台办主任。1996年6月被评为山东省教学能手，1997年6月获得全国星星火炬奖章，2001年9月被评为全国模范教师，2002年5月荣获全国五一劳动奖章，2003年5月被评为全国电教先进个人，2005年9月被评为山东省首届创新校长，2006年5月被评为山东省特级教师，2012年10月被评为全国教育创新先进个人，2011年8月被教育部中学校长培训中心聘为兼职教授。1991年在滨州市首创“年级主任负责制”的校内管理机制并被推广沿用至今；2003年依托县实验中学筹集民间资金主持创办起全市第一所民办学校——博奥学校。

石卫山 1965年6月生，滨州市滨城区人，大学学历。1987年加入中国共产党。1982年参加工作，先后在滨南采油厂、博兴县统计局、博兴县综治办工作；1993年9月起历任乔庄镇、寨郝镇、湖滨镇、陈户镇、博兴镇、博兴县政法委、博兴县市政处、博兴县政府办等单位领导职务；2008年任博兴县林业局局长；2012年任博兴县民政局局长；2015年任博兴县教育局局长；2016年起任博兴县人大农业与农村委员会副主任。先后被市委、市政府授予“社会治安综合治理先进个人”“全市招商引资工作先进个人”荣誉称号；被山东省人民政府森林防火与林业有害生物防控指挥部授予“2009年度全省美国白蛾防控工作先进个人”荣誉称号；被山东省绿化委员会授予“山东省绿化奖章”。

李光辉 1970年8月出生，东营市东营区龙居镇人，大学学历，1998年8月加入中国共产党，1990年7月至1992年3月在博兴县新建中学任教；1992年3月至2003年8月任县体育中学竞训科科长；2003年8月至2016年8月历任县体育中心副主任，县体育局党组成员、副局长，县体育中心主任，县体育局党组书记、局长；2016年8月起任县教育局党委书记、局长，县体育局党组书记、局长。2006年11月被滨州市人民政府记三等功。2000年，被授予“全国群众体育工作先进个人”称号。2002~2005年度获“全省群众体育先进个人”称号。2011年度被评为山东省优秀体育局长。

按：本部分收录了自抗日民主政府成立以来的历任教育科长、局长。

三

傅保清 （1881~1943），字联席，号振寰，博兴县锦秋街道傅桥村人。七岁进私塾读书，后到济南教书，钻研诉讼理论，被聘为律师。后回乡从教，将自家的三间破草屋改做教室，自编教材，收拢村里的穷孩子上学，费用减免。联络各村有识之士办学，村村办起公办学校（小村联办）。后县教谕署改为劝学所，经劝学总董造访后，将傅保清所编教材在若干区、乡、村推广。他既教书，又任乡长。他最早成立公学，培养了一批有识之士。

陈竹村 （1885~1984），名英贤，号竹村，博兴县店子镇西郑村人。1938年9月经王博昌介绍加入中国共产党。8岁入私塾，18岁考入博兴县师范讲习所，毕业后任教员。1930年国民党县党部组织农民协会，任副会长，并兼任县督学，1931年2月任县柳货业工会理事。卢沟桥事变后，将自己领导的五区人民抗日自卫团改编为博兴人民抗日志愿军。1940年冬，返回博兴主持参议会工作，后历任渤海军区党委文物保管员、济南四里山建塔委员会秘书长。新中国成立后，先后任济南市建设局园林科科长、山东省文史研究馆秘书室主任。1958年，任山东省建碑委员会委员。1961年1月被选为山东省政协常务委员，连任二、三、四届省政协常委，省政协党组成员。

杨枫林 （1893~1975），博兴县纯化镇杨家村人。1925年至1932年，先后在私塾和学堂教书。抗日战争爆发后，从事教育事业。1940年加入中国共产党，任村支部宣传委员。为办好小学和冬学，自编各种教材。1941年至1948年，连续被评为区、县先进民师，被授予“民师之光”称号，多次在渤海区和县选模大会上作典型发言。

李天佑 （1894~1932），字惠民，博兴县吕艺镇高渡村人。八九岁在私塾就学，后在本村设馆执教。曾在龙河村为家庭塾师两年，又回到本村任教。近30岁时被录用为正式小学教师。先在本村任教，1932年春节后到四区城王村小学任教。1930年，从同乡张静源那里接受马列主义的启蒙教育，由张静源介绍加入中国共产党。在城王村任教期间，以教书为掩护，积极开展党的活动。1932年8月，党在博兴组织发动了“八四”农民暴动，李天佑是组织者之一。他和李相韩同时被捕，李天佑用计谋使李相韩逃脱，他顶着李相韩的名字被敌人残酷地杀害。

李景房 （1894~1970），原名李世忠，后取名为李相韩。博兴县城东街道霍家村人。念了几年私塾后辍学，先在本村教书，后考入新式学堂——博兴县立第一高小。高小毕业后，在县城附近的北八里村教书。后考取青州师范速成班，取得师范速成班结业证书。1930年到兴福镇任教，1931年加入中国共产党。1931年与张静源、刘顺元、李天佑在县师范讲习所召开了小学教员联席会，把全部精力都投入到了农运工作中。新中国成立后，任淄博市博山区转业军人委员会主任，后到淄博市图书馆工作。

张静源 （1901~1933），原名张寿安，化名舒实夫，博兴县吕艺镇高渡村人，中共党员。7岁念私塾，后考入博兴县立高等小学读书；1917年，考入山东省立第一师范学校，1921年毕业后返回家乡，在史口小学任教，被博兴县教育局聘为督学；1924年，到青岛崂山九水、李家庄小学任教；1927年，被聘为青岛沧口区宋哥庄小学校长；1928年，受组织派遣，在博兴县教育界及高渡村宣传马列主义，发展了一批党员；1932年2月，成立博兴县第一个农村党支部——高渡村党支部；1932年，回到博兴，以县教育局督学的身份在县城教育界开展革命活动；1932年4月到莱阳工作，中共莱阳中心县委成立后任书记。1933年10月，不幸遭到歹徒暗杀，时年32岁。

赵炎周 （1901~1952），名发祥，字炎周，博兴县锦秋街道菜园村人。7岁入私塾，1912年考入博兴县立高等小学。1915年考入山东省立第十中学（校址在青州）。1919年考入国立山东法政专门学校。1924年回到家乡，在本村创建初级小学，后又到县立第一小学任教。1926年任县立第二小学校长。1931年任博兴县联庄总会副会长。1932年博兴互济会成立，任副会长。抗日战争胜利后，被选为博兴县参议会执行委员，兼民政科副科长。新中国成立后，被选为博兴县各界人民代表大会副主席。

晋吉清 （1898~1933），博兴县庞家镇晋家村人。毕业于省立一师，先后在县立中学和师讲所任教。30岁任临沂县教育局长，33岁任博兴教育局长、国民党县党部委员。受到名为国民党县党部委员实则是共产党地下组织负责人刘顺元、王博昌、蔡秉虔的教育和影响，对满怀抗日救国热情的进步师生深表同情，并利用合法身份掩护他们。“八·四”农民暴动失败，由于反动分子告密，被国民党政府通缉，被迫只身外逃，1933年在北京遇害。

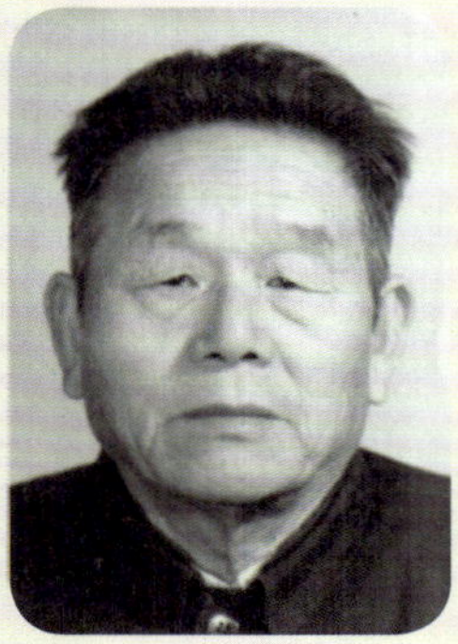

蔡霙虔 （1903~1978），原名蔡锡钺（字秉虔），曾用名马廷新（字焕之），博兴县店子镇利蔡村人。1911年2月入本村小学读书，先后考入博兴县第二高等小学、山东省立第十中学（青州）。1924年中学毕业，在县立第二小学任教员。1926年加入中国国民党。1931年8月，中共博兴特支成立，他任校长的博兴县立第一高级小学成了博兴党组织传播马列主义的主阵地。新中国成立后，先后任临沂鲁中南区贸易公司审计员、中国土产公司山东省公司计划股长、中国煤建公司山东公司副科长、中国木材公司山东公司副科长、山东省商业厅煤建处副科长、山东省工业设备安装公司副科长、省建材学校负责人（校址在博山），后任山东省建设厅幼儿园园长、山东省建设厅招待所所长等职务。

王博昌 （1905.2~1938.11），原名王汉儒，字杰三，博兴县博昌街道王楼村人。1920年考入济南正谊中学，1925年考入北京朝阳大学，在专门部政治经济科三班学习。1930年6月，大学毕业回到家乡。1931年加入中国共产党，出任博兴师范讲习所所长。1932年8月在中国共产党的领导下，博兴爆发农民暴动，他是组织者之一，暴动前，被确定为后备县委书记。1938年6月，当选中共博兴县委书记，并作为党代表参加了陈竹村领导的博兴抗日人民志愿军。8月，率领博兴抗日人民志愿军编入山东抗日游击队第八支队，担任八支队第十三大队政委。11月9日，十三大队奉命向胶济铁路挺进，行至临淄遭遇日寇，为掩护部队安全转移，率部分战士与敌人展开英勇搏斗，不幸牺牲，年仅33岁。

王苇塘 （1906.9~1996.6），博兴县吕艺镇许李村人。幼读私塾，1930年毕业于济南第一师范学校。1931年回到博兴应聘人博兴县第一高小训育主任。1932年加入中国共产党并参加革命工作，为中共秘密县委宣传委员。支持一小学潮，参与博兴八四暴动。抗战时，历任连政治指导员、民运干事、博兴县政府秘书、渤海报社编辑、耀南中学教师、分校主任、校长。解放战争时，任渤海干校大队长。新中国成立后，历任山省教育厅科长、山东医学院附属工农速成中学校长、山东科学分院院长、省科协处长等职。1961年10月任济南市第一中学校长。1980年11月任济南市教育局顾问。1979年12月当选为政协济南市第六届委员会常委。

冯毅之 （1908~2002），原名冯仙舟，笔名峰毅等，青州市(原益都县)长秋村人。1929年，在济南高中就读时，加入“左翼作家联盟”进行革命活动。进入“左联”“社联”举办的暑期学习班，有幸聆听到冯雪峰、鲁迅、茅盾、潘汉年等老师的教诲。1932年在博兴县立第一高小任教，曾主办校刊《蓓蕾》。组织领导一小学潮，曾作为校代表出面与县长交涉。建国后，先后任中共山东省委宣传部文艺处长、省文联党组书记、山东省文化局长兼党委书记。1980年任山东艺术学院院长兼党委书记。

杨玉山 （生卒年不详），博兴县纯化镇杨家村人。博兴全境解放后，被派到新区开展教育工作，他走门串户动员学生上学，以扭秧歌、唱歌的形式吸引学生上学，更身背残疾儿童到校。他大力发展冬学民校，组织村剧团、秧歌队。百多户人家的村庄，小学班发展到70人，妇女识字班80人，夜校100多人，是当时渤海区最著名的教模之一。

高星华 （1909.11~2004.3），原名卢延年，字寿卿，曾用名高兴华，博兴县湖滨镇寨卢村人。先后在本村小学、县立第二高等小学、县立初级中学读书，1926年12月毕业，在本村任小学教员。1928年2月，考入山东省立民众教育学院。1929年夏毕业后在博兴县立高等小学任教员。1930年任县立民众教育馆馆员，1932年被任命为馆长。1936年在博兴县教育科任文书，1937年在博兴县第五小学任教员。1940年9月加入中国共产党。10月代理博兴县抗日民主政府县长。1941年2月当选为抗日民主政府县长。建国后，历任中央财政委员会计划局专员、财政金融处副处长、第二办公厅财金组副组长，国务院第五办公室财金组副组长，国务院财贸办公室财金组副组长等职务。1978年6月被国务院任命为国务院参事。

孙蓬南 （1910~1987），原名孙世禄，曾用名孙健、孙歧鸣，青岛胶州市李哥庄镇大辛疃村人。1938年到达延安更名为刘鼎铭。1931年入党，同年受省委派遣到博兴县立第一高级小学任教，是第一任中共博兴特支书记，先后任八路军一二九师三八六旅政治部宣传干事、中国人民解放军晋冀鲁豫野战军第六纵队政治部科长、中原军区独立旅政治部教育科科长、皖西军区政治部宣传部教育科科长、第二野战军三兵团政治部秘书处副处长、三兵团军政大学一总队政治处主任、政治部秘书处处长、宣传部代理部长、川东军区政治部宣传部部长、云南省教育厅党组书记、副厅长等职。

顾向德 (1911.12~2007.2)，博兴县锦秋街道西隅村人。幼读私塾，后在县女学读书三年。1925年起先后就读于广饶县高小、济南市女子职业学校、省立济南第一女子中学、济南第一女子中学、省立第四师范(益都师范)学校,是博兴县第一位女性中师毕业生。先后在博兴县第一小学、城关完小、利城区张侯小学、湖滨小学等学校任教。

刘蔼泉 (1912~2002)，曾用名刘景和，博兴县兴福镇徐刘村人。幼读7年私塾，后又接受了4年旧式小学教育。17岁在邻村贾李村任小学教员，期间接受革命理论教育和参与革命活动。1931年考取博兴县立师范讲习所。1932年10月加入中国共产主义青年团。1933年3月由共青团员转为共产党员。1934年7月经陈竹村介绍到兴和许村、兴和朱村和西毛河村任小学教员，利用教学的机会给学生讲授革命道理，鼓励学生们参加革命。1949年6月起先后任山东渤海军区警备第九团副政委、铁道兵团六支队副政委、铁道兵团干部学校政治部主任。

傅敦吾 (1913~1978)，原名傅怀珂，博兴县锦秋街道傅桥村人。1921年入乡塾读书，后又在本村小学、博兴县立第一高级小学、济南正谊中学上学。1931年加入中国共产主义青年团，同年7月转为中国共产党党员。1932年到北京入弘达学院高中部学习，被当地党组织任命为北京西区区委交通委员。1933年转入北京北方中学师范科读书。下半年回到家乡开展革命活动，任博兴县立第五高级小学教员，领导学生开展反对国民党派到县立五小的反动校长的斗争。抗日战争胜利后，任鲁中军区后勤部政治委员。1962年8月任济南军区后勤部政治部主任。1955年被授予上校军衔。1960年晋升为大校军衔。1955年被授予抗日战争时期的二级独立自由勋章和解放战争时期的二级解放勋章。

郝子乔 （1915.12~2002.6），博兴县湖滨镇寨郝村人。1930年考入博兴县立第一高级小学。1932年2月参加共产主义青年团，是年高小毕业后，考入博兴县师范讲习所。1932年8月参加博兴暴动。1936年起先后在寨高村、寨郝村、兴和益村任小学教员。1938年弃教从戎，12月参加革命工作。1942年8月加入中国共产党。1955年被授予上校军衔，1957年被授予大校军衔。1954年获朝鲜三级自由独立勋章，1957年获三级自由独立勋章和二级解放勋章，1988年获中央军委颁发的“独立功勋荣誉章”。

李铁锋 （1917.1~1984.1），博兴县锦秋街道西关村人。1931年进入博兴第一小学读书，高小毕业后，考入惠民师范，后又考入高苑、青城、博兴、蒲台、桓台五县联立乡村师范。抗日战争爆发，在西关、菜园小学以教书为掩护，参加了抗日救亡活动，1938年加入了中国共产党。先后任桓台县抗日民主政府县长，临淄县县长。1948年10月任渤海区第四专署副专员。建国后，先后担任温州专署副专员、温州地委秘书长、地委代书记兼温州市委书记。1977年任浙江农业大学党委书记。1982年10月任浙江省人大常委会常委、副秘书长、文教委副主任等职务。

韩 枫 (1920.1~1996.2)， 博兴县湖滨镇柳桥村人。1938年1月加入中国共产党，1938年3月入伍。自幼上私塾，1932年考入博兴县第一高小，1935年考入博兴师范讲习所，因参加学潮被开除，回乡任小学教师。期间，受博兴早期地下党员窦笑生、陈竹村、王博昌等影响和教育，参加博兴八四暴动。抗日战争时期，参加博兴抗日志愿军，后改编为八路军，历任班长、指导员、股长等职。解放战争期间，历任滨海军区团政治处主任、滨海军区政治部宣传科长、华东军区兵战部政治处主任、军械部政治部副主任。先后参加抗美援朝、炮击金门作战、对越自卫反击战。1957年获三级独立自由勋章、二级解放勋章，1988年被授予二级红星功勋荣誉章。1964年晋升为大校军衔。1993年调为行政九级待遇。

常 萍 （1922.2~2008.1），原名常振庭，博兴县纯化镇常家村人。1940年8月参加革命，1941年加入中国共产党。他在青少年时期即投身革命，抗日战争期间，先后担任山东省清河区各救会职工会干事、蒲台县政府教育科科员、广博蒲三边行委会教育科长、耀南中学和耀南公学训导主任等职。全国解放后，先后担任上海军管会市政府人事处长、上海市委宣传部干部处副处长，上海市委教育卫生部干部处、高教处处长，1965年任文化部办公厅副主任，后来先后担任国家出版局办公室主任、党组成员、副局长，中国大百科全书出版社社长、党委副书记等职。

姜冠伦　（1911.9~1994.1），高青县田镇姜家村人。1939年2月参加革命工作。历任高苑抗日武装二梯队司令部军需、高苑抗日民主政府文教科员、邹平长山抗协办事处主任委员、垦利永安镇联小校长、垦利一区区长、惠民县人民政府文教科长、惠民师范总务处主任、博兴师范副校长、博兴一中副校长，1959年9月至1966年3月当选为第二、三、四届博兴县政协副主席，后调回高青，1981年3月当选为第五届高青县政协副主席。省一、二、三届人大代表，1979年12月召开的省政协四届五次常委会上增补为省政协委员（特邀）。

赵　侃　（1915~1977），原名赵瑞五，博兴县陈户镇赵家村人。1934年12月毕业于济南第一师范中师班。1940年1月参加工作，曾任陈户区公所助理员。1943年6月起从事教育工作，先后任博兴抗日联小教员、城关完小校长、博兴县人委文教科科员、博兴一中教导主任，博兴二中(小营)教导主任、副校长，博兴四中副校长等职。

韦绍孔　（1917~1967.4），原名韦学融，博兴县庞家镇韦家村人。1948年加入中国共产党。1928年至1937年先后就学于博兴书院小学和师范讲习所。1945年始先后在焦集完小、博兴速师任职，1953年至1956年任博兴一中教导主任，1958年至1967年任原博兴二中(小营)副校长。1967年4月蒙受不白之冤，因不堪“造反派”摧残，愤然投井自尽。十一届三中全会后，韦绍孔的冤案得以平反昭雪。

赵博民（1917.1~2002.11），原名赵广文，博兴县陈户镇赵家村人，中共党员。山东省立益都师范学校毕业。1939年秋参加革命工作，任陈户区公所所长、教育助理、博兴县抗日联盟联络员，博兴革命根据地教育事业的开创者之一。历任博兴县城关完小、利城完小、兴福完小等学校校长。1946年兼任县学校长。1951年3月，代管博兴中学行政工作。1954年后，先后在泰安教师速成学校、淄博十一中、桓台一中等处工作。

张雷白（1918.4~1993.10），名秉政、又名正安，字雷白，号若子，别号山左若子，德州市平等街人。1955年10月至1958年8月，在博兴师范任教；1958年9月，被错划为右派；先后在菜园农业生产合作社、博兴师范、县委养猪厂、兴福傅园小学、县第四中学任教及劳动。1979年3月，按政策右派改正，调入县工艺美术一厂任美术教员。1983年2月，任县政协第五届常委。1984年5月至1987年4月，任第六届县政协副主席。山东省第六届人民代表大会代表，惠民地区书法协会副主席、顾问，全国美协山东分会会员，山东工艺美术协会会员，二级美术师。

李韵斋（1923.12~1995.1），博兴县庞家镇高庙李村人。1943年1月入耀南中学师范班读书，1944年参加革命工作。1945年4月从事教育工作，1949年12月，调任渤海区学联主席。1951年后历任惠师附小校长兼总务主任，北镇中学教导主任，利津二中校长兼党支部书记，淄博师专中文科主任、党支部书记，博兴二中、一中校长兼党支部书记。其间，1979年12月至1984年5月任县教育局副局长。是1949年全国第十四届学代会、1950年全省各界代表大会代表。

孙诗鸿（1924~1998.4），滨城区单寺乡寨里孙村人。1944年7月入伍，1945年6月入党。历任滨县县府秘书科文书、干部科员，滨县城关区区长、区委委员，垦利专署秘书室统调科员，惠民专署办公室机要秘书、文牍秘书，行署办公室副主任等职。自1958年8月起先后任滨县机关学校副校长、惠民地区教师进修学校校长兼书记，1962年12月至1972年12月任博兴一中校长，1973年始任博兴师范革委会副主任、党总支副书记、校长兼总支副书记等职。

黎心敬 （1925.10~1990.7），博兴县庞家镇通滨村人。1944年10月参加革命工作，1945年10月入党。历任博兴县武装部文书、秘书、秘书股长，县委秘书室秘书，惠民专区第五速师校长，博兴一中校长兼党支部书记，县委文教部部长，县委宣传部部长，县委办公室主任，利城区委书记，闫坊区委书记，城郊公社党委书记，县委统战部部长，县农办第一副主任。县第九届人大常委、县政协常委，县一、二、三届县委委员。1952至1956年任博兴一中校长期间，曾被评为惠民地区模范中学校长，是博兴中学教育的开拓者。

吉化仁 （1926.10~2009.9），潍坊市寒亭区河滩镇后吉村人。1955年10月，在博兴师范任教。1958年9月至1980年12月在博兴一中任教，从事高中语文教学，曾兼任教研组长、校工会主席等职。1981年1月调博兴教师进修学校任教，1988年评为高级讲师。第三、四、五届博兴县政协委员，第六、七、八届博兴县政协副主席。

张瑞鸿 （1927.10~1990.9)，博兴县吕艺镇刘官村人。1945年参加工作，先后在闫坊区、店子区、县人武部、清河地委、渤海干校、齐东河务局、河务局高青分段、高青县整党工作队工作。1954年12月至1956年12月在齐东县丁夏区任区委书记；1957年1月至1958年11月在齐东县高城乡任第一书记；1958年12月至1959年5月在田镇红专学校任校长；1959年6月至1960年9月在博兴五中任校长兼书记；1960年10月1961年10月在博兴师范任副校长；1961年11月至1978年在山东省博兴第四中学任校长兼书记；1978年至1983年5月在博兴县教师进修学校任校长。1985年5月离休，享受正县级待遇。

任传忠 （1929. 4~2001.12），无棣县城关镇冯家村人。1945年10月参加工作，1952年2月到博兴速师任教，1953年转入博兴一中担任音乐、美术教师。1955年被评为全县首批优秀教师。离休后继续利用多种形式进行声乐教育，培养了许多声乐艺术人才，第六、七、八、九届博兴县政协委员，第八、九届博兴县政协常委。1986年创建中国民主同盟博兴支部，先后任主委、名誉主委。是省音协会员，1983年获省音协优秀通讯员奖，1990年获省音协颁发的从事音乐教育40年以上有突出成绩者荣誉证书。1994年被民盟山东省委评为优秀盟员。

唐少能 （1933.12~2009.4），江苏省无锡市人。1958年7月毕业于东北师范大学。1958年至1959年7月，任高青县田镇中学教师；1959年7月至1965年10月，任博兴师范教师；1965年10月至1997年12月，任博兴一中教师、历史教研组组长。1988年6月被评为中学高级教师。曾任省历史学会滨州分会理事。获县优秀教师、县专业技术拔尖人才等称号。是第八、九、十届博兴县政协副主席。

王连英 （1934~2008.12），博兴县吕艺镇龙河村人，中共党员，小学高级教师。1952年毕业于淄博师范，曾先后在桓台和原籍任教。1978年调入县实验小学任教，屡任班主任和年级组组长，曾兼任县政协委员，校工会副主席等职，是早期选调的骨干教师之一。1985年评为地区优秀教师，1991年评为省优秀教师，1992年被评为县“专业技术拔尖人才”。

王福田 1934年11月生，博兴县博昌街道王楼村人。中共党员，中学高级教师。1959年毕业于北镇师专中师部，曾先后在广饶县、博兴镇任教。1978年调入县实验小学任教，是早期选调的骨干教师之一。1979年任省小学数学研究会会员，1980年任地区小学数学理事会理事，1985年被评为省优秀教师，1989年被评为县“专业技术拔尖人才”。

张松岭 1935年1月生，滨城区西皂户张村人，中学高级教师。1962年山东师范学院毕业后到博兴一中任教，从事高中物理教学和研究工作。长期任教研组长，地、县两级高中教学骨干，博兴县专业技术拔尖人才。1985年获省政府授予的优秀教师称号，1991年获省总工会颁发的富民兴鲁劳动奖章，1990年10月被省政府授予特级教师称号，曾任惠民地区物理教学研究会副理事长、博兴一中工会副主席。

杜宇鸣　（1935.7~1996.12），济南市人。1953年济南师范毕业后即留任济南师范附属小学执教。1957年8月考入山东师范学院艺术系深造，因院系调整，1959年毕业于山东艺术专科学校美术专业。1959年7月毕业后分配至沾化县，先后在沾化师范、沾化二中任教。1964年4月至1967年7月在博兴三中任教，1967年8月调入博兴师范任教，1968年8月被借调到县委宣传部，从事宣传工作。1971年3月调入博兴一中任教，1988年晋升为中学高级教师。博兴县书协理事、惠民地区文联会员、地区科普美协会员、山东省美协会员。

赵经箴　（1936.1~2007.1），龙口市东江镇东江村人。山东师范学院毕业，1983年10月加入中国共产党，中学高级教师。1959年到博兴一中工作，1960年到淄博师专任化学科组长。1963年调回博兴一中，先后任化学教师兼教研组长、副校长兼工会主席等职。1980年被省人民政府授予“中学特级教师”称号，1983年被评为“省优秀教师”，1989年被授予地级“专业技术拔尖人才”称号。第九届博兴县人大常委会委员，第六、七、八、九届博兴县政协常委，第五、六、七届省政协委员。

徐天才　1936年生，博兴县锦秋街道西关村人。山东师范大学数学系毕业，中学高级教师。1957年在博兴民办中学任教，1960至1987年先后在桓台三中、博兴四中、寨郝中学、博兴县教师进修学校等单位工作，1987至1993年任博兴县人大副主任。曾获得过“惠民地区优秀教师”“桓台县模范教师”“博兴优秀知识分子”等荣誉称号。

邵长蕴　1936年12月生，江苏省徐州市人，中共党员，小学高级教师，1955年毕业于惠民师范，曾先后在县教育局、博兴一中和原博师附小工作，1978年调入县实验小学执教语文课，屡任班主任，曾兼任教研组长、妇女主任等职，是早期选调的骨干教师之一。1982年被评为地县两级“三八”红旗手，1983年被评为省先进少年工作者，1986年被评为省优秀教师，1990年被评为县优秀党员。

郭其祥 （1938~1999），博兴县吕艺镇兴和村人。高中毕业，中共党员，小学高级教师。1964年起任民办教师（后转正），曾任辛集联中校长。1976年7月调入实验小学任校长兼党支部书记。1987年被评为省优秀教师。1990年调县教委任工会主席。

焦树田 1938年1月生，博兴县庞家镇焦集村人，大专学历，中共党员，中学高级教师。先后在惠民一中、庞家公社中学、博兴一中任教。他在全省中学语文研究会上作过经验介绍，在省地级书刊上发表了多篇教学论文和教材分析文章。曾任博兴一中工会主席，多次被评为县、地优秀教师、先进工作者。1983年评为山东省和全国优秀班主任，获金质奖章，1991年被省教育工会评为工会工作积极分子。退休后，曾任博兴一中老教协会长，参加县党史编写工作，是《博兴一中校志》主编。

孙永华 1940年11月生，高青县逍遥村人。中共党员，中学高级教师。1958年毕业于惠民师范，曾先后在兴福、曹王、湖滨任教；1973年2月调实验小学任专职体育教师，任艺体教研组长，乒乓球教练。1980年评为山东省优秀体育教师，1982年评为惠民地区优秀业余教练员，1983年评为全国学校体育传统项目先进工作者，1985年评为惠民地区优秀教师，1985年惠民地委、行署授予“振兴惠民地区体育荣誉奖杯”“精神文明先进工作者”荣誉证书，1988年评为博兴县专业技术人才（连续两届）。曾任惠民地区首届体育教研会副理事长，惠民地区乒乓球协会副主任委员。退休后对学校乒乓仍有深厚的感情，经常到训练房指导训练工作，被聘为乒乓球学校名誉校长。

崔之周 1944年11月生，平度市店子镇旺村人。中共党员，中学高级教师。1969年7月毕业于山东大学外文系，大学本科学历。先后在博兴县纯化中学、博兴三中任教，1983年调入博兴一中任高中政治课教师。1983年获地区表彰，1986、1996年两次被评为县优秀教师，1998年被评为县师德标兵，1994年9月被省政府授予“中学特级教师”荣誉称号。1995年被聘为地区高中政治科中心组成员，1998年被评为全区首批高中政治科带头人。

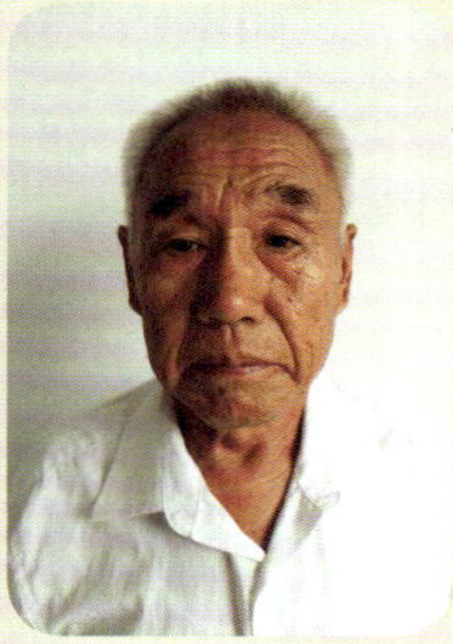

周景孟 1946年10月生，博兴县吕艺镇龙一村人，中共党员，大专学历，中学一级教师。1976年参加工作，在吕艺镇中心小学任教。培养辅导的学生在山东省文化艺术节声乐比赛中获金奖。被评为地区优秀教师、地区学科带头人和省艺术教育优秀工作者，1998年9月被授予全国优秀教师称号。退休后继续发挥余热，在京博希望小学承担吕剧艺术传承工作，辅导吕剧、二胡、竖笛、鼓号队等社团。2009年县教育局为其设立“名师工作室”。2015年7月，市关工委为其挂牌“周景孟关心下一代工作室”。

柳景桂 1946年4月生，博兴县锦秋街道北关村人，中共党员，高级教师。1964年任教，1980年调往博兴第二中学，历任党支部委员、党总支委员、教导副主任、德育主任、校长助理，退休后任校长顾问团团长（至七十周岁）。1985年2月被中共惠民地委、惠民地区行政公署评为“优秀教师”，1998年4月被滨州地区行政公署授予“劳动模范”荣誉称号，1999年9月被滨州地区人事局、滨州地区教育委员会评为“师德标兵”，2013年9月被博兴县人民政府授予“感动学生的教师称号”，2015年10月被中共博兴县委组织部、中共博兴县委老干部局评为“模范离退休干部”，2017年12月被滨州市关心下一代工作委员会评为“滨州市五好志愿者”。

王泗海 1946年11月生，博兴县锦秋街道北关村人，大专学历，中学高级教师，中共党员。1968年开始任教，1980年1月于博兴一中任教。“氨的接触氧化”实验改进获地区奖，参加省级实验经验交流会，并在全省中学化学教学中推广，是山东省教育学会化学教学研究会会员，曾兼任博兴一中工会副主席。1989年9月被授予“全国优秀教师”称号。

许秀峰 1951年2月生，博兴县店子镇梨园村人。中共党员，中学高级教师。1976年任教，曾任店子高中化学教研组组长，1982年调入博兴一中，先后任教研组长、教务副主任、教务主任、副校长兼教务主任等职；1993年9月至2002年7月，任县教委副主任，曾兼任县教研室主任；2002年7月至2003年4月，任县教育局副局长；1995年4月至2003年4月，兼任县人民政府教育督导室主任；2003年4月至2004年5月，任县教育局主任科员。2006年被聘为山东省第一届教育督导员，2010年、2015年连续两届被山东省人民政府聘为省政府督学，滨州地区教育督导学会常务理事。两次被县委、县政府记功表彰，1985年被评为地级优秀教师，曾被授予省、地“两基”工作先进个人，2002年被评为市先进教育工作者。是全国义务教育均衡发展督导评估专家。曾主持编制《山东省普通中小学办学条件标准》等三个省级标准和多项省级评估标准，参与了历年省督导评估方案和实施细则的编制工作。

穆云瀛 1954年10月生，博兴县兴福镇兴二村人，大学本科，中学高级教师，中共党员。1974年7月参加工作，1980年前，任小学、中学教师、联中教务副主任；1980年到县教育局工作，历任招办主任、教育局团委书记、副局长等职务，期间到曹王镇挂职副镇长；1993年4月任博兴一中校长兼党总支书记，1999年9月到博兴师范工作。多次被地区表彰为优秀校长，1995年授予“省先进教育工作者”称号。2003年4月调任滨州学院，任后勤管理处处长，并被中国高教管理协会后勤分会表彰为“先进工作者”。

张春庭 1954年9月生，博兴县吕艺镇刘官村人。大学学历，中学高级教师。1972年3月参加工作，1972年3月至1974年在刘官联办中学教学；1977年7月至1998年1月在博兴一中任教。1989年9月加入中国民主同盟。曾任地区教学中心组组员，从事高中物理教学资料撰写工作。全国物理教学研究会会员，省物理教学研究会会员，惠民地区物理学会常务理事。1998年1月至2012年1月任第十、十一、十二届县政协副主席。民盟博兴支部主委（1994年至2012年）、民盟市委副主委。

潘益杰 1954年11月生，东营市龙居镇小麻湾村人，中共党员，大学学历，高级讲师。1970年10月任龙居镇小麻湾村小学教师。1976年7月任博兴县革委秘书。1981年7月任博兴县人口普查办公室副主任。1983年8月任博兴县人事局副局长、县纪委委员。1989年11月任博兴县人事局局长、编办主任、县委委员、县政府党组成员。1997年1月任博兴县技工学校校长（副县级）。2006年12月任滨州市第二高级技工学校校长（正县级）。2010年6月至2012年2月任滨州市技师学院党委副书记。1992年被评为惠民地区劳动模范，1994年被评为省尊师重教先进个人。2005年被评为省职业教育先进个人、省职业教育百名杰出校长，荣获2005年中国职业教育杰出校长提名奖。

盖学忠 1962年11月出生，博兴县城东街道西上疃村人，中共党员，大学本科，中学高级教师。1980年7月大学毕业后分配到博兴一中工作，先后任博兴一中教师、教务副主任；1990年12月至2004年12月，先后任博兴二中教务主任、副校长、校长兼党总支书记等职；2001年2月至2007年9月，兼任县教委党委委员、副主任、副局长；2004年11月至2010年12月，任博兴一中党总支书记、校长；2010年12月至2015年12月，任博兴一中校长；2015年12月起任滨州市技师学院成教处处长。多次被县委、县政府记功、表彰，三次受市委、市政府表彰，先后获得滨州市“十大杰出青年”“市劳动模范”“滨州市名校长”“全国群众体育工作先进个人”“全国学校文化管理示范校长”等称号。是滨州市第七、八、九届人民代表大会代表，博兴县第十七届人大常委会委员。

王爱岭 1962年9月生，博兴县博昌街道王木村人，中共党员,研究生学历，中学高级教师。1980年7月大学毕业，分配至博兴二中工作。1996年12月任博兴二中副校长，2005年5月，任博兴二中党总支书记、校长，2015年8月任博兴一中党总支副书记、副校长、校长。曾获得全国优秀教师、全国中小学德育先进工作者、市名校长、市教育创新校长、齐鲁名校长、全国中语会优秀课题实验学校校长、全国百位影响力校长、全国学校规范化管理杰出校长等称号，五次荣立个人三等功，连续两届被授予中国教育管理科学人物荣誉称号。

高桂荣 1963年1月出生，滨州市滨城区人，大学文化程度，中共党员，正高级教师。1982年7月参加工作，曾任博兴县第一小学校长、书记，自2012年8月起，任滨州实验学校党总支部书记、校长。先后荣获全国优秀教师、全国家庭教育工作先进个人、全国未成年人思想道德建设先进工作者、省年度十佳创新校长、齐鲁名校长、省特级教师、富民兴鲁劳动奖章、全国五·一劳动奖章等荣誉称号。被齐鲁师范学院、滨州学院聘为客座教授，享受国务院特殊津贴。2008北京奥运会火炬手，山东省第七次、第八次党代会代表，滨州市第七届、第八届、第九届人大代表，全国第十一次妇代会代表，滨州市妇联第五届执委会执委。

李继茂 1963年10月生，博兴县博昌街道永和村人。中共党员，大学本科，中学高级教师。1981年7月工作，先后在安柴高中、博兴一中任高中数学教师、教研组长、教育信息处主任和副校长。1996年12月任县职业中专校长、书记，2000年10月任县科委主任。先后获“县优秀教师”“县优秀党员”“县十佳教师”“县十大杰出青年”“地区教学能手”“地区骨干教师”，1999年被授予“省优秀教育工作者”等称号。

张方宏 1963年2月生，博兴县曹王镇朱官村人，中共党员，大专学历，中学高级教师。1982年7月参加工作，先后在县实验小学、县一小和县实验中学任教。1988年、1996年被评为省优秀教师，1993年被评为山东省体育教学能手，同年被评为全国优秀体育教师，1995年10月获“全国教育系统劳动模范”称号，同时获得“人民教师”金质奖章，2000年3月被授予“国家级骨干教师”称号。

按：本部分收录了不同历史时期有影响力的优秀教师和优秀教育工作者代表。

四

孙　炎 （生卒年不详），字叔然，三国魏乐安（今山东博兴）人，孙武的第二十代孙，著名的经学家与训诂家，郑玄的再传弟子，人称“东州大儒”。其著作有《周易》《春秋》例，并为《毛诗》《礼记》《春秋》三传、《国语》等书作注。所撰《尔雅音义》一书用反切音，反切音即从此盛行。

孙　邕 （生卒年不详），字宗儒，乐安（今山东博兴）人，儒学家。少年时曾师从北海术士王和平，随王和平来到京师，以儒雅知名于世。后出任渤海（治今河北南皮）太守，任职10余年，政化大行，社会秩序井然。魏明帝时，经卢毓举荐，诏入京师任侍中。后封光禄大夫、关内侯，改封建德亭侯。曾三与何晏、郑冲、曹羲、荀辙等人共集《论语》诸家训注，加以厘订，纂为《论语集解》，书成，上之于朝廷。以往散佚的诸家《论语》注解，多赖此得以保存。

蒋少游（？~501），北魏乐安博昌人。作为“平齐户”被迁徙于平城（今山西大同），又被配往云中服兵役。后被召为中书省写书生。佣书出名入仕后，成了誊写朝廷文籍档案的书家。抄书使其成了著名的书法家，书体又成为后来的“魏碑体”，为日后书家所追摹。在抄书为生的过程中，阅读了各类典籍，才学过人。主持设计制定朝中褒衣博带样式冠冕制度，其后大行于世。负责主持并亲自规划设计国家重大建设项目，摹仿中原传统文化设计，在魏晋故宫废墟营建北魏都城，用平城及建康（今南京）城样式建造洛阳新城。在建筑艺术、工艺美术、雕塑艺术和绘画艺术等方面多有建树，书法艺术也颇负盛名。曾先后充任（或兼任）散骑侍郎、都水使者、前将军、将作大匠、太常少卿等官职。赠龙骧将军、青州刺史，谥曰质。

任 昉（460~508），字彦昇，小名阿堆。汉御史大夫任敖之后。出身清显，祖上是山东乐安郡博昌县（今山东博兴）世族。任昉容貌出众，爱好学习，孝敬长辈，被乡里同族、长辈所称道。16岁即应州府的征召，因为写得一手好文章，得到王俭等人的赏识和提拔，由此踏上仕途，经历了宋、齐、梁三朝。官至吏部郎中、御史中丞，为著作郎，秘书监，分别镇守义兴、新安两郡。任昉将王俭《七志·图籍志》阮孝绪《七录·记传录·土地部》中所录的地理书目与吴郡陆澄的地理书搜罗起来，整理为《地理书》《地记》，集南朝地理志之大成。在南朝文章学充分发达的基础上撰有《文章缘起》，是文原学和文类学的典型著作。作为齐梁诗坛一个代表性的诗人，任昉诗的显著特征是用事和属对，形成了任昉诗派。

骆宾王（619~687），字观光,名宾王。唐婺州义乌县（今浙江义乌市）人。幼时天资聪明，喜欢读书，7岁即有《咏鹅》诗。10岁左右与母亲离开义乌，北上齐鲁，随担任博昌（今山东博兴）县令的父亲骆履元生活在一起。骆宾王就学博昌，受到淳厚的道德教育和礼义的熏陶，潜心书简，刻苦攻读，勤奋钻研，获得了广博的知识，而成为学识渊博的学者，名噪一时的诗人。在博昌度过了六七年专心攻读的生活，于22岁时离开博昌，移家兖州瑕丘（今山东兖州）。后又流落在京、洛一带，宦游15年，后于高宗开耀元年（681）春初，63岁时奉使燕齐，顺路重游博昌，怀着对第二故乡博昌特殊的感情，写了著名的《与博昌父老书》。

任　华　（生卒年未详），青州乐安（今山东博兴）人，中唐著名诗人，文学家。唐肃宗时在朝为官，任秘书省校书郎、监察御史等职，后出任桂州刺史参佐等，仕途并不得志。为人性情耿介，狂放不羁，自称“逸人”“野人”。以善写长诗闻名，《全唐诗》存其诗3首。任华的诗文无拘无束，浩然沛然，与李白等浪漫派文人风格相近，彰显盛唐气象。他也以“逸人”狂放的诗风为史所记。

卫　融　（904~973），字明远，五代青州博兴（今山东博兴）人，后晋天福初年进士。先后担任了南乐（今河南濮阳）主簿，齐州（今济南）、澶州（今河南濮阳西南）二州从事和忠武军掌书记。北汉乾祐四年(915)，晋升宰相。在国祚短促、军人专政、战祸频繁的五代十国时期，卫融以其出色的政治军事才能、满腔的爱朝忠君之情和不屈的气节，为史所称。《宋史·卷四百八十二》有传，《资治通鉴》《续资治通鉴长编》录其事迹。乾德初年，朝廷举行郊祀活动，卫融作《郊禋大礼赋》。继而改任司农卿，出京任陈州、舒州、黄州等地知州。其子卫偁、卫俦、孙卫齐皆中进士。

顾　铎　（1488~1552），字孔振，号警斋，又号南田，博兴县锦秋街道西隅村人。在幼年时即聪颖过人，能诗善文。县志载他“髫年辄为有司所知，声名籍甚”。正德十一年（1516）秋考中举人，次年三月十五日中三甲第130名进士，这在当时被称为“连捷进士”。先后任浙江山阴县令、河南司主事、汝宁知府、河南按察使司兵备副使、陕西行太仆寺卿等职。回乡后，于嘉靖二十七年（1548）建藏书楼，居楼中读书不倦，留有大量诗文，爱乡兴文教，倡忠孝之情怀跃然纸上。

顾连璧　（1535~1585），字曰温，号文岗，博兴县锦秋街道西隅村人。自幼英敏机智，丰仪俊美，有“神童”之称。好读书，文章博赡雄浑。24岁于万历二年（1574）中三甲第60名进士，授周至县知县。后调任嘉兴都丞。1612年，任山西兵备副使，后又升任山西参政。1615年调辽海，分守辽海车宁道，1617年，壮烈殉国。死后赠太仆寺卿。其弟顾合璧为举人，顾连珠、顾合珠均为贡生。其子顾颐为进士。

刘之沂　（1561~1632），字浴之，号鲁南。博兴县锦秋街道南隅村人。万历十九年（1591）举人。万历二十六年（1598）进士。初授盐城县（今江苏盐城）正七品知县。天启二年（1622）末，由从四品湖广右参议复升为正四品河南副使。天启三年（1623），升为从三品的湖广武昌道参政。为官26年，两袖清风，致仕还乡后，代乡邻输丁粮，完军装，焚贷券，还鬻产，助婚葬，施义冢，济饥民，兴水利，全县受其恩泽。

宋景云 （生卒年不详），字青霞，号祥徵，博兴县锦秋街道西隅村人。生而歧嶷，数岁能文，髫龄入泮。明万历丙午（1606）科举人，是科青州府取9人，名列第二。天启己未（1619）科进士，授上蔡县知县。任职关中商洛道时，官署中人役没有定额俸禄，公捐俸，不取民膏锱铢。待到他告归回家时，商洛军民攀辕卧辙，不愿其离去。素性冲淡，食无兼味，衣不重帛，惟以助婚葬、济穷困为急。扩大学宫考选秀才名额，减免邑民门户征捐，皆他居间维持，造福于乡梓。

顾 颐 （1566~1618），顾连璧次子，博兴县锦秋街道西隅村人。自幼闭门读书，喜好文章，亦富有文采。万历二十六年（1598）戊戌科中二甲第10名进士。初任磁州知州。万历三十一年（1603）升为南京兵部车驾司员外郎，翌年又升为武选司郎中，三十八年（1610）除授河南知府，四十年（1612）升任山西冀南道参议。四十三年（1615）任河东道参政，旋即调任辽东布政使司参政。四十五年（1617年）壮烈殉国，之后赠太仆寺少卿。长子顾嘉兴官至两淮通判，其孙顾思源官至青州卫副千户。

盖方泌（1768~1838），字季源，又字碧轩，号春舫。今博兴县乔庄镇盖家村人。乾隆五十四年（1789），盖方泌被选拔为贡生。乾隆五十六年（1796），以拔贡身份署陕西汉阴厅通判、石泉县事。嘉庆三年（1798），署商州州同，嘉庆四年（1799），大败白莲教徒。嘉庆八年（1803），任盩厔县（今陕西周至）知县。带兵统军，不占一城一池，不费一丝一毫军饷，率领临时组织起来的农家子弟，守必坚，攻必克，被誉为一代楷模。晋升四川顺庆府知府。随即，被重用为四川成都府知府。后调任福建延平府知府。后任台湾知府并两次代理台湾道。道光三年(1823)，因病告老还乡。

马千里 （1901~1992.6），原名马骥，博兴县吕艺镇寨韩村人。博兴县立高级小学毕业后前往北平求学，在“五四”运动影响下弃学从军，参加北伐战争。1927年大革命失败后，脱离旧军队回故乡。1931年6月加入中国共产党。1932年任中共博兴县委军事部长，组织、领导博兴“八四”武装暴动。1935年参加红军。后参与领导清河平原抗日根据地的建设和“反扫荡”“反蚕食”的游击战争。1946年，任渤海行署秘书长、渤海区剿匪司令员，在几个月时间内肃清匪患，稳定了社会秩序，巩固了地方政权。新中国成立前后一直在铁路部门工作，1978年任铁道部视察员(副部级)。1982年离职休养。

李续勋 （1902~1990.1），字济安，博兴县店子镇利城村人。曾赴日考察新政，著有《东游日记》。先在博兴县立小学上学，后相继入济南省立第一中学和北平交通大学，1930年毕业后，就职于天津北宁铁路局。新中国成立后，宋庆龄向中央力保十几名教授，李续勋名列其中，受到周恩来接见。曾任北京铁道学院副教授。1958年支援西北，调兰州铁道学院任教授。1987年离休于兰州铁道学院。

刘顺元（1903.10～1996.2） 原名王学博，号溥泉，1934年被捕时化名刘顺元。博兴县兴福镇城王村人。曾就读于山东省立第十中学、北京师范大学。1926年加入中国国民党。1928年大学毕业后回博兴县，团结一大批进步青年，开展轰轰烈烈的反恶霸、打土豪的农民运动。1930年，在济南市第一女子中学任教。1931年5月，经中共中央组织部长周恩来批准，加入中国共产党。1931年至1936年，先后任中共济宁特别支部书记、中共博兴县委委员、中共中央支部检查委员会委员、中共江苏省委沪西巡视员、中共陕南特委书记、中共上海局组织部干事、中共代表团干部审查组组长等职。1937年10月，任中共中央长江局组织部干事，并协助陶铸在湖北应城县开办"抗大"式干部训练班。1938年6月始，历任中共安徽工委组织部长、书记，皖东工委书记，苏皖省委书记，淮南津浦路西省委书记，淮南津浦路东省委书记，淮南区党委副书记，新四军淮南津浦路东联防司令部政治委员，淮南津浦路东参议会议长等职。解放战争时期，任中共辽东省委副书记，旅大地委第二书记兼关东公署副主席。1948年3月任华东局宣传部长，同年9月，与曾山、谭震林共同负责接管全国第一个获得解放的大城市济南，任济南特别市委书记、济南警备司令部政治委员。1949年7月至1954年，先后任华东军政委员会财经委员会规划局副局长、华东军政委员会副秘书长、人事部副部长、华东局宣传部副部长等职。1954年至1966年，历任中共江苏省委副书记、书记处书记、常务书记、代理第一书记等职。"文化大革命"结束后，先后担任政协第五届全国委员会常务委员、中共中央纪律检查委员会副书记、浙江省委顾问、中央顾问委员会委员。是中共八大、十二大、十三大代表，十四大特邀代表。

王绍堂 （1907.10~1959.10），原名王维铨，又名王元昌，字绍堂，博兴县城东街道堤上村人。1920年起先后就读于博兴县立高级小学、山东省立第十中学、中国大学、北京大学法律系，因他与刘顺元、王博昌相继考取了北京名牌大学，被当地人成为"博兴三才子"。1928年加入中国国民党，1933年毕业于北京大学，到山东潍县法院任职。后考入南京法官训练所，到无锡地方法院任推事。1937年返回博兴，任三区区长。1943年受邀到博兴县抗日民主政府工作，1949年，到渤海行署任法律顾问。1947年解放区内土地改革运动开始，主动回到堤上村，带头献田，在不少地区出现运动极左时，到济南、芜湖地方法院任推事。1950年12月遭错捕，被判有期徒刑20年，1985年10月被彻底平反昭雪。

庞荩青 （1910~2010），名锡申，字荩青，曾用名林渠，博兴县庞家镇庞家村人。先后在博兴高小、济南省立一中学习，1926年加入国民党。1932年9月考入国立北平大学法商学院政治系，在校期间积极参加抗日救亡运动。1935年参加一二·九运动。1938年1月加入中国共产党。1949年6月至1952年5月是中央法律委员会的中国新法学研究会发起人之一，任常委、秘书主任，1951年到川北参加土改。1950年初至1958年4月任中央人民政府法制委员会、国务院法制局专门委员。1980年4月经中共中央书记处第14次会议批准其任国务院参事。

李 震 （1915.3~2010.5），原名李汝瀛，博兴县湖滨镇柳白村人。曾在博兴师范讲习所学习。1934年至1940年历任中共东北军工作委员会在第105师巡视员、第113师工委副书记、第51军工委副书记。1949年起历任华东铁路局党委常委兼华东铁路警备司令部副司令员，济南铁路局党委书记、局长，山东省交通工作部副部长兼济南铁路局党委第一书记，东北铁路总局党委副书记，铁道部东北区党委书记，铁道部政治部副主任。1978年后历任铁道部副部长兼沈阳铁路局党委书记，东北铁路主任、党组书记。

张文韬 （1915.11~2009. 5），原名张海邦，博兴县吕艺镇高渡村人。8岁入私塾启蒙，5年后入小学读新式课程。1931年考入博兴县立第一小学。1933年考入博兴师范讲习所。1935年7月考入济南乡师，同年9月在学校加入中国共产党。1952年5月经中央军委批准晋升为准军级。1981年9月任上海市基本建设委员会主任兼党组书记。1983年7月任上海市第八届人大常委会委员、市政建设委员会主任。是第五届全国人大代表，第二届上海市委候补委员、第三届上海市委委员，上海市第七届、第八届人大代表。

王涛清 （1915~1983），原名王维镕，又名陶卿，参军后改名王涛清，博兴县城东街道堤上村人。9岁入私塾学。1931年考取济南私立爱美中学。1935年在博兴县立第五高级小学任教。1937年10月加入中国共产党。1950年11月参加抗美援朝，历任志愿军第四汽车团团长、政委职务。1951年底回国。1955年被授予技术上校军衔。1957年获三级独立自由勋章和三级解放勋章。

孙 涛(1917~1985),原名孙兆兴,字林泉,博兴县锦秋街道西关村人。1922年在本村小学读书,后考入博兴县立第一高级小学、县立师范讲习所学习。1939年3月加入中国共产党。参加了第一次攻打长春、保卫四平、攻克锦州、解放天津、解放海南岛等战斗(战役)。新中国成立后,曾任中南海军舰船修造部造船所政治委员、海军司令部潜艇部副部长、部长等职。1955年被授予中校军衔,1962年晋升为上校军衔。

赵干卿(1922.2~2008.5),原名赵连才,博兴县纯化镇东王文村人。13岁考入位于纯化的县立第三小学,卢沟桥事变后,失学回家务农。1945年12月加入中国共产党。1946年10月参加渤海军区部队,先后任连副指导员、连指导员、营副教导员、营教导员、团政治处副主任、第六师教导大队政委;1955年1月起历任新疆生产建设兵团农二师政治部副主任、主任、副政委等职务;1975年6月任自治州书记、军分区政委;1979年6月任新疆自治区外贸局局长、党组副书记;1982年起,任新疆生产建设兵团党委常委、政治部主任;1988年1月任新疆自治区政协副主席。

李湘津(1923.1~2007.2),晚年号卧牛,博兴县吕艺镇营李村人。6岁入私塾,9岁进“洋学堂”,13岁考入县立三高小。1937年考取省立四中。1940年考入黄埔军校设在湖北阜阳的驻鲁干部训练班,编进入伍生团。1942年考入黄埔本校,1942年12月起在中央陆军军官学校成都本校第十九期特科总队炮兵一队学习。1949年12月随军校在四川郫县起义,后分配到解放军第二炮校。1952年转业回原籍,教识字班,训练民兵。1959年津随民工支援淄博,后被留用转正,在博山区公路站工作。自1984年任博兴县政协六、七、八届常委,参与《博兴文史资料》编辑工作7年。是山东黄埔同学会会员。

黎汝清(1928.2~2015.2),博兴县庞家镇八甲村人。7岁半入私塾,1944年考入抗日民主政府创办的耀南中学,分配到渤海行政公署做会计工作。从16岁离开家乡投身到革命队伍,先后参加过解放战争中的潍县战役、济南战役、淮海战役和渡江战役。上海解放后,在上海警备区先后担任党委秘书、医院副政委、教导员、师直工科副科长等职。1958年调到南京军区政治部建军30周年征文组。1962年在南京军区创作室从事专业创作。是中国作家协会会员,享受国务院政府特殊津贴,南京大学特聘教授,江苏省第六届政协委员。主要著作有《海岛女民兵》《万山红遍》《皖南事变》等。其中《海岛女民兵》被改编为电影《海霞》。中国当代文学研究丛书编委会编有《黎汝清研究专集》。作品曾获全国第二届图书奖金钥匙奖、全军第三届文艺新作品一等奖、1988年华表奖、第二十一届《大众电影》百花奖等。2015年2月逝世于南京，享年88岁。

刘循一 原名刘勋义，1930年11月生，博兴县湖滨镇东门村人。北京师范大学副教授、作家、翻译家。幼在店子村上学，1947年参加革命，同年参加新民主主义青年团，后加入中国共产党，任党支部副书记。1948年先后在店子区区公所工作、渤海区青年干校学习。1948年8月至1949年3月，在河北省平山县机训队学习。1949年3月至1952年5月，在香山先任中央机要处排级、副连级译电员，后任图书馆负责人。1952年5月至1954年9月，在建筑工程部工程公司保安科、俄文干训班及城建局学习和做翻译工作。1954年9月至1958年8月，在北京俄语学院翻译系学习。1958年8月至1959年6月，在外交部、波兰通讯社做翻译。1961年至1962年，在新疆乌鲁木齐外事处、南疆外事处做翻译。1962年至1976年，在天津师范大学外语系工作。1976年至1979年，在天津人民出版社工作。1979年后，在中央财经大学、北京师范大学工作。主要译著有《列宁是怎样写作的》《亚·法捷耶夫》等20多部，撰写文章《法捷耶夫对马雅可夫斯基诗歌的评价》等几十篇，出版专著300万字。

朱清泽 1933年7月生，博兴县纯化镇三教堂村人。7岁开始先后在本村、乔家庄、三岔和滨县读书，1949年12月加入共青团，1953年7月加入中国共产党。抗美援朝爆发后，参加人民解放军，进入华东军区公安部队干部学校学习，毕业后先后调入华东军区公安部队司令部军训处、上海警备区司令部防化处、南京军区司令部防化部、军训部工作。历任排、连、营、团、师级职务。70年代后，专门从事中国古代军事史（重点是元明清军事史）和新四军军史的学习、研究和编写工作，是《中国大百科全书·军事》中国历代军事史主编成员、《中国军事百科全书》元明清学科主编、《铁军》杂志创办人之一、《辞海》军事分册主修成员等。1988年被授予中国人民解放军大校军衔。

燕书能 1937年10月生，东营市广饶县西刘桥乡桑二村人。正主任医师、正教授。1953年至1956年就读于博兴一中。1959年在广饶一中高中毕业后考入山东医学院医疗系。1964年8月至1978年在胜利油田职工医院先后任外科住院医师、外科主任医师。1978年后，先后在胜利油田中心医院任外科副主任、外科主任、业务副院长等职。兼任滨州医学院教授、东营区残联副主席、东营市人大教科文委委员和《山东医药》及《当代外科》杂志编委。享受国务院特殊津贴。

安淑芬 1938年1月生，博兴县锦秋街道北关村人。1955年博兴一中毕业。1964年山东大学毕业后，在德州工作至1971年，调回山东大学党委宣传部任职。1978年调往北京工作，曾任国家教育部高教司、改教司办公室主任，自1987年始任中华女子学院副书记、书记兼院长、研究员，并兼任中国人才研究会工作委员会副会长等职。1996年被中央组织部授予“全国优秀党务工作者”荣誉称号，1977年被国务院评为享受政府特殊津贴的专家。出版专著《现代成人高校管理》等四部，主编大型工具书《中华教育历程》(上、下卷)等七部。

王铭三 1939年12月生，博兴县城东街道相公堂村人。中共党员、教授。1953年至1956年就读于博兴一中。1959年9月考入解放军电讯工程学院通信工程系。1964年9月大学毕业后，先后在解放军通信工程学院和电子工程学院工作，任电子工程学院军事通讯教研室主任、学院委员会委员、学院学位委员会委员、学院和总参高级技术职称评委会委员等职。主持和参加多项科研项目，其中获全军科技进步二等奖两项、三等奖三项，发表学术论文多篇。曾荣立三等功，多次被评为学院优秀教员、优秀党员并受嘉奖。

贾树枚 1941年7月生，博兴县城东街道卞家村人。1953年至1956年就读于博兴一中，1959年，考入复旦大学新闻学系，1964年毕业后留校。先后担任复旦大学团委副书记、化学系政治指导员、校党委办公室副主任等职。自1978年始，长期从事新闻工作，先后担任《光明日报》社记者、上海记者站副站长，《文摘报》主编，《文汇报》党委副书记、副总编辑等职。1987年出任上海市新闻出版局副局长，1992年改任中共上海市广播电视局党委书记。

1993年至1999年任中共上海市委宣传部副部长，兼任中共上海市委对外宣传办公室主任、市政府新闻办公室主任。1999年起任上海《解放日报》社党委书记、社长、总编辑。2002年起，任上海市新闻工作者协会主席。他还兼任上海市人民代表大会常务委员会委员、中华全国新闻工作者协会副主席、中国福利会常务理事等职。

牛洪恩 1942年8月生，博兴县吕艺镇牛家村人，中共党员、高级编辑。1957年至1963年就读于博兴一中。高中毕业后就参加工作，先后在齐河、邹平、济南钢厂工作，后调入济南市委，先后担任济南市委党史征集委员会副主任、主任、市委常委、宣传部长，济南日报社副总编辑、总编辑、党委书记等职(其间：1965年至1967年进省团校学习，1980年1982年进山师大中文系干部专修科学习)。曾任济南市人大常委会副主任、党组书记。是中共山东省第七次代表大会代表，中共济南市第五、六、七次代表大会代表。

王国庆 1943年12月生，博兴县城东街道相公堂村人。1958年至1964年就读于博兴一中，毕业后考入北京政法学院政法系。1968年大学毕业后，先后在济南军区后勤部农药厂、无棣县公安局、无棣县人民法院工作，曾任公安局侦察员、法院副庭长等职；1978年调入山东省人民检察院工作，先后任助理检察员、副检察长、党组成员、党组副书记、反贪局局长等职(其间曾到中央党校学习两年)；后转入山东省国家安全厅工作，任厅长、党委书记。曾为山东省人大常委会委员、法制委员会副主任委员。还曾任第五届中共山东省委委员、七届省委候补委员等职。

吉扬文 1943年11月生，博兴县城东街道闫田村人。中共党员，大学本科。1961年至1964年就读于博兴一中。大学毕业后，先后在惠民地区拖修厂、地区物资局、地区计委工作；1984年10月至1995年12月在山东省计划委员会研究所工作，先后任研究室主任、副所长、所长。曾任黄河经济协作区联合发展集团副总经理(副厅级)。主编《山东省计划志》，并在省级以上刊物上发表20余篇论文及调研报告。

马恩然 1944年生，博兴县庞家镇兴马村人。国家一级演员。1964年博兴一中高中毕业。1968年解放军总政艺术学院毕业后，从事部队文艺工作，而后转入北京人民艺术剧院任话剧演员。在话剧《茶馆》《天下第一楼》及《哦，香雪》《武生泰斗》《一村之长》《闯关东》等影视剧中扮演重要角色。曾获文化部颁发的“童牛奖”。

胡守勤 （1945.12~2005.9），博兴县吕艺镇大胡村人。中共党员。1958年月至1964年就读于博兴一中。1964年至1969年，就读于山东大学外文系。毕业后到国家外交部工作。先后任外交部职员、随员、秘书、副处长、处长、中国常驻联合国代表团调研室主任、外交部新闻司副司长、中华人民共和国驻苏里南使馆大使、中华人民共和国驻赞比亚使馆大使、中国首任驻东非、南非共同市场特别代表等职务。

卢新德 1945年4月生，博兴县纯化镇卢家村人。中共党员。1958年至1964年就读于博兴一中，毕业后参加省委“四清工作队”。1965年12月至1967年12月在山东省团校学习，后在济南机床四厂任宣传干事。1980年10月至1985年11月，任山东省社科院经济所研究室主任。1985年12月到1988年8月在中共中央党校理论研究班学习。1988年9月始，任山东社科院外经所所长、书记、研究员，并任山东大学等几所高校的兼职教授。是我国第一个“韩国研究所”和山东省第一个“对外经济研究所”的创领者。曾完成三项国家重点研究课题、八项省级重点课题，出版专著、发表论文、学术报告230多部(篇)，多次获省级科技进步奖，享受国务院特殊津贴。

高鼎铸 1946年生，博兴县城东街道椒园村人。中共党员。1959年至1960年就读于博兴一中。1966年山东省戏曲学校毕业后，分配到山东柳子剧团。1967年至1981年参加了20多部大戏的创作和配器工作，并担任演出指挥。1981年至1985年在上海音乐学院进修深造。1991年后任山东省艺术馆馆长，在做行政领导工作的同时，致力于戏曲音乐创作和研究。获得“省文化系统优秀党务工作者”“省十佳文艺工作者”“全国文化系统先进工作者”等荣誉称号。

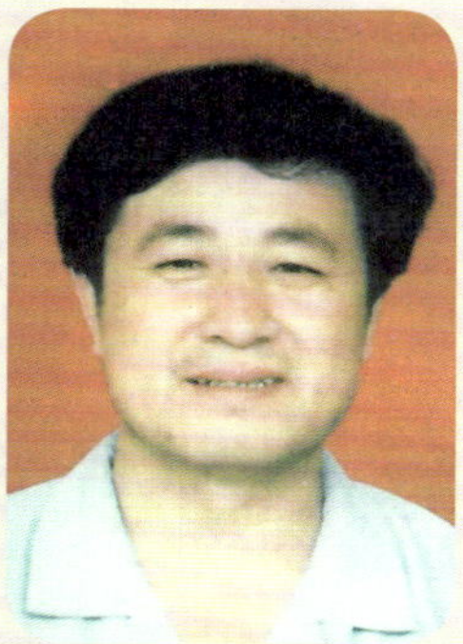

黎伯堂 （1946.12~2012.10），博兴县庞家镇通滨村人。1960年至1966年就读于博兴一中。1970年山东大学数学系毕业，到济南军区农药厂锻炼，1972年1月调山东大学数学系任教，曾任山大数学与系统科学学院党委书记、教授，兼任山东教育学会中学数学教学研究委员会理事长等职。被评为教育部先进工作者，还多次获得山东大学、山东高校系统颁发的多项荣誉称号。学术成果颇丰，曾获山东省优秀教学成果一等奖，国家教育成果二等奖，在国内外核心期刊上发表了多篇论文。所编《高等代数解题技巧与方法》一书，被国内多所院校作为研究生入学考试指导教材。

马东向 1947年4月生，博兴县吕艺镇马家村人。中共党员、高级工程师。1961年至1964年就读于博兴一中，1968年在济南一中高中毕业。先后担任博兴县纯化公社团委书记和党委书记、原博兴县龙居公社党委书记、县委委员。1980年9月进入山东大学干部专修科学习，1982年6月毕业后，先后任中共博兴县委委员，县政府副县长，沾化县委副书记，惠民县委副书记，惠民县县长，省棉麻公司书记、总经理，省供销合作总社党组成员、副主任等职。

阎启俊 （1950. 5~2017.3），博兴县陈户镇辛闫村人。博兴一中高中毕业。1971年11月参加工作，1972年1月加入中国共产党，1980年9月至1982年7月为山东大学干部专修科学员。先后任博兴县庞家公社团委书记、党委副书记兼革委会主任、寨郝公社党委书记兼革委会主任、滨州市(县级)市长兼副书记、滨州市（县级）市委书记、惠民行署副专员兼地委委员、东营市委副书记、市长、淄博市市委书记兼人大常委会主任等职。2002年6月至2010年11月任山东省省委常委，其间先后任省委农村工作领导小组副组长、省总工会主席兼党组书记及省直机关工委书记、省政法委书记兼省直机关工委书记、青岛市委书记、省人民政府特邀资政等职。中共十七大代表，第七届全国人大代表。

李勇勇 1956年生，山西省运城市北相镇人。中共党员、副研究馆员。1970年至1973年就读于博兴一中。1973年12月选入山东省青年女子篮球队。期间，为山东青年女篮主力队员，曾取得全国青年联赛(丹东赛区)第8名。1975年7月，被调入济南军区女子篮球队，先后5次参加全国、全军性的篮球比赛，与队友合作取得好成绩。1979年6月被调入“八一”女子篮球队，参加全国第四届运动会，获女子篮球赛第三名，并到朝鲜访问和比赛。在16年的运动生涯中表现突出，屡立军功，获运动健将称号。1997年9月转业到山东省妇女儿童活动中心工作。

吕　锋　1957年7月生，博兴县陈户镇陈户村人。1975年5月陈户高中三级一班毕业。先后担任武汉建材学院自动化系副主任、武汉工业大学机电学院、信息学院副院长、武汉理工大学信息学院副院长。1997年9月破格晋升教授，2011年1月晋升二级教授。是湖北省精品课程和精品资源共享课程负责人，武汉理工大学研究生优秀指导教师。主持参加国家级、省部级科研项目及横向课题三十余项，获国家级教学成果二等奖一项、省级教学成果一等奖二项。在国内外发表学术论文六十余篇，出版编著一部。IEEE协会会员，中国通信学会和中国计算机学会高级会员。曾担任国际一般系统研究会中国分会理事、中国电子学会教育分会理事、中国硅酸盐学会自动化分会理事、湖北省青年科学技术协会工科委员会副主席、湖北省电工技术学会理事等职务。

邵振翔　1960年生，博兴县纯化镇邵家村人。中共党员。1979年至1980年，就读于博兴一中，毕业后考入西南政法大学。1984年7月大学毕业后参加工作，先后任国家公安部政策法律研究处处长、中共中央办公厅总值班室副主任、边防总局边境管理处处长和沈阳和平区公安分局副局长、福建边防总队长等职。2001年11月调任辽宁省边防局局长、边防总队总队长。现任公安部调研员。

马韵升　1962年12月生，博兴县吕艺镇寨韩村人，中共党员，研究生学历。先后就读于博兴县闫坊镇辛集初中、博兴三中、北镇农校。1982年7月至1989年12月任博兴县闫坊镇团委书记、管区书记、棉办主任等职；1989年12月至1992年11月任博兴县纯化乡副乡长；1992年11月至1995年4月任博兴县蔡寨乡党委副书记、乡长；1995年4月至2000年12月任博兴县润滑油脂厂厂长；2000年12月至今任山东京博控股发展有限公司董事长。先后被评为“全国化工系统先进工作者”“省富民兴鲁劳动奖章”“省科技进步奖”“全国化工系统安全卫生工作优秀带头人”“省优秀共产党员”“全国企业文化建设先进个人”“全国石油和化工优秀民营企业家”“省有突出贡献的中青年专家”“省劳动模范”“全国敬老爱亲模范”“全国劳动模范”等荣誉称号。

马建群　1962年1月生，博兴县店子镇辛朱村人。1981年博兴一中毕业，中共党员，主任医师，教授，医学博士，硕士研究生导师。山东省医学科学院附属医院心血管内科与重症医学科主任，兼任中国心力衰竭学会副主任委员、副秘书长，中国心电信息学分会副主任委员，中国医药信息学会心脏监护学术委员会常委、副秘书长，中华医学会心血管病学专业委员会中国心电图会诊中心山东分中心副主任委员、中国心电学基地山东基地副主任，中国医药生物技术协会心电学技术分会委员，山东省老年医学研究会心血管病专业委员会委员，滨州市营养学会副理事长、临床营养专业委员会副主任委员等职。曾获得山东省优秀教师、十佳教师职业道德建设标兵、高等学校中青年学术带头人，中国心力衰竭协会杰出贡献奖等。在国内外最早提出“心动过缓性心肌病”的概念，在省内较早开展心律失常导管射频消融术、临时及永久起搏器安置术、冠心病介入诊断与治疗等诊疗技术。

刘建军　1963年生，东营市东营区龙居镇人。1980年博兴一中毕业后考入山东大学哲学系读本科，1984年入中国人民大学哲学系读硕士，1987年留校任教。1995年获得法学博士学位。现为中国人民大学马克思主义学院教授、博士生导师、思想政治教育教研室主任。系中央实施马克思主义理论研究与建设工程《马克思主义基本原理概论》课题组首席专家、国务院特殊津贴获得者、全国宣传文化领域“四个一批”人才入选者、教育部新世纪优秀人才支持计划入选者，有全国高校思想政治教育研究会学术委员会委员、教育部思想政治理论课教学指导委员会“马克思主义基本原理概论”分委员会委员、国家基础教育课程教材专家工作委员会委员等十几个国家级学术组织和研究机构的兼职。获得“北京市教育系统德育先进工作者”等多项荣誉称号。

张清华　1963年10月生，博兴县锦秋街道东风村人，文学博士，博士生导师。1980年7月毕业于博兴一中。后就读于山东师范大学、南京大学。曾任教于山东师范大学，2004年底调任北京师范大学文学院任教，北京师范大学当代文学创作与批评研究中心主任，中国当代文学研究会常务理事。主要从事中国当代文学研究与理论批评工作，出版《中国当代先锋文学思潮论》《内心的迷津》《天堂的哀歌》《文学的减法》等学术著作或批评文集10部，散文与学术随笔集《海德堡笔记》《隐秘的狂欢》，诗集《我不知道春雷是站在哪一边》等。主持或参与国家社科基金项目、教育部重大人文社科项目6项。学术成果曾获省部级社会科学一等奖、南京大学优秀博士论文奖、华语文学传媒大奖、2010年度批评家奖等。2010年被评为“北京师范大学最受本科生欢迎的十佳教师”。

盖学武 1966年3月生，博兴县城东街道西上疃村人，中共党员，建筑学博士。1981年博兴一中毕业，曾参与主持多项科研课题及行业规范编制工作，获铁道部科技进步一等奖和多篇优秀论文奖，曾任全国高校土力学基础工程学科研究会秘书长，中国老教授协会房屋增层改造技术研究委员会理事兼副秘书长，获得过铁道部京九铁路优秀监理工程师称号，曾在国际期刊与国际学术会议发表学术论文多篇。

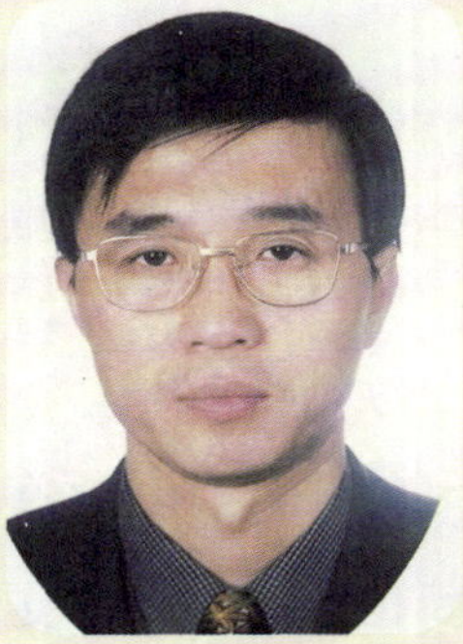

庞清江 1963年3月生，博兴县庞家镇庞家村人，中共党员。1979年至1981年就读于博兴一中。后就读于山东滨州医学院，1985年毕业后留在滨州医学院和附属医院工作，先后任助教、医师、讲师、主治医师、副教授、副主任医师、院长助理、骨科主任、教授、主任医师、副院长等职。其间进同济医科大学学习，先后获硕士学位和博士后学位。2000年6月调往宁波市第二医院工作，任骨科主任、主任医师、教授、硕士生导师。曾参加国家自然科学基金项目二项，承担省级二项。获卫生部科技进步三等奖一项、省级奖二项、厅局级奖四项。获宁波市第二届十大青年科技创新奖，当选中国康复医学会修复重建外科专业委员会委员，享受政府特殊津贴。

柳建乔 1964年生，博兴县锦秋街道北关村人。曾就读于博兴一中，后进入武汉测绘科技大学摄影测量与遥感专业、华中科技大学高等教育管理专业学习，获得硕士学位。自1985年起从事编辑出版工作。先后任武汉测绘科技大学出版社编辑部副主任、主任，出版社副总编，武汉测绘科技大学期刊社社长、常务副主编，武汉大学期刊社副社长、社长，武汉大学出版社副社长。现为武汉大学教授，《武汉大学学报（信息科学版）》常务副主编。兼中国高校科技期刊研究会副会长，中国科技期刊编辑学会地方委员会副主任，湖北省期刊协会副会长等社会兼职。

唐 诚 1964年5月生，江苏省无锡人，中共党员，乒乓球高级教练。1977年至1978年，就读于博兴一中。1978年被选入山东体育运动技术学院。1988年毕业后留任乒乓球队主教练。2000年至2010年担任山东鲁能乒乓球俱乐部教练。2010年8月至今任中国乒协乒乓球运动学校教练。1986年参加全国乒乓球锦标赛，与队友刘伟合作获得混合双打冠军。任教练和执教的24年中，取得了多项优异成绩，培养了众多优秀青少年运动员，在国内外一些重要比赛中获得多项单、双打及团体冠军。2008年，带队执教山东鲁能乒乓球女队在中国乒乓球超级联赛中获女子团体冠军，并先后向国家一、二队输送优秀队员6名。

顾 春 1965年2月生，博兴县锦秋街道西三里村人。1981年博兴一中毕业。1985年山东师范学院毕业后在滨州教育学院任教。1988年考入北京师范大学教育系攻读教育学硕士学位。1991年毕业后，先后在国家教委人事司、办公厅和清史纂修领导小组办公室从事行政工作。1999年至2004年之间，先后在北京师范大学教育学院攻读教育学博士学位、中国人民大学清史所攻读博士后学位。自2003年始调至国家清史办公室工作，先后任处长、副主任、党组书记。曾主编《中国素质教育实用全书》，获中央统战部优秀图书奖。他与导师郭齐家教授合著《陆九渊教育思想研究》，又有专著《思想·来源·特性——陆九渊教育思想三论》。

邢会林 1965年8月生，博兴县庞家镇太平村人。1985年毕业于博兴一中。1985年至1994年在哈尔滨工业大学先后获得学士、硕士及博士学位，后留校任教。1997年12月至2002年1月任日本理化研究所研究员，现任澳大利亚昆士兰大学地球系统科学计算中心副主任、副教授，兼任中国中南大学兼职教授、亚太地区地震仿真国际合作组织澳方代表。其研究方向是计算地球科学及工程应用。发表两部专著，国际论文和会议报告百余篇，有6次国际会议特邀报告。与日本东京大学、美国宇航局JPC、美国加洲大学戴维斯分校及中国科学院、地震局等都有密切的合作关系。是中国自然科学基金海外杰出青年获得者。

李一鸣 1965年11月生，博兴县曹王镇王海二村人，中共党员。1982年博兴县教研室英语班毕业。文学博士，著名作家、评论家，鲁迅文学院常务副院长、教授。中国散文学会会员，山东作家协会会员，山东散文学会理事，滨州市作家协会名誉主席，烟台市散文学会特邀顾问。多年来，在《散文》《散文选刊》等全国数家报刊发表散文作品50余篇，其中4篇获省级奖励。《野地漫步听黄错》入选《山东作家散文集》和《山东新文学大系（1919~1999）》，有关部门专门为其召开了“作品讨论会”。曾入选《山东作家大辞典》。

戴荣继 1965年9月生，博兴县店子镇利戴村人，1982年毕业于博兴一中。1986年7月聊城师范学院化学系毕业后，考入西安近代化学研究所，1989年7月获得硕士学位。1994年9月在北京理工大学化工与材料学院获得博士学位。2001年9月在美国纽约大学获得博士后学位。2008年7月起，任北京理工大学生命学院药学系副主任，教授，博士生导师。主要科研项目有空间生物芯片分析仪器及关键技术研究、新型手性选择剂的合成及其生物相容性研究等11项。在国内外学术期刊上发表文章223篇，SCI收录100篇，EI收录文章23篇，申请专利10项。

贾春雷 1967年9月生，博兴县博昌街道贾家村人。中共党员、教授、硕士生导师，现任山东师范大学音乐学院声乐教研室主任。1976年至1980年就读于博兴一中。1982年7月参加工作，1985年9月考入山东师范大学音乐系，1989年7月毕业后，先后在烟台东方歌舞团、滨州电视台、中国人民武警部队安徽总队等单位工作。多次在全国、省级专业大赛中获奖，1995年获全国百地市电视歌手大赛民族唱法二等奖。多次担任山东省青年歌手电视大赛及其他赛事评委，并参加过中央电视台“心连心”艺术团慰问演出，曾先后14次获奖，其中国家级5项，省级6项。2000年4月在第九届“步步高”杯全国青年歌手大奖赛美声唱法比赛中荣膺第二名(国家政府奖)。

耿宏章 1967年生，博兴县店子镇辛耿村人，中共党员。1986年毕业于博兴一中。现为天津工业大学博士研究生导师，韩国成均馆大学碳纳米管和纳米结构复合材料研究中心特邀博士后研究员。从事无机材料物理性能、复合材料结构设计、纳米材料与纳米科技、新型无机纳米材料等课程的教学工作与纳米材料领域，特别是碳纳米管的相关研究及其在多方面的应用等项研究工作。

张伟华 (1977.8~1994.4)，博兴县城东街道李家村人。陈户四中初二学生，共青团员。1994年4月23日下午18时，放学回家途中，遇李家、霍家两村32名小学生群聚打闹。一个孩子拉着了一枚自制手榴弹引信，张伟华奋不顾身冲过去，抓起手榴弹，就在他还没来得及起身扔出去的一刹那，手榴弹爆炸。张伟华用自己的身体挡住绝大多数弹片，其他孩子得救，他不幸牺牲。张伟华牺牲后，县委、县政府追认他为“舍己救人的好青年”，开展宣传、学习张伟华事迹活动。《中国教育报》报道其事迹。团地委追认他为“优秀青年团员”、团省委追认他为“舍己救人的优秀共青团员”称号，1994年6月，被省政府追认为革命烈士。

王树涛 1978年12月生，博兴县锦秋街道湾头村人。研究员，博士生导师。主要从事仿生多尺度粘附可控界面材料的研究，如抗粘附界面材料、高效粘附、生物特异识别粘附界面和器件以及疾病早期诊断等方面研究。曾获2013年中国化学会青年化学奖，2014年国家基金委杰出青年基金，2014年国家“万人计划”青年拔尖人才，2016年科技部领军人才，2016年教育部长江学者特聘教授，2017年第三期国家“万人计划”科技创新领军人才等。

姜华珺 1984年12月生，烟台市牟平区人。6岁正式接受启蒙训练，小学三年级进入滨州市体校，11岁进入山东省队，12岁加入鲁能乒乓球俱乐部，1998年进入国家队。2000年获得全国女子打单冠军女团亚军后加入香港队。2006年2月在国际乒联科威特公开赛和智利开赛上，连续战胜了张怡宁、郭焱、郭跃，获得女单冠军。2008年世界排名第8的她参加了北京奥运会。先后获得亚洲杯女子单打冠军、世界杯女子单打亚军、世界杯女子双打亚军、世界杯女子团体第三名，夺得国际乒联职业巡回赛6项冠军的骄人战绩。

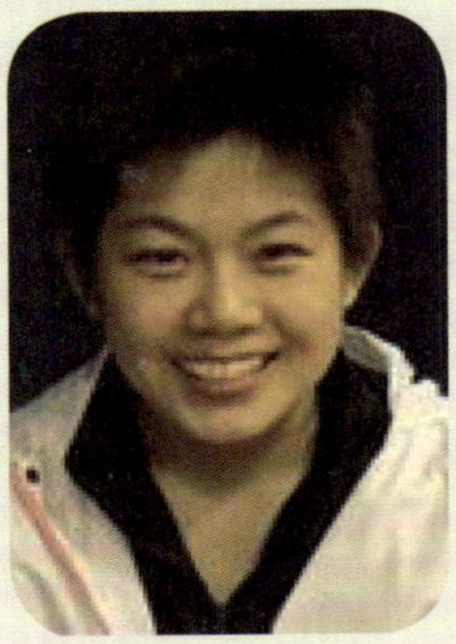

曹　臻　1987年1月生，博兴县城东街道顾家村人，3岁开始接触乒乓球，1997年进入八一队，2002年进入国家二队，2003年进入国家一队。2007年上海世乒赛混双比赛中获得季军。2009年横滨世乒赛在混双比赛中登顶，获得自己职业生涯中第一个世界冠军。两年后的鹿特丹世乒赛，又蝉联了冠军。

按：本部分收录了不同历史时期有影响力的优秀学子代表。

第二章 个人荣誉

出席解放区教模大会的代表

姓名	会议名称	时间	备注
杨枫林	渤海区教模大会	1946	被选为一等模范教师
杨玉山	渤海区教模大会	1946	被选为二等模范教师
盛昭训	渤海区教模大会	1946	被选为二等模范群众教师
蔡得中	渤海区教模大会	1946	被选为一等模范教育工作者
吴金竟	渤海区教模大会	1946	被选为三等模范教育工作者
戴益先	渤海区教模大会	1946	被选为一等模范小先生
郑金泉	渤海区教模大会	1946	被选为一等学习模范
王生桂	渤海区教模大会	1946	被选为二等学习模范
马　健	省先进单位代表会	1946	在鲁南临沂召开

出席解放区各级学代大会代表

<table>
<tr><th>姓名</th><th>时间</th><th>会议名称</th><th>备注</th></tr>
<tr><td rowspan="4">李韵斋</td><td>1948 年冬</td><td>渤海区学代大会</td><td>被选为学联主要负责人</td></tr>
<tr><td>1949 年初</td><td>山东省学代大会</td><td></td></tr>
<tr><td>1949 年初</td><td>华东区学代大会</td><td>被选为学联常委</td></tr>
<tr><td>1949.3</td><td>全国第十四届学代大会</td><td>叶剑英、薄一波、郭沫若、沈钧儒出席大会。李济琛等亲自在各自代表手册上签名留念。</td></tr>
</table>

1949~1985 年出席省有关会议代表

姓名	会议名称	备注
李韵斋	山东省各界代表大会	1950 年召开
姜冠伦	山东省一至三届人代会	
杨统一	山东省第五届人代会	
于善美	山东省第六届人代会	
赵经箴	山东省第六届政协会	
王积风	山东省第三次党代会	1971 年召开
王连英	山东省第三次团代会	1956 年召开
吉化仁	山东省第七次工代会	1980 年召开

新中国成立以来获省级以上综合表彰人员一览表

姓名	（原）工作单位	荣誉称号	授予单位	授予时间
赵　矩	兴福完小	省先进工作者	省政府	1956
周晋宝	兴福区小学	省优秀教师	省政府	1957
李长庆	博师附小	省先进工作者	省委、省政府	1960.5
魏秀英	城关完小	省优秀教师	省委、省政府	1960
于性佛	博兴师范	省优秀教师	省委、省政府	1960
赵学谦	实验小学	省优秀教师	省政府	1983.3
白长远	博兴一中	省先进教育工作者	省教委、省人事厅	1999.9
赵经箴	博兴一中	省优秀教师	省政府	1983.3
刘　敏	博兴师范	省优秀教师	省政府	1983.3
王玉耀	博兴四中	省优秀教师	省政府	1983.3
黄会传	祁家联小	省优秀教师	省政府	1983.3
王立新	官王联中	省优秀教师	省政府	1983.3
邵长蕴	县实验小学	省优秀教师	省委、省政府	1986.9
张松龄	博兴一中	省优秀教师	省政府	1985.1
		省优秀教育工作者（富民兴鲁劳动奖章）	省总工会	1991.4
孙鹏辉	县第一农中	省优秀教师	省政府	1985.8

续 表

姓名	（原）工作单位	荣誉称号	授予单位	授予时间
王福田	县实验小学	省优秀教师	省政府	1985.8
	县实验小学	省优秀教师	省教委、省人事厅	1990.9
张方宏	县实验小学	省优秀教师	省教育厅	1986.9
		全国优秀教师	国家教委、人事部	1993.9
		全国教育系统劳动模范	国务院	1995.9
董奎三	陈户镇教委	省优秀教师	省教委、省教育工会	1987.9
魏柏林	县第一职业高中	省优秀教师	省教委、省教育工会	1987.9
郭其祥	县实验小学	省优秀教师	省教委、省教育工会	1987.9
董云燕	陈户镇中心小学	全国优秀教师	国家教委、人事部、中国教育工会	1989.9
郭维祥	兴福镇四新小学	全国优秀教师	国家教委、人事部、中国教育工会	1989.9
刘玉杰	纯化乡窝刘联小	全国优秀教师	国家教委、人事部、中国教育工会	1989.9
黎金梅	庞家一中	省优秀教师	省教委	1989.9
王泗海	博兴一中	全国优秀教师	国家人事部、国家教育部	1989.9
朱昶东	店子镇辛矢小学	省优秀教师	省教委	1989.9
韩其德	陈户一中	省优秀教师	省教委	1989.9
戴凤亭	兴福镇中学	省优秀教师	省教委	1989.9
曹子敏	县教育局	省优秀教育工作者	省教委	1989.9
顾洪亭	县教育局	省优秀教育工作者	省教委	1989.9
赵奇明	博兴三中	省优秀教师	省教委	1989.9
傅开滨	锦秋街道清河学校	全国优秀教师	国家教委	1989.9
安秀莲	县乐安学校	全国优秀教师	国家教委、人事部	1991.9
王世朋	店子镇张侯小学	全国优秀教师	国家教委、人事部	1991.9
许继明	高渡中学	省优秀教师	省教委、省人事厅	1991.9
赵淑珍	博兴镇一小	省优秀教师	省教委、省人事厅	1991.9
王连英	县实验小学	省优秀教师	省教委、省人事厅	1991.9
卢长东	湖滨镇学区	省优秀教师	省教委、省人事厅	1991.9
高桂荣	县实验小学	全国优秀教师	国家教委、人事部	1993.9
李　予	县教委	全国优秀教师	国家教委、人事部	1993.9
鲍爱荣	县乐安实验学校	省优秀教师	省教委、省人事厅	1993.9

续 表

姓名	（原）工作单位	荣誉称号	授予单位	授予时间
赵春风	县乐安实验学校	省优秀教师	省教委、省人事厅	1993.9
周奎齐	县实验小学	省优秀教育工作者	省教委、省人事厅	1993.9
张兆金	城东街道教委	省优秀教师	省政府	1993.9
王家堂	博兴一中	全国优秀教师	国家教委、人事部	1995.9
周景孟	闫坊镇中心小学	全国优秀教师	国家教委、人事部	1995.9
许兆武	博兴二中	省优秀教师	省教委	1995.9
张聪儒	县乐安实验学校	省优秀教师	省教委、省人事厅	1995.9
庞洪云	县特殊教育学校	省优秀教师	省教委、省人事厅	1995.9
舒青峰	锦秋街道益海小学	省优秀教师	省教委、省人事厅	1997.9
张连军	县实验中学	省优秀教师	省教委、省人事厅	1997.9
盖君明	博兴一小	省优秀教师	省教委、省人事厅	1997.9
刘玉君	博兴一中	省优秀教师	省教委、省人事厅	1997.9
益洪佐	博兴一中	省优秀教育工作者	省教委、省人事厅	1997.9
王　玉	县乐安实验学校	省优秀教师	省教委、省人事厅	1999.9
常绪兰	蔡寨中学	省优秀教师	省教委、省人事厅	1999.9
李继茂	县职业中专	省优秀教育工作者	省教委、省人事厅	1999.9
李红岩	县教研室	全国优秀教师	教育部	2004.9
王建光	县实验中学	省优秀教育工作者	省教育厅、省人事厅	2004.9
王天津	陈户学区	省优秀教师	省教育厅、省人事厅	2004.9
成玉丽	博兴一小	省优秀教师	省教育厅、省人事厅	2007.9
韩爱兰	县实验中学	省优秀教师	省教育厅、省人事厅	2007.08
王树涛	博兴一中	省优秀教师	省教育厅、省人事厅	2007.9
王爱岭	博兴一中	全国模范教师	教育部	2007.9
崔金红	兴福镇中心小学	省优秀教师	省教育厅、省人社厅	2009.9
崔发昌	县职业中专	全国模范教师	教育部	2009.9

续 表

姓名	（原）工作单位	荣誉称号	授予单位	授予时间
王建忠	博兴五中	省优秀教育工作者	省教育厅、省人事厅	2009.9
王云梅	县实验中学	省优秀教师	省教育厅、省人事厅	2009.9
刘西宗	县教育局	省优秀教育工作者	省教育厅、省人事厅	2010.9
李华兴	滨州市技师学院	省优秀教育工作者	省教育厅、省人社厅	2013.9
曹雷国	曹王镇中学	省优秀教师	省教育厅、省人社厅、省公务员局	2014.9
郝海燕	湖滨镇见桥完全小学	省优秀教师	省教育厅、省人社厅、省公务员局	2014.9

说明：1. 本表按获奖时间先后排序；
2. 如果一人多项获奖，按最早获奖时间排序。

博兴县获省特级教师称号的有：

赵经箴（1980）张松岭（1990）崔之周（1994）赵春凤（1998）
高桂荣（1998）路　巍（2002）邵明国（2002）周奎齐（2006）
韩明峰（2006）李红岩（2010）孙淑华（2010）成玉丽（2010）
白桂云（2013）高春霞（2013）张永华（2013）李爱珍（2017）
郝海燕（2017）

博兴县被评为齐鲁名校长的有：

王爱岭（2009）高桂荣（2009）

博兴县被评为齐鲁名师的有：

赵国防（2004）周玉霞（2004）李红岩（2009）张永华（2009）

第三章 集体荣誉

博兴县教育系统单位获得省级以上表彰统计表

单位名称	荣誉称号	颁发单位	表彰时间
博兴县教育局（教委）	农村中小学校舍改造先进单位	省政府	1988.4
	扫除文盲先进县	省政府	1989.9
	学平度教育先进县	省政府	1989.12
	省勤工俭学先进单位	省政府	1992.3
	城镇中小学校舍改造先进单位	省政府	1992.11
	“争作山东未来建设者活动”红旗县	省教委、省团委	1990.2
	省先进教研室	省教委	1990.5
	全省工会先进单位	省教委、省教育工会	1990.12
	教师队伍建设先进单位	省教委	1992.10
	省农村小学教学工作先进单位	省教委	1993.3
	省艺术教育示范县	省教委	1993.6
	勤工俭学先进县	省教委、经委、计委、财政厅、人事厅、劳动厅	1994.5
	初中教学先进单位	省教委	1996.11
	教育工会工作先进集体	省教委、省教育工会	1996.12
	省素质教育先进县	省教委	1998.11
	省普通高校招生工作先进单位	省教委	1998.11
	省中小学劳动技术教育先进集体	省教委	1998.12
	省教育督导先进单位	省政府教育督导室	1999.3
	省教职工住房建设工作先进单位	省教委	1999.9
	省教育系统财会工作先进集体	省教委	1999.9
	省学前教育先进县	省教委	1999.12
	全省普通高考优秀考区	省教委	1999.12
	省农村中小学普及实验教学先进县	省教委	1999.12

续 表

单位名称	荣誉称号	颁发单位	表彰时间
	国家首批“两基”达标县	教育部、国家教育督导室	2000.11
	全国特殊教育先进县	教育部、民政部、中国残联	2001.12
	省教育条件装备先进单位	省教育厅	2002.9
	省民师工作先进单位	省教育厅	2004
	省中小学校长培训和教师继续教育先进单位	省教育厅	2004
	全省科普教育工作先进单位	省教育厅	2009
	省体卫艺宣传工作先进单位	省教育厅	2009~2014
	省国防教育先进单位	省教育厅	2009~2014
	省中小学教师远程研修组织工作先进单位	省教育厅	2009~2014
	优秀记者站	省教育厅	2011.4
	省首批示范教研机构	省教育厅	2012
	省招生考试工作先进集体	省教育厅	2012.12
	未成年人思想道德建设先进单位	省精神文明办公室	2014
	全国义务教育发展基本均衡县	国务院教育督导办	2015.3
	省教育工作示范县	省政府	2015.9
	全省学生资助工作先进单位	省学生资助管理中心	2016.2
博兴一中	“开展勤工俭学、培养四化人才”奖	省计委、省财政厅、省经委、省教育厅	1986.5
	工会工作先进单位	省教育工会	1990.12
	省体育传统项目学校	省教委、省体委	1990、2016
	教书育人先进集体	省教委、省人事厅	1993.9
	职工体育工作先进集体	省总工会、省体委	1995.5
	省德育先进集体	省教委	1996.3
	普通高考“优秀考点”称号	省招生委员会	1998.5~1999.12
	省规范化学校	省教育委员会	1999.5
	省教育工会先进单位	省教育工会	2001.10
	省学校民主管理先进单位	省教育厅、省教育工会	2003.12

续 表

单位名称	荣誉称号	颁发单位	表彰时间
博兴一中	全省党员教育先进单位	省委组织部、省委宣传部	2004.7
	省招飞工作先进单位	省招考院、省招生中心	2005、2006、2011、2013
	省幸福进家活动先进单位	省妇女联合会	2011、2014
	省教学示范学校	省教育厅	2006、2011
	省幸福进家活动先进单位	省妇联	2013
	省消防安全教育示范学校	省教育厅、省消防局	2013
	省教育系统模范职工之家	省教育工会	2016.12
博兴二中	“争作山东未来建设者活动”先进学校	省教委、省团委	1990.2
	省中小学德育工作先进学校	省教委	1992.12
	省德育先进集体	省教委	1996.3
	省艺术教育示范学校	省教育厅	1999.12
	全国学校艺术教育工作先进单位	教育部	2000.12
	省教师职业道德建设先进集体	省高校工委、省教育厅、省教育工会	2001.8
	全省党员教育先进单位	省委组织部、省委宣传部	2004.7
	省体卫艺国防教育宣传工作先进单位	省教育厅体卫艺处	2004.12
	省教学示范学校	省教育厅	2006.12
	省教育工会先进集体	省教育厅、省教育工会	2008.12
	省卫生先进单位	省爱卫会	2009.1
	省素质教育工作先进单位	省教育厅	2009.9
	省校本研究先进单位	省教科所、省教育学会	2014.9
	全国国防教育特色学校	教育部	2016.6
	全国青少年校园足球特色学校	教育部	2016.12
	全国国防教育示范学校	教育部	2017.12

续　表

单位名称	荣誉称号	颁发单位	表彰时间
博兴三中	省体育传统项目学校	省体育局、省教育厅	2016
	省教育系统模范职工之家	省教育工会	2016.12
滨州市技师学院（含博兴县技工学校、博兴县职业中专、博兴县职业高中、博兴职业技术学校、滨州市第二高级技校）	省职业教育先进集体	省教委	1991.3
	职业技术教育先进集体	省教委、计委、劳动厅、人事厅、财政厅	1991.3
	省重点职业高中	省教委	1992.8
	省重点技工学校	省劳动厅	1993.11
	勤工俭学先进单位	省劳动厅、人事厅	1993.12
	省技工学校教学质量优秀单位	省劳动厅	1996.3
	国家重点职业中专	教育部	2000.6
	省职业教育先进集体	省人事厅、教育厅、社会和劳动保障厅	2001.5
	国家重点技工学校	国家劳动部	2002.3
	省技工学校招生工作先进单位	省劳动和社会保障厅	2002.4
	省中职毕业生就业服务工作先进单位	省职教师资培训中心、省中职毕业生就业服务中心	2004.10
	省中等职业教育教学示范学校	省教育厅	2004.12
	省职教师资建设先进单位	省教育厅	2005.12
	全国中等职业院校就业质量 100 强	教育部、劳动部	2007.12
	技工教育先进集体	省劳动和社会保障厅	2007.12
	省中等职业教育十佳创业明星学校	省劳动和社会保障厅	2007.12
	省职业院校毕业生就业工作先进集体	省劳动和社会保障厅	2007.12
	省文明单位	省精神文明建设委员会	2009.12
	省技工院校先进集体	省劳动和社会保障厅	2010.9
	省德育教育工作先进集体	省劳动和社会保障厅、教育厅	2010.9
	省技工教育先进集体	省人社厅	2011.9
	全国首批建设的国家改革发展示范校	教育部、人力资源和社会保障部、财政部	2011.10

续 表

单位名称	荣誉称号	颁发单位	表彰时间
滨州市技师学院	全省职业技术培训研究工作先进单位	省人社厅	2012.1
	省高校“三八”红旗集体	省妇联	2012.6
	零犯罪学校	中国关工委、司法部、中央综治办	2014.8
	省优质特色中等职业学校	省教育厅	2016.4
博兴县实验中学	全国电化教学实验学校	教育部	2001.4
	省艺术教育示范学校	省教育厅	2001.8
	省国防教育先进学校	省教育厅	2001.12
	首批新课程实验学校	教育部	2002
	省规范化学校	省教育厅	2002.2
	省卫生先进单位	省爱卫会	2002.2
	省绿色学校	省教育厅、省环保局	2003.7
	省教学示范学校	省教育厅	2004.12
	省示范家长学校	省妇联、省教育厅	2005.9
	中小学教师校本培训省级示范学校	省教育厅	2005.12
	省语言文字规范化示范校	省教育厅	2006.12
	全国“十一五”教育科研先进集体	教育部	2011.7
	省体育传统项目学校（篮球）	省教育厅、省体育局	2011、2016
	全国青少年创新教育实验学校	教育部	2012.7
	省中小学心理健康教育示范学校	省教育厅	2013.4
	省科技创新优秀学校	省科协、省教育厅	2014.4
	全国零犯罪学校	中国关工委、司法部、中央综治办	2014.8
	全国教育系统先进集体	教育部、人社部	2014.9
	全国中小学心理健康教育特色学校	教育部	2015.10
	全国青少年校园足球特色学校	教育部	2015、2016

续　表

单位名称	荣誉称号	颁发单位	表彰时间
博兴四中	省规范化学校	省教育厅	2014.12
	全国足球传统项目推广学校	中国足协	2015.12
	省健康教育示范学校	省食药局	2015.12
	食安山东省示范学校食堂	省教育厅	2016.12
博兴五中	省体育传统项目学校（篮球）	省体育局、省教育厅	2009、2016
	省规范化学校	省教育厅	2012.12
	省教学示范学校	省教育厅	2012.12
博兴六中	省规范化学校	省教育厅	2004.10
	省体育传统项目学校（足球）	省体育局、教育厅	2011.7
	全国青少年校园足球学校	国家教育部	2015.8
博兴七中	省规范化学校	省教育厅	2014.12
	省体育传统项目学校	省体育局、省教育厅	2016.12
博兴县特殊教育学校	省规范化学校	省教育厅	2002.5
	“十一五”全省残疾人康复工作先进单位	省残联	2012.4
	零犯罪学校	司法部、中国关工委、中央社会综治办	2014.6
	省优秀残疾人之家	省残联	2014.12
博兴县实验小学	省青少年工作先进集体	省教育厅	1983.5
	全国先进体育传统项目学校先进集体	国家体委、教育部	1984、1995
	全国群众体育先进集体	国家体委、教育部	1987、1993、2001
	全国先进体育传统项目学校	国家体委、教育部	1987、1995、2013
	金星大队	省少工委	1989、1990
	省功勋大队	省团委、教委、少工委	1989.9
	省文明单位	省文明委、省教委	1990、1995
	省优秀体育传统项目学校	省体委、省教委	1991、1996、2016

续 表

单位名称	荣誉称号	颁发单位	表彰时间
博兴县实验小学	省规范化学校	省教委	1992、1995、1996
	省农村小学教学工作先进单位	省教委	1993.3
	省电化教育示范学校	省教委	1996
	全国雏鹰大队	中央团委、少工委	1994.7
	省特色学校	省教委	1994.12
	省教书育人先进单位	省教委、省人事厅	1995、1996
	省学前教育先进集体	省教委	1995.12
	省教育示范学校	省教委	1995、2005
	推行《国家体育锻炼标准实施办法》先进单位	国家体委、教委	1996.12
	省艺术教育示范学校	省教委	1996、2005
	全国中小学现代教育技术实验学校	教育部	1997.12
	省素质教育实验学校	省教委	1998.5
	省电化教育先进单位	省教委	1998.12
	省小学教师综合能力训练先进学校	省教育厅	2000.5
	省科普示范学校	省教育厅、科技厅	2001.4
	省现代科技教育与实践示范学校	省教育厅	2001.5
	全国体育传统项目学校	教育部、国家体育总局	2003.11
	省食品卫生 A 级单位	省教育厅、卫生厅	2004.9
	中小学校本培训省级规范学校	省教育厅	2005、2007
	省体育突出贡献先进单位	省体育局	2006.12
	省语言文字规范化示范校	省教育厅	2006.12
	省艺术教育先进单位	省教育厅	2009.1
	省绿色学校	省环保厅、省教育厅	2009.12
	省学校民主管理先进单位	省教育厅、教育工会	2010.4

续表

单位名称	荣誉称号	颁发单位	表彰时间
博兴县实验小学	第四届“山东省优秀少先队集体”	团省委、省教育厅、省少工委	2017.4
	省地震科普示范学校	省地震局、省教育厅、省科协	2017.8
	全国零犯罪学校	中国关工委、司法部 中央综治办	2017.8
博兴县第一小学	省电化教学示范校	省教委	1998
	省规范化学校	省教委	1998、2007、2012
	省艺术教育示范学校	省教委	1998.3
	省文明单位	省文明委	2000~2016
	省中小学德育工作先进集体	省教育厅	2000、2012
	省少先队工作规范化学校	团省委、省少工委	2001
	全国红旗大队	全国少工委	2003.12
	省体育传统项目学校	省体育局、省教育厅	2004
	省教学示范学校	省教育厅	2004、2007、2012
	省依法治校传统学校	省教育厅	2004
	全国现代教育技术示范校	教育部	2006.1
	全国五好基层关工委先进集体	教育部	2006、2015
	省现代技术教育研究先进单位	省教育厅	2006.4
	全国优秀青少年维权岗	团中央、中央综治办、教育部	2006.9
	省语言文字规范化示范校	省教育厅	2006.12
	全国示范家长学校	全国妇联、教育部、文明办	2012.8
	全国零犯罪学校	司法部、中央综治办、关工委	2012、2014
	省科普示范学校	省科协、省教育厅	2015.1
	全国中小学心理健康教育特色学校	省教育厅	2015.5
	省德耀齐鲁道德示范基地	省教育厅	2015.8
	全国文明校园	中央文明办	2017.9
博兴县乐安实验学校	省普通中小学心理健康教育特色学校	团省委、省少工委	2001

续 表

单位名称	荣誉称号	颁发单位	表彰时间
博兴县乐安实验学校	省教学示范校	省教育厅	2003、2006
	省中小学校本教研先进单位	省教育厅	2004
	省语言文字规范化学校	省体育局、省教育厅	2004
	省党员教育先进单位	省组织部	2004.7
	省电化教学示范校	省教育厅	2006.4
	省规范化学校	省教育厅	2006.8
	省校本培训示范学校	省教育厅	2006.12
	省地震科普示范学校	省教育厅	2007.4
	省体育传统项目学校	省体育局、省教育厅	2011.5
	省家庭教育示范基地	省教育厅	2015.5
	省级文明校园	省文明委	2017.12
博兴县第三小学	省教育系统行风建设先进单位	省教育厅	2011.2
	省规范化学校	省教育厅	3013.1
	省教学示范学校	省教育厅	2013.4
	省语言文字规范化示范校	省教育厅	2013.12
闫坊镇政府	中华扫盲奖	教育部、财政部	1999.10
店子镇成人教育中心校	全国农村成人教育先进单位	教育部	2007
湖滨镇寨郝中心小学	省体育传统项目学校	省体委、省教委	1987.3
	金星大队	团省委、省教委、省少工委	1990.3
	省规范化学校	省教委	1992.12
	省农村小学教学工作先进单位	省教委、省教研室	1993.3
	省体育传统项目优秀学校	省体委、省教委	1998.4
	省语言文学规范化示范校	省教育厅	2011.12
	全国规范化汉字书写教育特色学校	教育部语言文字管理司	2012.6
	省健康教育示范学校	省卫生厅、省教育厅	2016.6

续 表

单位名称	荣誉称号	颁发单位	表彰时间
湖滨镇柳桥中心小学	省艺术教育示范学校	省教育厅	2004.10
	省学校文化建设重点研究基地	省教育厅	2009.12
	省健康示范学校	省教育厅	2015
	全国零犯罪学校	司法部、中央综治办、关工委	2015.7
湖滨镇见桥完全小学	省模范希望小学	团省委	2010.11
	省语言文字规范化示范学校	省教育厅	2013.12
	省规范化学校	省教育厅	2014.12
湖滨镇寨下小学	省规范化学校	省教委	1999.12
曹王镇中心小学	省语言文字规范化示范学校	省教育厅	2013.10
	省教师远程研修工作先进单位	省教育厅	2014、2015
	省健康教育示范学校	省教育厅、省卫计委	2015.12
曹王镇第二小学	食品卫生等级A级单位	省卫生厅	2004.7
曹王成人教育中心校	农村成人教育先进学校	国家教委	1991.11
兴福镇中学	省语言文字规范化示范校	省教育厅、省语委	2011.4
	省健康教育示范学校	省教育厅、省卫计委	2016.3
兴福镇中心小学	省语言文字规范化学校	省教育厅	2006.12
	省艺术教育示范学校	省教育厅	2009.12
	零犯罪学校	国家关工委、司法部	2014.8
	省教师远程研修工作先进单位	省教育厅	2015
	省健康教育示范学校	省教育厅	2016.3
	省安全文化建设重点研究基地	省教育厅	2016.12
陈户镇中心小学	省依法治校示范校	省教育厅	2010.10
	省教学示范学校	省教育厅	2011.9
庞家镇祁家完小	省先进集体	省政府	1963.10
纯化镇中学	省健康教育示范学校	省教育厅、省卫计委	2016.6

续 表

单位名称	荣誉称号	颁发单位	表彰时间
纯化镇中心小学	省语言文字规范化示范校	省教育厅	2003.6
	零犯罪学校	国家关工委、司法部	2014.8
	省健康教育示范学校	省教育厅	2015.3
	省安全文化建设重点研究基地	省教育厅	2016.12
庞家镇第一小学	零犯罪学校	国家司法部	2014.8
	省健康示范校	省教育厅	2016.3
店子镇第二小学	省语言文字规范化示范校	省教育厅、省语委	2009.12
店子镇中学	省语言文字规范化示范校	省教育厅、省语委	2011.4
	全国“零犯罪学校”	司法部、综治办、关工委	2014.8
	省规范化学校	省教育厅	2015.5
	食安山东餐饮服务示范单位	省食品安全办	2016.11
吕艺镇中学	全国“零犯罪学校”	司法部、中央综治办、关工委	2014.8
曹王镇中学	省规范化学校	省教育厅	2004.10
	省绿色学校	省教育厅、省环保局	2006.2
	全国青少年足球特色学校	教育部	2015.8
	省健康示范学校	省教育厅、省卫计委	2016.3
	省传统体育项目学校	省教育厅	2016.12
锦秋街道清河学校	省健康示范学校	省教育厅、省卫计委	2016.6
锦秋街道益海小学	全国“零犯罪学校”	司法部、综治办、关工委	2017.8
吕艺镇京博希望小学	省模范希望小学	团省委	2010.11
	第一批全国中小学中华优秀文化艺术传承学校	教育部	2012.2
博兴县实验幼儿园	省级示范性幼儿园	省教育厅	1999
	省十佳园	省教育厅	2004
	食品卫生等级 A 级单位	省卫生厅	2004
博兴县实验小学幼儿园	省级示范性幼儿园	省教育厅	2002
博兴县第一小学幼儿园	省级示范性幼儿园	省教育厅	2002
	省十佳园	省教育厅	2004
博兴县乐安实验幼儿园	省级示范性幼儿园	省教育厅	2004

续表

单位名称	荣誉称号	颁发单位	表彰时间
博兴县博奥幼儿园	省级示范性幼儿园	省教育厅	2006
湖滨镇寨郝幼儿园	省级示范性幼儿园	省教育厅	2000
湖滨镇柳桥幼儿园	省级示范性幼儿园	省教育厅	2008
兴福镇中心幼儿园	省级示范性幼儿园	省教育厅	1999
兴福镇第二中心幼儿园	省级示范性幼儿园	省教育厅	2014
陈户镇第一中心幼儿园	省级示范性幼儿园	省教育厅	2010
陈户镇第二中心幼儿园	省级示范性幼儿园	省教育厅	2014
庞家镇中心幼儿园	省级示范性幼儿园	省教育厅	2014
博兴经济开发区中心幼儿园	省级示范性幼儿园	省教育厅	2016
纯化镇中心幼儿园	省级示范性幼儿园	省教育厅	2016
吕艺镇第一中心幼儿园	省级示范性幼儿园	省教育厅	2016
博兴县第三小学幼儿园	省级示范性幼儿园	省教育厅	2017
锦秋街道中心幼儿园	省级示范性幼儿园	省教育厅	2017
博昌幼儿园	省级示范性幼儿园	省教育厅	2017
店子镇中心幼儿园	省级示范性幼儿园	省教育厅	2017
乔庄镇中心幼儿园	省级示范性幼儿园	省教育厅	2017
湖滨镇寨卢幼儿园	省级示范性幼儿园	省教育厅	2017

附录

重要文件

革命文献

旧志文存

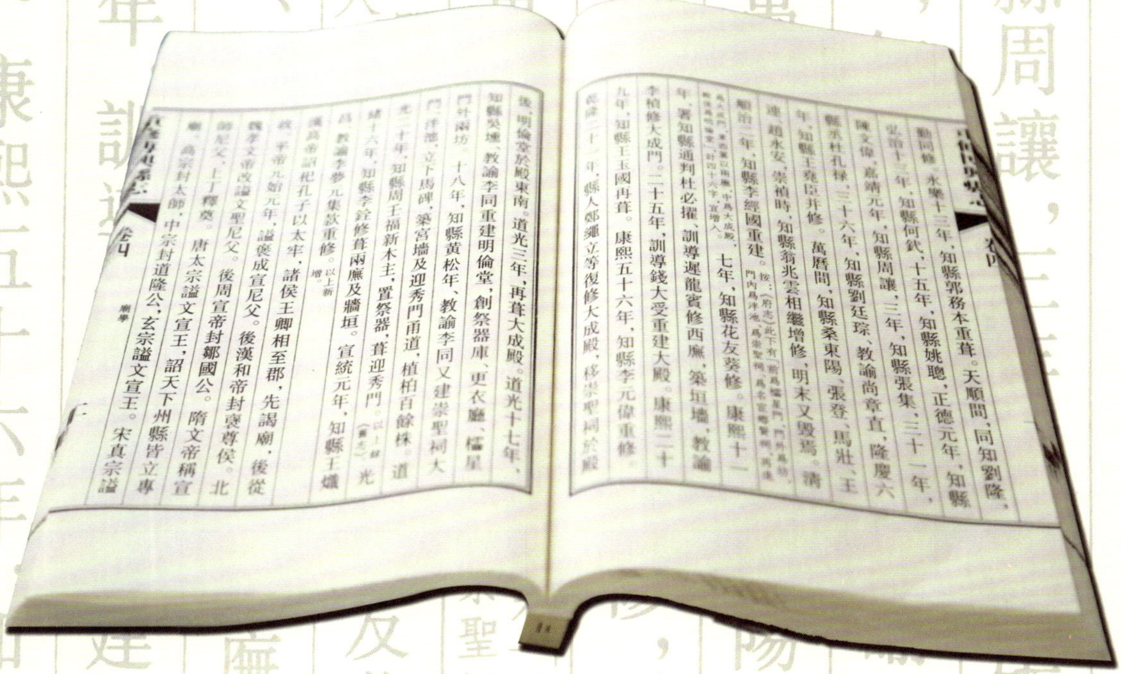

附录

一、旧志文存

庙学志

孔子为万世师表，隋唐以来，州郡无不立庙。自祀事肇修而言，则曰庙；自教育人才而言，则曰学。《旧志》文庙、学宫分列两处，从祀先儒、先贤又别见于《典礼》，殊不便于检阅。兹特汇为一编，首载庙学规制、建修始末，次历代尊崇典礼及祭品祭仪，而以书院、义学附焉。国体变更后，祀事几废，学宫就荒。然中国数千年来崇儒重道、兴起人文之至意未可忽也。作《庙学志》。

博兴学庙，宋崇宁初始建。宋亡，毁于兵。元元贞间，知州栾汝翼重建。至元间，监州火尔赤置东西庑，元末复毁。明洪武三年，知县王暹重建。二十一年，县丞刘本道、主簿刘克勤同修。永乐十三年，知县郭务本重葺。天顺间，同知刘隆，弘治十三年，知县何鉽，十五年，知县姚聪，正德元年，知县陈文伟，嘉靖元年，知县周让，三年，知县张集，三十一年，县丞杜孔禄，三十六年，知县刘廷琮、教谕尚章直，隆庆六年，知县王尧臣并修。万历间，知县桑东阳、张登、马壮、王连、赵永安，崇祯时，知县翁兆云相继增修，明末又毁焉。清顺治二年，知县李经国重建。（按：《府志》此下有“前为櫺星门，门外为坊，门内为泮池、为崇圣祠、为名宦乡贤祠，再进为大成门，东西翼以两庑，中为大成殿，殿后为明伦堂”，计四十六字，宜增入）七年，知县花友葵修。康熙十一年，署知县通判杜必擢、训导迟龙宾修西庑，筑垣墙，教谕李桢修大成门。二十五年，训导钱大受重建大殿。康熙二十九年，知县王玉国再葺。康熙五十六年，知县李元伟重修。乾隆二十一年，县人郑绳立等复修大成殿，移崇圣祠于殿后，明伦堂于殿东南。道光三年，再葺大成殿。道光十七年，知县吴壥、教谕李同重建明伦堂，创祭器库、更衣厅、櫺星门外两坊。十八年，知县黄松年、教谕李同又建崇圣祠大门、泮池，立下马碑，筑宫墙及迎秀门甬道，植柏百余株。道光二十年，知县周壬福新木主，置祭器，葺迎秀门。以上录《旧志》。光绪十六年，知县李铨修葺两庑及墙垣。宣统元年，知县王炽昌、教谕李梦元集款重修。

修博兴州庙学记

元翰林学士·陈俨

皇上践阼之元年，改号元贞（成宗），制诏首以敦劝学校、廪赡师生、宾兴贤能为先务。惟时有司晓然知上意所向，莫不黾勉从事、以后为羞，故所在弦诵相闻。越明年，博兴州庙学成，走书京师，且自疏其始末告俨曰：州曩为邑，即古博昌邑。旧有庙，中毁于兵。丙戌，改升今名。迨前太守栾汝翼，始兹作郡，乃卜治之巽隅塏爽之地，创制大礼殿六楹，像设严备。历岁滋久，圮坏弗支，神不以宇，过者兴喟。至元乙未，监州火尔赤实来，首谒先圣祠，颓然在垢，蒙埃蚀中，辄以修复自任，谓知州周祐、州判卢澍曰："庙废不治，咎将谁归？"遂相与议，凡庙之敝者新之，缺者完之，即还旧观，其如两庑觖望何？于是乃断乃度、乃陶乃斫、乃塈乃雘，不数月起东西序各十四楹。又自门徂殿，若初未尝坏，而且加隆焉者。仅及讫功，祐以终秩去，而万哈答来，遂嗣其前绪，而益殚其意焉，乃像七十子，其中讲肄有堂，休息有舍。又广七楹，耽耽翼翼，截然坚整。诸生鼓箧来游者，日济济也。是宫也，合数政之力，阅三纪之久，始绩于成，愿有述以识兹役。

博兴儒学修文庙记

明·李开先

博兴自有县治，即有儒学。一坏于嘉靖二十三年雷雨，再坏于嘉靖二十五年雹冰。官怠于屡迁，不及修；邑敝于岁歉，不能修。以致正殿两庑，草蔀其上，尘积其下，榱桷内朽，甓碱旁倾，不蔽风雨，而蜗牛篆其外；露见星月，而硕鼠穴其中。不惟儒者悲凄，而行道亦为之叹息。学生相炌等触目激衷，相与谋焉，遂请之掌教尚公章直、施公纪、韩公遇春，师则捐俸，生则捐金，犹恐不足以济事，又告之衡藩，又告之乡士大夫及邑人尚义者，各捐金有差。其致仕赵禄暨乡耆孙学等十人，则又其尤者也。功始于嘉靖三十六年二月，至四月功过半，而邑侯巩昌刘公廷琮适至，谒庙之初，即慨然于怀，曰："此吾有司之责也。"遂亦捐俸而趣其成，焕然一新矣。

重修庙学记

明进士·胡重易

夫学以立教，治道出焉。舍学言治，皆苟而已。明道先生曰"治天下以正风俗、得贤才为本"，重夫学也。夫学制以备为悦，自汉而唐而宋，兴废相寻，而治乱随之。恭惟我太祖御极之明年，远法三代之盛治，即昭畿甸内外，府、州、县各建学。博兴旧制虽存，岁久就圮，维是张侯来令于兹，始谒庙顾瞻，叹曰："斯学之废，吾之责也。不有以新之，则学校不兴，师道难立，风俗何由而正，贤才何由而得耶？欲图治道以称上德意焉，亦难矣。"遂谒诸公帑请于代巡与藩臬，募邑之尚义者以董其事，先两庑，次櫺星门，次大成门，以及大成殿。殿之后有明伦堂，有斋序，东西义路礼门相望。内又有文昌祠、会馔堂及号舍廨宇，皆以次修葺。而圣贤像饰绘又加意焉。移仓于堂之西北隅，相隙地以建庖厨，又易民地以祠乡贤。櫺星门南面城，旧辟为水门，甃以甓石，洞券为门。门之上有台，台之上有楼，额曰"迎秀"。登楼一望，则见湖水烟波，山峦翠色，四时万状，呈巧献奇，额然杰睹也。功始于甲甲四月，造成于是年十一月，命工砻石，书之以垂不朽。侯名集，别号濞滨，大中丞恒山翁之家嗣云。

重修博兴儒学记

明 · 顾连璧

博兴庙学之建，未有考也。元知州栾汝翼更造焉。至元乙未，火尔赤复置东西序，后毁于兵燹。迨我朝洪武初，知县王暹复建于县治东南，中为圣殿，旁列两庑，前为戟门，门之外为泮池，又前为櫺星门，殿后为明伦堂，旁列二斋。嗣后，令是邑者相继增饰。嘉靖丁巳，陇西刘公廷琮复重修焉。迄今几三十禩，岁久倾圮，日以益甚。万历庚辰夏，长乐陈君荣来署博庠教事，观庙貌颓蔽，慨然议欲新之。越明年，乃谋诸司训桐庐郑君应锡、嘉祥黄君梦旸，佥曰“如议”，遂明命诸生阎国秀等具呈于县尹大梁桑公东阳。公欣然曰：“吾方有志而未逮，今兹之举可容已耶！”乃先捐赀以为僚属倡。时邑丞邢台张君平、簿长洲周君时武、幕僚献县秦君宗昌，暨该学师生各捐金若干。又告诸乡士大夫及邑之尚义者，亦各输金。不数旬，积金百余，即择吉兴工，鸠众聚财，复任乡耆之有才干者张继先、焦儒、贾绶、张守家董之。未几行。壬午冬，古赵张公登来宰是邑，雅重儒术，复捐资增修，遂落成焉。是一时之义举，而百代之伟观也已。

重修大成殿记略

清 · 贾昉

博兴之有至圣庙，成毁相循，至元明再毁于兵燹。至我大清定鼎之三年，南宫李公经国来宰是邑，下车伊始，即捐资重建，庙貌如新。历今数十载，殿圮墙倾，视若通衢，学宫茂草，莫此为甚。康熙甲子春，钱先生来训是邑，慨然欲议复修，以岁歉未果。至二十九年庚午，先生集诸生课艺于署，乃与学正乐陵杜先生能忠倡修复之议。议者曰：“庙宇久颓，木石总必破碎，倘拆毁而功不成，可奈何？”先生曰：“无虑，请以文章成之。”遂具启，谒邑侯王公玉国。公曰：“可。愿捐俸以先。”又具疏于邑之荐绅士庶，量力输金。乡老工匠闻，亦竞愿效力，局金若干两。议既定，乃卜日撤旧，而栋甍榱桷以及瓦石果皆破碎腐烂不可用。吁，难矣！先生复为诗歌文词，以风乎四乡之绅士与凡民之好义者，遂各输重赀以成是举。工始于庚午之三月，落成于是年之七月。先生以造五凤楼手作为诗赋文章，如千门万户，龙拿凤攫，四方得其片语只字，珍若拱璧，其耸动海内，固非一日。但造空中之楼阁易，而造实地之宫殿难，乃以五寸管、数纸文，鼓动人情，打悭破吝，如响应声，使数百年颓朽不支之庙貌，一旦鼎新巍焕，并修四配十哲之神栖，各为严整，此真事之大奇，不可不记。且见文章权力，真可动天地而感鬼神以役使群动，不诬也。先生钱姓，大受名，字伯衡，莱州掖县人。

重修博兴县庙学碑

知县 · 梁廷揆

德宗景皇帝御极之三十一年，特颁谕旨：升孔子为大祀，庙覆黄瓦，祭器均易黄色。孔子至圣配天，故以尊天者尊之也。惟是博邑圣庙修经百余年，阅时久，渐就倾圮，旧贯不可仍，则需欵益钜。时寿卿王公适令是邑，邀集绅民，建议重修，捐廉五十金以为众倡，绅民感激，争先乐输，三日间集款万五千缗。于是派委栾绅凤书、卢绅之塄、卞绅树棻、高绅东园、王绅执信、丰玉、子玢管理其事。经始于是年九月中旬，或以农忙停工，或以岁荒罢役，凡四历年所、三十八阅月，经王寿卿、白东霖、顾笏臣三公之更代，而功乃垂成。宣统庚戌秋，廷揆来令是邑、下车伊始，首谒孔子庙堂，见大成殿、戟门、明伦堂、东西庠门暨明伦堂前后之厅堂、斋舍翚飞鸟革，巍巍峨峨，则通体改作者也；崇圣祠、櫺星门、下马坊廊腰檐牙，翼然焕然，则仍其墙、换其顶者也；泮池影路、品台、影壁规模整肃，高下得宜，则因旧基而补葺之、润色之者也。庙貌重新，丹青焕彩，瞻仰之下，肃然动高山景行之思。噫！王、白、顾诸公，栾、王诸君子数年之精神毕萃于此矣。惟庙貌聿新，而祭器不整，不足以昭美备而示敬恭。又明伦堂为讲学之所，业于该堂前后建厅堂、斋舍以为讲学公所，而堂舍寥寥，多士难容，杜工部“广厦”之咏，今古同慨也。爰与栾、王诸君子踵成其事，于明伦堂后筑东西屋十八间，以广校舍。凡簠簋俎豆之文、金石丝竹之器，旧者新之，缺者补之，心必示以敬恭，事务求其美备。辛亥秋，遂蒇厥事。然后详报上宪，告厥成功。夫孔子之德与天无极，德宗景皇帝以尊天者尊之，岂惟是壮观、瞻崇体制云尔哉？世局愈变而愈奇，圣道亦愈推而愈远。由春秋以至秦汉，封建之局变，而斯道定于一尊。由秦汉以至于兹，闭关自守之局变，而斯道于以四达。子思子言至圣声名之洋溢，日月照临之地、霜露沾濡之乡，凡有血气，莫不尊亲。数千年来，几以为空言，徒托而终无征信之。一日中外交通，声教四讫，遵道遵路，会极归极，碧眼虬须之伦，将日就于至圣范围之中而不自觉也。有志斯道者，黜华崇实，孜孜于格致诚正之真修，国家多一善士，师门即多一功臣。是则我景皇帝推崇孔子之至意，亦即我孔子垂教万世之深心也夫。

博兴县学重修风水记

明进士 · 顾连璧

博邑文庙旧在南城，面城湫隘，弘、正以来，科第落落如晨星。迨嘉靖初，常山张君集来令博，始于庙前开迎秀门，盖迎气之意云。岁甲申，佥宪黄公鳌东巡谒庙，周迴览视，谓“朱雀主文明之象，而南方低陷，非宜”，乃捐金，置学田一十四亩，令架桥为山于门之外，业置田已，事竟中止。越岁辛亥，宪副傅公学礼继至，见与黄公合，遂趣成之。壬子春，县二尹杜君孔禄任其役，即所置田，桥者桥，山者山，而黄公之志始成云。是岁秋，崔应鹤举乡试；岁乙卯，举初旦。丁巳，邑侯刘公廷琮复于山后浚井凿池、亭其上焉。嗣是余与弟合璧举，戊午于藩举，辛酉白应乾举。丁卯中间乏人者，盖两科诸生相语曰：“文运犹未泰乎？”适青州别驾王君纬精堪舆，绘图以示诸生。迄壬申岁，诸生李一元辈诣邑侯王公尧臣谋焉。侯俞其请，遂与二尹卢君委、三尹王君伯邻、四尹王君自智，儒学栗君信、沈君文奎、徐君修之各捐俸若干，仍请士夫乡民尚义者共济美举，推乡民初铎等董其事。月余乃成，将勒诸石，以征余文。窃稽人杰地灵，每相与以有成也。非众心协赞，胡以成功哉！姑摛词以记其盛。

博兴庙学山井记

邑人 · 顾铎

吾闻朱子赴同安簿时，见壶公山，即曰“莆田多人物”。又读《宋史》，徽宗未有嗣子为念，刘混康请京师西北隅形势加以少高，已而后宫生子渐多。夫以壶公之山，天作之也，降神钟秀宜矣。京师西北隅形势加高，人为之也，亦以取验，乃知形家者流虽小道，亦有至理存焉。吾邑庙学在南城下，旧矣，原有水门在庙学东，灵宝何侯鈛迁与庙学相对。嗣是张侯集因之，遂有今之迎秀门焉。近者佥宪黄公鳌分巡至邑，周环相度，谓门临陡皇则衢未亨，望属低陷则气不翔，出罚金买田一十四亩，命构桥台、凿池而亭于台池之上。审若是，亦一邑之胜而藏风气者也，奈何历三令而俱未遑也？壬子岁，二尹杜君孔禄乃聚土为山，山下凿井焉。诸生孙应溪辈嘉之，介予弟国子生顾存仁诣予请记。予曰："此令之事也。杜君以丞能为之，亦可记也。然如斯而已乎？"应溪辈曰："未也。山将增之高也，九仞焉已矣；池将凿之深且长也，怀山及泉焉已矣。山之颠建亭焉，美轮美奂，见者改观也。完矣，黄公之意，亦止于是矣！灵宝何侯迁门之意亦成矣。"予曰："犹未也。池深矣，莲芡种焉，鱼鸟翔泳，粲然如锦。山高矣，柏竹植焉，云烟滃郁，巍乎莫京。诸生不日取捷而回，拉老夫坐亭中，观花卉竹柏，俯清池胸次，悠然举目，鸢鱼飞跃也。姑记而待之，见厥成也。"

修博兴县学署记

教谕·杭之洞

国家立县，必先立学；立学，必为设官；设官，必为置署。即翼学宫左右，盖率诸生以时习礼其中，鼓歌弦诵，出入圣人之门，而不忘渊源之所自也。蒲姑学署不知建自何时，历宋而元、而明，重修者指不胜屈，想学署亦因之。迨胜朝思陵之季，毁于兵火，学宫仅存，而学署之废则已尽。历其地者，瓦砾盈丘，荆榛满目，不胜城阙茂草之悲焉。学博至，咸僦屋赁庑，杂居市肆之间。迁延垂八十年，迄无建议修复者。呜呼！落拓寒氊，空膺一命，曾栖迟之无所，而与贩夫牧竖共谋信宿焉。揆诸国家设官之体，毋乃其亵已甚乎！洞自壬辰来司铎政，业经九载，欲于学署故址构茅屋数椽以蔽风雨，奈片瓦寸木，略无设措，徒付浩叹，莫可如何而已。幸邑侯李公以西江鸿才抚莅是邦，励精图治，百废俱兴，数年来，仁心仁政，士民讴歌不去口，而于学校尤三致意焉。亦既修理启圣、整饬墙垣矣，复慨然曰："诸生者，我子弟也。广文先生者，我子弟之师傅也。子弟之荒其业，我将责成于师傅。今师傅之失其依，夫独非守土之咎也哉！"爰捐清俸，鸠工庀材，斋庐堂舍，位置秩如，不赋力于公旬，不取财于官帑。经始于庚子之清和，而落成于是岁之长夏。而今而后，苜蓿虽空，楹庭则殖。数十年咨嗟太息而未得者，今始庆有宁居，公之为德也大矣，而其任事顾不勇哉！余因有感焉。夫州县敷政以宁民，庠序明道以造士，职固各有司也。然道之不明，政于何始？则尊崇学校，实为治之先务。独是《大雅》不作，俗吏成风，有目睹圣庙之摧残而漠不关心者，又何有于学署之戋戋足萦其虑，而不惜解囊罄橐以营之者乎！李公之为此，固一时之胜举，实百年之遗爱矣，岂惟洞等托其广庇，抑且多士资其覆帱，后之升堂而入室者，罔不乐峅幪之有自也。勒之石，所以示不忘云。

锦秋书院记

清·贾昉

吾博，蕞尔一邑，本朝定鼎以来，城郭不完，河道淤塞，官舍榛莽，学校荒圮。虽贤能之令，卒困于征输案牍间，奚暇兴举及此？今邑侯璞庵李公，系出陇西章江华胄，世承簪笏之绪，胸罗经纬之才，下车未三月，邑大治。簿书之余，心怀怆恻，倾囊橐，鸠工庀材，治城垣，饬学校，浚河渠，建衙舍，抚我子黎，培我士风，露居野处，目计心营，数年之间，百废具举。公之施功于吾邑，博且大矣！宜民之不能忘，夫于是众议建公生祠于锦秋湖。公力辞以谢，而士民爱戴终不能已，乘公摄篆益都，百工子来，不日成之。工既毕，仍体公辞谢之意，而以"李公书院"名焉。及公谢益事归，乃召士民而谕之曰："余何德于尔士民，岂能晏然居此失实之誉？然向者余尝按博境水源发自申位，泛流而入于巽，巽实文明之方，宜建立以砥回澜、束秀气，庶使人文鹊起、科第蝉联。余故构锦秋亭、建郑公祠于湖渚，今尔士民复立是院，余因之以成尔士民讲业地，其亦可乎？"乃于堂后辟基，筑高轩五楹，北向。而东隅，为斋者三，为厅者亦如斋之数。西则为厨为厢。外更缭以修廊飞檐，广槛可凭可眺，天光云影，鸢飞鱼跃，悉于是湖得之，遂改为锦秋书院，俨然一濂溪、鹅湖也。将见博之士子，览锦秋之胜概，沐李公之教泽，文风丕振，连夺锦标，以无负我公培养之盛心。而公之遗爱，殆当与召伯甘棠同不朽矣。是为记。

锦秋书院碑记

知县 · 李铨

锦秋书院以湖得名也。康熙五十七年，邑令李公元伟建书院于锦秋湖上，旋就倾圮。乾隆四十二年，攸公万春买李捷宅一区为义学，改名"书院"。道光二十年，周公壬福重修葺之，复其名曰"义学"，即今书院旧址也。光绪十一年，王公振箓捐白金二百两，存质库，作兴修费，顾事未集而解任去。又五年庚寅，余承乏兹邑，甫下车，值科试，苦无广厦以栖多士。权于县治重檐前搭盖席棚，日炙雨淋，肩摩肘戛，心窃悯之。夫以篇翰云委之地、文笔川涌之场，而顾拳曲其肢体、烦嬈其心神，是令凫藻者流不得驰骋见闻、发蕴藏也。于是建书院之议以决。书院旧基湫隘，颓垣败屋，半委蓁芜。诸生辍弦诵久矣。乃与诸生约月为一课，取所为文，手自丹黄，而榜其甲乙。膏火出自田税，奖赏则捐廉酌给之。如是者数年，而邑人皆知向学矣。邑绅王君彤一，笃行君子也，书院公款，胥一手经理之。地租所入，岁约四百余缗。王君权其子母，慎其出纳，节至壬辰春，储钱余四千缗有奇，然以至兴工，款犹未足也。庚寅辛卯，岁比不登，不欲以捐输扰民，又不欲是议中辍，乃捐金首为之倡，并谋之王君多购木石砖瓦，以示必办，而心终惴惴焉惧其难底于成也。逾岁为壬辰，岁大熟，四乡绅富踊跃输将，不旬日，得钱一万余缗。乃属王君诹吉开工，经始于壬辰三月，至甲午九月蒇事。数百年来未有之盛举，至藐躬而聿观厥成，抑何幸欤！然不有王君殚心筹画、众士绅雅意赞襄，胡克臻此书院！地址添置五段，合以旧基，东西计九丈，南北十一丈有奇，栋宇轮奂，巍然廓然。头门外屋三楹，仍为义学，不敢掩前人之美也。建小阁东南隅，颜曰"朱衣"，所以鼓动学者之心、使自奋于功名之路也。诸生朝夕于斯，相与讲其德行，习其文艺，以优游仁义之途。其遇也，鼓吹休明，备国家任使之用；其未遇者，亦敦诗说礼，使乡党之中皆薰其德而善良焉。是则余建置书院之意也。若夫踵事日增、有举无废，则仍不能无忘于后之君子。书院官地若干亩，房屋若干间，桌凳若干件，以及董工襄事者之姓氏，则详列于碑阴，此不悉具。又邑之迎秀门旧有文魁楼，与樵星门相值，楼毁而文风因以不振。十九年夏，仍于其地建阁，改奉文昌。是岁为癸巳恩科，获隽者四：栾凤书、曹紫庭、李士田、李义田也，士田又联捷成进士。形家者言原不足为儒者道，然阁与书院建于一时，四人者又同肄业书院，而余皆躬逢其盛焉，牵连书之，亦所以志幸云尔。

按：李令以名进士宰是邑六载，善政善教，不胜枚举。其创修书院，永为博邑师。若生讲学之地，尤为本地人历久不忘。是役筹款用人，李令力予主持；而王绅彤一经营惨淡，劳怨不辞，相与共成此举。越二载工成，复由县捐款千缗，购备木器，并捐置书籍若干种，陈列其中，供士子刘览，其嘉惠士林之意至深远矣。捐置书目，镌石列书院讲堂壁间。以上各书并续购若干种，存置院中几四十年。阖邑士子寝馈其中，借资博洽，甚盛事也。乃经民国十八、十九两年之乱，杂军土匪，肆意蹂躏，致将良吏前贤嘉惠后学之盛举销毁无存，等于秦人一炬，可慨也已。

附：锦秋书院书目碑记

书院落成，诸生游息有所矣，然不得经史以槃深之根柢，不有子集以陶淑其性灵，则孤陋寡闻，未易轻言造就矣。余深知寒士读书之难，读书而得善本之尤为不易，爰于旧存经史子集中各择数种，置之院中，诸生之有志实学者可来院翻阅，以资考证，不准携归私第，俾免散失之虞。诸生要永宝之。书目列后：《阮刻宋本十三经》十二函，计一百八十二本；《皇清经解》四十函，计三百六十本；古香斋《史记》四函，计二十四本；《前汉书》二函，计十六本；《后汉书》二函，计十六本；《三国志》一函，计八本；《二十二子》八函，计八十三本；《古文词汇纂》一函，计十二本；《唐宋文醇》二函，计二十本；《唐宋诗醇》二函，计二十本；《汉魏丛书》八函，计六十四本。

光绪二十一年（1895）秋九月，少唐谨记

立博兴文学记

知县·周壬福

古者自里党至乡国皆有学，教民之道至广也。周末学废，至秦而荡然无余。汉人复之，京师而外，郡国或具或不具。至宋元，而郡县皆有学，然弟子员有定数，非秀且异者不能与也。明之盛也，始令天下立社学，委巷贫窭子弟皆得有读书识字之途，良法美意，致足尚也。至万历以后，文士标榜之风炽，其倜傥不羁、有藻丽者，各结社以为党，迄于在朝，余习弗改，政遂成倾轧之迹，国事以坏。我朝鉴明之弊，卧碑制度，乃有结社之禁，然为成学立党者戒，非禁村里蒙童之社学也。愚民弗察，并坠社学之制，误奉法令而毁善举，甚可惜也。然乐善之同，教化之本，人心未尝改也，故社学废而义学之事兴。以余所见，若历城、益都、掖县、胶州诸大县义学隶于在官者，县不下四五所；而历城贾氏、乐安成氏又各出资立学，以惠其乡，可为善矣。博兴瘠土，旧无成规，而向善慕义者未尝不同。邑在明时有锦秋书院，康熙间李令元伟迁之城内，今惟遗址三楹，因改修之为义学，延师以教来者。众不能容，则又择北关北极庙间屋数楹为关外义学，而以庙田为之租。二学既立，而盖家庄民之好义者复请立义学于七神庙，亦因而从之，制如北关焉。因记其事以告后来。苟广斯义以复社学之美，斯邑虽瘠，奚不可与益都、乐安并乎？

二、革命文献

我在博兴的革命活动

刘顺元

博兴县1927年就有共产党的活动。这是传说。查资料也查不到了。早期，我在博兴做的工作，主要是传播马列主义思想。当时，几

乎所有的活动分子，在个人关系上都很熟悉，因此，他们在接受进步思想方面大都受我的影响。

1927年至1929年，我在国民党博兴县党部任常务委员。1929年下半年，我离开博兴到济南、济宁、青岛等地教书。1931年初，在青岛任国民党特别市委候补委员（当时国民党特别市即中央直辖市）。这年我正式办理了加入中国共产党的手续，是省委书记滕英斋同志介绍，由周恩来同志亲自签字批准的。

1931年夏，根据中共山东省委的指示，我从青岛回到博兴，开展党的工作，发展了一批党员，有马千里、王博昌等。我和他们（指博兴党组织）一起跑区公所，抓武装。去过一区、二区、四区、五区。

1931年"九一八"事变后，我在济宁因公开支持学生抗日活动，被国民党逮捕，两个月后，由国民党山东省教育厅厅长何思源保释出狱。出狱后，中央决定调我去上海工作，但因上海战乱，形势紧张，暂未去成。年底，我又回到博兴，参加了博兴县委的工作。1932年5月，我离开博兴到江苏省做地下工作。

我在国民党博兴县党部任职期间，利用我的合法身份争取了一批国民党左翼力量，如县长张裕良，公安局长李剑平，教育局长晋吉清，一区区长刘爱泉，三区区长李世安，四区区长郑万山，五区区长崔凤岐等。……一般的小学教员、青年学生都被我们争取过来了，当时的形势是很好的。由于上层有那么个好的环境，博兴暴动前发生的多次学生运动、农民运动，都没有遭到博兴地方官府的镇压。

我参加博兴县委工作期间，工作的主要对象，一个是小学教员，一个是学生。博兴城东门里原来有个初级中学，停办了。我们这时利用初级中学的校址办起了一个博兴师范讲习所，办学校的意图就是为了发展党员。一般的青年人有点爱国主义的，有点左倾情绪的，都把他们吸收进来，有五十人左右。我还亲自给学生讲课，宣传马列主义，发展进步力量，把优秀的吸收到党内来。如师范讲习所的所长王汉儒（王博昌），县立第一小学校长蔡秉虔，教师孙蓬南、王若之、周岚、冯毅之、于炳礼，学生李汝瀛、张次钦、郝振林等，还有教育局长晋吉清。到暴动前，有20多人参加了中国共产党。那时，博兴党的活动是半公开的。可是，以后博兴搞起了暴动，党的力量受到了很大损失，这个相当好的基础给破坏了。暴动是王明"左"倾路线的产物。当时博兴党组织处于初建阶段，太幼稚，条件不成熟，不应急于暴动。如果坚持搞些地下活动、积蓄力量，到抗日战争时，那是了不起的力量，拉个千数人的队伍是不成问题的。

博兴党组织的活动片断

蔡秉虔

博兴县党组织建立于1931年初，是刘顺元、张子健、张复生三人由青岛回博兴组织建立的。他们三个都是博兴人，都在青岛工作或学习。刘顺元是青岛女中的教员。张子健是青岛市国民党党部干事，做工人工作。张复生是青岛胶奥中学的学生。他们都先后加入了中国共产党，于1930年和1931年初回博兴发展党员。我就是1931年初由张子健、刘顺元介绍加入中国共产党的，当时我是博兴县立第一小学的校长。那时，博兴县的共产党员，我知道的有王博昌，王星九、张静源等。王博昌是国民党博兴县党部指导委员兼县立师范讲习所所长，王星九是民众教育馆的馆长，张静源是县教育局的督学，同时，也是青岛市郊宋哥庄小学的校长。张静源在博兴的时间不长。我和张静源、王博昌一起开过一次会，是研究如何发展党员的问题。当时党的发展对象主要是小学教员，还有青年学生和一部分农民。我和刘顺元、王博昌从小学到中学都是同学。当时不论从私人关系上说，还是从政治关系上说，都是互相信任的。刘顺元是北平师范大学毕业生，知识才能在一般人以上，思想进步，所以，博兴县的青年学生和小学教员对他非常尊重，以刘顺元为核心团结了博兴的一大批青年知识分子。

那时，党的组织领导是单线关系，不准发生横的关系，所以对党的组织情况，我了解的不多更不全面。博兴的环境较好，故党的组织发展很快。关于县委组织的成员，开始我只知道县委书记是张复生（即张仿），县委成员有王博昌；后来才知道还有马千里、王星九，还听说有郑志祥，但不准确。孙蓬南曾告诉我，说省委有位姓魏的，曾在他的宿舍住过一夜，后来了解这个人不姓魏，名字叫张鸿礼。由此看来，孙蓬南在党内可能担任职务。当时，刘顺元同志提议，在博兴城里工作的这几位同志，要一面作党的掩护工作，一面抓教育机关，作为发展党员的基础，从这个指导思想出发，我们便想方设法聘请我们的同志来担任学校的教员。我们第一小学经过1931年的整顿，将一部分思想落后的教员逐个辞退，换上了思想进步的和我们的同志。王苇塘同志即是此时来的。1931年下半年换了一批，1932年初开学时又换了一大批。刘顺元、张子健等介绍了冯毅之、周苛峰、孙蓬南（即刘鼎铭）三位同志来任国语教员。这时，我们小学13名教员中就有5名是共产党员。

1931年下半年，第一小学在学校工作方面，首先抓了图书馆的建设，购置了大量进步小说、杂志、儿童读物和社会科学书籍，指导学生阅读。经费的来源，是我们几位同志动员师生捐助，也从学校经费中支出一部分。其次，办了一个周刊，名字叫《初步》，由学校教师和学生投稿，一面鼓励学生写作，一面进行共产主义教育。再则，高年级国语不用当时的课本，自印讲义，由冯毅之、孙蓬南、周苛峰、王苇塘4位同志负责选录有共产主义教育意义的小文，给学生讲读。在党的工作方面，1、按照王博昌同志的安排，我和孙蓬南搞印刷工作，翻印上级党组织的指示文件和一些宣传品，由孙蓬南刻钢板，我负责印刷，在夜深人静的夜晚，我们两人便在我的宿舍里秘密工作起来。2、建立了“小学教员救国会”，吸收乡村的小学教员参加。1931年寒假，我们召集了全县教员会议，由孙蓬南和冯毅之主持，开了两天，以抗日救国为主要内容，同时进行了共产主义宣传。3、鼓动学生对旧政府开展了两次斗争，最大的一次是与县民团大队部的斗争。起因是：民团大队部的士兵在城门检查行人，对小学生进行了无理的搜查，以致相互口角，学生回校报告，即由王苇塘、孙蓬南、冯毅之等同志鼓励学生与之进行斗争。得到教师的支持后，全校学生组织起来，张贴标语，向县政府请愿，请求撤换大队长，要求士兵向学生道歉。学生在县府大堂上高呼口号，不达目的决不回校。县长对学生说：“现在还没到共产主义社会，你们不要这样。”并和善地劝解学生回校。当时博兴的环境较好，县长张某比较进步，他读了不少介绍共产主义的书。国民党的县党部三个委员有两个是我们的同志（王博昌和我），教育机关全部为我们掌握，所以，我们在师范讲习所和第一小学内，几乎是半公开地进行共产主义教育。

当时，师范讲习所和第一小学是否有党组织，我不清楚。按我的想法肯定有，不过那时不准发生横的关系，也不好问。为什么说肯定有呢？因为在师范讲习所和第一小学的学生中发展了一些党员，尤其师范讲习所的学生中发展的不少。我们的学校教学工作出现了新面貌，有计划有目的地向学生宣传马列主义，学生在课外阅读的书籍和报刊都是进步的，当时学生的思想觉悟有了很大的提高。

孙蓬南、冯毅之、周苛峰是共产党员，这是王博昌告诉我的，当时我也领会了王博昌的用意，在工作上我给这几位同志一些方便，但在公开场合同他们的关系又不明显地暴露出来，我们几个人在党内互不发生关系，谁也不领导谁，更没有在一起开过会。我和孙蓬南共同印刷文件，但并不是组织关系。对他们几个人的活动，我尽量给予方便。如在接近学生方面，学生可以随便到他们的宿舍，他们也可以随便到学生的宿舍和自习室去，可以在一起到校外去游玩交流思想。但是对党的组织活动就不清楚了。因为当时党的纪律森严，入党时即告诫要严格遵守铁的纪律，只准发生纵的关系，不准发生横的关系。应该知道的，党组织即告诉你；不应该知道的，则不准过问，尤其是对党的组织系统、负责人及同志的姓名、住处和通讯地址，是绝对不准问询的。所以。孙、冯、周他们之间是否发生组织关系，我是无从知道的。再即当时有个党的外围群众组织叫互济会。王博昌对我说，县党部的执行委员窦堉任也参加了互济会。

博兴暴动是 1932 年 8 月，那时学校放暑假的日期是固定的，中小学都是 7 月 1 日放暑假，8 月 20 日开学。暴动时外籍教员都回家了。暴动前王博昌告诉我，县委召开了扩大会议，决定 8 月份举行暴动，并决定他和我不直接参加暴动，不暴露身份，事后相机行事，做些善后工作。另外，派我和王苇塘到济南购买军事用品，用款由我负责筹措，王苇塘负责购买东西并送回来。我当时和王博昌商议，用师范讲习所和第一小学的名义，向教育局请示拨款购买物理、化学仪器借了 1000 多元。我们到济南买妥后，由王苇塘送回的。没等我回县，暴动便开始了。

暴动是以四区的区队部（联庄会）士兵为主，当时马千里是区队部的教练。县委组织了一批农民和小学教员中的党员参加，马千里是总指挥，张复生是政委，还有省委一个姓魏的（张鸿礼）也参加了。活动的范围是四区和五区，把地主家的粮食分给了穷苦农民。暴动的时间不长，大约十天左右，国民党省政府派了一个旅前往镇压，因而失败了。

博兴暴动失败后，党的负责同志大部逃亡在外。暴动后，我回到县里，各个机关都很惊慌，城里住了很多兵，秩序也不稳定。过了些时候，乡里平静了，军队也撤退了，教育局又让筹备开学。因我们学校的党员教师都不来了，我又到济南请了一批教师，其中仅有一位是我们的同志，是张子健介绍的。开学不到一个月，即有坏分子牟润生等到国民党省党部和教育厅告发我们是共产党员，博兴暴动是我们发动的。省党部即派窦堉任（窦时在济南）回博兴逮捕王博昌、晋吉清和我。窦堉任是互济会员，他先找了个可靠的学生卢寿卿（即高兴华）即刻回县通知我们逃跑，而窦却于第二天回县执行逮捕命令。我接到卢寿卿的通知即马上到教育局告诉晋吉清。晋当即告诉我："王博昌已请假回家，你立即出城到他家住一夜，明天一块到蒲台县高庙李我的亲戚家等我，我稍微布置下局里的事情即出城。"我们 3 人在高庙李住了几天，听说有人到学校和教育局去逮捕，没有到我们家中去搜查。我们 3 人计议，即分头去北平。10 月 10 日前后，我们到达北平，在北平没有组织关系，和当地组织更无法联系，因此无什么活动。在北平我们见到了孙蓬南、冯毅之等人。

1933 年 2 月，经王博昌的同学介绍，我到山东临邑师范讲习所当了教员，也没有组织关系。是年五六月份，王博昌由北平去济南，写信向我要钱，以后他便到潍县去了。据我了解，王博昌在济南找到了上级组织，是党组织派他到潍县去工作的。他在潍县以新闻记者的身份出现，秘密从事党的地下活动。

博兴早期党的活动

王苇塘

据我了解，张复生（张仿）是在家乡高家渡参加的中国共产党，介绍人是张静源。以后，他到济南去读书，在学校里搞过学运工作。1929年冬天，我在济南第一师范读书时，见到过张复生，他对我说，他在煤矿上做工了。我问他怎么去的煤矿，他说是一个穷人介绍他去的，还说："矿上的活真够呛，我仗着年轻身体棒才坚持下来。"现在回想起来，张复生可能是先去搞工人运动，后来又搞学生运动。1931年，张复生坐了狱，秋天张静源作保，张复生被释放。张回到博兴时已是秋后。

张福林在济南一师上过学。我们是同学，他是前师，我是后师。1930年，他经常介绍一些进步书籍让我读，如《国家与革命》《左派幼稚病》《环球》等等。1932年春天，张福林到过博兴第一小学。那天，我给四年级讲政治课，顺便讲了些革命道理，启发学生的觉悟，不过那时也讲不出很多的道理来。等我下了课回到屋里，张福林早在等我了。没等我问他，他张口就问："你知道我来干什么吗？"我说："我怎么会知道！"他诙谐地说："你给学生上课，搞赤色宣传。我是来抓你的。"我一听笑了。张福林是1932年秋后牺牲的。有一次，他从博兴去济南，坐汽车时碰上了孙殿彬。张福林还不知道孙已叛变，没提高警惕，结果一下汽车就被捕了。

孙蓬南和我同时在博兴县立第一小学教书。孙是1931年秋来的博兴，我是1931年9月去的一小。孙蓬南和周苛峰是做团的工作的，跟学生接触多一些。是年冬天的一个晚上，孙蓬南跑到我屋里说："可把我冻死啦！"我问他干什么来了，他说："写了份报告，是团的工作总结。我屋里很冷，就睡在你屋里吧！"从那时起，他做工作从不背我。

1931年秋天，张子健到过博兴县立第一小学，在我的屋子里住了两宿。他曾启发我申请加入共产党。张子健这次来可能就是建立博兴县委。县委有哪些人组成，我大致知道有张仿、王星九。王博昌负什么责不了解。记得暴动前，王博昌同孟西虎到我处去，王对孟说："这次组织费要多交些，就按个人收入的三分之一交吧！组织上有重要事情用钱。"

县立第一小学的学潮是1932年3月上旬（阴历二月二前后）闹起来的。学潮的发动者是王星九，他通过孙蓬南组织发动学生。冯毅之也是一个活动分子。为了让教师避开嫌疑，学生们有意识地把大多数老师都撵出了学校。学潮闹了半个多月的时间。

第一小学闹学潮后，王星九对我说："你的经济条件比较好，又有工作，但革命意志还不够坚定，你先参加互济会，以后再入党。互济会是党的外围组织吗？"

1932年暑假，张复生找到我，让我弄辆自行车，同他一起到汾王王星九家去。路上，谈起了参加组织的事，张复生动员我入党，我就把王星九的意见告诉了张复生。张说："什么坚定不坚定，咱们几个人谁不了解谁。过了这阵子给你填表。"接着，张复生同我商量："省里来了个人，住在我家不安全，容易引起外人的注意。我们几个研究，准备让这个同志住在你家。你的朋友和同学多，不会引起人们的猜疑。"他还对我谈了准备举行暴动的问题，并说武装暴动是上级的指示，博兴组织暴动的条件已经成熟。

大约在7月中旬，张鸿礼来我家住下了。开始他很少跟我交谈，住了十来天，我们熟悉了，谈起了暴动的事。我问他："武装暴动合适吗？"他跟我谈了很多道理，他说："怎么不合适！"如果敌人来镇压，我们就钻高粱地。敌人来个几百人能搜多大地方，排起来又能有多长？再说咱们在暗处，他们在明处，打起仗来对咱们有利，不等他们打着，咱们就转移了。秋后砍了高粱，就把队伍拉到南山；青纱帐起来了，再拉回来，打土豪分田地，把粮食分给农民，农民自然会拥护的。这样咱们就有了根据地，然后，再进一步建立政权。"

7月下旬，张复生、王星九、郑志祥、张次钦，还有张鸿礼在我家开了个会议。张次钦当时很活跃。他们开会，我在门口给他们放风。这个会开了四五天。会议结束后，张复生让我和蔡秉虔一起去济南给省委送用密码写的报告，并顺便买些暴动用的东西，如望远镜、手电筒、蜡纸、铁笔等等，嘱咐我：到省立高中（现在的实验中学）找到孙善帅，把报告交予他，听他的吩咐。我们到济南后，在省立高中那排写着"和平奋斗救中国"的宿舍"奋"字号那口屋里，找到了这位负责人，向他递交了报告，约定了会见的时间和地址。到了那天，一位带着墨镜、穿绸缎大褂操着南方口音的人，到约定地点接见了我们。他先把省委给博兴县委的密码指示交给了我们，然后又向我们谈了四点口头指示意见。这些指示的原文现在已记不清了，记得有这样几点意见：1、注意发动群众，依靠群众，打下有利的群众基础；2、坚持战争，避免打硬仗，掌握可靠的武装；3、留下一定的人员隐蔽起来，保存力量，坚持地下工作。最后，又再三嘱咐要有固定的交通与省委联系。

根据县委的安排，蔡秉虔暂时住济南，准备暴动失败后搞合法斗争。于是，第二天，我就乘小清河的船返回。去济南时，约定好4天返回，县委派人到金家桥码头接我。不料，一上船就刮起了东北风，我到达金家桥时正好误了一天，下了船就听说利城捂了局子了。我赶到高家渡，碰上了张海邦，让他帮我把买的东西送到了张复生家里。然后，我便回了家。家里老人们责备我在外面闹事，不由我分辨，把我软禁起来。省委的指示没转达给县委，几天后暴动就失败了。

回忆博兴党的活动

冯毅之

1932年春，我到了博兴县城第一小学，以小学教员的身份进行革命工作。当时博兴的环境非常特殊，共产党人的势力几乎成了统治势力，共产主义的宣传和革命活动是半公开的。这是什么原因？是因为县里的一些有地位有影响的国民党员，如王溥泉、王杰三、蔡秉虔等，经过北伐，尤其是1927年"四一二"蒋介石背叛革命，实行大屠杀后，他们看到了以蒋介石为首的国民党反动派的真面目，感到愤怒失望，就把国民党反动派看作了新的革命对象，因而信仰共产主义，转变为社会主义革命战士，开始了无产阶级革命。

博兴国民党县党部有三个委员，共产党人王杰三、蔡秉虔占了三分之二；另一个委员窦堉任是外地人，除了拿薪金吃饭，什么也不管不问。尤其王溥泉是博兴很有权威和影响的人物。我们从1928年就认识，他是博兴县国民党的核心人物，曾同王杰三、蔡秉虔等人逃难在博山。据说他那时是博兴国民党县党部书记。他与博山国民党县党部书记赵贯一是北平师范大学的同学，都是国民党中反蒋的激进派人物，他们的思想和言论给了我深刻的影响和教益。

1931 年，王溥泉从青岛回到博兴，什么职业也没有，成为职业革命家，专门进行革命工作，发动群众，宣传共产主义，“打倒国民党，武装夺取政权”的口号喊得响亮。因为自从 1928 年国民革命军北伐到山东，他就是博兴的革命领导核心人物，有地位，有威信，有群众。他一转变，革命干部和群众也随之转变，博兴的革命形势也转变，共产党压倒了国民党。

除我上面说的，国民党县党部三个委员中有两个共产党员之外，农会的领导权也在共产党手中。教育界的实力更大，县里唯一的一所中等学校县立师范讲习所所长就是王汉儒兼任；人数最多的城里县立一小校长是蔡秉虔兼任；其他小学的负责人有的是共产党员，不是党员的也是同情分子。因此，革命在教育界的影响是很大的。

当时，博兴党的组织还是秘密的。但革命活动却是半公开的。我们在向学生讲课时，是公开讲解马列主义学说、共产主义理论、无产阶级专政、武装夺取政权以及具体地发动农民斗争的方法。总之，讲课是毫无顾虑和限制的，有关革命的理论、方针都可以讲，学生受影响和教育很深。所以“七七”事变抗日战争爆发后，绝大部分学生都参加了抗日和革命。据我知道的，上海民政局局长张竹天，上海人民代表大会秘书长张文韬，浙江农大书记李铁锋，前济南市委书记白子明等，都是那时的学生。

我那时就爱好文学，好写诗。我教的是语文。当时由张竹天同学笔写，还公开油印了一本我的诗集《寒夜行》，其中一篇《我劝你》是比较好的，当时的学生都能背诵。我们当时不但可以自由地宣传革命，每逢星期六和星期日还可以有目的地到农村去进行农民工作，宣传革命，组织农会。当时国民党县党部是红色的，县政府的县长又是个自私胆小怕事的人，不是韩复榘那样蛮干的老粗。他感到博兴革命形势有很大威胁，却不敢妄动惹乱子；也不敢上报，上报了怕丢官。有一次县立师范讲习所停了课，要学生全部到农村搞农民运动。县长知道了，有意传出话说：“你们这样大张旗鼓公开地干，叫我没法向上交代，对你们也没有好处。”

博兴的革命形势很好，但在李立三左倾路线指导下，不能正确利用发展革命，却表现了小资产阶级的狂热性。当时农会负责人是王星九(后叛变)，他有支匣枪，随时带在身上，高了兴就不顾场合时间开枪射击。别人问他：“你这是干什么？”他竟得意地说：“我在练习暴动，要武装夺取政权。”可见那时有些幼稚的想法，不但认为革命高潮已经到来，而且相信革命成功的日子也为期不远了。有个国民党员曾忧虑地问我：“共产党革命成功了，杀国民党吗？”我告诉他：“现在能同情革命，不做坏事，就不会被杀害。”我当时也很幼稚，也相信革命会很快的成功。当时传达的李立三路线对革命形势和前途的估计，给我的影响和印象很深。到今天还能记得，大意是：国际资本主义已发展到最后阶段，内部危机，矛盾重重，自顾不暇，已无力干涉中国革命。国内军阀连年混战，工业萧条，农业破产，工农大众已到水深火热无法生存的阶段，他们热望和迫切需要以革命方式来解救自己，全国革命高潮已经到来。在城市，只要能发动一部分工人罢工，就会影响千千万万工人罢工，经济罢工就会很快转化为政治同盟罢工。在农村，受剥削受压迫的贫雇农，已经生存不下去了，迫切地需要革命造反，只要我们敢于向地主官僚开枪，提出分田分粮的口号，暴动就会象汹涌怒涛似地发展开来。总的指导思想是，我们党只要提出口号，首先站出来打起红旗，号召工农起来革命，夺取国民党的政权，工农就会英勇无畏地形成浩浩荡荡的革命大军，跟我们前进。（当时我也不认为这种理论和思想是唯心的，错误的）就是在这种幼稚的极左的错误思想指导下，发动了博兴暴动，结果遭受了严重失败，不但博兴党组织受到了严重破坏，也影响了全省。全省的党组织直到抗日战争爆发前，才逐渐恢复和建立。

博兴党的早期活动

王建新

我是1933年夏由张德卿同志介绍加入中国共产党的。张德卿同志是陈户乡李家村人，和我是多年同学，那时，他在北平宏达学院（私立大学）读书。暑假期间，张德卿介绍我和张介夫（原名张法宗）等加入共产党。为了筹集党的活动经费，他还向各界人士进行募捐，我捐了八吊钱（折合银元一元），他发给的收据有扑克牌那么大，是油印的。

这年寒假，张德卿由学校回到家中，在李家村召开党员会议。那天下着大雪，到会的人中我最早到达，他还表扬了我。当时，我们的活动主要是宣传党的政策，扩大党的影响。记得在1934年初冬的一个晚上，我和我村的李文祥曾到烟墩村（这个村有李文祥的亲戚）召集了10多名贫农参加的会议，讲解党的为劳苦大众谋利益的政策和主张。1935年，我发展我村雇农王德奎为党员，在他家仅有的一间小屋里谈的话。

1933年，博兴党的活动转入低潮。1934年初夏，博兴县委书记窦笑生被捕，一些共产党员和革命群众也被捕入狱。共产党员刘惠民是师范讲习所的学生，当时县党部晚上去捕他，他正回了家。同学张竹天同志以家中人有急病为理由，请假去贤城给刘惠民送信，刘惠民到我家躲避了五六天，我让他化装成农民，他逃到大连。菜园的赵士云，是师范讲习所的学生，共青团员，也逃到大连。

1935年，博兴春旱，农民大多缺粮，难以糊口，我与张介夫等同志曾发动农民借粮活动。我们用张贴传单的办法开展活动。由我起草，张介夫书写，在每逢集市的前一天晚上，把传单贴在街口，让赶集的人都看到。当时，有集市的李家、赵楼等村都贴出过传单。传单上还点了几个地主的名字，让他们把粮食借给贫雇农。我记得传单上有这样两句：“君子固贫，安能坐以待毙”。总之，传单的内容是威胁地主，让他们把粮食借给贫雇农。张贴传单的办法对促使地主借粮起了一定的作用。

1933年至1937年这段时间，为了开展党的活动，我与之联系的有傅敦吾、张洪钧、马运吉、王化俊、毛丕森、许连三等同志。1937年七七事变后，杨涤生同志来博兴整顿党的组织，曾在堤上、贤城等村住过，我向他请示过当时的工作中心问题。他在贤城刘惠民家中召集我与张介夫、刘惠民、王博民等人开会，他谈到当前工作主要是发动和组织抗日力量，建立群众团体，组织自卫团等。

一小学潮追忆

蔡修明 安文山

我们是博兴县立一小的学生，对一小的两次闹学潮和反赵辉楼活动，至今记忆犹新。在国民党反动派统治时期，第一小学的学生为什么能组织起来闹学潮反压迫呢？其根本原因就是该校从1931年就有我们党的组织活动。

1932年闹学潮的起因是：刘家寨的学生刘九津返校时，手里提着一个包袱。县城的门岗要检查刘的包袱，刘不让检查，被毒打了一顿。刘九津跑回学校一说，激起师生强烈不满。学校立即召开紧急会议，全校同学联合起来闹起了学潮。在校长蔡秉虔的领导与支持下，注意斗争策略，逐步扩大宣传。第二小学和利城小学的学生也赶来县城，参加游行示威，支持第一小学的学生。四五百名学生排着队冲进县政府的大堂，要求县长答复问题。当时县长吓得躲藏起来，令其秘书出面应付。同学们提出了三项要求：1、向被打的学生公开赔情道歉；2、负责给被打的同学治疗；3、今后决不允许发生类似事件。经过斗争，这三项要求都得到了答复。这次闹学潮的胜利迅速传遍了全县所有学校，轰动了各界人士，为后来的学生运动起了引导作用。

第二次闹学潮是1933年12月。这次学潮的导火线是地理教师郭缙辰刁难学生。他不学无术，作风败坏，宣扬金钱美女腐朽颓废的生活方式，经常训斥和体罚学生，在师生中引起强烈的反抗。

是年年终考试，郭缙辰又故意出难题，威逼学生，激起学生的愤怒。两个班的学生通过串连，全都交了白卷，以示抗议。郭见此大怒，立即向校长郝梦愚告状。说什么“学生闹老师这还了得，要立即审查学生，应处分的处分，应开除的开除。”郝梦愚听了，准备答复郭的要求。此事被中共地下党员窦笑生得知，窦是第一小学最年轻的一名教师，聪明超人，能言善辩，经常向学生介绍进步书刊，启迪学生推翻这个黑暗的旧世界，为人类的解放事业勇往直前，因而在学生中享有很高的威信。他为了达到驱逐反动教师郭缙辰之目的，便暗暗在五个班级的同学中进行了秘密串连和鼓励，引导学生向学校当局请求撤换郭缙辰。这把火一点，五个高年级班的250多名学生，排着整齐的队伍，打鼓吹号，高喊口号：“打倒郭缙辰！”“打倒郭饭桶！”“要求学校当局马上撤换地理老师！”晚上8点钟，同学们冲到校长办公室，要求郝校长出面答复问题。郝梦愚见此情景，吓得直发抖，出来讲话时声音低微，他说：“请同学们不要急呀！现在正开会，研究以后答复你们的要求。再说现在春节快要到了，当时也聘不着好老师，剩下的净是些‘饽饽蛋子’”。同学们听了齐声说：“哪个也比‘郭饭桶’强，非换不可！”一下子堵的校长无言答对。窦笑生老师趁机说：“同学们，不到万不得已我是不想说话的，今天为了维护学校当局的领导，我就要讲话，问题要解决，离开领导是不行的，同学们一定要相信领导是会答复大家提出的要求的。因为大家的要求是正当的，教师不行就应该换么！大家要听话，先回去等待。”同学们听了窦老师这一语双关的话，悟出了言中之意，解散队伍回到教室。接着窦老师又到各班走了一遍，面带笑容地说：“同学们听懂了我说的话用意了吗？教师不行就换么！我们的要求一定要达到了。”

这次影响很大的学潮取得了胜利，郭缙辰很快被驱逐出第一小学。

博兴第一小学经常闹学潮，引起了国民党省党部和县党部的注意，把该校视为反共、防共的重点。1934年冬，派叛徒高冠芳到第一小学作为侦探，监视共产党员的活动。

1936年春夏之交，第一小学的校长换了孙贯五，赵辉楼任训育主任，孙凯然（莱芜县人）任体育教师。当时我们不了解赵辉楼的身份，后来得知他是国民党博兴县党部的书记长。他虽然在第一小学的公开职务不高，但很有实权。他为了控制全校，把十二级一班学生赵涟池等培养为亲信，充当耳目。这些学生年龄较大，出身于富豪之家，他们在学生中称王称霸，欺侮他人，经常到女生张希贤、夏玉华等人的宿舍里去嬉闹，引起了广大师生的极大愤怒，于是纷纷起来反对赵辉楼的卑劣行为。是年12月，十二级二班的全体同学整队向校长请愿，提出了两项要求：1、要求学校当局立即严肃处理欺侮学生的坏学生赵涟池，今后决不允许再发生类似事件；2、赵辉楼必须在学生大会上作出检查，低头认罪。国民党县党部得知第一小学学生请愿，立即派了10多名军警到校镇压学生运动，但学生全然不怕。体育教师孙凯然（身份不明）在这关键时刻，站出来支持学生的正义行动。他为学生出谋献策，让学生讲究策略，采取以大压小，以毒攻毒的办法。学生张希贤是当时博兴县长张其丙的爱女，夏玉华是邮电局长夏志山的女儿，其他的四五名女生也都出生于权势之家。于是，每次去校长孙贯五处请愿，先让女同学控诉赵涟池等人欺压、侮辱她们的罪行，然后再提出以上两项要求。由于孙贯五、赵辉楼害怕张其丙，这个以毒攻毒的办法很快奏效。赵辉楼被迫在学生大会上作了检讨，哭泣着认了错；坏学生赵涟池也被开除出校。

博兴县第一小学的革命师生在国民党反动派的白色恐怖之下，不畏强暴，敢于斗争，敢于胜利的精神，有必要载入史册，以示纪念，激励后人。

师范讲习所的一次抗日宣传活动

李 千

1935年，我是博兴师范讲习所的学生。那时，师范讲习所仍有党的活动，我的同学李文清，就是共产党员，他的语文学得好，爱写文章。1935年12月，在“一二九”学生运动的影响下，白色恐怖笼罩下的博兴师范讲习所，又发生了一次抗日爱国宣传活动。这次活动的发起人就是李文清等几位同学。他们在同学们中间进行秘密串连，酝酿成立“学生救国会”，有50多名同学积极响应。

12月下旬的一天，是“学生救国会”成立的日子。这天下午四五点钟的时候，师范讲习所的五六十名学生在东关天齐庙开会，宣布成立“学生救国会”。李文清同学在会上发表了慷慨激昂的长篇讲话，他指出：国民党反动派实行不抵抗主义，拱手把东北三省让给日本，这是对全国人民的犯罪。在这国土沦丧、民族危亡的时刻，知识青年们应该同全国人民一道，脱下长衫，走向战场，勇敢杀敌。我们绝不做亡国奴，要在全县掀起抗日救亡活动的高潮。成立“学生救国会”的仪式正在进行着，我们设的岗哨传来消息，国民党的民团大队快要出城门了。为了避免损失，我们停止会议，在刘捷民同学的带领下，迅速转移到贤城村。学生救国会的负责同学研究今后怎样进一步和县政府进行斗争的问题。那时想了许多斗争办法。李文清的笔杆子很硬，会写状子。大家研究，由李文清起草，写了控告学校当局阻挠学生参加抗日救亡运动的状子，想用打官司的办法进行斗争。可是在贤城住了两三天，50多个人吃饭也成了问题，再加上其他困难也不好解决。经过学生救国会的领导人研究，决定让大多数同学分散回家；留下我们几个人负责联络指导。

当时，师范讲习所是博兴县的最高学府，全校100多名学生，参加学生救国会的占一半以上，学校只好停了课。我们50多个同学回到各自的村庄后，开展抗日救国宣传，形成了一支很大的力量。这件事对全县小学的影响很大，特别是对第一小学、第二小学和第五小学的影响更大。我们坚持了五六十天。县长张其丙感到压力很大，春节后只好派人到学生家中动员复课，党的组织没遭到破坏。

《蓓蕾周刊》出版前后

安文山 安家干

《蓓蕾周刊》是三十年代初博兴县第一小学编印的校刊。它虽是一份普普通通的刊物，但从它的出版前后，可以看出当时博兴党组织在文化教育界的活动和对青少年学生的影响。

博兴县第一小学的校长蔡秉虔，教师孙蓬南、冯毅之等都是以教育工作者身份为掩护的地下共产党员。他们走后，继之而来的窦笑生、石潇江等老师，也都是共产党员。他们通过多种形式，宣传革命真理，启发学生的思想觉悟。

我们是1933年暑假考入第一小学的，是九级一班的学生。《蓓蕾周刊》是在我们入学后的第二年，即1934年创刊，由九级一班班主任曹得中老师发起，以进步教师为主，并得到学校当局的批准而创办的。教师曹得中、石潇江、张希文，学生安文山、栾象太等组成编委，曹得中老师任主编。

《蓓蕾周刊》为24开铅印本，每期4至5印张。封面上印有两个醒目的大字“蓓蕾”，下面还有一行小字：“‘蓓蕾’是孕育着美满的生命还未开放的花”。《蓓蕾周刊》的发刊词中写道：“《蓓蕾周刊》由于大家的关心、劳累、浇灌、培植，终于出生了。愿大家继续努力，对它关心爱护，使它永远健康地成长。”

《蓓蕾周刊》发表的文章，大多是选自学生的作文。学生李锡勇在《合群》一文中，号召青少年们象蚂蚁那样齐心合力，团结起来打倒帝国主义！十四岁的学生康承绪在《光明的前程》一诗中写道：“努力，努力！向前猛干，猛干！不怕那，张口喷血的野兽；不怕那，张牙瞪眼的虎狼。我们的前程辽远广大！少年们，应除旧革新，向光明的前程跑去！不要做了人们前进的挡阻物，不要做了人们前进的绊脚石！青年们，挺起少壮的胸膛，向前猛力地赶去；打破黑暗的旧世界，创造大地的光明！”

那时，小学学生能够写出这样有进步意义的诗文，完全是老师们认真教学和耐心教育的结果。老师们不用国民党政府发的语文课本，自选文章印成讲义，向学生讲授。文章多选自鲁迅的《呐喊》《彷徨》等小说集，还有高尔基的《鹰之歌》，屠格涅夫的文章也不少。老师们在授课时结合中国的现实情况，引导学生深入认识社会，使学生们思想水平逐步提高，因而才写出不少揭露黑暗现实的好文章。

担任《蓓蕾周刊》主编的曹得中老师给我们的印象更深刻。他处处关心同学们，平易近人，有一次他召集部分同学谈话，他说：“我这个人是经过波折的，曾积极参加新文艺复兴，主张民主，被国民党政府审查过。我反对家长式的管教，但老师的要求，同学们应该认真做到。”曹老师循循善诱的教学方式，使同学们深受感动，课堂秩序井然。他在《蓓蕾周刊》上发表过不少文章，启发人们的觉悟。记得一篇署名“难非”的白话诗，题目已记不起了，诗文如下：

严冬来了，百卉都凋零，
但严冬过后就是春，
春来了，百卉又重生。
社会在不平坦中前进，永无止境！
社会是不平的，有些人吞噬着人们的血汗，
饱受着高贵的享受生活。
受苦流汗的劳苦大众，
老是不得温饱！

在一篇署名“曹南飞”的题为《最后一课》文章中写道：“因为生活的匆忙，指顾间已过去四个多月。亲爱的青年同学们，因为我比你们年龄较大，在人生的道路上经受的波折也比你们多。是些什么波折呢？欺骗，牢笼，冷讽，热讥，这个社会随地皆有……”

《蓓蕾周刊》出刊几期后，被国民党政府勒令停止。不久，曹得中老师被迫离校，窦瑜老师被捕，被送进了国民党的“反省院”。但是，他们播下的革命火种，却闪烁着光亮，引导同学们走向光明。

回忆博兴第五小学学校生活

刘　瑛

博兴县第五小学设在五区的利城。1935年春，我考入了第五小学，这年我刚满14岁。当时，第五小学的校长是无党派人士王保泰，训育主任是傅敦吾，授课的老师有张德卿、王涛、刘鸣泉、高兴华、相文卿（即相炜）等。他们中有的是地下共产党员，有的是优秀知识分子，正因为这样，在全县来说，第五小学的政治空气是很浓厚的。在这个革命的摇篮里，我们这些天真活泼的青少年学生接受了爱国主义教育，树立了革命思想。“七七”事变后，在党的领导下．第五小学培育的一大批知识青年，勇敢地投入了伟大的抗日战争，为全国人民的解放事业做出了积极的贡献。事隔五十多年后的今天，回忆当年母校沸腾的学习生活，一些动人的情景还时常在我的脑际回旋。

不寻常的文化考试

上学要进行文化考试，是理所当然的二然而，第五小学的入学考试，却不同于一般学校，各科试题都带有浓厚的政治色彩。记得入学考试的政治、历史试题中关于“九一八”事变、西安事变、鸦片战争、马关条约、塘沽协定等重要事件的内容很多，还要求回答何谓“布尔什维克”、何为“布尔乔亚”。语文试题也大多渗透抗日救国的革命思想。现在回想起来，那些不寻常的试题，是地下党组织通过文化考试，对学生的政治知识和政治倾向进行一次考查，引导学生关心国家的前途和命运。我那次所以能被录取，与经常和本村地下党员刘作恒同志接触，受到了一些革命思想的熏陶有很大关系。我顺利地通过了入学考试关，以第八名的好成绩被学校录取。

处处接受革命教育

第五小学形式上是按国民党教育部门的教学计划安排教学，但在教育内容方面却有很大的灵活性。傅敦吾老师给我们上语文课，课本上的文章学得很少，主要是选些进步作品自印讲义。他密切联系实际，讲课深入浅出，引导学生独立思考。给我们印象最深刻的文章有《五四运动》《秋海棠》《棠棣之花》《卖火柴的小女孩》等。每讲完一个单元，傅老师就组织学生开一次演讲会，围绕指定的中心写一篇作文，发表自己的见解，抒发自己的感情，从而提高学生的政治觉悟。还把学生写的优秀作文刊登在学校的墙报上。傅老师引导学生利用课外时间阅读进步作家鲁迅、郭沫若、丁玲等人的文章，从多方面来培养学生的革命思想。

史地课先后由张德卿、相文卿老师担任。历史课学中国近代史，从鸦片战争、太平天国运动、义和团运动讲到中国资产阶级革命和俄国十月革命。地理课围绕“地大物博、人口众多的中国为什么会被侵略和瓜分”这个中心，让学生去思考、找答案；通过讲述不平等条约和列强在中国的租界地，激励同学们发愤图强、拯救祖国。相文卿老师用他耳闻目睹的事实，控诉了蒋介石拱手把美丽富饶的东北让给日本帝国主义的罪行，赞誉中国共产党领导工农红军长征北上抗日的革命事迹，使学生在对比中清楚地认识到谁卖国、谁爱国、准是劳动人民的大救星。

音乐课更是受到欢迎。刘鸣泉老师教唱的大都是唤起民众、激励青年人抗日救国的革命歌曲。《义勇军进行曲》被定为校歌，是每逢纪念周必唱的歌曲；经常唱的还有《大路歌》《大刀》《前进》《五月的鲜花》《东北流亡三部曲》等。校园里革命的歌声，激励着同学们的革命精神。我们回到自己的村子里教少年儿童也唱起来，教唱革命歌曲成了宣传抗日的一种好形式。

记忆深刻的“红五月”

五月是纪念日最多的一个月，“五一”国际劳动节、“五三”惨案、“五四”青年节、“五五”马克思诞辰、“五卅”惨案等都在五月份，所以，我们把五月份叫做“红五月”。每逢纪念日，学校停课，举行纪念活动，有时还下乡宣传。《五月的鲜花》歌声天天可以听到。为了使学生受到深刻的教育，每个纪念H都举办讲演会，师生自由登台演讲，讲演会实际上是一种最好的革命宣传活动，让学生自己教育自己。如“五五”马克思诞辰日，主要宣传马克思的革命实践活动和他的革命著作与影响，进行共产主义启蒙教育。“五三”、“五卅”惨案则着重宣传帝国主义侵略中国的滔天罪行，宣传我国工人阶级反抗侵略的革命斗争精神，发动学生声讨世界列强，培养学生的爱国主义思想。每年的“红五月”，我们都受到一次深刻的教育，因而“红五月”在我们的记忆中也最深刻。

募捐支援抗日

我们在校期间，不论是在课堂，还是在课外活动时间，老师们经常讲：“我们中华民族正处在危难关头。蒋介石实行不抵抗政策，‘九·一八’事变日本侵占了东北三省，这是引狼入室。现在正是全民抗战的前夜，人人要有这个准备。”不料，这预言成了现实。1937年7月7日，日军进攻卢沟桥，中国守军奋起抵抗，揭开了中国人民抗日战争的序幕。博兴那年又逢水灾，到处一片汪洋。面临天灾人祸，民怨沸腾。我校同学们没有辜负老师们的殷切教育，在“国难当头，匹夫有责”，“我们决不当亡国奴”的口号鼓舞下，开展了各种形式的抗日救国活动。在老师的带领下，三五成群的学生走出校门，到农村集镇演讲、说快板书、演活报剧等，进行抗日宣传。一方面号召民众以实际行动参加抗日战争，一方面为前方抗日将士募捐。募捐活动搞得很有成绩，我们把群众捐献的钱和物寄给了在河北省抗日前线的部队。1937年初冬，时局急剧恶化，国民党博兴县政府人员相继南逃，我校被迫解散，师生转入农村，继续开展抗日救亡活动。

烽火硝烟中传播革命与知识火种
——记抗日战争时期的耀南中学

孙向忠

耀南中学始建于1942年，是中共清河区委和清河区行署在抗日战争处于困难时期，为贯彻“精兵简政”政策，储存和培养军政干部，而创办的一所“抗大”式学校。其校名是为纪念抗日民族英雄、八路军山东纵队三支队司令员马耀南烈士而命名的。

校址初选博兴县，首任校长刘冠甲

耀南中学首任校长刘冠甲，原是北平大学的一名学生、中华民族解放先锋队队员。1937年暑假，正值抗日战争爆发，刘冠甲回到家乡高苑县（1948年，高苑、青城合并为高青县），与清华大学学生张承先等人一起，组织了“高苑县旅外大中学生抗日联合会”，积极开展抗日救亡活动，并由此投身革命队伍。

1940年12月，在清河区第二届参议会上，刘冠甲当选为副议长。1942年6月，清河区党委和行署决定创办耀南中学，并打算任命学历高、懂教育的刘冠甲为校长。得知这一信息后，刘冠甲因自己不是共产党员而产生顾虑。时任清河区党委书记景晓村亲自找他谈话，非常爽快地说：“党是领导我们事业的核心力量，你的靠山就是中国共产党。清河区党委全力支持你办学，你就放心大胆地干吧！”刘冠甲消除顾虑后，愉快地接受了这项艰巨任务，随即与副校长夏戎、教务主任王苇塘、训导主任贺达、事务主任王生林等人一起，迅速投入到学校的筹建工作中。

耀南中学的校址，最初选定在博兴县六区的兴和村，一开始招录了两个中学班，学生大都是从党政机关和部队中精简下来的年轻干部与小战士，也有部分抗日根据地和游击区来的进步青年。另外，又把原来设在纯化镇清河师范学校的一个师范班也合并进来，全校共有学生和教职员工150余人。在8月25日举行的开学典礼上，校长刘冠甲和区党委宣传部长陈放先后讲了话，他们明确指出：“在抗日战争处于相持阶段的战斗环境里，上学的目的不是为了文凭，而是为了抗战。我们的学校既不同于统治阶级的学校，也不同于私塾学堂，而是一所‘抗大’式的学校，目的就是培养能文能武的抗战干部和建国人才。”

躲避伪军而迁址，学习、生产两结合

正当耀南中学要起步前行的时候，侵华日军在距离学校驻地仅十余里远的王集村，安设了一处据点，驻扎了一个伪军中队。为确保师生的人身安全，清河区党委立即决定，将耀南中学迁往新开辟的垦区。

经过数日长途跋涉，师生们来到位于垦区北部的老爷庙村。这里虽有几十户人家，但房屋紧缺，粮食供应困难，吃水尤其不便。于是，耀南中学又二次迁址到垦区中部的杨家嘴村。这里不仅有黄河故道的雨雪积水可供饮用，还有过去地方武装遗留下的一座土围子，里面有10余间青砖瓦房，虽然有些残破，但稍加修缮即可供校部和后勤使用。学生一开始暂住在周围群众家的敞棚里，为了给学生建宿舍，学校买了几根梁檩，师生自己动手，在校部东边的高粱地里挖地窖，上搭梁檩，再覆盖高粱秸和泥土，修成了三个半地上半地下的地屋子。就这样，既当宿舍，又当教室和饭堂。当时，师生睡的是茅草地铺，吃的是红高粱窝头，很少吃菜，荤食更为稀罕。生活虽然艰苦，但师生情绪十分高涨。

1943年春，耀南中学的师生又请来几位村民作指导，在黄河故道里，就地取材和泥脱坯，盖了50间土坯房。从住地屋子上升到土坯房，从此学习有了专用教室，室内还修了土台子当课桌凳，再也不以背包为凳子，以膝盖当课桌。与此同时，学校还响应上级号召，开展大生产运动，既开荒种粮种菜，又养猪养鸡做豆腐，使师生生活有所改善。这样学习生产相结合，不仅锻炼了师生的革命意志，还减轻了人民的负担，学校也越办越巩固。

四次反“扫荡”均无一伤亡

耀南中学是在抗日烽火中诞生的，也是在战争岁月里成长的，它的日常生活是劳、武、学三结合，充满着战斗气氛。学生们除轮流值勤站岗放哨外，还经常组织夜间紧急集合，时刻保持战备姿态，防止敌人突然袭击。自1942年8月建校至1945年1月奉命停办，两

年半的时间里经历了四次反“扫荡”斗争，其中尤以1943年冬天的一次最为险恶。

自1943年11月18日起，侵华日军华北派遣军总司令冈村宁茨亲自策划、纠集了山东境内的26000多日伪军，配以飞机、坦克、汽车、汽艇，对我清河根据地进行了规模最大、时间最长、手段最残酷的拉网合围大“扫荡”，妄图将我党政军抗日力量压缩到海边，彻底围歼。面对疯狂的敌人，我根据地军民齐动员，大打人民战争，除主力部队协同民兵与敌人开展“敌进我进，内线外线相结合”的反“扫荡”战斗外，耀南中学的师生和农村群众一样，实行空室清野，与敌人巧妙周旋。师生们化整为零，按照年龄和政治觉悟以及智力等情况，划分成若干战斗小组，由教师和党员率领，分散到各地，依照具体情况，进行机动灵活的活动。许多小组冬夜露宿旷野，凛冽的寒风袭来，毫无遮挡，便几个人偎在一起相互取暖。有的小组隐蔽野外，终日找不到一点东西吃，特别是没有水喝，渴得口干舌燥，嘴里冒烟。有不少师生涉水过河，河已结冰，只得赤脚破冰前进，腿脚被冰碴划破，却没一人叫苦。还有的辗转到了荆条林内隐蔽起来，任凭敌人怎么叫喊恐吓，他们冷静沉着，不露声色，一直坚持到敌人撤离。

敌人在我人民战争的共同打击下，渴无水，饥无食，打无目标，行无道路，不得不于12月8日狼狈撤回。这次持续21天的“扫荡”与反“扫荡”，最后以敌人失败我方胜利而告终。耀南中学的师生们从四面八方返回学校。校长刘冠甲和老师们逐一清点人数，最后确定无一伤亡。

紧张愉快民主的学习生活

耀南中学实行校长责任制，设有校务委员会，刘冠甲校长作风民主，遇事大家商量，工作人人努力，从不计较个人得失。教师和学生既是师生，又是共同奋斗的革命同志，政治上平等，生活上同甘共苦，彼此关心，互相爱护，上下一致，团结一心。

在没有敌情的时候，学校就抓紧时间按班级组织学生上课。当时开设的科目主要有政治、语文、数学、史地、英语、自然常识、音乐、美术等。政治课由训导主任（也是学校党总支书记）贺达兼任，经常上大课作形势报告和传达重要文件精神。语文课由教务主任王苇塘和吴强老师担任，除用统编教材外，还从《群众报》和《渤海日报》上挑选一些与现实联系密切的好文章做补充。数学课由刘冠甲校长和一位姓卓的老师担任，由于学生文化水平不一，有的连四则运算中先乘除后加减都不懂，老师只好给他们吃偏饭，耐心多辅导。音乐课由能拉会唱善表演的张辛农老师担任，主要教唱革命歌曲，大家都爱学爱唱，校园内外到处都能听到嘹亮的歌声。英语课和自然常识课由韩亮老师担任，韩亮毕业于山东大学经济系，是国民党原山东省主席韩复榘的侄女、抗日名将冯玉祥的义女，1943年春，她从重庆刚来学校时，曾因生活不习惯闹过一些笑话，但在其他老师和学生们的帮助影响下，很快就适应了。

为了交流学习经验，提高教学质量，学校还创办了《耀中校刊》，由教务主任王苇塘任主编，总共编印了三期。1944年6月出刊的第3期上，登载了《关于耀中课程的商榷》《耀中学生救国会的组织和活动》《我们的生产节约工作》《关于开展农村夜校的几个问题》等文章，还有一组反映学校实况的《生活剪影》图画。可谓内容充实，形式活泼，因而深受本校师生及乡村小学教师的欢迎。

为了加强学生的自我教育和管理，在垦区青年救国会的领导下，学校建立了学生救国会。学生们定期召开生活会，开展批评与自我

批评，自觉遵守学校的规章制度和组织纪律。他们自己管理伙食，轮流去伙房帮厨，经常出刊墙报，及时表扬好人好事，还组织了歌咏队、篮球队，积极开展各种文体活动，校园内充满一派朝气蓬勃的生动景象。

誉满垦区的青年剧社

为丰富学校生活，同时也为联系群众，宣传群众，为工农兵服务，耀南中学成立了由音乐教师张辛农为负责人的青年剧社。剧社成员大都是原在文工团、队工作，被精简以后来校学习的青年，故名青年剧社。因为他们都有一定的表演基础，排演的节目多以抗日救国为主题，形式上也为群众喜闻乐见，所以一成立就受到大家的喜爱。他们演出的剧目主要有，话剧《铁蹄下的孩子》《红灯》《血痕》《一个班》，歌剧《减租》《农村曲》《劝子回头》，京剧《空城计》《小过年》《地雷战》，杂耍剧《打砂锅》等。每逢节假日和有重大政治活动时，青年剧社都要在校内土台上进行演出，观众除本校师生外，还有闻讯赶来的杨家嘴一带的部队、群众和机关干部，有时竟达数千人，成为当地的一大盛况。

随着剧社影响力的不断扩大，根据地内的一些后方机关、部队和群众团体，也经常来学校邀请剧社前往演出，有时甚至应接不暇。为此，学校不得不变更学习日程，以便尽可能地满足他们的要求。剧社曾到过的地方，有八大组、老爷庙、八里庄、茅丝坨、朱家屋子等。这些地点距离学校一般都在 40 华里左右，剧社的师生都是当天赶路，当晚演出，当夜步行返回，力争学习、宣传两不误。这样一来尽管非常劳累，但剧社的师生总是一路欢笑、一路歌声，而且相互争着背服装、道具，搀扶脚上起了泡的同学。

青年剧社通过大量寓教于乐的演出活动，不仅提高了群众的思想觉悟，活跃了垦区人民的生活，而且密切了与群众的联系，因而受到广大军民的欢迎和赞誉，甚至还得到了行署和军区领导的表扬。

迎接胜利奔赴新岗位

1944 年，抗日战争进入反攻阶段。由清河区和冀鲁边区合并而成的渤海区，于同年 7 月发起夏季攻势，相继攻克了利津、临邑、乐陵等县城。为迎接抗日战争的最后胜利，1945 年初，全区掀起了大参军运动。面对新的斗争形势，党政军群各方面都急需补充大批干部。于是，渤海区党委和行署决定暂时停办耀南中学，除部分年龄小的学生与建国中学合并，成立耀南公学继续学习外，其余大部分学生分别充实到各个急需的岗位工作。例如，魏进、武连奎、王秉周、刘中兴、齐景民等 10 余名学生，被派到敌占区开展学生运动。徐振、李广宗、李锐云、翟斌、焦玲等 10 名学生，加入到了耀南剧团。陈戈、王恺等人报名参军后，成为第四军分区宣传队的骨干成员。

这些学生在校期间，虽因战斗频繁，劳动紧张，学习受到一定影响，但他们经受了革命熔炉的冶炼，思想觉悟是高的，学到的知识是扎实牢固的，这为以后的工作打下了坚实的基础。绝大多数学生奔赴新的工作岗位后，都成为所在单位的骨干力量，有的经过继续努力，做出了令人称赞的非凡业绩。仅笔者知道的就有：南京军区著名的军旅作家黎汝清，海军文化部诗书画具佳的艺术家王恺，全国总工会文工团团长翟斌，南京军区前线歌舞团团长李广宗，济南军区前卫话剧团团长陈戈，国家外交部领事司副司长焦玲等，他们都为耀南中学和渤海老区人民赢得了荣光。

抗日战争胜利后，1945 年 10 月，耀南中学又在邹平县焦家桥恢复,并先后辗转于青城文庙、桓台城内和蒲台高庙李，直到 1947 年底再度被撤消。解放战争时期的耀南中学，继承和发扬了抗日战争时期耀南中学艰苦创业的革命精神和光荣传统，继续培养了一大批得力干部。

三、重要文件

中共博兴县委博兴县人民政府
关于印发《博兴县教育改革实施方案》的通知

博发［1994］24号

各乡镇党委、政府、县直各部门：

《博兴县教育改革实施方案》已经县委、县政府同意，现印发给你们，望认真执行。

一九九四年六月一日

博兴县教育改革实施方案

为认真贯彻落实《中国教育改革和发展纲要》精神，根据滨州地委（1993）24号文件《关于加快教育改革和发展的若干决定》要求，结合我县教育工作实际，对我县教育改革工作提出如下实施方案。

一、指导思想

遵循党的十四大精神，以《纲要》为指导，从适应社会主义市场经济体制的需要和全面提高教育质量出发，改革管理体制，转换运行机制，严格核编定岗，优化教师队伍，改革工资结构，增强办学活力，通过双向选择，调动校长治校．教师教学和社会办学的积极性，促进教育更好地为我县经济建设服务。

二、主要内容

1、建立乡镇教育委员会

乡镇教育委员会是乡镇党委、政府领导下的教育管理职能部门，事业编制5~7人，以加强对乡镇教育工作的领导，提高乡镇教育工作统筹协调和管理决策能力。

2、理顺教育干部管理体制

完善分级办学、分工管理的教育体制，理顺县、乡教育干部管理体制。（1）乡镇教委主任由县教委和乡镇党委、政府协商提出人选，县教委考察任命。乡镇教委教研组长、工会主席、乡镇中学正副校长、成教中心学校校长、中心小学校长经乡镇教委推荐，县教委与乡镇党委、政府协商提出人选，县教委考察任命。乡镇学区校长、中心幼儿园园长、定点小学校长，由乡镇教委聘任。(2)

县直 学校副局级以上干部由县委考察任命，县直小学校长由县教委考察任命，县直中学、小学中层干部由校长聘任，县教委公布，报宣传部备案。

3、实行校长负责制

把学校的人权、财权、学校管理权交给校长，逐步实现校长的法人地位，扩大学校办学自主权，充分调动校长治校的积极性。

4、严格核编定员

各乡镇、县直各学校要严格按照鲁编（88）113 号文件精神，结合本单位实际（农村小学可兼顾村庄小、办学分散的实际情况），制定人员编制方案。由县教委和县编委把关核定，报县教育改革工作领导小组审批后实施。各乡镇和县直各学校要按满负荷工作标准，确定实需岗位数。勤工俭学、炊事服务等项工作提倡只定编不设岗，实行承包制。

5、实行双向选择，择优聘任

（1）各单位要按照严格核编，以岗定员，校长负责，双向选择，公开平等，竞争择优的原则，先校内后校外，先中学后小学，先高年级后低年级，自上而下层层聘任。

（2）聘任范围是全体公办教职工和在编、在册的民办教师（1985 年 9 月 30 日前任教的为在编民师，1987 年底前，省教委统一核编时登记在册的为在册民师）。本次考试考核不称职的，公办教职工一律不予聘任，民办教师一律辞退；不在编不在册的民办教师，除个别单位确因教师缺科可择优聘为临时代课教师外，其余一律辞退。

6、实行全员工资经费总额包干

全县经费总额，以 1993 年底教育经费支出，加政策性增资和核定增编（包括暑假大中专毕业生和新增学校及扩班增编）的增资，在国拨财政经费达到“两个增长”的基础上确定，由县财政切块包给教育。县对各乡镇、县直学校以及各乡镇对各学校原则上 以县核定的编制数为标准，核定各单位全员工资包干总额。全员工资总额一包一年。因核编、设岗节余的经费，一部分用于增加公用经费，一部分用于提高教师待遇。县乡两级按有关文件征收的教育费附加，全部用于教育。学校基建、大型购置所需要经费由县乡两级政府依照《中华人民共和国义务教育法》和《中国教育改革和发展纲要》等有关文件另行筹集。

7、实行固定工资加绩效工资的结构工资制

公民办教师均实行结构工资制。民办教师固定工资为现行实发工资，公办教师固定工资为现行工资津贴、奖励工资中扣除个人工资提取的绩效工资部分后的剩余部分。个人工资提取的绩效工资额 = 民办教师固定工资额 ÷70%×30%。各单位绩效工资总额由以下四部分组成：（1）个人工资提取部分（其中民办教师此部分由乡镇教育费附加列支）；（2）乡镇教学成绩奖励基金；（3）政府提供的优惠待遇；（4）从核编设岗节余的经费中拿出一部分。教育教学成果奖励办法另定。固定工资按月发放，绩效工资中的工作量、考勤部分按月发放，其它部分每学期发放一次。绩效工资主要依据对工作量（占 40%）、工作成绩（占 60%）的考评情况来确定。工资档次和级差由各单位根据情况自定，要拉开档次，真正体现按劳取酬，优质高酬，多劳多得。民办教师与公办教师在绩效工资部分同工同酬。改革后，各乡镇民办教师工资要达到上年当地农民人均纯收入的 1.8 倍以上。

8、建立岗位目标责任制和考核评估制度

受聘上岗的每个工作人员都要根据本岗位的职责和要求，制定出自己的岗位职责和工作目标。县、乡镇、学校要分别制定《考核评估条例》和《考核细则》，搞好考核评估工作。

三、方法步骤

（一）加强领导，搞好宣传发动工作

1、全县教育改革工作在各级党委、政府领导下进行。县、乡镇都要成立以主要负责同志为组长，有关部门参加的教育改革领导小组，具体组织实施教育改革工作。

2、县、乡镇都要召开“教育改革动员大会”，传达贯彻上级教育改革精神，部署教育改革实施方案，统一思想，提高认识，增强广大教职工的心理承受能力，为下一步改革的全面铺开奠定坚实的思想基础。

3、各乡镇、县直各校在做好宣传工作的同时，广泛吸收各方面意见和建议，根据县有关文件精神，结合本单位实际，详细调查，精心分析，科学测算，制定出符合本单位实际情况的实施方案。

（二）组织实施

1、合班并校

各乡镇按县教委审定的合班并校方案实施，1994年暑假前到位。确有困难的单位，小学四、五年级今年暑假到位，其它年级1995年暑假前完成。本次设编按合班并校到位后的情况核编。

2、核定编制

（1）县直学校按鲁编（88）113号文件规定标准核定编制。

（2）乡镇要根据鲁编（88）113号文件规定标准，结合本乡镇中小学的实际情况核定编制。

各乡镇的人员编制一般由以下几个部分组成：

①教委5—7人。

②初中教职工：定点初中按鲁编（88）113号文件规定标准核定编制，其它分校纳入所属定点中学统一核定编制。

③乡镇中心小学、学区中心小学，凡达到规定班额的学校，按每班2人配备；未达到规定班额的学校按每班1.4人配备，另增一名领导编制。其它定点小学按每班1.4人配备。教学点按下列公式计算应编人数：[按每班1.4人应配人数+按师生比（1：22.86）应配人数]÷2=应编人数。

④成教中心：每校2人，另外按实有常班每班加4人配备。

⑤实有公办幼教人员数。

⑥炊事服务人员：根据鲁编（88）113号文件规定标准，结合各校的实际情况核实应配人数。

⑦勤工俭学人员：根据鲁编（88）113号文件规定标准，结合本单位实际情况，县直学校不超过本单位教职工的5%；乡镇统一核编，不超过本乡镇教职工的3%。

各乡镇、县直各学校的人员编制方案，由县教委和县编委把关核定，报县教育改革工作领导小组审批后实施。

随着教育事业的发展，因新建学校、扩招班级等原因需要增加的编制或因撤销学校、减少班级需要减少编制的，各单位要及时报县教委办理增编或减编审批手续。

各单位的人员编制，由县教委负责，每年暑假进行一次重新核定。

3、按满负荷工作标准，设置实需岗位

各乡镇、县直各学校，根据县核定的编制，按照满负荷工作标准，本着从严设岗的指导思想，确定实需工作岗位数。校办产业工作人员、炊事服务人员提倡设编不设岗，实行承包制。

中学教师、小学教师满负荷工作标准分别为每周课时12~14节和18~24节。职工满负荷工作标准为每天有效工作时间8小时，兼教学的职员按每天有效工作时间合计满8小时。

4、干部、教职工的考试考核

凡属在聘任范围内的中小学教师一律参加考试考核；不任课的职工只参加考核，不参加考试，考核成绩按考核考试综合成绩对待；兼课的职工考试自愿。其中考试成绩占考试考核总成绩的30%，考核成绩占70%。

（1）考试

①考试科目：小学教师，考语文、数学，个人任选一门。初中教师，考语文、数学、政治、英语、物理、化学、历史、地理、生物、音乐、体育、美术。教一门学科的考所任学科；兼任二门以上的学科的个人任选一门。任教劳技课教师可自选一门参加考试。

凡参加考试的中小学教师都必须加考教育学和心理学。

②考试内容：小学教师，考本人所教学科（60分）和初中教材内容（40分），中师教育学、心理学（60分）；初中教师，考本人所教学科（60分）和本学科高中教材的内容（40分），师专教育学、心理学（60分）。

③免试条件：符合下列条件之一者，可以免试。免试者考试成绩按满分计算。

（A）小学教师：三年来，学区统考所教学科平均成绩前二名，乡镇统考平均成绩前六名者。

初中教师：三年来，乡镇统考成绩优异者免试，初中兼两门及两门以上学科教师教学成绩按主要学科计算。免试的统考名次按乡镇每年级单科任课教师数的1/3计算（每年级单科任课教师数低于3人者不享受此项免试）。

县中考单科成绩前十名者。

（B）1988年以来，获县级以上（含县级）优秀教师、教学能手称号者。

1993年12月31日教龄满25年（含25年），或者男满50周岁、女满45周岁教职工也一律免试。

（2）考核

考核工作的具体办法和要求按《博兴县教育改革工作考核办法》执行。

5、干部、教职工的任命、聘任

（1）乡镇教委人员的任命、聘任

乡镇教委一般设教委主任、中学教研组长、小学教研组长、成职教教研组长（兼成教中心校长）、工会主席、会计、出纳等职，同时兼任普教、团队、幼教、勤工俭学等项工作。其它人员由乡镇教委主任提名，经县教委和乡镇党委政府协商同意后，按干部管理权限任命或聘任。

（2）校长的任命、聘任

各乡镇根据鲁编(88)113号文的有关规定和工作实需情况，确定各中、小学校长、副校长职数，然后按规定的干部管理权限任命或聘任；各中学、成教中心学校、中心小学、学区及定点小学校长、副校长、县直学校的校级干部，根据干部管理权限考察任命。

（3）中层干部和教职工的聘任

①凡本校在职教职工都要根据学校的机构设置、实设岗位和本人条件，在聘任前提出任职申请。

②根据机构设置和实需的设岗情况，由校长聘任学校的中层干部（处、室正副主任），聘任期一般 为三年。县直学校中层干部的聘任名单，县教委行文公布，报宣传部备案。

③中层以下部门的负责人和教职工等人员，由中层干部分别提出各处、室、部、组教职工的聘任意见，校长办公会审定。这部分人员的聘任期一般为一年。

④农村教学点为主教师由学区校长会同管区、村委提出聘任意见，经乡镇教委批准，学区校长聘任。

农村小学教职工由学区校长和小学校长或为主教师会同管区、村委，根据学校的设岗数，按考试考核成绩提出聘任意见，经乡镇教委批准，学区校长聘任。

（4）聘任合同的签订

凡被聘任的中小学教职工，聘方都要与其签订聘任合同。明确规定聘任双方在聘期内的工作职责、目标要求、权利和义务及保证措施。

在聘期内，一方不愿履行合同，另一方有权解聘或辞聘。

学区校长要帮助村委会根据学校规范化建设要求，提出逐步改善办学条件和教师福利待遇的目标要求及保证措施；根据全面贯彻教育方针的要求，教师要提出提高教学质量的目标要求和保证措施。

6、实行全员工资总额包干和校内结构工资制

（1）实行全员工资总额包干

对各乡镇、县直各校，以县核实的编制数为标准，按结构工资制要求核定全员工资包干总额。有条件的单位还可上浮一定比例，确定包干经费，以保证投入只增不减。全员工资总额要一次包死，及时足额拨付，一年为一个周期。因国家和地方规定的政策性增资或上级核定增加编制的增资，要及时给予拨付。

（2）实行结构工资制

要按结构工资制核定好每人的固定工资和绩效工资。绩效工资主要依据对工作量、工作成绩的考核情况来确定。

①工作量工资：主要包括教师的课时工资、干部职工的岗位工资和兼职工资。

教师的课时工资，可按每周实际上课时数和教案数计算，即月课时工资 =X 元 ×（周课时数 + 周教案数）。教师每月实际上课超过规定的满负荷工作量标准时（必须是经分管领导同意安排的超课时数），超出部分可按学校规定标准发给超课时工资。

干部职工的岗位工资，可换算为课时数计算。干部的岗位工资可分为校级、副校级、中层正职、中层副职、级部负责人等几个档次。职工的岗位工资也可分为 3--4 个档次。

兼职工资，班主任、教研组长及其他兼职，除按规定享受国家补贴外，要制定一定的评估办法，给予适当的补助费。

对请事假、病假、缺课及旷工等，应根据情况扣发一定的工作量工资。

②综合考核工资

综合考核是指对每个人的德、能、勤、绩诸方面的全面考核。

第一、各乡镇、县直学校要制定《考核评估条例》和《考核细则》，考核内容要全面具体，考核方法要科学合理，便于操作，考核结果要尽可能量化。

第二、受聘上岗的人员都要根据本岗位的职责要求和任务、目标，制订出自己的岗位职责和工作目标。

第三、各乡镇、县直各学校要对上岗人员进行平时考核和定期考核。考核工作每学期一次为宜，期末进行。并根据评议结果计发综合考核工资。

对认真履行岗位职责，圆满完成工作目标的要给予表彰奖励。对玩忽职守，敷衍塞责，不能完成工作目标的要给予批评、警告，直至解聘。

（三）检查验收

县制定教育改革工作验收标准，在各单位认真自查、作出总结的基础上，县教育改革领导小组组织一定力量进行全面检查验收。

四、改革中的几项规定和要求

1、男满55周岁，女满50周岁（合同制女工满45周岁）的公办教职工，因身体状况等原因，不能坚持工作的，原则上实行内部退养。各单位的内退人员要通过本人申请，医院证明后，报县教委审批。内退人员的待遇按上级有关规定执行。

2、借调人员在现工作单位参加选聘。落聘后回原单位参加选聘。

3、离职学习一年以上人员和病休一年以上人员列编外，不参加选聘。离职学习人员毕业后回原单位参加选聘。

4、落聘民办教师符合退休条件的，按博政发（88）50号文件办理退休手续；不符合退休条件的落聘民办教师发给一次性补助，教龄每满1年，发给本人一个月的工资。

5、落聘的公办教职工，服从学校安排，完成一定临时性工作的可以在本乡镇和县直学校待聘，可以到本系统外单位参加双向选择，县教委办理有关手续。

6、落聘的公办教职工只发给固定工资，连续两年落聘的发固定工资的一半；自谋职业者停发工资，并向县教委缴纳一定数量的培养费。对拒聘的公办教职工，学校可保留三个月的固定工资，个人自行联系工作；六个月后，按自由离职处理，并视其情节轻重给予处分。

以上《方案》在实施过程中，有关具体问题由县教委负责解释；重大问题报县教育改革领导小组研究决定。

中共博兴县委博兴县人民政府
关于认真贯彻实施《纲要》确保全县实现“两基”的决定

博发［1994］45号

为贯彻落实《中国教育改革和发展纲要》及全国和全省教育工作会议精神，加快我县“两基”实施步伐，进一步提高劳动者素质，全面实施“科教兴博”战略，更好地为我县改革开放和社会主义现代化建设服务，特作如下决定：

一、提高认识，确立教育优先发展的战略地位

中国教育改革和发展纲要》中明确提出：“必须把教育摆在优先发展的战略地位，努力提高全民族的思想道德和科学文化水平，这是实现我国现代化的根本大计”。科技进步、经济繁荣和社会的发展，从根本上说取决于提高劳动者的素质，培养人才。而人才的培养，基础在教育，基本普及九年义务教育和基本扫除青壮年文盲（简称“两基”）工作，又是教育工作的重中之重，是整个教育工作的莫基工程，是提高劳动者素质的根本要求，也是实现小康的必备条件。因此，各级党委、政府要牢固树立“百年大计，教育为本”的指导思想，增强发展教育事业的紧迫感、使命感和责任感,采取切实有力措施,努力增加教育投入,大力改善教师的的工作、学习和生活条件,确立教育优先发展的战略地位，强化学校内部管管理，全面提高教育质量和办学效益，开创我县教育事业的新局面。

二、进一步明确我县“两基”工作的任务目标

根据我县“到本世纪末，提前三年实现小康目标”的经济、社会发展战略部署，必须进一步加快“两基”实施步伐，确保1995年全县实现“两基”目标，为我县经济全面振兴和社会发展打下坚实基础。我县“两基”工作的任务目标是：

在去年全县实现初等义务教育和基本扫除青壮年文盲，寨郝乡、店子乡、陈户镇、曹王镇、博兴镇、5乡镇初级中等义务教育初步通过地区验收的基础上，1994年，湖滨乡、闫坊乡、兴福镇、蔡寨乡、庞家乡5乡镇实现初级中等义务教育；全县高标准扫除青壮年文盲，青壮年非文盲率达到99.7%。1995年，纯化乡、乔庄乡实现初级中等义务教育；各乡镇全部建起达省、地标准的成人教育中心校，全县实现“两基”并完成初中四年制的改制工作，迎接省政府评估验收。

从1994年开始至1997年，逐步将小学入学年龄由7周岁过渡为6周岁。

合理调整学校布局。乡镇初中按照照1.5万至2万人一所学校的要求设置；小学按方圆5华里设一处定点小学的要求，适当集中，扩大规模，将农村小学调整为定点小学125处、教学点169处。随着城区人口的不断增加，积极在城区新建小学、实验中学各1处。

三、抓住薄弱环节，集中力量解决突出问题

（一）加快合班并校进程，合理调整农村中小学布局。由于我县大部分乡镇中小学校存在布点分散、规模小、班额少、小学复式班比例大的问题，使教育投资浪费，教师超编严重，学校难于管理教师负担繁重，课程无法开齐，办学条件简陋，造成办学效益和教育质量低下，严重影响和制约着“两基”工作的实施进程。因此，各级党委、政府必须象抓校改那样，下大气力抓好农村中小学的合班并校工作，精心预测，科学规划，解决好校址选定、经费筹措、办学条件改善、学校管理等方面的工作，以发挥规模效益，节省教育投资，提高办学效益和教育质量。

（二）努力改善办学条件，解决校舍和学校内部设施不足问题。校舍不足和教学仪器、音体美器材、图书严重匮乏，已成为我县实现“两基”的重要制约因素之一。据统计，全县实现“两基”缺口多金 3420．7 万元。其中乡镇缺口 2979 万元，城镇缺口 441．7 万元。对此，各级党委、政府要下大气力，努力增加教育投人，确保 1994 年全县小学校舍、内部教学设施全部达标，初中校舍全部达标，80%以上的初中内部教学设施达标；1995 年初中内部设施全部达标，在县城基本普及九年义务教育。

（三）坚持依法治教，制止学生流失。目前我县的农村中小学，尤其是农村初中学生流失较多，一方面造成社会上新文盲的产生，另一方面影响了九年义务教育的实现各级党委、政府要依法治教，切实采取有力措施，强化学校内部管理，减轻学生负担，充分发挥学校、家庭、社会各方面作用，努力遏止学生流失现象。

（四）解决中小学公用经费不足问题，制止中小学乱收费。中小学校乱收费，既增加了学生的经济负担，又影响了教育的社会形象，要从根本上加以制止。解解决中小学乱收费的问题，除健全制度，强化收费管理外，最根本的是增加对教育的投人，按规定及时拨付公用经费，使全县农村小学、初中生均公用经费由目前的 4.22 元、20．35 元分别达到 33 元、65 元的省定标准，城区小学、初中生均公用经费由目前的 40 元分别达到 50 元、80 元的省定标准。公用经费城区学校由国拨经费列支农村学校由教育费附加列支。

（五）贯彻落实《教师法》，解决教师待遇偏低问题。要抓好《教师法》的贯彻实施工作，认真落实中央和省、地出台的提高教师地位和待遇的各项政策规定，教师工资要实行全额预算，切实解决拖欠教师工资和优惠待遇问题，确保教师工资按月发放，优惠待遇按时兑现。城镇学校教师的住房建设要纳入城镇发展规划，逐渐使公办教师住房的建设、租赁、出售实行优先、优惠。农村学校教师的住房，采取以财政拨款、乡镇筹措为主，学校自等和个人集资为辅的办法，加快建设速度，有条件的乡镇，要建设教师公寓。逐步建立和完善医疗、退休、保险等方面的教师保障制度，教师公费医疗要与当地党政干部享受同等待遇。要认真落实《县教育改革方案》中各项政策规定，确保民办教师工资达到当地人均收入的 1.8 倍以上，并不断提高，逐步做到与公办教师同工同酬。

（六）加强成人教育阵地建设，高标准扫除青壮年文盲。目前部分乡镇对扫盲工作的地位认识不足，措施不够得力，还存在人员经费尤其是扫盲阵地不落实等方面面的问题，据统计，全县扫盲阵地建设达到验收标准，尚缺资金 200 万元。各级党委、政府要高度重视扫盲工作，采取切实有效措施，努力增加扫盲投入，各乡镇要全部建起独立设置、内部设施完备、达省地标准的成人教育中心校落实扫盲经费，完善教育网络，健全业务档案，规范管理，切实巩固扫盲成果。

四、采取有力措施，切实增加教育投入

增加教育投入是落实教育战略地位，加快“两基”实施步伐的根本措施。各级党委、政府要认真落实党中央、国务院和省委、省府关于增加教育投入的各项决策，逐步完善以财政拨款为主、多渠道筹措教育经费的体制，并通过建立地方法规，确保教育投入的不断增长。

（一）各级政府要努力增加财政对教育的拨款。按照《纲要》的要求，到本世纪末，财政性教育经费支出占国民生产总值的比例要达到4%，并做到《纲要》提出的“三个增长”，即“国家用于教育的财政拨款的增长比例，应当高于财政经常性收入的增长比例，并使按在校学生人数平均的教育费用逐步增长，保证教师工资和生均公用经费逐年有所增长”。每年国拨教育经费的增长比例不低于10%。乡镇财政收入，应在保证人员工资性支出的前提下，主要用于教育。各级财政预算内安排的教育基建投资，应随着预算内基建总投入的增长而增长。县里逐步建立扶持贫困乡镇义务教育基金制度。

（二）改革教育经费管理体制。从1995年起，实行教育经费预算单列，每年由县、乡教委提出年度计划建议，报县、乡财政部门，由县、乡政府列入预算，批准后实施。对于按规定征收的各项教育税费、群众集资，统一交财政部门，由财政、教育部门共同管理，专项用于教育，不得挪作他用。为确保教育的投入，要加强教育投入水平的监控，县统计局、县教委要对全县及各乡镇教育经费的支出情况，按国家规定指标进行统计并向社会公布。县、乡政府要定期向同级人民代表大会专题报告教育经费预算执行情况，接受监督。各级各类学校要加强对教育经费的管理，大力开展“双增双节”活动，努力提高资金使用效益。

（三）完善教育费附加的征收和管理办法。城乡教育费附加按增值税、营业税、消费税总额的3%由税务部门征收，农村不缴纳三税的乡村企业、联合企业和个人，按销售收入的4%由税务部门征收。农村教育费附加逐步实行乡镇征收、县管理、乡镇使用，按农民人均纯收入的1.8%（含在农民负担的5%内），由乡镇财政所征收，主要用于乡村民办教师的工资和学校公用经费，不得扣减挪用。

（四）进一步完善多渠道筹措教育经费的体制。

1、根据全省统一要求，从1995年开始，开征四项教育费：对全县干部职工按月工资总额的2%征收义务教育费；城镇农民、集体企事业单位（含股份制企业），每年按职工工资总额的1%缴纳职业教育经费；对宾馆、旅社、招待所、饭店按住宿标准加收3%的教育费；对水产品在特产税中加收1%的教育费。

2、根据地委滨发[1993]24号文件要求，在县、乡政府设立中小学校舍设施正常维护专项资金，其主要来源包括：从城市维护建设税中提取10%；财政预算调节基金地方分成部分提取10%；控购商品附加费的全部。

3、县人民教育基金继续保留原征收渠道，其中与上述要求不一致的，按上述要求执行，并根据我县实际情况，从1995年开始，提取新增非农业户口增容费的50%。主要用于归还城镇校改欠账、校舍维修和配套设施购置，新建实验中学和第三小学。

4、各乡镇实施“两基”所需校舍建设、内部设施购置和危房改造的资金，经县人民政府批准后，由各乡镇人民政府负责，采用群众集资的办法予以筹措，资金缺口较大乡镇可分年度筹措，但校舍建设资金应于1994年到位，并确保1995年8月份前资金全部到位，以迎接省府验收。

5、各级各类学校修建校舍设施免交公共设施配套补贴费、用水用电权费和增容费、征地配套费。

6、适当提高义务教育阶段杂费和非义务教育阶段学费标准，允许各高中招收一定比例的自费生。

7、动员社会力量办学和捐资助学。行业、企业、事业单位要按有关规定办学，应办学而未办学的单位要缴纳一定数额的建校资金和办学费用。鼓励和提倡厂矿企业、事业单位、社会团体和公民个人根据自愿和量力而行原则捐资助学、集资办学。

8、大力发展校办产业和社会服务。教育部门和学校要大力开展勤工俭学活动，发展校办企业和校园经济。各乡镇、村要按规定划拨一定数量的土地、水面和小企业。财政、金融部门要提供一定数额的周转金、低息贷款予以扶持。勤工俭学、校办产业及学校与其它单位联办的产业按规定继续实行减免税政策，其中合办产业免税部分60%用于发展企业，40%用于教育事业。

五、加强师资队伍建设，贯彻“两全”精神

（一）建设一支具有良好素质、结构合理、相对稳定的教师队伍，是教育改革和发展的根本大计。要下决心采取有力措施，加强师资队伍的建设。

1、坚持不懈地抓好教师职业道德教育，全面提高教师素质。大力弘扬奉献和敬业精神，增强广大教职工的竞争意识和创优意识，专心教书育人，献身教育事业。建立优秀教师奖励基金制度，每两年开展一次优秀教师优秀教育工作者评选表彰活动，并重奖贡献突突出的教师。

2、加强教师培训工作，不断提高教师的业务水平。

要继续通过函授、自学考试、电大、脱产进修、全员培训等多渠道对全县教师进行培训，到1995年使全县小学、初中、高中教学历合格率分别达到98%、80%、70%以上，到本世纪末，全县绝大多数中小学教师达到国家规定合格学历标准，并使30%的小学教师、20%的初中教师分别达到专科和本科学历，形成一支学科配套、结构合理的骨干教育队伍。加强县教师进修学校建设，理顺管理体制，并不断改善办学条件，以承担全县小学教师和教育行政干部的培训任务。加强民办教师管理，通过选招优秀民办教师转公办，师范院校招收民办教师，整顿辞退不合格民办教师等途径，逐步降低民办教师比例。争取到本世纪末，基本解决民办教师转公办问题。

（二）按中央要求，九十年代基础教育的任务除实施“两基”外，大加要贯彻“两全”精神，即：全面贯彻党的教育方针，全面提高教育质量。而教育质量是教育改革和发展的核心问题。办教育的目的，一是多出人才，二是出好人才，全面提高民族素质。基础教育要认真贯彻“教育必须为社会主义现代化建设服务，必须与生产劳动相结合，培养德、智、体全面发展的建设者和接班人”的方针，努力使教育质量再上一个新台阶。

1、端正办学指导思想，全面贯彻教育方针。要加强和改进德育工作。加强德育队伍、制度、阵地和网络建设，在坚持经常性文明礼貌、行为规范养成教育的同时，广泛深入地对学生进行党的的基本路线教育育。“两史一情”教育和中华优秀文化传统教育。采取措施，从师资、场地、设施、经费等方面保证体育卫生、艺术教育和劳动技术教育正常开展，促进学生全面发展。

2、完善政策导向，加强学校管理。基础教育要转变观念，树立正确的、全面的人才观、质量观，逐步实现由应试教育向素质教育的转变。制定不同类型、不同层次学校的教育质量、办学水平评估标准和考核办法，层层开展规范化学校评选活动，树立一批办学有特色的样板学校，以点带面，促进全县教育整体水平的提高。要进一步强化教学常规管理，深入开展教学研究和教改实验，推广十项普通教育教学改革经验，大面积提高学科教学质量。

六、加强领导，建立健全“两基”工作保障机制

实现“两基”奋斗目标，是全党全社会的一件大事。各级党委、政府要从认识上和行动上真正把教育放在在优先发展的战略地位，象抓经济工作那样抓“两基”，切实加强对“两基”工作的体育场，结合本地实际情况，制定具体实施方案，精心等划，统一部署，建立健全各种保障机制，确保“两基”目标的如期实现。

（一）实行“两基”目标责任制。各级党政一把手要亲自抓“两基”工作，领导班子要把“两基”工作列入重要议事日程，及时处理“两基”实施中的重大问题。县成立以县委书记为组长的“两基”工作领导小组，并建立六大班子成员包乡镇、包学校制度。要把确保两基”实施、保证教育投入、尊师重教为教育办实事列为各级党政领导干部任期目标责任制和政绩考核的重要内容。教育工作尤其是“两基”工作搞得不好，就是不合格的领导。对按期完成“两基任务的进行表彰奖励；对到期完不成任务的，要追究主要领导和分管领导的责任。

（二）加强宣传，坚持依法治教。各新闻、宣传、教育等部门要充分利用报刊、电台、电视台多种新闻媒介和宣传标语、壁报等多种形式，广泛宣传《义务教育法》及其实施细则，明确政府、社会、家庭、学校应当承担的法律责任和义务。要建立健全一系列规章制度，依法保障少年儿童入学接受规定年限的义务教育。采取有效措施防止学生辍学，对家庭确有困难的学生要进行补助。司法部门要严格执法，对于违反义务教育法的案件要及时查处。

（三）严格监督检查。充分发挥人大法律监督、政府自我监督、群众民主监督、社会舆论监督的作用，尤其是各级人大要通过组织人大代表视察、调查等，及时监督检查义务教育实施情况。建立县人民政府教育督导室，行使政府管理教育的职能，主要负责对下级政府、学校教育工作进行监督、检查、指导、评估。今后一段时间内要把推动“两基”实施作为教育督导工作的主要任务，制定实现“两基”的具体标准和评估验收办法，以促进“两基”工作的顺利实施。

一九九四年十一月二十八日

博兴县人民政府
关于实施农村义务教育经费保障机制改革的通知

博政发［2006］36号

各镇人民政府，开发区管委会，县政府各部门、各企事业单位、各垂直管理单位：

为全面贯彻《国务院关于深化农村义务教育经费保障机制改革的通知》（国发〔2005〕43号）、《山东省人民政府关于实施农村义务教育经费保障机制改革的通知》（鲁政发〔2006〕97号〕、《滨州市人民政府关于实施农村义务教育经费保障机制改革的通知》（滨政发〔2006〕81号）精神，落实科学发展观，强化农村义务教育的保障责任，巩固和提高九年义务教育，促进社会主义新农村建设，构建社会主义和谐社会，按照省、市政府的统一安排部署，县政府决定，从2007年起实施农村义务教育经费保障机制改革。现就有关事项通知如下：

一、充分认识实施农村义务教育经费保障机制改革的重要意义

农村义务教育在全面建设小康社会，构建社会主义和谐社会中具有基础性、先导性和全局性的重要作用。在建设社会主义新农村的新形势下，深化农村义务教育经费保障机制改革，从理顺机制入手解决制约农村义务教育发展的经费投入等问题，具有重大的现实意义和深远的历史意义，这是践行“三个代表”重要思想和执政为民的重要举措；是把教育放在优先发展战略地位的具体体现；是完善以人为本的公共财政，推进基本公共服务均等化的必然要求；是促进教育公平和社会公平，巩固和发展农村税费改革成果，推进农村综合改革的重要内容；是科学合理配置义务教育资源，完善以县为主管理体制，加快农村义务教育事业发展的有效手段。各级、各部门一定要站在落实科学发展观、构建和谐社会和加快社会主义新农村建设的高度，统一思想，提高认识，扎扎实实地把各项改革政策落实到位。

为切实加强对农村义务教育经费保障机制改革工作的领导，我县成立了农村义务教育经费保障机制改革领导小组及办公室，负责在深入调查研究、广泛听取各方意见的基础上，制定全县农村中小学教育经费改革实施方案，并抓好组织实施工作。各镇政府、县财政、教育等有关部门要以高度负责的态度，建立必要的工作机制，各司其职，紧密配合，协同工作，全力以赴做好全县农村义务教育经费保障机制改革工作。

二、改革的主要内容

按照国务院、省政府“明确各级责任、中央地方共担、加大财政投入、提高保障水平、分步组织实施”的基本原则，根据我县与市的分担比例，结合我县财力情况，建立起分项目、按比例分担的农村义务教育经费保障机制，逐步将我县义务教育全面纳入公共财政保障范围。

（一）全部免除农村义务教育阶段学生杂费。免杂费标准按《山东省人民政府办公厅关于在全省义务教育阶段学校试行“一费制”收费办法的意见》（鲁政办发（2004〕65号）规定执行，即农村初中每生每年300元，农村小学每生每年210元。所需资金，除上级补助资金外，差额部分由县级财政足额落实到位。

（二）提高农村义务教育阶段中小学公用经费保障水平，争创全省教育工作示范县。在落实免杂费所需资金的同时，进一步加强和落实农村中小学预算内生均公用经费，根据《山东省人民政府教育督导室关于进一步加强教育工作示范县督导评估工作的通知》（鲁教督 [2005]29 号）精神，2007 年农村中小学预算内生均公用经费要按标准足额拨付到位，农村初中每生每年不低于 65 元，农村小学每生每年不低于 60 元。2008 年以后根据国家的部署适时调整，逐步达到中央制定的公用经费基准定额标准所需资金除市（含中央、省财政补助资金）补助资金外，差额部分由县级财政足额落实到位。

（三）继续对农村贫困家庭学生免费提供教科书并补助寄宿生生活费，对农村义务教育阶段贫困家庭学生免费提供教科书。免费标准按省政府有关规定执行，对农村义务阶段寄宿贫困家庭学生补助生活费，补助标准每生每学年不低于 300 元，资助形式、资助比例仍按《山东省人民政府办公厅转发省财政厅教育厅关于对农村义务教育阶段贫困家庭学生实施两免一补”工作的意见的通知》（鲁政办发 (2005)49 号）要求执行并结合我县各镇经济发展不均衡，适当调整各乡镇的资助比例，所需资金除上级补助资金外，差额部分由县级财政负担。

（四）建立我县农村义务教育阶段中小学校舍维修改造长效机制，根据农村义务教育阶段中小学在校生人数、校舍生均面积、使用年限、单位造价等因素，测算我县农村中小学校舍维修改造所需资金。在争取上级补助资金的同时，根据我县义务教育规模、危房改造、布局调整情况，结合各级财力状况将校舍维修改造资金逐步纳入财政预算，并将校舍维修改资金实行项目管理。

（五）巩固和完善农村中小学教师工资保障机制。按照“以县为主”

的管理体制，将农村中小学教师工资全额纳入县本级财政预算，逐步统

县域内中小学教师工资标准，统一津贴、补贴和社会保障政策等，确保工资及时、足额发放。确保教师平均工资水平不低于当地公务员的平均工资水平。

三、实施步骤

（一）从 2007 年春季开学起，按照中央、省、市文件精神，逐步在全县范围内实施上述方案。即：全部免除农村义务教育阶段学生杂费；生均公用经费按争创全省教育工作示范县标准，农村初中每生不低于 365 元（含公用经费 65 元）、农村小学每生不低于 270 元（含公用经费 60 元），特殊教育学校每生不低于 1100 元；对农村义务教育阶段贫困家庭学生免费提供教科书并补助寄宿生生活费：建立农村义务教育阶段中小学校舍维修改造长效机制；巩固和完善农村中小学教师工资保障机制；全面试编农村中小学经费预算，实行“校财局管”的财务管理办法，健全农村中小学预算资金支付管理制度：逐步推行教科书循环使用制度；逐步实行改革专项资金国库集中支付。

（二）2008 年，根据国家的统一部署推进改革，逐步提高农村义务教育阶段学校生均公用经费标准。进一步完善农村中小学经费预算编制和改革专项资金国岸集中支付。

（三）2009 年，国家出台农村义务教育阶段中小学校公用经费基准定额后，生均公用经费标准低于国家基准定额的差额部分，除上级补助资金外，差额部分由县级财政解决。

（四）2010 年，义务教育阶段中小学校公用经费拨付标准，按照国家制定的基准定额执行。

四、采取有力措施，确保改革顺利实施

（一）落实分担责任。在县级财政按比例足额落实各项经常性教育经费的同时，各镇政府要根据财力情况，在不减少对教育投入的前提下逐步提高教育经费的投入，特别是对学校设施建设及维护要起主导作用。各级财政和教育部门要把农村义务教育经费保障机制落实情况分别纳入财政激励约束考核和教育督导范围。

（二）强化预算和资金管理。要建立健全农村中小学校预算编制制度，各项收支都要统一编入县级财政预算。农村中学以学校为基本编制单位，农村小学以中心校为基本预算编制单位（村小、教学点）纳入其所隶属的中心学校统一代编。农村义务教育经费保障机制改革资金在各级财政预算中单列，必须专款专用，不得挪作教师工资和津补贴，不得用于偿还债务。

（三）坚决杜绝各种形式的乱收费。全面清理现行义务教育阶段学校收费政策，从2007年春季开学起一律停止收取农村义务教育阶段学校学生杂费，学校只能按“一费制”规定的额度收取课本费、作业本费两项代收费和寄宿学生住宿费。学校代学生购买课本、作业本，应据实结算，严禁收取如手续费等任何形式的服务费。违反者严肃处理，并追究教育主管部门、学校校长和政府领导的责任。

（四）加快推进教育综合改革。深化教师人事制度改革，依法全面实施教师资格准入制度。加强农村中小学编制管理，坚决清退超编和不合格教职工，切实提高农村中小学师资水平和管理水平。推进县城教师、大学生到农村支教制度。全面实施素质教育，加快农村中小学课程改革，严格控制农村中小学教科书的种类、数量和价格，推行教科书政府招标采购逐步建立教科书循环使用制度。建立以素质教育为宗旨的义务教育评价体系。促进教育公平，防止教育资源过度向少数学校集中。

（五）进一步完善财务管理体制。县教育行政部门统一管理中小学财务工作，对农村中小学经费实行“校财局管”。建立和完善各项内部管理制度，规范资金使用，严肃财经纪律，严格按预算办理各项支出，确保经费使用的规范、安全和有效。

（六）强化监督检查。保障农村义务教育经费要约法三章：不准减少本级政府对农村义务教育应承担的经费投入；不准挪用学校公用经费发放教师津贴；不准乱收费加重学生的经济负担。各级政府要建立健全监督检查工作机制，在安排农村义务教育经费时要切实做到公开透明，要把落实农村义务教育经费保障责任与投入情况向同级人民代表大会报告并向社会公布，接受社会监督。各级监察、财政、教育、物价、审计等有关部门要加强对农村义务教育经费安排使用等情况的监督检查。各级政府要把农村义务教育经费保障机制改革和教育综合改革作为教育督导的重点。

（七）加大宣传力度。各级政府和有关部门要高度重视农村义务教育经费保障机制改革的宣传工作，广泛利用电视、广播、报刊、网络等各种宣传媒介，采取张贴、悬挂标语、挂图、口号和利用板报等形式向全社会进行深入宣传，使党和政府的这项惠民政策家喻户晓、深入人心，营造良好的改革环境，确保农村义务教育经费保障机制改革顺利进行。

博兴县人民政府

二OO六年十二月二十八日

博兴县校舍安全工程与布局调整领导小组
关于印发《博兴县校舍安全工程与布局调整方案》的通知

博校安发 [2009]1 号

各镇人民政府,各街道办事处,经济开发区管委会,县政府各部门,各企事业单位,各垂直管理单位:

《博兴县校舍安全工程与布局调整方案》已经博兴县校舍安全工程与布局调整工作领导小组研究同意，现印发给你们，请认真组织实施。

二〇〇九年八月二十日

博兴县校舍安全工程与布局调整方案

校舍安全直接关系广大师生的生命财产安全，关系社会和谐稳定。为保证全县校舍安全工程与布局调整的顺利实施，进一步提高全县中小学校舍防震抗灾能力，切实保障广大师生生命财产安全，根据国家、省、市关于校舍安全工程的要求，结合我县学校分布状况和校舍现状，特制订本方案。

一、指导思想

以科学发展观为指导，以构建平安校园、办好人民满意教育为宗旨，做好校舍安全建设长期发展规划，改变低水平重复建设的现象，本着兼顾效益，因地制宜，实事求是和方便学生就学的原则，规划学校布局，实现教育公平，全面改善全县中小学校舍现状，彻底消除校舍安全隐患，保障我县教育事业健康发展。

二、目标任务

1、目标：对全县中小学校存在安全隐患的校舍进行抗震加固或重建，使其达到当地重点设防类抗震设防标准，并符合防御其他地质灾害和防洪、防台风、防火、防雷击等安全要求。同时调整学校布局，撤并薄弱学校，农村中小学尽量向镇（街道）政府（办事处）驻地集中，每镇（街道）保留一所初级中学，1-3所完全小学，将撤并后的小学校舍改建为高标准的幼儿园或农村成人学校(1处）。从 2009 年 8 月份开始，用 3 年时间完成全县校舍安全工程和布局调整。

2、任务

（1）城区中小学：博兴二中老校区改造后划归实验中学统一管理，扩建锦秋中学，将伏田小学扩建成九年一贯制学校，乐安实验学校改为完全小学，新建博兴第三小学，城东中学异地重建为开发区中心中学（原校址改建为小学）。城区校舍安全工程与布局规划由博兴县校舍安全工程与布局调整工作领导小组办公室协调各办事处负责实施。

（2）农村中小学：

曹王镇：曹王二中合并到曹王一中，更名为曹王镇中学。原曹王二中改为镇中心小学，将大韩小学、赵冯小学合并到镇中心小学；将贾张小学、东鲁小学合并为镇第三小学，异地新建。

兴福镇：扩建兴福镇中学。将义和小学、付园小学合并到镇中心小学，将村魏小学、兴合小学、新立小学合并异地新建。

吕艺镇：将镇二中并入镇一中，成立吕艺镇中学。京博希望小学、王浩小学、高渡小学、辛集小学、刘官小学合并（镇二中校址）成立吕艺镇京博希望小学；许李小学更名为镇第二小学；屯田小学、龙河小学合并为镇第三小学。

纯化镇：扩建纯化镇中学。将纯化完小合并到镇中心小学，异地新建王文小学，扩建窝刘小学。

店子镇：将店子二中合并到镇一中，更名店子镇中学。保留镇中心小学、张侯小学。将大吾小学、梨园小学、辛朱小学合并（在原二中校址）成立利城小学。

乔庄镇：暂保留乔庄中学和蔡寨中学初中部现状。将宁家小学、希望小学、三合小学、东崔小学并入镇中心小学；将榆林小学、七合小学并入蔡寨中心学校。

锦秋办事处：保留清河学校九年一贯制体制。将河东小学、院庄小学、安柴小学三校合并，异地新建；将镇前小学、孟桥小学、陈家小学合并到湾头中心小学。

经济开发区：在二小路以西、博城一路以南新建开发区中心中学。将晨曦小学、辛安小学合并，异地新建；将贤城小学并入朝阳小学。

湖滨镇：将寨郝中学并入柳桥中学。将五鲁完小、姜韩小学、柳白小学合并到见桥小学，西门小学并入柳桥小学，将寨卢小学、寨下小学、相公小学合并到寨郝两个校区，高年级在南校区，低年级在北校区。

陈户镇：在镇政府驻地西侧新建陈户镇中学。原陈户三中改建为镇中心小学，陈户一中改建为镇第二小学。

庞家镇：将庞家镇二中更名庞家镇中学。将祁家小学、焦集小学合并成立镇中心小学，异地新建；通滨小学并入刘家小学（一中校址，更名为镇第二小学。

博昌办事处：将三伏小学并入扩建后的伏田学校。

农村校舍安全工程与布局调整规划由各镇（街道）政府（办事处）负责实施。成人学校和幼儿园的调整，根据各自实际现状由镇（街道）政府（办事处）教委出台方案，报请当地镇（街道）政府（办事处）批准并协调各村委负责实施。

三、基本原则

全面分析全县中小学校舍、教师和学生现状，充分考虑各镇（街道）政府（办事处）经济发展状况、地域特点、教育发展水平等实际情况，遵循教育发展规律，以师生为本，做到校舍安全工程与布局调整相结合、与农村中小学“211 工程”相结合、与标准化学校建设相结合、与促进城乡教育均衡发展相结合、与提高基础教育质量相结合。在科学规划的基础上，根据目前全县中小学分布状况、校舍使用年限等制定总体学校布局规划和校舍加固方案、交通、环境等主要条件进行科学测评，建设场地必须避开地震活动断层及抗震不利地段，确保每所新建校舍质量，使其成为“精品工程”。

四、保障措施

（一）加强领导，健全工作机制。成立博兴县校舍安全工程与布局调整领导小组，统一组织协调工程实施，县政府办公室、发改、教育、公安、监察、财政、国土资源、建设、规划、人防、水利、审计、安监、消防、经济开发区、各镇（街道）政府（办事处）等部门参加，领导小组办公室设在县教育局。各镇（街道）也要尽快成立相应组织机构。

博兴县校舍安全工程与布局调整领导小组办公室负责制订并组织落实工程规划、实施方案和配套政策，统筹提出县工程资金安排方案，组织编制和审定各镇（街道）政府（办事处）布局规划方案；落实对校舍建设收费有关减免政策；按照项目管理的要求，监督检查工程质量和进展；编发简报，推广先进经验，报告工作进展；明确各级的工作职责，制定考核奖惩措施，确保工程建设的各项工作有人抓、有人管。

县国土资源、建设、水利、科技等部门要为项目建设提供地震重点监视防御区、七度以上地震高烈度区及地震断裂带和地震多发区、洪涝灾害易发区及其他地质灾害分布情况，提出安全性评估和建议；并组织勘察设计单位、检测鉴定机构和技术专家，帮助专业力量不足的镇（街道）进行校舍地质勘察和建筑检测鉴定。

各镇（街道）政府（办事处）负责辖区内的校舍安全工程与布局调整工作。要在博兴县校舍安全工程与布局调整工作领导小组的指导下，统一组织对中小学的分布状况及服务半径和人文环境进行深入调查，制定分年度实施方案。具体组织工程实施，落实施工管理和监督责任，按进度、标准组织验收、建立健全所有校舍的安全档案。

（二）落实资金，确保工程实施。校舍安全工程与布局调整资金以县、镇（街道）筹措为主。县政府根据各镇（街道）财力状况、工作任务及工作实效等在各单位资金先行投入到位的基础上给予单位工程造价 30% 奖励性补助，各镇（街道）要切实担负起校舍安全工程与布局调整投入的责任，安排专项资金，列入财政预算，确保不出现新的债务。要切实加强对项目资金的管理，工程资金实行分账核算，专款专用，严格杜绝挤占、挪用、克扣、截留、套取工程款。鼓励社会各界捐资捐物支持校舍安全工程。

（三）规范管理，确保工程质量。所有工程项目要严格按照国家确定的《农村普通中小学校建设标准》（建标 [2008]159 号）、《城市普通中小学校建设标准》（建标 [2002]102 号）进行设计和建设。新校舍和加固项目要按国家规定和重点设防类抗震设防标准进行抗震设计和施工，严格落实各项建设监管规定，规范建设程序。工程建设严谨边勘察、边设计、边施工，所有项目要依法进行招投标。在工程立项、抗震设防要求确定、勘察设计、招投标、施工监理、资金管理、竣工验收等方面，要严格执行国家有关法律、法规、规章和行业标准，确保工程质量。新建校舍的最低使用寿命为 50 年。

（四）注重监督，强化责任追究。博兴县校舍安全工程与布局调整领导小组要加强对校舍工程建设的监督检查，对工程实施情况组织督查和评估，对任务完成情况进行年度目标考核，进度缓慢没有完成当年改造任务的，扣减下年度的校舍建设补助资金，并进行通报批评。审计等部门要依法对工程项目进行设计监督，发现问题要严肃查处。各镇（街道）政府（办事处）主要负责人是本辖区校舍安全工程与布局调整的第一责任人，各镇（街道）教委主任（校长）是具体项目的负责人，新建和改造后的校舍如因选址不当、达不到抗震设防要求或建筑设计和施工质量问题遇灾垮塌致人伤亡，要依法追究校舍施工期间当地政府主要负责人的责任；建设、评估鉴定、勘察、设计、施工与工程监理单位及相关负责人员对项目依法承担责任。对因工作不力、管理不严或违规操作等造成工程安全隐患或事故的，人为因素影响项目进度或延误工期的，挤占、挪用、截留、滞留工程资金的，疏于管理造成国有资产流失以及出现其他重要责任事故的行为，依法追究有关责任人的责任。

校舍安全工程与布局调整的所有项目要将项目负责人、施工队伍、设计单位、监理监督人员等向社会公布，便于群众监督。所有项目要公开招投标，招投标、施工监理、资金管理、竣工验收、预决算审计等要列入政务或村务公开范围，接受新闻媒体和社会监督。

博兴县学前教育三年行动计划（2011~2013 年）

博政办发 [2011] 55 号

为贯彻落实《国家中长期教育改革和发展规划纲要（2010~2020）》和《国务院关于当前发展学前教育的若干意见》（国发 [2010]41 号）精神，积极推进我县学前教育事业的改革与发展，全面提高学前教育质量，结合我县实际，特制定本计划。

一、指导思想

以《国家中长期教育改革和发展规划纲要（2010~2020）》为指导，认真领会和执行党的十七届三中全会提出的“发展农村学前教育”和全国、全省学前教育电视电话会议精神，不断深化学前教育改革，推动农村学前教育发展，完善学前教育管理体制，合理配置学前教育资源，提高学前教育水平，促进全县学前教育公平化和城乡一体化。

二、基本原则

（一）全面普及学前教育。坚持大力发展普惠性幼儿园的方向，实行开放性招生原则，凡是居住在博兴县域内的学龄前儿童，可就近入园，接受三年优质学前教育。

（二）强化政府职责。把改善学前教育状况作为发展教育、改善民生的重要内容，纳入经济社会发展规划和公共服务体系建设，建立政府为主导、公办为主、民办补充的办园体制，大力发展公办幼儿园、积极扶持民办幼儿园，加大政府投入，建立合理的成本分担机制，改善办园条件。

（三）坚持以幼儿为本。遵循幼儿成长规律和学前教育规律，科学保教，以促进幼儿身心和谐健康发展为重，为幼儿的一生幸福奠定基础。

三、现状分析

目前全县共有幼儿园 174 处，其中公办幼儿园 7 处，占总处数的 4.02%；公办性质幼儿园 75 处，占总处数的 43.1%；个体及其它社会力量办园（含未注册的不合格幼儿园）92 处，占总处数的 52.87%。公办及公办性质的幼儿园共 82 处，占总处数的 47.13%，距省要求“2020 年公办和公办性质的幼儿园数占幼儿园总数 80% 以上”的目标还有较大差距。我县确定并上报省的阶段目标是：到 2013 年公办及公办性质幼儿园占全县幼儿园总数的比例达到 85% 以上。目前全县入园幼儿 15960 人，其中入公办幼儿园幼儿 1867 人，占入园幼儿总数的 11.70%；入公办性质幼儿园幼儿 9186 人，占入园幼儿总数的 57.56%；入个体及其它社会力量办园（含未注册的不合格幼儿园）4907 人，占入园幼儿总数的 30.75%。入公办及公办性质幼儿园幼儿共 11053 人，占入园幼儿总数的 69.25%，距省要求“2020 年公办和公办性质的幼儿园入园数占在园幼儿总数 80% 以上”的目标也有较大差距；距我市确定的“到 2020 年，全市公办和公办性质的在园幼儿数占在园幼儿总数的 85% 以上”的目标差距更大。

全县有幼儿教师 1106 人，其中公办幼儿教师 171 人，占教师总数的 15.46%；非公办幼儿教师 935 人，占教师总数的 84.54%。公办教师比例较低。全县幼儿教师学历达标率为 81.8%，专业合格率为 68.53%，有 1/3 的幼儿教师专业不达标。

全县镇（街道）中心幼儿园情况，全县12个镇（街道）中，有9处中心幼儿园，其中没有1处为人事部门核定的独立法人事业单位，均没有核编定员；仍有3个镇（街道）无中心幼儿园，建园率达75%。全县镇（街道）中心幼儿园250名幼儿教师中，公办教师64人，仅占幼儿教师总数的25.6%，距省确定的“配备公办园长和不低于50%的公办教师”目标相差甚远。全县镇（街道）中心幼儿园中的非公办幼儿教师月平均工资为960元，大多数办理了社会保险，但缴纳数额大多不符合规定比例。达不到省确定的“非公办幼儿教师工资不低于当地农民上年人均纯收入的1.8倍，并办理社会保险”的目标。

四、发展目标

（一）总体目标。

加大财政对学前教育的投入。科学整合全县学前教育资源，从实际出发，进行布局调整，形成“县直园为龙头、镇（街道）中心园为示范、公办园为主体、民办园为补充”的办园格局。普及学前教育，使适龄幼儿入园率保持在97%以上。基本形成办园模式多样、园所布局合理、管理体制完善、师资队伍优化、保教质量优质的学前教育体系。

（二）具体目标。

1. 稳定幼儿入园率。稳固、提高学龄前儿童入园率，到2013年全县农村3-5岁幼儿入园率达到95%，全县3~5岁幼儿平均入园率达到97%，学前一年入园率达到98%。

2. 确保办园质量。加大政府投入，切实改善办园条件。全县公办园（包括公办性质幼儿园）处数占全县幼儿园总数的87%，各级各类幼儿园的办园条件要达到《山东省幼儿园基本办园标准（试行）》的标准，加强民办园的安全和保教方面的指导和管理，全县幼儿园注册率达100%。至2013年底，全县省级十佳幼儿园达3处；全县省级示范园达到15处，其中每个镇（街道）至少有1处省级示范园，县直幼儿园全部达到省级示范幼儿园标准；省级乡镇中心园12处，其余园所均达到市级一类园。

3. 加强队伍建设。稳定和增加公办幼儿园教师编制，提高幼儿教师待遇，严格施行幼儿园工作人员资格准入制度。园长、教师、保育员、医务人员必须持证上岗，到2013年教师学历合格率达95%以上。建立以县幼教办公室为依托的县域教研机制，县直幼儿园建立三级教研网络，镇（街道）建立以中心园为主阵地的中心教研组，加大学前教师资源交流、联动、辐射的力度，实现教师优质资源的合理配置和共享，实现幼儿园特色开发的任务，带动发展幼儿园的文化内涵。

4. 合理规划整合资源。提高学前教育普及水平，把农村学前教育纳入新农村建设规划，采取多种形式，合理规划幼儿园布局，整合资源，深化改革，着力构建现代学前教育体系。

5. 构建公共服务园所。优化城镇幼儿园布局结构，制定落实居民小区配套幼儿园规划建设管理政策，把住宅小区配套幼儿园纳入学前教育公共服务体系，在旧城改造、新区建设和安置小区的建设中，实施配套幼儿园建设，每5000人的住宅区规划建设1所6-10个班的幼儿园，着力建成保证城镇职工和进城务工人员子女入园的幼儿园。

五、有效采取保障措施

（一）完善管理体制，强化政府职能。

建立以县级为主，县、镇（街道）两级共管的学前教育管理体制，县级教育行政部门归口管理学前教育，相关部门履行各自职责。

1. 建立组织管理机构。加强政府对学前教育的领导和管理，把学前教育纳入全县总体规划，列入县政府工作议事日程，成立由县教育、财政、编办、规划、人保、国土资源、城建、发改等部门主要负责人组成的“博兴县学前教育工作领导小组”，建立“学前教育工作联席会议制度”，每年定期召开2次联席会议，及时沟通和解决学前教育事业发展中的热点和难点问题，并建立督导检查和考核奖惩机制。

2. 明确落实部门职责。县、镇（街道）要承担发展学前教育的职责，积极筹拨发展经费，并负责实施本行政区域内学前教育的规划、布局调整，及时研究解决学前教育发展中的重大问题，统一协调管理各类学前教育机构。

（1）县教育局负责制定发展目标，并组织实施。

（2）县财政局负责进一步加大对学前教育经费的投入，列入财政预算，财政性学前教育经费在同级财政性教育经费中要占合理比例，未来三年要有明显提高。

（3）县卫生局负责拟定幼儿园卫生保健方面的规定和规章制度，监督和指导各级各类幼儿园卫生保健业务工作。

（4）县公安局负责加强对幼儿园安全保卫工作的监督和指导，严格校车准入制度，整治、净化周边环境。

（5）县物价局负责制定幼儿园收费管理办法，具体审核各级各类幼儿园的收费标准。

（6）县建设局负责各类幼儿园的设施建设标准，在旧城改造、城区建设和安置小区的建设中，建设与居住人口相适应的幼儿园。

（7）县国土资源局负责依法统筹安排学前教育发展所需用地，重点安排公办幼儿园用地。

（8）县编办要将公办幼儿园列入事业单位编制管理。要按照上级规定并结合我县实际，核定公办幼儿园教职工编制。公办幼儿园新增教师由编制部门核定正式增编计划，相关部门面向社会公开招聘，逐步配齐幼儿园教职工。

（9）县人保局负责督促幼儿园为非公办幼儿教师依法缴纳社会保险，切实保障幼儿教师的合法权益。

（10）县妇联负责学前幼儿的家庭教育，加大家庭教育力度。

（二）科学布局规划，整合教育资源。

按照“划片招生、就近入园”的原则，确定各类幼儿园服务范围，确保适龄儿童公平、顺利入园。

1. 合理规划幼儿园布局。城区或新农村建设中，每5000人口区域内规范设置1处6-10个班规模的幼儿园。农村按照“规范办园、就近入园、大村自己办、小村联合办”的原则，按照服务人口3000人、服务半径在1.5公里以内设1处幼儿园的标准，进行布局建设。

2. 打造镇（街道）中心幼儿园。一是进行扩建。以原有的中心园为基础，进行扩建或者整合周边幼儿园，确保规模办园需要，并由各镇（街道）教委负责中心幼儿园的日常管理。二是择地新建。通过科学规划、合理选址，由政府出资办园和管理。以加强镇（街道）中心幼儿园建设为龙头，结合农村中小学布局调整、危房改造，大力推进农村规模化、标准化幼儿园的建设。中小学布局调整后闲置的校舍，要优先用于举办幼儿园。三是保障经费。镇（街道）要积极筹措经费，加大对中心园的投入，使中心园的投入做到逐年增长，充分发挥中心园在当地的示范、辐射作用。

3.有机整合各镇(街道)资源。提高学前教育普及水平,把农村学前教育纳入新农村建设规划,以政府投入为主，采取多种形式，扩大农村学前教育资源。

（1）兴福镇

① 2010 年，由兴福镇官厂村委投资 80 万元扩建官厂村幼儿园，规模 3—4 个班，计划 2011 年 3 月份投入使用。

② 2010 年，由李韩社区投资 400 万元建设 1 处高标准幼儿园，2010 年 12 月移交镇教委使用管理，2011 年 1 月镇政府投资 120 万元，为镇实验幼儿园购置高标准的室内外设施、幼儿玩教具、教师办公用品等。

③ 2011 年，镇政府计划投资 500 万元，新建兴合社区幼儿园 1 处，与新建小区同规划、同施工、同交付使用。规模 6 个班，可容纳兴合社区的适龄儿童就近入园。

④ 2011 年，镇政府计划投资 800 万元，新建幼儿园 1 处，与镇政府新建小学同规划、同施工、同交付使用。规模 15 个班，能容纳汾王社区和毛河办事处的适龄儿童就近入园。

（2）曹王镇

到 2013 年，全镇计划新建、改扩建 7 所幼儿园。规划创建 1 所 12 个班、容纳 360 人的省级标准的曹王镇中心幼儿园；4 所达 3 个班以上规模的学区（或村联合）办幼儿园；2 所达 6 个班以上规模的个体办幼儿园。

① 2011 年，在曹王二中以东征地 50 亩，为镇中心幼儿园创建打好基础。

② 2011~2012 年，镇政府筹措资金创建镇中心幼儿园。辐射镇直、曹一、曹二、曹三、西孙、梁家、曹营等 7 个单位和村。

③ 2011~2012 年，曹王镇第三小学建成后，在现贾张小学附近建设 6 个班、容纳 180 人的曹王镇贾张幼儿园，辐射贾张、贾杨、贾李、蔺家、蔺辛 5 村；利用现东鲁小学改建 1 所 6 个班、容纳 180 人的曹王镇东鲁幼儿园，辐射东鲁村。

④ 2012~2013 年，曹王镇第二小学建成后，利用现赵冯小学改建 1 所 6 个班、能容纳 180 人的曹王镇赵冯幼儿园，辐射东赵、西赵、老官、朱官、邵元 5 村；利用现后唐小学改建 1 所 4 个班、能容纳 120 人的曹王镇后唐幼儿园，辐射永平、闫厨、前唐、后唐、张家 5 村。

⑤ 保留现小韩和王海 2 处个体幼儿园。小韩幼儿园现有 6 个班、能容纳 180 人，辐射大韩、小韩、东孙、闫家、小程、杭屯 6 村；王海幼儿园现有 4 个班，需再扩 2 个班，能容纳 180 人，辐射王一、王二、王三、大程 4 村。

（3）陈户镇

实现全镇的“122” 教育规划，即 1 处中学，2 处小学，2 处幼儿园。到 2011 年底，陈户中学投入使用后，扩建公办幼儿园，分别以现在的中心小学、中心幼儿园和陈户二小、城区幼儿园为依托，建立南北 2 个中心幼儿园。将中心幼儿园和中心小学合并为中心幼儿园，城区幼儿园和陈户二小合并为城区幼儿园，每所幼儿园设 12 个班。特别偏远的可设立分园。

（4）锦秋街道

① 中心幼儿园建设。 2011—2013 年，借陈家、湾头等校合校之际，幼儿园搬迁，重新建设符

合标准的街道中心幼儿园，规模 9 个班。

② 2011~2012 年，实施合办并园工程。将现在的快乐幼儿园、安馨幼儿园合并到新建院庄、安柴、河东三村幼儿园，规模 7 个班。将童乐园合并到湾头园；清河学校初中部校舍改建为幼儿园，规模 10 个班；西三管区保留 1 处幼儿园；西隅社区保留 1 处幼儿园。

（5）博昌街道

① 博昌处于城乡结合部，幼儿园的布局服从城区总体规划。按照县总体规划，2011 年在伏田小学附近新建 1 处学校，其中包括幼儿园，解决周边县直单位、伏田学区幼儿的入园问题。

②把三伏学区四处幼儿园合并到中心园，规模达 7 个班。

（6）纯化镇

到 2013 年底，累计投资约 150 万元改扩建 1 所达省级标准的中心幼儿园、按省级标准改建整修实验幼儿园、改建王文学区中心幼儿园。保留纯东、李家 2 处个体幼儿园并达市级或以上办园标准，特别偏远的村队在标准园暂无园车的情况下设立幼儿园点，从而实现教育资源的合理配置和师资力量的优化组合。

（7）湖滨镇

① 2011 年，利用原柳白小学的校舍，把其附近的 3 个非注册园合并到一起，投入资金 10 万元，建成 1 所容纳 400 名幼儿的镇中心园，形成寨郝幼儿园、柳桥幼儿园、柳白幼儿园 3 处龙头园鼎立的局面，带动其他幼儿园均衡发展。

② 2012 年，采用多种形式办园的方式，鼓励非注册幼儿园注册，把 11 处非注册园减少到 5 处，力争全镇有 3 所幼儿园达到省示范幼儿园标准，有 4—5 处达到市级示范性幼儿园标准。

③ 2013 年，扩建寨卢幼儿园校舍，力争达到省示范幼儿园标准，全镇共有 4 所幼儿园达到省示范幼儿园标准，其余 5 处幼儿园全部达市级示范性幼儿园标准。

（8）经济开发区

① 2011 年，利用朝阳小学闲置的教室，改扩建朝阳学区中心幼儿园，合并朝阳幼儿园、辛闫幼儿园和霍家幼儿园，服务京博社区、天宏社区等 10 个社区，规模 6 个班，可容纳 200 名幼儿。

② 2012 年，在城东中学对面划拨土地 10 亩，按省示范化幼儿园标准建设经济开发区中心幼儿园，服务董王、董高、董初、董杨、鲍庄、北辛安、中辛安、西辛安、北八里、河西、东河东 11 个村（社区），规模 20 个班，可容纳 600 名幼儿。

③ 2013 年，根据开发区总体规划，结合村居建设，在住宅小区开发时，通盘考虑，配套建好幼儿园。

（9）庞家镇

到 2013 年，全镇计划设 5 所幼儿园。规划创建 1 所 12 个班，能容纳 360 人符合省级标准的庞家镇中心幼儿园；2 所达 3 个班以上规模的学区幼儿园；2 所达 6 个班以上规模的幼儿园。

① 2011 年，征地 50 亩，为建设省级标准的中心幼儿园打造基础。2012——2013 年，筹措资金建设镇中心幼儿园，将李井、刘寨幼儿园合并到中心幼儿园，辐射镇直、东高、西高、韦家、永革、庞家、北杨、胡楼、大宁、小宁、李井、永新、巩庄、兴张、范王、范庙等 16 个单位和自然村。

② 2011~2012 年，改建通滨、刘家、祁家 3 处学校主办的幼儿园，规模 3—6 个班。

通滨幼儿园：改建后规模 6 个班，能容纳 180 名幼儿，辐射通滨、赤张、栾李、红星、绳耿、官赵、高二青、赤李、栾王、晋家 10 个自然村。

刘家小学幼儿园：改建后规模 6 个班，能容纳 180 名幼儿，辐射吴家、高庙李、高庙刘、邢家、三合寺、黎寨、八甲、九甲、皂李、二甲、李刘 11 个自然村。

祁家小学幼儿园：改建后规模 4 个班，容纳 120 名幼儿，辐射祁家、郝家、郭家、杨集、王厨、兴马、太平 7 个自然村。

③ 2013 年，焦集小学撤并后利用现有校舍改建 1 所 6 个班、能容纳 180 人的庞家镇焦集幼儿园，辐射安家、王图、刘寨、焦集、北王、羊桥、张庄 7 个自然村。

（10）吕艺镇

① 2011~2012 年，在镇政府驻地附近建设镇中心幼儿园，规模 10 个班，辐射闫一、闫二、夹河、寨马、寨李、寨王、郑寨、高阜、寨韩、马家等村。

②新建、改建、扩建 8 处幼儿园。辛集中心校幼儿园，辐射辛集、康坊、兴和、牛家 4 个村，4 个班的规模；刘官中心校幼儿园，辐射刘一、刘二、刘三、刘四、刘五、大胡、崔庙 7 个村，6 个班的规模；王浩村幼儿园，辐射王浩、贺家 2 个村，4 个班的规模；许李学区幼儿园，辐射许李、营李、店子、道口、郑官 5 村，9 个班的规模；高渡中心校幼儿园，辐射花园、高渡 2 个村，4 个班的规模；屯田中心校幼儿园，辐射屯田、尹家、庄科、郭八、金高 5 个村，6 个班的规模；龙河村幼儿园，辐射龙一、龙二、龙三、龙四、龙五、新村 6 个村，9 个班的规模。

（11）乔庄镇

到 2013 年，改建乔庄镇中心幼儿园，达省级标准；新建成乔庄镇情远小学幼儿园，达市级标准；结合中小学布局调整，三合完小幼儿园并入镇中心园；改扩建希望小学幼儿园、宁家完小幼儿园、东崔完小幼儿园，规范蔡寨幼儿园，实现全镇学前教育优质化、均衡化、多元化的发展目标。

（12）店子镇

镇实验幼儿园（镇中心园）重点加大内涵发展和精细化管理，确保在全县的先进行列，进一步发挥其示范带动作用。2011 年镇一、二中合并后，梨园小学、大吾小学合并到二中小学部，大吾小学、梨园小学闲置校舍改造成幼儿园。计划投资 10 万元改造二中幼儿园，投资 30 万元扩建镇实验幼儿园，把中心小学幼儿园合并到镇实验幼儿园。2012 年，计划投资 50 万元改扩建梨园幼儿园和大吾幼儿园，把辛朱幼儿园合并到辛耿幼儿园，实现店子镇北部 5 所幼儿园的计划。2013 年，计划投资 300 万元在镇政府驻地新农村小区按省定中心幼儿园标准新建 1 所镇中心幼儿园；投资 30 万元，将张侯幼儿园扩建 150 个学位，把未注册的 2 所个体幼儿园合并到张侯幼儿园，完成店子镇南部 3 所幼儿园的计划。

（三）着力队伍建设，提升教师专业素质。

1. 科学核定公办幼儿园教师编制。按照核定的编制标准，逐年扩大招考范围和数量，保证保持仍在编在园的公办教师不流入中小学，鼓励在中小学任教的公办幼儿教师回到幼儿园任教，使在园公办教师稳中有增，力求按省定标准为各幼儿园配齐公办教师。

2. 加强教师在职培训。充分挖掘现有的教师资源，发挥县名师、骨干教师、学科带头人、教学能手的引领作用，采取走出去、请进来和自我培养等渠道，加大教师在职培训力度，鼓励教师进修提高。3 年内，争取对全县幼儿园园长和教师进行三轮全员培训，新教师要先培训后上岗。到 2013 年，幼儿教师学历达标率达 98%，教师持证上岗率达 95% 以上。积极开展幼儿园保健医生、保育员、炊事员的专业培训。

3. 保障教师合法权益，提高教师待遇。保障公办幼儿园在编教师工资由财政部门按时足额发放；落实幼儿园非公办教师职工的工资福利和社会保障政策，非公办幼儿教师工资不低于当地农民上年人均纯收入的 1.8 倍，并做到逐年增长；为非公办幼儿教师办理社会保险。

（四）严格准入制度，规范办园行为。

根据《山东省学前教育机构审批注册办法（试行）》的规定，由教育局负责幼儿园的核准登记工作，对已注册幼儿园的办园相关行为进行全面监督检查和规范指导，并对其提出更高的办园目标，加大创建省级乡镇中心园的力度。严格幼儿园审批注册，根据属地管理的原则，切实履行管理职责，颁发办园许可证，规范幼儿园用名，未经审批，任何单位和个人不准私自办园。对已注册园所进行动态管理，实行学前教育机构年检制度，并在新闻媒介公布合格幼儿园名单。对于目前未注册的幼儿园，加强指导，督促整改，整改后能达到省发标准的，颁发办园许可证，否则将由县政府牵头予以取缔，在园幼儿采取分流的方法就近安置。

（五）加强教育教学研究，提高保教质量。

1. 县、镇（街道）政府分别办好县实验幼儿园和镇（街道）办中心幼儿园，使其发挥骨干和示范作用。

2. 认真贯彻《幼儿园教育指导纲要（试行）》，全面实施素质教育。幼儿园要以游戏为主，坚持保教并重的原则，注重幼儿的潜能开发和个性发展，开展丰富多彩的实践活动，满足幼儿多方面的发展需要，促进幼儿全方位的健康成长。鼓励教师在日常保教工作中，大胆进行教育教学的改革和创新，不断提高保教质量。

3. 县教育局、镇（街道）教委加强对镇幼教干部和幼教科研人员的管理和培养，使其切实担负起对属地学前教育常规管理工作，规范各园的保教工作秩序，认真贯彻《幼儿园管理条例》、《幼儿园工作规程》，严禁各类幼儿园参加未经教育部门批准的、违背学前教育规律的各种课题研究、项目试验及竞赛评比活动，禁止违规举办各种特色班、实验班、兴趣班、特长班，杜绝“小学化”现象。

4. 建立教研网络体系。要求全县的省级十佳幼儿园、省级实验幼儿园、省级示范幼儿园建立教研三级网络，各镇（街道）成立以镇（街道）中心幼儿园为龙头的中心教研组，成立由全县幼教队伍中业务精湛的教师组成的“博兴县学前教育研究专业委员会”，专门负责全县学前教育教学研究工作，采取送课下乡、拉手园、城乡结对等形式，充分利用现有资源，全面提高全县的保教水平。

5. 加强与外界的沟通和交流。通过外出学习、请专家指导、专题研讨会、利用网络资源等形式，加强我县与外界的沟通和交流，开放视角，拓展思路，促进学前教育教学的改革与创新。

（六）狠抓安全管理，健全责任体系。

强化安全管理，建立健全责任制，强化园舍安全检查，尤其是接送学前儿童的车辆，必须经过公安部门的批准，并定期接受专业检测，保持车辆状况良好。严禁使用非法、非客运车辆接送幼儿。幼儿园的食品卫生管理，必须严格执行《食品卫生法》的相关规定，由卫生部门定期检查。增强教师的责任心，建立教师带班制度，做好教师的值班和带班工作，做细卫生保健和晨午检工作，以杜绝和减少幼儿园安全事故的发生。

（七）加大经费投入，加强收费管理。

1. 保障对学前教育的经费投入。在积极鼓励社会力量办园的同时，县政府将加大对学前教育经费的投入，确保逐年增加，以保障学前教育的发展。把公办幼儿园的办园经费列入财政预算，按时足额发放工资。对于举办质量较高的镇（街道）中心园给予适当的奖励。

各镇（街道）也要积极筹措发展经费，加大对镇（街道）中心园的投入，确保逐年增长，充分发挥中心园的示范和辐射作用，对当地办园质量较高的民办幼儿园、公办性质幼儿园给予适当的奖励和补助。

2. 加强收费管理。按照非义务教育阶段家庭合理分担教育成本的原则，根据我县经济发展实际、办园成本和群众的承受能力，遵照相关文件规定，制定我县公办园的收费标准。对于民办幼儿园的收费，完善备案程序，加强分类指导，对违反规定收费及挪用挤占幼儿园资金的行为，要及时严肃查处。各级各类幼儿园实行收费公示制度，公开接受社会监督。

（八）重视宣传监督，保障有序发展。

1. 加大学前教育的基础性、重要性、长期性、战略性的宣传力度，营造良好的学前教育舆论氛围。大力宣传发展学前教育的意义和学前教育的成绩，扩大学前教育的社会影响，提高社会、家庭对学前教育的正确认识，使全社会形成支持学前教育的良好氛围，推进我县学前教育事业健康、均衡、稳步发展。

2. 加大对幼儿园行为的监督力度。学前教育是一项普惠性、广覆盖的社会公益事业，要以育人为目的，把社会效益放在第一位，禁止任何组织和个人以营利为目的举办幼儿园。县政府将本计划的实施列入政府督导，定期、不定期的对各镇（街道）政府（办事处）、部门职责落实情况进行检查，以保障本计划的顺利实施。同时，对在本计划实施过程中成绩突出的单位和个人，给予表彰奖励。

博兴县全面改善义务教育薄弱学校基本办学条件实施方案

根据《教育部 国家发展改革委 财政部关于全面改善贫困地区义务教育薄弱学校基本办学条件的意见》（教基一[2013]10号）、《教育部办公厅 国家发展改革委办公厅 财政部办公厅关于制定全面改善贫困地区义务教育薄弱学校基本办学条件实施方案的通知》(教基一厅函[2014]26号)、《山东省教育厅等5部门关于全面改善我省贫困地区义务教育薄弱学校基本办学条件的实施意见》（鲁教基发[2014]2号)精神，为全面改善我县义务教育薄弱学校基本办学条件，推进义务教育均衡发展。结合我县实际，制定博兴县全面改善义务教育薄弱学校基本办学条件实施方案。

一、指导思想

全面贯彻落实党的十八大和十八届三中全会关于推进义务教育均衡发展的战略要求，结合校舍标准化建设、薄弱学校改造、学校标准化建设、校舍安全保障长效机制等专项工程，统筹规划，突出重点，因地制宜，循序渐进，立足“保基本、兜网底”，保证办学的正常运转，缩小校际差距，全面改善我县义务教育薄弱学校基本办学条件，深入推进义务教育学校标准化建设，整体提升义务教育发展水平。

二、目标任务

（一）工作目标：利用3至5年时间，对我县农村义务教育学校布局规划保留学校，相对薄弱的学校教室、桌椅、图书、电教设备、运动场等教学设施进行更新升级，满足基本教学需要；学校宿舍设备、厕所、食堂等生活设施满足基本生活需要；全县所有义务教育薄弱学校办学条件得到整体改善，教育资源配置进一步优化；留守儿童学习和寄宿需要得到基本满足，村小学和教学点能够正常运转；县镇超大班额现象基本消除，逐步做到小学班额不超过45人、初中班额不超过50人；教师配置趋于合理，数量、素质和结构基本适应教育教学需要；小学辍学率努力控制在0.5%以下，初中辍学率努力控制在1.5%以下。

（二）工作任务：

1、校舍改造：2014年城东街道辛安小学、兴福镇新立小学新建功能用房412平方米，规划投资34万元；2015年湖滨镇寨郝小学新建实验楼4430平方米，规划投资660万元。

2、厕所改造：2014年湖滨镇柳桥中学、五鲁小学改造厕所301平方米，规划投资50万元。

3、运动场地改造：2015年湖滨镇五鲁小学、寨郝中学、寨卢小学、庞家一小、清河学校改造运动场地42477平方米，规划投资854万元；2016年锦秋街道益海小学、吕艺中学改造运动场地26193平方米，规划投资526万元；2017年兴福镇中学改造运动场地21000平方米，规划投资420万元。重点对土质运动场地进行升级改造，运动器械场所符合标准，满足雨后体育教学需要。

4、围墙改造：2016年店子镇辛朱小学改造学校围墙445米，规划投资22万元；2017年兴福镇义和小学改造学校围墙 20 米，规划投资 3 万元。

5、学生宿舍设备：2015 年店子镇中学、乔庄中学更新宿舍设备 1275 件套，规划投资 68 万元；2016 年蔡寨中学更新宿舍设备 349 件套，规划投资 8 万元。

6、食堂设备更新：2015 年湖滨镇寨郝中学、店子镇张侯小学、曹王镇第三小学、吕艺镇京博希望小学、乔庄镇中学更新食堂设备 223 件套，规划投资 61.11 万元；2016 年店子镇辛朱小学更新食堂设备 46 件套，规划投资 12.5 万元；2017 年兴福镇中学、曹王镇中心小学更新食堂设备 110 件套，规划投资 18.4 万元；2018 年纯化镇中学更新食堂设备 20 件套，规划投资 12 万元。

7、课桌椅更新：2017 年兴福镇中学、店子镇第二小学更新课桌椅 842 件套，规划投资 7.8 万元；2018 年店子镇中心小学更新课桌椅 1980 套，规划投资 30 万元。

8、图书资料更新：2015 年寨郝中学更新图书资料 2413 册，规划投资 3.6 万元。

9、计算机更新升级：2016 年吕艺镇龙河小学更新计算机 15 台，规划投资 6 万元；2018 年店子镇中心小学更新计算机 100 台，规划投资 40 万元。

三、实施原则

全面摸排分析全县中小学学校布局、校舍、教师和学生现状、基本办学条件，充分考虑各镇（街道）政府经济发展状况、地域特点、教育发展水平等实际情况，遵循教育发展规律，根据“重点突破、全面推进，保障基本、满足需要，统筹规划、分步实施”原则，结合校舍标准化建设规划和学校标准化建设规划，根据学校上报的规划方案，确定每所学校改善薄弱学校基本办学条件的时间表、路线图（2014 年 ~2018 年），制定全县实施方案，明确年度工作目标任务，稳步推进。

四、具体要求

（一）改善基本办学条件。强力推进校舍标准化建设工程进展，校舍和功能基本满足教学需要，消除校舍安全隐患。加强课桌椅等教室设施设备更新和配备，达到标准要求。加强教学仪器设备和音体美器材、图书的配备和更新，达到基本办学条件标准。加强体育设施配备，重点对土质运动场地进行改造，运动器械场所符合标准，满足雨后体育教学需要。

（二）改善基本生活条件。加强学校厕所改造，消除旱厕，达到省定标准。有用餐需求的学校建设好学生食堂、餐厅，加强食堂设备的配备和更新，达到放心食堂标准。寄宿制学校要加强宿舍设施设备的配备和更新，保障学生生活基本需求。

（三）办好必要的教学点。对确需保留的教学点要配备必要设施，满足教学和生活基本需求。要抓好教学点课程设置和教师队伍建设，保障教学质量。

（四）逐步解决县镇学校大班额问题。要适应城镇化发展趋势，充分考虑区域内学生流动、人口出生和学龄人口变化等情况，科学规划学校布局，并充分利用已有办学资源，首先解决超大班额问题，逐步消除大班额现象。必要情况下，可以采取新建、扩建、改建等措施，对县镇义务教育学校进行改造。加强新建住宅区配套学校建设。对教育资源较好学校的大班额问题，积极探索通过学区制、学校联盟、集团化办学等方式扩大优质教育资源覆盖面，合理分流学生。通过调整招生政策，控制其招生人数，使之达到适宜班额规模，以解决学校大班额问题，办精品学校。

五、保障措施

（一）加强领导，明确责任。全面改善义务教育薄弱学校基本办学条件工作由县政府统一安排部署，并组织具体实施。县教育局、发改局、财政局要加强组织协调，及时跟踪了解各地工作进展等情况，加强指导和推动。按照上级要求，明确工作目标，确定重点任务，认真抓好组织实施，确保各项工作落到实处。

（二）摸清底数，一校一案。全县所有义务教育学校要认真学习中央、省关于全面改薄的相关文件，理解政策要求，贯彻落实好文件精神。对照改薄项目标准，结合校舍标准化建设标准、学校标准化建设标准，清查校舍、桌椅、运动场地、体育设施等教学设施和宿舍、食堂、厕所等生活设施，摸清每所学校办学条件缺口。根据学校上报的摸底排查情况，确定薄弱学校范围，明确弥补缺口的途径、时间安排和资金来源，结合校舍标准化建设规划和学校标准化建设规划，制定每所学校改善薄弱学校基本办学条件的时间表、路线图。

（三）加大经费投入，确保任务实施。按照“重点突破、全面推进”的原则，县级财政在统筹上级专项资金的基础上，进一步加大项目统筹和经费投入力度，重点对相对薄弱农村学校予以支持。各镇（街道）政府要充分发挥政府主导作用，拓宽筹资渠道，鼓励社会力量捐赠助学，加大经费投入，确保各项建设任务顺利开展。校舍建设项目涉及的行政事业性收费和政府性基金、经营服务性收费继续实行减免政策。

（四）规范项目实施。运用好全国中小学校舍信息管理系统，加强基础数据管理，对每所学校的建设内容和项目实行动态监控和全程管理。新建工程项目要严格履行基本建设程序，确保工程质量和安全。要落实政府采购、招投标和国库集中支付等相关制度，确保各项工作“阳光操作”。要把“补短板”、满足基本需要放在首位，坚持勤俭节约，杜绝超标准建设和奢华浪费。加强资金监管，保证专款专用，防止发生套取、挪用、截留资金等问题，切实提高资金使用效益。

（五）加强监督检查。将改善义务教育薄弱学校办学条件工作情况纳入科学发展观综合考核内容，县教育局、发改局、财政局要对各项目学校工作开展情况进行专项督查。加强过程检查，及时发现和协调解决有关问题，督促各镇（街道）政府按照实施方案要求，依法依规实施工程项目，确保按时完成改善薄弱学校基本办学条件工作。对套取、挪用、截留资金以及项目管理失职渎职等违纪违规问题，要严肃查处并依法依规追究相关单位和责任人的责任。采取适当方式公开有关信息，自觉接受社会监督。

二〇一四年七月三十日

博兴县人民政府
关于印发解决城镇普通中小学大班额问题
专项规划与实施方案的通知

各镇人民政府，各街道办事处，经济开发区管委会，县政府各部门，各企事业单位，各垂直管理单位：

《解决城镇普通中小学大班额问题专项规划与实施方案》已经县政府同意，现印发给你们，请认真贯彻执行。

博兴县人民政府

二〇一五年十月十六日

解决城镇普通中小学大班额问题
专项规划与实施方案

为解决城镇普通中小学大班额问题，进一步优化教育资源配置，促进义务教育均衡发展，全面提升教育教学质量，根据《山东省人民政府办公厅关于解决城镇普通中小学大班额问题有关事宜的通知》（鲁政办字〔2015〕152号）文件精神，现结合全县实际，制定该专项规划与实施方案：

一、指导思想

认真贯彻落实党的十八大、十八届三中、四中全会精神和《国家中长期教育改革和发展规划纲要（2010~2020年）》，以办好人民满意的教育为宗旨，以优化资源配置、促进均衡发展、提高教育质量为目标，坚持以人为本、实事求是、科学规划、稳步实施的原则，进一步优化学校布局，改善办学条件，解决城镇普通中小学大班额问题，推动全县教育事业健康发展。

二、工作原则

（一）统筹规划，科学合理。将专项规划纳入全县经济社会发展和城镇建设总体规划，全面分析教育设施现状，科学预测生源变化趋势和增量，正确把握形势和政策，把解决大班额问题与推进基础教育综合改革、全面改善义务教育薄弱学校相结合。

（二）遵循规律，以人为本。学校设置要遵循教育规律，兼顾学校规模和就近入学的要求，综合考虑现有教育资源状况、地理环境、交通条件、服务半径和就学保障能力等因素，进一步优化学校布局和教育资源配置。

（三）坚持标准，确保质量。解决大班额问题建设项目的规划和实施要严格按照《山东省普通中小学基本办学条件标准》和国家有关建设标准规范建设，严格遵循基本建设程序，严格落实责任制和责任追究制，确保工程质量。

（四）完善机制，按需补充。按照学校核定编制，遵循县域师资均衡配置的原则，合理调配、补充解决大班额所需师资，确保师资到位。

三、全县中小学大班额问题情况分析

（一）基本情况。

1. 学校分布情况。目前，全县城区共有中小学 12 所，其中高中 3 所，初中 3 所，小学 4 所，九年一贯制学校 2 所（含博奥学校）。各镇（街道）共有中小学 49 所，其中初中 7 所，九年一贯制学校 4 所，中心小学 11 所，农村完全小学 27 所。

2. 师资配备情况。目前，全县在岗教职工数 4972 人。其中，高中在岗教职工 860 人，初中在岗教职工 2008 人，小学在岗教职工 2104 人。

3. 在校学生情况。目前，全县小学学生共 30563 人，707 个教学班（其中城区 213 个教学班），平均班额 43 人，超过 45 人的教学班 261 个（其中城区 165 个），完全小学最大班额 59 人，最小班额 18 人。初中学生数 16313 人，348 个教学班（其中城区 159 个教学班），平均班额 47 人，超过 50 人的教学班 75 个（其中城区 57 个），最大班额 55 人，最小班额 34 人。高中学生 9898 人，170 个教学班，超 50 人的教学班 156 个，平均班额 59 人，最大班额 63 人，最小班额 41 人。

（二）大班额状况及原因分析。

据统计，我县大班额现象具有普遍性。从地域看，城区和多数镇、街道办事处都存在大班额学校，城区尤为突出。城区小学共 213 个教学班，超班额 165 个，占总数的 77.5%；初中全县超班额教学班 75 个，其中城区 57 个，占总数的 76%。镇、街道大班额学校主要在政府驻地学校和个别农村薄弱学校。城东街道、兴福镇、吕艺镇、店子镇、曹王镇、纯化镇、乔庄镇、湖滨镇、锦秋街道等都存在大班额学校。

大班额的产生与城镇化进程的加快，以及城乡之间、学校之间优质资源配置不均衡有较大关系。全县产生大班额的直接原因主要有：一是师资配置不均衡，如：高中学校专任教师与非教学人员比例配置不均衡，部分义务教育学校存在学科结构性缺编；二是校舍不足，如城区中小学、城东街道、兴福镇、吕艺镇、店子镇、曹王镇、乔庄镇、纯化镇、湖滨镇、锦秋街道等；三是随着新型城镇化推进和新型社区建设，居民进城镇购房和进城务工流动性激增，原有教育设施不能满足随迁子女就学需求，使城区和镇（街道）政府驻地学校出现大班额。

（三）未来人口分布情况。

根据县卫计局出生人口统计和全县中小学及幼儿园在校生数据等分析，全县 2007-2013 年人口出生数每年在 4500 人左右，2014 年达 5284 人。由于计生政策的调整，预计全县 2015-2017 年出生人口每年将在 5500 人左右。同时，根据就业发展趋势，预计每年约 1500 名乡镇居民到县城居住，城区每年增加适龄儿童 150 人左右，城区中小学现有校舍已无法满足城区居住学生的入学需求。

四、工作目标及实施方案

根据鲁政办字〔2015〕152 号文件精神，按照特事特办、综合施策、用好存量、扩大增量的原则，在全面摸清大班额状况的基础上，统筹考虑新型城镇化发展规划、计生政策调整、户籍政策改革等因素，科学预测学龄人口变动趋势和学位增减量，合理规划，稳步推进，利用 2 年的时间，彻底解决全县大班额问题。

（一）建设规划及实施方案。

1. 新建学校：规划新建学校 4 所，分别为迁建博兴一中、店子镇中心小学，新建经济开发区中心小学、吕艺镇益仁小学。总建筑面积 13.4 万平方米，规划总投资 4.87 亿元。

博兴一中、吕艺镇益仁小学建设项目，2015 年底由县规划、国土资源、城建、教育等部门及有关镇政府完成项目选址及规划设计工作，2016 年 6 月底前由县教育部门牵头，县发改、规划、国土资源、城建、公安、消防、科技、环保等部门密切配合，完成有关建设手续办理和施工前准备工作，2016 年 7 月正式开工，2017 年底全面完成建设任务。开发区中心小学建设项目，2015 年底前完成项目招投标和施工场地各项准备工作，2016 年 3 月全面开工，2016 年底完成校舍建设任务，2017 年年底前全面完成室外附属工程及配套设施建设任务。店子镇中心小学建设项目，2015 年底完成主体建设任务，2016 年底完成综合楼建设任务，2017 年年底前完成附属工程建设。

如遇不可抗力等因素新建学校不能按期交付使用，政府通过购买民办学校学位等方式，解决城区中小学大班额的问题。

2. 改扩建学校：规划改扩建学校 17 所，分别为县第二中学、兴福镇中心小学、吕艺镇京博希望小学、县第四中学、县第五中学、县第六中学、县第七中学、锦秋街道清河学校、曹王镇中心小学、曹王镇第二小学、湖滨镇寨郝中心学校、店子镇中学、店子镇第二小学、店子镇辛朱学区中心小学、吕艺镇中学、纯化镇中学、乔庄镇乔庄中学，总建筑面积 23.25 万平方米，规划总投资 7.36 亿元。

涉及新增建设用地的项目，2015 年底完成学校建设用地的勘察定位及有关手续办理，完成总体规划设计和施工图设计，2016 年 6 月底前完成有关土地和建设手续办理、工程建设招投标工作，2016 年 7 月全面开工建设，2017 年底全面完成建设任务。不涉及新增建设用地且建设规模较大的项目，2016 年 3 月底前完成前期建设手续、规划设计工作和施工现场的拆迁工作，2016 年 5 月全面开工建设，2017 年底全面完成建设任务。其他项目 2016 年 3 月底前完成前期建设手续、规划设计工作和施工现场的拆迁工作，2016 年 4 月全面开工建设，2017 年 7 月底全面完成建设任务。

新建学校和改扩建学校的建设项目和完成时限详见附件。

（二）均衡师资规划及任务。

1. 完善教师补充机制，确保教师补充及时到位。有空编的中小学，县编办按照中小学师资需求的申报情况安排用编增人计划，及时招聘教师，做到有编即补。

2. 加强教师流动管理，推进师资合理配置。严格控制农村学校教师向县直学校流动，严格控制缺编学校教师向超编学校流动，原则上缺编学校教师不得向超编学校流动。鼓励超编学校教师向缺编学校流动，利用 2016 年 -2017 年 2 年的时间，将超编学校教师通过分流、支教等形式调剂到缺编学校，促进师资均衡配置，教育均衡发展。

3. 加强教师编制管理，实现及时核定调整。县编办定期会同县教育、财政等部门根据生源状况核定教职工编制，县教育部门在核定的编制总额内，按照班额、生源等情况统筹分配各校教职工编制，及时调整因教学工作需要、布局调整正常流动教师的人事编制，报县编办备案。利用收回的事业机构编制资源，优先保障新设立中小学编制需要。新建中小学按照办学标准和招生规模确定教师编制；暂不具备条件的，依托现有学校设立分校或教学点等形式统筹调剂。

4. 设立临时周转编制专户，解决学科结构性缺员问题。按照教师“退补相当”原则，解决总体超编但学科结构性缺员问题，保证开齐国家规定课程，县编办根据解决大班额问题的需要，在事业单位编制总量内，利用精简改制收回的编制，建立中小学教师临时周转编制专户，对满编超编确需补充教师的中小学，使用临时专户予以补充。中小学教师自然减员后，使用专户编制补充的专任教师改为中小学编制，专户编制相应核减。专户编制不计入中小学编制总额，由县编办单独管理。

5. 推进中小学“县管校聘”管理改革，整体提升师资水平。推进中小学“县管校聘”管理改革工作，强化县级教育行政部门对教师资源统筹配置的管理功能，实行义务教育学区内教师资源统一调配使用，逐步实现教师由单位人变为系统人。深入开展校长交流轮岗和农村支教工作，提高薄弱学校校长和教师队伍素质。

五、保障措施

（一）加强组织领导。成立以县长为组长，常务副县长和分管副县长为副组长，相关单位一把手为成员的领导小组，县政府将与各相关的镇（街道）和单位签订责任书，各单位主要领导对解决学校大班额问题负总责。将解决大班额问题纳入科学发展综合考核，并作为考核各镇（街道）政府教育工作的重要指标。

（二）强化责任分工。各级政府要加大对教育的投入，确保解决大班额问题资金的需求；县编办、人社局、教育局要完善教师补充机制，优化师资配置，确保师资到位；县发改局要做好新建项目的立项审批；县国土资源局要统筹安排全县的学校建设用地；规划局要做好学校建设规划审批；县城建局等单位要严格居民小区的审批和验收，确保小区教育设施配套齐全，严格落实城乡新建居民小区教育设施“三同步”制度，实施教育设施“交钥匙”工程；县城建局、公安局、科技局、环保局要做好学校建设工程的审批、监督和验收；各金融机构要做好对教育建设资金的扶持。各部门要建立绿色通道，简化审批手续，落实建设项目规费减免政策，确保学校建设尽早开工，按期完成建设任务。

（三）加大财政投入。进一步健全以政府投入为主、多渠道筹措教育经费的体制，大幅度增加教育投入。各级政府要优化财政支出结构，把教育作为财政支出重点领域优先保障。强化金融扶持，积极协调各金融机构增加大额长期信贷资金和政策性贷款规模，用于解决大班额问题。充分调动全社会办教育的积极性，扩大社会资源进入教育的途径，完善财政、税收、金融和土地等优惠政策，鼓励和引导社会力量捐资、出资办学。

（四）规范招生管理。城区招生以初中招生服务范围为基础设立教育学区，以小学就近入学、初中对口入学为适龄儿童入学基本方式，以学区为单位实行小学与初中九年一贯对口招生。完善普通高中招生指标生政策。建立义务教育入学管理平台，全程记录每个学生入学途径和方式，加强对学校招生行为的监管，坚决落实义务教育“零择校”政策，彻底解决大班额问题。

中共博兴县委办公室
博兴县人民政府办公室
关于印发《博兴县基础教育综合改革实施方案》的通知

博办发 [2015]16 号

各镇、街道，经济开发区，县直各部门、各企事业单位、各垂直管理单位：

《博兴县基础教育综合改革实施方案》已经县委、县政府同意，现印发给你们，请结合实际认真贯彻执行。

中共博兴县委办公室

博兴县人民政府办公室

二〇一五年十二月二十一日

博兴县基础教育综合改革实施方案

为深入实施国家及省、市、县中长期教育改革和发展规划纲要，培养德智体美全面发展的社会主义事业建设者和接班人，按照《市委办公室、市政府办公室关于印发 < 滨州市基础教育综合改革实施方案 > 的通知》（滨办发 [2015]24 号）要求，结合博兴实际，特制定本方案。

一、总体要求

（一）指导思想。全面贯彻落实党的十八大和十八届三中、四中、五中全会精神，深入贯彻习近平总书记系列重要讲话和视察山东重要讲话精神，落实县委、县政府“科教兴博”和“人才强县”战略，以立德树人、促进人的全面发展为目标，以促进教育公平、提升教育质量为重点，充分调动校长、教师、学生积极性，办好人民满意的教育，实现教育现代化，建设人力资源强县。

（二）基本原则。

1、遵循规律，育人为本。坚持立德树人，践行社会主义核心价值观，遵循教育规律，把促进学生健康成长作为政革的出发点和落脚点，克服应试教育倾向，解决好学习为什么、教学为什么、办学为什么的问题。

2、整体推进，重点突破。坚持系统设计，准确把握各项改革耦合性和关联性，科学安排，精心组织，相互衔接，统筹兼顾，争取发挥最大综合效益。坚持问题导向，着力破解制约教育事业发展的体制机制障碍，攻坚克难，务求实效，切实解决人民群众关心的教育领域热点难点问题。

3、鼓励探索，创新发展。坚持尊重基层首创，鼓励和支持结合实际，积极探索，大胆试验，充分激发基层的改革主动性和创造力。

4、县为主体，统筹协调。强化县政府对基础教育综合改革的整体统筹，加大在重点改革、重大政策、资源配置等方面的统筹力度，协调社会各方力量推进改革。加强政府在基础教育综合改革中的实施主体地位，加大各项政策的落实力度，确保综合改革顺利推进，取得实效。

（三）目标任务。树立科学的教育观、质量观、人才观，构建政府、学校、社会、家庭之间的新型关系，基本建立现代学校制度，实现学校内涵发展、教师专业发展、学生全面而个性发展。2016年底前，省中小学教师“县管校聘”管理改革实验区工作取得成熟经验，各项改革全面深化。到2020年，基本建立科学的人才培养体制、管理体制、质量评价与监测体系和有效保障机制，基本实现教育现代化、城乡教育发展一体化，基本形成学习型社会，建立教育发展与工业化、城镇化、农业现代化进程协调推进机制，进入全省人力资源强县行列，人民群众对教育的满意度明显提高。

二、深化课程教学改革

（一）改革目标。加强德育工作，构建新型德育体系；探索建立多元开放、自主选择的课程体系，自主合作、探索实践的教学体系，科学规范、高效和谐的教学管理机制；促进学生身心健康、人格健全、富有创新精神和实践能力。

（二）改革措施。

1、实施德育综合改革。加强社会主义核心价值体系教育，落实《山东省中小学生德育综合改革行动计划（2015~2020年）》（鲁教基发[2015]7号），制定《博兴县中小学生德育综合改革行动计划（2015~2020年）》。突出学科课程的德育功能，研究制定中小学各学科德育指导纲要，将德育目标融入各学科课程，促进德育、智育、体育、美育有机融合。深入开展法治教育，丰富和完善现行课程体系中的法制内容。开展丰富多彩的德育活动，积极探索德育活动系列化、课程化，增强德育工作的针对性和实效性，使德育工作制度化、系列化。成立博兴县“班主任工作指导委员会”，推进中小学校学生成长指导中心建设。加强学生心理健康教育、职业生涯规划教育和高中生的职业体验教育。提升心理咨询室建设水平，形成引导、指导学生健康成长的长效机制。开展中小学社会实践教育行动，进一步完善博兴县青少年社会实践活动基地，充分发挥现有未成年人校外活动场所的作用，创新活动形式，增强活动效果。挖掘红色文化、黄河文化、董永“孝”文化、吕剧文化和书法文化等地城性特色优秀传统文化资源，加强红色文化及优秀传统文化教育。全面加强中小学共青团、少先队工作，形成全员育人、全程育人、全方位育人的德育工作新格局。用3—5年时间构建起中小学纵向衔接，以课堂教学为主渠道，校内外德育实践活动相融合，全要素协调育人，学校、家庭、社区“三位一体”的具有博兴特色的德育体系。

实施单位：县教育局、县财政局、县文明办、团县委

2、积极推进课程改革。全面落实国家课程方案和课程标准，加大国家课程、地方课程、校本课程优化整合力度形成满足学生个性化发展需求的学校课程体系，实现国家和地方课程校本化、校内活动课程化、校外活动特色化。推动学校开发校本课程和特色课程，制定《关于进一步加强全县中小学校本课程建设的指导意见》。加强实验教学，制定《博兴县中小学实验教学数字化管理建设方案》。强化社会实践教育，制定《关于进一步加强全县中小学实践课程建设的指导意见》，建立校内外结合的实践课程体系。尊重学生的课程选择权，义务教育学校逐步设立自主选课学习日。落实山东省特色高中建设计划，推动高中办学模式和育人模式改革。

实施单位：县教育局

3、创新教学方法。尊重教学规律，落实《山东省中小教学基本规范》（鲁教基发 [2015]6 号），完善《博兴县中小学教学指导意见和学科教学评价标准》，深入推进“中小学教学创新行动”和“新教育”实验。尊重学生差异，坚持因材施教，以选课走班、分层教学、小组合作探究为重点，全面推进课堂教学改革，实现教学方式向以学定教、自主、合作、探究转变，2016 年底前，建立起新型中小学作业教学模式。开展数字化课程建设和学习方式变革实验，推动基于网络的课程资源库、微视频课程、电子书包等的开发、建设和应用，提升教师和学生应用现代技术辅助教学的能力。探索高中阶段优秀生培养机制和超常儿童、少年识别培养机制。

实施单位：县教育局

4、加强体育、卫生工作。全面落实《山东省教育厅等 6 部门关于印发 < 山东省学生体质提升计划（2014 — 2018 年）> 的通知》（鲁教体发（2014）1 号），制定《博兴县关于加强中小学体育教学工作的指导意见》。推广校园足球工作，到 2017 年，全县重点打造 30 所足球特色示范校，组建 36 支校园足球队伍，吸引 2000 名青少年学生在县级以上教体部门注册队员，利用 2 年时间至少为全县所有中小学各培训一名足球教练，形成小学、初中、高中（中职）相互衔接，梯次推进的“一条龙”足球后备人才培养机制。用 5 年时间，完善学校体育基础设施，建立社会体育设施协调和统筹使用机制，规范社会体育培训标准，逐步把乒乓球、篮球、足球、游泳项目作为推广普及项目加以固定，让每个学生掌握至少 2 项体育运动技能，养成参加体育锻炼的习惯。到 2017 年，配足配齐中小学体育专任教师和学校卫生专业技术人员，完善学校健康教育课程和疾病防控机制。建立健

全学生体质监测公布制度和评价制度，为每位学生建立体质健康电子档案，学生体质健康测试报告书纳入学生档案，作为学生毕业、升学的重要依据。每年向社会公布学生体质监测情况，到 2018 年，全县中小学生《国家学生体质健康标准》合格率达到到 90% 以上。

实施单位：县教育局、县编办、团县委、县财政局、县人力资源和社会保障局、县卫生和计划生育局、县体育局

5、加强艺术教育，推进美育改革发展。落实《山东省学校艺术教育普及计划（2015~2017 年）》（鲁教体发 [2014]2 号），开足开好艺术课程，探索弹性课时教学。加强教学研究，提高艺术课程教学质量。加强师资培训，提高专业水平，到 2017 年，配足配齐中小学艺术专任教师。通过政府购买社会艺术教育资源，加强学生艺术社团建设，创新学生艺术活动方式，让每位学生掌握至少 1 项艺术特长，继续搞好艺术团和学生社团展示工作，为学生搭建交流展示的平台。到 2017 年，努力打造 10 所具有示范引领作用的中小学艺术教育特色学校，精心培养 30 名高水平的专职骨干艺术教师，支持成立 100 个充满活力的学生艺术社团。全面加强和改进学校美育工作。逐步优化美育资源配置，进一步完善管理机制，中小学幼儿园开齐开足美育课程，到 2018 年，构建起科学的美育课程和教育教学体系。

实施单位：县教育局、县编办、团县委、县财政局、县人力资源和社会保障局、县体育局、县文化旅游新闻出版局

三、改革考试招生制度

（一）改革目标。建立引导学生全面而有个性发展的考试招生制度，构建“多次考试、等级表达、

综合评价、多元录取”的考试招生模式,形成公正公平、评价科学、社会参与、监督有力的体制机制,构建衔接沟通各级各类教育、认可多种学习成果的终身学习“立交桥”。

（二）改革措施。

1、完善初中学业水平考试办法。落实《山东省教有厅关于完善初中学业水平考试和综合素质评价制度的指导意见》（鲁教发 [2015]5 号），制定《博兴县教育局关于完善初中学业水平考试和综合素质评价制度的实施意见》。学业水平考试范围覆盖国家规定的所有科目，考试结果以若干等级或及格、不及格方式呈现。适时选择部分科目，为学生提供不少于 2 次考试机会。

实施单位：县教育局、县财政局

2、调整学业水平考试内容。全面考核学生的基本观念、基础知识和基本技能，加强对学生独立思考和综合运用所学知识分析、解决问题能力的考查。科学命题，根据国家义务教育课程方案和课程标准，紧密联系社会实际与学生生活经验，增强考试内容的基础性、综合性。继续把体育、信息技术和物理、化学、生物科目的实验操作技能作为考试内容，逐步将音乐、美术等科目纳入考试内容。

实施单位：县教育局、县财政局

3、健全综合素质评价制度。落实立德树人根本任务，深入推进素质教育，引导社会树立正确的人才观和教育质量观，形成良好的育人环境，促进学生全面发展。坚持评价标准向育人导向、多维综合转变，把综合素质评价结果作为初中学生毕业的重要依据。综合素质评价内容包括思想品德、学业水平、身心健康、艺术素养、社会实践五个方面。坚持过程性评价与终结性评价相结合，进行日常评价、学期评价和毕业评价，确保评价过程公开透明、内容真实准确、结果公正公平。建立规范的学生综合素质评价档案，客观记录学生成长过程中的突出表现，注重社会责任感、创新精神和实践能力评价。

实施单位：县教育局

4、改革高中招生录取方式。把初中学生学业水平考试和综合素质评价结果作为高中阶段学校招生录取的重要依据。从 2015 年起，把不低于 70%的普通高中招生计划直接分配到初中学校。实行综合录取、特长录取和推荐录取等多种形式，进一步扩大学校招生自主权。招生政策、程序、结果等信息及时向社会公开，接受社会监督。

实施单位：县教育局

5、建立高中阶段学校招生录取工作平台。建立职普统学生自主报考、学校自主录取、服务高中阶段学校的招生录取机制，实现高中阶段学校招生“一生多选、一考多取”。继续采取普通高中、中等职业学校招生计划捆绑下达的方式，考生统一报名、考试，按志愿分类录取，保持普通高中学生和中职学生招生数量大致相当。

实施单位：县教育局、县财政局

6、落实义务教育免试就近入学制度。贯彻《山东省教育厅关于义务教育学区制建设指导意见》（鲁教基发 [2015] 号），开展学区制建设试点工作，积极推进九年一贯对口招生，保障适龄儿童少年平等接受义务教育的权利。严格规范义务教育学校招生行为，落实进城务工人员随迁子女入学政策。建立健全政府主导、社会共同参与的农村留守儿童关爱和服务体系。重视残疾儿童少年教育，视力、听力及语言、智残儿童少年义务教育入学率达到98%。实施义务教育阶段公办、民办学校统一招生政策，民办学校在招生计划审批、组织报名、招生录取、开学时间、注册学籍等方面，与公办学校同步进行。

实施单位：县教育局、县财政局、县民政局、县关工委办公室、团县委

四、完善教育评价制度

（一）改革目标。构建符合博兴教育实际的教育质量评价体系，完善校长专业发展和中小学办学水平评价体系，基本建立学校、学生、教师、社会和政府等多方参与的评价制度，探索建立第三方评价机制。

（二）改革措施。

1、健全教育质量综合评价制度。落实《山东省教育厅关于开展中小学教育质量综合评价工作的指导意见》（鲁教基发[2015]2号），2016年制定《博兴县中小学教育质量综合评价办法》和《博兴县中小学学科教育质量评价办法》，对学校、学科的教育质量进行综合评价，为中小学校、教师改进教育教学行为、提升办学质量提供科学指导标本兼治减轻学生课业负担。教育质量综合评价、学生课业负担监测等结果定期向社会公布，接受社会监督。

实施单位：县教育局

2、改革学校校长评价制度。贯彻教育部《义务教育学校校长专业标准》和《普普通高中校长专业标准》，2016年制定《博兴县中小学校长评价方案》，促进校长专业发展，推进教育管理向教育家办学转变。建立健全“底线管理理＋特色发展”的中小学办学评价体系，把党的建设、团队建设、规范办学、安全稳定、民主管理、廉政建设等纳入底线管理指标，把学生健康成长、教师专业发展、课程开设开发、文化特色建设、改革创新等作为特色发展指标，鼓励学校在规范办学的基础上自主发展。

实施单位：县教育局、团县委

3、改革教师评价制度。落实《山东省教育厅、山东省人力资源和社会保障厅关于进一步加强中小学教师考核工作的指导意见》（鲁教师发[2015]4号），把有理想信念、道德情操、扎实学识、仁爱之心作为教师考核评价的基本标准，2016年出台《博兴县中小学教师考核工作指导意见》，构建起多元开放、科学合理的教师评价机制。全面考核教师的师德表现，建立师德考评制度，实施师德表现一票否决制。完善教师业绩评价机制，全面建立教师学术委员会，建立同行评价制度，将教师考核评价结果作为教师资格定期注册、评先树优、职务（职称）评聘、绩效工资发放的重要依据。

实施单位：县教育局、县人力资源和社会保障局

4、建立第三方评价机制。探索建立委托第三方对学校办学水平、校长办学业绩、学生体质和课业负担等进行评价的机制，评价结果及时向社会公布。推进政府购买服务，引导、扶持和培育本地第三方教育评价机构，积极引进县外评价机构。完善社会参与监督教育的制度，坚持每年开展公众对基础教育的满意度调查，逐步建立满意度调查结果公示制度。

实施单位：县教育局、县民政局、县财政局、县统计局

五、积极稳妥推进校长职级制改革

（一）改革目标。建立和完善以职级制为核心的中小学校长管理体制，促进中小学校长队伍

的专业化发展，建立有利于教育家办学的政策导向和激励机制，推进教育治理体系和治理能力现代化。加加强学校党建工作，建立健全校长选聘机制、任期交流制度，扩大学校办学自主权，探索建立现代学校管理制度。

（二）改革措施。

1、取消学校和校长行政级别。按照党的十八届三中全会精神和推进事业单位改革的要求，逐步取消中小学学校和校长行政级别，实行校长职级制管理。

实施单位：县委组织部、县编办、县教育局、县人力资源和社会保障局

2、探索建立校长选聘机制。坚持党管干部、党管人才原则，坚持德才兼备、以德为先，建立地方党委管理，组织部门牵头，教育部门参与组织实施，适应基础教育改革发展需要，遵循教育办学规律，体现职业化、专业化建设方向的校长选聘机制。坚持教育家办学原则，实行校长任职资格制度，按照政治要求、职业素养和专业标准确定校长任职资格；根据办学业绩、专业水平、教师认可、同行评价等确定校长职级。校长聘期内进行学年度考核和届满考核。建立校长后备人才制度，通过现职优秀副校级干部过渡、优秀中层干部公开选拔等方式，将具备校长资格的后备人才纳入校长后备人才库管理。

实施单位：县委组织部、县教育局、县人力资源和社会保障局

3、试点建立校长教师交流轮岗制度。贯彻《山东省教育厅等4部门关于推进县（市、区）域义务教育学校校长教师交流轮岗的意见》（鲁教师发[2015]1号），2016年制定《博兴县推进义务教育学校校长教师交流轮岗工作实施方案》。逐步建立义务教育学校校长、教师交流轮岗数据库，为职称（职务）聘任、评审、教师资格定期注册等建立基础型数据。特别优秀的特级校长，经批准后可按照国家

相关政策规定延长退休年龄。按照有关文件规定，符合党政于部任职条件的校长可交流到其他部门、单位任职，符合校长岗位要求的其他部门、单位干部可交流到学校任职。

实施单位：县委组织部、县教育局、县人力资源和社会保障局

4、试点建立校长职级薪酬制度。根据校长职级确定绩效工资标准，绩效工资包括基础性绩效工资和奖励性绩效工资，全部部纳入县财政预算。基础性绩效工资一般不低于绩效工资总额的50%，按月发放；奖励性绩效工资由县教育局根据校长工作绩效考核结果发放。

实施单位：县人力资源和社会保障局、县财政局、县教育局

5、加强学校党建工作。加强学校党组织建设，校长为中共党员的，原则上担任学校党组织书记；校长为非中共党员的，应配备专职书记。学校规模较大、党员人数较多的，可配备专职副书记。发挥学校党组织的政治核心作用，加强和改进思想政治工作，加强对学校教育教学改革的监督保障。进一步健全党群工作机构，充分发挥共青团组织在思想政治教育、校园事务管理中的作用。

实施单位：县委组织部、县编办、县教育局、团县委

6、扩大中小学办学自主权。进一步简政放权，削减和规范对学校的行政审批事项，以及检查、评比、竞赛、会议等活动，减少不必要的行政干预，减轻学校校长和教师的压力和负担。推进政校分开、管办分离。鼓励学校创新管理体制与办学模式，完善目标管理和绩效管理机制，建立符合学校特点的管理制度。落实中小学校长负责制，赋予校长在副校长提名、中层于部聘任、教师

聘任等方面的用人权。扩大学校在教师职称评聘、评先树优等方面的评价权，在绩效工资、优秀教师激励等方面的分配权，在内部机构设置、课程开发、教育质量评价等方面的管理权。

实施单位：县教育局、县委组织部、县编办、县人力资源和社会保障局

7、建立现代学校管理制度。推进法办学、自主管理、民主监督、社会参与的现代学校制度建设，构建政府、学校、社会之间的新型关系。2016 年实现“一校一章程”建设，建立完善全校师生共同遵循的学校章程，确保学校章程有效执行。建立依法、科学、民主、人本、高效、开放的学校管理制度。建立健全校务委员会制度、教职工代表大会制度、阳光校务制度和家长委员会制度，形成决策、执行、监督相对分离、相互制约的运行机制。学校章程、发展规划、学校财务预决算以及教师考核、职务（职称）评聘、绩效工资分配、评先树优办法等重要事项，由教职工代表大会审议通过后实施。

实施单位：县教育局、县编办、县人力资源和社会保障局

六、优化教师管理和培养培训

（一）改革目标。按照山东省中小学教师“县管校聘”管理改革实验区工作规划，2015 年构建起中小学教师“县管校聘”管理制度，2016 年全面实施“县管校聘”管理改革并取得成功经验；落实农村教师管理政策，提高农村教师待遇；创新教师培养培训模式，强化教师专业能力培养。

（二）改革措施。

1、深入推进中小学教师“县管校聘”管理改革。贯彻《山东省教育厅、山东省机构编制委员会办公室、山东省人力资源和社会保障厅关于推进中小学教师县管校聘管理改革的指导意见》（鲁教师发 [2015]2 号），组织实施中小学教师“县管校聘”管理改革试点。县教育局按照职能分工，依法履行对中小学教师的公开招聘、职务评聘、培养培训、调配交流和考核等管理职能。学校依法与教师签订聘用合同，负责教师的使用和日常管理。完善教师补充和动态调整机制，保证专任教师“退补相当”。合理确定学校绩效工资总量。按照“多劳多得、优教优酬”原则，改进完善教师评价考核标准和绩效工资分配办法。提高绩效工资中的班主任津贴。调整完善中小学岗位结构比例，适当增加农村、偏远地区中小学和薄弱学校中高级职称岗位，探索建立动态的岗位管理机制。按照岗位数量和评审条件评审教师职称。妥善解决中小学教师职称制度改革前后的教师职称评聘衔接问题。

实施单位：县教育局、县编办、县人力资源和社会保障局、县财政局

2、健全向农村中小学倾斜的教师管理机制。落实农村教师 5%的机动编制，在教师编制核定、岗位设置、职职称晋升、聘用考核、评先选优、培养培训等方面向农村学校倾斜。在核定绩效工资总量时，向农村学校适当倾斜，提高农村教师薪酬待遇；农村学校在学校内部绩效工资分配中，对名校长、名教师和长期在农村工作的教师倾斜。完善农村教师特岗计划，建设农村教师周转房或教师公寓，鼓励城镇教师到农村学校任教。探索定期交流、对口支援、乡镇中心校教师走教等教师交流轮岗途径和办法。

实施单位：县教育局、县编办、县人力资源和社会保障局、县财政局

3、创新教师培养培训机制。整合优化县城内教师培训、教育教学研究、电化教育等资源，建设符合省定标准的县教师进修学校。不断完善教师培训内容和形式，探索建立以教育实践和改革

创新为主要内容的课程教学体系。继续实施“名师”“骨干教师”培养工程，切实发挥“名师”“骨干教师”的引领作用。落实五年一个周期的教师全员培训制度，建立教师培训学分管理制度，将修满规定学分作为教师资格注册和职称评聘的基本条件。

实施单位：县教育局、县发改局、县编办、县人力资源和社会保障局、县财政局

七、创新社会力量办学体制

（一）改革目标。健全政府为主、社会参与、办学主体多元、办学形式多样、充满生机活力的办学体制，形成政府办学为主体、社会积极参与、公办教育和民办教育共同发展的格局。探索公建民营、民办公助、混合股份等办学模式，完善和规范民办中小学法人治理结构，提高社会力量办学水平和质量。

（二）改革措施。

1、鼓励社会力量办学。支持企业、社会团体和个人等社会力量通过独资、合资、合作等途径，采取公建民营、民办公助、混合股份等形式举办中小学校。鼓励民间资本投资举办各级各类学校，支持名校办分校、优质学校托管薄弱学校，实施教育共同体捆绑式发展模式，全面提高民办学校教育质量。

实施单位：县教育局、县发改局、县人力资源和社会保障局、县财政局、县民政局、县市场监管局

2、明晰民办学校法人财产权和所有者权益。全面落实《山东省民办普通中小学校（幼儿园）分类认定办法（试行）》，实施营利性和非营利性民办教育分类登记、分类管理制度。对民办学校各类投资、捐资、办学积累等形成的土地、房屋、设备等资产，产权属于学校。对非营利性学校，凡捐资举办的学校，所有净资产归社会所有，终止办学后由学校审批部门的同级政府收作国有，继续用于教育事业；其余非营利性学校，出资者拥有实际出资额（含学校存续期间追加投资额）的财产所有权，出资人产（股）权份额可以转让，学校存续期间不得抽回资金。营利性民办学校，学校所有者权益归投资者所有。

实施单位：县教育局、县发改局、县财政局、县民政局、县国税局、县地税局、县市场监管局

3、建立健全奖励激励机制。健全政府补贴、购买服务、助学贷款、基金奖励、捐资激励等制度。民办教育机构与公办教育机构平等参与政府购买教育服务。非营利性民办学校与公办学校享受同等的土地、税收及其他优惠政策。落实教育税费减免政策，企业和个人捐资助学资金按规定在所得税前扣除。开展非营利性学校在扣除办学成本、预留发展基金以及按规定提取其他有关费用后，在办学有结余的前提下，经学校决策机构决定并报教育、财政、民政部门核准，出资人可取得合理回报的试点工作。民办教育机构用电、用水、用气、用热，与公办教育机构执行相同的价格政策。民办教育机构收费实行自主定价。鼓励金融机构对民办教育机构提供融资支持。扶持和培育一批社会力量办学的特色学校，定期表彰社会力量办学先进典型。

实施单位：县教育局、县发改局、县民政局、县财政局、县物价局、县金融办、县国税局、县地税局、县市场监管局

4、依法保障民办学校教师待遇。民办学校教师在职称评聘、进修培训、评先树优、课题申请、

国际交流等方面与公办学校教师享受同等待遇。民办学校教师如果被聘为公办学校在编教师，其在民办学校期间的教龄连续计算。县教育局应有计划地组织公办教师到民办学校支教，支教人员工资福利由财政负担。

实施单位：县教育局、县发改局、县人力资源和社会保障局、县财政局、县民政局

八、构建社会参与监督体制

（一）改革目标。推动监督机制向社会参与、主体多元转变，畅通社会参与监督评议教育工作的渠道，保障公众对教育事业的知情权和监督权，促进评价主体的多元化，密切社会与教育行业的互动关系；加强教育督导机构和队伍建设，建立中小学发展性督导评估模式，推动教育督导评价机制的科学化。

（二）改革措施。

1、畅通社会参与监督渠道。落实《山东省教育厅关于进一步完善社会参与监督评议教育工作的意见》（鲁教督发 [2015]2 号），制定《博兴县关于进一步完善社会参与监督评议教育工作的实施意见》。建立重大决策咨询制度，实行政府信息公开和重大政策的新闻发布制度，政府制定和实施重要教育政策时，要听取学校、教师和社会各界人士意见，组织专家进行论证评估。加强政风行风评议工作，广泛开展中小学教育行风民主评议活动，推行权力清单制度，依法公开权力运行流程，保障公众知情权和监督权。建立人大代表、政协委员以及家长和教师代表等参与评议学校工作机制，监督学校办学行为。设立教育惠民服务平台，畅通群众

诉求和信访渠道。

实施单位：县教育局

2、完善教育督导制度。建立相对独立的县教育督导委员会，根据督政、督学、教育质量检测等工作职能，健全教育督导机构，加强专职队伍建设。聘任一定数量的兼职督学，完善督学责任区和中小学责任督学挂牌督导制度，充分发挥责任督学的监督和指导服务职能。建立综合督导与专项督导相结合、定期督导与随机督导相结合的督导模式。健全督导检查结果通报、公告和限期整改制度，教育投入、教师队伍建设、办学条件改善、素质教育推进、教育综合改革等督导结果向社会公布。深入实施中小学发展性督导评估，促进学校全面提升管理水平和教育质量。

3、实施单位：县教育局、县编办

九、保障措施

（一）加强组织领导。各级党委、政府要把推进基础教育综合改革列入重要议事日程，作为全面深化改革的重要内容，加强组织领导，细化政策措施。成立博兴县基础教育综合改革领导小组，建立协调机制，县教育局明确相关机构负责组织实施，各有关部门、有关单位要按照职能分工，明确责任，密切配合，在校长职级制改革、“县管校聘”管理改革、编制、资金、鼓励社会力量办学等方面落实责任、承担使命，确保《实施方案》落到实处，取得实效。同时，要转变职能，下放权力，加强指导和监督。各镇（街道）党（工）委和政府（办事处）要成立基础教育综合改革工作领导小组，明确职责分工，指导本镇（街道）改革工作。积极做好省中小学教师“县管校聘”管理改革实验区改革试点工作，先行先试，创造经验。

实施单位；县教育局、各镇（街道）党（工）委和政府（办事处）、县直有关部门（单位）

（二）健全财政保障机制。进一步明确教育事权和支出责任，健全教育经费分担和成本补偿机制。根据省义务教育生均公用经费标准定期调整机制和省普通高中生均公用经费标准动态调整机制，足额落实资金。全面改善义务教育薄弱学校基本办学条件。建立健全中小学校舍安全保障长效机制、高中阶段教育债务化解和控制机制。完善各类家庭经济困难学生资助体系，落实和保障教师培训经费。

实施单位：县财政局、县教育局

（三）加强教育信息化建设。以教育信息化促进教育现代化。加强县级教育管理信息平台、课程资源平台、教师教育平台等的建设工作，并与省、市平台完全对接，推进互联互通。强化带宽建设、终端设备配置、软件环境建设和课程资源建设。构建利用信息化手段，扩大优质教育资源覆盖面的有效机制，促进教育均衡发展。积极探索“互联网＋”环境下的教育改革，充分发挥互联网在教育管理、信息公开、社会参与、民主监督、教育评价以及中小学教育教学方式改革中的作用。

实施单位：县教育局、县财政局

（四）营造良好论环境。坚持正确导向，充分利用多种媒体，采取多种形式，让广大人民群众充分认识基础教育综合改革的重要性和紧迫性。及时向学生、家长和社会各界宣传、解读改革政策措施，合理引导社会预期，加强舆情监测，营造良好改革氛围。

（五）实施单位：县委宣传部、县广电局、县教育局

博兴县中小学教师
县管校聘交流轮岗实施意见

博教 [2016]16 号

为进一步深化中小学教师队伍管理体制改革，根据《国务院关于加强教师队伍建设的意见》（国发 [2012]41 号）、《山东省教育厅 山东省机构编制委员会办公室 山东省财政厅 山东省人力资源和社会保障厅关于推进县（市、区）域内义务教育学校校长教师交流轮岗的意见》（鲁教师发 [2015]1 号）、《山东省教育厅 山东省机构编制委员会办公室 山东省人力资源和社会保障厅关于推进中小学教师县管校聘管理改革的指导意见》（鲁教师发 [2015]2 号）、《滨州市教育局 滨州市机构编制委员会 滨州市人力资源和社会保障局关于推进中小学教师县管校聘管理改革的实施意见》(滨教 [2015]72 号)、《博兴县基础教育综合改革实施方案》（博办发 [2015]16 号）等文件精神，结合我县实际，提出如下实施意见。

一、指导思想

认真贯彻落实党的十八大和十八届三中、四中、五中全会精神，深化教育体制机制改革，全面落实中小学教职工“以县为主”管理体制，建立教育行政部门依法依规统一管理、学校按岗聘人、教师有序流动的用人机制，优化教师资源配置，提升教师队伍整体素质，增强教师队伍内在活力，缩小城乡、区域、校际之间师资差距，促进教育公平，提升教育质量。

二、工作目标

以到 2020 年实现教育现代化为目标，推进教育治理体系和治理能力现代化，理顺县级教育行政部门对教师队伍建设的职责权限，完善学校自主用人制度，构建科学有序的教师队伍正常流动机制，引导优秀教师在城区学校与农村学校、优质学校与薄弱学校之间合理流动，实现教师从“学校人”到“系统人”的转变，激发学校内部活力。2016 年暑假各级各类学校全部实行“竞聘上岗、合同管理”，逐步实现工作岗位与职称岗位相统一；实现县域内教师聘用、管理、流动、退出机制的制度化和常态化，建立起按新机制实施教师管理的用人制度。

三、实施范围

全县公办中小学在编在岗教职工。

四、改革内容

（一）落实教育行政部门管理权限。

1. 按照“总量控制、统筹城乡、结构调整、有增有减”的原则，编制、人社、财政等部门会同教育部门根据生源变化、教师结构和教育教学改革需要，定期核定教师编制、职称岗位、绩效工资总量。教育行政部门依法履行对中小学教师的公开招聘、职务评聘、培养培训、调配交流和考核等管理职能，根据学校地理位置、师资、生源、社会认可度等实际情况，在核定的编制、岗位、绩效工资等总量和进人计划内，制定具体分配办法，分别报编制、人社、财政等部门备案后实施，实行动态调整。

2．强化县域统筹功能，通过优惠政策引导优秀教师向农村学校、薄弱学校流动。对农村学校、薄弱学校，特别是学生规模较小的农村小学、教学点，教师编制按照教师与学生比例和教师与班级比例相结合的方式核定；对农村学校、薄弱学校在相关政策范围内适当增加中高级特设岗位；在特级教师、评优选模等评选中向农村学校适当倾斜，建立乡村教师专项荣誉制度等。

（二）完善岗位聘用管理制度。

1．科学进行岗位设置。学校成立聘用工作领导小组，制订聘用工作方案，在分配的指标内将聘用岗位设置到学校各级部、各部门，明确岗位的职责任务、工作标准、任职条件、岗位工作量等事项，设置不少于5%的岗位用于流动教师跨校竞聘，到教育局备案后实施。

2．逐级开展岗位竞聘。按照相关政策要求和规定程序，学校班子成员和教职工本着平等自愿、协商一致的原则逐级进行双向选择、自由竞聘，做好聘用合同的签订。首次聘用本校原有教职工比例不超过聘用岗位的95%，聘用人员不得再参与跨校竞聘，未被首次聘用人员原则上不得再参与本校跨校竞聘岗位的竞聘，未满2个聘期的教师申请跨校竞聘的需经教育局同意。

3．完善聘后管理措施。实行学校教职工绩效考核，加强对教职工履职情况的考评，绩效考核结果作为调整岗位、工资以及续签聘用合同的依据。对不能完成工作任务的人员要进行转岗或低聘；对教师年度考核不合格且不同意调整工作岗位的，或者连续两年年度考核不合格的，按程序解除聘用合同。逐步将工作岗位与职称岗位相统一，真正建立起人员能上能下、能进能出的竞争性用人机制。

（三）建立校长教师合理流动机制。

1．建立校长教师交流轮岗制度。校长任职一届为4年，教师任教一个聘期为3年。在同一所学校连续任职超过两届的校长、副校长；已聘任中级及以上专业技术职务、在同一所学校连续任教超过两个聘期的专任教师，原则上应当交流轮岗（县委组织部管理的干部，教育局提出交流建议后，由组织部门进行考核调整）；新录用教师通过公开考选、岗位竞聘由教育局统一签订聘用合同，合同期内不参与交流；距法定退休年龄不足5年的校长、教师，经本人同意，可不参与交流轮岗；处于孕期、产假、哺乳期或因重大疾病（已在教育局请假备案）等特殊情况不宜交流的教师，在校内公示并经教育局同意后，可暂不交流。

2．有序开展校长教师交流轮岗。县教育局每年7月初汇总发布流动教师岗位需求信息，主要通过支教、特设岗位和跨校岗位竞聘等方式组织交流轮岗：县教育局根据农村学校的学科需求统筹确定支教学科、人数，符合条件的城区学校教师可申请竞聘；在偏远或薄弱农村学校设置部分中、高级职称特设岗位，供符合条件的教师竞聘。跨校岗位的竞聘在全县范围内由学校教职工聘用工作领导小组按各自制定的岗位设置方案和竞聘方案组织实施。

3．严格校长教师交流轮岗管理。支教教师交流时间一般不少于3年，校长交流年限原则上不少于一届；支教交流聘用期满的教师可参加自由竞聘，支教期间学校和教育局考核均为合格及以上档次的，可在支教学校或回原学校直接聘用，未满交流聘期的，原学校或其他学校不予聘任；特设岗位聘用教师在特设岗位任教1个学年以上，且期间考核均为合格以上档次，方可参加特设岗位职称评聘，晋升职称后需继续在该岗位工作满2年，期间学校和教育局考核均为合格档次以上，可在特设岗位学校或回原学校直接聘用。所有双向选择、竞聘上岗工作应于每年8月15日前完成，按新聘用岗位办理人事调动手续。对未能落实聘用岗位又不服从教育局调整岗位的，按规定及时办理相关减员手续，杜绝发生“吃空饷”等违规违纪问题。

（四）健全流动保障激励机制。

1．健全流动激励政策。建立和完善《博兴县教育局关于支教、中高级职称特设岗位管理的实施意见》，明确支教和特设岗位竞聘条件、工作待遇及考核办法，健全竞争和激励机制。交流轮岗教师按规定享受聘用单位镇工作人员补贴待遇。引导城区优秀校长和骨干教师向农村偏远、薄弱学校流动。

2．落实相关规定待遇。切实保证乡镇工作人员补贴政策、奖励性绩效工资等落实到位；申报评审中级及以上教师职称和评选县级以上教学能手、学科带头人、名师骨干教师、优秀教师、特级教师必须有到农村偏远、薄弱学校任教 1 年以上的工作经历；对到偏远学校交流的教师，加大考核、评优、培训等方面的倾斜和支持力度。

3．相关学校要切实保障农村新分配教师和交流教师的工作、生活条件。通过新建、租赁社会房屋、调整学校现有校舍用作教师周转宿舍等多种形式，切实解决他们的住宿、生活问题。

五、保障措施

（一）加强组织领导。

建立编制、教育、人社、财政等各部门参与的工作联动机制，及时研究解决实施过程中的困难和问题。教育部门要切实抓好各项工作措施的落实；财政部门要充分发挥公共财政的保障职能，按照法律法规和上级有关规定，提供必要的资金支持；编制、人社等部门要在相关政策上给予倾斜，形成政府统筹、部门分工协作、上下齐抓共管的工作格局。

（二）营造和谐环境。

要做好政策宣传和思想教育工作，形成正确舆论导向和良好工作氛围，及时总结、大力宣传先进典型和成功经验，引导广大教职工提高认识，积极参与支持改革。对可能存在的风险因素，要及时排查、提早研判、做好预案、积极应对。妥善处理好校长、教师聘用流动与办学特色传承、教师交流轮岗与队伍整体稳定、尊重教师个人诉求与适应事业发展需要之间的关系。

（三）坚持依法行政。

要严格执行和认真落实各项政策法规和改革措施，完善信息公开制度、人事争议仲裁制度和教师维权服务机制，保证教师信息获取和诉求渠道高效、畅通，充分保障教师的参与权、表达权、知情权和监督权，切实维护教师合法权益。学校制定的岗位设置方案、教师竞聘方案、绩效考核及绩效工资分配方案等，须经教职工代表大会（或教职工大会）审议，85% 以上通过后方可实施。对聘用、考核结果，须公示 7 个工作日以上。

（四）强化监督考核。

各单位要明确目标任务，切实采取措施，及时协调解决相关问题，推动工作深入开展。县教育局要针对相关工作的开展情况出台各种评价办法，并进行专项督导检查，结果纳入学年度对学校的综合督导评估，并作为校长考核的重要依据。

本实施意见自公布之日起执行，有效期至 2019 年 7 月 15 日。

本实施意见由县教育局负责解释。

博兴县机构编制委员会办公室
博兴县财政局
博兴县人力资源和社会保障局
博兴县教育局
2016 年 4 月 15 日

中共博兴县委办公室

博办字［2017］55号

中共博兴县委办公室
博兴县人民政府办公室
关于转发县教育局、县委组织部等部门
《博兴县校长职级制改革实施方案（试行）》的通知

各镇、街道，经济开发区，县直各部门、各企事业单位、各垂直管理单位：

县教育局、县委组织部、县编办、县财政局、县人力资源和社会保障局《博兴县校长职级制改革实施方案（试行）》已经县委、县政府同意，现转发给你们，结合实际认真贯彻落实。

中共博兴县委办公室

博兴县人民政府办公室

2017年8月22日

博兴县校长职级制改革实施方案（试行）

为加快推进我县中小学校长职级制度改革，根据《省委办公厅、省政府办公厅关于推进基础教育综合改革的意见》（鲁办发［2014]55号）、《山东省人民政府办公厅关于进一步加强中小学教师队伍建设有关问题的意见》（鲁政办字［2016]56号）和《市委办公室、市政府办公室关于转发市教育局、市委组织部等部门〈校长职级制改革工作实施方案〉的通知》（滨办字［2016]35号）要求，结合我县实际，制定本实施方案。

一、取消学校和校长行政级别

取消全县范围内各级各类公办中小学（含特殊教育学校，不含职业学校、幼儿园，下同）学校和校长及其他管理人员行政级别，中小学管理人员归口县级教育行政部门管理。现任校长及其他管理人员保留原有行政级别，纳入档案管理。以后新设立的中小学校和新聘任学校管理人员不再执行行政级别。

二、建立校长职级管理制度

（一）职级设置

校长职级由高到低依次为特级、一级、二级、三级。其中，一级、二级校长分别设一等、二等、三等3个等次，三级校长设一等、二等2个等次，共四级9等。一级、二级三级校长的比例原则

上掌握在3：5：2。特级校长岗位全市统筹。一级校长一等岗位数控制在该职级岗位总量的30%以内。

在实施过程中，县教育局要根据学校办学规模、学校类型和不同学段等具体情况，在职级总额内适当调控职级比例。

（二）评审认定条件

学校评定校长职级必须坚持才兼备的标准，其政治素质、业务水平和工作能力达到相应的要求。同时，应具备下列资格条件：

1．基本条件：

（1）拥护中国共产党，热爱教育事业，认真贯彻执行党和国家的教育方针、政策、法规，刻苦钻研教育、教学业务，团结同志，关心学生，严于律已，顺全大局，有一定组织管理能力。

（2）校长应达到国家规定的相应学段达标及以上学历要求。

（3）身体健康，能胜任工作。

2．专业技术职务：申报评定特级、一级校长，原则上应具有高级教师及以上专业技术职务；申报评定二级校长，原则上应具有一级教师及以上专业技术职务；申报评定三级校长，应具有二级教师及以上专业技术职务。

3．任职年限：申报各职級校长应县备最低任职年限，其中三级1年、二级3年、一级6年、特级9年。校长任职年限＝任正职年数＋任副职年数 ×50%。任职时间不足半年的不予计算，半年以上不足一年的按一年计算。县教育局干部到学校任职的，其任职年限按原有行政级别对应计算。从其他部门到学校任职的，其任职年限按原有行政级别对应年数的50%计算。

4．工作业绩：校长任职期间的学校发展水平、教育质量、社会评价、教学业续和学术成果等作为职级评定的重要条件。

（三）评审认定程序

1．制定方案。县教育局制定职级评审认定实施方案，并及时发布。

2．个人申报。申报人按照申报条件填写《博兴县中小学校长职级申报表》，同时提交有关佐证材料及个人述职报告。

3．资格审查。按照中小学校长申报的职级，由教育主管部门进行资格审查，保证材料真实、准确，并提出审查意见。

4．组织评审。成立评审认定工作领导小组和评审委员会进行评审。特级校长、一级一等校长和高中校长的职级评审认定由市教育局负责，一级二等及以下校长的职级评审认定由县教育局负责，报市教育局备案。

5．职级确定。评委会将评审结果和职级建议提交县教育局党委研究同意后，在县教育局网站公示不少于5个工作日。

6．发文公布。公示结束无异议后，县教育局发文公布校长职级评审认定结果，并颁发职级证书。

三、建立中小学校长职级薪酬制度

（一）职级挤酬标准

校长职级薪酬纳入绩效工资发放。按照上学年度县域内教师应发平均工资收入作为基数，不同职级等次的校长职级薪酬按如下比例发放：特级100%；一级一等80%、二等70%、三等

60%；二级一等 50%、二等 45%、三等 40%；三级一等 30%、二等 20%。基数一年核定 1 次，年中不作调整。县直学校、镇（街道）初中和兼任镇（街道）学区主任的学校党支部书记职级薪酬标准按所在学校校长职级薪酬标准的 70%纳入绩效工资发放（校长、党组织书记为 1 人的，只享受校长职级薪酬），副校长职级薪酬标准按所在学校校长职级薪酬标准的 45%纳入绩效工资发放。

（二）职级薪酬发放

职级薪酬分基础性职级薪酬和奖励性职级薪酬两部分。基础性职级薪酬占 50%，按月发放；奖励性职级薪酬占 50%，由县教育局统筹，根据校长学年度考核结果，分优秀、合格、基本合格、不合格四等一次性发放，发放标准：优秀 110%、合格 100%、基本合格 50%、不合格的不享受奖励性职级薪酬。

校长职级薪酬随校长职级的升降随时调整，校长被免职后，不再发放职级薪校长职级薪酬不计入机关事业单位养老保险基数。校长（党组织书记、副校长）执行职级薪酬后，不再参与学校的绩效考核，只领取政策规定的职级薪酬；按国家规定的其他工资福利待遇不变，并随国家政策的调整而调整。

四、完善校长选聘制度

（一）中小学校长实行考核选聘和公开竞聘制度。考核选聘由县教育局根据干部考核情况，选拔聘用中小学校长。公开竞聘由县教育局组织参加党聘人员党争上岗。

（二）完善校长选机制。中小学校长的选拔、聘用、管理由县教育行政部门负责，组织、编办、人力资源和社会保障等部门对竟聘工作方案、竞人员资格、专家评委组成、竟聘程序等进行全程监督。积极吸引县外优秀校长参加校长选聘。

（三）实行聘期制度。校长（含副校长）聘期原则上为 3 年。县教育局与校长订聘任合同，明确聘任双方的责任、权利和义务。聘期期满且考核合格的，具备竞聘、选聘和续聘资格。根据国家公职入员有关退休政策，校长（含副校长）原则上距法定退休年限不足 1 个聘期的，不再续聘。特级校长和一级一等校长，因工作需要，经有关部门批准可适当延长聘期，原则上不超过 65 周岁。

（四）实行校长后备人才制度。加强校长后备人才队伍建设，建立全县统一的校长后备人才库。校长后备人才的选拔、培养培训、管理使用按《博兴县教育系统后备干部选拔培养实施办法（试行）》（博教 [2017]15 号）执行。

五、完善校长考核评价制度

（一）校长聘期内实行学年度考核和聘任期满考核。考核由县教育局负责组织实施。考核评价结果作为校长职级评定、岗位聘用、职级薪发放及评优的重要依据。为充分发挥高等级校长的引领带动作用，每位一级以上校长由县教育局确定 1~2 所农村或薄弱学校作为其帮扶学校。帮扶学校的发展以及帮扶学校校长的专业成长等情况，作为考核特级和一级校长业的重要内容。

（二）校长取级实行定期晋升、破格晋升和诫勉降职度。晋级由评审委员会评审、教育行政部门认定，晋级等由县教育局直接认定。中小学校长职级每 3 年评定一次。

1．定期晋升。校长期内学年度考核每获得 1 次优秀可在本职级内晋升一个等次，直到本职级的最高等次；聘期内学年度考核连续 3 年合格，可在本职级内晋升一个等次直到本职级的最高等次；交流到薄弱学校或农村学校的校长，可按高一个等次确定职级薪酬，晋升高一职级时，同等条件下优先评定。

2．破格晋升。校长个人或任职学校在教育改革、创新人才培养、特色学校建设等方面成绩突出，效果显著，社会声誉好，受到省级以上表彰或经验事迹被省级以上教有行政部门宣传推广的（现场经验交流会、正式文件转发），可申请破格晋升。符合破格晋升条件的，一个聘期内只能破格晋升一个等次，由县教育局直接认定。

3．诫勉降职。校长在聘期内，学年度考核连续2年列所在系列倒数第一名或连续2年列所在系列后10%或连续2年在本系列倒退3个名次以上的，职级降低一个等次；出现1次基本合格的，职级降低一个等次，三级二等的撤销职级解聘职务；出现2次基本合格或1次不合格的，撤销职级解聘职务；任期内出现严重遗纪和遗法行为，或对学校发生重大责任事件负有领导责任的，予以解聘并依法依纪追究相关责任。

六、完善校长任期交流、退出制度

（一）完善校长交流机制。校长（含副校长）在同一所学校续任满1个聘期，可以申请交流轮岗，满2个聘期的原则上交流，满3个聘期的必须交流。鼓励校长到薄弱学校成农村学校任职，年龄45周岁以下的校长，评定一级、特级校长职级，应有在农村或薄弱学校任职或任教经历。

（二）学校与教育行政部门交流。符合校长岗位要求的教育行政部门干部可交流到学校任职。业绩特别突出、具有二级一等及以上职级的校长任满一个聘期后，符合政策规定的，可交流到教育行政部门工作。

（三）跨系统交流。符合党政干部任职条件的中小学校长可交流到其他部门单位任职。符合校长岗位要求且热爱教育事业、有教育工作经历的其他部门单位干部可交流到中小学校任职。

（四）退出。校长在任期内申请辞职，须向教育部门提出书面申请。教育行政部门在30个工作日内做出是否同意其辞职的决定，并书面答复申请人。未经批准，不得擅自离职。对擅自离职的，教育部门给予纪律处分，解除聘用合同。校长有下列情形之一的，应撤销其职级，解聘其职务：因自身原因不能履行岗位职责的；出现严重违纪和违法行为的；学校发生重大责任事件并负有领导责任的；出现其他不适合继续担任校长职务问题的。教育部门解除校长聘用合同，应以书面形式通知当事人，并在书面通知中说明解聘理由。被解聘校长如有意见，可在规定间内提出书面申诉。

七、完善学校法人治理结构

建立和完善以理事会作为决策机构，管理层作为理事会执行机构，监事会作为监督机构的事业单位法人治理结构。制定现代学校章程，完善校长工作规范、党组织建设、教职工代表大会、校务公开等工作制度，更好地发挥校务委员会、教师委员会、家长委员会的重要作用，强化民主监督和管理，为办好人民满意教育提供制度保障。严格落实党风廉政建设问责制，重点加强对校长在重大决策、选人用人、思想作风、廉洁自律等方面的指导和监督。

八、建立学区制度

根据上级改革文件精神，撤销镇（街道）教委，建立学区制度。每个镇（街道）设立一个学区，设学区主任1名，由镇（街道）驻地的初中或中心小学校长或党支部书记担任，负责学区教育教学管理等工作。学区主任由县教育行政部门选聘、任用和管理。学区可设教育指导员2~3名，由镇（街道）驻地学校相关人员兼任，协助学区主任工作。

九、加强组织领导

（一）完善工作机制。各镇（街道）党（工）委、政府（办事处）要加强对中小学校长职级制改革工作的组织领导，建立完善组织、编办、教育、财政、人力资源和社会保障等部门组

成的中小学校长职级制改革联席会议制度，成立校长职级制改革工作领导小组，统筹协调推进各项工作落实。

（二）明确各部门职责。县委组织部门要加强对教育干部队伍建设的指导和监督，保障实行职级制后的中小学校长与其他部门的干部交流；县编办要及时核定中小学教师编制，对教职工编制实行总量控制；县教育部门负责具体协调和组织实施中小学校长职级制改革、中小学校长和教师交流轮岗等工作，加大督导评估力度，及时总结经验，不断完善制度；县人力资源和社会保障部门按照政策妥善解决机关事业单位干部担任中小学校长后的教师职务评聘问题，保障校长职级制后专业技术职务的正常晋升，负责核定绩效工资总量并报财政部门备案；县财政部门要将校长职级制所需经费列入财政预算，保障职级制顺利实施。

（三）成立职级评审委员会。县教育部门成立中小学校长职级评审委员会，负责对校长职级的评审。评审委员会由教育行政部门人员、教育专家、知名校长组成，各占 1/3，设主任 1 人、副主任 1~3 人，成员不少于 13 人。专家和校长 1/2 以上异地聘请，每次评审调整评委会组成人员不少于 1/2。县评审委员会成员，报市教育局备案后行使职责。

本方案由县教育局商县委组织部、县编办、县财政局、县人力资源和社会保障局负责解释。

编后记

正值改革开放四十周年之际，《博兴县教育志》终于杀青付梓。本书凡八十余万字，记载了上起宋崇宁元年（公元 1102 年），下至于今，近千年来博兴县域内各类教育发展的史实。既有筚路蓝缕的艰难开拓，也有坚韧不拔的守志不渝，更有改革发展的辉煌成就，秉笔勾勒了博兴教育发展的真实轨迹。本志力求史料翔实、内容丰富、客观公正、图文并茂。读之，可让人回顾历史，总结经验，汲取教训，裨益未来。如此，则编者深感欣慰之至。

在博兴县历史上，曾编写过两部关于教育的志书，第一部《博兴县教育志》（1840~1985）于 1993 年铅印成册，内部发行；第二部《博兴县教育志》（1986~2000）草成书稿，留存待审。两部志书的编写人员呕心沥血，探微发覆，为我们留存了大量的历史资料。2014 年 12 月，县教育局党委研究决定重新编修《博兴县教育志》，2015 年 1 月启动筹备工作，2015 年 4 月，王中月副局长担任志书编纂负责人，特聘请张基地、牛万政两位专家作为该书的总编纂，负责志书的篇目设计和总体编纂工作，编辑工作人员有封子君、路巍、赵云生等。各位编写人员在专家指导下拟定了篇目提纲及材料征集方案，认真学习兄弟单位有关编纂工作的经验，广泛搜集历史资料，研读大量博兴县教育发展材料，为志书编写做好了前期准备工作。2015 年 8 月至 2015 年 12 月暂停。2015 年 12 月，县政府教育督学张庆明担任志书编纂负责人，又聘请前两部志书的编辑李金佐、杜振明参与。两位老同志虽年事已高，仍一丝不苟、孜孜不倦地工作。编委重新对各股室材料的征集提出明确要求，组织供稿人员进行方志编写的理论培训。全体编纂人员和股室供稿人本着对历史高度负责的态度，摘抄、查询、走访，探本求源，默默地搜寻博兴县教育事业发展的历史轨迹。至成稿前，编纂办公室共收集文字材料 240 余万字，图片资料上千幅。丰富的第一手资料为教育志的编写奠定了坚实基础。从 2017 年 1 月开始撰写初稿，编写人员整理吸收了前两部志书中大量的历史资料，充实了新的材料。在编写过程中坚持以事实为依据，查缺补漏，匡正谬误，客观公正地书写文稿。县教育局成立专门委员会，甄别审核入选志书人物。2018 年初完成草稿，再经反复研讨后形成初稿。初稿发到各单位广泛征求意见，还特别从全县抽调部分教师通稿审阅，减少错误。编写人员对文稿字斟句酌，三改篇目，五易其稿，数次增删。经部门初审，专家及老教育工作者再审，最后由领导终审定稿。

《博兴县教育志》的编纂成书，得到了县委、县政府、各有关部门、社会各界的大力支持和帮助。各镇（街道）教委（学区）、各学校提供了大量珍贵资料，许多离、退休老干部、老领导、老同志为志书的成稿提供了大量宝贵的史料，提出了很好的意见和建议。当此出版之际，谨向所有关心和支持《博兴县教育志》编纂工作的各级领导、各界人士、各有关单位表示衷心的感谢。

承蒙张基地、牛万政两位专家精心指导，出谋划策，严格把关，各编写人员、股室供稿人员、审核修订人员、提供及制作图片的各位同仁不辞劳苦，默默奉献，为《博兴县教育志》的编纂成功倾注了大量的心血，付出了艰辛的劳动；儒圣文化和方志出版社的工作人员为本志的排版、印制、出版做了大量工作，在此一并表示衷心感谢。

囿于我们水平有限，加之史实材料欠全，志书虽几经修改、多次校勘，纰漏误谬在所难免，我们深感不安。敬请各级领导及各位方家不吝赐正。

《博兴县教育志》编纂委员会

2018年10月

图书在版编目（C I P）数据

博兴县教育志 / 博兴县教育志编纂委员会编. -- 北京 : 方志出版社, 2018.8
ISBN 978-7-5144-3203-9

Ⅰ. ①博… Ⅱ. ①博… Ⅲ. ①地方教育—教育史—博兴县 Ⅳ. ①G527.524

中国版本图书馆CIP数据核字（2018）第201371号

博兴县教育志

编　　者：博兴县教育志编纂委员会
责任编辑：刘方圆
出 版 人：冀祥德
出 版 者：方志出版社
地址　北京市朝阳区潘家园东里9号（国家方志馆4层）
邮编　100021
网址　http://www.fzph.org
发　　行：方志出版社图书经销中心
电话（010）67110500
经　　销：各地新华书店
印　　刷：济南乾丰印刷有限公司
开　　本：889×1194　1/16
印　　张：32
字　　数：844千字
版　　次：2018年8月第1版　2018年8月第1次印刷
印　　数：0001～2000册
ISBN　978-7-5144-3203-9　　定价：198.00元